Sigmund Freud

LETTRES À SES ENFANTS

Édition de
Michael Schröter

avec la collaboration de
Ingeborg Meyer-Palmedo et Ernst Falzeder

Traduction de l'allemand par
Fernand Cambon

Aubier

Titre original : *Unterdeß halten wir zusammen. Briefe an die Kinder*

ISBN : 978-2-7007-0420-4

Note de l'éditeur

Nous avons choisi de reproduire le plus fidèlement possible les lettres de Freud : mots soulignés, abréviations, ponctuation, majuscules et minuscules, graphie des dates.

Une table des abréviations employées en notes de bas de page est disponible à la fin du volume.

Les références des notes renvoient, sous une forme abrégée (nom d'auteur et date de publication), à la bibliographie figurant également en fin de volume.

INTRODUCTION

Un père écrit à ses enfants. Il leur écrit quand ils prennent des vacances en des lieux différents des siens, quand ils sont en cure ou quand, pour des raisons de santé, il est lui-même en voyage. Il écrit à ses fils soldats au front, à sa fille, qui s'est mariée à l'étranger, à ses fils, qui ont déménagé à l'étranger, parce qu'ils y avaient de meilleures opportunités professionnelles que chez eux. Après la mort de sa fille, il écrit à son beau-fils devenu veuf, qui, en charge de ses deux fils, est débordé, et à une belle-fille pour la remercier de photos de famille. Il demande à ses enfants de menus services, envoie à ses petits-enfants des vœux d'anniversaire auxquels il joint un billet de banque. Il fixe des rencontres, donne des conseils lors d'urgences financières et médicales, tient ses enfants au courant des nouvelles familiales les plus récentes et veut être tenu au courant par eux. Qu'y a-t-il de remarquable dans tout cela ? Pourquoi devons-nous lire ces lettres ? Sont-elles arrachées à la trivialité parce qu'elles ne sont pas de n'importe qui mais du fondateur de la psychanalyse, Sigmund Freud[1] *?*

Cadre biographique

À l'époque où commence la correspondance ici présentée pour la première fois, c'est-à-dire vers 1907, Freud avait déjà franchi le seuil

1. Dans cette introduction, en dehors de citations, ne sont étayées que des informations qui sont issues de sources non publiées. Fondamental : Jones I-III, MaF, F/AF ; abondant : F/MB ; F/Voy, F/E, F/Fer, Gödde 2005, Molnar 1996, Young-Bruehl 1995 ; bavard : Roazen 1993 ; problématique : Weissweiler 2006. Autres

de son cinquantième anniversaire. Il était marié depuis vingt ans avec Martha, née Bernays. Dans ce mariage, un fils ambitieux d'immigrants viennois juifs de l'Est s'était uni à une fille de l'establishment juif de Hambourg – issue il est vrai d'une branche sur laquelle une peine de prison du père de Martha avait jeté une ombre. Les années difficiles des fondements de leur foyer et la crise qu'avait traversée la pratique neurologique de Freud dans la seconde moitié des années 1890, lorsqu'il s'était spécialisé dans la procédure nouvelle, choquante et coûteuse, de la psychanalyse, appartenaient désormais au passé. Depuis septembre 1891, il vivait dans l'appartement situé au premier étage de la Berggasse 19, qu'il conserva jusqu'à son émigration en 1938. Il avait obtenu le titre de professeur, était sur le point de devenir un coryphée international très demandé et percevait des honoraires de spécialiste élevés auprès de patients privés fortunés. Dans la famille, comme cela fut constaté par un observateur [1], on cultivait le style d'un « milieu patricien conscient de lui-même ». L'aisance croissante de Freud s'exprimait en particulier par le fait qu'il pouvait maintenant se payer des vacances d'été de plus de deux mois, ce qui était l'usage dans la bourgeoisie viennoise supérieure de l'époque, et qu'il prenait ses quartiers dans des lieux de villégiature réputés du Tyrol du Sud, qui appartint jusqu'en 1918 à l'Autriche. Si ce n'est à des fins de repos, lui-même profitait des vacances pour écrire, mais il entreprenait aussi régulièrement des voyages de plusieurs semaines sans sa famille, qui le conduisirent par exemple à Rome, en Sicile ou à Athènes.

Freud avait besoin de beaucoup d'argent, parce qu'il avait beaucoup de personnes à nourrir. Outre les enfants, qui étaient nés entre 1887 et 1895 – Mathilde, Martin, Oliver, Ernst, Sophie et Anna –, sa propre famille comprenait également la sœur de sa femme, Minna Bernays, qui, à partir de 1896, vécut en permanence à la Berggasse et, au titre de « tante », représentait dans la vie de ses enfants une grandeur à peine moins fixe que la mère. Une cuisinière et une bonne faisaient également partie de la maisonnée, et, tant que les enfants furent petits, une bonne d'enfants ou une préceptrice, qui, jusqu'à l'entrée au lycée, assuma une part importante de l'instruction. Et, comme si cela ne

---

nombreux renvois bibliographiques dans les notes de l'édition qui suit. – Les lettres éditées sont en totalité citées avec le numéro qui les accompagne (« 7-Math », « 342-SophMax », etc.).

1. Wald., p. 29.

suffisait pas, Freud dut prendre en charge financièrement sa mère ainsi qu'une sœur célibataire, Adolfine (« Dolfi »), qui s'occupait de sa mère. Il soutint en outre plus tard au moins ses deux sœurs Pauline (« Pauli ») et Rosa, qui étaient devenues respectivement veuves depuis 1900 et 1906[1]*, son frère cadet Alexander (dont le nom dans la famille était réduit à « oncle »), brillant expert dans le domaine des transports, assumant la moitié de la charge, pour ce qui était de la mère et des sœurs.*

Entre-temps, ce n'est pas seulement la pratique de Freud qui prospéra ; sa doctrine de l'inconscient et du rôle central de la sexualité dans la genèse des névroses ainsi que dans le développement humain en général se répandit de plus en plus, tant pour être reconnue que rejetée. Après la publication des Études sur l'hystérie *(en 1895, avec Josef Breuer), Freud avait vécu dans un profond isolement scientifique, qui ne fut atténué que par son étroite amitié avec le médecin berlinois Wilhelm Fließ. Les œuvres qu'il écrivit dans les dix années suivantes, surtout* L'Interprétation du rêve *(1900), la* Psychopathologie de la vie quotidienne *(1901), et les* Trois Essais sur la théorie sexuelle *(1905), tous ouvrages fondamentaux de la psychanalyse, ne trouvèrent d'abord dans le public spécialisé guère de résonance ; le groupe d'élèves qu'il rassembla autour de lui à Vienne à partir de 1902 ne comprenait fin 1905 qu'une douzaine de personnes. Le grand tournant survint en 1905-1906, lorsque les psychiatres qui dépendaient de la chaire et de la clinique d'Eugen Bleuler à Zurich – outre le patron lui-même, surtout Carl Gustav Jung – prirent contact avec lui et lui firent allégeance. C'est à partir de Zurich que la psychanalyse fut introduite dans le débat psychiatrique actuel ; c'est de là que vinrent les élèves qui diffusèrent l'œuvre de Freud dans d'autres pays – Allemagne, Hongrie, Pays-Bas, Angleterre, États-Unis ; c'est de concert avec les Zurichois que fut fondée la première revue psychanalytique, organisé le premier congrès international et finalement instituée en 1910 l'Association psychanalytique internationale (API), subdivisée en groupes nationaux ou locaux.*

Comme cela ressort des lettres qui suivent, les enfants de Freud prirent tout à fait part à sa vie professionnelle et à l'essor du mouvement qu'il avait créé, même si ce fut dans une mesure variable. Ils connurent au moins quelques-uns de ses patients – Mathilde fantasma même qu'elle pourrait épouser l'un ou l'autre –, côtoyèrent les adeptes

---

1. Wald., p. 15 ; à partir de 1920 vint s'y ajouter la sœur berlinoise Maria (« Mitzi ») (par exemple, 200-Ernst).

zurichois en hôtes de la maison, et lurent ses ouvrages de vulgarisation. À dix-sept ans, Mathilde était au fait de la « méthode thérapeutique de papa » ; petit garçon, Martin essayait de participer de la gloire de son père en se présentant par les mots : « Martin Freud, fils aîné de Sigmund Freud ». Toutefois, les trois fils choisirent des études éloignées du champ de travail paternel : Martin devint juriste, Oliver ingénieur, Ernst architecte. Comme Martha Freud s'en souviendrait en sa vieillesse : « Selon le vœu exprès du père, en effet, aucun de ses fils ne lui a emboîté le pas ; dans le cas de sa fille Anna, il ne put l'empêcher[1]*. » Anna fut au total la seule fille qui suivit une formation professionnelle et exerça de fait une profession (d'abord comme institutrice). Pour ses deux sœurs aînées, le mariage fut le but de leur vie, qu'elles atteignirent en 1909 et 1913 à vingt-deux et vingt ans. Leurs maris étaient des hommes d'affaires juifs, un marchand viennois et un photographe de Hambourg.*

La Première Guerre mondiale fit irruption dans ce cours ascendant des choses. Le travail scientifique de l'école de Freud fut au bord de l'extinction, les revues psychanalytiques ne survécurent que parce que, pendant les premières années de guerre, la pratique de Freud connut un tel recul qu'il avait plus de temps qu'il n'en fallait pour écrire et pouvait remplir ces cahiers de ses propres contributions. Ses fils (et son beau-fils Max Halberstadt, le mari de Sophie) durent, bien sûr, partir à l'armée ; Martin devança même son appel, sans nécessité. Il fut seul à passer la plus grande partie de la guerre au front, les deux autres échappèrent à ce destin tôt ou tard. Tous restèrent en vie, sains et saufs. Ce n'est qu'au début de 1920 que la famille dut payer malgré tout encore un tribut à la guerre lorsque Sophie, à coup sûr affaiblie par le mauvais ravitaillement de l'époque, succomba à la grippe à Hambourg, laissant derrière elle deux enfants, l'un âgé d'un an et l'autre d'à peine six.

Après la guerre, le mouvement psychanalytique eut tôt fait de se remettre en branle. En 1920 fut organisé un congrès international à La Haye, le suivant en 1922 à Berlin. Freud dirigeait les affaires de l'API en coulisse avec l'aide d'un « comité » constitué de ses élèves les plus proches. Grâce à des sponsorisations venues de Hongrie (Anton von Freund) et de Berlin (Max Eitingon), il put fonder et gérer une maison

1. 4-Math (Mathilde fantasma), Gödde 2005, p. 274 (« méthode thérapeutique de papa ») ; Wald. p. 17 (Martin) ; Martha Freud/Reiss, 17. 1. 1950 (SFP/LoC).

d'édition psychanalytique. À Berlin fut instaurée une policlinique, cellule germinale du premier institut d'enseignement de l'école de Freud. Freud lui-même échappa aux pires pénuries de l'après-guerre en vendant son temps de travail pour une large part à des étrangers : Anglais, Suisses et Américains, au début aussi à des Allemands qui le payaient en devises. Par suite de l'expansion internationale de la psychanalyse, qui, après la Première Guerre mondiale, prit un essor puissant, il fit, dans sa pratique, basculer l'accent d'analyses thérapeutiques sur des analyses didactiques. Les travaux qu'il écrivit dans les premières années d'après-guerre apportèrent une fois de plus et en profondeur une modification et un élargissement de la théorie, surtout moyennant la conception nouvelle des instances psychiques du moi, du ça et du surmoi, qui culmina en 1923 dans Le Moi et le Ça.

Pour ses fils, la fin de la guerre coïncida avec l'entrée dans la vie professionnelle, qui fut rendue très difficile par la crise économique qui sévissait alors en Autriche et en Allemagne. Martin, qui avait passé un doctorat en droit, entra dans les affaires bancaires ; Oliver eut du mal à trouver un travail approprié d'ingénieur, tandis qu'Ernst put s'installer comme architecte relativement vite. Tous trois se marièrent avant le printemps 1923 – Martin à Vienne, Ernst et Oliver à Berlin, où ils avaient déménagé parce que la situation économique y paraissait un peu moins dépourvue de perspectives qu'à Vienne ; Freud était content qu'ils se fussent « tirés de l'Autriche[1] *». Leurs femmes étaient issues de familles juives très aisées (Martin et Ernst) ou jouissant d'une très bonne situation (Oliver) ; elles offrirent bientôt aux grands-parents leurs premiers petits-enfants. Deux des couples devinrent manifestement heureux ; seul Martin se brouilla de plus en plus avec sa femme. Dans le cas d'Ernst, il est clair qu'il dut son succès professionnel dans une mesure non négligeable aux relations de son père, au réseau international de la psychanalyse. Mais le beau-fils Max profita aussi, en tant que photographe officiel de Sigmund Freud, de sa gloire croissante.*

Tandis que l'école de Freud connaissait de plus en plus de succès dans les années 1920 comme lieu de science, de formation et de pratique thérapeutique, l'année 1923 infligea personnellement à Freud une autre césure douloureuse : fumeur de cigares passionné, il avait contracté un carcinome, qui exigea une ablation partielle du palais, des maxillaires supérieur et inférieur, et l'implantation d'une prothèse.

1. F/Alex, 28 juillet 1923.

À partir de là, Freud fut handicapé de manière permanente pour manger, boire, entendre et parler. Sa vie ne cessa d'être dominée par le souci d'améliorer le fonctionnement insatisfaisant de la prothèse ; il alla à cette fin consulter quatre fois entre 1928 et 1930 un spécialiste berlinois. Tout aussi accablant fut l'enchaînement d'opérations ultérieures, surtout après qu'en 1931 la première récidive précancéreuse se fut manifestée. Il dut réduire sa pratique à environ deux tiers de son volume antérieur (5 à 6 au lieu de 8 à 9 heures d'analyse). Sa production écrite recula aussi ; sa thématique se déplaça sur des questions de philosophie et de théorie culturelle (Le Malaise dans la culture, *1930*).

Malgré ces restrictions dans son travail, Freud resta si aisé que, de 1924 à 1937, il put louer chaque fois pour les vacances d'été (c'est-à-dire 3 à 6 mois) une villa confortable à proximité de Vienne ou dans un faubourg. Pour des raisons de santé, il dut désormais renoncer à voyager. Pendant la crise économique du début des années 1930, il fut en mesure de soutenir financièrement Martin, Oliver et aussi ses deux beaux-fils, qui tombèrent dans la misère. Début 1932, il opéra des versements considérables pour sauver de la banqueroute la Maison d'édition psychanalytique. Il le fit en particulier dans l'intention de préserver son aîné du chômage ; car, en 1932, Martin devint directeur de la Maison d'édition et du coup, après Anna, laquelle, à partir de 1922, connut une ascension fulgurante en tant qu'analyste et figure de proue de l'API, celui des enfants de Freud qui profita le plus ouvertement de la psychanalyse. De son cas à lui, qui n'avait aucune qualification pour le travail éditorial, ressort avec une netteté particulière la manière dont Freud gérait son œuvre à l'instar d'une entreprise familiale, à proportion des ressources croissantes qui s'en dégageaient.

La catastrophe globale que représenta la prise du pouvoir par les nationaux-socialistes en 1933 en Allemagne et en 1938 en Autriche eut aussi des conséquences catastrophiques pour la psychanalyse, pour Freud lui-même et pour sa famille. Les deux principaux centres de l'école de Freud, à Berlin et à Vienne, rapetissèrent jusqu'à l'insignifiance ou cessèrent d'exister, après que leurs membres juifs eurent émigré. Les fils de Freud Oliver et Ernst, qui résidaient à Berlin, émigrèrent dès 1933 avec leurs familles en France ou en Angleterre. Lui-même émigra après l'Anschluss avec sa femme, sa belle-sœur et les trois autres enfants à Londres ; ses trois sœurs restèrent à Vienne et périrent en 1942 dans les camps nazis. Pour le vieil homme marqué par le cancer s'accomplit en 1939, peu après le déclenchement de la Seconde Guerre mondiale le vœu « to die in freedom [1] ».

Les lettres de Freud aux enfants

Les lettres conservées de Freud à ses cinq enfants les plus âgés – de Mathilde à Sophie –, qui sont réunies dans ce volume, commencent pour l'essentiel entre 1907 et 1918 (dans le cas d'Oliver, pour des raisons particulières, seulement en 1924). Au moment où s'engagea leur correspondance respective, les fils et les filles étaient âgés de dix-neuf à vingt-six ans – certes pas encore tout à fait adultes, mais définitivement sortis de l'enfance. Tous étaient sur le point de quitter la maison parentale, ou venaient de le faire. Chez les filles, ce pas était directement associé au mariage ; et les fils fondèrent aussi leur foyer peu après. Le gros des lettres reproduites ci-dessous (si l'on fait abstraction des salutations jointes aux petits-enfants) s'adresse à des adultes qui vivent leur propre vie.

Ce cadrage commun donne au corpus épistolaire ici présenté une touche relativement homogène – si grande que soit par ailleurs la différence entre l'échange continu avec les trois enfants qui déménagèrent de Vienne à Hambourg ou Berlin et les communications sporadiques adressées aux deux qui étaient restés sur place. Il distingue en même temps les lettres que Freud écrivit à ses enfants les plus âgés (et à leurs conjoints) de celles qu'il adressa à sa fille cadette. Anna resta célibataire, ne quitta jamais la maison parentale ; les lettres qui lui sont adressées et qui ont été conservées commencent alors qu'elle n'a pas encore quinze ans. En outre, dans son cas, on a conservé les lettres associées, ce qui n'est qu'exceptionnel pour ses frères et sœurs. Enfin, chez elle se mêlent les registres familial et scientifico-professionnel, car après une période transitoire elle devint active dans le champ de travail de son père. C'est pourquoi il est objectivement justifié que la correspondance entre Sigmund et Anna Freud ait fait l'objet d'une publication séparée [2]. La particularité des cinq séries de lettres de ce volume tient à ce qu'elles

---

1. « mourir en paix ». [N.d.T.]
2. *Briefwechsel (1904-1938)*, éd. I. Meyer-Palmedo, Francfort-sur-le-Main, Fischer, 2006 ; *Correspondance 1904-1938*, préface d'Élisabeth Roudinesco, trad. Olivier Mannoni, Fayard, 2012.

montrent Freud en tant que père d'enfants adultes, et ce en quelque sorte à l'état pur, sans trop d'interférences des destinataires ni d'interventions de thèmes professionnels.

Dans ce qui suit sont éclairés quelques aspects qui leur sont de ce point de vue communs[1]*. Des informations sur les traits individuels, sur la vie des enfants et leurs professions, leurs conjoints, leurs singularités, et sur la relation que Freud entretint avec eux, sont présentées sous forme d'esquisses spécifiques avant la reproduction de chaque groupe de lettres.*

Du contexte de la vie familiale dans lequel ces liasses de lettres trouvent place font partie non seulement les lettres associées des enfants, pour la plupart perdues, mais aussi leur correspondance avec leur mère (et leur tante). Car Freud lisait aussi les nouvelles qui parvenaient à Martha, et était informé de ce que celle-ci répondait ; quand il se plaint par exemple du long silence des enfants, il utilise la première personne du pluriel, parfois il répond lui aussi à des lettres adressées à la mère. Bref, le maintien de relations familiales avec les absents était une tâche des deux *parents. D'un cas – Ernst et Lucie –, dans lequel de nombreuses lettres de Martha sont conservées ou accessibles*[2]*, on peut même conclure que cette dernière a écrit plus souvent et plus abondamment que son mari. Étant donné la position patriarcale de Freud, cela n'est pas surprenant ; Lucie aussi était l'épistolière patentée dans la famille. Ce qui est plutôt étonnant, c'est la part que prit Freud, malgré son activité professionnelle très absorbante, à ce travail de communication. On peut repérer dans ce fait à quel point il éprouvait lui aussi le besoin de maintenir constamment en vie et bien présent le réseau des liens familiaux. « En attendant, nous nous serrons les coudes », écrivait-il à son beau-fils de Hambourg l'année qui précéda l'irruption de la catastrophe nazie*[3]*. La famille était manifestement pour lui, à côté de sa profession et de la science, la valeur la plus haute. Dans la correspondance avec ses enfants se manifestait une culture juive (ou peut-être plutôt bourgeoise ?) de la relation, sur le modèle de laquelle, du reste, Freud promut l'expansion de la psychanalyse.*

---

1. Au sein de ce cadre sont résumées des réflexions qui sont plus développées et étayées de manière plus approfondie dans un essai antérieur (Schröter 2008).
2. Elles se trouvent dispersées in UE et FML ; une liasse comparable, issue du legs de Sophie et Max, se trouve en possession de Peter Rosenthal.
3. 504-Max.

Il est vrai que, chez d'autres scripteurs, les éléments dont est faite la communication familiale – l'échange de nouveautés, les protestations d'attachement et bien d'autres choses encore – restent privés et inintéressants, triviaux pour les personnes non concernées. Sur ce chapitre, les proches de Freud ne représentent pas une exception. C'est pourquoi, dans la présente édition, les lettres associées des enfants, même dans les rares cas où l'on en dispose, ne sont restituées qu'au titre d'exemples ou d'extraits et les lettres complémentaires de Martha (et Minna) sont tout à fait laissées de côté. Seule une personnalité particulièrement concentrée et au profil marqué comme celle de Freud parvient à conférer à des communications quotidiennes une empreinte vigoureuse sans cesse renouvelée, qui peut également exercer un attrait sur des tiers – indépendamment de l'intérêt que nous portons dans toutes les manifestations de son existence à un esprit de sa dimension. La qualité singulière du style de Freud fournit une partie de la réponse à la question, posée d'entrée de jeu, de savoir pourquoi il pourrait valoir la peine de lire les lettres privées réunies dans ce volume.

Une série de thèmes est récurrente dans les lettres qui suivent, à l'instar de leitmotive, par exemple l'arrangement de rencontres, la demande de menus services, l'annonce de cadeaux ou les remerciements après réception. Tout cela relève, outre la communication en un sens plus étroit, des maillons de la relation familiale. Cependant, par-delà ce registre, il y a deux domaines saillants où Freud prend la parole de manière régulière et appuyée, et qui peuvent avoir rang d'apanage paternel. L'un était la santé – à propos de quoi reste indécidée la question de savoir si Freud se sentait compétent pour cet aspect de la vie plus comme patriarche ou plus comme médecin. Quand, par exemple, en 1920, il fut d'avis qu'Ernst jeune marié devait combattre son catarrhe pulmonaire par une cure thermale de plusieurs mois en Suisse, il mobilisa toute son autorité pour persuader son fils, lequel ne put qu'obtempérer.

L'autre domaine d'élection de la compétence paternelle fut l'argent. On est frappé par le fait que Freud n'a cessé d'épauler financièrement ses enfants, même après qu'ils furent devenus adultes et autonomes. Un ami d'école de Martin, Hans Lampl, qui depuis 1901 avait ses entrées dans la famille, remarqua que Freud « avait un sens de la famille très fort » ; il ajoute : « je serais tenté de dire : juif. La famille, on ne la laisse pas en plan, la famille, on s'en soucie, la famille, on la renfloue aussi financièrement ». Une fois de plus, il est difficile de trancher entre

Famille Sigmund Freud, noces d'argent 1911
(à partir de la gauche : Oliver, Ernst, Anna, Sigmund, Martha, tante Minna, Martin, Sophie)

la part spécifiquement juive de cette position et la part universellement bourgeoise ; Freud lui-même repérait en lui « ce sentiment que les enfants aient ce qu'il leur faut, sentiment dont un père juif a un besoin urgent à la vie à la mort[1] *». C'est à partir de ce besoin en tout cas qu'il aida ses fils et ses beaux-fils pendant les phases de chômage ou quand les frais d'une cure thermale excédaient leurs possibilités. Avec un tact délicat, il inventait des biais toujours nouveaux pour désamorcer ce que l'aide pouvait avoir d'humiliant. Mais peut-être, par sa générosité débordante, a-t-il également maintenu ses enfants – ou nombre d'entre eux, comme surtout Martin – dans sa dépendance. Il est vrai que, dans son dernier testament, il n'a fait de legs qu'à sa femme ; quant aux droits d'auteur à venir sur ses œuvres, il en a fait don à ses petits-enfants.*

C'est principalement dans la relation avec ses fils (et avec les époux de ses filles) que le thème de l'argent joue un rôle. Cela va de pair avec le patriarcalisme traditionnel de Freud, pour qui profession et gain d'argent étaient l'affaire des hommes, tandis qu'incombait à la femme

1. Lampl-Int., p. II/4 ; F/Fer I, p. 236.

le rôle d'épouse, de mère et de ménagère. Tout à fait en accord avec cette position, il y a dans ses lettres aux enfants un autre domaine qui concerne au premier chef les filles : choisir un partenaire et se marier. Tandis que, manifestement, le soin de la recherche d'une femme appropriée était laissé aux fils, Freud était, dans le cas de ses filles, particulièrement attentif à ce qu'elles choisissent des partenaires sur lesquels il pût donner son assentiment. Les candidats devaient être en mesure de nourrir leur famille, ils devaient ne pas souffrir de maladies héréditaires, et ils devaient être juifs[1]*. En même temps, il refusait la tradition juive (ou bourgeoise) des mariages arrangés et était partisan de la norme moderne qui veut que les jeunes femmes aussi se marient de manière autodéterminée et selon leur inclination. Il préservait avec un tact remarquable l'équilibre entre un sens patriarcal de la responsabilité et la prise en considération des droits des filles à disposer d'elles-mêmes.*

Martin Freud a écrit un livre de souvenirs sur son père. Il y souligne que ce dernier s'intéressait, certes, profondément à ses enfants, mais qu'en dehors des vacances il n'était pas disponible pour eux au quotidien. Hans Lampl rapporte : « Il émanait de lui un sérieux mystique qu'il était interdit de percer » ; « jouer à quelque chose avec ses enfants, comme le font d'autres pères, il ne le pouvait pas ». Mais l'envers de cela était, comme Martin le raconte à son tour, qu'il y avait, dans la maison Freud, un principe déclaré : dans des situations d'urgence, les enfants pouvaient se tourner vers « papa » et solliciter absolument son attention et son aide : « quand nous avions vraiment besoin de lui, il descendait de ses hauteurs olympiennes pour nous sauver », en paroles et en actes. Ce modèle, tiré de la vie domestique commune, se prolongeait aussi, comme le montrent les lettres qui suivent, dans les relations que le père entretint avec ses enfants adultes. On le voit non seulement dans les moments d'urgence matérielle, mais plus encore pendant les crises psychiques, lors desquelles Freud essayait, en y engageant toute sa personne, d'assister un enfant – par exemple Sophie, qui se tourmentait d'être tombée enceinte une troisième fois sans l'avoir voulu, ou son mari Max, qui avait contracté au front une « névrose de guerre ». Les « lettres de crises », dont il existe quelques exemplaires, font saillie sur fond de communication quotidienne et constituent des points culminants du présent volume. Elles témoignent d'une manière particulière-

1. Dans les lettres qui suivent, cette condition n'est pas exprimée. Pour une attestation pertinente, relative à Mathilde, cf. *infra*, p. 31.

ment impressionnante des efforts constants que Freud déploya en vue de soutenir ses enfants, pour les remettre sur pied au besoin et pour les ancrer dans la solidarité familiale[1].

Du sérieux qu'irradiait Freud faisait partie un éthos de sincérité. Celui-ci était associé à un idéal d'absence d'illusions, qu'il défendait autant à l'égard de ses enfants que dans la théorie psychanalytique et dans la pratique de sa propre vie, par exemple face à la vieillesse et à la maladie. Dans l'esprit de cet éthos, il exigeait de ses enfants de la franchise et parlait avec eux avec franchise. Comme le raconte Martin, Freud avait une telle manière de regarder son interlocuteur droit dans les yeux qu'il devenait impossible de lui mentir. Cependant, le principe de la franchise n'avait chez lui rien de harcelant, il était l'expression d'un respect face à ses enfants. Ceux-ci pouvaient bien éprouver une appréhension envers leur père, ils savaient en même temps qu'il n'exigeait aucune soumission, qu'au contraire il les acceptait inconditionnellement. Si clairement qu'il leur dît son opinion, il admettait aussi qu'ils eussent des raisons de ne pas le suivre. Lorsque Mathilde faisait les yeux doux à tel ou tel patient de Freud comme candidat au mariage, il lui décrivait l'essence du « transfert », lequel dévalorisait a priori *l'intérêt des jeunes hommes. Et lorsque, peu après, elle trouva son futur époux, il lui fit certes part des réserves que lui inspirait l'élu – mais sans attenter à son droit à l'autodétermination et sans la décourager. En août 1914, il se donna du mal pour dissuader son aîné tête brûlée de se porter engagé volontaire ; lorsque Martin ne se laissa pas dissuader, il approuva sa démarche expressément*[2].

C'est le même éthos de franchise qui nourrissait l'attention que Freud portait au corporel, aux questions de santé, mais aussi à la sexualité. Dans ses lettres aux enfants, le sexuel est thématisé, peut-être contre ce à quoi l'on s'attendrait, avant tout envers ses filles, quand, par exemple, il se réfère à leur menstruation ou discute avec Sophie de la nécessité et des possibilités de la contraception. Avec une fréquence remarquable, on tombe – à l'arrière-plan biographique des lettres – sur des interruptions de grossesse qui ne semblent pas toujours avoir un fondement purement médical. D'autre part, en tout cas pour son usage personnel,

---

1. Lampl-Int., p. I/14 *sq.* (« sérieux mystique ») ; MaF, p. 46 (« de ses hauteurs olympiennes ») ; 409-Soph (enceinte sans l'avoir voulu) ; 374-Max.
2. 7-Math, 166-Ernst, Freud 1927c, F/E, p. 553, 580 (absence d'illusions) ; 4-Math (« transfert ») ; 15-Math (réserves) ; *infra*, p. 125-128 (se porter engagé volontaire).

Freud refusait une éducation sexuelle [sexuelle Aufklärung] *qui fût pratiquée par les parents ; à cette fin, il envoyait ses fils chez un médecin de ses amis. Autant qu'on puisse en juger, il n'opposait jamais à ses enfants des attitudes moralisatrices. Le fait que Martin fût un coureur de jupons notoire ne le poussa qu'à poser la question inquiète de savoir comment il allait bien pouvoir se débrouiller après son émigration en Angleterre, où il ne rencontrerait pas la même liberté. Et quand il raconte que le jeune Ernst, ce « garnement », a attrapé une gonorrhée, il y a dans ses propos comme une touche de bienveillance* [1].

Bref, les lettres de Freud à ses enfants témoignent de la profonde et robuste humanité terrestre de leur auteur ; cela en fait à soi seul un document qui vaut la peine. Par-delà ce fait, elles soulèvent la question de savoir dans quelle mesure la psychanalyse en tant que théorie, et plus encore en tant que pratique thérapeutique, est justement issue de cette humanité : la même véracité, la même franchise en ce qui concerne les questions tant d'argent que de sexualité, le même sérieux et la même tolérance pour tout ce qui est humain, que Freud manifestait à ses enfants furent aussi les traits fondamentaux de sa pensée scientifique et de son agir professionnel. Il n'y a pas d'autre source nous renvoyant avec autant d'insistance à cette cohérence entre sa personne et son œuvre que ces propos ici publiés, émis en tant que père.

Michael SCHRÖTER

1. 4-Math (menstruation) ; 409-Soph (contraception) ; *infra*, p. 100-102 (éducation sexuelle) ; 322-Ernst (question inquiète) ; *infra*, p. 235 (« petit voyou »).

Note du traducteur

Sans entrer nullement en redondance avec l'introduction de l'éditeur, qui livre d'abondantes et indispensables informations, je voudrais ici faire part brièvement de quelques impressions marquantes de traducteur et de lecteur, tout traducteur étant d'abord un lecteur.

D'abord, sur le fond, on peut relever quelques traits communs *aux cinq personnalités qui nous sont ici présentées par le truchement des lettres que leur a adressées leur père. Six frères et sœurs moins une, puisque la benjamine, Anna, devenue elle-même une psychanalyste célèbre, a entretenu avec son père une véritable correspondance, qui a fait l'objet d'une publication antérieure à part, dont la traduction en français paraît en même temps que la nôtre*[1].

1) Aucun de ces enfants-ci n'est devenu psychanalyste. Parmi les descendants de Freud, outre Anna, seul un de ses petits-fils a connu ce destin : Ernst Halberstadt, le fameux bambin « à la bobine ». Par ailleurs, sur la recommandation expresse de Sigmund, leur mère avait pris soin de les élever et éduquer hors de toute référence à cette « science ».

2) Ils n'en ont pas moins tous eu indirectement affaire à la psychanalyse à des titres très divers :

a) N'ayant pas fait d'études, sans doute d'abord parce que, dans sa génération, cela « ne se faisait pas » à Vienne pour les jeunes filles – Anna, venue plus tard, aura plus de chance –, Mathilde en manifesta toute sa vie une sorte de regret, et elle s'intéressa vivement aux « théo-

---

1. Cf. note 2, p. 15, et bibliographie p. 590.

ries » de son père, à ses publications, comme l'attestent plusieurs passages de ce livre.

b) De formation juridique, Martin devint un beau jour le gérant avisé de la Maison d'édition psychanalytique internationale.

c) Tôt en proie à une névrose obsessionnelle déclarée, Oliver dut se soumettre un jour à une analyse, pas avec son père, laquelle se passa d'ailleurs très bien et lui permit entre autres de « réussir » un second mariage après un premier échec.

d) Rapidement devenu un architecte renommé résidant à Berlin, Ernst reçut de nombreuses commandes – pas toutes – du milieu analytique et fut en particulier en charge de l'aménagement de la fameuse policlinique berlinoise.

e) Enfin, du côté de Sophie, c'est plutôt son mari, Max Halberstadt, qui eut des accointances avec la psychanalyse. Photographe de métier à Hambourg, il fut vite promu au rang de photographe officiel *de Freud et de ses adeptes. Par ailleurs, son « cas » aurait pu illustrer le tableau des « névroses de guerre », sur lequel la Grande Guerre ne put qu'attirer l'attention.*

Mis à part ce faisceau convergent, on est par ailleurs frappé par l'extrême diversité des « liasses » de lettres qui concernent chacun des enfants.

– Au début, les lettres à Mathilde sont dominées par la question, intéressante, de son mariage. La suite est plus quotidienne, pas toujours abondante, puisqu'elle habita près de Vienne.

– De la personnalité de Martin ressortent surtout son goût des exploits guerriers, également son « goût » pour les femmes, ce qui joua plutôt au détriment de sa vie conjugale.

– Le plus frappant dans la « liasse » consacrée à Oliver, c'est son extrême brièveté, *l'essentiel des lettres de son père, entre autres, ayant dû être abandonné à Nice lors de sa fuite précipitée en direction des États-Unis !*

– Ernst se distingue par sa culture. Captivants sont aussi les échanges entre Sigmund et Lucie, l'épouse d'Ernst, qui vouait à son beau-père un véritable amour, eut également une relation passionnée avec son mari, et fut parfois psychiquement tourmentée.

– Enfin, la mort prématurée de Sophie trouve un écho émouvant dans les lettres que Freud adresse à son veuf. Unique est ensuite sa longue correspondance avec son gendre, remarquable l'intérêt direct

porté aux deux petits-fils. L'aîné, Ernst, eut des difficultés avec la seconde femme de son père et, par suite, avec l'école. Les lettres retracent la manière dont Freud finira par le faire venir à Vienne et dont Anna expérimentera avec lui, non sans succès, ses méthodes de pédagogie moderne. On lira aussi un touchant témoignage quant à l'adoption du cadet par Mathilde et Robert, auprès desquels il finira par mourir à un âge très tendre.

Mais le traducteur est aussi très directement atteint par le style, le ton, *qu'il lui incombe de rendre. Pour ma part, j'aurai été surtout sensible à l'*humour, *qui ne quitte guère Freud jusqu'en ses ouvrages théoriques. Toute correspondance est pour cela un terrain d'élection, chaque partenaire ayant à cœur d'imprimer à l'échange un tour ludique. J'ai dit un mot de cela dans mon introduction à la correspondance complète de Freud avec Karl Abraham, qui me servira de point de comparaison. J'ai trouvé ici l'humour moins fréquent, sans doute parce que le lien* émotionnel *qui lie le père à ses enfants l'exclut parfois et se teinte alors d'une certaine gravité. Belle gravité pathétique dans les cas de deuil. Si Freud se permet de traiter avec humour la maladie et le deuil, ce n'est jamais qu'à l'égard de sa propre personne. Et il lui arrive sur ce point aussi de se plaindre.*

Si j'ai tenu au présent excursus, c'est pour faire part de ceci. Il m'a semblé pouvoir noter dans ces lettres une forme d'humour plutôt inédite, *même si elle n'est pas exclusive. Je n'hésiterai pas à la qualifier d'*humour à l'envers. *C'est-à-dire qu'il arrive que Freud* traite avec une gravité feinte *des sujets plutôt futiles. « Gravité » n'est pas d'ailleurs le mot juste : disons qu'il parle en termes doctes, techniques ou théoriques, affectés, de questions familières. Gravité paradoxale, puisqu'elle revient à instiller avec la seule* légèreté *possible quelque chose de sa science dans ses relations intimes…*

Fernand CAMBON

MATHILDE (« MATH ») ET ROBERT

Mathilde Hollitscher, née Freud, vers 1905

Mathilde Hollitscher, née Freud (1887-1978)
Esquisse biographique

Le 13 septembre 1886, Freud épousa Martha Bernays, avec qui ses fiançailles avaient duré plus de quatre ans. Le 16 octobre de l'année suivante naquit leur fille aînée. Elle reçut son nom « naturellement » de Mathilde, la femme de l'ami et mentor paternel de Freud, Josef Breuer. C'est Freud qui avait lui-même choisi ce prénom, comme il le fit pour tous ses enfants – suivant le principe qui consistait à donner aux jeunes filles le prénom de leurs patronnes issues de familles amies faisant partie de la société juive bourgeoise de Vienne, à laquelle le liait un sentiment d'appartenance, tandis que les garçons étaient nommés d'après de grands hommes scientifiques et politiques qu'il admirait. La naissance du premier enfant est d'ordinaire vécue par les parents avec une intensité particulière, les débuts de son développement suivis avec une attention non moins particulière. Freud ne fit pas exception à cette règle : non seulement il envoya des comptes rendus détaillés à sa belle-mère et à sa belle-sœur, mais il écrivit aussi à l'ami et collègue Wilhelm Fließ deux mois après l'heureux événement : « Ma petite se développe magnifiquement et ne fait qu'un sommeil chaque nuit, ce qui est la plus grande fierté de chaque père. » La « petite » resta jusqu'à son mariage en 1909 son enfant préféré[1].

Mathilde (« Math ») fréquenta un temps l'école, mais fut désinscrite en avril 1896, sans doute pour cause de maladie ; après quoi il se

1. F/MB, p. 196 (« naturellement ») ; Gay 1992 (principe du choix du nom) ; F/MB, p. 196-203, F/Fl, p. 33 (comptes rendus) ; Lampl-Int., p. I/23, Young-Bruehl 1995, p. 341, note 43 (enfant préféré).

pourrait qu'une préceptrice se soit chargée de son instruction. À partir de l'automne 1898, elle alla dans une école privée pour jeunes filles, dont le cycle achevé qualifiait à la rigueur pour une formation d'institutrice (c'est la voie que suivit Anna Freud), mais pas pour des études universitaires – il n'y avait pas alors en Autriche de baccalauréat en bonne et due forme pour les jeunes filles. Sa formation ultérieure put être assurée au plus tard à partir de 1902 par des cours organisés sur une base privée ; à l'automne 1903, elle commença à écouter des conférences dans une « association destinée à dispenser un enseignement scientifique à des femmes et à des jeunes filles ». Elle fréquentait l'opéra, le théâtre, des concerts, des expositions et lisait beaucoup. Autant elle aimait les cercles féminins et les bals dans lesquels se concentrait la vie sociale des jeunes filles non mariées de son milieu, autant elle se plaignait du destin des « fifilles » qui n'ont jamais le droit de sortir seules de chez elles[1].

Des lettres à un ami de jeunesse, qui nous sont parvenues, il ressort que Mathilde a souffert du manque d'une activité intellectuelle sérieuse. Elle envisagea par moments de traduire un livre de l'anglais. Elle s'intéressait aux théories de son père, était par exemple informée de la Psychopathologie de la vie quotidienne, *lisait les épreuves d'une de ses œuvres nouvelles de vulgarisation, et voulait travailler davantage pour lui : « Mais il ne peut faire usage de moi. » Elle aurait aimé étudier, spécialement la médecine. Hans Lampl se souvenait : « Mathilde fut proprement la personne avec laquelle le Professeur s'est, après la tante Minna, le plus entretenu » ; elle aurait partagé avec sa sœur Anna un intérêt pour le monde de l'esprit. Les deux sœurs assistèrent en 1915 aux conférences universitaires de leur père, et, l'année précédente, lorsque fut publié le compte rendu polémique de Freud « À propos de l'histoire du mouvement psychanalytique », Mathilde en demanda instamment un exemplaire, pour apprendre quelque chose des époques « où j'étais encore trop petite pour que tu puisses m'en raconter quelque chose ». Mais, à la différence d'Anna, la vie de Mathilde resta orientée vers le mariage ; elle ne put encore bénéficier des opportunités professionnelles qui furent offertes à sa cadette de huit ans, ce qui*

1. F/Fl, p. 237 (désinscrite) ; *ibid.*, p. 362, Gödde 2005, p. 70 (école privée pour jeunes filles), List 2006, p. 89-91 (pas de baccalauréat pour les jeunes filles) ; Gödde 2005, p. 71-75, 114-135 et *passim* (formation ultérieure, théâtre, etc.) ; *ibid.*, p. 90 *sq.*, 138 (cercles féminins, « fifilles »).

tenait tant à l'état d'avancement différent de la psychanalyse (Anna commença sa carrière dans ce domaine comme traductrice de l'anglais pour la Maison d'édition psychanalytique fondée en 1919) qu'à de vastes transformations sociales touchant à l'accès des femmes aux études et à l'activité professionnelle. Il est vrai que Freud jugea que sa cadette « avait pris un tour passablement différent » de celui de ses sœurs aînées, qu'elle avait des « centres d'intérêt plus intellectuels » et qu'elle ne se satisferait sans doute pas « d'une activité purement féminine » [1].

Un heureux hasard a voulu que Mathilde, dans les mois au cours desquels elle chercha et trouva son futur époux, fût absente de Vienne, de sorte que, par des lettres qu'elle reçut de son père, nous apprenons beaucoup sur le choix de son partenaire et sur la manière dont Freud réagit [2]. *Elle était alors manifestement très préoccupée par la question du mariage, s'inquiétant de ses chances d'y parvenir, au point que Freud se sentit poussé à l'apaiser avec toute la force de son autorité et de son amour paternels. Une amitié avec un fils de médecin munichois qui durait déjà depuis un certain temps n'avait pu conduire au mariage, parce que le jeune homme n'était pas juif* [3]. *Au cours d'une cure thermale de plusieurs mois au printemps 1908 à Merano, elle trouva un nouveau partenaire : un marchand juif viennois, son aîné de douze ans, qu'elle connaissait depuis plus de deux ans. Elle tenait à lui, bien qu'il ne fût pas non plus le bienvenu auprès de son père. Elle serait encore trop jeune pour se marier, opinait Freud, le futur était trop maladif, et, de toute manière, il aurait préféré comme beau-fils l'un de ses élèves, par exemple le brillant Hongrois Sándor Ferenczi. Un cousin par alliance, Ernst Waldinger, se souvient : « Un marchand n'était pas là-bas [à la Berggasse] pris au sérieux, on aurait vu d'un meilleur œil que Mathilde eût choisi quelqu'un ayant fait des études supérieures. » Mais Freud ne contesta finalement pas la décision de sa fille* [4].

---

1. Gödde 2005, p. 307 *sq.*, 320, 325 (traduction d'un livre, intérêt pris à l'œuvre de Freud) ; *ibid.*, p. 342, 362 *sq.* (« pas faire usage », aimé étudier) ; Lampl-Int., p. I/23 (« le plus entretenu ») ; F/Fer II, p. 98 (assister aux conférences) ; Freud 1914d, *infra*, p. 82 (« Histoire ») ; F/AF, p. 129 (« pris un tour différent »).
2. 7 *sq.*-Math.
3. C'était une tradition familiale (Gödde 2005, p. 100 *sq.*). Mais une autre raison peut avoir été que le candidat au mariage était encore étudiant (*ibid.*, p. 110 ; cf. *infra*, p. 400).
4. Gödde 2005, p. 356 (depuis plus de 2 ans) ; Wald., p. 26.

L'élu, Robert Hollitscher (né le 4 août 1875), était gérant d'une agence commerciale ou, plus exactement, « représentant de grandes fabriques étrangères de soie, donc, ajoutait Mathilde, quelque chose de tout autre que psychologue ». Il n'était pas riche au point que la dot de sa femme pût lui être indifférente, et Mathilde n'était pas de ce point de vue un bon parti ; mais il passa outre aux réserves que formulait sa propre famille à ce sujet. Jusqu'à la Première Guerre mondiale, il mena une existence insouciante ; pendant la guerre, ses affaires marchèrent même particulièrement bien. Mais ensuite, il ne cessa d'être pris dans des difficultés. En décembre 1931, Freud écrivait à un parent en Angleterre que Robert ne gagnait « pas un penny » et vivait de son assistance à lui, Freud ; Mathilde rapportait en 1933 qu'il n'y avait plus aucune affaire, seulement « des pertes et des difficultés ». Robert faisait alors aussi commerce de miel et de cire, mais il paraît qu'il passait le plus clair de son temps dans des cafés. Son caractère était jugé dans la famille de manière partagée : d'un côté, son pessimisme était proverbial ; d'autre part, Freud le qualifiait de « tendre et vaillant ». Anton Walter, le fils de Martin Freud, raconte : « Lorsque le successeur au trône François-Ferdinand fut assassiné à Sarajevo, oncle Robert a prophétisé : "Ça veut dire la guerre." Quand Hitler prit le pouvoir en Allemagne, il dit : "Il viendra aussi en Autriche !" Grand-père dit : "Nous vivons vraiment dans une époque terrible, où oncle Robert a toujours raison." » En fonction de quoi Waldinger le qualifie de « grincheux » et de « ronchon permanent ». « Malgré tout, il était foncièrement bon et correct, et il ne faisait que souffrir de l'hérédité d'une famille tarée, dans laquelle la maladie mentale était fréquente[1]. »

Bien que Freud eût prié sa fille de ne pas se précipiter (et d'éviter en tout cas des privautés prématurées), elle se fiança à Robert dès la mi-octobre 1908, deux jours après son vingt et unième anniversaire ; les parents n'apprirent la chose qu'après coup. Le mariage eut lieu le 7 février 1909. De l'Association psychanalytique viennoise Mathilde reçut comme cadeau un tableau : Freud sans barbe – il avait été peint dans les semaines de l'été 1908, alors que Freud s'était fait raser de près. Elle renvoya le tableau, sur lequel elle ne reconnaissait pas son

1. Gödde 2005, p. 358 (« quelque chose de tout autre ») ; A. Freud 1978, p. 3 (existence insouciante) ; 386-SophMax (affaires pendant la guerre) ; Gödde 2005, p. 167-171 (difficultés incessantes, etc.) ; F/Sam, 19.12.1925, A. W. Freud 1996, p. 11, Wald. p. 26 (caractère de Robert).

père, et accepta à titre de cadeau substitutif un couvert d'argent et d'or. Le couple s'installa dans un appartement près de la Berggasse 19, Türkenstraße 29. Ils restèrent sans enfants. Il paraît que Mathilde continua à prendre ses déjeuners chez ses parents ou qu'en tout cas elle leur rendait une visite quotidienne ; assez souvent, elle passait aussi une partie des vacances avec eux. Par ailleurs, Anna Freud était d'avis en 1929 que sa sœur vivait dans un « cercle où régnait un vide intégral et dont elle ne faisait pas partie ». Il y eut une coupure dans sa vie durant l'automne 1922, quand Robert et elle prirent chez eux le fils cadet de sa défunte sœur Sophie, Heinz Rudolf (« Heinele »), afin de l'adopter. Freud écrivit alors : « Tous deux, Mathilde et son mari, qui mènent une vie conjugale réussie comme rarement, étaient tout près de se figer dans un égoïsme à deux[1]. *Il est remarquable de voir à quel point ils se sont dégelés au contact de l'enfant et quels tendres parents ils font. » D'autant plus grande fut la commotion quand Heinele mourut huit mois plus tard.* « He certainly was the most charming and fascinating child I have ever met[2] », *se souvenait encore Mathilde trente ans plus tard*[3].

Pour chacun des enfants Freud, on trouve des topoi *qui caractérisent l'image qu'on se faisait d'eux dans la famille. Mathilde était par exemple louée pour ses lettres ; ainsi, son père disait : « Je suis chaque fois étonné de voir comme cette femme écrit bien. » Elle passait pour « raisonnable » et* « well controlled[4] », *et se serait acquittée avec autorité du « rôle de l'aînée secourable » que le destin lui imposa. Quand Freud envoyait une salutation de vacances à ses « chers enfants », il l'adressait simplement à son aînée. « J'aimerais tant être raisonnable, comme Mathilde », disait avec un soupir Anna quand elle avait dix-sept ans. D'après une observation de Lou Andreas-Salomé en 1921, Mathilde était « en tant qu'aînée la sage et l'avisée, et aujourd'hui encore, toujours bienfaisante ». Son neveu Anton Walter la qualifiait*

1. En français dans le texte. [N.d.T.]
2. « Il était certainement l'enfant le plus charmant et le plus fascinant que j'aie jamais rencontré. » [N.d.T.]
3. Gödde 2005, p. 356 *sq.* (fiançailles) ; Math. Freud/Jones, 1.9.1955 (BPS/A), Molnar 1996, p. 199, Molnar 2004, p. 124 (cadeau de mariage) ; Appignanesi et Forrester 1996, p. 81, Roazen 1993, p. 121 (visites quotidiennes) ; A. Freud 1994, p. 136 (« vide intégral ») ; Freud 1985d, p. 290 (« égoïsme à deux ») ; LAS/AF, p. 167 (commotion). Math. Freud/Jones, 10.1.1956 (BPS/A) (« fascinating child »).
4. « Pleine de maîtrise » [N.d.T.].

en revanche d'« autoritaire et prétentieuse ». À l'opposé d'Anna, elle donnait toujours une impression d'élégance. Waldinger l'éprouvait comme « ladylike[1] *» : « Sa froideur retenue, ses allures de dame, qui étaient encore accentuées par son style vestimentaire impeccable et choisi, semblaient avoir leur patrie plus à Hambourg qu'à Vienne. » Anna Freud écrit dans sa nécrologie à son propos : « Le plaisir pris à la nature et à la littérature et un intérêt chaleureux pour ses amis l'ont accompagnée tout au long de sa vie[2]. »*

Il est vrai que le topos *dominant dans le cas de Mathilde renvoie au fait qu'elle fut plusieurs fois gravement malade et souffrante pendant toute sa vie. Enfant, elle subit, à cinq et neuf ans, deux attaques de diphtérie qui mirent sa vie en danger. Particulièrement grave fut une opération de l'appendice en mai 1905, qui conduisit par la faute du médecin à des complications dont elle ne se remit à vrai dire jamais tout à fait. Après un séjour de plusieurs semaines dans un sanatorium, elle dut « apprendre lentement à marcher, se tenir debout et assise » ; elle « avait oublié presque tout ce qui s'était passé avant » ; ne se souvenait plus « d'un seul livre [qu'elle avait] lu ». Début 1908, elle eut une péritonite, qui fut interprétée comme une séquelle de cette opération, « avec douleurs épouvantables et fièvre ». Pour sa convalescence, elle fut envoyée pour plusieurs mois à Merano. Il est probable que sa fragilité avait favorisé chez elle une certaine panique d'être prise de court, qui la poussa à mettre là-bas à exécution ses désirs de mariage. Même après son union, elle resta sujette à des récidives. En mars 1910, il est question d'une opération de rattrapage grave. Une grossesse conduisit pendant l'été 1912 à une nouvelle « irritation de la plaie », à « de la fièvre et de gros tracas subjectifs », de sorte qu'une opération avec interruption de grossesse devint inévitable. Freud se hâta de quitter sa villégiature estivale pour se rendre au chevet de Mathilde et laissa tomber un voyage en Angleterre qu'il avait projeté. À partir de là, Mathilde ne put plus avoir d'enfants, ce qui lui donna beaucoup de*

1. « Distinguée » [N.d.T.].
2. Gödde 2005, p. 264 (« chaque fois étonné ») ; F/J I, p. 329, F/Sam, 19.12.1925, A. Freud 1978, p. 3 (« raisonnable », etc.) ; Freud/Liebe Kinder, 23.9.1907 (SFP/LoC, Briefe an Math. Freud) = F/Voy, p. 211 (adressé) ; F/AF, p. 100 (« aimerais être raisonnable ») ; F/LAS, p. 230 (« la sage ») ; A. W. Freud 1996, p. 10 ; Roazen 1993, p. 125 ; Wald., p. 26 (« autoritaire », etc.) ; A. Freud 1978, p. 3 (« plaisir pris à la nature »).

Mathilde avec Sophie et Anna, vers 1903

fil à retordre. Dans les années qui suivirent la Première Guerre mondiale, nous ne cessons de lire qu'elle se sent misérable, une « invalide chronique ». Quand sont mentionnées ses nombreuses phases de maladie, c'est toujours avec la précision qu'elle a porté son destin avec vaillance, en se maîtrisant elle-même et avec stoïcisme[1].

Dans la famille, Mathilde, l'élégante, était célèbre pour sa « passion des ouvrages de toutes sortes, particulièrement de tricotage », une passion qu'elle tenait de sa mère et partageait avec sa sœur Sophie. Déjà à Vienne, elle commença à utiliser cette inclination pour gagner un pécule, sans doute alors que les affaires de son mari ne cessaient d'aller mal. On rapporte qu'elle aurait, comme styliste, ébauché des modèles de robes qui étaient portées en des occasions solennelles, ainsi lors du dernier bal de l'opéra en 1938, avant l'invasion des nazis. En octobre 1937, elle mentionne dans une lettre à son frère Ernst et à sa femme qu'elle a beaucoup à faire au magasin – « il faut que j'y sois aussi très souvent l'après-midi, parce que les heures de la matinée ne suffisent pas » –, mais que cela lui fait un immense plaisir. Et elle ajoute : « Parfois, Robert m'envie toute cette effervescence, il a en tout cas beaucoup trop de temps libre, et porte sur notre avenir les pronostics les plus lugubres[2]. »

Après l'Anschluss, Mathilde et Robert décidèrent, tout comme Martin et Anna, de suivre leur père sur le chemin de l'émigration à Londres. Ils quittèrent Vienne le 24 mai 1938, quelques jours plus tôt que les parents. Peu de temps après, en août de la même année, Mathilde devint associée d'une boutique de modes fondée par des gens qui, comme elle, avaient émigré depuis l'Autriche. En octobre, Freud pouvait rapporter à une amie de la famille que « la boutique de Mathilde dans la Bakerstreet avait pris un bon départ ». Elle en fut la directrice jusqu'en 1964. Elle gagna en outre une partie de sa subsistance en louant des appartements. C'est ainsi qu'elle rapporte, contente, en 1952, à son frère Oliver et à sa femme : « nos deux maisons sont

1. Gödde 2005, p. 41 *sq.*, 80-88, 159-161 (maladies) ; F/Fer I, p. 160, F/PF, 17.3.1910 (opération de rattrapage) ; F/Jo, p. 206, Gödde 2005, p. 158 *sq.* (grossesse) ; Wald., p. 26 (souffre de ne pas avoir d'enfants) ; 237-Ernst, F/Sam, 6.12.1929 (misérable, etc.) ; par exemple F/J I, p. 329, F/Sam, 19.12.1925, Wald., p. 27 (vaillance, etc.).

2. Young-Bruehl 1995, t. I, p. 57 (« ouvrages ») ; Gödde 2005, p. 173 (designer de mode) ; Mathilde/Ernst, 24.10.1937 (UE).

Mathilde et Robert Hollitscher, 1945

entièrement occupées » ; en 1966, il n'est question que d'une maison, qu'elle s'était sans doute déjà achetée pendant la guerre [1].

Il n'est pas connu que Robert, qui avait soixante-deux ans lors de l'émigration, ait contribué au ravitaillement de la famille. En 1952, Mathilde raconte : « Robert continue à aller l'après-midi comme si de rien n'était à sa partie d'échecs, et le soir, nous sommes toujours à la maison, à écouter la radio, à écrire, repriser, faire des abat-jour ou occupés par un puzzle. » Elle continuait à écrire avec plaisir des lettres nombreuses et longues. Elle prit une part intense à l'élaboration de la grande biographie de Freud par Ernest Jones. Parmi les enfants de Freud, ce fut elle qui prolongea le plus l'impulsion de ses parents à maintenir la cohésion de la famille par une communication permanente. Le 7 mars 1959, son mari mourut. Mathilde lui survécut dix-neuf ans ; elle mourut le 20 février 1978. Malgré la fragilité de sa santé qui se perpétua sa vie durant, elle mourut plus âgée que tous ses frères et sœurs [2].

Le centre de gravité des lettres de Freud à Mathilde et à son mari se situe dans les années 1907-1912, spécialement l'année des fiançailles, 1908, et du coup, nettement plus tôt que chez les autres enfants. Ont été reproduites dans ce qui suit quarante et une pièces.

---

1. Molnar 1996, p. 422 (24.5.1938) ; Gödde 2005, p. 242 *sq.*, 251, F/RMB, 13.10.1938 (boutique) ; Gödde 2005, p. 251 *sq.*, Mathilde/Oli-Henny, 30.10.1952 (OFP/LoC) (maisons/maison).
2. Mathilde/Oli-Henny, 30.10.1952 (Robert) ; lettres in BPS/A (Freud-Biographie) ; Gödde 2005, p. 254 (communication).

Les lettres

La famille Freud passa l'été 1898 à Aussee dans le Salzkammergut. Tandis que les autres enfants y avaient été emmenés le 23 mai, Martha et Mathilde, alors âgée de dix ans, vinrent les rejoindre le 8 juin (le père seulement vers la fin juillet). Mathilde avait été auparavant un peu malade[1].

1-Math [En-tête SF, Vienne][a] samedi 11.6.98[b]

Chère Mathilde,

Je suis très heureux qu'au moins toi tu aies dormi. J'ai beaucoup plaint le pauvre monsieur qui a dû partager un compartiment de première classe avec trois dames désobligeantes[2], bien qu'on n'ait à vrai dire pas le droit de revendiquer pour soi plus que la moitié d'un banc.

Le poème de Martin[3] est une authentique création de circonstance et j'espère qu'il ne lui nuira pas plus que ça.

Salue tous tes frères et sœurs de la part de
ton papa

---

a. En-tête imprimé. Vignette : SF ; adresse : IX., Berggasse 19.
b. Lettre annexée à une lettre de Martha de la même date.

1. F/Fl, p. 402.
2. On n'a pu établir qui était la troisième « dame » : la sœur de Martha, Minna, ou, par exemple, une bonne d'enfants.
3. Martin était connu dans la famille pour sa « poésite » (cf. *infra*, p. 98 *sq.*). [N.d.T. : Je traduis par « poésite » le mot inventé *Dichteritis*, qui associe à *Dichter* un suffixe désignant en médecine une maladie inflammatoire.]

Au moment de la deuxième lettre[1]*, Mathilde était en visite chez son amie « Hansi », au mariage de laquelle elle avait été, au printemps de cette année, demoiselle d'honneur*[2]*. Le couple habitait une propriété à Kuttenberg (Kutná Hora) en Bohême, à environ 70 kilomètres à l'est de Prague. C'était le « premier voyage » de Mathilde « que, venant tout juste d'avoir vingt ans, elle entreprenait de sa propre initiative et sans la famille ».*

2-Math [En-tête Vienne][a], 28.X.07[b]

Ma chère Mathilde,

Ta lettre n'est pas arrivée dimanche mais seulement lundi – ce – matin ; d'où le retard dans la réponse. Je vais faire en sorte de l'amener encore aujourd'hui à la poste avant 10 h.

D'abord la réponse à la plus importante de tes questions : quand au piquet[3] les deux restent dedans, c'est la simple différence qui est portée au bénéfice du gagnant, et la partie suivante vaut double, c'est-à-dire que la péréquation finale et les traits sont doublés, mais pas chacun des comptages inscrits. Maintenant passons à autre chose. La tante s'est réservé le cas Hollitscher[4] ; je peux seulement te suggérer que c'est celui des Dub[5].

Profondément touché par tes prières, mais surtout par celles de Hansi, je me suis résolu à voyager comme elle le propose dans sa

---

a. En-tête imprimé : « Prof. Dr. Freud, [Vienne] IX., Berggasse 19. » Utilisé à quelques menues variations typographiques près jusqu'à l'émigration en juin 1938.

b. Enveloppe associée adressée à : Mademoiselle Mathilde Freud/ chez Madame Hansi Teller/ Kuttenberg/ Bohême.

1. Dans l'intervalle sont conservées quelques salutations sur carte postale, que Freud adressa à Mathilde de son voyage en Italie en été 1907. Elles se trouvent dans la correpondance de voyage de Freud (F/Voy, p. 203-205, 211 *sq.*, 216) et ne sont pas reproduites ici une seconde fois.

2. Johanna Czinner (1888- ??) épousa le 9 avril 1907 à Vienne l'ingénieur Hans Teller (1883- ??) de Prague (elle signait « Mlle Hansi Zinner ») (IKG/W) ; citation chez Gödde 2005, p. 92.

3. Jeu de cartes pour deux joueurs.

4. On n'a pu établir de quel « cas Hollitscher » il s'agit ici. Toujours est-il que Mathilde connaissait déjà son futur mari Robert H. (cf. *supra*, p. 31 *sq.*).

5. Minna Bernays (1865-1941), la sœur de Martha Freud, avait été auparavant employée par les familles Dub et Fürth dans une ville de Bohême, Strakonitz (F/MB, p. 234 note 9). Pour le reste, l'arrière-plan de cette allusion reste obscur.

lettre, et j'aurai donc le plaisir d'arriver chez vous comme invité du matin [1]. Tu seras alors autorisée à me faire une démonstration des beautés de Kuttenberg – probablement par une pluie abominable. Il est vrai que je vais alors voyager deux nuits ; mais ça ne me fait pas grand-chose. Je ne peux te conseiller d'aller à Prague à cause de la conférence [2] ; et qui te ramènerait alors dans la nuit ? Mon voyage de retour ne passe sans doute pas par K., et tu ne verrais rien de cette ville très remarquable. Il aurait été très bien que je puisse profiter du samedi, qui est de toute façon déjà un jour semi-férié, pour venir te chercher à K. et te garder ensuite à Prague jusqu'à la conférence ; mais cette voie est pour moi barrée, puisque mes auditeurs ont insisté pour que je n'annule pas mon cours [3] de samedi et que j'ai eu la faiblesse de céder. Quant à savoir si nous pouvons compter sur oncle [4] et le Dr Frank [5] dimanche prochain, c'est quelque chose dont il faut d'abord nous informer. Je trouve très raisonnable ton intention de rester plus longtemps, si tu te sens si bien et si tu peux offrir à ton amie une petite distraction.

Je pourrai donc te remettre ton argent de poche de novembre en mains propres. Ton ami Lesz. [6] est assis avec dévotion sur le premier banc et n'attire l'attention que par quelque chose de rouge sur le nez. Le cours est aussi comble qu'au semestre passé, bien que j'eusse voulu cette fois le limiter à des personnes ayant déjà une certaine pratique. Il semble que chacun se considère comme en faisant partie. Tout marche, d'une façon générale, à plein régime. Mais je ne t'en veux pas du tout que tu prennes connaissance d'un autre cercle et d'autres centres d'intérêt ; le sucre est une affaire très sérieuse [7]. Mon travail n'est du reste intéressant que parce que les

1. La cause du voyage de Freud en Bohême (une consultation ?) est inconnue.

2. Le *Prager Tagblattt* annonce pour le dimanche 3 novembre 1907 seulement *une* conférence à Prague, dont il pourrait s'agir ici : une lecture de poèmes de Rilke.

3. Le cours que Freud donnait régulièremnt le samedi soir avait pour thème pendant le semestre d'hiver 1907-1908 : « Introduction à la psychothérapie », deuxième « suite » d'une manifestation qui avait commencé pendant le semestre d'hiver 1906-1907 (Gicklhorn et Gicklhorn 1960, p. 154).

4. Le frère de Freud Alexander (1866-1943).

5. Non identifié (mais cf. F/Voy, p. 292 avec note 19).

6. D'après la liste des auditeurs de Freud chez Gicklhorn et Gicklhorn, il devrait s'agir de l'étudiant en médecine Oskar Alexander Leszlényi (1960, p. 171).

7. Le mari de Hansi était « copropriétaire d'une des plus grandes fabriques de sucre d'Autriche » (Gödde 2005, p. 346).

gens m'apportent tant à partir de professions et de classes sociales différentes.

En fait de grandes nouveautés, je te raconte encore que le dernier envoi de Rome est arrivé [1] et que j'ai contracté une nouvelle assurance-vie assez importante pour prendre le relais de celle qui est venue à échéance, ce qui a pour effet d'améliorer sensiblement notre situation. Je pense que nous pouvons maintenant être à peu près contents. Schwerdtner achève tante demain [2], il l'a beaucoup flattée et a bien fait ressortir la ressemblance avec Anna Thorsch [3].

Salue tes hôtes de ma part et dis-leur qu'en acceptant l'invitation je prouve combien la lettre de la jeune femme m'a réjoui. Mais il faut dire aussi qu'elle était très cordiale.

Continue à bien te porter ! Au revoir
Ton vieux papa

Le 29 février 1908, Mathilde s'en alla à Merano pour quatre petits mois, afin de s'y remettre d'une péritonite. Elle habitait chez le « Dr Raab – Untermais – Villa Raab », qu'elle comptait parmi ses « chères connaissances [4] ».

3-Math [En-tête Vienne], 5 mars 08 [a]

Ma chère Mathilde,

Nous nous sommes beaucoup amusés de ta lettre malicieuse et enjouée et espérons que, malgré ton modeste ameublement, tu te sentiras très bien. Si quelque chose te manque, tu pourras tranquillement le demander, c'est-à-dire nous en prier. Il était très facile de

---

a. Enveloppe associée adressée à : Mlle Mathilde Freud/ chez le Dr Fritz Raab/ Villa Raab/ Tyrol. Même chose pour les lettres suivantes.

1. Probablement le « plus bel » achat d'antiquité, dont Freud avait parlé dans sa dernière lettre de voyage de cet été à Rome (F/Voy, p. 218).
2. Sans doute le sculpteur Carl Maria Schwerdtner (1874-1916). Il avait ébauché la médaille avec le portrait de Freud d'un côté et Œdipe devant le sphinx de l'autre, médaille que Freud avait reçue en cadeau de ses adeptes en 1906 pour son cinquantième anniversaire (Jones II, p. 14). On n'a pu rien découvrir d'un portrait de Minna.
3. Anna Thorsch, née Berend, était la fille d'un frère de Sara Bernays, femme du grand-père de Minna, Isaak Bernays (F/MB, p. 218, note 10).
4. Gödde 2005, p. 352.

remarquer que, pendant que tu écrivais, tu n'étais pas sans être quelquefois dérangée, car, au milieu d'une description, tout à fait comme chez maman, a surgi un « elle » qu'il n'était pas facile de rapporter à quelqu'un. J'étais d'avis que c'était Mme Käthe Raab, pour qui un homme s'est jeté par la fenêtre ; mais on m'a informé que c'était Sophie Fr. – c'est-à-dire l'inverse [1]. J'en deviens moi-même confus.

Dans l'affaire de ta pension, je te prie de m'excuser auprès de Mme R.[aab] d'avoir voulu, ne serait-ce que l'espace d'un instant, te mettre sur le même pied que ces Anglaises ; les différences entre les pères étaient, comme elle le savait, bien trop grandes. Mais je ne peux me prévaloir de ma supériorité ; en matière d'intendance, la femme est plus avisée, et c'est pourquoi je lui fais demander une nouvelle fois de bien vouloir fixer le prix de ta pension. Entre nous, je te dis que je ne trouverais pas 250 Kr, même 300 Kr trop élevé. Sans quoi, ça n'aurait pas marché du tout, et, pourvu que le soleil et le printemps arrivent sur Merano, tu trouveras chaque prix bon marché.

Je n'ai pas reçu de nouveau livre délirant [2] ; il semble que la production marque une pause dans ma spécialité. Ici, le travail est par ailleurs d'une intensité monotone ; le présent est relégué à l'arrière-plan par les attentes que suscite Salzbourg [3]. Jung a envoyé aujourd'hui le programme, au moins son ébauche, pour approbation. De son côté viendront à coup sûr 18 personnes, du mien 12-15, donc au total peut-être 30. Parmi les 7 conférenciers, il y a, outre moi-même et Jung, un Anglais et un Américain. Tante a déjà écrit à Salzbourg à (l'autre) Fleischmann [4], et, dès que sa réponse

---

1. Référence manifeste à la lettre précédente de Mathilde ; la configuration est obscure.

2. Peut-être une allusion aux *Schriften zur angewandten Seelenkunde* éditées par Freud, auxquelles Mathilde s'intéressait spécialement. Le 14 février 1908 avait été publié au titre de leur troisième tome le *Inhalt der Psychosen* de Jung (F/J I, p. 178).

3. Première rencontre internationale des adeptes de Freud, qui eut lieu les 26 et 27 avril 1908 à Salzbourg avec 38 (42 ?) participants. Y furent donnés neuf exposés, dont un, entre autres, d'Ernest Jones (cf. Procès-verbaux, t. I, p. 365-367 ; Jones II, p. 46-48). Morton Prince de Boston avait annoncé un exposé, mais se dédit (F/J I, p. 206).

4. Carl Fleischmann (1859-1941) était un gynécologue viennois, qui eut plusieurs fois à attester des naissances dans la famille Freud et opéra Mathilde en septembre 1912 (F/MB, p. 233, note 4 ; F/AF, p. 291 *sq.*, note 2). – Pour ce qui est de

me sera parvenue, elle sera transmise à Zurich, et le programme sera envoyé à tout le monde. C'est donc une grande affaire.

Königstein [1] veut venir avec moi à titre d'amateur. Les chances d'avoir le Rosspointlehen [2] se sont amenuisées à la suite de renseignements pris auprès de Bertha H. [3] ; il ne compterait pas assez de chambres pour nous ; mais je veux quand même aller y faire un tour.

Tout en appréciant ton zèle épistolaire, je me réjouirai tout de même d'observer que tu écris plus rarement, et en conclurai que tu te promènes davantage. D'oncle je n'ai pas encore de nouvelles, quant à savoir si nous avons tiré le gros lot le 3 mars [4], auquel cas j'interromprais ici le blanchissage des nègres [5] [*Mohrenwäsche*] et viendrais te voir à Merano. En attendant, je t'envoie de cordiales salutations et mes meilleurs vœux pour ton rétablissement.

Ton vieux papa

4-Math [En-tête Vienne] 12.3.08

Ma chère Mathilde,

Je te réponds le jour même parce que, sinon, je n'en trouverai pas le temps dimanche et que je tiens à te dire combien ta lettre astucieuse et intéressante m'a réjoui. J'espère qu'elle est également tout à fait sincère, et que tu te sens vraiment à ton aise dans cette

---

l'« autre », il s'agit de Rudolf Fleischmann, qui fut pendant des décennies propriétaire et directeur de l'hôtel Bristol, dans lequel eut lieu la rencontre des analystes (remerciements au Dr Maria Hostek et à Thomas Radauer).

1. Leopold Königstein (1850-1924), ophtalmologiste, ami personnel de Freud.

2. Une ferme près de Berchtesgaden (information gracieuse de Bettina Niederberger, Office du tourisme de Berchtesgaden), qui avait été manifestement envisagée comme logement de vacances. En fait, la famille passa les vacances de l'été 1908 à Dietfeldhof près de Berchtesgaden (cf. F/AF, p. 52, note 2).

3. Possiblement Bertha Hammerschlag (1870-1962), fille aînée de Josef Breuer (cf. Fichtner 2008 ; Hirschmüller 1978, p. 48).

4. Cette remarque pourrait se rapporter au tirage de la loterie des pauvres le 3 mars, avec un gros lot de 20 000 couronnes-or (*Wiener Zeitung*, 4.3.1908, p. 4).

5. Une expression alors courante pour qualifier une tâche réputée impossible, que Freud a utilisée à plusieurs reprises pour désigner le traitement psychanalytique (cf., par exemple, F/E, p. 561 note 6). [N.d.T. : On trouvera une note plus développée in F/A, lettre 35F, p. 79, note 2.]

maison, que tu as le courage de te procurer ce qui manque à ton confort.

Le 1er avril, je t'enverrai 300 K, dont tu utiliseras 50 pour tes menus besoins, 250 pour la pension. Nous préférons dépenser un peu plus pour que tu bénéficies dans la maison d'une meilleure position. D'ici là, tu n'as plus à parler avec Raab de la chose.

Qu'Annerl veuille te faire concurrence [1], tu l'as sans doute appris d'elle-même. Aujourd'hui Schnitzler [2] était là, et à cette occasion je lui ai demandé aussi ce que tu peux faire à Merano. Tous deux, Rie [3] et lui-même, étaient tout à fait d'accord pour des bains d'eau salée ; tu peux les commencer tout de suite après ton indisposition [4].

Quant au Schindler [5], tu as deviné juste. Il venait du Dr Robitsek [6], il est déjà accroché dans le salon, et il est très beau. Un petit paysage, qui représente le moulin de Goisern, avec une atmosphère brumeuse. Un petit régal chaque fois qu'on traverse la pièce. L'occasion du cadeau fut son installation dans un appartement personnel, un grand progrès pour lui, mais pas encore un but auquel il toucherait. Tous ces jeunes célibataires fantasment, bien sûr, de t'épouser, pas seulement Rob., mais aussi le jeune Redlich [7].

---

1. Avec une maladie de l'appendice (cf. 6-Math et Young-Bruehl 1995, t. I, p. 75 *sq.*). – Anna Freud (1895-1982), fille cadette de Freud, plus tard psychanalyste (cf. F/AF ; Young-Bruehl 1995).
2. Probablement le chirurgien Julius Schnitzler (1865-1939), frère cadet d'Arthur Schnitzler.
3. Oscar Rie (1863-1931), pédiatre, ami et partenaire de tarot de Freud (BL/W).
4. *Unwolsein.* Euphémisme pour menstruation, encore aujourd'hui usuel dans l'aire autrichienne.
5. Dans le legs de Freud se trouvait un tableau de Schindler représentant un moulin à eau, qui est aujourd'hui accroché dans le musée Freud à Londres ; c'est probablement lui qui est ici visé. Ce motif était bien une spécialité du peintre paysagiste Emil Jakob Schindler (1842-1892). Un autre tableau, intitulé *Mühle bei Bad Goisern* (1883), est aujourd'hui la propriété du Lentos Kunstmuseum de Linz.
6. Possiblement le Dr phil. Alfred Robitsek (1871-1937) de Vienne (F/J II, p. 52), auteur de contributions psychanalytiques à la symbolique et à la poésie. Il pourrait avoir été en analyse chez Freud, et cela pourrait être le cadeau d'un patient reconnaissant.
7. Probablement Kurt Redlich, Edler von Vezeg (1887- ??) de Brünn, étudiant à Vienne à partir de 1905, ensuite propriétaire d'usine (F/J I, p. 301 avec note 2, note 2 de 141F) ; patient de Freud (Shamdasani 1996, p. 229).

Cela s'appelle, si tu ne le sais pas encore, le « transfert », et il ne faut pas le prendre pour réel ; cela va jusqu'à un cadeau ou une gratification, mais rien de plus ; la plupart du temps, ce ne serait même pas souhaitable, et il faudra que tu patientes encore un certain temps.

Fleischmann, du Bristol, a donné très volontiers son accord, et il ne nous reste plus que quelques détails à régler par courrier. Que cela doive faire un peu plus de 30 personnes, je te l'ai certainement déjà écrit.

La « Gradiva [1] » doit être dotée par Deuticke de nouveaux atours. Crois-tu que je devrai alors en envoyer un exemplaire aux Raab, ou bien en ont-ils déjà reçu un ?

Mon estomac te remercie, il est très accommodant et, samedi dernier, il a accepté sans réticences chez Königstein du boudin, de la viande fumée avec du chou et des boulettes. Samedi prochain, je termine mon cours et, là-dessus, partie de tarot (sans souper) chez moi avec Oscar et Alfred R.[ie] [2] et Leitner [3], leur première depuis l'accident survenu à Kurt. Notre cuisine semble avoir bonne réputation.

J'ai eu des nouvelles de Mlle Federn [4] ; c'est très bien que tu lui aies envoyé des fleurs. Elle a sans doute très bon cœur, mais est certainement aussi un peu cinglée.

Aux connaissances, à Dub en particulier, n'envoie que des cartes postales, mais en abondance. Si tu ne t'en sors pas, dis-le. L'exposi-

---

1. L'étude de Freud (1907a) consacrée à « Gradiva », la nouvelle de Wilhelm Jensen située à Pompéi – Mathilde avait lu des épreuves à cette fin (Gödde 2005, p. 325) –, inaugura les *Schriften zur angewandten Seelenkunde*. Cette série parut d'abord chez Hugo Heller et passa en 1908 (à partir du t. III) à la maison d'édition Franz Deuticke, « plus performante » (F/J I, p. 173), qui prit également sous sa coupe les deux premiers volumes et les dota d'une nouvelle couverture (cf. p. 49 note 2).

2. Alfred Rie (1862-1932), avocat, frère d'Oscar (Molnar 1996, p. 174) ; travailla plusieurs fois pour Freud (par exemple 93-Martin).

3. Probablement Marie Leitner, née Bondy (1872- ??), sœur de Melanie, la femme d'Oscar Rie, et d'Ida, la femme de l'ex-ami de Freud Wilhelm Fließ ; épousa en 1904 le peintre académique Rudolf Leitner (1867- ??) (Gaugusch, à paraître). Cf. 6-Math.

4. Possiblement la sœur de Paul Federn, Else (1873-1946), engagée dans le mouvement du Settlement, à qui il avait dû alors arriver quelque chose (www.onb.ac.at/ariadne/vbf/bio_federnelse.htm en date du 10.9.2009).

tion chez Heller [1] avait pour objet des eaux-fortes de Stauffer-Bern [2], incomparables !

Avec son salut le plus cordial ton
vieux papa

5-Math [En-tête Vienne] 15.3.08

Ma chère Mathilde

Tandis que nous attendons nous-mêmes avec impatience la suite de tes nouvelles, je dois te communiquer ce que tu aurais sinon appris par les journaux : à savoir qu'oncle Heinrich [3] est mort subitement cet après-midi sans avoir été malade auparavant. Il était dans son cabinet et négociait avec une cliente, lorsqu'il s'écroula terrassé par une attaque. Il paraît que, dans sa famille, c'est une mort habituelle. Nous l'avons transporté chez lui et mis sur son lit. Le désespoir de tante Rosa est à fendre le cœur, sa surdité est sans doute la pire aggravation de ce malheur, qui nous touche tous durement.

L'opération d'Annerl était fixée à demain 8 h et se trouve maintenant repoussée de quelques jours. Rie est d'avis que cela ne comporte pas de danger et que nous ne devrions pas faire l'expérience d'une déconvenue aussi inhabituelle qu'en son temps avec toi [4].

Tu dois rester à Merano et exprimer tes condoléances à distance. Tu vois comment est la vie ; quand c'est l'aîné qui meurt d'abord,

1. Le salon de l'éditeur Hugo Heller (1870-1923) était un rendez-vous connu de la scène artistique viennoise. Heller était depuis 1902 membre de la Société psychologique du mercredi, dans laquelle se réunissaient les adeptes viennois de Freud, et qui se constitua en 1910 comme Association psychanalytique viennoise ; jusqu'en 1919, éditeur essentiel de la psychanalyse (BL/W ; Marinelli 2009, p. 30-36).

2. Karl Stauffer-Bern (1857-1891), peintre et graphiste suisse connu.

3. Heinrich Graf (1852-1908), mari de la sœur de Freud Regina Debora, appelée Rosa (1860-1943 ?) (F/AF, p. 81, note 8). Le 15 mars parut dans la *Neue Freie Presse* (p. 15) un avis de décès avec le texte suivant : « Avec une immense douleur, en son nom propre, au nom de ses enfants mineurs Hermann et Cäcilie, ainsi qu'au nom des parents soussignés, Mme Rosa Graf née Freud fait part du décès de son époux bien-aimé M. le Dr Heinrich Graf, avocat auprès de la cour et du tribunal de Vienne, survenu le dimanche 15 mars 1908 à la suite d'une attaque cérébrale. » La « famille du Pr Dr Sigmund Freud » faisait aussi partie des « parents soussignés ».

4. À propos de l'opération de l'appendice subie par Mathilde en 1905 et de ses graves répercussions, cf. *supra* (p. 34-36) et p. 52, note 1.

il faut, n'est-ce pas, consentir tranquillement au destin. Vous autres enfants avez encore tout devant vous, et vous pouvez attendre de la vie toutes sortes de choses. Fais donc en sorte de te rétablir ; peut-être que ton dérangement ne venait d'ailleurs que de l'indisposition.

Avec un cordial salut
Ton père

6-Math [En-tête de Vienne] 19.3.08

Ma chère Mathilde

C'est une époque riche en événements. Mardi matin, nous avons accompagné à sa dernière demeure oncle Heinrich avec une assistance nombreuse qui lui faisait honneur. Aujourd'hui, à 8 h, Annerl a été opérée. Son cas était plus sérieux que le tien, dans l'appendice se trouvaient des fécalomes, auxquels aurait pu être associé le risque d'une perforation si l'on avait attendu plus longtemps. Elle s'est comportée très vaillamment ; au milieu des douleurs et des vomissements, elle a aujourd'hui fait des plaisanteries, a bonne mine, a 36,6 le soir, et a dès avant l'introduction du cathéter uriné elle-même au prix d'un effort de volonté. Nous espérons ainsi, moyennant une injection, une bonne nuit. Lorsque à midi je lui ai promis d'amener Lampl [1], pour qu'il lui chante quelque chose, elle nous a encore demandé de transporter le piano de notre appartement dans sa chambre. Il paraît que Rie est très content. Demain, Marie Leitner est opérée chez Löw [2], même chose naturellement. Le reste du temps libre revient à la tante, son désespoir n'est pas supportable. Les enfants sont étranges. Hermann [3] a dit : que père soit mort, je le comprends, mais qu'il ne vienne pas dîner à la maison, ça me dépasse. Voilà tout ce que sont capables de fabriquer avec la mort même des enfants intellectuellement précoces.

---

1. Hans Lampl (1889-1958), camarade de classe et ami de Martin Freud, depuis 1901 en contact étroit avc sa famille. Étudia la médecine, déménagea après la Première Guerre mondiale à Berlin et devint analyste. Fit la cour non seulement à Sophie (*infra*, p. 400 *sq.*), mais aussi à Anna Freud (Young-Bruehl 1995, t. I, p. 137 *sq.*) ; épousa en 1925 à Berlin l'analyste hollandaise Jeanne Lampl-de Groot (BL/W, cf. Frank et Schröter, à paraître).

2. Le sanatorium Löw à Vienne IX, Mariannengasse 20.

3. Hermann Graf (1897-1917), fils du défunt. Freud mentionna sa phrase citée ensuite à l'automne 1910 lors d'une session de l'Association psychanalytique viennoise (Procès-verbaux, t. III, p. 5).

La tante sera, bien sûr, obligée de se restreindre pas mal, mais ne sera pas dans le besoin. Sont disponibles environ 110 000 Kr en liquide et en assurance, en outre les recettes du bureau de l'année dernière et de l'année courante, et la participation au cabinet qui continue pour quelques années, et dont la reprise fait actuellement l'objet de négociations. Sur toutes ces affaires, tante parle très raisonnablement, mais quand on aborde le sujet de sa détresse, on ne peut pas l'écouter. Et hélas, elle a tellement raison.

Oncle Moritz [1] est venu à Vienne pour les obsèques et est reparti ce soir. Les garçons sont très graves ; je crois que ce qu'ils ont vécu là leur a fait une profonde impression. J'ai cessé presque complètement le travail pendant un jour et demi ; mardi après-midi, je me suis remis de tout cela en cinq heures de travail. C'est une bonne chose que d'être contraint de travailler.

Ces événements éclipsent d'autres petites nouveautés, qui maintenant ne t'intéresseront pas non plus. Par exemple, que l'écrit de Riklin sur le conte vient enfin de paraître chez Deuticke [2]. À ma question de savoir si je dois envoyer la *Gradiva*, tu n'as, je crois, pas répondu.

Nous sommes maintenant un petit cercle, et Sophie la seule fille. Tante Minna gouverne, mais aujourd'hui, mis à part les repas, elle était uniquement au sanatorium [3]. Les Dub et les Fürth [4] se comportent d'une manière extraordinairement amicale, et elle en est très fière.

Annerl a sa surveillante particulière depuis le début, l'adversité nous a rendus avisés. Ch[ambre] n° 4 près de l'ascenseur au premier étage. Encore sous l'impression plus directe de l'environnement, maman te donnera tous les détails sur le sanatorium.

Je te souhaite de très bonnes journées et te salue cordialement

Ton père

---

1. Maurice (Moritz) Freud (1857-1920), vivant à Berlin, marié avec la sœur de Freud Maria (« Mitzi ») (Tögel 2004).
2. La réédition de Riklin (1908), t. II des *Schriften zur angewandten Seelenkunde* (cf. p. 46, note 1).
3. C'est-à-dire auprès d'Anna.
4. Dans le sanatorium de Julius Fürth, un camarade d'études de Freud, Martin et Mathilde furent traités en 1911 et 1912 (F/AF, p. 178, note 10) ; possiblement donc cette fois aussi Anna. Cf. en outre p. 46, note 1).

7-Math [En-tête de Vienne] 26.3.08 [1]

Ma chère Mathilde,

C'est la première fois que tu fais appel à mon aide, et cette fois, tu ne me rends pas la tâche difficile, car il est aisé de voir que tu surestimes de beaucoup ton mal [2] et en tires des déductions qui, d'après ce que je sais et selon mes informations, sont tout à fait superfétatoires. Je ne veux pas te donner de belles illusions, ni cette fois ni une autre – je les tiens pour nocives et sais que le soupçon qu'il s'agisse d'illusions abolit le plaisir qu'elles peuvent dispenser. Mais il n'y en a nul besoin. Merano est destiné à te revigorer physiquement, et c'est certainement le bon endroit pour ça ; pour ce qui est de l'affection locale, il n'est, bien sûr, d'aucun secours ; il faut provisoirement l'abandonner à elle-même. Il est probable qu'elle va te causer encore des douleurs pendant des mois (on peut du reste soupçonner que ta dernière crise était due à un rein flottant), mais elle est par elle-même inoffensive, elle va se résorber de plus en plus et finir par te quitter complètement. Il y a des femmes qui ont très souvent ce genre de choses après un accouchement et qui les perdent sans pour autant en subir un préjudice dans leur existence. D'ici le moment où la question du mariage se posera à toi, tu en seras libérée depuis longtemps. Tu sais que j'ai toujours eu le projet de te garder à la maison au moins jusqu'à l'âge de vingt-quatre ans, jusqu'à ce que tu te sois tout à fait raffermie pour les tâches de la vie conjugale et peut-être pour celle d'avoir des enfants, et que tu aies réparé les faiblesses que les trois grandes maladies qui ont mis ta vie en péril au cours de tes jeunes années [3] ont laissées en toi. Dans notre situation sociale et matérielle, les jeunes filles ne se marient pas à juste titre en leur prime jeunesse ; sans quoi, elles en ont fini trop tôt avec la vie conjugale. Tu sais que ta mère avait vingt-cinq ans lors de son mariage.

Tu rattaches sans doute à cette cause actuelle, qui ne suffit pas comme explication [4], un souci ancien, dont je souhaitais t'entretenir un jour. Je me doutais depuis longtemps que, si raisonnable que tu

1. Lettre reproduite avec des raccourcissements in F/Corr (p. 292-293).
2. Dans la lettre suivante, il est question d'un « petit abcès ».
3. Cf. *supra*, p. 34.
4. Par là est visée l'hypersensibilité physique de Mathilde plutôt que le fait que son ami de jeunesse Eugen Pachmayr (cf. p. 62, note 1) lui avait révélé peu de temps auparavant sa relation à sa future femme (Gödde 2005, p. 100 *sq.*).

sois par ailleurs, tu te froisses de n'être pas assez belle et de ne pas plaire à un homme pour cette raison. Je t'ai observée avec un sourire, parce que, premièrement, tu me paraissais suffisamment belle, et que, deuxièmement, je sais qu'en réalité ce n'est plus depuis longtemps la beauté plastique qui décide de la destinée de la jeune fille, mais l'impression qui se dégage de sa personnalité. Ton miroir te rassurera sur ce point : il n'y a dans tes traits rien d'ordinaire ou de dissuasif, et ton souvenir te confirmera que tu t'es encore conquis respect et influence dans chaque cercle de personnes où tu t'es trouvée. C'est ainsi que j'étais rassuré sur ton avenir, pour autant qu'il dépend de toi, et tu peux l'être aussi. Que tu sois ma fille ne te nuira pas spécialement non plus. Je sais qu'il a été décisif pour mon choix de trouver chez ma femme un nom respecté, et dans sa maison une atmosphère chaleureuse, et d'autres encore penseront certainement comme moi je pensais quand j'étais jeune.

Les avisés parmi les jeunes gens savent bien ce qu'ils ont à chercher auprès d'une femme, la douceur, la gaieté et l'aptitude à leur rendre la vie plus belle et plus facile. Je serais terriblement peiné que, par découragement, tu optes pour une autre voie, mais j'espère que ce n'est qu'un accès passager dans une situation à laquelle concourent de multiples facteurs. Tu tiens ton physique de deux tantes, auxquelles tu ressembles plus qu'à ta mère. Je préférerais que tu vires du côté de tante Minna, plutôt que de celui de tante Rosa, qui, avec son besoin de lamentations, nous rend à présent la vie insupportable à tous, ne se faisant, bien sûr, aucun bien non plus à elle-même. On en devient dur, et on se souvient qu'auparavant elle avait coutume de se plaindre à tel point de petits malheurs que la valeur du deuil actuel s'en trouve presque abolie. Elle est vraiment épouvantable. Plutôt infirme de la tête aux pieds que cette incapacité à jouir et à renoncer.

Toi, pauvre enfant, tu viens de voir pour la première fois la mort faire irruption dans une famille, ou tu viens d'en entendre parler, et peut-être as-tu tremblé à l'idée que la vie d'aucun d'entre nous n'est mieux assurée. Nous autres vieilles personnes le savons tous, et c'est pourquoi vivre a pour nous une valeur particulière. Nous nous fixons pour but, dans une activité sereine, de ne pas nous laisser égarer par l'inévitable fin. Avoue donc que, toi qui es si jeune, tu n'as encore aucune raison d'avoir l'humeur altérée.

Je me réjouis quand même beaucoup d'apprendre que le soleil de Merano te fait par ailleurs tant de bien. Nous aurions eu bonne mine si tu étais revenue comme ça. Il vaut mieux que tu restes là-bas tant que les Raab y restent et arrivent à te supporter, donc espérons jusque vers fin mai.

L'opération d'Annerl s'est passée remarquablement bien, elle s'est comportée de manière tout à fait charmante. Schnitzler est le plus grand des deux artistes, mais l'opération en elle-même peut être aussi réussie par un autre ; et Rosanes n'y pouvait vraiment pas grand-chose [1]. Une avanie de ce genre tombe de temps à autre sur tel ou tel chirurgien, et je ne me risquerais pas à affirmer que cela n'aurait pas pu arriver à Schnitzler ou à Gersuny [2]. Que reste-t-il à faire d'autre que de se comporter avec dignité quand on a été la victime innocente.

Rassérène-toi donc. Tu n'as pas du tout écrit à Rosa ? Fais-le donc ! La *Gradiva* et deux tirés à part partent demain matin chez Raab. Nous parlerons avec Heller. Le programme imprimé de Salzbourg est déjà arrivé. Quelques visites intéressantes ces derniers temps. Le Dr M. Hirschfeld était là dimanche soir, l'expert connu au procès Harden [3]. Les garçons l'ont trouvé « fade » ; il ressemble à l'image qu'on se fait du Dr Markwitz de Posen dans la parodie de *Don Carlos* [4] ; pour le reste, un homme honnête et capable. Aujourd'hui Mme le Dr Helene Stöcker [5], la suffragette de Berlin, à vrai dire pas aussi horrible qu'elle pourrait l'être étant donné son métier.

---

1. C'est l'ami de jeunesse de Freud, Ignaz Rosanes (1856-1922) (cf. F/MB, p. 171, note 2) qui avait pratiqué sur Mathilde l'opération si lourde de conséquences. Il « voulait essayer une nouvelle méthode pour pincer les vaisseaux sanguins ; cependant, ceux-ci s'ouvrirent peu d'heures après l'opération, et Mathilde faillit mourir d'hémorragies internes » (Appignanesi et Forrester 1996, p. 78).
2. Robert Gersuny (1844-1924), chirurgien, à partir de 1894 directeur du Rudolfinerhaus à Vienne.
3. Magnus Hirschfeld (1868-1935), médecin et sexologue berlinois, membre fondateur de l'Association psychanalytique de Berlin (1908), dont il démissionna en 1911 (Herzer 1992). – Maximilian Harden avait suggéré dans sa revue *Die Zukunft* [*L'Avenir*] que trois dirigeants politiques et militaires étaient homosexuels, sur quoi l'une des personnes visées, Kuno Graf von Moltke, porta plainte contre lui.
4. *Karle, Eine Diebskomödie* (1901), une des trois parodies par Max Reinhardt du *Don Carlos* de Schiller, dans laquelle intervient un député, le Dr Markwitz de Posen (marquis Posa). [N.d.T. : Posen, aujourd'hui la ville polonaise de Poznan.]
5. Helene Stöcker (1869-1943), célèbre féministe allemande, en 1912 membre de la BPV (cf. Stöcker 1991 ; Wickert 1991).

De tous les gens qui veulent t'épouser à la station, aucun ne me convient vraiment, même pas le jeune R., qui est bien trop immature et que tu peux imaginer tel un Hans Teller [1] en plus raffiné. J'attends seulement d'eux tous qu'ils me paient l'argent dont nous avons besoin à diverses fins, et espère de préférence un beau-fils en bonne santé. Le Dr Raab ne paraît pas te déplaire ; tu n'as pas mauvais goût, mais n'hériteras-tu pas de son anxiété ? Et n'est-il pas une goutte étrangère dans notre sang ? Si tu avais connu ton grand-père [2], de lui on pouvait apprendre l'art de vivre.

Je te salue cordialement et espère avoir à nouveau bientôt des nouvelles de toi

Ton père qui t'aime

8-Math [En-tête Vienne] 6.4.08

Ma chère Mathilde,

Je me réjouis de ta longue lettre, des diverses informations que tu me donnes sur ta bonne mine et ta bonne humeur, et je suis très content que tu aies renoncé à la peur superfétatoire que ton petit abcès ne soit éternel. Pendant un certain temps, tu pourras exercer à ce propos la force de caractère que tu m'as promise, car être serein quand absolument rien ne vous fait défaut n'est certainement pas méritoire ; mais cet exercice ne doit pas être éternel ni durer trop longtemps.

Lors de mon envoi d'argent, j'avais oublié les pourboires et les bains, et c'est pourquoi je t'invite à en formuler la demande après coup dans la prochaine lettre. Il faut que tu prennes des bains, mais pas quotidiens.

La *Gradiva* originale [3] sera déjà en ta possession. Les mesures pour Rie [4] sont (à peu près) :

63 de long
70 de haut
33 de profondeur.

---

1. Le mari de l'amie de jeunesse de Mathilde, « Hansi » (cf. *supra*, p. 40).
2. Le père de Freud, Jacob (1815-1896), marchand de laine et de drap, émigra en 1859 avec sa famille de Moravie à Vienne (cf. Tögel et Schröter 2004).
3. *Urgradiva.* C'est-à-dire un exemplaire de l'édition princeps (chez Heller) de l'écrit de Freud (1907a), à la différence de la réédition (chez Deuticke).
4. Il s'agit sans doute du « coffret » pour Oscar Rie, mentionné in 13-Math.

Sur Radein [1], je vais me renseigner auprès de Federn [2], mais, pour tante, ce sera certainement trop haut. Les petits verres, je préférerais ne pas te les envoyer, c'est trop peu sûr, mais regarde si tu vois quelque chose de pareil chez Mme Überbacher [3]. Sinon, nous prendrons le risque.

Au programme, rien de particulier ; je suis à la lutte avec de nouveaux patients, que je ne peux plus accueillir. Ci-joint un programme de Salzbourg.

Chez tante Rosa, encore le chaos –

Porte-toi bien !

Ton père

9-Math [En-tête Vienne] 21.4.08

Ma chère Mathilde,

On me dit que tu attends ma lettre avec beaucoup d'impatience. Je n'avais pas l'impression que la réponse pressât tant, et j'étais relativement paralysé par un surcroît de travail avant les journées de Pâques. Si ta curiosité porte sur les projets de séjour, je serais tenté de dire que cela me convient tout à fait que tu restes chez les R.[aab] aussi longtemps qu'ils te gardent à Merano. Je n'ai aucune objection de principe contre le fait que tu les accompagnes à Tutzing, mais la décision définitive dépend en fait de la configuration de notre été, selon que nous optons pour Berchtesgaden, la Carinthie ou malgré tout le Tyrol. Il faut, bien sûr, que les voyages superflus te soient épargnés, et, pour Berchtesgaden, il est vrai que le plus commode est que tu ailles avec les Raab à Tutzing [4].

Les multiples bonnes nouvelles à propos de ta mine et de ton état m'ont évidemment beaucoup réjoui. Je pense avec plaisir au fait que, lors de tels rétablissements, chaque semaine nouvelle pro-

1. Localité proche d'Aldein dans le sud du Tyrol du Sud, à 1 550 mètres d'altitude.

2. Paul Federn (1871-1950), psychanalyste, l'un des plus anciens élèves de Freud, à partir de 1924 vice-président de l'Association pychanalytique viennoise (BL/W).

3. Manifestement une boutique à Bolzano (cf. 13-Math).

4. Mathilde alla à la mi-juin avec les Raab à Tutzing au bord du lac de Starnberg, dans leur villégiature d'été habituelle (cf. aussi note 1 de 16-Math, p. 62) et alla rejoindre le 1er juillet tante et ses sœurs à Berchtesgaden (Gödde 2005, p. 355 *sq.* ; F/AF, p. 51 ; 14-Math).

digue plus que la précédente. Je t'accorde volontiers les gâteries qui vont avec, mais ensuite, il en ira autrement. On peut espérer que tes provisions dureront très longtemps.

Cette semaine, il faut que je prépare des choses pour Salzbourg. Quand je reviendrai, je t'enverrai ton prochain argent de poche mensuel. Salue les R.[aab] cordialement de ma part et remercie-les vivement pour toute la peine qu'ils se donnent pour toi.

Avec un cordial salut
Ton père.

10-Math 26.4.08 Hotel Post [a]

Chère Mathilde

Tu sais que maman est partie à Hambourg en même temps que moi. J'ai profité de la matinée froide pour aller voir notre logement d'été de cette année (le nouveau Dietfeldhof). Magnifique, simplement pas beaucoup d'espace. Pour toi ne reste qu'une petite chambre, mais à part ça tu seras très contente. Je t'écrirai encore de Salzbourg [1].

Cordial salut ton pa

11-Math 28.4.08 [b]

Chère Mathilde,

Le congrès fait partie du passé, au terme d'un déroulement brillant ; dans un coin sont encore assis deux attardés, et je passe cette journée libre, où le soleil est enfin apparu, avec un visiteur surprenant, qui va signer ici. Demain matin à Vienne

Salutations cordiales
Ton pa

Salutation de oncle Emanuel [c] [2]

---

a. Carte postale ; cachet de Berchtesgaden.
b. Carte postale de Salzbourg, adressée à Merano.
c. Écrit par le soussigné.

1. Ville pour laquelle Freud partit encore le même jour pour l'ouverture de la rencontre des psychanalystes.
2. Le demi-frère de Freud Emanuel (1833-1914) ; il avait émigré en 1859 en Angleterre (à Manchester) (cf. Molnar 2004).

12-Math [En-tête Vienne] 6.5.08

Ma chère Mathide,

Ce que tu m'as écrit ne m'a pas complètement pris au dépourvu. J'attendais, bien sûr, que tu prennes toi-même la parole. Car j'avais confiance en toi, et je crois que tu n'as pas trompé cette confiance. Si tu es contente de toi, je peux l'être aussi.

Je ne peux que te donner quelques conseils et attirer ton attention sur quelques précautions. Tu sais peut-être qu'aimer doit s'apprendre, comme tout le reste. Il est donc difficile d'éviter, ce faisant, des erreurs ; ce n'est pas forcément le premier amour qui devient durable. Ton dessein de fréquenter R.[obert] H.[ollitscher] [1] jusqu'à ce que vous ayez fait connaissance est sans doute le seul raisonnable. Mais tu connais aussi les risques encourus, combien peu de liberté la société laisse à une jeune fille et combien il est vain pour l'individu de s'opposer à la société. Le plus grand danger est peut-être qu'on se laisse soi-même « glisser » dans la chose plus vite et plus profondément qu'on ne l'a voulu au départ ; il est de toute façon dans la nature de l'homme de presser. Si tu peux donc encore maintenir assez longtemps la relation au niveau d'une amitié sur fond chaleureux, ne manque pas de le faire.

Des premiers renseignements glanés sur lui, je retire la vague impression que sa mère [2] est une malade mentale incurable, et qu'il n'aurait pas lui-même la réputation d'un homme en bonne santé. Or, de la santé, il faudrait que tu en trouves chez ton mari, et de l'énergie ; malheureusement, les personnalités fines et correctes ne sont pas toujours les plus solides. Je ne sais rien de certain. Maintenant, je vais naturellement m'y intéresser, et demander à tante de sonder les Dub sur sa situation. Tu ne considéreras certainement pas que de telles froides supputations sont indignes d'être prises en compte en parallèle avec les sentiments.

Que tu ne sois pas là est pour moi en ces circonstances particulièrement commode ; j'espère que tes émotions ne vont pas te reprendre ce que le soleil et l'air ajoutent à ton bon état général. Au total, tu le sais bien, je ne suis pas pressé de te savoir casée avant l'âge de 24 ans, et tu plairas, je l'espère, aussi à d'autres. Mais

1. Première mention du futur mari de Mathilde (cf. *supra*, p. 31 *sq.*).
2. Emma Hollitscher, née Priester (1847-1914) (Gödde 2005, p. 161).

n'en conclus pas que j'ai déjà quelque chose contre R. H., en dehors de la prévention la plus naturelle, comme il va de soi. J'avais toujours attendu que t'emporterait en souvenir un de mes sympathiques élèves et adeptes [1].

Tu vois que je suis toujours à ta disposition pour te donner des conseils, mais, à vrai dire, il faut que ce soit toi qui diriges la manœuvre, comme d'ailleurs il se doit. À propos de Salzbourg, je ne peux rien t'écrire. Je n'en ai pas le temps, mais je te répondrai bientôt à nouveau. Seulement ceci : l'édition d'annales qui nous soient propres est assurée [2].

Transmets bien des salutations aux Raab et accepte les meilleurs vœux de

Ton père qui t'aime de tout son cœur

13-Math [En-tête Vienne] 15.5.08

Ma chère Mathilde

Je vois que tout va bien chez toi ; remets-t'en pour le reste à l'avenir et ne te précipite pas.

Je voudrais te rappeler encore une fois d'écrire une ligne à Rie pour lui donner de bonnes nouvelles de ton état de santé. Cela fait une si vilaine impression quand on oublie dans les bonnes périodes celui dont on a un besoin si urgent pendant les mauvaises. Il faut aussi que tu ailles pour un jour à Bolzano, afin de commander le coffret chez Mme Überbacher ou de hâter son acheminement. Sans quoi l'occasion nous passera sous le nez. Quant aux mesures, tu les as.

Nous attendons le retour de maman dans peu de jours. À part ça – il fait très chaud, et je suis tenté de me munir jusqu'au 15 juillet d'un dévoreur de jours [3]. J'écrirai aux Raab le mois pro-

1. Par exemple, Sándor Ferenczi (cf. Appignanesi et Forrester 1996, p. 80).
2. Lors de la rencontre de Salzbourg avait été décidée la fondation d'un *Jahrbuch für psychoanalytische und psychopathologische Forschungen*, édité par Freud et Eugen Bleuler, sous la direction de C.G. Jung. Ce fut la première revue psychanalytique.
3. Traduction littérale de *Tagefresser*. Calendrier sur lequel les jours sont notés jusqu'à une certaine date, et où ceux qui sont passés sont un par un arrachés ou biffés. – Le 15 juillet 1908, Freud partit pour Berchtesgaden en villégiature d'été, où ses enfants se trouvaient déjà (cf. p. 54, note 4).

chain, peut-être aussi une fois à lui seul. Quant au caractère goy de Jung, tu as raison ; à Salzbourg, tout l'Occident était chrétien, l'Orient juif ; par là, ma cause a tout au moins cessé d'être une affaire nationale juive [1].

Tes frères et sœurs, qui t'écrivent avec plus d'assiduité qu'à d'autres, t'auront mise au courant de toutes les petites nouveautés.

Je te salue cordialement et approuve ton projet de jouir de cette belle période,

Ton père

14-Math [En-tête Vienne] 25.5 [a].08

Ma chère Mathilde

Je te remercie pour la peine que tu t'es donnée à Bolzano. La belle commode est manifestement trop grande pour ce à quoi elle est destinée ; je la prendrai à la fin de l'été si l'on ne peut rien trouver de plus approprié.

Tante veut aller fin juin à B.[erchtesgaden]. Il sera alors temps que tu y viennes aussi, après avoir vu Munich et Tutzing. Tu te feras sans doute l'interprète auprès de Mme Raab de la lettre ouverte jointe. Dans quelques jours, je t'enverrai de l'argent, la même somme.

J'ai vu ton ami hier, et je lui ai parlé. Il a l'air sympathique et a de beaux yeux. Mais il faudrait que je renonce à toutes sortes d'attentes si je devais me le représenter déjà maintenant comme ton mari. Cela me plairait si je savais que tu peux encore continuer à rester sur ta réserve. Sa sœur [2], que j'ai vue aujourd'hui, arbore une laideur peu ordinaire, tante loue beaucoup son caractère.

Chez moi se font sentir les premiers signes du ralentissement de la saison. Encore 10 000 Kr et ensuite nous pourrons partir en vacances.

---

a. Manuscrit : 8. Corrigé d'après l'enveloppe associée.

1. Freud a souligné avec insistance cet aspect de sa relation particulièrement étroite avec Jung, également envers ses élèves (par exemple, F/A, p. 71, lettre 28F).
2. Marie (1874-1936), ép. Rischawy ; dirigeait une pension à Merano (F/AF, p. 88 *sq.*, note 9), plus tard à Alt-Aussee, où Mathilde passait assez souvent ses vacances d'été (cf. par exemple 41-Math).

Je te souhaite beaucoup de chance météorologique pour les excursions dont nous avons entendu parler par Mme R.[ischawy].

Cordiales salutations

Ton père

15-Math [En-tête Vienne] 29.5.08

Ma chère Mathilde

Ton argent mensuel est parti hier. Fais-moi ensuite savoir ce dont tu auras besoin pour le voyage et pour le Dr Traeger [1], dont tu ne peux évidemment rien accepter.

Mes paroles, le « déjà » et le « maintenant » ne recelaient pas autant de mystère que cela a pu te paraître. Je n'ai pas d'autre soupirant pour toi en réserve, et trouve que c'est ton bon droit de chercher par toi-même. Mais tu es jeune, et il n'y a pas de hâte à ce que tu te maries. Un mariage avant disons 23 ans ne serait justifiable que si coïncidaient un penchant sérieux et une situation favorable, de sorte qu'on n'ait besoin d'attendre rien de mieux. Voilà : tu as là le « déjà » et le « maintenant ». Je trouve tout à fait compréhensible qu'une jeune fille prenne mari moyennant un certain renoncement quand elle voit sa jeunesse aller vers sa fin. La tienne a à peine commencé.

L'impression que nous a faite R.[obert] H.[ollitscher] a été surtout marquée par sa grande réserve. Certainement très fin et discret, mais ne prouvant non plus absolument rien. Si je n'en croyais ce que tu me dis, à savoir que cet homme a des intentions sérieuses à ton égard, rien ne m'aurait donné l'idée que c'était là un jeune homme qui vient voir les parents de sa future. Il était aussi formel que possible et je dois envisager aussi le cas où – à la façon des jeunes filles – tu donnes à ses paroles plus de poids qu'il n'entend leur en donner. À cela s'accorde le fait que tu écris que, d'ici au retour à Vienne, les choses devraient être devenues claires. Alors que dans ta première lettre, tu disais que vous vouliez entretenir pendant un an des relations amicales afin de mieux faire connaissance ! As-tu si vite fait d'aller si loin au-delà de ton dessein initial ?

1. Non identifié. Manifestement un médecin à Merano, auprès duquel Freud insistait, comme auprès de tous les médecins, pour qu'il acceptât de lui un dédommagement de ses peines, ce qui était alors inhabituel entre collègues.

Nous avons, bien sûr, toutes sortes de réserves qui ne sont pas démenties, étant donné que nous n'avons pas pu faire avec lui plus ample connaissance. L'existence d'une mère malade mentale ne me laisse pas non plus froid en tant que médecin ; tu ne peux évidemment pas imaginer quelle pression cela exerce sur une famille. Entre en outre en ligne de compte que, sans dot, tu ne peux pas être tout à fait la bienvenue dans une famille de marchands [1]. Je ne sais pas si, dans la société, on ne nous surestime pas. La situation de la famille Hollitscher n'est pas telle que la fortune de la femme ne jouerait aucun rôle. Il en irait autrement dans une famille de médecins, où compterait ta personnalité, pas l'argent. Je ne peux juger si tu trouverais une communauté d'intérêts suffisante avec lui au-delà de Merano. Un homme qui fait quelque chose de lui-même, qui a pour lui toutes les chances de la vie, me serait évidemment préférable.

En fin de compte, c'est toi qui devras malgré tout trancher, mais, je t'en prie, ne te précipite pas et ne t'emballe pas dans un sentiment dont on n'a ensuite que la plus grande peine à se défaire. Et ne nous emballe pas non plus ; je ne songe pas à te garder dans la maison jusqu'à que tu ne plaises plus à personne, mais j'aimerais tout de même user du droit de contrôler ton inclination tant que tu es aussi inexpérimentée dans la vie et dans l'amour.

Mme R.[ischawy], sa sœur, est longtemps restée avec tante, mais sans se permettre une parole quelque peu intime ou une allusion. Où devrions-nous donc prendre l'assurance qu'il serait aussi prêt que tu sembles l'être à s'affranchir de ses parents si l'on vous fait des difficultés ? Sois juste avec nous, et tu avoueras que nous devons réserver notre jugement jusqu'à ce qu'il se soit résolu à se montrer à nous tel qu'il est au juste.

J'ai espéré et espère encore que tu n'utiliseras pas cette affaire pour perturber ton rétablissement à Merano. La « raisonnable amitié » dont tu parlais au début me plaisait davantage et m'inspirait un préjugé très favorable à son égard.

Et maintenant un autre sujet, s'il te reste encore un peu d'intérêt. Hier, tu as raté la visite d'une lady du Far West [2], imposante et

1. Le père de Robert, Eduard (1837-1894), avait dirigé avec son frère Adolf une agence de commerce, que celui-ci géra seul après la mort d'Eduard, ensuite, à partir de 1900, avec Robert comme second responsable (Gödde 2005, p. 161).
2. Manifestement une ancienne bonne d'enfants.

riche, qui, enfant, t'a portée dans ses bras et consolée et qui aimerait te voir maintenant. Notre Marie d'autrefois a manifestement réalisé le rêve de sa vie, elle a été reçue chez nous au titre de dame distinguée. Elle raconte des choses très intéressantes, se comporte très bien, alliant tact impeccable et cordialité. Son mari est authentique, bon travailleur, plein de respect pour elle. Je crois que Mrs Soupal a apporté quelque chose pour toi. On ne sait donc jamais ce que peut devenir une femme vaillante.

Je te salue cordialement et attends ta réponse

Ton père

16-Math [En-tête Vienne] 7.6.08

Ma chère Mathilde

Tu es maintenant dans une bonne passe auprès de nous. La grande tendresse et l'estime avec lesquelles le Dr Raab a parlé de toi, ajoutées à ta dernière concession, selon laquelle ta lettre avait été écrite sous l'influence d'une petite toquade, t'ont tout à fait réhabilitée. Je me réjouis tout particulièrement que tu aies suscité tant de sympathies chez Raab, car je suis persuadé que se rendre aimable est la plus haute tâche de la femme ; cette « ardeur de plaire [1] » recèle toutes sortes de choses très précieuses, qui sont indispensables à la vie. Je souhaiterais simplement que cette aspiration ne soit pas moins orientée vers les proches, avec lesquels il faut cohabiter en permanence, que vers des personnes plus étrangères.

Je prends volontiers acte du fait que, dans la conception de ton affaire avec R.[obert] H.[ollitscher], il n'y a plus beaucoup de différence entre nous. Si vous croyez par exemple dans un an encore que vous pouvez vous aimer longtemps – on ne peut rien savoir de sûr à l'avance –, il n'y aura de notre côté aucun obstacle. Jusque-là, reste sur une réserve raisonnable, et admets que les aînés supputent la situation, à laquelle les sentiments des jeunes gens ne prennent le plus souvent pas assez garde. Son frère le Dr Paul H. [2]

---

1. Dans l'original : *Gefallsucht* ; mot former sur le verbe *gefallen*, qui signifie « plaire », avec adjonction du suffixe *-sucht*, qui connote une pathologie. Le dictionnaire peut donner « coquetterie » ; mais le sens serait ainsi peu rendu. [N.d.T.]

2. Paul Hollitscher (1870-1935), docteur en droit et avocat (Gödde 2005, p. 161, 163).

a invité tante pour mercredi, afin de lui donner des renseignements aussi précis que possible sur sa position matérielle. Son avis est que de la première conversation est ressortie une insistance mise sur les difficultés. La famille ne peut guère te considérer comme un parti particulièrement souhaitable. Après le rapport que nous attendons, nous verrons sans doute clair sur ce point. Je t'écrirai ensuite à ce sujet.

Le Dr Raab a instamment prié que tu te retiennes, afin que tu ne gâches pas ton bien-être à Munich, et je te demande donc de jouir avec circonspection de ce que t'offrent les Pachmayr [1]. Je crois que Tutzing est si près de Munich qu'en ces quinze jours vous aurez l'occasion d'y aller souvent. Nous regrettons beaucoup que Maus [2] ne vienne pas chez nous ; nous espérons pouvoir lui rendre la politesse plus tard. Au Dr Hoffmann [3], tu enverras Kr 40 avec une carte de remerciement, au Dr Traeger tu réclameras la note, et tu me l'enverras. S'il refuse, on pourra envisager un cadeau, mais la voie la plus simple d'abord. Je te vire encore Kr 100 pour note, voyage et Munich ; fin juin, j'enverrai ensuite la mensualité de juin à Raab ; si tu t'en tires ainsi ou s'il te faut plus, ce sera à toi de me le dire.

Il fait un superbe mauvais temps de Pentecôte, de sorte que parties de campagne, excursions, voyages doivent être rayés de nos projets et faire place au plus sain repos. Nous nous reverrons sans doute dans cinq semaines.

Avec de cordiales salutations
Ton père

17-Math [En-tête Vienne] 12.6.08

Ma chère Mathilde

Tu réclames de ne pas être maintenue longtemps dans l'expectative. Tiens-toi donc d'abord pour dit que je n'ai pas envoyé la tante

1. En mai, Mathilde avait écrit à Eugen Pachmayr (1866-1963), fils de médecin munichois avec lequel elle avait des relations d'amitié depuis 1901 (Gödde 2005, *passim*) : « Je me réjouis énormément à la perspective de ces jours à Munich ; il est probable que Tutzing ne me servira que de pied-à-terre » (*ibid.*, p. 355). Dans son « Concert- und Theatermerkbüchlein » [« Petit journal de concerts et de théâtre »] sont notés pour juin 1908 une soirée d'opérette et deux représentations théâtrales à Munich (*ibid.*, p. 103).

2. Cäcilie (« Maus/Mausi ») (1899-1922), fille de Rosa et Heinrich Graf. [*Maus* signifie « souris ».] [N.d.T.]

3. Non identifié.

chez le Dr Paul H.[ollitscher], mais que c'est lui-même qui s'est offert à une conversation. Il a demandé que son intervention soit gardée secrète vis-à-vis de son frère. J'espère que tu ne lui en as pas déjà fait part, de sorte que tu puisses prendre en compte ce souhait que nous partageons aussi. Tante te rapportera cette conversation dans tous ses détails à B.[erchtesgaden]. Pour aujourd'hui, qu'il soit seulement dit qu'elle ne nous a rien apporté de nouveau et qu'elle a tout corroboré. Le Dr P., qui est un esprit très lucide, a voulu nous inciter à la réserve, en faisant valoir que son frère n'est vraiment pas homme à pouvoir se risquer à épouser une jeune fille sans fortune. Sa situation est bonne dans des proportions modestes, mais non susceptible d'amélioration, grevée d'une certaine incertitude, mais il est surtout lui-même très gâté, a besoin de ménagements, est très peu apte au combat pour l'existence. C'était aussi mon impression et cela reste ma plus forte objection ; moi, la modestie de la condition sociale ne me gênerait pas, étant donné que j'ai commencé moi-même bien plus modestement. Tu vois aussi combien justifiée était ma conjecture que sa famille ne se réjouira pas de son choix. Ne te laisse donc pas détourner de ta réserve. Nous parlerons de tout à B.

Tu peux m'écrire tranquillement de combien d'argent tu as encore besoin pour aller de Munich à B., et tu peux aussi donner des chiffres ; pourquoi cette retenue ? J'ajouterai alors la somme au dernier paiement mensuel.

Si tu t'intéresses encore à autre chose, l'article dans *Die Fackel*[1] est sans doute le précurseur d'autres attaques encore plus fortes ; il[2] est coutumier de cela, un homme perfide, absolument pas sûr. Il paraît que le défilé solennel[3] a été très beau. Tes frères et sœurs vont certainement te le décrire dans tous les détails. Je n'ai vu que

1. Allusion à une série de cinq textes brefs dirigés contre la psychanalyse, qui avaient paru le 5 juin dans *Die Fackel* [*Le Flambeau*] (n° 256, p. 19-23), commençant pas les phrases : « Il existe une orientation médicale qui applique au psychique les expressions techniques de la chirurgie. Comme chaque rapprochement intellectuel de sphères apparemment éloignées, elle est un trait d'esprit [*Witz*] et probablement le meilleur dont le matérialisme est capable. » Cf. M. Worbs 1983, p. 162-164.

2. Karl Kraus (1874-1936), éditeur et éditorialiste de *Die Fackel* (Timms 1995).

3. Le « défilé d'hommage à l'Empereur » le même jour, à l'occasion du soixantième anniversaire de règne de François Joseph Ier, sur la Ringstraße, avec plus d'un demi-million de spectateurs (cf. Großegger 1992).

le groupe « Salzbourg », au moment précis où je suis arrivé sur le Schottenring[1].

Les Löwenfeld[2] (Glückstrasse 3) seront certainement très heureux de ta visite ; ils passeront l'été au bord du Chiemsee, de sorte que nous pourrons nous rendre visite.

J'ai aujourd'hui compté les jours, et j'ai obtenu 4 semaines et ½[3]. Je te reverrai donc alors et, je l'espère, rayonnante et sereine à nos yeux aussi.

Avec un cordial salut

Ton père[4]

Après leur mariage le 7 février 1909, Mathilde et Robert partirent jusqu'à la fin du mois en voyage de noces entre autres en Italie du Nord[5].

18-MathRob [En-tête Vienne] 19.2.09[a]

Mes chers enfants,

Étant donné qu'on a pu déchiffrer il y a peu dans vos mystérieuses missives[6] qu'il vous arrive de prendre très mal l'absence de lettres, je me hâte de vous écrire encore avant que vous ne revoyiez le pays natal.

Mise à part leur forme extérieure, bien sûr, nous étions très contents de vos lettres. Espérons que la météorologie et

a. Enveloppe associée adressée à : Monsieur et Madame Rob. Hollitscher/ Wyder's Grand Hôtel/ Mentone/ Riviera.

1. Le tronçon de la Ringstraße distant de la Berggasse de quelques minutes à pied. [La *Ringstraße* est à Vienne ce que les « boulevards des Maréchaux » sont à Paris. N.d.T.]
2. Freud entretenait des relations d'amitié avec le psychiatre munichois Leopold Löwenfeld (1874-1924) (F/Fl, p. 160, note 2).
3. Jusqu'au début de la pause estivale.
4. Deux cartes adressées à Mathilde lors du voyage en Angleterre que Freud fit cet été-là ainsi qu'une troisième envoyée au cours du voyage en Italie qui en prit la suite se trouvent dans l'édition de ses lettres de voyage (F/Voy, p. 222, 228, 242).
5. F/Brill, 14.2.1909 ; F/Fer I, p. 55.
6. L'écriture de Robert surtout est difficile à lire, mais Freud se plaignait aussi de celle de Mathilde.

l'ambiance continueront à vous rester fidèles et favorables. Mais ici tout est devenu plus calme depuis que vous avez pris le large. Ici et là, la gouttelette attardée d'un cadeau, dont certains très beaux. Votre dernier, le fameux tableau de Hambourg [1], n'a pas encore été vu ici, mais il a déjà été inspecté. Il pèse 38 kilos et coûte, paraît-il, 14 Kr en frais de douane ; demain, le coursier l'apportera à la maison. Tout le monde est impatient ; je veux dire qu'au vu du poids ce ne peut être qu'un tableau de bataille.

Chez le marchand de tapis, qui a installé le Dr Graetz [2] et auquel oncle Alex a acheté 9 pièces, j'ai pris deux très belles pièces pour vous, qui doivent vous être présentées. Si vous ne les prenez pas, je les garderai. Pour un cadeau, cela ne suffira malheureusement plus, bien que les factures ne rentrent qu'avec beaucoup de lenteur et qu'on dispose encore des ¾ de l'argent de Mathilde.

L'autre couple [3], qui est rentré depuis dimanche soir, je ne l'ai vu d'aucun de mes deux yeux !

Je vous salue cordialement et vous souhaite encore une semaine de très beaux jours

Pa

Au cours de l'été 1909, les Hollitscher prirent des vacances dans le Tyrol du Sud, d'abord dans le Pustertal, devant les « offenses » duquel ils se réfugièrent ensuite à Klobenstein am Ritten au-dessus de Bolzano. C'est là-bas que sont adressées les trois lettres suivantes de Freud. Lui-même mit le cap le 14 juillet avec sa famille pour ses quartiers d'été sur l'hôtel Ammerstein bei Reutte au Tyrol [4].

1. Non éclairci.
2. Viktor Graetz (1877-1939), docteur en droit, consultant de la chambre de commerce de Basse-Autriche ; avait épousé Emma Schwitzer en 1908 (Gaugusch, à paraître).
3. Le même jour que Mathilde et Robert, le frère de Freud Alexander et Sophie Sabine Schreiber s'étaient aussi mariés (date d'après Krüll 1992, p. 312).
4. F/Fer I, p. 131.

19-MathRob [En-tête Vienne] 6.7.09 [a]

Chers enfants

Je suis très heureux que vous ayez procédé à un troc aussi avantageux. Les cèpes m'en ont beaucoup imposé. Nous ne souhaitions pas non plus un autre séjour, mais, pour des raisons personnelles, nous avons dû y renoncer pour cette année.

Je suppose que vous descendrez tout de même une fois à Bolzano, et là, je vous prie d'aller voir chez Mme Überbacher si elle a un beau secrétaire ancien, tel que maman en souhaite un depuis longtemps [1]. Prix autorisé jusqu'à 200 K, je m'en remets à votre goût commun, étant certain de ne pas descendre cette année.

Également pour le coffret longtemps cherché pour Rie, en vue duquel Mme Überbacher a noté les mesures, l'occasion pourrait se présenter cette année. Ne l'oubliez pas.

Ici, encore 9 jours à tenir. Le baccalauréat d'Oli et la *Mensur* de Martin [2] sont jusqu'ici les plus grandes sensations.

Je vous salue cordialement et espère que le temps et l'ambiance continueront à vous rester fidèles.

Papa

20-Math [En-tête Vienne] 20.7.09

Chère Mathilde

Il ne faut pas que tu sois trop étonnée de l'indécision de nos dernières démarches. Tu connais en effet la complication de toutes les situations particulières, et aujourd'hui que Sophie est couchée avec une angine, nous sommes contents de ne pas avoir fait le voyage [3]. Nous n'avons pas pu partir tout de suite, notre

---

a. L'enveloppe probablement associée est adressée à : Hotel Post/ Klobenstein/ am Ritten/ bei Bozen.

1. Cf. p. 54, note 3. Il s'agissait d'un cadeau d'anniversaire pour Martha Freud (21-MathRob). – In 13-Math, il avait déjà été question du « coffret pour Rie » mentionné dans le paragraphe suivant.

2. [Cf. *infra*, p. 99, note 3. La *Mensur* désignait une sorte de « duel initiatique ». N.d.T.] Freud écrivit alors à Jung (F/J I, p. 319) que son aîné « s'[était] fait taillader le visage dans un duel et qu'il s'[était] comporté très courageusement en la circonstance ».

3. C'est-à-dire de l'hôtel Ammerwald, très isolé, auprès de Mathilde, dans le Tyrol du Sud.

grand bagage n'étant pas là (toujours pas aujourd'hui), mais ayant été retenu à Munich du fait des doutes qui s'attachent à la situation géographique d'A.[mmerwald]. Ton offre télégraphiée, dont je te remercie beaucoup, nous a malgré tout paru trop chère pour toute la période, 10 Kr et ½ contre 6 ou 6,50 mk ici. En outre, nous sommes retenus ici par la qualité de la chère et l'affabilité avec laquelle nous sommes traités, ainsi que par le bien-être de maman et de tante. C'est ainsi que nous avons décidé de rester sur place environ jusqu'au 1er août. Mais, pour les 2 dernières semaines sur le continent européen [1], je voudrais malgré tout autre chose, car ici, c'est très beau seulement quand j'ai gravi une pente raide pendant ¾ d'heure ; alors, il est vrai, c'est très beau. En outre, ici, d'après les meilleurs renseignements, on n'a jamais vu aucun champignon, si nombreuses que soient les forêts à l'entour.

Mon projet est donc de ne pas te faire venir ici, mais d'arranger un deuxième séjour auprès de toi pour la période où Robert te laissera seule [2]. Cela pourrait être encore Klobenstein pour 2 semaines, si tu nous trouves pour cette période un logement. Moins cher que dans ton télégramme, voilà ce qui ne serait bien sûr point désagréable. Ou peut-être que toi ou Robert avez une autre idée ; tu connais en effet tous nos souhaits. Tante et Sophie ne s'associeraient peut-être pas à cette seconde station, mais resteraient à A., jusqu'à ce que soit venu le temps pour Riva [3].

Malgré ces difficultés, nous nous trouvons très bien ici, hormis Sophie qui a peut-être ramené son angine de Munich, mais on peut espérer qu'elle sera aussi sur pied. Il pleut certes beaucoup, mais le lieu n'y est pour rien, et 1 jour et ½ ont déjà été très beaux.

Salue Robert cordialement. Peut-il déjà distinguer une tête-de-nègre d'un Satan [4], de sorte qu'on puisse se fier à ses cueillettes ?

---

1. En septembre 1909, Freud donna ses cinq leçons *Sur la psychanalyse* à la Clark University (Worcester, Mass.) ; cf. Rosenzweig 1992.

2. En fait, Mathilde rejoignit sa famille à Ammerwald. Le 19 août 1909, Freud partit de là-bas directement pour Brême, où il s'embarqua pour l'Amérique le 21.

3. Au bord du lac de Garde, où le reste de la famille partit ensuite (F/Voy, p. 264).

4. Je tente de rendre par là un *Witz* de Freud, qui est beaucoup plus drastique dans l'original, lequel, traduit mot à mot, donnerait : « Sait-il distinguer un seigneur d'une sorcière [*Kann er einen Herren von einer Hexe*

Nous avons trouvé Löwenfeld très malade, mais, selon des nouvelles de ce jour, il est tout à fait rétabli.

Avec mes meilleurs vœux météorologiques
Ton vieux papa

21-MathRob [En-tête Vienne] Ammerwald 24.7.09

Chers enfants

Nous nous sommes beaucoup réjouis de votre lettre combinée, qui montre clairement à quel point vous allez bien ensemble (bien qu'aucun diable ne puisse la lire), et constatons avec plaisir que tout est maintenant aplani. De mécontents que nous étions, nous sommes devenus des inconditionnels d'Amm.[erwald], et nous pourrons mettre à la disposition de Math ce qui lui a manqué à Klobenst.[ein] : la place devant la maison. Nous ne renonçons à présent naturellement pas à l'entremise de la familiarité personnelle entre Ammerwald et Math ; je pense qu'Ernst t'accueillera à Innsbruck. Au même moment, Martin et Lampl iront faire une excursion, ménageant ainsi de la place dans la maison. Le retour d'Oli n'est pas encore fixé, il est aujourd'hui à Copenhague et en route pour Hambourg [1].

Sophie va bien mieux pour la première fois aujourd'hui, ne peut pas encore avaler correctement et a une mine misérable. Pour ce qui est de la bonne santé, tante bat tout le monde. Depuis l'arrivée de Lampl avant-hier soir, les dernières traces de mécontentement chez les garçons sont effacées. Il fait très bon vivre ici. J'ai parfois encore du mal à savourer l'excellente chère à cause de mon estomac rebelle.

La forêt a plus belle allure de jour en jour, peut-être y aura-t-il encore des champignons d'ici au 18 août. Pour l'anniversaire [2], nous n'avons absolument rien pu mettre sur pied. À l'arrivée de Lampl, nous avons marché jusqu'à Reutte, pour y faire quelques

---

unterscheiden] ? » De fait, *Herrenpilz* et *Hexenpilz* (noter en outre l'assonance) désignent des variétés de cèpes, ou de bolets. L'éditeur allemand précise du reste que le *Hexenpilz* est en fait comestible, à la différence du « bolet amer », qui ne l'est pas (cf. 364-Soph). [N.d.T.]

1. À propos du premier voyage autonome d'Oliver après le baccalauréat, cf. *infra*, p. 202.

2. De Martha Freud le 26 juillet.

emplettes ; en dehors de deux grands chaudrons de cuivre anciens, qui avaient aspiré à une deuxième existence au titre de pots de fleurs, il n'y avait rien de tentant, et j'ai résisté aussi à cette tentation-là. N'oublie pas Mme Überbacher, avant de quitter Bolzano. Ce serait à vrai dire le plus beau cadeau d'anniversaire.

De Rie nous parviennent des lettres moroses ; ils ne paraissent pas contents du tout de Salegg [1]. Que fait l'oncle ? Ne quitte-t-il pas Vienne du tout ? Saluez-le bien de notre part quand vous lui écrirez. Il fait vraiment partie des parents les moins exigeants.

Nous avons donc clos aujourd'hui le premier chapitre des séjours estivaux ; bientôt commencera le second. Portez-vous très bien jusque-là.

Papa [2]

22-Math [En-tête Vienne], 2 jan. 1910 [a] [3]

Chère Mathilde

À la lettre de maman, je veux seulement ajouter encore que je ne voudrais pas limiter ton séjour là-haut [4] pour des raisons d'économie. Je suis d'accord aussi longtemps que tu veux y rester. Mais que maman prenne le relais ne me semble pas justifier les frais, si l'on met en balance l'équipement, l'inoccupation en dehors de la luge, la mauvaise chère et Mme W. [5]. Reviens donc avec Annerl, et fais-moi savoir

---

a. Annexe à une lettre de Martha Freud ; à la suite, quelques lignes à Anna. – Enveloppe associée adressée à : Erholungsheim/ Breitenstein am Semmering.

1. Burg Salegg, une ruine près de Schlern dans le Tyrol du Sud. Un hôtel se situait en dessous.
2. Deux cartes du 21.8 et du 19.9.1909 ainsi qu'une longue lettre du 23.9 que Freud envoya à Mathilde de son voyage en Amérique sont reproduites dans les *Lettres de voyage* (F/Voy, p. 254, 278, 279-280).
3. La lettre de Martha du même jour et les lignes jointes de Freud à destination d'Anna sont reproduites in F/AF, p. 55 *sq.*
4. Pour le passage de 1909 à 1910 (du 27.12 au 6.1), Mathilde alla avec Anna et, pour un moment aussi, avec Robert au Semmering, une station de repos populaire, pour une part très mondaine aussi, au sud-ouest de Vienne, où la famille Freud se rendait souvent (F/AF, p. 55-57 avec note). Il avait été supputé que Martha Freud devrait la relayer là-bas pour quelques jours encore, ce que celle-ci refusa pour des raisons pécuniaires.
5. Non identifiée.

de quelle manière je dois te faire parvenir l'argent manquant et de combien tu as besoin. Tu peux tout simplement dire que je paierai par mandat postal.

J'espère que ça n'a pas été pour toi un trop grand sacrifice, en particulier parce que cela a tellement plu à Robert les derniers jours. Je ne sais pas s'il sera encore auprès de toi à la réception de cette lettre.

Salutations cordiales
Papa

Freud passa les premières semaines des vacances de l'été 1910, à partir du 17 juillet, avec Ernst et Oliver à La Haye. À la fin du mois, Martha les rejoignit avec les deux filles cadettes à partir de Hambourg ; Martin arriva aussi à un certain moment. On s'installa pour le mois d'août dans une pension à Noordwijk, d'où Freud entreprit le 31 un voyage en Sicile avec Sándor Ferenczi [1].

Mathilde, affaiblie par une opération, séjourna au printemps et en été dans le Trentin, d'abord seule à Levico, puis avec son mari à Lavarone [2]. *C'est là qu'elle rédigea les 15 et 16 juillet une longue lettre à la famille (« Très chers »), qu'elle envoya à la Berggasse et qu'elle pria de faire suivre à son père après lecture* [3]. *Elle y fait abondamment état de sa santé et de ses activités – « On a toujours terriblement à faire ici, le matin, il faut rester assise dans le bosquet, ou bien regarder s'il y a déjà des fraises mûres, faire la sieste après le déjeuner, et puis parcourir quelque magnifique chemin, afin d'arriver à point pour le dîner, ensuite aller à Parrochia, au lit avec le couvre-feu – on n'a donc vraiment pas une minute » –, elle parle d'Oscar Rie et de sa femme, qui logeaient dans un hôtel à proximité – « Les Rie se sentent très bien […], mais ils ne sont dans la nature guère plus aimables que dans leur appartement en ville, et elle et lui sont en bisbille éternelle, elle est de façon générale un tantinet insupportable et il pérore […], veut toujours*

1. F/Fer I, p. 199, 204 ; *infra*, p. 113, 413 ; F/Voy, p. 298.
2. À Levico, dans la Valsugana à l'est de Trente, elle avait déjà séjourné en 1906, pour surmonter les séquelles de son opération de l'appendice (Gödde 2005, p. 82 *sq.*). Sur le plateau de Lavarone, qui est situé au sud de Levico, la famille Freud avait pris ses quartiers d'été en 1906 et 1907.
3. Conservée dans la liasse Mathilde de la SFP/LoC. La même chose vaut pour les autres lettres ou cartes de Mathilde et Robert de cette même année.

expliquer les alentours et nous ôter le goût de l'inélégant hôtel du Lac[1] *» –, elle mentionne un long fil, reliquat de l'opération, qui serait ressorti de sa plaie, à la suite de quoi elle irait beaucoup mieux, et signale qu'à Levico encore, elle aurait lu « un beau livre de R. Maria Rilke, avec de beaux rêves, des visions, etc., qui s'appelle* Les Cahiers de Malte Laurids Brigge *». Sur ces vacances dans l'ensemble elle constate : « Au total nous allons magnifiquement. »*

Robert, qui était pour la première fois à Lavarone, confirme dans un post-scriptum *le bon rétablissement de sa femme : « Elle a déjà la mine toute noire et fait avec moi des ascensions de quelques heures aux alentours, sans manifester ensuite de la fatigue, il y a donc un progrès décisif. » Voici ce qu'atteste Mathilde à propos de la vie en sa compagnie : « Eri [= Robert] et moi sommes donc tous les jours entièrement renvoyés à nous seuls, et voici ce que nous avons constaté : si quelqu'un n'était pas encore convaincu jusqu'ici que nous étions heureusement mariés, nous avons fait ici même la preuve que nous l'étions* <u>*très*</u> *heureusement, car nous nous amusons très bien et nous entretenons de manière épatante. » La lettre suivante est la réponse de Freud*[2].

23-Math 21.7.10.[a 3]

Mes chers enfants,

Maman a fait suivre aujourd'hui votre longue lettre, parce que rien d'autre n'était arrivé, et nous nous sommes beaucoup réjouis de son contenu et des perspectives qui s'y rattachent. Lavarone a donc conservé son charme et a captivé aussi les nouveaux venus. Rie a tout à fait raison avec son pronostic sur notre relation à la Hollande[4]. Nous nous sentons terriblement à l'aise, jouissons beaucoup de toutes les nouveautés et faisons de grands progrès dans

---

a. Papier avec en-tête imprimé : Hotel Witte Brug/ Den Haag-Scheveningen, etc.

1. Où Mathilde et Robert logeaient, comme autrefois les Freud.
2. Entre-temps, il y a sûrement une lettre de Freud qui s'est perdue, et que Mathilde mentionne dans sa lettre à l'instant citée.
3. Cette letre de Freud et la suivante sont également publiées in F/Voy, p. 290, 292.
4. Dans sa lettre à l'instant évoquée, Mathilde avait écrit : « Rie dit que vous allez vous sentir là-bas très bien. »

la vie végétative. Aujourd'hui, c'est le premier jour où nous ne savons pas quoi faire à cause d'une pluie froide. Nous voulions justement aller à Haarlem ou Rotterdam – des sorties de la matinée –, peut-être que ça ira encore, il n'est que 9 heures du matin.

Tes frères, Mathilde, sont des garçons très corrects et de bonne compagnie. Ernst, bien sûr, partout en tête, un diable, Oli, qui a encore besoin de beaucoup de repos, mais qui a très bon cœur ; il se joint même aux parties de tarot et apprend à perdre avec flegme. Les deux bains de mer ont été très amusants jusqu'à aujourd'hui. Notre habitude est de visiter le matin la ville et des musées, de prendre ensuite le petit repas à midi et ½, et de passer le reste du temps jusqu'à 6 h à Scheveningen. Avec le tram, qui s'arrête devant l'hôtel, nous avons 5 minutes jusqu'à l'établissement thermal et, en direction opposée, environ 15 minutes jusqu'au centre de la ville, le « Plein ». Dommage que le temps commence à faire de telles difficultés. Peut-être s'arrangera-t-il à nouveau.

En Hollande, on n'est pas comme à l'étranger, et l'on a tout ce qu'il faut. Une prochaine villégiature d'été pour vous. Jusqu'ici, pas une déception. Rembrandt et Spinoza sont aussi une très bonne compagnie.

Ce que vous me rapportez de mon chef de section D. m'a beaucoup amusé [1]. Bien sûr, il ne faut pas qu'il se doute que vous savez qui il est ; il fait toutes sortes de mystères autour de notre relation [2]. C'est une personne très intéressante.

Quel tour prendra notre rencontre au complet à Noordwijk [3] et quelle influence exercera Hambourg sur notre été, savoir si tante se joindra à nous [4], tout cela me paraît encore incertain.

Par moments, on a ici l'impression qu'on est oublié du monde. Hier, enfin, sont arrivées des nouvelles de tous les côtés, également

1. Mathilde parlait dans sa lettre d'un télégramme parvenu à l'hôtel, une réservation de chambre « avec une signature tronquée », qu'elle croyait pouvoir deviner – « et c'était de fait le conseiller aulique, qui passe tout son temps à crapahuter ici tout seul avec un énorme sac et devient à peine visible pour les repas ». Il s'agissait probablement d'un patient de Freud.

2. *Beziehung*. F/Voy (p. 290) transcrit ce mot de manière fautive, où il a été confondu avec *Besetzung*.

3. Cf. la remarque intercalaire avant cette lettre.

4. À cette époque, la mère de Martha et Minna était à Hambourg à l'agonie. Minna avait relayé sa sœur là-bas début août et resta à Hambourg (F/MB, p. 263-271).

une carte de Martin-Lampl avec la photo des tours de Vajolet à partir du refuge [1].

Je vous salue cordialement tous deux, et espère que vous continuerez à trouver les mêmes agréments. Saluez aussi Rie de ma part ! Pourquoi ne dites-vous rien de Margarethel [2] ?

Votre papa

Avant même de recevoir cette lettre, ce même 21 juillet, Mathilde et Robert écrivirent à nouveau. Voici une des choses qu'ils disaient : « Eri s'en va lundi en Suisse, mais revient dans six jours. Écrivez, s'il vous plaît, de manière détaillée comment tout se présente, j'ai du mal à l'imaginer. » C'est à cette remarque que Freud se réfère dans ce qui suit.

24-Math [En-tête Vienne] La Haye 24.7.10

Ma chère Mathilde

Je t'écris une longue lettre, te sachant maintenant à nouveau seule, heureusement pour une semaine seulement. Tu veux savoir ce que nous faisons ici. Eh bien, rien, et c'est très bien ainsi. Ce serait encore mieux si l'été n'était pas aussi déchiré et si la situation n'était pas aussi désolante du côté de grand-mère à Hambourg. Tu en as certainement des nouvelles directes.

Le matin, nous allons habituellement dans une ville proche – c'est ainsi que nous avons fait la connaissance de Rotterdam, Delft, Haarlem, nous gardons encore en réserve notre Leyde avec Noordwijk –, nous revenons pour le premier ou éventuellement le deuxième grand repas, nous baignons après avoir mangé et jouons aux cartes le soir. Tel est le cadre de notre vie ici. Y prennent place les repérages dans des localités étrangères, la contemplation de tableaux avec plus ou la plupart du temps moins de compréhension, l'attention portée aux moulins à vent, aux canaux, aux maisons anciennes, et tout ce qui est encore caractéristique de la Hollande, l'attente de lettres et de nouvelles, la comparaison entre les plages, etc. On peut qualifier le temps de mauvais ; mais il ne nous a gâché qu'une matinée sur dix ; il est donc à proprement

1. Martin et son ami Lampl faisaient alors une virée dans les Dolomites (cf. *infra*, p. 113).
2. Probablement Margarethe Rie (cf. p. 261, note 1).

parler beau. Il souffle presque toujours un vent violent, qui est sans doute responsable du fait que l'argent, des billets bleus de dix florins, et même des pièces de 2 florins et ½ lourdes comme nos 5 couronnes, s'envolent si vite. La Hollande est au total très civilisée et terriblement confortable. La Haye même est une localité très aimable et accueillante, avec des rues et des bâtiments intéressants. Les cigares, de première qualité, sont inoubliables.

Quant à mes connaissances, je n'en ai rencontré que trois, de très diverses sortes, le docteur que j'ai eu en traitement au printemps [1], Spinoza, devant le monument duquel nous passons chaque jour, et un diable de la galerie de Notre-Dame, que j'ai caressé très souvent en janvier 1885 [2]. Ce dernier est en plâtre et se trouve, en un grand et deux petits exemplaires, déjà en notre possession. Voilà à peu près l'essentiel.

De Deuticke est parvenue la nouvelle que la première suite de la *Sammlung zur Neurosenlehre* [3] en arrive tout de suite à sa deuxième impression. Nous attendons l'oncle et Frank ce soir ou demain matin. Voilà les plus importants additifs.

Oli veut aller manger, c'est pourquoi je te félicite encore brièvement et cordialement pour ta robustesse retrouvée et te charge de saluer Robert de ma part

Ton vieux papa

Les salutations adressées au cours du voyage en Sicile qui suivit, spécialement adressées par Freud à Mathilde, semblent s'être perdues. Mais il existe deux lettres associées d'elle [4]. *Voici la première, une lettre « combinée » d'elle et Robert :*

[Mathilde] Vienne, 9 sept. 10

Très cher papa, j'écris aussitôt après avoir reçu ta carte, afin que tu reçoives à coup sûr à Palerme nos salutations les meilleures et les plus

1. Il se pourrait que soit ici visé le chirurgien Jan de Bruïne Groeneveldt (cf. F/Voy, p. 287, et *infra*, p. 217, note 2).

2. Une des célèbres gargouilles (F/Voy, p. 293).

3. À partir de 1906, Freud publia ses essais parus de manière dispersée sous le titre *Sammlung kleiner Schriften zur Neurosenlehre* [*Recueil de petits écrits sur la doctrine des névroses*]. Jusqu'en 1922 parurent cinq séries, pour une part avec plusieurs rééditions, les trois premières chez Deuticke, la quatrième chez Heller et la cinquième à la Maison d'édition psychanalytique.

4. Auparavant, en outre, deux cartes séparées de Mathilde et Robert à Freud le 28.7 et une carte commune datée du 5.8.

belles. Je me suis beaucoup réjoui des deux nouvelles que tu donnes [1] ; en particulier, j'ai trouvé que c'était une idée magnifique d'être allé à Paris. Et je te souhaite en Sicile les jours les plus beaux et les plus agréables, de même qu'un temps magnifique ; et, je t'en prie, écris-nous ici et là ! Du Midi, il te viendra beaucoup plus facilement à l'idée que de Noordwijk de m'adresser des cartes à moi personnellement, de même que je trouve qu'il est maintenant tout à fait dans l'ordre que, en dehors de moi, maman et les enfants soient aussi obligés de t'écrire. – Annerl [2] est depuis 2 jours en pension chez nous, je la trouve très jolie, de belle allure, et armée des meilleures résolutions – c'est un pauvre petit animal, et elle se tourmente terriblement avec tout. Elle m'a apporté de ta part le ravissant vase, merci mille fois, papa, il nous plaît beaucoup à tous deux, nous n'avons même eu aucune difficulté à nous accorder sur l'endroit où le placer dans la vitrine – dont l'ordonnancement est en effet le seul point litigieux entre Eri et moi. Je vais à moitié bien, Eri va très bien, il se réjouit déjà beaucoup du beau soufre que tu veux lui apporter [3] –

[Robert] Très cher papa !

Nous sommes très heureux que tu ailles bien, je suis persuadé que, cette fois, tu vas revenir tout autrement rétabli que l'an passé. Nous avons visité avant-hier votre appartement [4], et sommes très indignés que vous ayez tout copié chez nous ; par ailleurs, tout est devenu très beau ; la salle de bain nous en a beaucoup imposé. Nous avons aussi maintenant tout remis en ordre, le Rabuzzl [5] est infatigable dans ses combinaisons de nouveaux recoins douillets, nous avons maintenant dans la salle à manger le petit divan de la salle des messieurs, et les tapis sont chaque jour à un endroit différent. Ici, le temps est toujours misérable, et tous les estivants qui rentrent sont très enthousiastes de

---

1. Manifestement, des nouvelles adressées « personnellement » à Mathilde se sont perdues, ou bien elle a en tête, ce qui est moins vraisemblable, deux cartes à la famille ou à Martha (F/Voy, p. 298 *sq.*).
2. Comme Ernst, Anna devait rentrer à l'école (F/AF, p. 65). C'est pourquoi ils partirent tous deux à l'avance à Vienne, tandis que Martha resta à La Haye avec les autres enfants encore jusqu'à la mi-septembre (cf. *infra*, p. 113 *sq.*). Anna écrivit à son père (F/AF, p. 68) : « Je me plais beaucoup chez Mathilde, elle ne sort pas beaucoup, et on jouit d'un immense confort. On peut aussi converser avec elle comme avec aucune autre personne. »
3. Cf. F/Voy, p. 312.
4. L'appartement de la Berggasse était en rénovation ces jours-là. Anna écrivit à ce propos (F/AF, p. 68) : « Nous allons avoir une très belle salle de bain avec poêle à gaz, et la cuisine a été agrandie. » Cf. *infra*, p. 415.
5. Sobriquet de Mathilde.

Vienne. Depuis hier, nous avons à nouveau quelques cas de choléra. Le pauvre Kainz [1] est à l'agonie.

À part ça, ici, rien de nouveau. Nous te souhaitons tous du beau temps et un excellent repos.

Au Dr F.[erenczi] [2] bien des salutations cordiales, et à toi les plus belles de

Ton Robert

[*Mathilde*] salutations et baisers de ta Mathilde
Salutations au Dr Ferenczi

Dans la lettre de Mathilde du 22.9 il est dit :

Des nouveautés, il n'y en a pas, sinon que, récemment, j'étais avec Eri hors de la ville à Wiener Neustadt pour la journée aéronautique et que c'était grandiose – le premier envol d'un aéroplane est comme un conte de fées. Bien sûr, je souhaite depuis déjà convulsivement de pouvoir aussi voler, il faudrait simplement me rembourrer un peu le siège du pilote, sans quoi je craindrais d'avoir très rapidement mal au dos. Ce n'était pas bien de ta part d'écrire que nous devrions être prudents avec la consommation de fruits à cause du choléra [3]. Le Dr Donath [4] me l'a déjà conseillé il y a assez longtemps, mais c'est un pessimiste notoire ; or, quand Eri a appris que toi, qu'il tient pour l'homme le moins craintif qui soit, tu as écrit à ce sujet, c'en a été fait, et, 3 jours durant, je n'ai pas eu le droit de manger de raisins. Mais j'ai été si malheureuse et je lui ai promis si fermement de ne pas attraper le choléra que j'ai dès aujourd'hui fait venir à nouveau la marchande de fruits. J'espère que toi et Ferenczi réussirez à organiser votre voyage de retour de telle sorte que vous ne soyez nulle part mis en quarantaine ni n'en subissiez aucun autre désagrément [5]. Qu'avez-vous dit du pauvre Kainz ? Je me réjouis maintenant doublement du beau tableau de lui. Annerl a été particulièrement attristée par la nouvelle de sa mort et a lu avec beaucoup de zèle toutes les nécrologies dans tous les journaux. Je la trouve du reste tout à fait humaine, en

1. L'acteur légendaire du Burgtheater Josef Kainz (1858-1910) mourut le 20 septembre. Mathilde l'avait assez souvent vu jouer et entendu déclamer ; son « Concert- und Theater-Merkbüchlein » est plein d'épithètes enthousiastes le concernant (Gödde 2005, p. 116 *sq.*).

2. Sándor Ferenczi (1873-1933), neurologue à Budapest, fondateur et président de l'Association psychanalytique hongroise (BL/W : F/Fer).

3. Dit ainsi dans une lettre à Martha du 15 (F/Voy, p. 313).

4. Possiblement le Dr Julius Donat[h] (1870-1950), spécialiste des malades internes (cf. http://ub.meduniwien.ac.at/blog/ ?p=608 en date du 10.9.2009).

5. Freud et Ferenczi entreprirent alors de rentrer d'Italie plus tôt que prévu, afin d'échapper à une épidémie de choléra commençante (F/E, p. 73).

tout cas un peu plus qu'au printemps, et en outre, elle devient jolie comme une image. D'ailleurs, sa modération relative par rapport à l'école [1] est en grande partie imputable à Lampl, qui, une fois de plus, en tant qu'ami fidèle, fait valoir sa bonne influence. Martin est l'heureux possesseur de 3-4 uniformes et d'autant de képis et casques, qui lui vont tous très bien [2]. Oli l'admire beaucoup, Ernstl est très fringant et spirituel, Soph est très jolie et souvent assez mordante, et maman est aux anges avec ses nombreux nouveaux tiroirs et armoires, édifie de merveilleuses natures mortes avec tes chemises et pantalons, qui ont enfin obtenu une belle armoire à leur convenance. Elle devient simplement parfois un peu mélancolique quand elle évoque la maison des Wertheim dans le Grunewald [3].

Le document conservé suivant est constitué de trois lettres à Mathilde de l'été 1912. À Karlsbad, d'où elles ont été écrites, Freud était allé pour une cure avec sa femme le 14 juillet [4].

25-Math

[En-tête Vienne] Karlsbad 24.7.12. [a]

Ma chère Math

Tu peux imaginer que la promptitude avec laquelle ta sœur imite ton exemple ne nous a pas laissés tout à fait indifférents [5]. Nous nous sommes vite convaincus qu'il n'y a pas grand-chose à y faire, également que point n'est besoin de faire quelque chose contre. C'est manifestement une personne tout à fait fiable, sérieuse,

a. Enveloppe associée adressée à : N III/ Alt-Aussee/ Steiermark.

1. Anna tendait au surmenage ; toujours est-il qu'au début de l'année, peut-être jusqu'à l'été, elle avait cessé de fréquenter l'école (F/AF, p. 56 *sq.* avec note et p. 65).
2. Martin s'engagea au service de l'armée le 1er octobre comme volontaire pour un an dans l'artillerie (MaF, p. 178-180 ; F/Fer I, p. 225).
3. Wilhelm Wertheim (1859-1934), copropriétaire de la chaîne connue de grands magasins à Berlin, habita avec sa femme Martha (de 1870 à 1953) Messelstraße 19, proprement à Dahlem (Poste Grunewald) (Fischer und Ladwig-Winters 2005). Minna Bernays surtout était une amie de la famille et fut plusieurs fois invitée chez elle (F/MB, p. 252 *sq.*, note 1). Anna aussi s'y installa en 1920 lors d'un séjour prolongé à Berlin (F/AF, p. 303-305). Cf. *infra*, p. 414 *sq.*
4. Jones II, p. 118.
5. À propos des fiançailles de Sophie avec Max Halberstadt et de la première visite de celui-ci à ses beaux-parents, cf. *infra*, p. 401 et 329-Max.

tendre, fine sans être faible, et tout plaide en faveur du fait que nous pourrons voir une deuxième fois réalisée parmi nos enfants cette rareté qu'est un mariage heureux. Il est en vérité de la même espèce que Robert, moins aigri et plus farouche que R. n'était alors, mais foncièrement le même type de jeune homme, poursuivant dans la vie des buts tout à fait semblables. D'autant plus remarquable que toi et Sophie ne présentez pas beaucoup de similitudes. Je veux dire que, pour Sophie, les choses se passeront très bien si elles ne tournent pas autrement par sa faute.

Mais elle est très amoureuse de lui, et alors qui sait ce qu'il advient d'une enfant quand elle se transforme en femme. Ce serait très bien si vous deux lui adressiez quelques lignes, en particulier parce qu'il n'y a aucune chance que vous le voyiez encore en automne.

Maman a eu tôt fait de surmonter son indisposition et savoure, je crois, beaucoup Karlsbad et notre vie de grands seigneurs ici. C'est une ville charmante et l'on en a pour son argent. Les Emden [1] sont aussi une compagnie très agréable.

J'ai bien supporté la cure pendant la première semaine, et souffre maintenant plutôt davantage de l'eau chaude, de l'air chaud, des compresses chaudes, etc. Mais il paraît que j'ai déjà aussi l'air rétabli et j'ai en tout cas oublié depuis longtemps Vienne et ses tracas.

Je vous salue toi et Robert cordialement et espère que tu continues aussi à te ménager beaucoup d'agréments avec tes hôtes [2].

Ton père

26-Math [En-tête Vienne] Karlsbad 27.7.12

Ma chère Math

Ne m'en veux pas si je décline pour cette année ton aimable et insistante invitation. Je pourrais m'y rendre quant à moi, mais tu sais combien maman voyage encore misérablement. Elle n'est

1. Le psychiatre et neurologue Jan E. G. van Emden (1868-1950) de La Haye, avec son épouse. Emden avait sollicité une analyse auprès de Freud dès mai 1911 – si l'on veut, la première « analyse didactique » (May 2006a, p. 51-54). Il passa plusieurs fois ses vacances avec Freud et sa famille (BL/W). C'est dans ce cadre qu'il poursuivit son analyse en 1911 et en 1912.

2. Parmi eux, certainement, la cousine Ditha, mentionnée dans la lettre suivante.

parvenue à Karlsbad qu'en ayant mal au cœur, et deux jours de voyage en août, entre lesquels peuvent s'insérer au plus 1-2 jours de repos, représentent une épreuve que je n'ose lui infliger. À vrai dire, c'est aussi le temps qui nous manque ; nous devons nous efforcer de monter le plus tôt possible dans les hauteurs où il est prévu que notre séjour se termine avant le 1er septembre [1] ; et nous ne pouvons tout de même pas battre le rappel de nos bonnes gens qui sont à Lovrana [2] avant 4 semaines. Pour dédommagement, je te rapporterai un pendentif que j'ai vu ici.

En même temps, tu recevras un journal de Hambourg, dans lequel les fiançailles sont déjà publiées. Max n'a pas pu tenir plus longtemps, bien que nous ayons fixé le 28 pour les deux villes [3]. Il nous écrit maintenant de manière répétée et se dégèle rapidement. Des lettres et autres envois nous sont déjà parvenus de Hambourg.

L'anniversaire de maman a été aussi solennel et tapageur que l'exige la situation. Tes rhododendrons sont arrivés dans un excellent état ; je l'ai surprise avec un buste en terre qu'un artiste italien a fait ici de moi [4]. Quant aux autres cadeaux, venant d'autres côtés, elle t'écrira à ce sujet elle-même.

Nous profitons de K. extraordinairement et sommes tout à fait régénérés. C'est trop beau et la vie – pourvu qu'on ne calcule pas trop – est très agréable ici. J'espère que tu trouves à présent en Ditha, après le départ de Robert, une bonne compagnie [5]. Salue-la cordialement de notre part.

Je regrette beaucoup de ne pas pouvoir te voir pendant de si longs mois en été. Peut-être que nous prendrons d'autres dispositions l'an prochain, alors que nous devrons tenir compte d'un couple de plus.

Bien des salutations et
vœux cordiaux de
ton père

---

1. Les Freud quittèrent Karlsbad le 14 août 1912 et restèrent jusqu'au 30 à Karersee (Tyrol du Sud). À propos de leurs projets ultérieurs, cf. la lettre suivante avec note.
2. Minna, Sophie et Anna (cf. *infra*, p. 416) passèrent leur congé dans la localité qui s'appelle aujourd'hui Lovran, sur la côte adriatique d'Istrie (aujourd'hui Croatie).
3. Cf. 334-Max.
4. On ne dispose pas d'autres informations à propos de ce buste-portrait.
5. Judith (« Ditha ») Bernays (1885-1977), fille aînée de la sœur de Freud Anna, était venue en mai à Vienne (F/Brill, 2 et 21.5.1912).

27-Math [En-tête Vienne] Karlsbad 2.8.12

Ma chère Mathilde

Tes lettres étaient pour nous un plaisir depuis que tu sais écrire (peut-être à ton écriture près), et elles le sont aussi restées après ton mariage. Mais tu as raison ; nous prenons la résolution de choisir l'an prochain la villégiature d'été de telle sorte que les plus belles lettres deviennent inutiles. Il faut que tu te mettes à y travailler tôt dans l'année.

Je ne peux malheureusement pas te renseigner sur la situation matérielle future de Sophie, comme tu le réclames. Un beau-père qui ne peut dire « je dote ma fille de tant » ne peut demander non plus « combien avez-vous au juste, jeune homme, par an à vous mettre sous la dent ? ». Il suffit qu'à la question de savoir ce qu'il attendait de son côté à elle il ait répondu : rien du tout, il ne comptait pas là-dessus. Étant donné ce qu'il manifeste de son être par ailleurs, il était entendu par là qu'il pense avoir assez pour deux. J'imagine que Soph ne consommera pas la totalité de ses 20 000 K pour son trousseau, et qu'elle se trouvera dans une situation relativement semblable à la tienne. C'est plutôt quand nous serons ensemble à Karersee qu'il pourra être question du budget du jeune couple. Dans les deux jours qui ont précédé les fiançailles, cela aurait donné l'impression que sa réponse au sujet de sa fortune pouvait exercer une influence sur notre consentement. Tu le verras du reste sans doute pour Noël. Les deux ne semblent pas s'installer dans l'attente ; à l'automne, Soph ira à Hambourg avec maman ou tante afin de s'occuper de ce en quoi elle doit se fournir. Tante ne cesse de dire que la correspondance des deux ne sera sans doute jamais publiée ; il paraît que ses lettres à lui ne sont pas plus belles que celles de Sophie.

Nous envisageons de partir d'ici le 10 ou le 11. Nous sommes dans une forme épatante. Ici, on n'a le temps de rien ; je dois écrire un petit travail pour Stekel [1] ; il me cause les plus grandes difficultés.

---

1. Wilhelm Stekel (1868-1940), neurologue viennois, initiateur de la Société du mercredi, entre-temps rédacteur du *Zentralblatt für Psychoanalyse* [*Journal international de psychanalyse*] (BL/W). Stekel avait alors en charge la rédaction finale du volume qui contenait la discussion sur l'onanisme de l'Association psychanalytique viennoise, et pressa Freud plusieurs fois de bien vouloir lui envoyer sa contribution conclusive (Freud 1912f) [par exemple, lettre du

En septembre, j'irai en Angleterre [1]. Jones [2] m'attire là-bas, ainsi que l'éventualité de pouvoir faire quelque chose pour y introduire notre cause, donc des considérations politiques. Ferenczi m'accompagnera sans doute, peut-être aussi Brill [3].

Je te salue cordialement et te prie de remercier beaucoup Ditha pour sa charmante lettre. J'espère qu'il ne pleut pas plusieurs fois par jour.

Ton père [4]

Plus encore que dans les lettres précédentes, il s'agit, dans les pièces suivantes de la correspondance entre Freud et Mathilde, de morceaux isolés, tout au plus de séries minimales, la plupart de la période des vacances d'été.

Pour commencer, un groupe de trois missives de Mathilde datées de juillet 1914, adressées à Karlsbad[5]. *Les deux premières, écrites à Salegg (Tyrol du Sud), traitent en premier lieu du séjour de vacances projeté par la famille à Seis am Schlern, qui fut ensuite annulé à cause du déclenchement de la guerre. À la fin d'une lettre assez longue du 20.7, Mathilde aborde la question de la situation politique et émet l'opinion : « Quelles horreurs Alexandre prophétise-t-il quant à l'avenir de l'Autriche ? Ici aussi, on fait énormément de politique, et nous autres femmes sommes d'accord pour dire qu'il faut sévir contre les Serbes. »*

Dans une carte postale du 23, elle effleure ensuite les conflits internes à l'Association dans lesquels Freud était alors empêtré : « J'ai reçu ces

29.7]. Le 17 août 1912, il accusa réception (Bos et Groenendijk 2007, p. 184 *sq.*, 186 *sq.*).

1. Freud voulait à l'origine entreprendre avec Ferenczi et Brill (Rank aussi) un voyage en Angleterre ; mais il dut renoncer à ce projet à cause de Mathilde, qui était tombée malade (cf. *supra*, p. 35 *sq.*).

2. Ernest Jones (1879-1958), neurologue, à partir de 1913 pratique libérale à Londres, plus tard, pendant de longues années, président de l'API (Maddox 2006 ; F/Jo). Plus de précisions à propos des « considérations politiques » de la visite projetée chez lui in F/Jo, p. 195.

3. Abraham A. Brill (1874-1948), fondateur et membre influent de la New York Psychoanalytic Society (DIP).

4. Associée à cette lettre, une enveloppe vide, probablement destinée à un billet de banque avec la mention : « Mathilde/ 16 oct. 1912 » (le 16.10 était la date anniversaire de Mathilde).

5. Ces pièces se trouvent in FML.

jours-ci un journal berlinois avec un excellent essai du Dr Reik[1] *sur ton Histoire du mouvement ps.*[2]*. L'as-tu déjà lu, cher papa, sinon je te l'envoie. Mais en échange, j'aimerais beaucoup avoir de toi un exemplaire de l'Histoire du mouvement ps. ; j'apprendrais ainsi au moins quelque chose sur l'époque où j'étais encore trop petite pour que tu puisses me le raconter. »*

Une autre carte du 31 enfin, déjà postée de Vienne, finit par un post-scriptum *de Robert, que le déclenchement de la guerre renforçait dans son pessimisme notoire : « Bien des salutations. Impossible d'imaginer la fin de tous ces malheurs. »*

Les mois de juillet et août 1917, dont datent les lettres suivantes, les Freud les passèrent à Csorbató (lac de Csorba), une station thermale des Hautes Tatras, située alors en Hongrie, aujourd'hui localité tchèque du nom de Štrbské Pleso.

28-Rob Csorbató 2.7.17[a]

Cher Robert

Arrivés hier après un voyage pénible, maman avec une migraine aiguë. Accueillis aussitôt par une pluie douce, qui voile aujourd'hui encore la beauté du paysage sans pouvoir la dénier. Eau et pain excellents. Dîner surprenant. Nourriture un peu beaucoup tzigane. Ne te mets pas en peine de cigares, ceux que j'ai avec moi sont si mauvais que ça ne vaut pas le coup. Adieu et salue Math.

Cordialement
Papa

29-Math [En-tête Vienne] Csorbató 22.7.17

Chère Mathilde

Par ta lettre arrivée aujourd'hui, qui est si détaillée et riche de contenu, tu as exprimé le vœu que je t'écrive directement, et tu

---

a. Carte postale ; adressée à : Monsieur/ Rob. Hollitscher/ Vienne/ Türkenstrasse 29.

1. Après son doctorat en philosophie, par moments aussi à Berlin, Theodor Reik (1888-1969) essaya de se construire une existence de rédacteur, homme de lettres, etc., avant de commencer à exercer la psychanalyse en 1919 (BL/W).

2. Est certainement visé l'article de Reik (1914b) sur l'« Histoire du mouvement psychanalytique » de Freud (1914d) dans le *Berliner Tagblatt*.

vois que je me hâte de le faire, mais je t'écris à Vienne, parce qu'on ne peut calculer si la lettre peut encore te parvenir à Baden [1].

Nous allons vraiment très bien. Nous venons d'avoir 10 jours d'incroyable beauté, soleil éclatant sur fond de froid hivernal, trouvons la nourriture, malgré de petites irrégularités, alléchante, sommes déjà pas mal populaires, et la visite d'un médecin de régiment parlant hongrois a renforcé encore de manière significative notre position. Ce dernier n'est bien sûr personne d'autre que Ferenczi, qui veut passer ici 15 jours de permission, et a trouvé des chambres dans l'hôtel le plus proche (Mory) à 10 minutes du lac. Son amie, Mme Pálos [2], habite à Tatralomnic, à 70 minutes de tramway. Là aussi résident de proches parents de mes patients de Budapest [3], et tu peux imaginer que, dans ces conditions, nous ne manquerons ni de compagnie ni de dons charitables. Annerl, qui a une mine superbe, a fait la connaissance grâce à l'entremise de cette même Mme Pálos de très sympathiques jeunes filles de Bpest (Basch, des parentes de Dirsztay [4]) et n'est plus aussi solitaire que d'habitude.

Je ne peux contester que maman a passé ces derniers jours dans un état que Robert décrit comme une combinaison de choléra et de typhus, et aujourd'hui, alors qu'elle est déjà mobile et est apparue à table, elle n'a pas encore fait une impression bien formidable. Mais je me souviens que chaque année, une fois dans l'été, elle se retrouve dans <u>un</u> tel état, et espère qu'elle se sentira bientôt à nouveau aussi bien qu'avant. L'air d'altitude l'avait mise dans une forme extraordinairement bonne, et avait beaucoup augmenté son appétit. De l'anniversaire [5], nous ne pouvons cette année rien faire. On ne peut se procurer absolument rien. Le bazar le plus proche se trouve à Tatra-Füred (50 minutes de tramway) et a déjà été plusieurs fois perquisitionné sans livrer autre chose qu'un couteau à pain qu'on a bien en main. Nous ne pouvons rien faire d'autre que le garder secret, afin

1. Station thermale à 25 km au sud de Vienne.
2. Amante et future femme de Ferenczi, Gizella Pálos (1865-1948) (cf. Berman 2004).
3. Est ici visée la famille von Freund qui avait des liens d'amitié avec Freud (F/Fer II, p. 257 ; Lévy-Freund 1990, p. 40). Le membre de la famille dont on est sûr qu'il avait été jusque-là en analyse avec Freud est Rószi, la femme d'Anton von Freund (May 2007, p. 598, 607 *sq.*). Cf. aussi p. 154, note 2.
4. Les « jeunes filles Basch » n'ont pas été identifiées. Victor Dirsztay (1884-1935) fut vraisemblablement le patient de Freud à partir de 1910 et, avec des interruptions, au moins jusqu'en 1920 (May 2010).
5. De Martha.

que Mme Pálos, Ferenczi, le Dr Sachs et son amie [1], qui résident aussi à l'hôtel Mory, ne se sentent pas sollicités de réagir.

J'aurais tant de détails à écrire que la sélection ne peut être raisonnable. Passons donc aux perspectives sportives. Les fraises sont rares, à vrai dire seulement entre les voies de chemin de fer, pas de parterres de fraises, comme dans le Salzkammergut ou à Lavarone. Nous sommes ensevelis sous les myrtilles et elles commencent déjà à mûrir. Les framboises ne sont pas encore mûres, mais en surprenante abondance. Y aura-t-il des champignons ? Personne ne le sait ; jusqu'à présent, les autres espèces sauvages sont rares, bien que le sol réunisse les conditions les plus favorables. Donc nous espérons.

Nous en viendrons certainement à de plus amples excursions et tours en montagne dans les deux prochaines semaines, si le temps se maintient. (On prophétise justement pour demain le début d'une mauvaise période.) Le plus beau fut jusqu'ici quelques randonnées, que j'ai faites seul ou avec Annerl.

Parmi tes nouvelles, ce qui m'a le plus intéressé est ce que tu écris à propos de Robert et ce qu'il écrit à propos de lui-même. J'espère qu'il va bien en permanence quand vous êtes ensemble. Je suis très curieux de vos expériences à Salzbourg. Ici, l'acheminement du courrier est très ralenti, aujourd'hui par exemple une carte d'Oli, vieille de 9 jours. Il attend d'être affecté à Linz au bataillon nº 32a [2]. Sur une autre carte, il cosigne avec Martin, auquel il a rendu visite à Linz [3]. Ernst paraît très las. Tu connais les récits de tante, elle semble être résignée [4].

J'écris sur notre véranda dans un délicieux air froid, à la lueur d'une lampe électrique acquise fort à propos. Mais il est temps de conclure par des salutations cordiales à toi et à Robert.

Papa.

---

1. Hanns Sachs (1881-1947), juriste, depuis 1910 membre de l'Association psychanalytique viennoise, plus tard analyste didacticien à Berlin (BL/W). Il était à Csorbató depuis le 15 juillet avec son amie d'alors, l'actrice Grete Ilm (v. 1881-1957), (F/Fer II, p. 258, note 5). À propos d'Ilm, cf. entre autres Jones II, p. 206, le *Jahrbuch der Deutschen Bühnengenossenschaft*, ainsi que http://edocs.ub.uni-Frankfurt.de/maskopf/apersonen/htm (en date du 26.10.2007).

2. Non lisible avec certitude, peut-être aussi : 12.

3. À propos de la situation d'Oliver à cette époque, cf. *infra*, p. 206. Le 19 juillet 1917, il avait rendu visite à Martin (*infra*, p. 147).

4. Minna se trouvait à Großgmain à la frontière bavaroise, près de Reichenhall (F/MB, p. 284 *sq.*).

30-MathRob Csorbató 29.7.17

Bien chers

Je vous salue en votre nouveau séjour [1] et vous souhaite que tout y soit bon et savoureux. Ici, aujourd'hui, le premier bolet a été capturé ; un deuxième, à côté, a été piétiné par Ferenczi.

Cordialement

Papa

31-Math [En-tête Vienne] Badgastein 30/7 19

Villa Wassing [a]

Ma chère Mathilde

Je t'écris du fond de notre pluie infinie, qui ne laisse place qu'à cette mauvaise consolation qu'il se pourrait bien qu'il pleuve aussi ailleurs. Toujours est-il que nous vivons très à l'aise dans cette belle maison tranquille, que nous avons, quand nous le voulons, auberge et café si proches que reste encore bien du contentement [2]. Aujourd'hui, le ciel étant beau et dégagé, j'étais si exubérant que j'ai fait une randonnée jusqu'à Böckstein sans cape et avec un bon chapeau. La fin fut un retour avec le chapeau sous mon habit et un changement complet de vêtements.

Le vendredi 25, je suis apparu sans m'annoncer auprès de maman à Parsch [3], l'ai trouvée sereine, tranquille, avec une bonne mine, j'ai fait la connaissance du très charmant docteur, qui est un oncle du Dr Bernfeld [4] et un tantinet analyste [5], mais j'ai dû, étant donné

---

a. Probable enveloppe associée adressée à : Palasthotel/ Semmering/ NÖ. – À la lettre est jointe une deuxième communication de Minna, non reproduite ici.

1. Le sanatorium Parsch (informations chez F/AF, p. 229, note 1) fut fréquenté à pluieurs reprises par des membres de la famille Freud (cf. la lettre suivante). Parsch, alors une localité indépendante, est aujourd'hui un quartier de Salzbourg.
2. Du 15 juillet à la mi-août, Freud et Minna furent en cure à Bad Gastein (dans le sud de la province de Salzbourg). Le Böckstein mentionné juste après est aujourd'hui un quartier de Gastein.
3. Martha Freud se remettait au sanatorium Parsch des suites d'une grippe grave (F/AF, p. 214, note 4 ; cf. p. 167, note 3). Le 26 juillet était le jour de son anniversaire.
4. Siegfried Bernfeld (1892-1953), docteur en philosophie, à partir de 1919 membre de l'Association psychanalytique viennoise, plus tard à Berlin, pour finir en Californie (BL/W ; Fallend et Reichmayr 1992).
5. Probablement le directeur du sanatorium, le Dr Bernhard Schwarzwald (F/AF, p. 229, note 1). Il « a tous mes livres dans sa bibliothèque », écrit Freud à Anna, et « se prend pour un analyste » (*ibid.*, p. 216, 228).

l'allure des trains, repartir dès le samedi après-midi. Cependant pas tout seul, j'ai emmené avec moi Ernst, qui était aussi arrivé samedi matin sans être attendu et via Grossgmain [1]. Il est resté chez nous jusqu'au lundi 11 h, et ensuite a fait encore une halte d'un jour à Parsch. Ce fut un très bel épisode ; mais de la célèbre perspective de l'établissement, je n'ai vu que la forteresse [2] dans le brouillard.

Ici, à Gastein, le temps passe de manière très preste et agréable avec de petites promenades, des visites à des connaissances, un travail occasionnel sur une esquisse [3] que j'ai emmenée avec moi, avec les repas et le farniente. Voilà le séjour déjà à moitié écoulé. Tante vit très tranquillement, prend son petit-déjeuner seule dans la maison et ne fait avec moi que les chemins les plus courts. En général, ils conduisent à l'une des auberges situées à quelque distance ou à des buvettes.

J'ai des lettres très satisfaites d'Annerl, Oli donne des preuves de son existence en modifiant les adresses sur les lettres qui arrivent à Vienne.

Bien des désagréments vous sont épargnés par l'inaccessibilité des journaux, qui n'arrivent qu'un jour sur deux et sont toujours, dans le salon de lecture, au moins vieux de deux jours. On se dit alors qu'il y a longtemps que tout cela n'est plus vrai.

Je ne veux rien dire des dépenses, on s'habitue à la valeur réelle de la couronne et obtient au moins quelque chose de bon pour un monceau de monnaie.

Eh bien, écris-moi sans tarder comment il en va de votre eldorado [4], vis bien et adresse mes cordiales félicitations à Robert pour son anniversaire qui approche, espérons le dernier avant le premier million [5].

Avec nombre de bonnes salutations
Ton papa

---

1. Ernst avait rendu visite le 25 juillet à Anna Freud et à son amie Margarethe Rie, qui passaient là-bas leur congé (F/AF, p. 224).
2. La forteresse Hohensalzburg, emblème de la ville.
3. *Au-delà du principe de plaisir* (Freud 1920g) (F/Fer II, p. 401).
4. Selon toute vraisemblance : le Semmering.
5. Allusion à l'inflation qui sévissait alors en Autriche (cf. par exemple F/AF, p. 298).

Les lettres suivantes ont un arrière-plan sombre : en avril 1923, Freud avait été opéré pour la première fois à cause de son cancer de la mâchoire, sans qu'on lui ait donné le vrai diagnostic ; il dut ensuite se soumettre à une thérapie au radium. Et, le 18 juin, son petit-fils préféré, Heinele, que Mathilde et Robert avaient pris auprès d'eux après la mort de Sophie, était mort.

32-MathRob

[Badgastein, 12.7.23
Villa Wassing] [a] [1]

Je joins, moi aussi, mes salutations à tous deux et confirme que tante se remet visiblement et évolue vers une période faste. J'espère que Klobenstein [2] vous apportera ce que vous en attendez.

Salutations aux Rank [3].

Très cordialement
Papa

a. Expéditeur et date repris de la lettre de Minna dont ces lignes constituent un post-scriptum. Cette lettre n'est pas reproduite ici. – Enveloppe associée adressée à : Mme Mathilde Hollitscher/ Hotel Post/ Klobenstein/ am Ritten/ Bolzano, Italie.

1. En juillet 1923, Freud fit une cure à Bad Gastein, en compagnie de Minna, qui avait été auparavant à Reichenhall, pour se remettre d'une affection cardiaque. Dans sa lettre, à laquelle sont annexées les lignes ci-dessus (publiée avec le post-scriptum de Freud in F/MB, p. 194 *sq.*), elle présente ses condoléances à Mathilde (« Cœur aimé ») à propos de la mort de Heinele, après s'y être mise plusieurs fois en vain, comme elle l'écrit.

2. C'est là-bas que Mathilde et Robert voulaient partir le 15 juillet, accompagnés par le vœu de la tante : « que vous vous retapiez au moins physiquement et que vous trouviez un peu de paix intérieure. Tu aimes tant ce lieu [...] » (F/MB, p. 294, cf. *supra*, p. 65).

3. Otto Rank (1884-1939), docteur en philosophie, depuis 1906 secrétaire de la Société du mercredi/Association psychanalytique viennoise, jusqu'en 1924 directeur de la Maison d'édition psychanalytique. En 1926 émigration en France puis aux USA (Lieberman 1985 ; BL/W). Rank passa l'été 1923 avec sa femme Beata à Klobenstein (Rbr. IV, p. 98), où il travailla avec Ferenczi à leur livre commun *Perspectives de la psychanalyse*.

33-MathRob [En-tête Vienne] BGastein 18.7.23

Bien chers

J'étais avant-hier et hier à Annenheim [1], où j'ai trouvé tout excellent : maison, service, chère, paysage, température et état de santé. L'eczéma de maman est guéri. Avec regret, j'ai appris que vous êtes mécontents et songez à changer, ce qui ne se recouvre pas du tout avec ce que Rank [2] rapporte de vous.

Vous aurez entendu parler de la nouvelle catastrophe à Berlin [3]. Pour tante Mitzi, cela fait trop.

Martin a ramené de Trieste un catarrhe intestinal, comme son fils. J'ai vu à la gare de Villach Esti et l'enfant sur le point de partir pour Mallnitz, d'où elle a promis de nous rendre visite ici [4].

Je crois que nous ne démordrons pas de Lavarone, où j'espère vous voir aussi. Je suis dépendant de la réponse de Hajek à la question de savoir si je <u>dois absolument</u> me présenter chez lui après Gastein, ce que je ferais, bien sûr, de très mauvais gré [5].

Tante se rétablit très bien et veut prolonger son séjour ici de manière autonome. Soumis à une triple réaction : radium, bains et deuil, mon état général ne peut pas être brillant.

Je vous salue très cordialement

Papa

---

1. Localité au bord du lac d'Ossiach en Carinthie, où Martha, Anna et le petit Ernst Halbersadt étaient partis début juillet (455-Max) ; depuis longtemps une villégiature que les Freud appréciaient (cf. Molnar 2006b).

2. La lettre ici mentionnée de Rank à Freud ne semble pas avoir été conservée.

3. Theodor, le fils de 18 ans de Maria Freud, s'était noyé. Maria (« Mitzi ») Freud (1861-1942), la troisième des cinq sœurs de Freud, vivait à Berlin (Tögel 2004 ; Murken 2004).

4. À propos de la femme de Martin, Ernestine (« Esti »), et de son fils Anton Walter, cf. *infra*, p. 104-108. Martin voulait emmener sa femme et son fils, qui passaient les vacances en Italie du Nord, à Mallnitz (environ 15 km au sud de Bad Gastein) via Trieste, mais il les avait laissés à Villach, le garçon étant tombé malade (F/AF, p. 431 *sq.*).

5. Markus Hajek (1861-1941), professeur de laryngologie à Vienne. C'est lui qui avait pratiqué la première opération concernant le cancer de Freud en avril 1923, et, avant que celui-ci ne partît en congé, il avait exigé une telle visite de contrôle fin juillet (F/AF, p. 435, note 2). – Le séjour estival avec femme, fille et petit-fils à Lavarone (pendant tout le mois d'août) put avoir lieu, également la rencontre sur place avec Mathilde et Robert.

34-Rob Lavarone 10.8.23[a][1]

Cher Robert

Te voilà donc justifié de manière éclatante[2]. Outre la lettre jointe du conseiller municipal, une intervention personnelle du docteur qui demandait le retrait de la plainte, étant donné que de tels actes de *violenza* peuvent valoir une peine de 1-5 ans. Le vrai coupable semble être le professeur, qui se considère comme le commandant de la milice fasciste, pas tout à fait bien dans sa tête, du reste un Bertoldi et cousin de notre hôte[3]. Il a déjà été congédié aussi par la municipalité. Je crois que cela correspondait à tes vues que j'aie donné mon assentiment à la suspension de la procédure ; j'ai adressé une réponse tout aussi solennelle à la lettre du *municipio*.

Ici, il fait très beau et très chaud.

Cordiale salutation
Papa

35-Math Lavarone 11.8.23[b]

Chère Math

Une lettre avec des pièces jointes intéressantes à votre intention est, sur le conseil de maman, partie pour Rodaun[4]. Ici, il fait

a. Post-scriptum à une lettre de Martha à Mathilde du 9.8, qui n'est pas reproduite ici. – L'enveloppe associée d'abord adressée à : Monsieur et Madame/ Robert Hollitscher/ Vienne IX./ Türkenstr. 29 ; cette adresse raturée et remplacée, également de la main de Freud, par : Rodaun bei Wien/ Sanator Dr Gorlitzer ; cette deuxième adresse raturée par la main d'un tiers et remplacée à son tour par la première.

b. Carte postale, adressée à Vienne.

1. Dans sa lettre, par rapport à laquelle cette communication constitue un post-scriptum, Martha écrit : « Dans le cadre de l'"affaire" de Robert, le médecin d'ici est venu à nouveau trouver papa pour s'excuser, et aujourd'hui est même arrivée une missive du *« municipio »*, rédigée sur un ton cordial, et que papa enverra à Robert. La lettre ci-jointe de Ditha est arrivée hier, j'étais déjà à me demander si vous vous étiez encore bien rencontrés à Bolzano ! »

2. Quant à l'affaire dont il s'agit ici, on ne dispose d'aucune autre information que celles contenues dans cette lettre.

3. C'est-à-dire le propriétaire de l'hôtel du Lac à Lavarone (Mathilde/Liebste Leute, 15/16.7.1910 ; SFP/LoC).

4. « Math et Rob. ont passé avec nous les premiers jours [à Lavarone], maintenant ils sont partis pour Rodaun » (F/Amalia Freud, 10.8.1923 ; SFP/LoC). Rodaun, qui fait aujourd'hui partie de Vienne, fut jusqu'en 1938 une commune

une chaleur accablante, pas une goutte de pluie. Pas encore de journal.

Cordialement papa

36-Math L.[avarone] 26.8.23 [a]

Chère Math.

Un assaut de visiteurs ces jours-ci [1], Eitingon [2], Rank, Ferenczi, Emden et mon médecin personnel, le Dr Deutsch [3], qui me laisse aller à Rome [4]. Le 29 se renouvelle l'invasion, dont Jones, Abraham [5], Sachs ; ensuite, Eitingon s'en va avec Ernstl [6] et nous le lendemain. Maman est encore assez perplexe ; si tu reçois cette carte et n'as pas encore écrit, tu dois lui télégraphier si elle peut trouver à se loger à Baden.

Cordiales salutations pour toi et Robert

Papa [7]

---

a. Carte postale, adressée à : Pension Quisisana/ Baden NÖ/ Austria.

autonome. Cf. en outre la lettre précédente avec la note a. La présente carte constituait une assurance au cas où l'envoi de la veille serait parti à une mauvaise adresse.

1. Les membres du « Comité », autrement dit du collège informel qui dirigeait l'API (Abraham, Eitingon, Ferenczi, Jones, Rank, Sachs), s'étaient rencontrés à San Cristoforo près de Lavarone. Cette réunion avait été assombrie tant par les conflits internes que par l'inquiétude que suscitait l'état de santé de Freud (cf. par exemple Leitner 1998).

2. Max Eitingon (1881-1943), psychiatre, depuis 1909 à Berlin. Fondateur, principal financier et directeur de l'Institut psychanalytique berlinois. En 1933, émigration à Jérusalem (cf. F/E).

3. Felix Deutsch (1884-1964), médecin des maladies internes, depuis 1922 membre de l'Association psychanalytique viennoise. Avait été le médecin de Freud, mais perdit sa confiance après lui avoir tu son affection cancéreuse (BL/W).

4. Freud entreprit ce voyage à Rome en compagnie d'Anna. N'est pas ici reproduite une brève carte postale du 1.9.1923 qu'il envoya de Rome à Mathilde et Robert (cf. F/Voy, p. 336).

5. Karl Abraham (1877-1925), depuis 1907 au cabinet de neurologie à Berlin. Fondateur et président jusqu'à sa mort de l'Association psychanalytique berlinoise (cf. F/A).

6. Ernst Wolfgang, fils aîné de Sophie et Max, qui passait ses vacances d'été chez ses grands-parents.

7. Entre cette lettre et la suivante se trouve en outre une enveloppe vide, qui contenait une nouvelle fois un cadeau en numéraire pour l'anniversaire. Inscrit

37-Math [En-tête Vienne] Semmering 13.8.1928 [a]

Ma chère Math

Vraiment une lettre superflue ! Pourquoi ne t'es-tu pas simplement assise dans le train pour venir ici [1] ? Que t'importent les autres visiteurs [2] ? Du reste, avec le départ de Ruth [3], une place s'est libérée à table. Par ailleurs aussi, les semaines qui viennent seront plus calmes.

Venir pour un jour, c'est tout de même très inconfortable et très peu satisfaisant. Viens simplement pour aussi longtemps que tu peux et, bien sûr, aussi longtemps que je suis là. Nous partons le 30 [4], maman et tante quelques jours plus tard.

Nous te procurerons à coup sûr une chambre agréable. Aux connaissances, tu diras avant ou après que je vais à Berlin pour rendre visite aux enfants. Il ne reste plus que 2 semaines et ½ ; ne remets donc pas à plus tard.

J'espère te voir bientôt.

Cordiales salutations

papa

---

a. Enveloppe associée adressée à : Pension Rischawy/ Alt-Aussee/ Steiermark.

dessus : « Mathilde/ afin qu'elle accomplisse à sa guise la carte de ses vœux/ 16 oct. 1924/ £ 15/ Papa. »

1. C'est-à-dire au Semmering, où Freud passait ses vacances d'été de 1924 à 1928.

2. Cet été-là, Freud avait en traitement analytique Dorothy Burlingham. La présence de son mari, dont elle s'était séparée en 1921, provoqua quelque agitation ; il passait pour maniaco-dépressif (Burlingham 1989). Le 16.8, Anna Freud écrivit à Eitingon (AFP/LoC) : « Ici, une période très troublée et troublante est enfin parvenue à son terme. Lundi soir [= le 13], le Dr Burlingham […] est parti pour Budapest, où il n'aime pas provisoirement séjourner. »

3. Ruth Mack Brunswick (1897-1946), psychiatre américaine, à partir de 1922 en analyse chez Freud, puis analyste, jusqu'en 1938 à Vienne (BL/W ; DIP). Pour Freud, elle faisait « presque partie de la famille » (232-Ernst).

4. À Berlin, pour la première de quatre séries de traitements chez le Pr Schröder (cf. p. 328, note 5 et 240 *sq.*-Ernst).

38-Math [En-tête, Vienne] matin 19.6.1929
Schneewinkel

Ma chère Math

Je ne te dis pas combien c'est beau ici ; je ne veux pas fausser ton propre jugement [1]. Simplement ceci : ce serait le lieu approprié pour toi, c'est à coup sûr le lieu approprié pour nous. Et en échange de M 1 500, à moitié offert.

Il est une chose que nous pourrions rattraper. J'ai laissé à la maison le télescope (derrière la vitrine dans ma deuxième chambre), parce que je ne pensais pas au panorama. Te risquerais-tu à l'envoyer ici en colis ? Sinon, ne veux-tu pas l'emporter à Gmunden [2] et le transporter ici à partir de là-bas ?

Malheureusement, dès demain arrive le Dr Ruths [3], après-demain le Dr McCord [4]. Mais ça diminue les frais de séjour.

Maman serait au comble du bonheur, si ses mains n'y mettaient pas un bémol [5].

Je vous salue toi et Robert cordialement

Papa

39-Math [En-tête Vienne] Tegel 13.X.29

Ma chère Math

Je regrette beaucoup de ne pouvoir être encore à la maison pour ton anniversaire [6]. Il ne saurait plus s'écouler beaucoup de temps jusqu'à ce que j'arrive en personne, malgré tout j'ai recours à l'aimable opportunité d'utiliser comme courrier mon jeune odon-

1. Les quartiers d'été de Freud en cette année-là furent la maison Schneewinkellehen à Berchtesgaden. Il en fut parculièrement satisfait (cf. aussi 256-Ernst). Mathilde et Robert, qui voulaient passer leurs vacances à Gmain, tout proche, lui rendirent visite là-bas (F/RMB, 21.7.1929).

2. Au bord du Traunsee dans le Salzkammergut.

3. Johannes Carl Ruths (1879-1935), industriel suédois, fut un patient de Freud (Tögel 2006, p. 102-104).

4. Clinton Preston McCord (1881-1953), médecin, membre de la Société psychanalytique de New York ; faisait alors une analyse chez Freud (F/Fer III, p. 414, note 2).

5. Elle avait son « eczéma d'été » (256-Ernst).

6. Du 15.9 à fin octobre 1929, Freud était chez le Pr Schröder à Berlin pour la troisième de ses séries de traitements.

tologiste le Dr Weinmann [1], qui était venu à Berlin à cause de moi et repart avant moi. Mes salutations les plus cordiales pour toi et Robert. Je voudrais pouvoir faire quelque chose pour ta santé.

Papa

Ci-joint : le gain d'un jour [2].

40-Math [En-tête Vienne] 9.5.1930

Ma chère Math

Tes fleurs [3] se dressent devant moi tandis que je te remercie de tout cœur, et elles me rappellent avec les autres, roses, orchidées, muguet, combien il est impossible d'échapper à son destin. C'est assez que ce destin ne prenne pas un tour plus rébarbatif.

Aujourd'hui, il fait un froid de loup. Hier encore, nous disions combien il était dommage que tu ne sois pas ici pour te rétablir à fond.

Cordiales salutations à toi et à Robert

Papa [4]

41-Math [En-tête Vienne] 16.7.1935 [a]

Chère Math

Ta lettre d'aujourd'hui à maman m'a beaucoup affligé. C'est pourtant l'été, période de vacances et la seule occasion de repos

a. Enveloppe associée adressée à : Mme Mathilde Hollitscher/ chez Rischawy/ Alt-Aussee.

1. Josef Weinmann (1896-1960), dentiste viennois qui traitait Freud depuis l'automne 1929 après que Schröder le lui eut adressé (F/E, p. 670 note 1 ; IKG/W ; cf. Aichhorn et Schröter 2007, p. 43).
2. Deux analysants de Freud l'avaient accompagné à Berlin, Marie Bonaparte et Smiley Blanton (F/E, p. 616).
3. Pour son anniversaire. Cette carte a été écrite à Berlin pendant la dernière phase de traitement chez Schröder.
4. Sont à nouveau conservées des années suivantes quelques enveloppes avec inscription, dans lesquelles étaient certainement glissés des billets de banque (en 1933 visiblement en devises), ou bien pour l'anniversaire de naissance (16.10) ou bien pour l'anniversaire de mariage (7.2), une fois aussi en contrepartie d'une aide : « À Math/ pour le 7.2.1932 » ; « À Math/ Avec un cordial remerciement pour l'aide fournie/ Papa ; « De la part de papa avec des vœux cordiaux et une assurance contre la baisse des cours/ 16 oct. 1933 » ; « À Mathilde/ pour le

dans notre climat. Je trouve nécessaire de te donner un conseil pressant en passant outre à tes probables réticences.

Si Aussee n'est plus bénéfique à ton état, c'est un grand tort que d'y rester plus longtemps. J'apprends que vous avez de l'argent chez Marie [1], que vous voulez récupérer de cette manière. Mais cela me paraît être une mauvaise spéculation, cela ne doit jouer aucun rôle quand il y va de la santé. Je te fais une proposition et suis prêt à assumer tous les frais afférents à sa réalisation. Il faut que Robert surmonte sa réserve au moins une fois à l'occasion de son 60e anniversaire.

Voici la proposition en question : vous devez aller tous deux, et ce dès que possible, à Graefenberg dans le sanatorium de Reinhold [2], et tu dois y prolonger ton séjour quand Robert sera contraint de rentrer à Vienne. C'est seulement dans un sanatorium parfaitement dirigé que tu pourras trouver le confort et les soins dont tu as besoin. Ma conviction est que tu ne peux te passer non plus de surveillance médicale. Reinhold jouit d'une réputation particulière de thérapeute consciencieux ; les Deutsch [3] le tiennent en très haute estime ; Mme Deutsch vient tout juste de rentrer de là-bas. Je le connais aussi un peu. Cela me paraît être une bonne solution.

Oncle ayant un compte tchèque, Martin n'aura pas de difficulté à vous ravitailler là-bas en argent. Faites-moi ce plaisir, prenez rapidement cette décision, et informez-moi aussitôt.

Très cordialement
Papa [4]

16.X.1934/ cordialement de la part de/ Papa » ; « À Math pour le 7.2.1935/ Papa. »

1. Marie Rischawy (cf. p. 58, note 2).

2. Dr Josef Reinhold (1885-1947), directeur de ce qui fut le sanatorium de Prießnitz à Gräfenberg, qui faisait partie avant 1918 de la Silésie autrichienne, et fait partie aujourd'hui de la Tchécoslovaquie.

3. Felix et sa femme Helene Deutsch (1884-1982). En 1925, elle fonda l'Institut didactique de l'Association psychanalytique viennoise, qu'elle dirigea jusqu'à son émigration à Boston en 1934 (BL/W ; Roazen 1989).

4. Suivent deux autres enveloppes vides avec inscription, qui contenaient sans doute des cadeaux d'anniversaire en numéraire : « À Math/ pour le 16 oct. 1935/ Cordialement papa » ; « À sa chère Mathilde/ 16.X.1936/ Papa. »

Martin et Ernestine (« Esti »)

Martin Freud, 1908

Martin Freud (1889-1967)
Esquisse biographique

Le prénom complet de Martin Freud était Jean Martin, d'après l'éminent neurologue Jean Martin Charcot, qui avait constitué le but du voyage d'études de Freud à Paris juste avant l'ouverture de sa pratique. Il naquit le 7 décembre 1889. Fidèle à ses positions antireligieuses, son père ne le fit pas circoncire, pas davantage que ses autres fils. Bien des années plus tard, Freud écrivit à propos de son aîné qu'il n'était pas le fils préféré de sa mère, qui le traitait plutôt presque injustement, tandis que lui-même n'était plutôt pas assez sévère avec lui[1].

Sa première instruction, Martin la reçut de préceptrices, avant d'être envoyé à l'automne 1889 en cinquième à l'école primaire, afin de s'y préparer à l'entrée au lycée. La haute opinion qu'il avait de lui-même se fit remarquer lorsque, à la fin de l'année scolaire, il s'avança devant la classe vers le professeur et le remercia dans un petit discours. À partir de 1900, il fréquenta pendant huit ans le lycée humaniste royal-impérial[2] *à Vienne. Ses performances remplirent par moments ses parents d'inquiétude ; elles furent toujours très inférieures à celles de son frère Oliver. Lors de la première année scolaire, elles furent en moyenne taxées de « satisfaisantes » ; lors de la troisième année, la valeur moyenne tomba à « suffisant » ; ensuite les résultats s'amélio-*

1. Rice 1994, p. 251 *sq.* (pas circoncis) ; F/J II, p. 142 (pas le fils préféré).
2. Tout ce qui était alors « national » en Autriche était ainsi désigné. En effet, l'empereur d'Autriche était aussi « roi de Hongrie ». Cela donnait en allemand les initiales « k.k. », d'où Robert Musil a plaisamment tiré dans son *Homme sans qualités* le pays de *Kakanien.* [N.d.T.]

rèrent à nouveau un peu. Ce n'est que lors de la dernière année que Martin n'eut encore pratiquement que des notes allant d'« honorable » à « satisfaisant », et, pour l'examen final en juillet 1908, il obtint, à la surprise de tous, un « baccalauréat avec mention ». Le seul « excellent » qui se signale dans ses bulletins se rapporte à la gymnastique. Après le baccalauréat, il entreprit son premier voyage de vacances autonome avec son camarade d'école Hans Lampl[1].

Pour le semestre d'hiver 1908-1909, Martin s'inscrivit à l'université de Vienne comme « étudiant ordinaire en sciences juridiques et politiques ». Pendant sa première année d'études, il fréquenta en outre le département général de l'Académie d'exportation du musée du Commerce autrichien royal-impérial, où son oncle Alexandre était professeur ; mais ensuite, sur les conseils de son père, il opta pour le droit. Il termina ses études après trois examens d'État, qu'il réussit tous avec un « bon résultat », par un doctorat ; son diplôme date du 28 novembre 1913. Ensuite, il voulut effectuer un stage d'un an (sans solde) au tribunal de Salzbourg – une ville qu'il s'était choisie lui-même, à cause de la proximité des montagnes –, et son père mit en jeu toute son influence pour lui permettre d'aller là-bas. Mais il semble qu'il n'ait intégré le poste qu'en juin 1914. Son activité salzbourgeoise fut interrompue par le déclenchement de la Première Guerre mondiale[2].

Enfant, Martin se signala parmi ses frères et sœurs surtout par le fait qu'il écrivait des vers (Le renard fait la cour à l'oie : « Je t'aime,/ Du fond de mon cœur,/ Viens, embrasse-moi,/ Tu pourrais, de toutes/ Les bêtes, être ma préférée »). À sept ans, il signait ses œuvres et aussi ses lettres « poète Martin Freud ». En vacances, il vivait, selon ce que rapporte alors son père, dans ses fantaisies [Phantasien]. *En 1901, on passe à : « Martin, en ce moment, poétise peu, il dessine et peint, la plupart du temps des fantaisies animales d'un humour de bon aloi. » Il se piqua tout au long de sa vie d'avoir une vive fantaisie. Certes, pour finir, il en vint à reconnaître : « Je ne suis pas poète », mais il garda tout de même une certaine ambition littéraire, ce qu'attestent*

---

1. OFI, p. 7 *sq.*, Martha Freud/E. Reiss, 3.5.1951 (SFP/LoC) (préceptrices) ; F/Fl, p. 479 (cinquième) ; MaF, p. 37, 111, 153 (Martin à l'école) ; bulletins annuels au lycée (FMW), bulletin de baccalauréat (FML) ; F/AF, p. 51 (premier voyage de vacances).

2. Attestations de l'Académie d'exportation, des examens d'État et diplôme de docteur (FML) ; MaF, p. 170 *sq.* (opte pour le droit) ; *ibid.*, p. 188 (influence du père) ; F/Fer I, p. 603, cf. *infra*, p. 119-120 (juin 1914).

tant ses nombreux poèmes de circonstance que le roman Parole d'honneur [1], *qu'il publia en 1939, ainsi que son livre de souvenirs sur son père* [2].

Pour le lycéen et l'étudiant qu'il fut, ce sont d'autres modes de comportement qui devaient le caractériser. Martin raconte qu'élève il s'était entraîné d'après un manuel jusqu'à ce qu'il fût assez fort pour rosser ses ennemis dans la classe. Toujours enclin à défendre son honneur par la violence, il adhéra, étudiant, à une association juive qui pratiquait le duel [3], *la Kadimah, ce que son père aurait vu d'un bon œil. Il devint un escrimeur redouté. Lors d'une « rixe » entre étudiants juifs et germano-autrichiens, il écopa d'un coup de couteau. Pendant sa scolarité, son sens de l'honneur chatouilleux conduisit à un incident lors duquel il eut besoin de l'aide paternelle : il avait été giflé sur la patinoire et n'avait pu se venger, ce qui l'ébranla jusqu'à la moelle – comme si « tout [son] avenir avait été détruit ». À la maison, Freud l'emmena dans son bureau et se fit raconter l'histoire. Plus tard, Martin avait oublié les paroles, mais il en connaissait encore la teneur : « que père ne contestait pas le droit moral de rendre coup pour coup quand on reçoit un coup ». Il semble que l'intervention de Freud dans cette crise eut un effet cathartique. Cependant, quand Martin enfreignit une fois publiquement un interdit de duel et fut condamné à une amende, il dut en assumer les conséquences seul. Même s'il a été observé*

---

1. Titre original ainsi rédigé en français. [N.d.T.]

2. F/Fl, p. 389, 299, 462, 561 et MaF, p. 83 (Martin poète) ; MaF, p. 66 (fantaisie) ; SoF, p. 117 (« pas poète ») ; *infra*, p. 196 *sq.*, M. Freud 1939, MaF (poèmes de circonstance, etc.) ; quelques citations de *Parole d'honneur* chez Fry 2009. On trouve une série de textes littéraires non publiés de Martin Freud, figurant dans le legs, in FML.

3. « Association qui pratiquait le duel » : je traduis ainsi l'expression allemande *schlagende Verbindung*. Cela requiert quelques explications pour le lecteur français. Ce genre d'« association » peut être aussi désignée par le mot *Burschenschaft*, mais alors parfois sans duel. Il s'agi(ssai)t de groupes d'étudiants qui réunissaient dans une université des individus essentiellement en fonction de leur origine provinciale, sortes d'amicales donc. À ceci près qu'elles étaient extrêmement ritualisées, avec un argot spécifique, des couleurs et des insignes, et surtout ce qu'on peut appeler la pratique d'un duel initiatique [*Mensur*]. Il s'agissait lors de ce dernier, disputé au sabre, de se blesser *au visage* exclusivement, les yeux étant protégés par une grille. La cicatrice, appelée *Schmiss*, devait rester pour la vie aussi apparente que possible, et servait en quelque sorte de signe de reconnaissance. Au début du XIXe siècle, les *Burschenschaften* furent le vivier de l'idéologie libérale d'avant 1948. Aujourd'hui vestigionnelles, elles sont plutôt le fait d'étudiants d'extrême droite. [N.d.T.]

par des tiers que les enfants de Freud étaient éduqués par leur mère, et ce avec l'approbation de ce dernier, d'une manière « très étrangère à la psychanalyse », il est manifeste que la sagesse du père, formée à l'école de la psychothérapie, a été bénéfique aux enfants[1].

Martin devint (et demeura) un alpiniste et un skieur enthousiaste. Ses ascensions alpinistiques n'étaient pas sans danger. En 1913, il organisa les recherches pour retrouver un ami, qui avait eu un accident en montagne ; mais on ne trouva que le lieu de la chute. Martin était « toujours brave et vaillant en de tels cas », observa alors Freud. À partir de 1910, il fit son service militaire comme volontaire pour un an. Son père ne le laissant pas partir dans la cavalerie, il choisit l'artillerie. Son service cessa avant terme, lorsque, début 1911, il se fractura le fémur au cours d'une partie de ski. Martin avait manifestement raison quand, devenu vieil homme, il écrivait qu'il n'avait « aucun talent pour l'immobilité ni aucune prédilection pour une vie paisible[2] *».*

Dès sa jeunesse, Martin manifesta un vif intérêt pour l'autre sexe. À douze ans il se débrouilla, comme il le raconta fièrement en sa vieillesse, pour lorgner dans une cabine de bain près du lac, tandis que deux jeunes filles s'y changeaient. Il rapporte un amour de vacances datant de l'été 1909, et il n'y a que lui qui puisse être ce fils de Freud avec lequel une femme de 21 ans de l'entourage d'une patiente hollandaise de Freud eut une affaire de cœur autour de 1911, au point que ce dernier vit en elle un moment une future belle-fille. Quelques psychanalystes jugèrent que le jeune homme à la moustache et à la coque de cheveux peignée bien haut que nous voyons sur les photos de l'époque, « faisant exception à toutes les règles, n'avait pas d'inconscient ni même encore de surmoi[3] *».*

Freud jugea tôt que ses enfants avaient besoin d'éducation sexuelle. Il est vrai qu'il refusa que cette éducation fût assurée par les parents ;

---

1. MaF, p. 112, 165, 175 *sq.* (entraîné, Kadimah, « rixe ») ; Wald., p. 27 (escrimeur redouté) ; MaF, p. 47-50, 165-167 (expérience de la gifle, interdit du duel) ; F/LAS, p. 271 (« étrangère à la psychanalyse »).
2. Cf. p. 428 avec note 3 (ami victime d'un accident, « brave et vaillant ») ; MaF, p. 178 (artillerie) ; *ibid.*, p. 185-187, F/Fer I, p. 264, I, p. 358 (fracture) ; MaF, p. 165 (« pas d'immobilité »).
3. MaF, p. 86 *sq.*, 159 (jeunes filles) ; Stroeken 2009, p. 11, 17 (Hollandaise) ; registre d'inscription à l'université de Vienne (FML) (photo ; cf. p. 101) ; MaF, p. 187 (« pas d'inconscient »).

Sophie, Martin, Ernst avec des amis, vers 1912
(légende en marge de Sophie pour la grand-mère de Hambourg :
« D'une excursion dominicale 17.IV Tante Minna te donnera tous les détails/
De gauche à droite : Sophie, Martin, Käthe Pick, Hans Lampl, Ernst,
Charlie Rosanes, Luz Pick, Heinz Rosanes »)

il remit plutôt à cette fin entre les mains de ses enfants un ouvrage de vulgarisation médicale Die Gesundheit [La Santé]. *Il mit en garde Oliver, alors qu'il avait seize ans, contre la masturbation. Après le baccalauréat, il envoya ses deux fils aînés, en même temps que Lampl, chez un adepte viennois, un dermatologue, « et celui-ci dut nous éduquer sexuellement, pour nous protéger de l'infection, des maladies vénériennes ». Ernst, le fils cadet de Freud, n'étant pas alors à Vienne, Lampl fut censé lui transmettre les informations obtenues*[1]. *Freud se chargea lui-même d'une autre consultation : alors que Martin souffrait d'un chagrin d'amour, et avait fait appel à l'aide de son père (qui connaissait la jeune fille), il paraît que celui-ci lui répondit*[2] *: « Ton défaut est que tu n'as pas ou pas assez d'agressivité. Si tu étais devenu brutal quand elle te tourmentait, si tu lui avais crié dessus ou, mieux encore, l'avais giflée, alors peut-être qu'une relation heureuse aurait pu se développer. »*

1. MaF, p. 87, Bleuler/Freud, 8.5.1909 (SFP/LoC), F/Pf, p. 40 (éducation sexuelle) ; Roazen 1993, p. 180 (onanisme) ; Lampl-Int., p. I/7 *sq.* (chez le dermatologue [Maximilian Steiner]).
2. M. Freud : « *Some lessons in gentleness, fortitude and other matters I had from my father* » (FML), p. 4 *sq.*

Lors du déclenchement de la Première Guerre mondiale, Martin ne fut d'abord pas incorporé à cause de son inaptitude au service, conséquence de sa fracture à la jambe. Toutefois, il se porta volontaire, bien que son père le lui eût expressément déconseillé. Freud endossa cette décision avec une approbation soucieuse. En septembre 1914, Martin fut muté pour sa formation militaire à Bolzano, d'où il partit en janvier 1915 pour la Galicie. Lors de son passage à Vienne, Freud le vit à la gare, après quoi il écrivit à son élève et ami Karl Abraham : « J'ai fait place en toute lucidité à ce doute : le reverrons-nous, et comment[1] ? » Une chose n'était pas de nature à diminuer son angoisse : Martin donnait l'impression de considérer la guerre comme une excursion sportive. De fait, devenu vieux, celui-ci confirmait encore : « La vérité, c'est que que j'ai passé alors [au cours de la Première Guerre mondiale] la période la plus heureuse de ma vie[2]. »

Jusqu'à l'automne 1915, Martin resta sur le front de Galicie, où il participa à partir de mai à une grande offensive des forces royales et impériales – en tant que cavalier de patrouille. Les 8 et 9 juillet de la même année, Freud fit un rêve qui avait « très clairement » pour contenu la mort de ses fils, Martin en tête, et qu'il interpréta comme un « défi impertinent aux puissances occultes […] après la lecture d'un livre qui a justement exigé de moi de la piété ». Le 1er août, il relata : « Martin a soutenu des combats enfiévrés, il a essuyé une éraflure par balle au bras droit et une balle à travers son képi, les deux sans que s'en trouvât affectée sa capacité d'action. » Dans une lettre du 17 octobre, il est dit ensuite : « Mercredi 13, tôt le matin, j'ai été tiré du sommeil par une silhouette sombre, qui se donna à connaître à mes sens qui s'éveillaient comme étant mon fils Martin. Il avait très bonne mine, était cornette, portait sur son uniforme crasseux la grande médaille d'argent de la bravoure, montrait fièrement l'endroit par où la balle était entrée dans son képi et en était sortie et faisait mouvement […] vers quelque position d'artillerie en Italie. » Et Freud continuait : « Dans le fond de son être, il n'a pas changé, plutôt plus insolent et plus sûr de sa bonne étoile, décidé à se marier dès qu'il pourra rentrer, sans aucun souci au sujet de son avenir civil. Bien sûr, il a eu aussi ses difficultés ; sans elles, chez lui, rien ne va. Il a eu vent que son comman-

---

1. F/A, p. 367.
2. 54-Martin (Freud endossa) ; 63-Martin et *infra*, p. 130 (excursion sportive) ; MaF, p. 192 (« période la plus heureuse »).

dant l'avait promu, lui, le seul Juif du régiment, au rang de "sale Juif", et il n'a pas hésité un seul instant à se présenter au rapport et à le provoquer de manière réglementaire[1]. »

Après une période de repos, Martin fut impliqué en décembre 1915 dans des combats d'artillerie, avec l'armée italienne, dans la montagne. Début 1916, il fut nommé sous-lieutenant (deux ans après lieutenant et au total décoré quatre fois). En juin, il revint sur le front russe ; fin septembre, il était de retour dans le Tyrol du Sud. Le 10 décembre 1916, Freud consigne dans ses notes de calendrier : « Martin intégré au "cadre[2]*". » Après avoir passé quelque temps à Vienne, puis plus de six mois à Linz, il repartit le 21 août 1917 en campagne, en plein milieu de la onzième bataille de l'Isonzo. Il fit part à son père de son ambition de se distinguer le plus possible en se plaçant au premier rang du front. L'année suivante, le 18 juin, Freud écrivit à Ferenczi : « Martin participe à l'offensive de la Piave, et cette fois, c'est très dur » ; et le 29 : « De Martin, pendant huit jours, aucune nouvelle. Étant donné que nous savions qu'il prenait part à l'offensive, cela ne nous mettait pas du tout à l'aise, et cette fois, mon angoisse m'a tourmenté plus que d'habitude, peut-être même que c'est la première fois qu'elle m'a tourmenté. » Il soumit son inquiétude à une analyse et il repéra « la contribution névrotique présumée » : « Il y avait bien dans tout ça une envie* [Neid] *vis-à-vis de mes fils, dont je n'avais jusque-là rien éprouvé, et c'était une envie concernant leur jeunesse. » En 1919, Freud a inséré dans une édition nouvelle de son* Interprétation du rêve *un rêve à ce sujet, accompagné de son interprétation*[3].

L'approche de la fin de la guerre confronta Martin à ses perspectives professionnelles, plutôt sombres. Lors de l'armistice, il passa avec tout

1. OFI, p. 15 *sq.*, F/Fer II, p. 74, MaF, p. 193-196 (offensive) ; F/Fer II, p. 75 (rêve) ; F/A, p. 504 (« éraflure par balle ») ; F/Fer II, p. 95 (« mercredi matin »).
2. Dans l'original : *Cadre.* Soit, d'après la définition du *Konversations-Lexikon* de Meyer (4e édition, 1885-1892, t. IX), « l'effectif permanent, dans la troupe, de soldats professionnels, notamment d'officiers et de sous-officiers, chargés de la formation des incorporés, et d'équipes qui servent pour assez longtemps, soit le cadre [*Rahmen*] dans lequel sont insérées les réserves en cas de guerre ».
3. F/Fer II, p. 110 (combats d'artillerie) ; F/Kal (sous-lieutenant, lieutenant, cadre, en campagne) ; M. Freud, Resume, 3.11.1949 (FML) (quatre décorations) ; 380-Max, F/A, p. 524, 533 (front russe-Tyrol du Sud) ; 386-SophMax et *infra*, p. 151 (bataille de l'Isonzo) ; *infra*, p. 153 (premier rang du front) ; F/Fer II, p. 319 et 321 (offensive de la Piave, « envie ») ; Freud 1900a, p. 564-566, cf. 1922a, p. 166 (rêve).

son bataillon en captivité italienne, ce que sa famille n'apprit qu'au bout de six semaines d'incertitude. Depuis l'été 1914, Freud s'était fait du souci pour son aîné – si l'on en juge par ses déclarations : beaucoup plus que pour ses deux autres fils, ce qui était assurément lié au côté casse-cou de Martin. Ce temps était à présent révolu. Début août, Martin rentra d'Italie à la maison[1].

Dès 1915, sa décision de se marier après la guerre était prise. Probablement au printemps ou à l'été 1917[2]*, il fit la connaissance de la femme qui convenait à la réalisation de ce projet. Ernestine (« Esti ») Drucker (1895-1980) était la fille d'un brillant avocat juif, qui avait publié entre autres* La Suggestion et sa signification judiciaire *et qui ne faisait aucun cas de Freud. Ce dernier était mécontent du choix de partenaire qu'avait fait sa fille : il aurait souhaité un beau-fils plus aisé. Pour Martin, en revanche, Esti correspondait à une image conforme à ses vœux, qu'il avait ébauchée avec son ami Lampl déjà quand il était petit garçon : faire un mariage riche. En février 1918 furent échangées les premières lettres de campagne – elle l'avait informé qu'elle voulait d'abord savoir quelque chose de lui alors qu'il était au front. Lors de la permission suivante au pays (à partir du 2 juillet), en peu de jours la relation s'approfondit au point que tous deux commencèrent à se tutoyer et en vinrent à parler mariage. Début septembre, au cours d'une autre permission, ils se fiancèrent informellement. Les fiançailles officielles ne purent avoir lieu qu'un an plus tard à cause de la captivité de Martin. Lorsqu'il présenta sa future femme à la maison, Freud murmura à son oreille : « Bien trop jolie pour notre famille. » Le 7 décembre 1919, c'est-à-dire pour l'anniversaire de Martin, la noce fut célébrée*[3].

La fondation de ce ménage fut obérée par les problèmes de l'après-guerre. La voie qui pouvait conduire à la profession d'avocat fut d'abord barrée pour Martin, étant donné qu'il ne pouvait se permettre la préparation de plusieurs années, qui était mal payée. Son beau-père lui procura un poste de secrétaire dans une banque nouvellement fondée ainsi qu'un appartement, dans la maison située au 65 du Franz-Josefs-

1. *Infra*, p. 158 *sq.* (perspectives professionnelles) ; *infra*, p. 168, MaF, p. 198 *sq.* (retour).
2. La datation de cette rencontre est étayée par le fait que Martin était alors stationné non au front, mais à Linz.
3. Ce paragraphe a été conçu d'après SoF, p. 83-94, ainsi que 58, 96 ; en outre : Wald., p. 29 (faire un mariage riche) ; *infra*, p. 154 (2 juillet).

Kai où il habitait lui-même. Au moins jusqu'au début de 1921, Freud dut subventionner le jeune couple, et les beaux-parents durent aussi en permanence mettre la main à la poche. À l'été 1920, Martin passa à la Treuga, « une grande société de commerce austro-hollandaise » nouvelle, dans laquelle il entra « comme secrétaire de direction avec un traitement beaucoup plus élevé et de plus belles chances d'avenir ». Lorsque la maison ferma en 1924, il apprit que le père Drucker l'avait dirigé comme chef de projet, de sorte qu'il put désormais travailler en tant qu'avocat ; mais c'est seulement en octobre 1933 qu'il fut inscrit sur la liste de la chambre des avocats de commerce. De novembre 1924 à juillet 1927, il dirigea le département du crédit de la Fides Treuhand-Bank ; il perdit ce poste (qu'il avait une fois de plus obtenu par piston) parce que ce département fut liquidé. À la suite de quoi il remplit les fonctions de « partenaire d'un institut bancaire privé » pour le financement d'automobiles à tempérament. Martin ne cessa jamais non plus d'exercer des activités de journaliste économique. Nous apprenons d'autre part qu'à partir de mars 1929 il fut au chômage, de sorte que Freud dut le soutenir ; et, en décembre 1931, il est également dit qu'il est sans rémunération. Il disposait « de plus d'esprit [Witz] *et d'humour […] qu'un employé de banque ne peut en consommer », écrivait Freud dans les années 1920*[1].

Tous les enfants de Freud devinrent heureux dans leur vie conjugale autant qu'il est humainement possible de l'être, à l'exception de Martin. Très tôt se firent jour des différends, par exemple parce que Esti gérait le budget de manière moins économe que son mari ne le jugeait nécessaire. Parmi les Freud, elle passait pour « démesurément ambitieuse, active, mais pas très intelligente » et incapable de prendre son mari comme il était. En mars 1922, Freud était d'avis qu'Esti était une « soupe au lait tout à fait anormale » : « Martin ne se trompe pas quand il dit ne pas avoir décroché le gros lot. » Même leur fille, Sophie, ressentait sa mère comme extrêmement querelleuse. En 1938, Freud

---

1. SoF, p. 87 (préparation) ; F/A, p. 629, SoF, p. 125, 171-174 (poste, appartement) ; note 1 de 156-Ernst, F/Fer III, p. 51, SoF, p. 111 (subventionner) ; F/AF, p. 271 (Treuga) ; SoF, p. 144 (concepteur) ; document du 17.10. 1933 (FML) (chambre des avocats) ; attestation de la Fides Treuhand-Bank, 15.7.1927 (FML) ; SoF, p. 223 (poste 1924-1927) ; M. Freud, Resume, 3.11.1949 (FML) (diverses fonctions bancaires) ; M. Freud, Lebenslauf, sans date (FML) (financement à tempéraments) ; MaF, p. 216 (journaliste économique) ; 251-Ernst, F/E, p. 592, 715 (sans travail ni rémunération) ; F/Corr, p. 400 (« esprit »).

s'exprima de manière particulièrement dure à l'égard d'Esti : « Elle est non seulement méchamment cinglée[1]*, mais dérangée aussi au sens médical. » Il est vrai que Freud a facilement pris le parti de ses fils contre leurs femmes. Martha, en revanche, prenait la défense de sa belle-fille et disait : « Je sais combien il est difficile de vivre avec Martin. » Et Mathilde aurait dit sur ses vieux jours que son frère « n'aurait jamais aimé qui que ce soit, ni sa mère ni ses sœurs ni sa femme, peut-être même pas ses enfants*[2] *».*

La première grossesse d'Esti fut interrompue « parce que nous ne pouvions pas nous payer un bébé ». Le 3 avril 1921 vint ensuite au monde leur fils Anton Walter. Freud n'était pas d'accord avec le choix du pédiatre qu'on fit pour lui ; comme l'écrivit sa belle-fille en sa vieillesse : « "Papa" […] se mêlait rarement de l'éducation de mes enfants ; mais une fois qu'il avait donné son avis, il fallait le suivre. » Après avoir vécu fin 1922 un deuxième avortement, cette fois médicalement indiqué, elle mit au monde le 6 août 1924 une fille, Miriam Sophie. Les noms des petits-enfants, choisis par Freud, rappelaient les pertes douloureuses de 1920, Anton von Freund et la sœur de Martin, Sophie. Ces petits-enfants venaient tous les dimanches en visite à la Berggasse – il ne fallait que dix minutes à pied –, où ils recevaient du grand-père un petit cadeau sous forme d'argent[3]*.*

Vers 1924, Esti décida de devenir plus autonome, à commencer sur le plan financier. Dès avant son mariage, elle avait découvert son talent de diseuse ; elle s'était aussi déjà produite devant un public payant. Elle poursuivit désormais cette activité ; en outre, elle commença à donner des leçons de diction. À partir de 1927, elle suivit auprès d'Emil Fröschels à la clinique otologique de l'université de Vienne une formation de logopédiste, et, à partir de 1932, elle exerça dans la formation des enseignants les fonctions de « lectrice universitaire pour la formation de la respiration et de la voix et pour la technique de diction ». Pour impressionnantes que soient ces initiatives, elles marquent en même temps le déclin de sa vie conjugale. Martin ne

1. *Meschugge* : mot yiddish qui est aussi passé dans l'usage populaire allemand. [N.d.T.]
2. SoF, p. 128 (moins économe) ; Wald., p. 28 (« démesurément ambitieuse ») ; F/AF, p. 364 (soupe au lait) ; par exemple SoF, p. 182 (querelleuse) ; 322-Ernst (« méchamment cinglée ») ; Wald., p. 28 (Martha) ; SoF, p. 122 (Mathilde).
3. SoF, p. 129, 134, 136 (interruptions de grossesse, avis de « Papa ») ; Roazen 1993, p. 154 (choix des noms) ; SoF, p. 161, 174 (visites à la Berggasse).

Martin et Esti fiancés, 1918

cessait d'avoir des aventures, et il semble qu'Esti ne se soit pas accommodée de l'« infidélité permanente de son mari ». D'un autre côté, son fils doutait que l'amitié qu'elle cultivait avec un directeur Goldschmidt de la Neue Freie Presse *fût purement platonique. En 1938 la relation était si délabrée que la fuite loin de Vienne fut mise à profit pour procéder à une séparation* [1].

Freud semble avoir nourri quelque confiance dans l'aptitude de son aîné pour les affaires. Lors du déclenchement de la guerre en 1914, il fut le seul qu'il informa de sa situation économique, et il le considéra comme son exécuteur testamentaire. Il le chargea de la gestion de sa fortune, lui confiait l'expédition de sa déclaration de revenus et fit appel à lui en 1935, lorsque Oliver envisagea d'acheter à Nice un magasin de photo : « En ces affaires pratiques et d'autres, commentait-il alors, Martin est vraiment irremplaçable. » C'est ainsi qu'à l'été 1931 il appuya son intention (déjà nourrie depuis assez longtemps) de prendre en main la Maison d'édition psychanalytique, que celui qui avait été jusque-là son directeur, Storfer, avait menée au bord de la banqueroute ; il écrivit : Martin « s'intéresse sérieusement à la Maison d'édition, il croit pouvoir faire quelque chose pour elle, et je peux, sans exprimer un jugement sur ce projet, dire simplement qu'il est, dans tout ce qu'il entreprend, solide et sûr ». Martin réussit finalement à libérer la maison de ses dettes – moyennant des subventions substantielles, à commencer par celles de Freud lui-même. Celui-ci justifia son engagement financier en estimant qu'il procurait « ainsi à [son] aîné un champ de travail » et qu'il le gardait « de la malédiction de l'oisiveté ». Toutefois, ce champ n'était plus si grand que ça, car, en 1933, le marché allemand lui déroba largement ses assises ; en dehors des revues, ne parurent plus que trois titres par an en moyenne. Martin utilisait son bureau d'éditeur également pour son activité d'avocat ; il s'occupait entre autres des finances de patients étrangers de Freud [2].

---

1. SoF, p. 65, 109, 137, 146-149, 155-160 (formation et activités professionnelles d'Esti) ; Wald., p. 28 (aventures féminines) ; SoF, p. 150 (directeur Goldschmidt) ; 322-Ernst, et *infra*, p. 189, 193 (séparation).
2. 53-Martin (déclenchement de la guerre) ; par exemple 93-Martin (exécuteur) ; M. Freud/Jones, 5.12.1952 (BPS/A), MaF, p. 219 (gestion de la fortune) ; 316-Ernst (« irremplaçable ») ; p. 182, note 1, F/E, p. 689 (« s'intéresse sérieusement »), par exemple « plan d'assainissement », vers avril 1932 (ISA, legs d'Eitingon 2972/7) et IZ 1935, p. 141 (libérer de dettes) ; F/E, p. 728 (« champ de travail ») ; MaF, p. 217, SoF, p. 181 (activité d'avocat).

Martin avec son fils Walter, 1936

Après l'annexion de l'Autriche par l'Allemagne, Martin vécut un jour particulièrement angoissant lorsqu'une horde nazie occupa la Maison d'édition, ce qui était surtout critique parce qu'il y conservait les dossiers de comptes étrangers de nombreux clients, dont ceux de son père. Il fut clair qu'il émigrerait en même temps que ses parents et ses frères et sœurs viennois. À propos des jours difficiles des préparatifs de départ, Freud rapporte : « Presque tout ce qu'il fallait faire fut assuré par Anna, les hommes comme Robert et Martin étaient inutilisables, à demi niais. » Martin quitta Vienne le 14 mai 1938, après avoir envoyé au-devant femme et enfants ; il affirme lui-même qu'il a hâté son départ parce qu'il était menacé d'arrestation [1].

À Paris, la famille se sépara. Esti resta avec Sophie en France, Martin poursuivit sa route avec Anton Walter jusqu'en Angleterre. Par la suite, il rendit définitive la séparation avec sa femme. Esti se vengea en refusant de consentir à un divorce, afin que Martin ne pût se remarier. Il ne s'acquitta de ses obligations alimentaires à l'égard de sa femme et de sa fille que jusqu'en 1943, étant donné qu'avec les travaux subalternes mal payés qu'il obtenait – aide-cuisinier, mécanicien,

1. MaF, p. 226-229, SoF, p. 201 (Maison d'édition occupée) : F/MB, p. 311 (« hommes inutilisables ») ; Molnar 1996, p. 421 (départ de Martin) : MaF, p. 234 (menace d'arrestation).

ouvrier d'usine, brancardier à l'hôpital – il peinait à gagner le strict nécessaire pour lui-même. Sa mère notait en 1947 : « Même s'il lui restait quelque chose de son humour ancien, en dépit des sacrés tours que la vie lui avait joués, je ne peux malgré tout considérer sa vie que comme "ratée", car, à mes yeux, l'erreur dans le choix de la compagne ne peut être réparée par rien. » De 1943 à 1949, Martin déclare comme activité : « Senior Executive in Dock Labour Control. » *De fait, en Angleterre, il ne reprit jamais pied professionnellement (tandis qu'Esti, après une fuite pénible hors de France, trouva à New York une bonne situation dans une clinique logopédique et otologique ainsi que dans un cabinet privé). Plus tard, à partir de 1950, il tint un kiosque de tabac et de journaux près du British Museum. La femme qui l'aidait à l'origine dans sa boutique, puis dans son ménage, devint sa compagne et le soigna lorsqu'il devint dément* [dement]. *À la fin, il fut sans ressources, de sorte que les Archives Freud à New York lui allouèrent une rente viagère, en échange de la cession des lettres de Freud à ses enfants. Dans le résumé d'Anton Walter, son père mena malgré tout « une vie agréable dans un beau quartier de Londres ». Martin Freud est mort le 25 avril 1967*[1]. *Son fils devint ingénieur chimiste et épousa une aristocrate danoise ; sa fille vit avec le titre de professeur émérite de travail social à Boston*[2].

De tous les enfants de Freud, Martin est celui qui a le plus mal supporté le destin d'avoir un père célèbre. De même que, dans sa jeunesse, il se présentait comme « le fils aîné de Sigmund Freud », de même, en 1949, il donna pour intitulé à un curriculum vitae : « Jean Martin Freud (Son of Sigmund Freud, Founder of Psychoanalysis) ». *Il donnait extérieurement l'impression d'un « extrême orgueil », mais Ernst Waldinger, qui rapporte cela, a sans doute raison quand il poursuit : « Il est probable que, dans ce cas, tant l'arrogance que l'agressivité ont leur source dans un manque d'assurance intérieur. » Après avoir été longtemps dépendant des faveurs de son beau-père, il put, dans les années 1930, lézarder sous les rayons de la gloire de son père comme directeur de la Maison d'édition psychanalytique. Après quoi,*

1. SoF, p. 317, 368 (travaux subalternes) ; Martha Freud/E. Reiss, 26.6.1947 (SFP/LoC) (vie « ratée ») ; M. Freud, Resume, 3.11.1949 (FML) (« Senior Executive ») ; SoF, p. 438 et reproduction d'après p. 365 (kiosque de tabac et de journaux) ; SoF, p. 440, 500 (compagne [Margaret Freud]) ; Schröter 2009, p. 54 (rente) ; A. W. Freud 1996, p. 11 (« vie agréable »).
2. Au sujet d'A. Walter Freud récemment : Fry 2009 ; au sujet de Sophie : SoF.

il ne réussit plus grand-chose. Il est frappant que ce ne soit pas lui, le juriste, auteur et ancien directeur d'éditions, qui se chargea de la gestion des droits de Freud et de l'édition commençante des lettres de Freud, mais son frère Ernst : comme si ses frères et sœurs ne l'avaient pas jugé capable de cette tâche. Ses ambitions d'écrivain lui valurent, malgré un indubitable talent narratif, peu de succès. Il est vrai qu'avec les souvenirs de son père, qu'il rédigea pour le déplaisir de sa sœur Anna (en se fondant en partie sur un journal ancien), il a créé un document plein d'un charme vivant en nombre de ses passages, dont le titre original met le doigt sur le problème de sa propre vie : Glory reflected [1] [Gloire reflétée].

Le gros des lettres de Freud à son aîné – 83 pièces au total, dont 4 lettres à Esti – se situe dans la période de la guerre et de l'immédiat après-guerre, 1914-1919 ; un second centre de gravité est constitué par des missives de Berlin de 1928 à 1930. Ce n'est que de Martin que nous avons également des lettres associées en assez grand nombre, datant de presque toutes les années de guerre.

1. *Supra*, p. 12, M. Freud, Resume, 3.11.1949 (FML) (fils de S. Freud) ; Wald., p. 27 (« orgueil ») ; MaF, p. 219 (lézarder) ; Young-Bruehl 1995, t. II, p. 189 (déplaisir d'Anna) ; M. Freud/Jones, 21.4.1952 (BPS/A) (journal).

Les lettres

Martin ne passa pas la première partie des vacances d'été 1910 avec sa famille, qui avait pris ses quartiers en Hollande, car il fit avec son ami Lampl un tour dans les Dolomites, d'où il relata sur une carte à son père qui séjournait à La Haye (sous l'apostrophe « cher maman[1] *») qu'il avait fait l'ascension de la Petite Cime*[2]*. Il rejoignit ensuite les autres. Après que Freud fut parti de la Hollande en Sicile, Martin lui écrivit le 12 septembre de La Haye-Scheveningen (hôtel Witte Brug) une lettre dans laquelle, dans le « rôle du rapporteur » – les enfants se relayaient dans ce rôle*[3] *– il parle d'abord d'une excursion à Leyde avec sa mère, Oliver et Sophie. « L'Anna*[4] *de Mme Keiser*[5] *nous a*

1. Lapsus avéré dans l'original. [N.d.T.]
2. Cette carte in SFP/LoC, mais, à la différence de la lettre mentionnée aussitôt après, elle ne se trouve pas dans le stock des lettres de Freud à Martin.
3. Cf. les récits parallèles d'Oliver (*infra*, p. 215-217) et Sophie (*infra*, p. 414 *sq.*).
4. Comme le prouve la lettre écrite peu après par Sophie à son père (*infra*, p. 414), il s'agit ici d'Antje (« Ans ») van Mastrigt (1890-1985) (cf. à son propos Stroeken 2009). Elle séjourna probablement, de l'automne 1910 à l'été 1911, en même temps que la Mme Keiser mentionnée aussitôt, en tant qu'accompagnatrice d'une patiente hollandaise de Freud à Vienne (Stroeken 2010), où elle approfondit sa connaissance de la famille Freud et sans doute aussi spécialement de Martin (cf. *supra*, p. 100, et *infra*, note 2 de la p. 216). En 1915, elle épousa l'analyste hollandais Johan van Ophuijsen. – Un peu plus loin dans la même lettre, Martin rapporte qu'il a encore rendu plusieurs fois visite à « Mme Keiser et Anna au passage ».
5. Anna Francina Janna Wilhelmina Roosenboom (1859-1923), veuve de Gerhard Johan Keiser (information des archives municipales de La Haye). Se rendit en 1919 au congrès de l'API à La Haye (IZ 1920, p. 378). Freud la connaissait par l'intermédiaire du chirurgien de Bruïne Groeneveldt. – In F/Voy (p. 294), le nom a été lu à tort comme « Reiser ».

guidés, et nous avons vu pas mal de choses en peu de temps. » Il a « gardé » de la ville « une impression magnifique », de sorte qu'il a eu envie de « s'inscrire ici pour un semestre ». Puis il passe à un autre sujet qui le passionne manifestement davantage :

Notre famille s'est élargie : Marguerite Freud, Berlin [1], est venue à La Haye avec son amie Paula Busch et habite à Wittebrug. Paula Busch est une dame du monde froide, élégante et stylée avec des manières exceptionnellement bonnes et des moustaches, Gretl est devenue une tache [2] tout à fait impossible, avec un chapeau qui nargue toute description et le visage le plus stupide possible. Très peu de temps après son arrivée, elle me déclara que nous étions des humains grégaires, mais elle-même un humain d'altitude, et que le Rijksmuseum d'Amsterdam était fade et abominable. Elle arrive en retard au départ de tous les trains, ne peut aller à pied, de sorte qu'elle reste en rade partout, et, hier soir (dimanche), dans la Spui-Straat, sa mise a fait terriblement sensation ; toutes ces propriétés menacent de ruiner nos sympathies pour elle. [...]

Dans le cercle de famille règne une grande harmonie, nous entreprenons tout ensemble et nous supportons très bien. De la branche viennoise de la famille [3] nous avons des nouvelles fréquentes ; ta lettre de Palerme, qui évoque l'arrivée [4], vient de nous parvenir il y a une heure et on en a donné lecture.

Oli avait une énorme envie d'aller à Londres, mais maman ne l'a pas laissé partir, sachant que cela ne te conviendrait pas [5]. Je serais aussi très volontiers allé à Bruxelles et Anvers, Bruges en particulier m'aurait énormément intéressé. [...] Mais ces projets n'aboutiront pas.

Nous partons demain soir pour Berlin (maman, Soph, moi), Oli va probablement partir directement pour Vienne. La semaine dernière à La Haye a été pour nous tous une période particulièrement belle.

---

1. Margarethe Freud (1887-1984), l'aînée des enfants de la sœur berlinoise de Freud, Maria (Tögel 2004, p. 37 *sq.*). – On n'a trouvé aucune information au sujet de son amie.
2. *Sic* dans l'original : *Klecks*. Il semble que ce soit une invention de Martin, un peu au sens de « qui fait tache dans un tableau ». Nathalie Georges-Lambrichs, psychanalyste qui travaille pour une part avec des enfants et des adolescents, me signale que ceux-ci utilisent actuellement ce même mot avec cette même acception. Étrange résurgence transhistorique… [N.d.T.]
3. Mathilde, Ernst et Anna (cf. *supra*, p. 75 avec note 2).
4. Cette lettre, envoyée durant le voyage en Sicile que fit Freud en compagnie de Ferenczi, est reproduite in F/Voy, p. 304.
5. Cf. *infra*, p. 216 *sq.*

À ces nouvelles louables, comme il les désignait, Freud répondit par la carte suivante venue de Sicile[1].

42-Martin Agrigente 16.9.10.[a]

Ça te plairait encore plus que Leyde. Garde quelque chose pour plus tard. Comme tu vois, cela fait alors encore plaisir.

Cordiale salutation

Papa

En juillet 1911, Freud fit d'abord une cure de trois semaines à Karlsbad. Ensuite, il rejoignit sa famille, qui avait pris ses quartiers dans le Tyrol du Sud (Oberbozen, puis Klobenstein). Martin faisait en cette période une cure à Millstatt en Carinthie[2]. *– Les lettres subséquentes, de 1912 et 1913, sont également des lettres de vacances.*

43-Martin Karlsbad 12.7.11[b]

Cher Martin

Je constate que tu ne m'as pas donné d'adresse plus précise, mais que, par ailleurs, les communications sont ouvertes, et je te souhaite de bons bains. Cordialement

Ton père

44-Martin Karlsbad 25.7.11

Cher Martin

Par des détours connus[3], j'apprends que tu auras épuisé ton argent le 1er, comme c'était du reste convenu. À titre préventif, je

a. Carte postale avec vue : Girgenti, Tomba di Terone.
b. Carte postale ; adressée à : Herrn stud. jur/ Martin Freud (aus Wien)/ Millstatt/ Kärnthen.

1. Citation F/Voy, p. 311 ; la carte aussi *ibid.*, p. 354. – Auparavant est aussi conservé un salut de Freud à Martin au cours de son voyage en Amérique, qui n'est pas reproduit ici (*ibid.*, p. 307).
2. Probablement pour guérir de sa fracture de la jambe, qui datait de début janvier (cf. *supra*, p. 102). Indications sur les vacances d'été de Freud à cette époque-là chez Jones II, p. 115).
3. Non éclairci.

te fais donc parvenir aujourd'hui via Vienne 300 K, que tu utiliseras jusqu'à ce qu'il soit possible de décider si tu peux rester plus longtemps ou venir à Klobenstein. Ce ne sera vraiment pas un malheur si tu arrives avec de l'argent.

Je me réjouis beaucoup d'apprendre que tu vas très bien, car, cette année, tous les membres de la famille [1] ne peuvent pas en dire autant. À Karlsbad, il fait une chaleur insupportable, comme du reste ailleurs aussi.

J'envisage de partir d'ici le dimanche 30 au matin et espère arriver lundi matin à Bolzano.

Avec de cordiales salutations
Ton père

45-Martin Klobenstein 1.8.11

Cher Martin

Je suis arrivé ici hier matin et je peux te féliciter dès aujourd'hui de ta première ascension après ta guérison. Bien sûr, le vieil empereur se réjouira encore plus, sachant qu'il n'a pas besoin de renoncer à toi [2].

Nous ne pouvons pas bien résoudre sans toi la question de ta venue ici. Il y a deux choses que tu ne trouveras pas ici : le lac et la compagnie. Ici, on vit très à l'aise, mais sans convivialité, autant dire sans jeunesse. Les montagnes que l'on peut gravir à partir d'ici sont à vaches. Les champignons n'ont pas encore montré le bout du nez dans les forêts ; de toute façon, ils n'ont pas coutume de satisfaire tes intérêts. Dans ces conditions, on peut se demander si tu ne dois pas profiter encore plus longtemps de ton séjour. La question de savoir quand nous quittons Klobenstein n'est pas encore complètement tranchée ; si le temps devient beau ici (c'est-à-dire plus frais), nous resterons peut-être jusqu'à la mi-sept.

Ne tarde donc pas à nous donner de tes nouvelles et sois cordialement salué par ton

Père

---

1. Surtout pas, en effet, Freud lui-même, qui pensait par moments pouvoir faire concurrence à Lazare (F/Fer I, p. 312).
2. On s'était d'abord attendu à ce que Martin devînt inapte au service militaire après sa fracture à la jambe (MaF, p. 187).

46-Martin Klobenstein 24.8.11 [a]

Cher Martin

Je t'ai fait envoyer de l'argent de Vienne à ton ancienne adresse, parce que je n'avais rien su d'un changement.

Cordiale salutation

Papa

47-Martin [En-tête Vienne] Karlsbad 2.8.12

Cher Martin

Tu as enfin surgi. Nous te tenions déjà pour perdu. Tu ne dois pas oublier que notre sédentarité t'aurait facilité l'écriture plus que ta mobilité ne l'a fait pour nous [1].

Le 27 du mois passé, j'ai reçu ta lettre de Southport contenant des informations confidentielles sur l'état de ta fortune ; le même jour, j'ai télégraphié à oncle : « *Give Martin four pounds Love Sigm.* »

Ses compliments me parvenant le 28 avec l'adresse de ta main, j'ai supposé que tu étais chez lui et que tu avais reçu l'argent. Or, d'après ta lettre, il ne semble pas que ce soit le cas, ce qui me fait beaucoup de peine. Étant donné l'imprévisibilité des jours d'arrivée, je renonce à d'autres envois, si tu ne me donnes pas en outre une date et une adresse sûres, et je mets mes espoirs dans les réserves qui te viennent du bureau.

Ta sœur [2] est réellement fiancée, comme te le prouvera la coupure de journal ci-jointe, tirée du *Hamburger Fremdenblatt* du 27.7. Tu feras la connaissance de ton beau-frère à Karersee, essaie d'être gentil avec lui.

Nous restons à Karlsbad jusqu'au soir du 10 ou du 11. Les détails de la rencontre ne sont pas encore réglés. Le mieux est que tu

---

a. Carte postale ; adressée à : Villa Strobl/ Millstatt/ Kärnthen.

1. Martin Freud faisait manifestement alors un voyage, qui le conduisit en Angleterre et en Hollande. Dans la suite, deux étapes sont mentionnées : Southport, une station balnéaire au bord de la mer d'Irlande, où vivait le demi-frère de Freud, Emanuel (Molnar 2004, p. 1), et La Haye.
2. Sophie (cf. *infra*, p. 416 *sq.* ; voir à cet endroit aussi des éclaircissements quant aux arrangements pour les vacances de 1912).

t'adresses directement à Lovrana Pension Beauregard [1] pour les instructions nécessaires et que tu donnes à tante une adresse sûre.

Salue cordialement de ma part tous les habitants de Prinse-Vinkepark 35 [2] et ne te drape plus dans la position du disparu. Ici, nous allons très bien.

Bonne chance pour la suite du voyage

Ton père [a].

48-Martin [En-tête Vienne] Marienbad 24.7.13

Cher Martin

Viens de recevoir ta lettre de Bolzano, te réponds immédiatement pour des raisons climatiques. En effet, il pleut sans arrêt ; maintenant seulement se prépare, au titre de diversion souhaitée, un orage. Nous sommes donc très contents que le premier chapitre de tes aventures [3] se soit déroulé sans plus de dommage, et te suggérons un peu de ménagement pour le deuxième. D'après tous les bulletins, il paraît qu'à Aussee c'est encore pire qu'à Marienbad [4]. En tout cas, tu as déjà tiré parti de l'été, nous, pas encore.

Grâce à l'ample compagnie [5], nous supportons l'adversité d'assez bonne humeur. Avec une telle humidité, il n'est guère possible d'éviter quelques troubles de santé. Oncle et Sophie [6] s'en vont samedi soir, Max et Soph mardi. Partir est ce que nous préférerions aussi, mais pour aller où ?

---

a. Post-scriptum de Martha Freud non reproduit.

1. Les quartiers d'été de Minna Bernays.
2. À cette adresse habitait Mme A.F.J.W. Keiser ; peut-être aussi Ans van Mastrigt (cf. *supra*, p. 113 *sq.*).
3. Possiblement l'excursion « à ski en direction des plus hauts sommets du groupe Adamello près du triangle frontalier entre l'Autriche, l'Italie et la Suisse », que Martin décrit dans son livre de souvenirs (MaF, p. 167). À la suite, il raconte comment, en cet été 1913, un de ses amis s'est tué en montagne (cf. 341-Max).
4. Freud fit une cure à Marienbad du 13 juillet au 11 août 1913, et déménagea ensuite jusqu'au 4 septembre à San Martino di Castrozza (dans les Dolomites) (Jones II, p. 113). Martin alla pendant cette période à Alt-Aussee (cf. la lettre suivante).
5. Outre les personnes nommées juste après, il y avait en tout cas encore à Marienbad Minna Bernays et Anna (338-Soph).
6. Sophie Sabine, née Schreiber (1878-1970), femme d'Alexander Freud (F/AF, p. 69 ; note 5).

J'ai été très heureux de noter que tu penses tant à faire des économies. Probablement parce que tu as encore beaucoup d'argent. Sinon, économiser ne vaut pas le coup.

Je compte bien que tu ne te lances pas dans des escalades avec une blessure au pied. Ces choses-là durent ensuite très longtemps.

Je te salue cordialement et te souhaite encore de la chance pendant ton été bien mérité [1].

Ton père [a].

49-Martin Marienbad 28.7.13 [b]

Cher Martin

J'essaie de voir si des missives te parviennent sans adresse plus précise. Nous avons été aujourd'hui à Karlsbad en compagnie d'Edward [2], de la sœur duquel [3] tu feras sans doute bientôt connaissance. Depuis 2 jours, on peut considérer le mauvais temps comme surmonté.

Cordiales salutations
Papa

Maman t'a envoyé 3 cartes à l'Archiduc Heinrich [4].

En juin 1914, un bon semestre après son doctorat, Martin commença son stage au tribunal du Land de Salzbourg ; deux mois plus tard, son service fut interrompu par le déclenchement de la Première Guerre mondiale. De cet été-là jusqu'à décembre 1918, on a conservé

---

a. Post-scriptum de Martha Freud non reproduit.
b. Carte postale adressée à : Monsieur Martin Freud/ cand. jur./ Alt-Aussee/ Steiermark.

1. « Bien mérité » parce que Martin avait réussi le 9 juillet 1913 son troisième examen d'État (attestation d'examen d'État ; FML).
2. Edward Bernays (1891-1995), neveu de Freud, fils d'Eli et Anna Bernays. Célèbre en tant que fondateur des public-relations, après la Première Guerre mondiale, par moments « agent » de Freud « en Amérique » (F/Jo, p. 612 ; cf. Bernays 1965).
3. Le plus probablement Lucy Wiener, née Bernays (cf. 92-Martin, note 4), qui passait ses vacances dans les Alpes bavaroises avec ses enfants – où, surprise, ses deux sœurs aussi vinrent la rejoindre (Freud-Bernays 2004, p. 150).
4. Hôtel à Bolzano.

un échange de lettres relativement serré entre lui et son père[1]*. Le 23 juillet 1914, il écrit à Karlsbad :*

Cher papa !

Mon existence à Salzbourg rappelle vivement l'Âge d'or : *poena metusqu' aberant*[2]... Ordonnés et réglés, sans excitation ni contrariété, les jours se succèdent afin d'emplir lentement mon année judiciaire. Le seul instant qui engage ma responsabilité se présente tous les soirs, quand, sur le menu, je choisis le rôti vespéral. [...]

Au bureau, tout s'emmanche épatamment. [...] Mes collègues sont dans l'ensemble sympathiques et prévenants, je m'entends excellemment avec eux. Le nouveau président, qui est fort distrait et nerveux, et que je soupçonnais de vouloir me harceler, a vanté hier une justification de jugement que j'avais rédigée (un travail qui ne m'avait pas été confié et que j'avais assumé de mon propre chef) et il m'a attribué sur-le-champ d'autres travaux. Je crains presque qu'il ne me « découvre » et qu'en conséquence il ne m'occupe de manière intensive. [...] J'ai déjà pris quelquefois la clef des champs certains jours inoccupés, et fait de beaux circuits et excursions [...].

Je n'aurai une idée claire de ma situation financière qu'après le 1er, parce que le linge, la lumière, le petit-déjeuner, etc., ne sont payés que mensuellement. Je n'aurai certainement pas besoin de plus de 300 K.

Salutations cordiales à toi et maman !
Ton fils Martin

50-Martin [En-tête Vienne] Karlsbad 25.7.14

Cher Martin

Je me suis beaucoup amusé de la description de ton idylle salzbourgeoise. Garde-toi simplement de ne pas l'interrompre par des périples trop risqués. Sois circonspect au service de l'État et distingue-toi plutôt un peu plus tard.

De toute façon, je te ferai parvenir de Vienne avant le 1er août 350 K. La péréquation pourra venir plus tard. Nous partirons le lundi 3 août et ne resterons qu'un petit nombre d'heures à Munich chez Ernst[3], de sorte que nous pourrons arriver à Seis[4] le 4.

1. Toutes les lettres de Martin à son père citées dans la suite se trouvent, sauf autre mention, in FML.

2. Tiré de la description par Ovide de l'Âge d'or dans ses *Métamorphoses* (I, 90) : « Il n'y avait ni châtiment ni crainte. »

3. Ernst Freud étudiait alors à Munich (cf. *infra*, p. 234).

4. Seis (en italien Siusi) am Schlern, dans le Tyrol du Sud ; localité dont Freud projetait de faire ses quartiers d'été (par exemple F/A, p. 304).

Toutes les nouvelles des *disjectis membris* [1] de la famille sont à vrai dire très satisfaisantes. Chez tante aussi, on semble progresser vers la guérison [2].

C'est une époque où l'on se réconcilie avec l'impôt d'invalidité [3]. Je m'attends à la guerre avec la Serbie [4], mais trouve le patriotisme plus facile quand on a ses 3 fils à 2 et 2/3 hors de danger [5]. Ernst a été à nouveau ajourné.

Reçois les cordiales salutations de
ton père.

Dans une lettre du 30 juillet 1914, Martin accuse réception de 350 couronnes et ajoute : « Cela ne serait pas conforme à la vérité si je te transmettais une évocation de ma mortification ou indignation face au montant qui excède de 50 K mon estimation approximative. Je suis plutôt contraint d'avouer à ma honte que je suis immensément content de ce généreux subside. » Suivent des indications plus précises quant à son besoin d'argent – entre autres pour les frais de café qui sont ici incontournables – ainsi qu'une description de changements intervenus dans son travail et dans la ville, par suite de la guerre. Et enfin : « Mon frère Ernst va passer demain à midi par Salzbourg et me rencontrer. Il se pourrait bien que les projets d'activité rémunérée d'Oli en Bosnie soient déjoués pour cet été. »

Les lettres suivantes servent à se repérer dans la confusion des premiers jours de guerre [6].

---

1. Latin : « membres dispersés ». [N.d.T.]
2. Elle se trouvait au Cottage-Sanatorium avec une « irritation de la plèvre » (F/AF ; p. 126).
3. « *Krüppelsteuer* » : expression populaire pour désigner la « taxe militaire », au paiement de laquelle était astreint quiconque – selon le passage concerné de la loi militaire austro-hongroise – « ne possède pas l'aptitude physique à remplir personnellement son devoir militaire ». Depuis son accident, cela s'appliquait aussi à Martin.
4. Le 28 juin 1914, le couple qui pouvait prétendre à la succession en Autriche avait été assassiné à Sarajevo ; le 25 juillet, un ultimatum fut adressé par l'Autriche-Hongrie à la Serbie, dans lequel était exigée réparation ; le 28, ce fut la déclaration de guerre à la Serbie.
5. Le fils qui n'était plus redevable que pour un tiers du service militaire était Ernst (F/E, p. 113).
6. Cf. la présentation détaillée in 352-SophMax.

51-Martin [En-tête Vienne] Karlsbd 31.7.14 [1]

Cher Martin

Je viens de lire l'affiche de mobilisation générale, et me hâte de t'écrire, dans une incertitude totale quant à la date de réception de cette lettre. Dans ces circonstances, nous ne pouvons envisager d'aller à Seis en passant par Munich, comme nous le voulions lundi, mais nous restons d'abord ici. Je te prie de donner de tes nouvelles très rapidement – dans la mesure de tes possibilités. J'espère tout de même que, même en cas de mobilisation générale, toi et tes frères resterez d'abord libres ; mais j'aimerais en apprendre un peu plus à partir de tes informations.

Ton allocation mensuelle sera déjà par bonheur entre tes mains. Il se peut que dans 4 semaines bien des choses aient changé ; il est probable que l'énergie que déploient actuellement l'Autriche et l'Allemagne soit ce qui peut le mieux favoriser la paix, pour autant que celle-ci peut encore être sauvée. Nous allons aussi bien qu'on le peut dans ce genre de circonstances.

Je te salue cordialement
ton père

52-Martin [En-tête Vienne] Karlsbad 2.8.14

Cher Martin

Tu vois les dimensions que prend cet événement [2]. Tu auras reçu ma lettre exprès du 31/7, et sauras que nous restons ici jusqu'à ce qu'on ait l'assurance d'arriver effectivement à Vienne et non de rester coincé pour une durée indéterminée à Eger [3] ou Prague.

Nous sommes dans le brouillard complet quant au lieu où se trouve actuellement Ernst. D'après une carte de Hallstatt [4], il projetait de te rendre visite jeudi. Est-il maintenant revenu à Munich, où l'attend son argent, ou bien as-tu dû l'héberger, et où se terre-

1. Cette lettre a été, comme il ressort de la suivante, envoyée par exprès.
2. Le 1er août 1914, l'Allemagne avait déclaré la guerre à la Russie ; le 3 suivit la déclaration de guerre à la France ; le 4, après que des troupes allemandes eurent violé la neutralité de la Belgique, l'Angleterre entra en guerre ; le 5, l'Autriche déclara la guerre à la Russie.
3. Nom allemand de Cheb, ville située aujourd'hui en République tchèque. [N.d.T.]
4. Commune du Salzkammergut.

t-il en ce moment ? J'espère qu'il a pu se faire envoyer de Munich le certificat dont il a besoin pour pouvoir y aller.

Je te prie de nous renseigner sur Ernst aussitôt par lettre et par télégramme, mais pas par voie urgente ou par exprès. Les dépêches font à nouveau long feu. S'il est chez toi, j'espère que tu lui as cédé une partie de ton allocation mensuelle.

Nous avons appris aujourd'hui que Mathilde est à Vienne et que, de manière inopportune, tante veut arriver à la Berggasse lundi (3/8).

Nous te saluons cordialement
Papa

Dans une carte du 3 août[1] 1914, Martin doute que ses parents puissent faire le voyage de Seis, qui implique de « franchir 2 fois la frontière ». Une heure plus tard, après avoir reçu la lettre exprès de Freud du 31 juillet, il fit suivre une lettre dans laquelle il est dit :

Surtout : ni moi ni mes frères ne sommes concernés par la mobilisation générale. Le libellé de l'avis était si confus que même par exemple le président de la cour de justice s'est mépris sur son sens. Mais, d'après l'interprétation subséquente de l'avis par les communes, il ne fait absolument aucun doute que les personnes qui n'ont pas servi ou ont été réformées n'ont provisoirement aucune espèce de devoir à remplir. De telles personnes peuvent se voir tout au plus attribuer par le responsable municipal un service civil quelconque. (J'ai dans mon portefeuille l'attestation de mon obligation de taxe militaire.) [...]

D'après les dernières nouvelles (guerre entre Russie et Allemagne), il semble vraiment qu'ait éclaté l'incendie du monde. Je ne me suis pas encore fait à l'idée que, cette fois, ce n'est pas la carte des Balkans, mais le globe qui est appelé à fournir l'image concrète du théâtre de la guerre.

Trois jours plus tard la lettre suivante :

Salzbourg, 6 août 1914

Cher papa !

J'ai reçu ton télégramme[2] hier soir tard dans la soirée et ai répondu aussitôt. [...] Ernst est rentré sain et sauf à Munich. Lors de son

1. « 3 juillet » est l'effet d'un lapsus.
2. Non conservé ; la réponse immédiate de Martin non plus.

départ, je voulais qu'il emporte une partie de mon argent de poche, mais il a refusé mon offre plusieurs fois, parce qu'il était lui-même approvisionné en argent. Comme par miracle, il a franchi la frontière 2 minutes avant la proclamation de la mobilisation générale.

Votre départ pour Vienne m'a à peine surpris, après que j'eus appris qu'Oli et tante Minna y sont partis aussi. De mon côté, je mettrai fin à mon séjour à Salzbourg dès que possible. Ma chambre est malheureusement payée jusqu'à fin août.

Aussi loin que porte mon flair, il se prépare une catastrophe économique terrible. Dès avant les gueules de feu des canons, les marchands de Vienne, Berlin et Pest [1] se sont mis à faire entendre leurs craquements [2]. Un bref instant, j'ai songé à prêter main-forte à l'oncle dans son bureau, aussi longtemps que dureront les troubles [3]. Mais il se pourrait que la suspension du fret ait mis en sommeil l'intérêt des marchands pour les tarifs de chemin de fer et, par là même, l'activité du bureau.

Le tribunal a été envahi par un je-m'en-foutisme qui s'épuise en vaine agitation. Accusé, accusateur, témoins et défenseurs s'exercent dans la cour de la caserne au pas cadencé et les audiences sont ajournées après des amorces hésitantes qui ne durent que quelques minutes. Je suis épouvanté et il est probable que je ne tiendrai plus le coup bien longtemps.

Je pense déjà vivement à offrir de quelque manière que ce soit mes services à l'empereur, afin de ne pas participer à cette époque terrible, mais aussi à coup sûr extraordinairement passionnante, en simple spectateur.

La nouvelle que l'Angleterre se situe du côté de nos adversaires n'est certes pas une surprise, mais c'est tout de même un coup dur pour notre sentiment. Avez-vous des nouvelles d'Annerl [4] ?

Je te prie de me répondre rapidement, les lettres mettant probablement déjà 2 jours à aller de Salzbourg à Vienne.

Avec de cordiales salutations

Martin

---

1. À entendre comme la dernière syllabe de « Budapest », puisque ce nom est en fait la résultante de deux noms de ville accolés. [N.d.T.]

2. Dans l'original : *krachen*. En fait, ici, deux difficultés pas vraiment résolues : d'une part, la mise en facteur commun de ce verbe entre « canons » et « marchands » va beaucoup plus de soi en allemand ; d'autre part, *krachen* renvoie directement au substantif correspondant *Krach*, qui est depuis passé dans l'usage français, et connote au sens propre un effondrement et son bruit. [N.d.T.]

3. Alexander Freud était rédacteur de la revue *Allgemeiner Tarifanzeiger*.

4. Anna Freud était partie à la mi-juillet 1914 *via* Hambourg en Angleterrre, où elle vécut le début de la Première Guerre mondiale avec le statut d'« *alien*

53-Martin [En-tête Vienne] 8.8.14

Cher Martin

Je réponds à ta lettre du 6 par retour de courrier, content qu'il y ait à nouveau une liaison entre nous. Je comprends que tu veuilles venir et t'en mêler d'une manière ou d'une autre. Mais, j'espère, pas comme soldat avant qu'on ne te convoque, ce qui ne sera peut-être pas le cas, parce que, de même qu'il faut porter ce qui vous échoit, de même il faut aussi jouir de ce qui vous est offert, dans ce cas : la chance de vivre. Ne t'en fais pas, nous serons atteints avec une dureté suffisante par ces temps terriblement graves et beaux. On trouvera assez de travail pour toi – peut-être à la chambre. Il est vrai que le bureau de l'oncle est à l'arrêt, mais il se rend par ailleurs extraordinairement utile, d'une manière qu'on peut vraiment apprendre de lui [1].

Ton pronostic concernant la crise économique se vérifiera certainement. Tout semble dépendre du temps que cela durera et de notre capacité à tenir.

Étant donné qu'il n'y aura pas de pauvreté isolée, cela ne sera pas une honte ni un malheur au même degré que d'habitude. Celui qui avait déjà fait faillite avant aura été simplement en avance sur son temps. Cependant, toute autre considération est éclipsée par la chance d'une victoire, et il faut avouer que l'entrée en matière de nos armées est éclatante [2].

Je profite de l'occasion pour t'informer, toi qui es majeur et autonome, de notre situation économique, qui est en effet importante pour toi aussi. Le 12 juillet, à la fin de cette année de travail, j'ai enregistré le point culminant de notre fortune. J'ai pu l'estimer à K 150 000, dont 35 000 en liquide à la banque, le reste étant placé dans des rentes ou les meilleurs titres. De ce reste, on ne peut dire aujourd'hui combien il vaut ; en cas de victoire, il recouvrerait sa valeur entière. Existe en outre une assurance sur la vie de 100 000 K au nom de ta mère, pour laquelle il faut encore verser chaque année 3-4 000 K.

---

enemy ». Grâce à l'entremise vigoureuse de Loe Jones, née Kann, elle put finalement rentrer chez elle (cf. Molnar 2005 et 55-Martin).

1. Cf. 352-SophMax.

2. La *Neue Freie Presse* ouvrit son édition du 8 août 1914 par cette manchette : « Un jour de nouvelles joyeuses. Liège pris d'assaut et invasion autrichienne en Russie. »

Chaque année, l'été réduisait ordinairement l'état de 15 000 K, les gains cessant pendant 2 mois et ½, mais, ces dernières années, mon revenu annuel avait oscillé entre 90 et 100 000. J'avais donc le droit de ne pas économiser sur les plaisirs du présent ni sur votre éducation. Actuellement, il en va, bien sûr, autrement. De la cessation de la pratique jusqu'au 1er octobre, je n'ai pas le droit de parler, et, étant donné que nous nous restreignons, comme tout le monde, nous consommerons cet été moins que d'habitude. Avec les liquidités disponibles, nous pourrons probablement couvrir plus qu'un semestre. Vendre les titres, ce serait évidemment la ruine. Tout dépend donc du fait que mes consultations reprennent et de quand. Cela n'est pas prévisible, il est trop tôt pour réfléchir à cela. Si l'on est porté au pessimisme, on se dira qu'une pratique internationale ne peut pas subsister après une guerre mondiale, encore moins pendant son déroulement. Mes Russes, Hollandais, Allemands pourraient ne pas revenir. De Vienne, je n'ai jamais rien eu ; à présent, Vienne même n'a rien. Mais, comme je le disais, on ne sait rien, il n'est pas exclu que l'Amérique me dépanne, ni que le délire [1] qui m'a porté si haut se révèle si fort, contre la réalité, que des gains réduits deviennent possibles. Quant à maintenir le niveau ancien, il ne peut en être question. Mais garde ces communications intimes pour toi, aucun de tes frères et sœurs ne détient évidemment ce repérage.

Oli s'est porté volontaire à la technique, mais doit attendre d'être utilisé. À Ernst, j'ai écrit qu'il doit rentrer à la maison s'il ne trouve pas un plein emploi là-bas [2]. D'Annerl, nous sommes complètement coupés, j'essaie d'avoir des nouvelles via la Hollande. Max est convoqué pour le 22/8.

Salutation cordiale
ton père

Voici la réponse de Martin :

Salzbourg, 12 août 1914.

Cher papa !

Un cordial merci pour ta lettre circonstanciée. J'ai dû longtemps chercher avant de trouver la bonne position à adopter face à ces grands événements.

---

1. *Wahn*. La leçon de ce mot surprenant a été confirmée tant par K.R. Eissler que par G. Fichtner (cf. annexes à cette lettre in SFP/LoC).
2. Ernst arriva ensuite à Vienne, venant de Munich, le 11.8 (354-Soph).

Je m'y suis retrouvé il y a quelques jours, et suis aujourd'hui volontaire pour la durée de la guerre, canonnier auprès du régiment d'artillerie n° 41. Si tentant qu'il eût été de profiter du hasard qui m'avait libéré du service des armes, je n'ai pu cependant m'y résoudre [1].

En tant que soutien matériel, je n'entre pas encore en ligne de compte pour des années, n'ai aucun engagement, et peux en conséquence assumer l'éventualité de ne pas revenir beaucoup plus facilement que nombre d'incorporés qui ont femme et enfants à la maison. Me tenir à l'écart sans nécessité intérieure, voilà quelque chose que je n'aurais sans doute pas pu me pardonner plus tard.

J'écrirai encore de manière plus détaillée sur tout dès que j'aurai plus de temps.

Jusque-là au revoir !

Avec un cordial salut
Martin

Le 14 suivit une lettre avec la demande d'une « culotte de cavalier et de livres militaires », qui devaient être envoyés si possible à son adresse privée, à défaut à la caserne, avec la mention, « bien que je sois volontaire de guerre » : « volontaire pour un an ». L'adresse de l'expéditeur était : « Volontaire pour un an canonnier titulaire/ Dr Martin Freud/ Régiment d'artillerie de campagne n° 41/ Batterie supplétive/ Domicile privé : Salzbourg, Makartpl. 6/ Caserne : caserne d'artillerie à Riedenburg.

54-Martin [En-tête Vienne] 16.8.14 [2]

Cher Martin

J'ai reçu ton annonce selon laquelle tu as été accepté comme volontaire de guerre. Tu peux imaginer que je ressens cela comme un accroissement de la charge de soucis que cette guerre impose à chacun ; mais je ne veux pas te refuser le témoignage que tu as agi de manière correcte et bienséante. Si le destin ne t'est pas trop défavorable, tu jetteras sans doute plus tard un regard de satisfaction rétrospective sur ta décision.

1. Cf. la lettre de Freud à Abraham du 25.8.1914 : « Quand l'orage s'est déclaré, il s'est porté volontaire, a prouvé que sa fracture du fémur était bien guérie, et il a réussi à se faire admettre dans l'arme à laquelle il avait déjà appartenu en tant qu'engagé volontaire pour un an » (F/A, p. 339).

2. Lettre conservée dans le legs d'Esti Freud, reproduite in SoF, p. 84 (photo de l'original *ibid.*, après p. 160).

Fais-moi maintenant savoir au plus tôt ce dont tu as besoin me concernant, et quelles seront tes prochaines destinations. Écris d'une manière générale le plus que tu peux. Par chance, il existe à nouveau une liaison postale. Pas vers l'Angleterre il est vrai. Annerl reste coupée.

Je te souhaite tout ce dont tu peux avoir besoin dans ta situation actuelle et te salue cordialement

Ton père

Dès avant réception de la lettre précédente, le 17 août 1914, c'est un fils soucieux qui écrivait à son père :

De la lettre détaillée que je voulais t'écrire, il n'adviendra rien, je suis de service le dimanche aussi jusqu'au soir et n'ai accès à aucune occupation civile.

J'espère que je ne dois pas attribuer l'absence de nouvelles en provenance de la Berggasse au fait que vous désapprouvez ma démarche. Cela me ferait beaucoup de peine.

Il n'est sans doute plus nécessaire que je donne une justification de mon comportement. Ce n'aurait pas été pour moi supportable de rester seul à l'écart pendant que tout le monde fait mouvement vers le large. Je crois en outre qu'aujourd'hui est la meilleure occasion de donner une expression concrète à l'aversion qu'on peut avoir pour la Russie, et je ne veux vraiment pas laisser passer sans m'en saisir la possibilité de franchir la frontière russe sans autorisation particulière en dépit de ma confession [1].

Contre son attente, il aurait été fourré dans l'« école des volontaires », et l'on pouvait prévoir qu'il resterait encore à Salzbourg 3 à 4 semaines. « Du point de vue santé, je ne me suis, en général, encore jamais porté aussi bien qu'en ce moment. » Il n'aurait à nouveau besoin d'argent qu'après le 1er septembre, et, dès l'instant où il serait en campagne, il ne lui faudrait « sans doute pratiquement rien. Au tribunal, on lui aurait donné congé avec tous les honneurs et des compliments ».

Le 18 fut écrite la lettre suivante, dans laquelle Martin fait savoir :

Ta missive et ton attitude par rapport à ma démarche m'ont beaucoup réjoui ; [...] je me suis ménagé dans l'école des volontaires – bien

1. Il était interdit aux Juifs de pénétrer en Russie, ce que Martin, écolier, avait déjà trouvé révoltant (MaF, p. 152). Freud aimait à rapporter l'argument présenté ici dans des lettres (par exemple F/Fer II, p. 18).

qu'en tant que seul Juif j'aie déjà dû plusieurs fois insister sur mon point de vue – une position agréable, et je m'entends très bien avec mes camarades, pour la plupart de 4 à 5 ans mes cadets. [...] J'espère pouvoir affronter les dangers sanitaires de la campagne par un choix judicieux de mon équipement. [...]

Je compte rester ici encore environ 3 semaines. Un séjour d'une certaine durée me donnerait une chance d'être incorporé à la batterie avec déjà une étoile [1]. D'une manière générale, je ne peux pas nourrir de grands espoirs de promotion, parce que la formation de cavalier que le sous-officier d'artillerie doit avoir ne peut être acquise en campagne.

Mais je suis persuadé que le sentiment d'avoir participé à cette guerre même comme simple canonnier me prodiguera une joie constante en cas de retour heureux. Du reste, depuis que je suis soldat, je me réjouis à la perspective du premier combat comme on le fait dans l'impatience d'une ascension en montagne [2].

Le 22 août, il est dit sur une carte :

On me tire tout juste du lit pour m'emmener sur le champ de bataille (prétendument serbe). Je te prie de conserver mes documents. Le décret qui me relève de mes fonctions sera envoyé par le tribunal de Salzbourg.

Et le 24 :

Nous sommes deux canonniers sous les ordres d'un sous-lieutenant, le maître de conférences Exner, avec destination inconnue, en forme et avec le meilleur moral.

55-Martin [En-tête Vienne] 26.8.14 [3]

Cher Martin

J'ai pris en dépôt tes documents et la relève de tes fonctions du tribunal de Salzbourg. Nous savons maintenant que tu as fait mouvement, mais pas dans quelle direction. Tu apprendras sans doute bientôt de quel Exner ton sous-lieutenant descend. Peut-être est-ce le physiologiste Sigm Exner, qui fut mon professeur pendant

---

1. La promotion au grade de caporal était signalée par une étoile.
2. Le 3 septembre, Freud écrivait sur l'incorporation de ses fils au service de la guerre (F/A, p. 343) : « Pour les jeunes gars, cela n'a pas d'autre signification qu'un accomplissement de souhait. »
3. Lettre déjà reproduite in MaF, p. 190.

de longues années [1]. Nous n'attendons que la communication de ton numéro postal de campagne pour t'envoyer ce dont tu as besoin.

La nouvelle du jour, c'est qu'Annerl est arrivée ici par surprise avec l'ambassadeur, après un voyage de 10 jours et un trajet de chemin de fer de 40 heures, via Gibraltar – Gênes – Pontebba. Elle va très bien et s'est comportée avec beaucoup de vaillance. C'est Mme Jones [2] qui a mis en œuvre le voyage.

J'espère que tu te sens bien, prends part à une belle cause et nous écriras le plus souvent possible. Nos victoires en Russie commencent à prendre du relief à côté des allemandes.

Je te salue cordialement
Ton père

Le 27 août 1914, Martin se plaint d'Innsbruck (c'est-à-dire nullement du front) qu'il est « sans aucune nouvelle » de la maison. Et plus tard :

Ici, les choses sont hautement intéressantes et extrêmement militaires. Je vais aussi très bien, tant côté santé que côté service. J'ai les devoirs d'un caporal de pointage sans en avoir les droits, mais devrais obtenir l'étoile qui désormais me revient au terme de la période de conscrit. Mon canon, dont j'ai la clef en garde, est un magnifique joujou.

Le 30 août, suivit une carte de « Mühlau bei Innsbruck ». Et, le 2 septembre, une autre avec la remarque :

Je suis en train de me demander s'il ne serait pas plus pratique que tu m'envoies de l'argent ici (peut-être par télégraphe) pour quelque temps à l'avance. Ensuite je serai peut-être plus difficile à joindre. Pour l'instant, je n'ai pas besoin de plus qu'environ 4 K par jour ; mais il se peut, bien sûr, que ce montant change. Je ne pourrai m'équiper que quand je saurai contre qui.

---

1. Siegmund Exner (1846-1926) travaillait à l'Institut physiologique de Vienne, où Freud exerça également. En 1891 professeur titulaire de physiologie à l'université de Vienne.
2. Louise (« Loe ») Jones, née Kann (1882-1944), de 1905 à 1912 compagne d'Ernest Jones, en 1912-1914 en analyse chez Freud, en 1914 mariage avec l'Américain Herbert Jones (May 2007, p. 609-611).

Par une voie inconnue, Freud apprit peu de temps après que, « de manière surprenante », Martin partirait vers le sud. Il lui demanda s'il pouvait encore lui rendre visite, sur quoi Martin télégraphia le 3 septembre : « aucun obstacle sinon tes tracas ». La visite eut lieu le 6[1]*. Le 8, Martin se manifesta par une carte de Bolzano-Gries (Tyrol du Sud)*[2].

56-Martin 11.9.14[a]

Cher Martin

Aujourd'hui enfin 2 cartes de toi, il est vrai surtaxées. Ici, peu de nouveau. Ernst s'est à nouveau présenté et a été refusé pour la 4e fois. Max télégraphie que sa convocation a été différée. J'envisage de faire le voyage de Berlin et Hambourg la semaine prochaine, peut-être le 15. Spatzi[3] a atteint aujourd'hui l'âge de 6 mois. Porte-toi bien.

Cordialement pa

Dans une carte du 12 septembre, Martin se plaint une nouvelle fois de ne recevoir aucun courrier de la maison.

57-Martin Vienne 14.9.14[b]

Cher Martin

Viens tout juste de recevoir ta carte du 12/9. Chez nous, rien de neuf. Ernst a été à nouveau éconduit[4], mais il est encore en poste. Je vais partir le 16/9 au soir pour Berlin et Hambourg. Enfin des

---

a. Carte postale ; adressée à : Herrn E.[injährigen] Fr.[eiwilliger] Kanonier/ Dr Martin Freud/ Feldkanonen RGT Nr 41/ Marschbatterie des FKR Nr 40/ Bozen-Gries.

b. Carte postale.

1. F/Fer II, p. 22 (vers le sud) ; 356-Soph (visite).
2. À cette époque, l'Italie n'était pas encore en guerre ; elle ne fut déclarée que le 23 mai 1915.
3. Ernst Wolfgang, fils aîné de Sophie.
4. Cf. *infra*, p. 234.

nouvelles de Hans Königstein [1] ! Patience, patience ! Porte-toi bien. Cordial salut

Pa

Le 16 septembre 1914, Martin mentionne dans une carte postale une première « heure d'équitation pour les volontaires ».

58-Martin [En-tête Vienne] 27.9.14

Cher Martin

Je suis revenu ce matin de Hambourg et Berlin, pris connaissance là-bas de ta carte adressée à Sophie. Ton neveu est un charmant petit gars, les deux parents vont très bien. Toutes les impressions qu'on perçoit dans le Reich sont très réjouissantes, le moral y est extrêmement optimiste, chacun passe outre à ses pertes, a confiance en ses dirigeants, et accomplit sa part de devoir. C'est une grande nation. Le succès de l'emprunt de guerre, 4,4 milliards, est en lui-même une grande victoire. On dit que le directeur de la Deutsche Bank a été nommé Generalgeldmarschall [2]. Il règne un grand enthousiasme à propos du succès des sous-marins et une grande amertume à l'égard de l'Angleterre ; j'ai entendu parler de grands préparatifs contre cet ennemi. Ils ne font aucune différence entre leur propre armée et leur propre cause et les nôtres ; c'est comme un seul peuple. Tous les parents de Hambourg font transmettre leurs cordiales salutations.

J'espère que tu continues à te sentir bien et attends de toi d'abondantes nouvelles. La poste de campagne travaille en Allemagne aussi de manière très insatisfaisante.

Cordialement
Ton père

1. Hans Königstein (1878-1960), médecin, fils de l'ami de Freud Leopold Königstein (www.whonamedit.com/doctor.cfm/954.html, ub.meduniwien.ac.at/blog/ ?p=653 ; Zugriff 23.10.2009).

2. Jeu de mots impossible à traduire, obtenu par substitution de la lettre « g » à la lettre « f » dans le mot *Generalfeldmarschall* [feld-maréchal général], *Geld* signifiant « argent ». [N.d.T.]

59-Martin [En-tête Vienne] 1.X.14 [1]

Cher Martin

D'abord félicitations pour ton étoile ! Ensuite la nouvelle que je t'ai fait envoyer par la banque K 200, qui te parviendront, je l'espère. Je pense que tu n'as pas besoin qu'on te conseille d'acheter des affaires qui tiennent chaud avant de partir, mais j'ai rêvé avec le plus grand sérieux que je te voyais avec un gilet de fourrure à épaisse doublure.

À vrai dire, les épidémies avec lesquelles on peut faire actuellement connaissance m'inspirent plus de respect que les balles, et ce n'est pas au moins une lâcheté que de vouloir se garantir autant que possible contre elles (les maladies).

Je sais que toutes les communications sont rendues difficiles, dès qu'on se trouve au front.

Cordial salut
Ton père.

Le 2 octobre 1914, Martin adresse un bref remerciement pour un paquet avec « de la boustifaille », et note que « l'argent » est déjà arrivé. Le 6 suit une lettre de l'hôpital de réserve de Gries, où il était alité pour grippe. Quatre autres lettres (11.-14.10) traitent de son lamentable état [2]*, de son relogement dans un hôtel de Bolzano, de l'éventualité d'une permission pour maladie et de l'augmentation de ses besoins financiers. Le 12 octobre, il est dit en outre :*

> Quant à moi, une fois guéri, j'aimerais bien sentir l'odeur de la poudre ; ici, à Bolzano, il n'y a absolument aucune opportunité de se distinguer ; le moral dans notre batterie est le pire qu'on puisse imaginer, depuis qu'il est question que nous restions au Tyrol ; peut-être qu'à la permission pourra s'adjoindre une mutation.
>
> Ces derniers jours ont fait mûrir en moi la conviction que la possession d'argent apporte un avantage tout à fait inestimable, et je suis bien content d'avoir choisi un métier qui, selon tout ce qu'on peut

1. Lettre déjà reproduite in MaF, p. 191.
2. L'une des deux lettres qui sont datées du 11.10.1914 porte l'apostrophe « Cher ami et médecin » et contient une description précise d'un symptôme avec une demande de conseil médical (« Suis-je autorisé, quand je crois mourir, à boire un schnaps corsé ? »). Il se peut qu'elle ait été adressée à Hans Lampl et que celui-ci l'ait fait suivre à Freud.

prévoir, n'est pas associé à une pauvreté permanente. Il était remarquable de constater à quel point, ces derniers temps, les ambitions militaires se sont évanouies avec l'arrivée de la fièvre et de la maladie, et ont fait place à des préoccupations professionnelles et familiales. Il faut espérer qu'après le recouvrement de la santé sera encore disponible suffisamment d'esprit militaire pour s'acquitter du reste de la guerre avec les honneurs.

Le 14, Martin rapporte qu'en définitive on a diagnostiqué chez lui une jaunisse. C'est pourquoi il obtient une permission, reste jusqu'au 8 novembre à Vienne[1] *et revient ensuite à Salzbourg. Dans une lettre du 10 novembre, il mentionne qu'il sert comme dresseur à l'« École des volontaires » et que, plusieurs fois par semaine, il fait du cheval à l'école d'équitation. À propos de son avenir proche, il écrit :*

Il n'est pas question à mon avis que je reste à l'école jusqu'à la fin de la formation. Je ne peux pas continuer à imaginer que le 41e régiment d'artillerie soit disposé à nommer 300 officiers frais émoulus, parmi lesquels, depuis la dernière incorporation, se trouveraient 2 douzaines de Juifs vraiment tout à fait indésirables. Je crois que je vais rester ici 4-6 semaines, les choses pouvant, bien sûr, se passer autrement. J'habite au « Cerf d'Or », nous mangeons tous à la maison, c'est-à-dire dans l'auberge ; il n'y a pas apparemment ici de cantine. On peut espérer qu'en contrepartie nous toucherons l'argent pour la cantine. Ma « chambre » coûte 18 K par mois, il faut qu'en outre je m'achète un sabre et pas mal de livres. Je porte tous mes effets de laine les uns par-dessus les autres, l'air est très froid, humide et brumeux dans la cour de la caserne, le port de manteaux n'est pas autorisé. J'espère ne pas retomber malade aussitôt ; se faire porter pâle est ici très sévèrement puni.

60-Martin [En-tête Vienne] 11.XI.14.

Cher Martin

Je te remercie beaucoup pour ta lettre détaillée, dont il ressort toutefois que tu n'es pas plus mal tombé qu'à Bolzano. Il se peut que tu aies raison, ça ne semble pas être la voie qui mène au grade d'officier, mais de sous-officier, et c'est déjà aussi quelque chose quand on est en l'occurrence volontaire. Du reste, quand on se dis-

1. F/A, p. 348, 352.

tingue, la carrière peut très bien se poursuivre. La manière dont tu es logé et dont tu te nourris paraît représenter un progrès appréciable. Pour ce qui est de tomber malade, je partage tout à fait l'avis de tes supérieurs. J'espère qu'en ce qui concerne les dépenses tu es économe ; je t'enverrai tout ce dont tu as besoin, mais les restrictions deviennent sérieuses. J'en suis actuellement réduit à un seul patient.

Tu lis probablement les journaux et connais les nouveautés peu réjouissantes ; les dernières : l'*Emden* détruit, et Pzremysl à nouveau cerné [1]. Les journaux sont aussi répugnants que jusqu'ici.

Ce que tu n'as pas pu lire est une triste nouvelle, que j'ai reçue *via* la Suède hier en réponse à une question que j'avais posée. Oncle Emanuel est mort le 17 octobre, comme il est dit, d'un accès de chemin de fer ; il est probable que le brave Suédois veut dire un accident [2]. Je présume qu'il n'a pas supporté la guerre [3].

Maman a l'intention d'aller la semaine prochaine à Hambourg pour une quinzaine.

Un jeune Cronbach, qui était marié à une Martha Zucker [4] (de la parentèle de Breuer [5]), est mort au front.

Sinon, je ne vois rien de consolant à te communiquer. J'espère que tu tireras le meilleur parti de ta nouvelle situation et te salue cordialement

Ton père

---

1. Le croiseur allemand SMS *Emden* avait été mis hors de combat le 9 novembre 1914 dans l'océan Indien. La forteresse de Przemysl en Galicie (aujourd'hui Pologne du Sud) avait été cernée une première fois en septembre ; mais elle avait été ensuite dégagée. Les deux annonces que transmet Freud dataient du 11.11 et ne se trouvèrent dans le journal que le 12 (cf. ANNO).

2. Le Suédois a écrit *Eisenbahnanfall* [ainsi libellé par Freud] au lieu de *Eisenbahnunfall.* On voit que les deux graphies ne diffèrent que par une letttre. Cela dit, même si cette bévue est sans doute plus imputable à l'ignorance qu'à un lapsus, elle n'est pas sans produire du sens, puisque *Anfall* signifie « accès, attaque ». Toutefois, on peut supposer que le scripteur connaissait les deux mots, et il n'est pas indifférent qu'il les ait confondus. La phrase suivante et la note afférente corroborent d'ailleurs toute cette ouverture signifiante. [N.d.T.]

3. Emanuel Freud, âgé de 81 ans, tomba d'un wagon de train en marche. Il n'est pas à exclure qu'il se soit agi d'un suicide (Molnar 2004, p. 128 *sq.*).

4. Ernst Cronbach (1878-1914) était un neveu de la femme de Josef Breuer (Gaugusch, à paraître).

5. Josef Breuer (1842-1925), médecin et physiologiste viennois, lié d'amitié avec Freud dans les années 1880-1890, pionnier de la psychanalyse (Hirschmüller 1978).

61-Martin [En-tête Vienne] 20.XI.14

Cher Martin

Je me suis réjoui de lire à nouveau une lettre détaillée [1] de toi. Tes souhaits seront pris en compte par l'intendance viennoise. J'attends que tu m'apprennes quand tu as besoin d'argent et de combien. Il se peut que ta vie ne soit ni très intéressante ni très saine ; mais, en tant que préparation au service de guerre qui t'attend, cela a sa valeur. D'ici à ce que tu en viennes là, tu auras été endurci contre les catarrhes et les privations. Que tu te tiennes tranquille est, je crois, tout à fait raisonnable. Quelque chose bougera sans doute bientôt.

La guerre semble actuellement connaître une conjoncture plus favorable à l'Est ; à l'Ouest, tout a été bloqué par la chute brutale du baromètre, et, de manière générale, on ne note aucun progrès depuis un mois. Il faut espérer que les ennemis tiendront moins bien le coup que les Alliés.

Maman est, comme tu le sais, partie pour Hambourg. Je suis abondamment occupé, certes pas par la pratique, qui est réduite à 1/5 de son volume habituel, mais par des travaux et travaux préparatoires personnels, pour lesquels je n'aurais certainement pas trouvé le temps en période ordinaire [2]. Les conseils de révision imminents ou réellement déjà en cours vont être drastiques. Si, par exemple, Rank est pris, il faudra suspendre nos revues [3].

J'espère que va arriver bientôt le beau temps lumineux de l'hiver, dans lequel Salzbourg retrouvera sa beauté. Ton anniversaire aussi approche. Ernst a surmonté sa grippe et jouit encore, semble-t-il, d'un certain ménagement [4].

1. Manifestement non conservée.

2. Freud avait achevé peu de temps auparavant l'histoire de la maladie de l'« Homme aux loups » (Freud 1918b). Il se mettait alors à un « travail récapitulatif d'une certaine ampleur », défini un peu plus tard comme « doctrine de la névrose avec des chapitres sur les destins des pulsions, le refoulement et l'Ics [inconscient] » (F/A, p. 355, 362), qui donna ensuite lieu au projet de douze essais métapsychologiques. Il n'en publia que cinq morceaux (cf. Grubrich-Simitis 1985).

3. C'est-à-dire les revues *Internationale Zeitschrift für ärztliche Psychoanalyse* et *Imago*, dont le rédacteur en chef était alors Rank. Elles continuèrent à paraître, bien que réduites, pendant la guerre.

4. Après de multiples ajournements, Ernst avait fini par être reconnu apte au service et, le 10 octobre 1914, il était parti pour Klagenfurt comme volontaire (F/A, p. 348).

C'est le temps de la patience et de l'humour ; si la vieillesse ne peut que se contenter de la première, la jeunesse doit manifester le second.

Sois cordialement salué par
ton père

Le 24 novembre 1914, Martin communique que l'École des volontaires s'est quelque peut vidée. Toutefois, aucun des caporaux, dont il faisait partie, n'a été muté. « Cela semble obéir à des raisons de principe, motif pour lequel je n'attends plus une mutation dans un autre régiment ou dans l'infanterie. »

62-Martin [En-tête Vienne] 30.XI.14

Cher Martin

Demain matin, en y incluant ton anniversaire et tes dépenses, je t'enverrai par la poste K 250. Depuis ta visite ici, les occasions de gain ne se sont pas améliorées.

Maman revient jeudi matin pour l'anniversaire d'Anna [1].

Je crois que ta formation durera jusqu'au printemps, si tu ne l'interromps pas en te portant volontaire, de sorte que tu entreras ensuite à coup sûr en campagne à titre de sous-officier. Il n'est guère possible d'obtenir plus. Pour le reste, tu le sais, il s'agit d'avoir de la patience. Il est probable que, jusqu'à présent, tu n'as pas eu besoin du Zeiss [2].

Tu dois vraisemblablement correspondre directement avec Ernst. Nous avons maintenant traversé 4 mois de guerre, mais il est clair qu'ils n'ont rien apporté qui rende la paix possible. Ce sera sans doute le cas au printemps, il est possible qu'en été la paix vienne sur nous, c'est-à-dire sur ce qui de nous sera encore là.

Cordiales salutations et prières de nouvelles fréquentes de

Ton père

Dans une longue lettre du 4 décembre 1914, Martin dit merci « pour le généreux cadeau d'anniversaire » et poursuit :

1. Le 3 décembre.
2. Des jumelles ?

Je vais faire faire sans doute maintenant un uniforme, peut-être une culotte de cavalier, étant donné qu'empiler des richesses pendant la guerre est absurde et va contre l'intérêt de l'économie politique, tandis qu'une culotte de cavalier peut présenter un grand avantage en campagne et au café.

Ma bonne santé est depuis 3 jours perturbée par un méchant rhume, j'ai mal à la gorge et un rhume de cerveau, et pourrais sans doute me faire dispenser aussitôt de service si j'allais à la visite à l'infirmerie. Pour l'instant, je prends encore sur moi, tiens debout grâce à l'aspirine et me gargarise, car j'ai sans cela manqué souvent, et, en continuant à être malade, je me couperais d'emblée toute perspective de promotion. [...]

Depuis peu, nous avons pour commandant de l'école un sous-lieutenant, le Dr Alberti, avocat à la cour et au tribunal (Abeles ?), qui, dès son discours d'entrée en fonction, a souligné qu'il ne tolérerait en aucun cas de l'animosité contre des nationalités et confessions particulières. [...] Le commandant précédent, un étudiant allemand membre d'une corporation (Rhenopalatia, il portait en permanence le *Bierzipf*[1] bien visible sur l'uniforme) aurait justement pu devenir très désagréable à mon égard. Notre capitaine a été depuis toujours très correct et irréprochable ; pour ce qui est des supérieurs, j'ai donc à nouveau beaucoup de chance.

Les paragraphes suivants de la lettre ont trait à ses perspectives de promotion. Ensuite, on peut lire :

En ce qui concerne les volontaires de guerre, ils pourraient, de manière analogue à ce qui s'est passé pour l'équipement de la Ire batterie de marche, être incorporés à la batterie de marche suivante. [...] Ayant le sentiment d'être Crésus (le jour de la Sainte-Barbe, il y a eu le matin une messe, l'après-midi permission), je me suis acheté aujourd'hui un képi particulier, me suis fait laver la tête et ai examiné des tissus pour culotte de cavalier. Le reste de la journée sera consacré aux études.

Le 17 décembre suit une nouvelle lettre, dans laquelle Martin écrit :

Hier, on m'a communiqué que, dans peu de temps, je dois partir en campagne avec 4 autres volontaires de guerre. Je crois faire mouvement début janvier ou à la mi-janvier. L'examen est pour bientôt,

1. Il s'agit d'un insigne qui marque l'appartenance d'un étudiant à une corporation déterminée. Cf. à ce sujet p. 99, note 3. [N.d.T.]

j'espère devenir caporal avant le départ après éventuel succès à l'examen. [...] Au début, par suite de la transition brusque de la théorie à la pratique, nous devrions nous couvrir copieusement de ridicule. [...]

Le cadeau d'anniversaire de papa s'est déjà transformé en un uniforme qui doit être prêt demain. Pour la Noël, il n'y aura pas permission, peut-être 2-3 jours de liberté ; je reste évidemment ici, ne serait-ce que pour économiser de l'argent en vue d'un sac de couchage.

63-Martin [En-tête Vienne] 20.XII.14 [1]

Cher Martin

J'ai appris avec grand intérêt que tu t'attends à être si tôt envoyé au loin, et je ne regrette pas de ne pouvoir te rendre visite, puisque tu n'obtiens pas de permission. Mon intestin n'est pas en assez bon état pour que je puisse me le permettre.

Je n'ai absolument rien contre tes nouveaux effets, mais je continue à avoir l'idée que tu considères trop la guerre comme une expédition sportive. Je crois pourtant que tu ne peux transporter rien d'autre que ce que tu portes sur toi et avec toi, et ce que tu as en plus et emportes malgré tout te sera aussitôt volé ou bien se perdra. C'est ainsi qu'un civil voit le problème de l'équipement à partir des récits de ceux qui reviennent. De ce point de vue, évidemment, l'officier est mieux loti. J'espère que tu vas bientôt devenir caporal et que tu partiras avec ce titre. Cette fois, tu ne dis rien de l'examen.

Fais-moi savoir combien tu veux d'argent pour le mois de janvier. N'oublie pas 1) qu'ensuite je ne pourrai guère t'envoyer quoi que ce soit, étant donné la fiabilité insuffisante bien connue de la poste de campagne, 2) qu'au loin, en Pologne ou en Serbie, tu n'auras guère plus l'occasion de dépenser quoi que ce soit. Donc deux facteurs contraires entre lesquels tu dois trouver l'équilibre.

Noël sera silencieux et triste, aussi bien chez nous que partout.

Je te salue cordialement et attends ta réponse.

Ton père.

Dans sa réponse du 21 décembre 1914, Martin chiffre ses besoins pécuniaires. Il paie son logement grâce à des pensions d'État, à part ça

1. Lettre déjà reproduite in MaF, p. 192.

– *« pour la nourriture et le linge » – il a besoin de 150 couronnes par mois, « augmentées d'un montant laissé à ta discrétion pour le matériel de nettoyage, les accessoires, les dépenses de rasage et de toilette, les dépenses de convivialité obligatoire dans le cercle des camarades, etc., bref, augmentées d'un peu d'argent de poche ».*

Je partage entièrement ton point de vue sur l'approvisionnement en argent en campagne. On a peu de besoins, mais on ne peut accroître les réserves. Je suppose qu'il est peu probable que je reste en campagne plus de 2 mois d'affilée ; je ne veux donc pas trimbaler des richesses avec moi. Envoie-moi peut-être une somme en stipulant expressément qu'il s'agit de réserves pour la guerre. Bien sûr, je peux d'autant moins déterminer le montant que, selon la date de départ, j'aurai en ma possession une partie plus ou moins grande de mon argent mensuel.

Ton point de vue sur l'équipement est aussi parfaitement juste, à ceci près que je ne peux disposer du contenu du paquetage de la selle qu'aussi longtemps que j'ai le cheval. Bien sûr, on ne garde pas le cheval excessivement longtemps ; les détails sont affaire de chance. Pour la campagne, je ne m'achète plus rien d'autre qu'éventuellement un sac de couchage, et ce dernier seulement si j'ai de la place pour le transporter. [...]

L'examen a lieu le 28 décembre.

À la mi-janvier 1915 arriva une lettre de Martin faisant état de son départ en campagne imminent :

Salzbourg, 18 janvier 1915.

Bien chers

Je m'en vais probablement demain (mardi) matin. Dès que je saurai quand nous arrivons à Vienne, je télégraphierai. Je serai très heureux si vous m'apportez des provisions de bouche pour le voyage.

Je suis devenu caporal. Nos effectifs sont de 6 cadets, 6 caporaux et environ 30 hommes. [...]

J'ai énormément à faire toute la journée, ne peux donc plus écrire à personne. Mettez Lampl au courant et transmettez mes salutations à grand-ma [1], oncles et tantes. Si Lampl peut prendre un peu de liberté, qu'il vienne aussi à la gare, de même pour Math, si elle a le temps.

J'apprends tout juste que nous devons arriver mercredi à 5 h du matin à Penzing [2] ; de là nous devons être transférés à la gare du Nord.

---

1. Amalia Freud (1835-1930).
2. Localité de banlieue située à l'ouest de Vienne, avec gare.

Donc, quiconque peut se lever tôt pourrait me rencontrer vers 6 h à la gare du Nord [1].

S'il vous plaît, apportez-moi un bon schnaps et des cigarettes pour le voyage, également des choses à manger ; il y a de la place dans le wagon, et nous allons voyager pendant plusieurs jours.

Cordiales salutations et bonne chance à tous !

Martin

De décembre 1914 à avril 1916, aucune lettre de Freud à Martin n'a été conservée – première lacune et la plus longue parmi plusieurs dans cette série de lettres de guerre. La carte reproduite ci-après a été écrite après une permission au pays, que Freud signale par deux insertions dans son calendrier : 22 mars 1916, « Martin arrivé par surprise » ; 11 avril, « adieux à Martin [2] ».

64-Martin 30.4.16 [a]

Cher Martin

Aujourd'hui, premières nouvelles de toi depuis Innsbruck 17/4. J'écris malgré le caractère aléatoire de la poste de campagne. En même temps, après une longue pause, lettre d'Ernst [3], qui est maintenant FKR 28 ; il a rendu visite à la localité de Miravalle [4].

J'ai été pour Pâques chez Oli, dont le divorce est heureusement à présent assuré, l'ai consolé, ai crapahuté dans le tunnel [5]. Les formalités seront liquidées fin mai. Du côté de Max, jusqu'à hier en permission chez lui, rien de sûr encore, Soph ne viendra sans doute pas ici [6]. Aujourd'hui commence l'été. Porte-toi bien.

Cordialement papa

a. Carte de correspondance de campagne ; adressée à : Herrn k u k Ltt d R/ Dr Martin Freud/ k.k. schw. Ldw FAR Nr 44/ Batt II/ Feldpost 224/I.

1. Freud alla effectivement à la gare (cf. *supra*, p. 102).
2. F/Kal.
3. Possiblement la lettre du 28.4.1916, reproduite *infra* (p. 249 *sq.*).
4. Probable allusion cryptée (à cause de la censure) à un stationnement d'Ernst (qui avait été déplacé en mars à Lavarone : F/Fer II, p. 193).
5. Cf. *infra*, p. 203 *sq.*
6. À propos de la « névrose de guerre » qui affectait alors Max et des projets de ramener Sophie avec son fils à la Berggasse, cf. *infra* (p. 405) et 371-Soph avec note 3.

65-Martin Vienne 30.5.16 [a]

Cher Martin

Tous fiers et contents que vous soyez si brillamment venus à bout de votre première tâche [1]. Mais maintenant quoi ? D'abord une bonne pause. La paix réclame encore de toute évidence une grande chose qui départage. Chez nous rien de nouveau. Depuis 8 jours aucune nouvelle de vous. Du côté de Max rien de sûr. Oli n'est pas encore venu ici. Mes salutations les plus cordiales

Papa

Juste reçu ta carte du V 27/5 [b]

À l'époque de l'échange de lettres qui suit, après un nouvel intervalle de neuf mois, Martin séjournait à Linz, où, pendant plus de six mois, il s'occupa de la formation des artilleurs, attendant par ailleurs qu'on l'utilisât à nouveau.

66-Martin [En-tête Vienne] 15.2.17 [2]

Cher Martin

Je joins ici une carte de Seibert [3].

Ici aussi, c'est bien lugubre. Après un froid de loup, la grippe, oncle est alité, Math en voie de guérison, Anna y a succombé le lendemain de son arrivée à Sulz [4]. Espérons que tout cela est sans gravité.

À part ça, rien à faire, tramway calamiteux, soucis pour avoir du pain, pénurie de pommes de terre.

---

a. Carte de correspondance de campagne.
b. Ajouté en marge au crayon.

1. Martin avait participé aux combats sur le front italien, lors desquels les troupes austro-hongroises avaient opéré une percée. – Ces indications, ainsi que quelques autres semblables ultérieures, à propos du déroulement de la guerre, se fondent sur les indications de la page web www.stahlgewitter.com.
2. La lettre de Martin, reproduite ci-dessous, ainsi que le contenu de la lettre suivante de Freud (« pas écrit depuis longtemps » ; carte jointe) font douter que la présente lettre ait été envoyée.
3. Non retrouvée.
4. Dans la Sulz près de Kaltenleutgeben dans le Wienerwald, au sud-ouest de Vienne, Anna Freud avait alors pris un bref congé de repos (F/Fer II, p. 205).

Avec Linz aussi tu te seras bientôt familiarisé. Bien sûr, ne rien faire du tout est ennuyeux.

Cordial salut
papa

Le 21 février 1917, Martin écrivait de Linz :

Cher papa !

Cela fait assez longtemps que je n'ai eu aucune nouvelle de vous. Dans l'intervalle, Linz n'est pas devenu plus beau ni plus intéressant. Je continue à loger à l'hôtel, n'ai encore parlé, depuis que je suis à Linz, avec aucun civil. La plupart des camarades qui ont pris une location chez des personnes privées sont déjà en conflit avec leurs bailleurs, quelques-uns ont laissé en plan le cantonnement payé d'avance et se sont à nouveau installés dans des auberges. Chauffer ou ne pas chauffer, l'ordonnance de l'officier, la consommation de lumière et surtout l'impiété ont été des motifs de conflit et de congé.

Je suis sur le point de perdre ma popularité auprès de mes camarades, parce que je ne me mêle pas à eux le soir, et préfère aller me coucher. Mais les réjouissances que propose Linz la nuit sont si douteuses que je préfère me faire détester.

Notre mess est une calamité, il faut à présent payer 3 K (pour le seul déjeuner, sans boissons), et le peu qu'on vous sert est plus que médiocre. Je vais sans doute quitter le mess et manger au restaurant.

La répartition par formations de marche avance si lentement que je ne peux pas encore dire quand ce sera mon tour. J'attends que, le 1er mars, on mette fin au blocus sur les permissions, j'aimerais bien venir alors à Vienne pour 2 semaines. Je te prie de m'écrire si ce projet ne se heurte à aucun obstacle insurmontable.

Depuis quelques jours, je rôde dans Linz comme un lion dans le désert, en quête de cigares, et ne parviens même pas à trouver mon cigare quotidien du dîner.

Je suis bien fâché de devoir passer d'une manière si peu exaltante les semaines chichement accordées pour ma convalescence.

Cordial salut à toi et à tous, ton fils
Martin

67-Martin [En-tête Vienne] 22.2.17

Cher Martin

C'est vrai que je ne t'ai pas écrit depuis longtemps. Il n'y a pas grand-chose de nouveau ni rien de particulièrement réjouissant. Oncle a surmonté une grippe carabinée, Anna, que nous avons envoyée le 12 dans la Sulz, s'est couchée là-bas avec une grippe, et hier, elle est rentrée quelque peu ratatinée. Une lettre de New York, qui a réussi, de manière étrange, à passer, rapporte que Ditha s'est fiancée, voire est aujourd'hui déjà mariée. Avec un M. Nadlmann, un sculpteur [1]. Avec son occupation d'adjudant préposé à 14 lignes téléphoniques, Ernst ne paraissait pas nager dans le bonheur ; son dernier courrier relate qu'il construit un nouveau chalet ; c'est donc sans doute qu'il redevient observateur. Oli a appris qu'à Krems l'école reprend le 1er mars [2], et il compte passer par Vienne ces prochains jours.

Tes descriptions de Linz nous ont bien amusés. C'est sans doute une très bonne chose que tu ne sacrifies pas tout à ta popularité. Si tu peux obtenir une permission, tu devras loger chez Math, qui s'était préparée en son temps pour Ernst et qui te réclame [3].

Quelques heureux hasards, cadeaux, cessions, etc., ont amélioré chez nous ces derniers temps la nourriture. Nous ne souffrons d'aucune pénurie, mais ça coûte beaucoup d'argent. Les affaires sont fluctuantes, jamais particulièrement bonnes. La fin de la guerre continue à être soigneusement gardée secrète.

Je joins une carte qui est arrivée pour toi et te salue cordialement.

Papa

68-Martin [En-tête Vienne] 20.4.17

Cher Martin

J'ai pris en dépôt cet important document [4] et suis content que tu l'aies compris comme moi, mais aussi non sans difficulté.

---

1. Il se peut que soit visé le sculpteur juif polonais connu Elie Nadelman (1882-1946). Les fiançailles furent à nouveau rompues (71-Martin).
2. Cf. *infra*, p. 206.
3. Du 27 mars au 11 avril 1917, Martin fut en permission à Vienne (F/Kal).
4. N'a pu être tiré au clair.

Mon plus vif désir est, bien sûr, d'apprendre de toi quelles sont tes chances de continuer à être utilisé – selon le mode qui se présentera et le moment.

Ernst est arrivé avec de la fièvre et a déjà parlé de ses intentions de ne pas ressortir [1]. Mais, dès à partir du deuxième jour, il s'est très bien rétabli, et veut maintenant être réintégré comme le veut le règlement. Il a une allure magnifique et se trouve très bien de l'hospitalité de Math. Son *Signum l.[audis]* [2] doit arriver le 16 mai. Oli se plaint que, 4 fois par semaine, on ne lui serve rien qu'une choucroute immangeable. Il semble qu'il soit vraiment temps que ça cesse.

En ce moment précis, j'ai autant à faire qu'avant la +++ [3] guerre, mais sans doute pas pour longtemps.

Tout le monde te transmet ses cordiales salutations. Porte-toi bien.

Papa

Pour la Pentecôte (26/27.5), Martin fut en visite à Vienne [4]*. Le 7 juin 1917, il écrivit à nouveau de Linz :*

Je n'ai pas de nouveautés à relater. Le régiment en campagne n'a provisoirement pas de besoins en officiers. La perspective de sortir maintenant encore avec une formation nouvelle est très mince. Je souhaiterais vivement qu'on puisse en arriver à une répartition sur le front qui soit à demi tolérable, mais on ne peut absolument pas y contribuer par ses propres forces. […]

Le service est agréable ; demain et après-demain, je serai à nouveau défenseur auprès du tribunal de brigade, où je peux au moins apprendre quelque chose. Lors de l'apprentissage du tchèque [*Böhmisch*], je me convaincs chaque jour un peu plus de la médiocrité de mon talent pour les langues.

---

1. Ernst Freud fut en permission à Vienne du 15.4 au 3.5.1917 et retourna ensuite sur le front italien (F/Kal).
2. Latin : signifie à peu près « signe, insigne de louange ». Une médaille de mérite militaire, que Martin avait déjà obtenue le 16 octobre de l'année précédente. Ernst la reçut le 12 juin 1917 (F/KAL).
3. L'éditeur allemand me signale que ces trois croix sont censées signifier que cette guerre est quelque chose devant quoi il faut se signer, donc quelque chose de « maudit », sans que, par une parodie de superstition, on s'autorise à prononcer le mot. [N.d.T.]
4. F/Kal.

69-Martin 26.6.17 [a]

Cher Martin

Hermann [1] a été grièvement blessé le 18/6, il est mort le 21/6 dans un hôpital de campagne (Tossa ? [b]). La nouvelle est arrivée hier par un camarade de Trente. Tu peux t'imaginer l'effet [2]. – Je te remercie beaucoup pour ton envoi à Ischl [3].

Cordialement
papa

Martin répondit à cette communication le 28 : « Ta nouvelle, que je reçois à l'instant, m'a bouleversé. Je savais que le régiment de Hermann avait été au combat ces dernières semaines. Écris-moi, s'il te plaît, où je peux joindre tante Rosa et Maus [4] *par lettre. »*

70-Martin [En-tête Vienne] 29.6.17

Cher Martin

Cela nous peine que tu ne puisses venir pour le jour férié [5]. Notre adresse [6] :

Szentivanyi-Csorbató
Liptauer Komitat
Villa Maria Theresia

Tes condoléances parviendront à tante encore à Vienne Karl Ludwigstr. I[e].

Je ferai part de tes besoins d'argent à oncle, à qui tu t'adresseras désormais. Compte tenu des conditions de vie difficiles, j'ai annulé

a. Carte postale ; adressée à : Herrn Ltt/ Dr Martin Freud/ Gartenstrasse 10/ Linz/Ob. Öst.

b. Le point d'interrogation n'est pas lisible avec certitude ; ce pourrait être aussi un « 3 ».

1. Hermann Graf, le fils de la sœur de Freud, Rosa.
2. C'est-à-dire sur sa mère, déjà veuve, et dont la tendance aux lamentations était notoire dans la famille (cf. par exemple 7-Math).
3. Lieu de villégiature connu dans le Salzkammergut, où la mère de Freud, Amalia, passait régulièrement l'été.
4. La fille de Rosa.
5. Pierre et Paul.
6. C'est-à-dire celle des quartiers d'été dans les Hautes Tatras où Freud se rendit le 30 juin avec sa femme et sa fille Anna.

ta dette privée de 200 K. Ne te mets pas en peine pour de l'argent. Il a en ce moment moins de valeur que jamais.

Bien sûr, nous allons tout à fait vers l'incertain. Il paraît qu'il fait très beau, mais il manque le moral qui permettrait de le savourer. La situation générale est trop affligeante.

La semaine dernière encore, Annerl a pas mal souffert d'une inflammation de l'oreille moyenne.

Écris-nous donc régulièrement à Csorbató. Tu apprendras aussi comment nous allons.

Porte-toi bien. Salutation cordiale

Papa

Le 7 juillet 1917, Martin dit merci dans une lettre pour la remise de dette et tient sa « prochaine incorporation au régiment en campagne » pour « très probable » ; il espère « se trouver à proximité immédiate d'Ernst ». De Linz il n'y aurait « pas grand-chose à relater. Vin et cotillon jouent un grand rôle, le départ en campagne, qui se profile à l'horizon comme panacée et garantie universelles, entraîne à nouer nombre de liens qu'on n'aurait que bien du mal à défaire de manière pacifique ». Le 13 juillet, il accuse réception d'une carte du 9 (qui est perdue).

71-Martin — Csorbató 14.7.17 [a]

Cher Martin

Lettre bien arrivée. Peut-être que cela te parviendra encore à Linz. Oli a très bien réussi à l'examen et est devenu caporal. De N York, nous apprenons que les fiançailles de Ditha ont été à nouveau rompues, que les autres vont bien. Ici, froid, tempête, pluie. Télégraphie quand tu t'en vas !

Cordialement

papa

D'une visite qu'Oliver rendit à son frère à Linz au terme de sa formation d'officier (« caporal Oli »), témoignent une carte postale commune du 19 juillet 1917 ainsi qu'une photo les montrant tous

---

a. Carte postale.

deux en uniforme[1]*. Peu après, Martin partit en permission à Hellmonsödt, un village au nord de Linz.*

72-Martin Csorbató 23.7.17 [a]

Cher Martin

Accuse réception de votre carte commune, fort réjouissante. Ici, convivialité animée, Ferenczi et Sachs habitent à 10 min. Le plus beau temps qui soit jusqu'à ce matin. Abondants dons charitables de la part des connaissances hongroises. Maman a surmonté ses états intestinaux, anniversaire strictement tenu secret [2]. Télégraphie si quelque chose se passe chez toi.

Cordialement papa

73-Martin Csorbató 25.5.17

Cher Martin

Une carte postale part en même temps pour Linz. Nous avons été très amusés par ta lettre [3] et par la nouvelle que tu as pu offrir l'hospitalité à Oli et lui en imposer. Ici, étant donné le beau temps, nous allons bien sans discontinuer. Maman a bien surmonté des états gastriques encore à temps avant l'anniversaire. Nous te saluons cordialement

Papa

74-Martin 25.7.17. [b]

Cher Martin

En même temps, carte postale à ton lieu de séjour. Félicitations pour ta station d'altitude. Ici, nous allons très bien.

Cordiale salutation
papa

---

a. Carte postale ; adresse Linz raturée par la main d'un tiers et remplacée par : Hellmonsödt/ O-Östr.

b. Carte postale avec vue : A Magas Tátra – Die Hohe Tatra/ Csorba-tó – Csorba-See, 1387 m ; adresse Linz raturée par la main d'un tiers et remplacée par : Hellmonsödt.

1. Cf. la reproduction *infra*, p. 205.
2. C'est-à-dire l'anniversaire de Martha Freud (cf. 29-Math).
3. Manifestement perdue.

75-Martin [En-tête Vienne] Csorbató 3.8.17

Cher Martin

J'espère que tu es revenu de ton ermitage, qui a une bien sympathique allure sur la carte postale [1], et que tu es en train de nous relater bien consciencieusement dans quelle mesure le programme dont tu nous as fait part se réalise.

Ernst et Oli ont été mobiles ces temps-ci ; ils se sont rencontrés et ont aussi rencontré Math à Vienne. Je ne sais si Ernst a réussi à te voir lors de son voyage de retour de Munich. J'espère que ce n'était pas le calme avant la tempête ; il serait temps à présent que ça cesse. Si tu vas vers le N. [2], espérons que ce sera en marche triomphale.

Nous allons bien. Temps, compagnie (Ferenczi et Sachs s'en vont demain), nourriture satisfaisants. Anna a fait quelques belles randonnées vers des lacs des Carpates ; même moi j'ai été encore une fois de la partie (plus de 1 800 m). Ces derniers jours ici aussi très chauds, mais indescriptiblement beaux. Il faudra que tu voies ça par temps de paix.

Tante Rosa est à Gastein.

Porte-toi bien et tiens-nous au courant.

Cordialement
papa

Martin relate le 5 août 1917 de Hellmonsödt, d'où il revint à Linz le lendemain :

Ce fut une très belle période, très instructive aussi, j'ai une fois vu de près les paysans et enrichi mes connaissances sur le blé et le froment, les jeunes bestiaux et la volaille. Messieurs les paysans étaient immensément probes et affables, on aurait dit que je pourrais à tout moment devenir député de la circonscription électorale Urfahr-Land [3]. [...] J'ai eu tout le temps à ma disposition un cheval de monte fourni par l'administration, et, comme il est incommode de chevaucher le long

1. Également perdue.
2. Possible abréviation pour « nord ». Sur le front russe, les puissances centrales réussirent ces jours-là une percée victorieuse à travers le front russe, qui conduisit à d'importants gains de territoire en Galicie et en Bukovine.
3. Urfahr, situé au nord du Danube, était alors encore une commune autonome ; elle a été intégrée à celle de Linz en 1919.

des routes de campagne qui montent et descendent, j'ai été pragmatique et j'ai loué une calèche légère. Le cheval et moi, nous nous y entendions aussi peu l'un que l'autre en conduite de calèche, en revanche, la calèche était un vétéran fort expérimenté. Tandis qu'à nous deux il n'est rien arrivé, si ce n'est un trou triangulaire dans mon pantalon, la pauvre voiturette est arrivée, au terme de sa tournée, presque au bout de ses capacités à assurer un profit.

Il aurait reçu « un appel à compléter la batterie Graf Walterskirchen », qui serait encore en train de s'équiper à Vienne. « Mais cette affectation n'est malheureusement jusqu'ici fixée ni par écrit ni officiellement, peut donc devenir illusoire lors d'un changement de commandant. » Il aurait malheureusement raté Ernst.

76-Martin Csorbató 14.8.17.[a]

Cher Martin

Bien reçu ta lettre. Donc incertitude avec au moins atermoiement. Nous restons ici jusqu'à la fin du mois ; ça va bien. Anna part le 19 dans une propriété chez la sœur de Ferenczi[1], pour s'engraisser encore mieux. Elle s'est bien remise. Le 18, tu le sais sans doute, grand-mère aura quatre-vingt-deux ans.

Cordial salut

papa

77-Martin [En-tête Vienne] Csorbató 15.8.17.

Cher Martin

La pièce jointe est arrivée ici pour toi. J'ignorais totalement que tu avais passé un tel contrat aventureux auprès de Der Anker[2] ; d'après mes expériences avec cette société, je te l'aurais déconseillé. Peut-être préférerais-tu que je garde le document ; mais, en tout cas, il faut d'abord que tu l'aies.

Séjour ici durablement beau et agréable : visites, dons, livraisons. Il paraît que c'est un été exceptionnellement beau dans la région.

---

a. Carte postale ; adressée à Linz.

1. Cf. p. 467 avec note 1.
2. Il ressort de la lettre de Martin du 17.8.1917 qu'il s'agissait d'une « assurance d'emprunt de guerre » en cas de décès.

Rank vient de s'annoncer. Anna va en fin de semaine sur une puszta à proximité de Nyiregyhaza [1] chez la sœur de Ferenczi, après que Sachs a fait une description séduisante de l'hospitalité qu'on y reçoit.

Ernst est à l'hôpital de Zagreb, pour aller ensuite à Szombathély [2] et venir peut-être à Vienne. C'est le chemin qu'il emprunte avec l'aide de Lampl pour gagner l'arrière. Le diagnostic est ulcère à l'estomac, pas d'inquiétude [3]. Peut-être en sais-tu plus que moi. Que nous restions jusqu'à fin août, je te l'ai déjà écrit.

Porte-toi bien, et tiens-nous au courant de ce qui t'arrive.

Cordialement

papa

Le 16 août 1917, Martin relate que l'incorporation dont il avait parlé a été à nouveau annulée. Dans une longue lettre, il explique le lendemain qu'il a certes appris qu'il « avait été sélectionné pour une batterie de montagne » en Carinthie, mais qu'il s'attendait quand même à être envoyé sur l'Isonzo (ce qui se confirma). Puis il poursuit :

Côté service, ça va très bien. Dans la description de ma personne (que, bien sûr, je suis censé ignorer), on peut lire entre autres : « exemplaire sous tout rapport ». Depuis assez longtemps, je dirige la formation du maniement des canons, et, lors d'une inspection par le commandant de section (un capitaine), j'ai récolté d'abondantes louanges. Habituellement, lors de telles inspections, tout va de travers, et il n'y a que des jurons. C'est pourquoi je mentionne cette exception en ma faveur.

Ces derniers temps, j'étais à nouveau assez souvent appelé comme défenseur auprès du tribunal de brigade. J'ai déjà acquis quelque expérience pour ce qui est d'arracher aux griffes de la justice des négateurs obstinés. Mais quand quelqu'un, par exemple aujourd'hui, avoue tout, aucun avocat ne peut l'aider.

D'Ernst j'apprends seulement par toi qu'il a pris le chemin de l'arrière. Je lui accorde maintenant de tout cœur, après l'Isonzo, un an de repos et convalescence. En ce qui me concerne, je serai à nouveau très content si le destin me permet d'hiberner dans les hautes mon-

1. Grande ville dans le nord-est de la Hongrie.
2. Szombathely (en allemand : Steinamanger), ville de la Hongrie occidentale, près de la frontière autrichienne.
3. Cf. *infra*, p. 234.

tagnes carinthiennes. En son temps, c'est vraiment sans enthousiasme particulier que je suis allé sur l'Isonzo.

Avec son argent, il espérait tenir encore jusqu'à fin septembre.

Pour le laps de temps éventuel entre fin septembre et le départ en campagne, il faudra que je revienne cogner à ta porte. Je crains même de ne pas passer cette fois au travers sans selle et jumelles personnelles, deux articles que je devrais avoir depuis longtemps.

Le 21 août, Freud note dans son calendrier, en se fondant sur une communication télégraphique de son fils : « Martin parti en campagne. » Le 22, Martin spécifie de Linz :

Aujourd'hui à 11 h et ½, je pars pour Vienne, arrive là-bas à 6 h du soir. Je reste à Vienne jusqu'au soir du 24, gagne Laibach [1] par train rapide, où j'arrive le 25. À partir de là, on suit des chemins bien connus jusqu'au régiment, qui se trouve assez précisément à l'endroit d'où Ernst vient justement de partir.

Je voyage à titre individuel avec mon ordonnance Zink. La raison de ce brusque départ est une demande télégraphique du régiment. Je tiens pour possible que je revienne à ma batterie de base. Le voyage ne sera pas particulièrement plaisant.

Du front italien, Martin écrit le 7 septembre 1917 à son père, après l'avoir remercié pour une lettre (non conservée) du 2 :

Je ne ferai la connaissance de mon commandant de batterie que demain matin. Il réside quelque part dans une cabane, à seulement une demi-heure de mon poste ; mais, jusqu'ici, il n'était pas conseillé de faire des visites. Sur un parcours de 2 km, on pouvait avec la meilleure conscience mériter quelques médailles de bravoure, et c'est pourquoi le commandant de batterie ne voulait pas jusqu'ici que je monte chez lui.

Depuis le 1er septembre, je suis affecté à un commando de bataillon en tant qu'officier de liaison. Je loge avec un capitaine, le commandant, et un sous-lieutenant, son ordonnance, à environ 600 m derrière la tranchée dans une caverne artificielle. Le réveil est chaque fois très étrange, car la lumière du jour n'y pénètre pas, et, entouré de murs sombres, on ne peut plus guère imaginer que, dehors, un soleil méridional darde ses rayons sur les vestiges d'une vigne. Alentour, tout est détruit et ravagé, cratère d'obus contre cratère d'obus. Quiconque n'a

1. Aujourd'hui Ljubljana, capitale de la Slovénie.

rien d'urgent à faire ne quitte pas la caverne ; on n'a jamais le droit d'aller seul sur la position, seulement en compagnie d'une ordonnance qui se tient à 30 pas de distance. Mais la situation est en train de devenir plus sympathique ; on dirait déjà qu'en face c'est l'économie de munitions qui prévaut. Dans notre caverne, on s'amuse bien, la nourriture est très bonne, il y a aussi suffisamment à boire et à fumer. Quand les rats, qui sont ici gros comme des lapins, s'ébattent trop bruyamment sur le coffrage de planches de notre cahute, le capitaine miaule, ce qu'il sait très bien faire, et toutes les bestioles se débinent.

Chez nous, on a très bon moral, il règne un optimisme agréablement contagieux, dont on peut avoir besoin quand on vient de l'arrière. La vigoureuse forme physique qui s'était manifestée chez moi les premiers jours a reflué depuis qu'hier je me suis empiffré jusqu'à l'indigestion. Mais la tentation était trop grande, il y avait du maïs, des figues fraîches et des raisins bleus. Aujourd'hui, je fais une cure de jeûne.

Dans une carte du 9 septembre 1917, Martin annonce (manifestement de manière précipitée) qu'il « revient à la position de batterie ». Le 13, on peut lire dans une lettre :

Je peux aujourd'hui relater que je vais très bien, une affection gastro-intestinale peu agréable est surmontée [...]. En ce moment, je séjourne en position de repos ; mais, dès que possible, je repartirai vers l'avant. Je suis mû par l'ambition de faire une aussi bonne impression que possible vers le haut, le bas et de tous les côtés. Je ne peux y parvenir si mon activité se limite à ingurgiter ma pitance à l'extrême limite de la portée des plus puissants canons ennemis.

Par carte postale, il demande le même jour « une boîte de chocolat ». Le 22 septembre, il remercie son père pour une lettre (pas davantage conservée) et poursuit :

Aujourd'hui, je me suis déjà rendu utile, j'ai rampé toute la matinée, ai tiré et aussi fait mouche. Mon appétit est à nouveau formidable, raison pour laquelle je suis content de ne pas être à l'arrière.

Là-dessus se clôt cette série de lettres de Martin ; et, même dans les lettres conservées de son père, bée à nouveau une lacune. Nous n'avons une nouvelle lettre de Martin que le 26 juin 1918, en une période de combats acharnés sur le front italien. La voici :

Cher papa !

Je ne comprends pas que, chaque fois que commence un blocus postal, vous suspendiez aussi tout courrier à mon adresse, alors que le courrier de l'arrière parvient ici sans problème. Je suis ainsi dans la situation désagréable d'ignorer où vous allez en été. C'est pourquoi, si les permissions sont autorisées aujourd'hui ou demain, je ne pourrai pas partir. Prière donc de me faire connaître vos projets par retour du courrier.

Mon moral est loin au-dessous de zéro. Je viens tout juste de me remettre d'une grippe avec fièvre, que je suis allé chercher « en face », dans les marais, la boue et la pluie. J'ai de nouveau participé à des choses terribles, tant pour ce qui est du danger que, tout particulièrement, de la fatigue et des tracas. 3 nuits d'insomnie d'affilée, voilà qui fut trop pour nous tous. Le repos et le temps agréable de ces derniers jours m'ont remis sur pied. [...]

Mon quotidien [1] n'arrive pas, je te prie de réclamer (peut-être faute de paiement ?) !

J'espère que vous allez tous bien et vous salue, toi et tous les autres, cordialement !

Ton fils Martin

Le 2 juillet 1918, le projet de permission était devenu réalité ; Freud inscrivit dans son calendrier : « Martin arrivé de la Piave. » Six jours plus tard, il partit lui-même avec Anna en Hongrie.

78-Martin [En-tête Vienne] Bpest 18.7.18

Cher Martin

J'apprends que tu ne connais pas notre adresse ici, et je te l'écris de sorte que tu puisses communiquer directement avec nous :

Dr Anton v. Freund [2]
für Prof. S. F.
Budapest X
Bürgerliche Brauerei [3]

Nous allons tout à fait excellemment. L'hospitalité hongroise jointe à l'amitié personnelle font ici pour nous tout ce qui est pos-

1. Il semble que Martin s'était abonné au journal libéral allemand *Neues Wiener Tagblatt*, qui était alors le journal autrichien connaissant le plus fort tirage.

2. Anton von Freund (1880-1920), brasseur à Budapest et docteur en philosophie, mécène de la pychanalyse, patient de Freud en 1918 et 1919 (BL/W ; May 2006a, p. 63-66). Freud séjourna chez lui à Steinbruch (Köbanya), un quartier de Budapest, avant de repartir vers ses quartiers d'été, à nouveau dans les Hautes Tatras.

3. Brasserie bourgeoise. [N.d.T.]

sible. Nous nous sentons si à l'aise que nous ne voulons pas aller tous les jours en ville. Je peux travailler sans dérangement aux rééditions [1].

Aucune nouvelle de Schwerin [2] n'est encore parvenue si ce n'est le télégramme de l'arrivée de maman.

Je te souhaite un aussi bon temps que possible dans ta position. Oli (n° 292) [3] écrit qu'il est très content, il paraît bien tourmenté.

Cordialement

papa

Le 20 juillet 1918, Martin envoya une carte du front à l'adresse de son père à Budapest. Celui-ci répondit par retour du courrier :

79-Martin [En-tête Vienne] Bpest X.25.7.18

Cher Martin

Hier enfin, des nouvelles directes de toi. De notre côté, rien de nouveau. Les jours passent [a] à une vitesse folle. Demain en 8, nous partons, presque à contrecœur : on nous a ici tellement bien soignés. Nous attendons Ernst d'un jour à l'autre ; mais il ne vient éternellement pas. Oli est devenu sergent, il écrit souvent, est content dans l'ensemble, se plaint des mouches et du manque de pommes de terre (292).

Aujourd'hui il y a eu un télégramme de Sophie, disant que maman a déjà grossi d'un kilo et se trouve en possession d'une place en wagon-lit pour le 31. Nous avons envoyé un télégramme urgent pour l'anniversaire [4]. Des lettres exprès pour Schwerin mettent 10-11 jours !

J'ai mis la dernière main à la cinquième édition de *L'Interprétation du rêve.* En outre, les *Conférences* sont réimprimées et le 4e tome des *Petits Écrits* est rapidement mis en page [5].

---

a. Ici, l'éditeur a substitué à *vergessen* [= oublient] *vergehen* [= passent].

1. Cf. la lettre suivante, note 5.
2. C'est-à-dire de Max et Sophie, chez qui Anna était allée (393-Soph).
3. Probablement code postal de campagne.
4. C'est-à-dire celui de Martha.
5. Les *Conférences d'introduction à la psychanalyse* de Freud (1916-17a) d'abord parues en trois livraisons étaient à présent publiées en un seul volume. Le

À part ça, l'avenir est lugubre ; personne n'est en mesure de juger de la signification des récents combats sur la Marne. Ce n'est en aucun cas une victoire allemande qui pourrait mettre fin à la guerre.

Cordiales salutations
redonne-nous bientôt de bonnes nouvelles,
à partir du 1/8 à Csorbató (Tatras)
Papa

Le 28 juillet, Martin remercie son père de sa lettre du 18 et raconte :

La vie se déroule de manière très régulière et sans excitations particulières. Plusieurs heures de service par jour, à côté suffisamment de temps pour récupérer. Je t'ai déjà écrit que j'ai un logement très coquet et confortable. En comparaison, la nourriture est bien inférieure, nous nous rassasions, mais pas de manière agréable. Nous n'avons du vin que rarement ; des cigares, cela fait bien longtemps que je n'en ai pas eu en main, et je fume ces jours-ci mes derniers. Si ma poste de campagne est ouverte – n'importe quel bureau de poste peut donner ce renseignement –, envoyez-moi, je vous prie, une fois de Hongrie une pâtisserie de qualité qui me serve de stimulation gastrique. [...]

Quand partez-vous pour Csorba ? Je compte que je pourrai partir en permission à la mi-août, et je voudrais alors te rendre visite là-bas, me remplumer aussi un peu, ce qui aura tôt fait de devenir nécessaire.

80-Martin [En-tête Vienne] Csorbató 5.8.18

Cher Martin

Bien reçu aujourd'hui via Bpest ta lettre circonstanciée du 28/7. Nous sommes arrivés ici le 1/8 au soir, et y avons retrouvé maman, qui est à présent bien rétablie et a meilleure mine. Elle raconte que Max et Soph restent à Schwerin et prennent un logement là-bas, en contrepartie de quoi ils abandonnent leur logement de Hambourg. Il paraît qu'Ernstl est devenu très mauvaise tête et désagréable avec sa grand-mère. Anna s'est étroitement liée d'amitié avec nos hôtes à Bpest, et elle reste encore là-bas peut-être jusqu'au 10/8.

IVe tome de ses *Kleine Schriften zur Neurosenlehre* (cf. p. 74, note 3), qui était paru chez Heller, contenait comme pièce maîtresse l'analyse de l'« Homme aux loups », jusque-là inédite.

En ce qui concerne maintenant ta permission, il ne te sera pas facile de te procurer de meilleures choses que sur le front. Ce que je préférerais, c'est, bien sûr, te voir ici, mais il est difficile de trouver un hébergement. Sans annonce télégraphique, tu ne pourras pas venir ; il faut le faire de préférence de Vienne, de sorte que nous puissions te répondre. La vie est chère ici, mais tu seras mon hôte, si j'arrive à avoir une chambre pour toi. Garde-toi aussi de t'imaginer que tu vas tout trouver somptueux ici ; on surestime la magnificence de la Hongrie.

Je t'enverrais volontiers des cigares, et je ferai une tentative si ton numéro est ouvert, mais tu sais qu'il ne faut plus du tout se fier à la poste.

Ernst a trouvé une place libre à Szeplak, à ¾ d'heure de tram d'ici, il dit le plus grand bien de la chère, mais il loge à trois dans une petite chambre.

Si tu veux remettre ta permission à Vienne (à partir du 9 septembre), fais-le-nous savoir. On nous a donné à Bpest des conserves et des vivres carnés, que nous emporterons à Vienne, et dont tu pourras avoir ta part.

Mon voyage à Schwerin, que j'avais projeté pour la mi-septembre, a été réduit à néant par le fait que Sophie sera à ce moment-là à Hambourg pour faire place nette dans l'appartement. Je dois, bien sûr, te déconseiller une permission en Allemagne.

Réponds-moi très vite et sois cordialement salué par ton

Père.

Le 6 août 1918, Martin remercie son père d'une carte (non conservée) du 2 ; le 10, en réponse à la lettre ci-dessus, il donne les raisons pour lesquelles il veut malgré tout prendre sa permission dès le mois d'août.

Après-demain je dépose ma demande, peut-être que je pourrai alors partir pour Vienne le 15. De là-bas, je télégraphierai aussitôt avec un coupon-réponse. En cas de réponse affirmative, écris-moi, je t'en prie, quel est l'itinéraire le plus commode. Si Annerl est déjà chez vous, qu'elle ait la bonté de m'écrire comment on s'habille à Csorbató, tunique avec pantalon blanc, souliers vernis, etc., ou bien loden et souliers ferrés.

Ensuite, Martin se rendit en tout cas à « proximité » de Freud dans les Hautes Tatras[1]*. À la suite de quoi il séjourna à Köbánya (Steinbruch) dans la famille von Freund. Le 4 septembre, il rapporte de là-bas :*

J'ai logé une nuit dans la chambre de Ferenczi au Royal, ensuite Mme le Dr Freund est venue me chercher et m'a conduit ici, où je partage la chambre du Dr Lévy[2]. On me gave et me gâte, je me sens formidablement bien. Demain matin, je pars pour Vienne. M. le Dr Lévy m'a donné à emporter une montagne de victuailles, je ne sais guère comment cela va tenir dans mon sac à dos.

La lettre suivante, du 15 septembre, venait à nouveau du front. Martin s'y plaint de son nouveau cantonnement et de la nourriture. « Je m'attends à rêver bientôt d'un pain aux noix. Nous n'avons même pas de vin, nous bourrons l'estomac de pain de munition, arrosé d'eau. » Après une carte du 28 septembre, il envoya ensuite chez lui le 11 octobre une lettre empreinte de vague à l'âme :

Cher papa !

Cela fait assez longtemps que je n'ai pas écrit de manière circonstanciée, non à cause d'une surcharge de travail, mais à cause de mon très mauvais moral, que j'ai des réticences à transmettre par écrit. Cette incertitude absolue dans laquelle nous planons en ce moment, la conviction que tout le travail que j'ai fourni et tout ce que j'ai surmonté depuis 4 ans, que tout cela était vain, produisent un effet accablant. Encore plus déprimante est la découverte, qui se fait jour peu à peu, que mon cursus d'études depuis le baccalauréat m'a conduit sur une route qui commence désormais à se révéler fausse. Je crains de ne pouvoir gagner mon pain avec ce que j'ai appris. Des collègues pensent de même et sont aussi fortement abattus. En tout cas, le sort d'Ernst et Oli est bien meilleur. Si la paix est déjà vraiment au bord du chemin, comme le profère chez nous le jugement qui prévaut, eh bien, c'est une paix bien maigrichonne et qui ne justifie aucune réjouissance.

Ces derniers temps, je me porte bien en permanence. Je suis tout à fait en bonne santé, j'ai un cantonnement tranquille, moyennement bon, mais assez à manger et aucune espèce de souci ou de responsabi-

---

1. F/A, p. 473.
2. Lajos Lévy (1875-1961) – Martin écrit « Levi » –, spécialiste des maladies internes, membre fondateur en 1913 du groupe local à Budapest de l'API. Était marié avec Kata Lévy, une sœur d'Anton von Freund, qui devint plus tard analyste (Harmat 1988).

lité. Ces rétablissements qui durent des mois se traduisent par une fainéantise gigantesque, physique et morale. Comme je m'y attendais, j'ai obtenu – pour quatrième distinction de guerre – l'agrafe avec des épées qui s'accroche au *signum* d'argent. Mon capitaine ayant pensé pour moi à la croix du mérite, je n'ai pas pu m'en réjouir.

À propos de ton congrès [1], j'ai même lu quelque chose dans le journal (hongrois) ; entendu dire par ailleurs de toutes parts qu'il s'était très bien passé. Ernst m'a écrit que, pour le ravitaillement, je pouvais me tourner vers la Hongrie ; mais je n'ai encore rien entrepris, dissuadé par l'incertitude de la situation mondiale.

J'espère qu'aucun de vous n'a attrapé la grippe espagnole [2]. Nous l'avons aussi, sous une forme violente, mais à évolution rapide et bénigne. J'espère avoir bientôt des nouvelles de vous, et je reste avec mes meilleures salutations à toi et à tous

Ton fils
Martin

Freud répondit dans une lettre non conservée, à laquelle Martin répliqua le 25 octobre [3] :

Cher papa !

Grand merci pour ta chère lettre détaillée. Tu as raison quand tu affirmes que je suis devenu endurci et peu exigeant, et tout à fait disposé à assumer tout travail, pourvu qu'il me nourrisse, moi et une femme qui veuille se confier à moi. C'est simplement une absolue nécessité qu'à cette fin je ramène à la maison mes 4 membres, mes 5 sens et une intelligence inaltérée, assortis d'une bonne portion de santé, ce qui ne sera pas le cas si, dans l'intervalle, un quidam me pend, m'abat, me massacre ou me fait prisonnier.

Je ne veux pas dire par là que j'ai peur. Au contraire, je regarde dans les yeux les événements à venir avec un certain fatalisme. Je ne peux simplement pas partager ton opinion selon laquelle la guerre serait pour nous officiers en campagne déjà passée, et nous pourrions déjà dresser notre bilan. Jusqu'à aujourd'hui, en effet, tout s'est très bien passé, j'ai beaucoup appris, et j'ai vieilli sans avoir écopé de quelque

1. Le Ve congrès international de Psychanalyse eut lieu les 28 et 29 septembre 1918 à Budapest. Le thème des névroses de guerre y occupa une place centrale.
2. Une forme de grippe particulièrement maligne, dont moururent en 1918-1919 de par le monde de 20 à 50 millions de personnes.
3. Martin envoya encore auparavant une carte postale du front, avec un tampon du 17 octobre, qui ne contenait que l'information suivante, préimprimée : « Je suis en bonne santé et me porte bien. »

manière que ce soit d'un dommage conséquent. Je ne peux simplement pas encore croire à l'échappée belle ; la fin qui danse devant mes yeux est plutôt terrifiante. Aujourd'hui, je lis dans les journaux des comptes rendus du soulèvement de Fiume [1]. Cause (à mon avis) : les journaux ne sont pas lus seulement à l'arrière, mais aussi sur le front ; il ne faut pas entrer dans une poudrière avec une torche qui brûle à l'air libre (manifeste [2]).

À ma mauvaise humeur permanente contribue pour une large part le fait que je ne peux absolument pas m'entendre avec un lieutenant de la batterie, qui n'est certes pas mon commandant, mais qui est tout de même plus ancien que moi dans le rang. Voilà qu'il a été quelques jours malade de la grippe espagnole, je l'avais remplacé, étais du matin au soir complètement pris et me sentais tout à fait bien dans une sphère d'action qui me correspond. Entre-temps, il a recouvré la santé, et la vieille antienne des animosités continue. Tu te souviens peut-être que, pendant ma première période de service en campagne, j'ai été confronté à un cas semblable [3].

Dans les prochains jours, en même temps que d'autres messieurs de la batterie, j'ai l'intention d'envoyer à la maison des bagages superflus. Sentiment désagréable que vous tous deviez justement être à Vienne, épicentre prévisible des souffrances et dangers à venir. On ne peut vraiment rien faire d'autre que souhaiter le meilleur. C'est ce que je fais pour vous et pour moi, et je vous salue, toi et tous les autres, cordialement

Ton fils
Martin

Ce furent les dernières nouvelles du front que Freud reçut de Martin. Le 3 novembre 1918, l'Autriche-Hongrie conclut l'armistice avec les Alliés. Mais Martin resta encore un mois « disparu » pour sa famille. Certes, Freud put apprendre que « tout son corps de troupe avait été fait prisonnier sans combat », mais ce n'est que le 3 décembre qu'il put écrire dans son calendrier : « nouvelles de Martin depuis l'hôpital de

1. La ville portuaire de Fiume (= Rijeka), aujourd'hui croate, faisait alors partie de la Hongrie. Le 23 octobre 1918, un régiment croate y avait pris d'assaut la prison, libéré les prisonniers et hissé le drapeau croate – un événement qui fit le 24 la une des journaux (cf. ANNO).

2. Dans son « Manifeste des peuples » du 16 octobre 1918, l'empereur Charles Ier proclama que l'empire des Habsbourg devait être transmué en un État fédéral, « dans lequel chaque ethnie forme à partir de son territoire propre sa propre communauté étatique » (ANNO).

3. Cf. *supra*, p. 102 *sq.*

campagne ». Ce courrier, avec pour adresse d'expéditeur « ospitale [!] di campo 107/ zona di guerra », datait déjà du 14 novembre et avait pour contenu :

Cher papa !
Je suis toujours à l'hôpital de campagne, je vais beaucoup mieux, seule la jambe autrefois fracturée me fait mal. J'espère que je serai bientôt évacué vers l'arrière italien, je te communiquerai alors tout de suite mon adresse précise. Ce qui se passe dans le monde ne parvient pas jusqu'à nous. Si à Vienne l'ordre règne, et si les communications avec l'étranger fonctionnent, j'espère en l'aide de tes amis qui se trouvent en pays étranger neutre.
Cordiales salutations à toi et à tous

Martin

Une « Prisoners of War Post Card » *du 8 novembre 1918, avec la mention préimprimée : « J'ai atterri en captivité anglaise*[1]*. Suis en bonne santé. Adresse fixe suit » n'arriva manifestement à Vienne qu'après la carte. du 14. À présent enfin, Freud put respirer, comme le montre sa carte, qui suit.*

81-Martin — Vienne 3/XII 18[a]

Cher Martin
Aujourd'hui premier signe de vie de toi du 14/XI, disant que tu vas mieux, que seule jambe fracturée fait encore mal. Ne savons évidemment pas ce qui t'est arrivé : blessure, accident ou maladie. E.[rnestine] Dr[ucker][2] a posé aussi beaucoup de questions sur toi. Espère que tu t'es tourné vers notre ami Cav. Arturo Diena[3] à Padoue. Nous tous bien, ville très calme, communication avec les

---

a. Carte-réponse de la Croix-Rouge, « Correspondance des prisonniers de guerre » ; adressée à : Oberltt Dr Martin Freud/ Italien Feldspital 107/Zona di Guerra. Cette adresse raturée et remplacée de la main d'un tiers par : Comando Reparto/ Prigioniero di Guerra/ Genova.

1. Depuis l'automne 1917, des troupes britanniques et françaises combattaient aux côtés des Italiens. Martin fut fait prisonnier par un régiment écossais (Fry 2009, p. 52).
2. Première mention de la future femme de Martin (cf. *supra*, p. 104).
3. Non identifié. Le contact avec Diena fut assuré par Hanns Sachs, dans les lettres duquel, destinées à Freud, ce nom revient assez souvent à cette époque (SFP/LoC).

Freund à Bpest tient bon. Oli rentré sans se faire voler, Ernst content à Munich [1]. Cordiales salutations, tiens bravement le coup !

Papa

Le dernier des courriers conservés de Martin datant de cette époque remonte au 24 décembre 1918, avec adresse d'expéditeur « Terramo/ ospitale mezzocampo », une indication que Freud rapporta à Teramo dans les Abruzzes. Il y écrit :

> Je fais aujourd'hui une nouvelle tentative pour vous donner des nouvelles. Jusqu'ici, aucune sorte de courrier ne m'est parvenue. Je vis ici dans l'attente d'être évacué dans un camp de prisonniers, suis en parfaite santé, ai des camarades agréables. La vie n'offre aucune sorte de variété, le climat est très doux, beaucoup de soleil. Il paraît que nous irons à Gênes.

Peu de temps après, Martin fut interné sur la Riviera italienne comme prisonnier de guerre. Avant son retour en août 1919, il y a encore quelques communications de son père à son adresse.

82-Martin [En-tête Vienne] 9.1.19 [a]

Cher Martin

Je t'écris par cette nouvelle voie, afin de te communiquer ce que je t'ai déjà écrit si souvent sans savoir si cela te parviendrait.

Nous allons tous bien. Oli n'est pas prisonnier, mais à la maison et en ce moment sans travail. Ernst est à Munich. Sophie a eu le 8 décembre un garçon, Heinz Rudolf, tous deux se portent très bien. Max a rouvert son atelier à Hambourg, la petite famille restera sans doute encore pendant des mois à Schwerin [2]. De Robert et Math, rien de neuf. À l'école, tout se passe très bien pour Anna [3].

---

a. Est sans doute associée à cette lettre une enveloppe avec l'adresse suivante écrite de la main de Freud : Ospedale mezzocampo/ Teramo/ Abruzzi. Adresse raturée et remplacée par la main d'un tiers par : Campo concentramento prigio[ri] di Guerra/ Genova ; cachet de la poste : Teramo, 10.2.19.

1. Où il termina ses études d'architecte.
2. Cf. *infra*, p. 405.
3. Anna avait passé en avril 1918 son deuxième examen d'enseignement, et elle travaillait comme institutrice au Cottage-Lyzeum (F/AF ; p. 204, note 7).

Maman est vaillante comme toujours ; l'état de tante a été extraordinairement amélioré par le Pr Braun [1]. Grand-mère est pimpante.

Nous avons tout, mais il faut bien sûr le payer cher. Les amis hongrois continuent à nous entourer d'une tendre sollicitude. Le Dr von Freund est à nouveau présentement comme patient chez moi. J'ai depuis Noël beaucoup à faire, pas une heure de libre.

Vienne est très calme et sûre, bien entendu dans une atmosphère de grand abattement. L'éclairage et la circulation du tramway sont très restreints, voyager est presque exclu. On attend du mieux des négociations de paix imminentes sous l'influence de Wilson [2]. Si tu vas bien et si tu peux te reposer de tes misères, tu n'as pas perdu grand-chose ici. Si tu as besoin de quelque chose, adresse-toi à Cav. Arturo Diena à Padoue.

Nous te saluons tous très cordialement

Papa

83-Martin [En-tête Vienne] 19.1.19

Cher Martin

Reçu enfin aujourd'hui ton télégramme de Gênes, ne savons pas encore si nos missives à toi adressées te sont jamais parvenues. C'est pourquoi je répète les principales nouvelles : Oli pas prisonnier, mais à la maison, sans emploi, Sophie un deuxième garçon Heinz, Max ouvert l'atelier à Hambourg, Lilli à Munich aussi un garçon [3]. Nous sommes tous en bonne santé, tante même très améliorée par un traitement du Pr Braun. J'ai beaucoup à faire, mets de côté quelque chose pour toi des honoraires touchés pour les livres. Tu sembles ne pas avoir besoin d'argent en Italie. Dans le cas où tu as besoin de quelque chose, j'ai fait signaler à ton intention l'adresse

1. Ludwig Braun (1861-1936), cardiologue viennois, ami de Freud (cf. Freud 1936d avec note 2).

2. Le 18 janvier 1919 s'ouvrit la conférence de paix de Versailles. Freud mit d'abord ses espoirs en la personne du président américain Thomas Woodrow Wilson, qui depuis ses 14 points de début 1918 parlait d'une paix juste, et ne lui pardonna jamais de l'avoir déçu (Gay 1989, p. 426 *sq.*, 623 ; cf. Freud et Bullitt 2005).

3. Elisabeth (« Lilly ») Marlé (1888-1970), une fille de la sœur de Freud Maria, mit au monde le 9 janvier 1919 son fils Omri (Tögel 2004, p. 38 *sq.*).

de Cav. Arturo Diena à Padoue. J'espère que tu apprends bien l'italien et que, de ta fenêtre, tu as une vue sur la mer.

Nous te saluons tous cordialement. La paix n'est plus loin.

Papa

84-Martin [En-tête Vienne] 16.2.19

Cher Martin

Nous avons enfin une preuve que tu apprends aussi quelque chose de nous ! Depuis, tu auras reçu aussi les autres lettres, dans lesquelles toutefois c'est toujours la même chose qui est répétée, ainsi le conseil de t'adresser à Diena, etc. Dans une carte au Dr Sachs [1], la petite Wanda Diena a exprimé au nom de sa famille sa disposition à faire pour toi ce qui est possible.

Après réception de tes deux cartes des 9/1 et 28/1, j'ai télégraphié à Binswanger à Kreuzlingen qu'il t'envoie 500 lires [2], et j'ai reçu le même jour la confirmation que cela a été fait. J'espère que tu les as déjà. Ce qui rentre au titre de fonds littéraires, je le mets maintenant de côté pour toi, afin que tu aies quelque chose devant toi quand tu reviendras fauché. Il s'agit d'abord des honoraires pour la 4e édition des conférences américaines [3] ; mais s'ajouteront encore ceux de la 5e édition de *L'Interprétation du rêve* et, si tu restes assez longtemps absent, également ceux de la 6e de la *Vie quotidienne*.

Ici, pour l'instant, tu rates peu de choses, les jeunes gens n'ont rien à faire, Oli photographie, agrandit, fabrique des appareils de projection, etc.

Les communications avec l'Angleterre reprennent. Jones nous écrit via la Suisse [4], parle de se procurer une autorisation de voyage à Vienne, assure qu'on me ferait à Londres bon accueil, etc. Récemment, il y avait chez nous un Américain de l'état-major de Wilson,

1. Hanns Sachs séjournait depuis début novembre 1918 à Davos (hôtel Eisenlohr : F/Bi, p. 161 *sq.*), où il se soignait pour une tuberculose. À la requête de Freud, il essaya d'établir des communications avec Martin ; cf. 136-Ernst.

2. Ludwig Binswanger (1881-1966), psychiatre suisse, ami de Freud (cf. F/Bi). Le télégramme de Freud à son adresse, du 13.2.1919, est reproduit in F/Bi, p. 162 ; cf. *ibid.* la lettre d'éclaircissements qui suit.

3. Freud 1910a ; pour les ouvrages de Freud cités ensuite : Freud 1900a et 1901b.

4. C'est-à-dire par l'intermédiaire de Sachs (AF/Ernst, 23.12.1918).

il nous a apporté des victuailles et les salutations d'Edward, qui sert sous ses ordres à la centrale de Paris [1], tu vois que le monde s'élargit peu à peu. Nous autres sommes aussi des prisonniers.

J'espère que tu mets à profit ton oisiveté pour apprendre l'italien. Ton coup d'œil par la fenêtre est à coup sûr beau, je m'en souviens. Avez-vous aussi le droit de circuler parfois en ville ?

Aujourd'hui est un jour d'élections très calme [2]. Maman et Anna célèbrent leur entrée dans la vie politique. Tante ici aussi a le droit de vote [3].

Bien des cordiales salutations
Papa

85-Martin 28.2.19 [a 4]

Cher Martin

Espère apprendre bientôt que tu as reçu les L 500 du Dr Binswanger, peut-être aussi que les Diena se sont remués un peu. Maintenant s'ouvre également la possibilité d'une liaison avec quelqu'un qui vit à Gênes [5], grâce au Dr Sachs à Davos. Ici tout le monde va bien. Oli a un emploi provisoire chez Alf. Götzl (Ella Pick) [6]. Ville très calme, blocus très gênant. Te souhaitons bon courage jusqu'à ton retour.

Cordialement
Papa

---

a. Carte de la Croix-Rouge, « Kriegsgefangenensendung », avec cachet : Censura militare prigioneri guerra ; 15 lignes numérotées avec une marque tamponnée : Ne pas écrire SVP entre les lignes ! Adressé à : Genova/ San Benigno Inferiore ; cette adresse est raturée et remplacée de la main d'un tiers par : Cogoletto.

1. Ce visiteur était Carl Byoir (188-1957), comme Edward Bernays un pionnier des public-relations. Il est nommément mentionné dans une lettre d'Anna à Ernst (du 2.2.1919).
2. Ce dimanche, le 16 février 1919, eurent lieu en Autriche allemande les élections pour l'Assemblée constituante nationale ; pour la première fois, les femmes avaient le droit de vote.
3. Bien qu'elle fût de nationalité allemande.
4. Une photo d'une telle carte de la Croix-Rouge (Esti/Martin, 18.3.1919) chez SoF, après p. 196.
5. Cf. la lettre suivante.
6. Alfred Götzl (1877- ??), ingénieur-fabricant, mariage en 1913 avec Ella Pick (1889- ??), dont le frère était un ami des enfants Freud (p. 447 avec note 2) (IKG/W). Cf. Martha/Ernst, 26.2.1919 (UE) : « As-tu appris qu'Ella Götzl a eu

86-Martin [12.4.1919] [a]

Cher Martin ! Tout à fait désolé que tu n'aies pas reçu les 500 L de Binswanger [1]. Hier, Rank est arrivé de Suisse [2], apportant à Anna une partie de ses effets anglais (par l'entremise de Jones). Rank a parlé à M. Mackenzie [3] de Gênes, qui a promis de t'approvisionner en argent à partir de là-bas. Enfin aussi des nouvelles des Freund, se trouvent personnellement bien, dans une situation complètement transformée [4]. À partir de maintenant, communication épistolaire directe avec l'Italie et l'Angleterre.

Cordialement papa

87-Martin [En-tête Vienne] 26.4.19 [b]

Cher Martin

Viens de recevoir ta carte du 6/4, cela met presque toujours 20 jours. C'est vrai que nous ne t'écrivons pas régulièrement, mais cela tient aussi au service postal.

Que tu n'aies pas encore reçu l'argent débloqué en Suisse le 11/2 [5], voilà qui est fâcheux. Mon espoir est à présent M. Macken-

a. Carte de la Croix-Rouge ; adressée à : Italien/Herrn Obltt (Tenente)/ Dr Martin Freud/ Cogoleto/ Provincia di Genova.

b. Enveloppe associée d'après le cachet de la poste avec l'inscription de la main de Freud : Prigioneri di Guerra/ (in franchigia di porto)/ Herrn Oberltt Dr Martin Freud/ Cogoleto/ Prov. di Genova/ [raturé :] Durch Vermittlung der :

à nouveau il y a 15 jours une petite fille ? J'ai été là-haut dimanche pour la féliciter et lui apporter une belle petite couverture de berceau qui est l'ouvrage de la tante. Le lendemain, elle a mandé Oli chez elle par téléphone et l'a engagé pour deux mois afin de superviser le remaniement de la maison de la Hoher Warte, qu'elle s'est achetée, pour un salaire mensuel de 1 000 Kr. » Le 25.4.1919, elle rapportait qu'Oliver « était encore occupé à la construction de la villa des Götzl ». À propos de cette villa, cf. aussi p. 372, note 2.

1. De 399-SophMax, il ressort que cet argent finit tout de même par rentrer.

2. En vue de négociations touchant à la Maison d'édition et à l'Association, Rank était allé en Suisse, où il rencontra, entre autres, Jones (Jones III, p. 13). Il revint à Vienne le 11 avril 1919 (F/Fer II, p. 382) – ce qui permet aussi de confirmer la date de la carte ci-dessus.

3. Dr William Mackenzie, membre de la British Psycho-Analytical Society avec adresse à Gênes (IZ 1920, p. 187).

4. Le 21.3.1919, les communistes avaient pris le pouvoir en Hongrie ; du fait de leur politique d'expropriation, von Freund perdit (provisoirement) sa fortune.

5. Cette date est douteuse (cf. *supra* p. 164, note 2).

zie, qui, il est vrai, n'était pas encore à Gênes le 6/4. Je suis content que tu sois en bonne santé. Profite du beau printemps sur la Riviera. Ici, tu ne rates rien. Nous avons un temps calamiteux, le 22/4 une véritable tempête de neige. Du travail ou un emploi, tu n'en aurais pas non plus trouvé maintenant. La reconstruction n'a pas encore commencé.

Au milieu des troubles [1], Ernst a acquis son diplôme avec mention. Il reste d'abord là-bas. Sophie est heureuse d'être à nouveau avec Max dans un nouveau logement à eux. Ils ont pénurie de charbon et marasme dans les affaires. Chez les Freund, presque tout a changé, à nos bonnes relations près. Le Dr Jones a apporté à Berne une partie des vêtements d'Anna, et le Dr Rank les a transportés à la maison, grande liesse ! J'ai beaucoup à faire, la perspective d'aller à la campagne est, cette année, très mince, chaque pays de la Couronne se barricadant [2]. Voilà nos plus importantes nouvelles. Aucun cas de maladie !

Sois très cordialement salué !
Papa

88-Martin [25.5.19] [a]

Cher Martin

Maman a eu une grippe avec inflammation pulmonaire [3], la fièvre est complètement retombée avant-hier, on peut espérer qu'elle sera remise bientôt. Sinon, aucun incident, attente impatiente de la paix imminente. Très contents de la bonne santé dont font état tes dernières cartes.

Cordiales salutations
Papa

[par l'intermédiaire de]/ Divisione VI, Ufficio d'affari civili/ Hotel Europe/ Innsbruck.

a. Carte de la Croix-Rouge ; date du cachet de la poste.

1. C'est-à-dire pendant les luttes révolutionnaires à Munich.
2. C'est l'heure où, à la suite de la défaite, chacun des « pays » qui composaient le conglomérat impérial-royal d'Autriche-Hongrie commence à manifester des velléités d'indépendance. Une sorte de dépeçage de l'Empire se prépare. [N.d.T.]
3. Freud a donné plus de détails à propos de cette maladie à Sophie (400-Soph). D'après les propos de Martha Freud elle-même, ce fut « la première maladie grave des cinquante-huit ans de sa vie » (MaF, p. 198 *sq.*).

Le 6 août 1919, Martin était rentré de captivité à Vienne ; il rencontra ses parents au moins deux fois en août. Ensuite, il s'employa avec énergie à son installation civile : le 28 septembre eurent lieu les fiançailles officielles avec Ernestine (« Esti ») Drucker ; le 4 octobre, Freud pouvait écrire que Martin avait un emploi et probablement aussi déjà un logement ; le 7 décembre fut célébré le mariage[1].

89-Martin Badersee 7.9.19.[a]

ne pas faire suivre

Cher Martin

Suivons les nouvelles qui nous parviennent de toi avec impatience. Chez nous, la fin du séjour approche[2]. Ernst est encore revenu ; mardi 9/9, nous allons tous à Munich, ensuite avec Eitingon à Berlin ; le 13, nous espérons être à Hambourg. Anna arrivera plus tôt[3].

Fais en sorte que la poste ne fasse plus rien suivre.

Cordial salut

Papa[b]

Presque toutes les lettres suivantes sont des pièces isolées issues des vacances d'été de Freud. De petites séries sont constituées par les courriers de Berlin-Tegel, où Freud passa quatre fois entre 1928 et 1930 plusieurs semaines, voire mois, pour faire adapter la prothèse de sa mâchoire par le Pr Schröder.

---

a. Carte postale ; adressée à : Wien IX/ Berggasse 19.

b. Post-scriptum de Martha Freud non reproduit.

1. Date du retour d'après F/AF (l'indication « 7 juillet » in SoF, p. 119, semble être un lapsus). Pour la suite : 404-Max (rencontres avec les parents) ; Jones III, p. 19 (fiançailles) ; 406-Soph (embauche et logement).

2. C'est-à-dire du séjour de vacances au bord du Badersee bavarois. Eitingon prenait aussi son congé à proximité. Ernst était arrivé là à partir de Munich déjà auparavant, en compagnie de Martin (404-Max).

3. Cf. p. 484, note 2.

90-MartinEsti BGastein 31/7 20 [a]

Chers enfants

Hier encore, remis la lettre d'Esti à Germania [1], là-dessus, tout à l'heure, à 11 h ½, visite des deux parents [2]. Maman D.[rucker] marche parfaitement sans canne, se plaint que tout le monde est enrhumé à cause du temps et que les enfants s'ennuient.

Nous dans les mêmes chambres qu'avant [3], tout juste installés. Temps maussade, partons à la recherche d'une table pour le déjeuner. Écrivez bientôt.

Cordialement
Papa

91-Martin La Haye 10.IX.20. [b]

Nous sommes beaucoup réjouis de ta lettre sur Emden. Salue cordialement Esti de notre part. Menons un train d'enfer, très fatigués, de sorte que même écrire est impossible [4]. Congrès fini demain. Attendons d'être admis en Angleterre, où restons ensuite jusqu'à fin sept. Parlé plusieurs fois avec le directeur E. à Gastein, appréhende ta situation de manière favorable [5], ici pas d'occasion de s'engager plus avant pour toi.

Cordialement
Papa

---

a. Carte postale ; expéditeur : Wassing ; adressée à : Herrn und Frau/ Dr Martin Freud/ Wien I/ Fr Josefsquai 65. De même pour tous les envois ultérieurs à Vienne, pour autant que l'adresse en est identifiable.
b. Carte postale.

1. Les parents d'Esti logeaient alors avec deux filles dans la Haus Germania à Bad Gastein (F/AF, p. 269, note 7).
2. Leopold Drucker (1860-1938), avocat renommé à Vienne (cf. *supra*, p. 104). Sa femme Ida, née Schramek (1870-1942 ?), était la fille d'un riche marchand en gros de charbon (SoF, p. 54-57).
3. C'est-à-dire sans doute : comme à l'été 1919.
4. Freud se rendit avec Anna au VIe congrès international de Psychanalyse, qui se tint à La Haye du 8 au 11 septembre 1920. Le voyage en Angleterre qui avait été prévu à la suite ne se réalisa pas.
5. Probable allusion à la nouvelle situation de Martin à la « Treuga » (cf. *supra*, p. 105).

92-Martin BGastein 1.8.21 [a]

Cher Martin

Espère que tu es rentré et curieux de savoir où ta famille s'est rendue. Le rattachement aux parents a donc révélé son peu de pertinence [1]. Bien reçu tes cartes ; content que les envois berlinois soient à l'abri [2]. Hier, télégramme d'Ernst annonçait un petit concurrent [3], tout s'est bien passé, détails manquent en dehors du poids (7 ½ £). Lucie [4] est maintenant ici pour une semaine, très agréable compagnie. Depuis hier, la canicule a cédé.

Cordiales salutations

Papa

Du 3 août 1922 est conservée une lettre isolée de Martin à son père, qui passait ses vacances à Berchtesgaden [5]. *En réaction à un courrier paternel non conservé, il commence par ces mots :*

Cher papa ! Grand merci pour ta chère lettre et pour les cigares tout à fait excellents. Ne sachant pas si pour moi cette année il y aura tout simplement des vacances, j'ai déjà commencé à les consommer.

Ensuite, Martin justifie l'achat d'un manteau de fourrure – « seal-kanin » – *pour sa femme et ajoute :*

Mon budget ne s'en est pas ressenti, car la dernière opération effectuée sur la base de mon crédit de fonctionnement a rapporté ce que le manteau va coûter. Le mois dernier, je suis même arrivé à me débrouiller avec mes gages, c'est seulement dans les tout derniers 5 jours que tout s'est retrouvé sur la tête ; le billet de 50 000 qui était encore traité il y a peu avec respect est tombé à une valeur de tout

a. Carte postale.

1. Cet été-là, Esti passait ses vacances avec ses parents et la plus jeune de ses sœurs « dans les Alpes du Nord ». Les autre trouvèrent ce lieu trop solitaire ; mais elle y resta jusqu'à l'arrivée de son mari (SoF, p. 106 *sq.*).
2. L'arrière-plan n'est pas clair.
3. Après la naissance du fils de Martin Anton Walter le 3 avril 1921, vint au monde le 31 juillet l'aîné d'Ernst, Stefan Gabriel.
4. Leah (« Lucy ») Wiener (1886-1980), deuxième fille d'Anna et Eli Bernays. Elle vivait avec ses fils Frederick et Walter depuis 1921 à Berlin (F/Sam, 25.7.1921 ; F/AF, p. 341 *sq.* avec note 3).
5. Dans la liasse des lettres de Freud à Martin (SPF/LoC).

juste 5 couronnes du temps de paix [1] ; après quoi énorme renchérissement ici et à Spital [2]. Il faut toujours un certain temps pour que l'équilibre se rétablisse dans mes comptes. Mon salaire réel actuel (120 couronnes d'or) est le plus bas depuis le début de ma pratique.

Suivent quelques phrases sur Esti et le fils Walter.

La lettre suivante représente de facto *un complément au testament de Freud* [3]*. Freud l'a manifestement dicté à son fils après sa première grande opération du cancer et a ensuite ajouté de sa propre main la date et sa signature.*

93-Martin Vienne, 30 oct. 1923 [a] [4]

Cher Martin !

Mon état actuel [5] faisant qu'il est possible que je ne puisse plus gagner ma vie, je voudrais compléter les accords que nous avions passés jusqu'ici par les dispositions suivantes, qui peuvent être maintenues jusqu'à ce qu'elles soient expressément annulées.

1.) La situation de tante Minna ayant été à tout le moins modifiée par son héritage [6] américain, je réduis le montant dont elle peut disposer à partir de son compte en dollars à 5 000 $ (cinq mille dollars).

2.) C'est mon vœu instant que tous mes enfants renoncent provisoirement à leur héritage, de toute façon modeste, au profit de maman. Par bonheur, Mathilde et Ernst ne me causent pas de souci. Maman dédommagera Mathilde par un beau tableau et Ernst par

a. Texte de la main de Martin Freud ; date et signature (à partir de « Cordialement ») de la main de Freud au crayon.

1. L'inflation galopante en Autriche est aussi un thème récurrent des lettres de Freud à cette époque.
2. La famille de Martin passait peut-être les vacances d'été à Spital am Semmering (cf. 130-OliHenny).
3. Cf. *infra*, p. 194.
4. Cette lettre ne se trouve pas dans la liasse principale des lettres à Martin (SFP/LoC), mais a été conservée séparément et est déposée aujourd'hui au Freud Museum à Londres.
5. Le 28 octobre 1923, Freud était rentré chez lui après son opération (à laquelle devait succéder une deuxième) (Schur 1973, p. 431 *sq.*).
6. Le 12 octobre de cette année, Eli Bernays, frère de Minna et Martha, était mort à New York.

quelque chose de la collection [1]. Ton avenir aussi m'inspire de la confiance. Je pense que tu dois provisoirement garder les 1 000 dollars et puis rembourser chaque année à tante Dolfi [2] 200 dollars.

3.) C'est Oli qui me paraît être le plus dans le besoin. Qu'il garde les 1 000 $ qu'il a reçus pour son mariage, et j'espère que maman pourra exécuter ma promesse de lui prêter 1 000 $ (mille dollars) avec intérêts quand il aura besoin d'une mise de fonds dans son affaire.

4.) Que Henny [3], qui nous est devenue si sympathique à distance, reçoive la moitié de la petite collection des monnaies d'or qui est conservée ici.

5. La dot d'Anna doit être complétée à partir du compte en £, si possible à hauteur de 2 000 £ (deux mille livres sterling), pour autant qu'on puisse trouver des £ ici.

6. Si se réalisent des recettes auprès d'éditeurs, sur la base de rééditions et de traductions, que celles-ci soient collectées, à l'exception des quelque 1 300 fl qui nous arrivent à présent d'Edward, et réparties chaque année sur les branches [4] des petits-enfants, et ce de telle sorte que chaque branche touche la même part. Exemple : arrivent pour répartition 300 fl ; chaque branche touche 100 fl, puisqu'il y a actuellement 3 branches. Gabriel ne touche que 50 fl, puisqu'il partage avec son frère, Ernstl touche 100 fl [5].

7. Je répète, si cela n'a pas déjà été dit expressément, que tu es chargé, en accord avec M. le Dr Alfred Rie, de l'exécution de toutes

1. La collection d'antiquités de Freud.
2. La sœur célibataire de Freud, Adolfine (« Dolfi », 1862-1941), subvint aux besoins de leur mère jusqu'à sa mort.
3. La femme d'Oli.
4. C'est ainsi que je tâche de rendre *Stämme*, pluriel du mot *Stamm*, très polysémique et productif dans le lexique allemand. Le sens premier est « tronc ». Je ne pourrai donner ici une liste exhaustive de ses acceptions, mais ce radical intervient dans des mots tels qu'« arbre généalogique », « racine d'un mot », etc. On voit comment il connote ici plutôt une *branche* dans un arbre généalogique. Le verbe « *stammen von, aus* » signifie « venir de, tirer son origine de ». Il ne sera peut-être pas indifférent au lecteur d'apprendre à cette occasion que « *die zwölf Stämme Israels* » désigne les « douze tribus d'Israël ». Au total, on pourra méditer sur le jeu métonymique qui aboutit au fait qu'un mot signifiant primairement « tronc » en vient à désigner aussi bien les signifiés « racine » et « branche ». [N.d.T.]
5. Freud a conservé cette attribution des droits d'auteur à ses petits-enfants dans son testament ultérieur qui a pris validité (Roazen 2001, p. 449).

ces dispositions. Il va de soi que le Dr Rie devra toucher les honoraires correspondants.

Cordialement
Papa

94-Martin [En-tête Vienne] 29.8.24

Cher Martin

M. [D.] [1] a versé début août 600 $, qui ne me sont pas encore notifiés. Au milieu du mois, Edward a envoyé le même montant pour la famille.

Début septembre doivent rentrer 1 040 ou 1 080 $ de [D.].

Nous aimerions bien sûr te voir ici. Je vais en ville mardi.

J'espère que tout va bien chez toi dans la famille.

Cordialement
Papa

95-Martin [En-tête Vienne] 4 sept. 24

Cher Martin

Hier soir est arrivé un télégramme de Henny : vient d'accoucher d'une fille vigoureuse. Donc exactement 4 semaines après la petite Sophie [2]. Je te prie d'envoyer immédiatement à la jeune mère, comme nous en étions convenus, sous forme de chèque, tiré du compte domicilié à Lichtenstein, un peu plus de 292 $.

Adresse Frau Henny Freud
bei Sanitätsrat Dr Fuchs [3]
Berlin Lützowstr 95.

Dans l'attente de ta ou de votre visite

Cordialement
Papa

Des années 1924-1925 nous n'avons pas d'autres lettres conservées de Freud à Martin. Cependant, à partir d'autres sources, nous obtenons

1. Probablement le patient que Freud emmena pendant son congé de cette année au Semmering « comme bagage à main » (F/A, p. 617).

2. Sophie, la fille de Martin et Esti, vint au monde le 6.8, sa cousine Eva, le 3.9.1924.

3. Le père de Henny (cf. *infra*, p. 209).

un petit aperçu des activités professionnelles de ce dernier. Ainsi, le 6 août 1924, Freud remercie son frère Alexander d'avoir écrit dans l'intérêt de Martin à « B. » – c'est-à-dire sans doute à l'homme d'affaires Siegmund Bosel[1] *– et il ajoute : « mais je crains que cela ne donne rien [...]. Martin a été "n" fois engagé et congédié, raconte qu'il a déjà dépensé 60 000 K en frais divers, et n'attend absolument rien pour lui-même. Il fonce actuellement sur une offre que doit lui faire Oscar Philipp*[2] *à Londres, un cousin de Martha, homme du cuivre, qui veut installer une filiale à Vienne. Il reste à attendre quelles sont les conditions. Par ailleurs, il n'a pas été été mis à pied par la Treuga. »*

Dans le contexte des perspectives à l'instant mentionnées, Martin entreprit en 1925 un voyage d'affaires à Londres, dont il fait état dans une lettre à son père du 7 juillet[3] *:*

> Après un délicieux séjour à Paris, je travaille ici très dur non sans succès. Je suis du matin au soir dans le bureau d'Oscar à la City, le soir le plus souvent dans sa villa à Hampstead. Il est à mon égard d'une gentillesse extraordinaire. J'ai déjà pu régler quelques affaires, d'autres sont en suspens. Si le contact étroit entre Londres et Vienne ne se rompt pas à nouveau après mon départ, il en sortira une très belle affaire viable. Les possibilités de développement pour l'avenir sont très grandes. Depuis les quelques jours que je suis ici, il a été acheté et vendu entre Londres et Vienne en 3 affaires différentes de la marchandise pour environ £ 750/./[4]. Si les affaires continuent ainsi, je n'en serai bientôt plus réduit à me tourner vers Bosel. Il est simplement encore trop tôt pour triompher.

Il est vrai qu'il consommait à Londres plus d'argent que prévu.

---

1. Cf. p. 219, avec note 4.
2. Oscar Philipp (1887- ??), dont le père était un frère de la mère de Martha Freud (cf. F/MB, p. 350-352), vivait depuis 1909 à Londres, où il fit une grande carrière (A.W. Freud 1996, p. 13).
3. Cette lettre est écrite sur du papier imprimé de : Derby & Company Ltd, established 1797. Metals Minerals Chemicals. 26 and 27 Hutton Garden. London.
4. Transcription ancienne pour : livres/schillings/pence. [N.d.T.]

96-Martin

Tegel 4.9.1928 [a]

Cher Martin

Nous sommes donc ici, très confortablement, voire somptueusement logés, à ½ heure du centre de Berlin en auto, au milieu d'un parc, à quelques minutes d'un beau lac [1]. Viens et regarde par toi-même. Ernst a de la place pour toi, sa famille étant à Hiddensee [2]. La tienne est, je l'espère, rentrée bronzée et en bonne santé. Salue Esti et les enfants et écris bientôt quelque chose.

Papa

97-Martin

[En-tête Vienne] Tegel 7.9.1928

Pour affaire

Cher Martin

Je te prie de remettre à M. A.J. Storfer [3] $ 1 000 ou S 7 000 [4] pour la Maison d'édition.

Écris-moi bientôt au sujet de tes intentions.

Cordialement

Papa

98-Martin

[En-tête Vienne] Tegel 9.9.1928

Cher Martin

Nouvelle commission !

Ernst s'est occupé de notre séjour ici de manière si méritoire que je voudrais lui offrir quelque chose en souvenir de cette visite. Rends donc visite à notre horloger Löwy dans la Dorotheergasse,

---

a. Carte postale.

1. Lors de tous ses séjours à Berlin de 1928 à 1930, en relation avec le traitement du Pr Schröder, Freud logeait avec Anna dans le sanatorium d'Ernst Simmel à Tegel (cf. p. 333, note 4).
2. Île de la Baltique où Ernst avait une maison de vacances.
3. Adolf Josef Storfer (1888-1944), depuis 1921 employé par la Maison d'édition psychanalytique internationale, son directeur de fin 1924 au printemps 1932 (Rosdy 1999 ; Marinelli 2009, p. 70-81).
4. Le schilling autrichien fut introduit le 1er mars 1925 ; il remplaçait l'ancienne monnaie de la monarchie impériale et royale, la couronne. [Le schilling était encore la monnaie officielle de l'Autriche avant l'introduction de l'euro. N.d.T.]

et demande-lui s'il a à vendre une montre suisse en or de première classe, semblable à la mienne, que je lui ai achetée il y a 14 ans. On peut lui faire entièrement confiance. S'il en a une, écris-moi combien elle coûte. Nous la prendrons pour Ernst, et celui qui ira à Berlin, toi ou oncle, pourra l'emporter. En effet, il n'est pas nécessaire que la remise ait lieu avant la fin de notre séjour.

Je vous salue, toi et les tiens, cordialement

Papa

99-Martin [En-tête Vienne] Tegel 22.X.28

Cher Martin

Je suis heureux que tu sois à nouveau d'attaque et espère que nous nous verrons bientôt. Mais je ne peux pas fixer le jour et te prie en conséquence : 1) de verser tout de suite à Math $ 100 comme cadeau d'anniversaire, étant donné que j'apprends qu'elle fait déjà des dettes à ce propos, 2) de remettre à oncle $ 300 pour le 1er nov. [1] et 3) d'envoyer le même jour à Eva Rosenfeld [2] S 500. À la même date arriveront à échéance pour toi $ 50. Suis curieux de savoir combien tu garderas encore.

Je te salue cordialement avec femme et enfants

Papa

---

1. Probablement une mensualité des versements réguliers que faisait Freud pour l'entretien de sa mère et de ses sœurs (cf. par exemple F/Alex, 26.7.1928).

2. Eva Marie Rosenfeld (1892-1977), amie d'Anna Freud, à partir de 1931 formation psychanalytique à Berlin (A. Freud 1994 ; Roazen 1999, p. 195-230). Il se pourrait que ce virement représente la participation de Freud aux frais de scolarité d'Ernst Halberstadt, qui fréquentait l'école privée psychanalytique de Rosenfeld à Hietzing (cf. p. 551, avec note 1).

100-Martin [En-tête Vienne] Berchtesgaden
23.7.1929 matin

Cher Martin

Anna a déjà pris le train à Salzbourg [1], Dorothy [2] s'apprête à partir à 11 h, Ernst et Lux [3] sont attendus, Wolf [4] est couché immobile dans son panier, voilà la situation [5].

J'ai reçu le chèque ci-joint de Dorothy en échange des dollars avec lesquels j'ai dû financer son voyage. Procure-moi en contrepartie des marks, et envoie-les ou bien dans une lettre réservée à des espèces ou par virement à la banque de Berchtesgaden, qui ne m'encaisserait certainement pas le chèque directement.

Cordialement
Papa

25/7 Non, ici, ils ne l'encaisseront pas.

101-Martin [En-tête Vienne] Schneewinkl 26.7.1929

Cher Martin

Je te prie d'encaisser le chèque joint pour Anna et de garder l'argent pour elle (schillings).

Cordialement papa

102-Martin [En-tête Vienne] Berchtesgaden 1.8.1929

Cher Martin

Viens de recevoir ta comptabilité impeccablement correcte. Laisse oncle attendre ma contribution pendant un mois et gère le reste de $ 337 pour des besoins à venir.

---

1. Pour se rendre à Oxford au congrès de l'API, dont la perspective inquiétait Freud (cf. p. 345 avec note 3).
2. Dorothy Burlingham (1891-1979), Américaine, depuis 1927 amie intime d'Anna Freud, qui s'occupait aussi de ses quatre enfants sur le plan analytique. (Burlingham 1989 ; BL/W ; Young-Bruehl 1995).
3. Surnom de Lucie, femme d'Ernst, au sein de la famille.
4. Berger allemand d'Anna Freud (cf. 466-Max avec note 1, p. 541).
5. Dans les quartiers d'été de Freud cette année-là à Berchtesgaden (Schneewinkel), où il séjourna du 18 juin au 14 septembre 1929.

Le congrès d'Oxford s'est très bien passé. L'exposé d'Anna [1] a été accueilli très favorablement. Nous attendons aujourd'hui d'apprendre quand elle va arriver.

Cordialement papa

Quand les tiens arrivent-ils de Grado [2] ? Qu'en est-il des chèques non approvisionnés de Dorothy B. ?

103-Martin [En-tête Vienne] Berchtesgaden 3.8.1929

Cher Martin

Je te prie de retirer $ 10 du dépôt pour le cadeau d'anniversaire de Sopherl. Que toi ou Esti lui achète quelque chose.

Anna est rentrée hier, fatiguée, mais satisfaite.

Cordialement
Papa

104-Martin [En-tête Vienne] Berchtesgaden 10.8.1929

Cher Martin

Dans l'ensemble, nous allons très bien. L'épidémie domestique s'est transmise à Ernst, qui est alité depuis une semaine de même que Bob pas loin d'ici [3], les deux maintenant presque rétablis. Les visites n'ont pas de fin, van Emden nous pèse depuis beaucoup de jours.

Impossible d'influencer la poste viennoise ; malgré toutes les promesses, cela fait déjà le deuxième télégramme envoyé avec le courrier.

1. « Ein Gegenstück zur Tierphobie der Kinder » [« Un pendant à la phobie animale des enfants »] est demeuré non publié ; a été ensuite intégré à son livre *Das Ich und die Abwehrmechanismen* [*Le Moi et les Mécanismes de défense*] (F/E, p. 611 note 1).
2. Station balnéaire italienne située sur la côte septentrionale de l'Adriatique.
3. Ernst Halberstadt, fils de Max et Sophie, vivait depuis 1928 à Vienne. Robert (« Bob ») est l'un des enfants de Dorothy Burlingham, qui s'était installée dans une maison voisine.

La prothèse va de mal en pis. Je ne sais pas encore si j'irai chez Schröder [1] ou Karolyi [2]. Te prie de demander à ce dernier au téléphone (Dr M.K. [Vienne] I Goldschmiedg 1) s'il est à Vienne, quand il arrive et consulte personnellement.

De ta famille à Grado justement aujourd'hui une lettre de bon aloi.

Cordial salut
Papa.

105-Martin [En-tête Vienne] Tegel 21.9.1929

Cher Martin

Tu ne croiras pas que j'aie accordé une grande importance à une carte anonyme de ce genre [3]. Je ne m'en suis saisi que comme d'une occasion de t'inciter à la prudence ; d'une part à l'égard d'Esti et d'autre part à l'égard d'une personne qui t'est proche et qui se soucie trop de toi. Qui qu'elle soit, secrétaire congédiée ou quelque chose de semblable.

J'ai parlé avec Ernst. Il est d'avis que la dernière affaire en date de la société d'assurances de Francfort [4] a gâché bien des chances, mais pas toutes. Tu sais qu'en général il voit les choses de manière trop optimiste.

Tu n'as pas besoin de comptabiliser le petit chèque joint ; réserve-le aux enfants pour la rentrée des classes. L'autre correspond à une demande complémentaire de la communauté cultuelle.

Ici, nous allons bien à nouveau. Schröder travaille vite et, je l'espère, avec succès. À vrai dire, nous avons pris des vacances ici

1. Hermann Schröder (1876-1942), professeur titulaire, directeur du service des prothèses à l'Institut odontologique de Berlin (Blankenstein, sans date). Freud l'avait consulté pour la première fois en septembre 1928 (cf. 240-Ernst *sq.*).
2. Moritz Karolyi (1865- ??), né à Szentes en Hongrie (IKG/W ; Adressbücher Wien) ; dentiste viennois, qui avait alors Freud en traitement.
3. Manifestement une dénonciation à cause d'une histoire de femme (cf. *supra*, p. 108).
4. En août 1929, la Frankfurter Allgemeine Versicherungs AG s'était effondrée – l'un des événements par lesquels s'annonça la grande crise économique en Allemagne.

plutôt qu'à Berchtesgaden. De maman aujourd'hui première lettre de Lugano, villa Castagnello [1].

Cordialement
Papa

106-Martin [En-tête Vienne] Tegel 6.X.29

Cher Martin

Merci à toi pour la lettre et la comptabilité. Jusqu'à notre retour dans peut-être une semaine, tu n'auras probablement pas à faire de nouvelles dépenses pour moi. J'espère que, cette fois, j'emporterai avec moi une appréciable portion d'amélioration.

J'ai parlé avec Ernst à plusieurs reprises de tes chances à Berlin. Il ne fait pas de doute qu'il ne les perd pas de vue, mais, pour l'instant, il retrouve des facteurs défavorables, par exemple ici dans la nouvelle fusion bancaire [2], qui va entraîner une fois de plus de nombreux licenciements. Manifestement, tout est aujourd'hui très difficile.

De maman et de tante, nous n'avons que les meilleures nouvelles qui soient, mais tu les verras plus tôt que moi.

Les enfants ont-ils besoin de quelque chose pour l'hiver ? Tu peux en parler avec Esti, et, si nécessaire, pourvoir aux emplettes tout de suite avec ce qui te reste encore.

Je sous salue, toi et les tiens, cordialement
Papa

---

1. Martha et Minna mirent à profit l'absence de Freud à Vienne pour faire un voyage en Suisse ; on a pu établir qu'elles avaient fait halte à Lugano (Tessin), Vitznau (au bord du lac des Quatre-Cantons) et Zurich. Elles étaient rentrées vers le 8 octobre (F/Meine Lieben, du 18.9 au 7.10.1929).

2. Fusion de la Deutsche Bank avec la Disconto-Gesellschaft pour constituer la plus grande banque du continent européen.

107-Martin Tegel 25.8.30 [a]

Cher Martin

Il est sûr que nous ne reviendrons qu'au cours de la seconde moitié de juin. Cela vaut donc la peine de garder l'auto [1]. Accepté ta facture, reçu le reste. Merci à Esti pour sa lettre.

Cordialement

Papa

108-Martin Tegel 20.6.30 [b]

Cher Martin

Je te prie d'envoyer à Mme Eva Rosenfeld encore un supplément de S 500, déjà à Grundlsee [2]. *L'Interprétation du rêve* [3] doit paraître ces prochains jours.

Cordialement

Papa

109-Martin [En-tête Vienne] Tegel 25.6.30

Cher Martin

Si le Dr Rie [4] réclame de l'argent, il n'y a rien d'autre à faire que vendre des dollars pour lui en donner.

Je te renvoie la confirmation pour Dorothy, étant donné qu'elle est partie pour Vienne à cause de l'opération de Mabbie [5]. Il est probable qu'elle te remettra un chèque pour moi à hauteur de

a. Carte postale.
b. Carte postale.

1. De même in F/Meine Lieben, 24.5.1930 : « Dis seulement à Martin qu'il doit louer l'auto aussi pour juin, étant donné que nous ne reviendrons certainement que dans la seconde moitié du mois. » De fait, Freud ne revint du dernier de ses séjours à Tegel que le 25 juillet (KCh).
2. Localité du Salzkammergut, où Freud et Anna passèrent aussi les vacances d'été du 27.7 au 28.9.1930. Eva Rosenfeld, qui était déjà auparavant à Grundlsee, aida à se procurer un hébergement (A. Freud 1994, p. 159 et contexte ; Molnar 1996, p. 133, 145). À propos du versement qui lui fut fait, cf. 99-Martin avec note 1.
3. C'est-à-dire la « 8e édition modifiée » de *L'Interprétation du rêve*, qui continuait à paraître chez Deuticke.
4. Probablement Alfred Rie, dans une affaire fiscale (cf. 112-Martin).
5. Mary Tiffany (« Mabbie »), née en 1917, fille de Dorothy Burlingham.

$ 500. Signe-le toi-même et convertis-le en schillings. Si elle me pose la question, je lui conseillerai de le libeller directement à ton nom.

J'ai montré ta lettre sur la Maison d'édition à Eitingon. Il déclare son contenu inexact, l'endettement est bien plus réduit ; nombre de placements, par exemple les $ 12 000 qui me sont dus, ne sont pas du tout urgents [1]. Au total, rien n'a changé dans la situation de la Maison.

Je suis très mécontent de ne pas encore pouvoir partir, et je ne suis nullement enthousiasmé par le résultat atteint jusqu'ici.

Cordialement
Papa

110-Martin [En-tête Vienne] Tegel 25.6.30

Cher Martin

Je viens de recevoir de Deuticke la nouvelle que *L'Interprétation du rêve* est parue et la question de savoir où il doit envoyer les honoraires (M 5 051,05). Je lui fais savoir par le même courrier qu'il doit t'envoyer M 3 051,05 ; le reste va à Oli-Henny. Sur cette somme, M 2 000 te reviennent [2], je me réserve le nouveau reste (en schillings). D. paie par l'intermédiaire de l'Allgemeine Deutsche Creditanstalt à Leipzig. Je lui ai donné ton adresse personnelle. Si cela n'est pas commode pour toi, parce que tu ne peux pas être beaucoup à la maison, rends visite à D. et indique-lui où il doit envoyer l'argent, avant qu'il n'ait donné l'ordre à Leipzig.

Je te salue cordialement, crois maintenant que nous nous reverrons bientôt.

Cordialement
Papa

---

1. La Maison d'édition psychanalytique internationale, dont Eitingon était le principal responsable en tant que « conseiller de surveillance », souffrait d'une pénurie d'argent chronique. Son bilan était également obéré par le fait que les droits d'auteur pour les publications de Freud n'étaient, certes, généralement pas versés, mais figuraient tout de même dans les livres au titre de dettes. Cette lettre signale l'implication précoce de Martin Freud dans cette entreprise, dont il assuma officiellement la direction à partir de fin 1931 (cf. Schröter 2004, p. 10 *sq.* ; F/E, p. 676). Dès avril 1931, Freud écrivait à Eitingon (F/E, p. 681) que Martin lui faisait dire « qu'il ressentait depuis longtemps l'envie d'entrer à la Maison d'édition ».

2. Martin était à cette époque soutenu financièrement par son père (cf. *supra*, p. 105).

111-Martin [En-tête Vienne] Tegel 27.6.30

Cher Martin

Comme tu vois, ce ne sont pas les occasions qui manquent d'utiliser les fonds accumulés chez toi [1].

Cordialement

Papa

112-Martin [En-tête Vienne] Tegel 3.7.1930

Cher Martin

Tu m'as envoyé les comptes pour trois restes, mais sans dire d'où sortaient ces restes. Sans dire non plus si tu as donné l'impôt au Dr Rie. Mais je te crois. De la maison j'apprends que les schillings sont épuisés ; te prie de vendre les dollars, afin de couvrir les besoins de l'été. Je m'attends à ce que la provision contenue dans le carton ait fortement diminué. Pendant ces deux mois, il y a eu beaucoup plus de dépenses que de recettes. Mais il y a encore ici $ 2 000 de maman, qu'on peut lui emprunter en cas de nécessité.

Si Dorothy se souvient de sa dette de $ 500, donne là-dessus 325 à oncle [2], garde 50 pour toi, et il y aura un reliquat de quelques d.[ollars].

Nous attendons maintenant de pouvoir voyager bientôt, mais ne savons pas sûrement quand.

Cordialement

Papa

113-Martin [En-tête Vienne] Grundlsee 11.8.1930

Cher Martin

Il pleut sans arrêt, on se souvient avec regret de la beauté que tu as encore vue. Mais la maison est très confortable et tout le monde va bien. Math a maintenant ta chambre, mais tu trouveras de la place à quelque moment que tu viennes.

En cet instant, il pleut aussi des télégrammes à l'occasion du prix Goethe, qui semble produire une impression particulière en ces jours d'été vides [3].

---

1. Contexte peu clair.
2. Cf. note 1 de 99-Martin.
3. Cf. la lettre suivante et 268 *sq.*-Ernst avec note 2.

£ 20 d'intérêts sont arrivés de l'escompte.

Tu n'écris pas où ta famille est restée.

Salutations cordiales
Papa

114-Martin [En-tête Vienne] Grundlsee 25.8.1930

Cher Martin

Je vois que tu as raison ; à ta lettre du 14 de ce mois je n'ai pas répondu. Tu imagineras facilement pourquoi. Depuis l'annonce de l'attribution du prix, j'ai eu beaucoup à faire avec les remerciements les plus indispensables. Mais cela va bientôt passer. Hier était chez nous le conseiller municipal de Francfort le Dr Michel [1], qui a apporté le prix lui-même et un diplôme provisoire, un jeune homme charmant à la pensée incroyablement libérale ; après-demain, Anna ira à la cérémonie dans la maison Goethe à Francfort ; puis encore quelques jours d'émoi et d'indignation dans les journaux allemands ; et ensuite l'épisode sera oublié.

J'ai envoyé à Ernst le chèque de 10 000 M [2], pour avoir chez lui un compte à Berlin.

Nous allons ici très bien, le seul patient, c'est, le cas échéant, moi-même, actuellement avec des troubles gastriques. Mais autour de nous, il se passe toutes sortes de choses. Grand-mère est si délabrée que notre seul espoir est que le Dr Federn réussisse à la ramener aujourd'hui vivante à Vienne [3]. Chez les Rie, il paraît que Mme Mela est en train de finir ses jours [4]. Tu ne perds pas de vue quelles obligations il en résulte pour toi, étant donné qu'il est probable qu'aucun d'entre nous n'ira à Vienne. Après le retour d'Anna le 29, Math nous quittera bientôt.

Je te salue cordialement
Papa

1. Max Michel (1888-1936), directeur de l'Office culturel de Francfort (Plänkers 1996, p. 256, note 12).
2. Somme correspondant au prix ; cf. 270-Ernst.
3. La mère de Freud, qui passait ses vacances à Bad Ischl, était gravement malade. Paul Federn l'emmena à Vienne, où elle mourut le 12 septembre 1930 (Molnar 1996, p. 138, 142).
4. Melanie Rie (1872-1930), femme d'Oscar Rie, mourut le même jour que celui où fut écrite cette lettre (Molnar 1996, p. 139).

115-Martin [En-tête Vienne] Grundlsee 1.9.1930. [a]

Cher Martin

Tu vas donc très bien et j'espère que tu redeviendras bientôt mobile sans restriction [1].

Utilise le chèque joint de $ 750 de la manière suivante :

pour toi août et sept.	–	$ 100
oncle		$ 325

reste $ 325 en schillings ajouté à mon crédit.

Je suppose évidemment que tes 2 000 M de *L'Interprétation du rêve* [2] ne se sont pas déjà évaporés, mais que tu les as immobilisés quelque part et que c'est pour cette raison que tu as dû faire un emprunt.

Salutation cordiale

Papa

116-Martin [En-tête Vienne] Grundlsee 23.9.1930

Cher Martin

Ci-joint un petit chèque, que tu peux t'approprier pour les enfants.

En outre une lettre de condoléances, sur laquelle tu dois écrire l'adresse que je ne peux trouver ici [3].

Nous rentrons bientôt, début de la semaine prochaine, le temps ici est désespérant, mais l'appartement à Vienne pas encore prêt.

Je vais bien.

Cordialement

Papa

117-Martin Vienne XIX 16.6.1935 [b]

Cher Martin

Heureux que tu sois si content. Ici, peu de nouveautés. Aujourd'hui, beaucoup de mieux du côté de la canicule. Après-demain

a. Recommandé ; adressé à : Peter Jordanstr./ Sanator d. Kaufmannschaft/ Wien XIX/ [d'une autre main] Z. 34.

b. Carte postale ; adressée à : Grand Hotel/ Belvedere/ Abbazia/ Italien.

1. Martin avait subi une opération de l'appendice (KCh).
2. Cf. 110-Martin.
3. Non éclairci.

(18/6) anniversaire de tante [1]. Sopherl seulement visible de loin dans le jardin [2]. Écris bientôt à nouveau !

Cordialement
Papa

La réponse de Martin du 18 juin 1935 à ces salutations de vacances a été conservée [3]. *La voici :*

Cher papa, cordial merci pour ta gentille carte. Se rétablir finit par être très fatigant ; à force de nager et de ramer, j'ai déjà perdu plus de 4 kg. Les matinées dans l'eau sont tout simplement magnifiques ; l'après-midi, on ne sait pas bien quoi entreprendre ; il fait trop chaud pour randonner. Le soir, il ne reste plus qu'à contempler la lune. À la Maison d'édition et au bureau, il semble ne rien se passer du tout ; la période de congé était donc bien choisie. Je n'ai pas encore décidé si je dois rester ici jusqu'à la fin dans ce bon hôtel confortable ou encore passer quelques jours à voyager. Provisoirement, mon adresse reste la même.

118-Martin [En-tête Vienne] XIX Strasserg 47 [a]
8.7.1935

Monsieur le Dr Martin Freud
Cher Martin
Je te charge du soin de l'exécution de mes dernières volontés [4].

Cordialement ton père
Pr Dr Freud [5]

---

a. Carte-lettre avec au verso l'adresse : Herrn/ Dr Martin Freud/ Rechtsanwalt [Avocat]/ Wien.

1. Le 70e de Minna Bernays.
2. Cette carte fut écrite durant les quartiers d'été de Freud dans la banlieue de Vienne, à Grinzing (Strassergasse 47), où il se rendit régulièrement de 1934 à 1937.
3. Dans la liasse de lettres de Freud qui lui sont adressées (SFP/LoC).
4. Il ne semble pas qu'un testament de cette date ait été conservé (cf. *infra*, p. 194).
5. À la date du 30.12.1936, il y a une carte de Davos (FML) par laquelle Martin et Walter saluent leur père et grand-père depuis leurs vacances de ski. Le verso reproduit les deux hommes (cf. *supra*, p. 109).

119-Martin [En-tête Vienne] Grzg [Grinzing] 16.8.1937 [1]

Cher Martin

Je savoure ta description de Capri et de la belle vie que tu y mènes. Hier, dimanche, avec oncle, j'ai passé en revue les souvenirs de notre séjour à Capri [2]. Il faisait très chaud et nous étions les seuls hôtes – en septembre. Le batelier qui nous conduisit dans la grotte bleue nous a raconté les histoires d'épouvante d'un certain Timperio, je crois, qui a une fois sévi dans l'île. Le Vésuve était également en activité et produisait un nuage de fumée le jour et un nuage de feu la nuit, tout à fait comme le Dieu de l'Exode dans la Bible. Yahvé était en effet un dieu des volcans, comme tu l'apprendras par mon deuxième essai sur Moïse qui, maintenant achevé, attend ton retour [3].

Ici, à vrai dire, un bel été, occasionnellement interrompu par des rechutes en avril ou des avancées vers novembre. Également par des aléas pathologiques. Je suis au bout d'une infection intestinale, maman pas encore. Trois tantes [4] habitent actuellement le sanatorium de Perchtolsdorf [5]. Ditha [6] a recouvré la santé de manière étrange, doit aller maintenant à Breitenstein.

Quelques petites affaires éditoriales te seront soumises quand tu seras de retour. Rien d'important.

Le 1er septembre, mon ami Emanuel Löwy [7] aura, lui aussi, 80 ans. Il m'a, par la même occasion, fait cadeau d'une belle gravure de Dürer [8]. Même sans ça, je n'aurais pas laissé passer ce jour sans

1. Reproduit avec des abréviations in F/Corr, p. 452 *sq.*
2. À l'été 1902 (cf. F/Voy, p. 162).
3. Freud 1937e.
4. Non seulement les sœurs de Freud, « Rosa », « Dolfi » et « Paula » vivaient à Vienne, mais Maria aussi y était revenue de Berlin en 1933 (Tögel 2004, p. 37).
5. Perchtoldsdorf se trouve à la périphérie méridionale de Vienne ; Breitenstein, mentionné ensuite, près du Semmering.
6. Judith Bernays, qui avait épousé en 1922 à Vienne Victor Heller, un frère de l'éditeur Hugo H. Le 12.8.1937, Freud mentionne face à Jeanne Lampl-de Groot (LoC) son « étrangement inquiétante [*unheimliche*] maladie ».
7. Emanuel Löwy (1857-1938), professeur d'archéologie à Rome, ensuite professeur non titulaire à Vienne ; ami de Freud depuis l'école ou l'université (Berlin 1998).
8. Sans doute ou bien un portrait de Philipp Melanchthon ou bien l'« Arrestation du Christ », extraite des gravures de la Passion ; ces deux gravures se trouvaient dans le legs de Freud (aujourd'hui FML).

le marquer. Mais ce n'est pas facile de lui faire un cadeau. Je n'ai rien d'autre que les *Gesammelte Schriften*, bien qu'ayant de mauvais yeux il ne puisse plus guère lire. Par précaution, j'ai fait demander à la Maison d'édition si je ne les lui avais pas déjà données pour son 70e, soit en 1927. On m'a répondu que non. Mais je n'en suis pas sûr. Ne voudrais-tu pas, même encore en voyage, réitérer la question avec insistance ? Il n'est pas nécessaire que ce soit par téléphone ; jusqu'au 1er sept. il y a encore le temps.

Anna jouit de ses prétendues vacances, c'est-à-dire qu'elle joue avec les petits bébés à la place des grands [1]. Mark et Ruth [2] se présentent toujours ensemble comme les inséparables [3]. Veulent-ils profiter encore abondamment de leur vie commune avant de se séparer pour toujours ? Ni leur médecin ni leur avocat ne sauraient le dire.

Je te souhaite que les plus beaux jours persistent avant que tu ne reviennes dans notre climat tempéré septentrional.

Cordialement
Papa

120-Martin [En-tête Vienne] 22.3.1938 [4]

Mon cher fils Martin

Ne me sentant pas présentement très vigoureux, je me hâte de te transmettre, à la suite d'entretiens antérieurs, l'expression de ma dernière volonté.

Je souhaite que tout ce qui se trouve chez moi en fait d'argent et de titres soit à ta maman, ma femme Martha née Bernays, de même que tous les biens dans notre maison. Je cède mes livres et

---

1. Probable allusion à l'activité d'Anna Freud dans la crèche pour enfants de moins de deux ans, qui avait été fondée en 1937 (« Jackson Nursery ») (Molnar 1996, p. 383 *sq.*).

2. Ruth Mack avait épousé en 1928 son cousin, le compositeur Mark Brunswick (1902-1971), qui était comme elle un analysant de Freud (Roazen 1999, p. 77-101) ; Freud avait été témoin de leur mariage. Tous deux divorcèrent en 1937, puis se remarièrent six mois plus tard.

3. « Inséparables » : tel quel dans l'original. Nom donné à certaines espèces de petites perruches qui ne vivent bien en captivité que par couples. [N.d.T.]

4. Ce jour-là, Anna Freud fut appréhendée par la Gestapo et retenue jusqu'au soir. Max Schur rapporte : « C'est la seule fois où je vis Freud profondément préoccupé » (Molnar 1996, p. 413).

collections à ma fille Anna, qui pourra en disposer à son gré. Je te prie, toi, de te charger de l'exécution de ce testament [1].

En cordiale confiance
ton père
Pr Dr Sigm. Freud

Du temps de l'exil sont encore conservées quelques lettres de Freud à sa belle-fille et à la fille de celle-ci, Sophie [2]. *Après qu'en mai 1938 elle fut restée à Paris avec Sophie et que Martin eut poursuivi le voyage jusqu'à Londres, Esti s'engagea dans de vigoureuses tentatives pour provoquer une nouvelle union ou, tout au moins, pour voir son fils à Londres, et elle reprocha à son mari de ne pas lui envoyer assez d'argent. La correspondance qu'elle échangea avec son beau-père (et celle à laquelle elle aura encouragé sa fille) visait manifestement à renforcer son appartenance à la famille. Mais Martin était définitivement résolu à la dissolution de son mariage.*

121-Esti [En-tête Londres I] [a] 7.8.1938 [3]

Ma chère Esti

La lettre que tu m'as adressée s'est manifestement croisée avec la dernière que t'a adressée Martin, sans quoi tu aurais fait d'autres projets. Tu sais maintenant qu'après le 18 de ce mois il est invité dans le Sud par la princesse [4] (justement notre hôte en ce moment),

---

a. En-tête imprimé : Prof. Dr Freud, 39 Elsworthy Road, London, N.W. 3.

1. Ces dipositions testamentaires furent soumises le 28.7.1938, peu après l'arrivée en Angleterre, à une mise en forme juridique conforme à l'usage du pays, beaucoup plus précise et détaillée (cf. Roazen 2001). Là, outre Martin, Ernst et Anna Freud sont également désignés comme exécuteurs.
2. Les lettres à la petite-fille sont datées des 1.7, 26.7, 5.8, 26.10, 20.12.1938 et 1.5.1939 ; elles sont reproduites in SoF (p. 132-134 ; cf. photos après p. 320) et ne sont pas données une nouvelle fois ici. – Ce qui suit d'après SoF, p. 186-193, 207-215.
3. Reproduite in SoF, p. 229 ; fac-similé complet dans l'édition anglaise du livre, p. 160 *sq.*
4. Marie Bonaparte (1882-1962), mariée au prince Georges de Grèce et de Danemark, à partir de 1925 fit plusieurs tranches d'analyse avec Freud avec lequel elle se lia d'amitié. À partir de 1928, active comme analyste (Bertin 1989 ; DIP).

qu'il va passer par Paris, qu'il sera avec toi à l'aller comme au retour, de sorte que ça n'a pas de sens que tu viennes à Londres quand il n'y est pas [1]. Si son voyage devait se heurter à des difficultés et être annulé, il est vrai que ce sera nécessaire, et nous devrons alors revenir sur ton intention.

Cela règle la première moitié de ta lettre. En ce qui concerne la seconde partie, je reconnais volontiers ton droit historique à une dotation d'anniversaire [2], qui n'a été négligé qu'en ces jours sombres, et je te joins un petit chèque que tu pourras, je l'espère, convertir en argent sans peine. Organise très agréablement ton temps jusqu'à ce que tu commences ton travail.

Avec un cordial salut
Papa

122-Esti [En-tête Londres I] 16.8.1938 [3]

Ma chère Esti

J'accuse réception de tes derniers travaux [4], que je lirai aussi sans doute, dès que ce qui m'occupe présentement sera terminé [5].

Je saisis cette occasion pour te dire que je n'ai jamais douté de tes capacités ni de tes aptitudes au travail [6]. Je me réjouis qu'elles se révèlent dans ces circonstances nouvelles difficiles.

J'ai seulement toujours regretté – s'il m'est permis de parler de cela – que tu te sois gâché tellement de chances d'être plus heureuse par les jugements précipités que tu portais sur les gens et par une véhémence mal placée.

---

1. Ce voyage eut effectivement lieu, ainsi que la double rencontre avec Esti (SoF, p. 231).
2. Esti avait prié Freud de subventionner son voyage projeté (mais non réalisé) à Londres – au titre du cadeau d'anniversaire qui lui revenait de sa part, selon la tradition (SoF, p. 229).
3. Reproduit in SoF, p. 254 ; fac-similé complet dans l'édition anglaise, p. 185 *sq*.
4. Non identifiés.
5. L'« Abrégé de psychanalyse » (1940a), dont Freud entama la rédaction vers la fin juillet 1938, mais qui demeura à l'état de fragment, et ne fut publié qu'à titre posthume (Grubrich-Simitis 1993 ; p. 278).
6. À propos de la carrière professionnelle d'Esti, cf. *supra*, p. 106 *sq*.

Sur le thème au sujet duquel tu m'interroges [1], tu ne trouveras rien, pour autant que je suis bien informé, dans la littérature psychanalytique.

Avec un cordial salut
Papa

123-Esti [En-tête Londres II] [a] 22.1.1939 [2]

Ma chère Esti

Tu sais combien j'apprécie tes capacités, mais je reconnais aussi que je t'ai rarement trouvée aussi aimable que dans ce petit essai que tu m'as consacré [3].

Que Dieu te pardonne les péchés que tu y as commis par esprit partisan familial. En toute cordialité, je n'ai que deux sortes de reproches à te faire. Premièrement, qu'en vraie femme tu n'intègres pas ton adresse à tes lettres – c'est pourquoi ma réponse doit attendre jusqu'à ce que je l'aie demandée à Martin ; deuxièmement, que, dans la partie historique de ton récit, tu avances certaines inexactitudes qui pourraient facilement trouver créance, compte tenu de la position privilégiée de la personne qui rapporte. Mais elles ne sont pas très importantes. Ainsi, que père a perdu sa fortune lors du krach de 1873 et a émigré à Vienne pour cette raison. Or, il est arrivé là-bas dès 1859 ou 1860 [4]. Tous les enfants après Anna sont nés à Vienne. – Que Meynert [5] m'ait soutenu n'est pas exact, il m'était alors hostile. La scène dans l'amphithéâtre de Charcot que tu décris n'a pas eu lieu. J'avais appris par un médecin vénitien que je fréquentais [6] que Charcot cherchait un traducteur allemand,

a. En-tête imprimé : Prof. Sigm. Freud/ 20 Maresfield Gardens/ London N.W. 3/ Tel : Hampstead 2002.

1. Non éclairci.
2. L'original de cette lettre se trouve in SFP/LoC.
3. Il s'agissait d'un exposé prononcé en français « La vie privée de Sigmund Freud », qu'Esti avait envoyé à son beau-père (SoF, p. 259).
4. Le déménagement de la famille de Jacob Freud de Freiberg à Vienne via Leipzig eut lieu à l'automne 1859 (Tögel et Schröter 2004).
5. Theodor Meynert (1833-1892), à l'époque des études de Freud et ensuite professeur de psychiatrie à Vienne (Hirschmüller 1991).
6. Dr Ricchetti (cf. Jones I, p. 207).

je lui ai fait une offre épistolaire et ai été accepté [1]. Je n'ai eu connaissance que tardivement de l'essai *La Foi qui guérit* [2], il n'a eu aucune influence sur mon intention d'aller chez Charcot. – Après l'accueil défavorable de mon exposé à la Société des médecins, j'en ai fait encore un deuxième, dans lequel j'ai vraiment présenté un cas tel que Charcot l'avait décrit [3]. Cette fois, j'ai même été applaudi ; mais rien n'a changé. – C'est tout à fait à tort que tu m'associes à la fameuse prouesse de Wolf. Il était exclusivement le chien d'Anna, et je n'étais pas là quand il s'est perdu dans le Prater [4]. – Je ne peux me souvenir d'avoir été dérangé par l'attention du public lors d'une conférence d'Yvette. J'ai été à plusieurs reprises chez elle aussi longtemps que je l'ai encore pu [5].

Tu vois, chère Esti, combien il est difficile d'écrire l'histoire. Mais pourvu que les choses principales soient vraies !

Sopherl me manque beaucoup. Nous voyons ton fils Walter régulièrement pour le weekend [6], et je me hâte de t'assurer qu'il a l'air très intéressant et qu'il développe un excellent appétit. Que Martin travaille avec zèle pour se créer ici une existence, tu le sais.

Et maintenant j'espère entendre parler bientôt de ton succès à la Sorb.[onne] [7] et vous salue en attendant, toi et l'enfant, cordialement.

Papa

---

1. Comme traducteur des *Leçons sur les maladies du système nerveux*, t. III, de Charcot. En allemand : *Neue Vorlesungen über die Krankheiten des Nervensystems, insbesondere der Hysterie*.
2. Charcot (1892).
3. Des deux exposés « Über männliche Hysterie » [« Sur l'hystérie masculine »] que Freud prononça durant l'automne 1886 après son retour de Paris, seul le second a été publié (Freud 1886d ; cf. GW Nachtragsband, p. 54-56).
4. Là-dessus, Wolf sauta de lui-même dans un taxi ; le chauffeur vit l'adresse de Freud sur la plaquette accrochée à son collier et ramena le chien à la maison (MaF, p. 204).
5. À l'automne 1927, Freud assista aux trois représentations de la diseuse Yvette Guilbert « sur un siège offert par elle au premier rang » ; il l'aurait « savouré tout à fait extraordinairement » (F/E, p. 539). D'autres soirées, consacrées à des concerts, en 1929, 1930 et 1931, sont consignées in Kch (cf. Werman 1998).
6. En anglais et ainsi rédigé dans l'original. [N.d.T.]
7. Le 26 février 1939, Esti rapporta à son fils Walter que, malheureusement, rien n'était advenu de son « lectorat à la Sorbonne » (SoF, p. 259).

124-Esti [En-tête Londres I] 8.2.1939[a 1]

Ma chère Esti

Cela me fait tellement de peine de ne pouvoir accomplir ton souhait[2]. À défaut d'un accord entre époux, il n'y a rien qui puisse être modifié par l'intervention d'un étranger, et même le propre père est en cette circonstance un étranger. Il faut alors que les deux s'arrangent entre eux.

Je ne vois qu'une chose clairement : la raison que tu donnes pour expliquer que vous devenez étrangers l'un à l'autre, à savoir que Martin ne te trouve plus jolie, ne peut être la bonne. Je serais tenté de dire : cela rend un son absurde. Martin n'est plus une beauté, tu t'es mieux conservée que la plupart des femmes de ton âge et, dans votre tranche de vie, il y a d'autres choses qui jouent dans les relations réciproques un rôle plus important que la joliesse. Je m'abstiens de toute prise de parti, mais il me semble que cela tient à ce que tu lui rends la vie commune trop difficile. Ne compte donc pas sur moi en cette affaire.

Je vois avec satisfaction quelle énergie met Martin à améliorer la situation difficile qui est la sienne en exil pour lui-même, toi et les enfants. Aide-le en cette tâche dans la mesure de tes forces et attends. Je crois que tu ne peux rien faire de mieux. Je ne doute pas que, selon tes propres voies, tu ne rencontres aussi le succès à Paris.

Cordialement

Papa

---

a. Manuscrit : 1933.

1. Reproduit in SoF, p. 254 ; fac-similé complet dans l'édition anglaise, p. 183 *sq.* – Outre une erreur sur l'année, l'indication de date dans cette lettre comporte encore une particularité (cf. aussi la photo in SoF, après p. 320) : le chiffre du mois succède de si près à la date du jour que le point après celle-ci se confond presque avec elle ; les deux nombres forment pour l'œil un « 82 » – l'âge que Freud avait à l'époque.
2. Freud emploie ici une formule courante dont on sait qu'il a fait par ailleurs un concept afférent au rêve. C'est donc à dessein que j'utilise ici la traduction que j'ai adoptée lorsque je travaille sur ses corpus théoriques. [N.d.T.]

Testament (1919), ébauche d'un avis de décès (1926) et un poème d'anniversaire (1937)

En tant que fils aîné, Martin était responsable de l'exécution des dispositions testamentaires de son père. Celui-ci lui a envoyé ou remis en mains propres à plusieurs reprises des instructions en ce sens. Dans la mesure où ces documents prennent la forme d'une lettre, ils sont reproduits ci-dessus à leur place chronologique [1]. *Le document qui suit, qui a été transmis parmi les lettres à lui adressées, fait donc partie de la série mentionnée. Il devint obsolète au plus tard en 1938 du fait d'un testament établi à cette date en Angleterre.*

[En-tête Vienne] 31.1.1919

Étant donné l'extraordinaire détérioration de la situation de notre fortune à cause des conséquences de la guerre, je retire toutes les promesses et dispositions quant à la répartition de mes biens (en complément au testament déposé chez le Dr Alf. Rie), et institue ma femme Martha héritière de tout ce qui se trouve dans la maison : livres, tableaux, antiquités, tapis, mobilier, etc. Je m'en remets aussi à elle pour la répartition des souvenirs personnels entre nos enfants, Minna et Alexander. Mon assurance-vie auprès de la New York [2] est rédigée à son nom. Elle hérite de même des reconnaissances de dette de deux patients ([C.] et Dirszt.[ay]), conservées dans la cassette, si d'ici là aucun paiement n'est intervenu.

Seule, Anna garde les objets en néphrite qui lui avaient été promis, et au Dr Rank doit revenir la littérature sur le rêve, sans signification pour un autre que lui.

Devraient rester dans la maison la collection de mes propres publications psychanalytiques ainsi que l'Encycl.[opædia] brit.[annica] [3].

Si après ma mort mes livres connaissent des rééditions, les revenus de celles-ci échoiront également à ma femme. Si sa situation le lui permet, elle les emploiera pour nos petits-enfants.

---

1. Cf. 93-, 118- et 120-Martin (avec note 1, p. 189), également 53-Martin.
2. New York Life Insurance Company.
3. Freud en possédait la 11e édition (1910-1911) (Davies et Fichtner 2006).

Je compte qu'elle ne se sépare pas de Minna.

Il faudra rogner dans toute la mesure du possible sur les frais de mon enterrement : classe la plus ordinaire, pas d'oraison funèbre, avis publié après coup. Je promets de ne pas me froisser de la suppression de toute « piété ». Si cela peut se faire de manière commode et bon marché : crémation. Si je devais être à l'époque de ma mort « célèbre » – on ne sait jamais –, cela ne doit entraîner aucune modification.

Sigm. Freud

L'esquisse d'un avis de décès qui suit, rédigée de sa propre main, a été également conservée parmi les lettres à Martin[1]*. Étant donné l'indication de l'âge de Freud et le domicile (corrigé) d'Oliver Freud*[2]*, on peut dater sa rédaction de 1926.*

Le x x 192x est mort ici en sa 7x année
Monsieur le Prof. Dr Sigm. Freud
Sa dépouille a été incinérée le x x.

(Amalia Freud sa mère)

Martha Freud sa femme

Mathilde et Robert Hollitscher, Dr Martin et Esti Freud, ingén.
Oliver et Henny Freud (Breslau[a]) architecte[,] Ernst et Lucie
Freud (Berlin), Max Halberstadt (Hambourg)[,] Anna
Freud, ses enfants

---

a. Rectification de : Düsseldorf.

1. L'original a été rangé, in SFP/LoC, sous la rubrique « *subject files, last wills* ». Une copie dans la liasse des lettres à Martin figure – d'une manière sans doute chronologiquement erronée – après la lettre 106-Martin, suivie d'une copie partielle à la main et d'un commentaire d'Eissler.
2. Cf. *infra*, p. 210.

Alexander et Sophie Freud, Anna Bernays (New York) [1]
Rosa Graf, Marie Freud (Berlin), Adolfine Freud, Paula
Winternitz [2], ses frères et sœurs

Minna Bernays, sa belle-sœur

[———————]

Ernst Halberstadt, Anton Walter et Sophie Freud, Gabriel,
Michael et Raphael Freud, Eva Mathilde Freud,
ses petits-enfants.

Cette forme d'avis est conforme à une instruction du
défunt.
Vienne le x x 19xx

Pour finir, un poème de Martin Freud, rédigé à l'occasion du 81e anniversaire de son père (6 mai 1937), qui renvoie à l'aversion multiplement déclarée de celui-ci à l'endroit des cérémonies d'anniversaire.

Aujourd'hui pas de sensation [3] !

À quoi bon des drapeaux ? À aucun prix il n'en faut !
Pourquoi des fanfares ? Épargnez-nous ce tintamarre !
À quoi bon éditoriaux, dépêches et délégations ?
Pour quelle satisfaction ?
Laissez-nous à notre discrétion !

---

1. Cf. p. 226, note 3.
2. La sœur la plus jeune de Freud, Pauline (« Paula », « Pauli »), d'abord mariée à New York au marchand Valentin Winternitz. Revint après sa mort à Vienne avec sa fille Beatrice.
3. Étant donné qu'on peut sans hésiter qualifier cet ensemble de circonstance de « vers de mirliton », il m'a semblé qu'il fallait à tout prix rendre d'abord les rimes (parfois internes !), quitte à s'éloigner de la lettre du texte, dont le « sens » n'est jamais pour autant trahi. Je ne prétends pas rivaliser avec la « virtuosité » de Martin. En tout cas, pour les amateurs éclairés, voici le texte original :

Heute keine Sensation !

Wozu Fahnen ? – Davon ist abzumahnen !
Warum Musikkapellen ? – Bitte keine zu bestellen !
Weswegen Leitartikel, Depeschen und Deputationen ?
Es wird sich nicht lohnen,

Pour quatre-vingts on a laissé faire,
Mais quatre-vingt-un doit être pépère,
Que maire, ministre, doyen
Commémorent la date actuelle
Par lettres ou dons solennels,
Ou bien qu'embarrassés
Ils laissent le jour passer,
De cela nous nous moquons bien –
Même s'ils souhaitaient te louanger,
Tu n'y es pas obligé.

Voilà comment l'on s'apprête –
Pas un mot dans les gazettes,
Le magnolia fleurit,
Et le chien a bon appétit,
N'est-ce pas merveilleux ?
Aussi proclamons-nous en stricte confidence :
Les huit prochains anniversaires seront célébrés en silence !
Et jusque-là adieu !

Man soll uns verschonen !
Bei Achtzig liessen wir der Welt den Willen,
Aber Einundachtzig feiern wir im Stillen,
Ob Bürgermeister, Minister, Dekan
Des heutigen Tages gedenken
Mit Briefen oder Geschenken,
Oder ob sie sich genieren,
Und den Tag ignorieren,
Da ficht uns wirklich wenig an –
Acuh wenn dein Lob sie priesen,
Du bist nicht drauf angewiesen.

Das ist die beste Vorbereitung –
Es steht kein Wort in der Zeitung,
Die Magnolie blüht,
Und der Hund hat Appetit,
Ist das nicht schön ?
Darum verkünden streng vertraulich :
Die nächsten acht Geburtstage feiern wir gleichfalls beschaulich !
Bis dahin auf Wiedersehn !
[N.d.T.]

OLIVER (« OLI ») ET HENNY

Oliver Freud, 1926

Oliver Freud (1891-1969)
Esquisse biographique

Oliver Freud, nommé « Oli », est né le 19 février 1891. Contrairement à ses frères, son prénom ne renvoyait pas à un professeur admiré de Freud, mais aux « impressions ineffaçables » que celui-ci avait reçues à dix-neuf ans lors de son premier voyage en Angleterre, spécialement à ce qui lui apparut comme l'« époque la plus intéressante de l'histoire des peuples, le règne des puritains et d'Oliver Cromwell ». Une amie de la famille s'inquiétait de savoir comment le petit homme pourrait être à la hauteur de ce nom exigeant[1].

Oliver passait pour un joli garçon qui attirait le regard des inconnus, et pour être intelligent. À cinq ans, il apprit à lire et à écrire d'oreille ; tout à fait le pôle opposé de son frère plein de fantaisie, il réagissait aux œuvres poétiques de Martin en critiquant ses fautes d'orthographe. Pendant les vacances, on rapporte à son sujet qu'à l'âge de huit ans il s'attachait à « relever avec exactitude les chemins, les distances, les noms de lieux et de montagnes » et qu'il agençait « les montagnes comme à Vienne les lignes de S-Bahn et de tramway ». Oliver s'enthousiasmait enfant pour les locomotives et il était dans la famille célèbre pour le plaisir qu'il prenait aux questions de circulation. Chaque fois que se profilaient des voyages en chemin de fer assez compliqués, il était chargé de la tâche de sélectionner dans les indicateurs les meilleures combinaisons. Il aurait été le fils préféré de la mère, relève Ernst Waldinger, « extrê-

1. Jones I, p. 195 (« époque la plus intéressante ») ; Weissweiler 2006, p. 60 (amie de la famille).

mement consciencieux et d'une exactitude à mettre les points sur les "i"[1] ».

D'Oliver nous apprenons expressément pourquoi – comme Martin – il reçut son instruction à la maison pendant les quatre premières années scolaires et pourquoi il n'alla à l'école primaire que pour la classe de cinquième : « Pour nous épargner ces maladies infantiles, papa [voulait] n'envoyer aucun de nous, en dehors d'Anna, je crois, dans les écoles publiques pendant les trois ou quatre premières années[2]. *» Il fréquenta ensuite de 1901 à 1909 le même lycée classique que son frère aîné. Bien des années plus tard encore, sa mère soulignait que, dans toutes les classes, il fut « excellent élève ». Au fil des ans, ses notes oscillèrent, il est vrai, mais dans une gamme qui allait d'« excellent » à « satisfaisant » ; il passa le baccalauréat avec la mention « très bien » dans presque toutes les disciplines. Bien sûr, il obtint aussi la distinction « bachelier avec mention ». Comme Martin, il fêta la fin de l'école par son premier voyage autonome, qui le conduisit à Dresde, Berlin, Rügen, Copenhague, Hambourg et Cologne. Il disait de lui-même : « aussi souvent que cela m'était possible, je fis tout seul des voyages plus ou moins longs ». En 1911, il fut en Angleterre, en 1913, à Paris, et, en avril 1914, il fit même un voyage universitaire en Égypte*[3].

Manifestement en raison de son penchant pour la facticité et la précision, Oliver se résolut à devenir ingénieur en construction. Il alla à la Technische Hochschule[4] *de Vienne, où il termina ses études en juin 1914. Mais les examens réglementaires de l'automne furent supprimés à cause du commencement de la guerre. Oliver, qui avait été refusé en avril 1914 au conseil de révision, chercha du travail, en trouva dans la construction de baraquements sanitaires et fut heureux de cette possibilité de gagner de l'argent par lui-même, d'autant plus que son père voyait alors « ses revenus très réduits du fait de l'absence*

---

1. MaF, p. 53 *sq.* (joli) ; F/Fl, p. 250, 310, 462, 399 (par l'audition, fautes d'orthographe, « relever avec exactitude », etc.) ; OFI, p. 11, F/Voy, p. 267, par exemple *infra*, p. 413 (locomotives, indicateurs) ; Wald., p. 28.

2. OFI, p. 7 *sq.* – Ses deux préceptrices pour chaque paire d'années des premières classes s'appelaient Ida Mandl (épouse Bauer) et Elsa Reiss.

3. Martha/Lucie, 17.8 [1933] (UE) (« excellent élève ») ; bulletins (FMW) ; OFI, p. 6, 11 *sq.* (« voyages ») ; F/Fer I, p. 279, I, p. 561, 587, II, p. 91 (Angleterre, etc.).

4. On ne peut donner de ces mots un équivalent exact en français. *Hochschule* désigne en allemand tout établissement d'enseignement supérieur. [N.d.T.]

de tous les patients étrangers ». Bien que l'activité de son école se normalisât à nouveau à partir du début de 1915, il prit un nouvel emploi au printemps – qu'il quitta à nouveau peu de temps après. Il raconte l'histoire ainsi : de façon générale, « le papa » s'est très peu mêlé de la vie des enfants ; mais il le fit cette fois-là. Lorsque Oliver, au cours d'une visite à la maison, s'enthousiasma pour sa nouvelle activité, Freud l'aurait appelé dans son bureau et lui aurait déclaré : « Tu devrais maintenant laisser tomber cela, t'asseoir et réviser pour tes examens, afin de les avoir derrière toi aussi tôt que possible. » Il aurait parlé avec une telle gravité qu'Oliver lui obéit à contrecœur et démissionna de son emploi. Ce n'est que des années plus tard qu'il aurait reconnu combien il devait être reconnaissant à son père de son intervention. Toujours est-il que, le 1er juillet 1915, il acquit son diplôme d'ingénieur. Et ensuite, il obtint le 1er septembre un véritable poste d'ingénieur dans la même firme qu'il avait auparavant quittée. Il jeta un pont jusqu'à cette date en donnant un coup de main dans le bureau commercial de son oncle Alexander[1].

Jusqu'à la fin de 1916, Oliver fut occupé dans la construction de chemins de fer. Il travailla au percement d'un deuxième tunnel près du col de Jablonka dans les Carpates occidentales (Silésie autrichienne, aujourd'hui Tchéquie), qui était destiné à supprimer un « goulot de bouteille » – le seul tronçon à une voie sur la ligne, par ailleurs à deux voies, qui menait de Berlin dans les Balkans et à Constantinople via Cracovie. Cela devenant un projet d'importance stratégique, il fut dispensé du service militaire, bien que, lors de son conseil de révision suivant en novembre 1915, il eût été déclaré bon pour le service. En novembre 1916, Oliver aurait pu se faire encore ajourner pour quelques mois, mais les conditions de travail étaient devenues de moins en moins agréables – « la nourriture de plus en plus mauvaise et le travail de plus en plus fatigant » –, de sorte qu'il décida d'accomplir tout de suite l'inévitable et de se présenter au service militaire[2].

Pendant la période de construction du tunnel, Oliver commit, comme il le dit, « la seule faute grave de mes jeunes années » : il se maria. Sa fiancée était une Juive séfarade viennoise, l'étudiante en

1. Freud 2004d, p. 54 (« de l'argent par lui-même ») ; OFI, p. 3 (« revenus réduits ») ; *ibid.*, p. 3-5 (il raconte) ; F/A, p. 389 (bureau commercial).
2. OFM, p. 2 *sq.* (tunnel) ; F/Kal (nov. 1916) ; OFI, p. 21 (« nourriture »).

médecine Ella Haim, dont il avait fait la connaissance en 1914 au cours de la croisière en Méditerranée qui le conduisait en Égypte. Les fiançailles eurent lieu en septembre 1915, après de brèves vacances d'été, que le couple passa dans le Salzkammergut ; le mariage fut célébré selon le rituel de temps de guerre le 19 décembre. Le jugement initial de Freud sur sa belle-fille fut qu'elle était « très normale, simple, probe, ouverte, fort sympathique ». Mais, dès le début, il y eut conflit entre son vœu de mariage et son intention de terminer ses études et de s'engager dans une activité professionnelle. Et même en ce qui concernait Oliver, ses parents observaient cette expérience matrimoniale avec inquiétude ; c'est ainsi que Freud écrivait à Ferenczi : « Je ne sais pas dans quelle mesure vous connaissez Oli ; un peu sa névrose. Elle ne fera pas de lui un amant adroit et fougueux, bien qu'à tous égards il ait grand besoin de la femme. Le plus problématique me semble être son manque de souplesse, qui le rendra intolérant à l'égard des faiblesses féminines et incapable de supporter une déception et d'y mettre un terme sans dommage[1]*. »*

Les deux jeunes gens profitèrent peu l'un de l'autre. Pour le mariage, Oliver obtint deux jours entiers de permission. À cause d'une grippe, il passa la semaine du 22 février au 3 mars 1916 à Vienne, où il habita chez sa femme. Nous lisons qu'en mars Ella était enceinte ; à la fin du mois, elle fit une fausse couche, que Freud commenta ainsi : « Nous rattachons à ce malheur un petit espoir, dont on n'est pas encore autorisé à parler tout haut », à savoir la dissolution du mariage. Ella fit part de la décision en question peu de jours plus tard. Pour Pâques, Freud entreprit un voyage pénible qui le mena dans les Carpates, où il se fit conduire par des échelles à travers le tunnel en devenir. Mais il essaya surtout d'« inculquer à son fils ce qui lui manquait encore pour être persuadé qu'il avait à considérer comme une chance son divorce imminent ». Lors d'un séjour d'Oliver à Vienne, les formalités de divorce furent engagées. Le 10 septembre 1916, Freud consigna dans son calendrier : « Oli divorcé selon le rite[2]* ».*

---

1. OFM, p. 3 (« faute ») ; *ibid.*, p. 2 (vacances d'été) ; F/Fer II, p. 91, 107 (mariage selon le rituel du temps de guerre) ; 366-SophMax (« très normale ») ; F/Fer II, p. 162 « connaissez Oli »).
2. F/Kal (semaine à Vienne, décision d'Ella) ; 375-Max (« malheur ») ; FF/Fer II, p. 142 (« chance ») ; F/Kal, cf. F/Fer II, p. 144 (séjour à Vienne) ; F/Kal (« divorcé »).

Martin et Oliver, 1917

Ayant parcouru tout le cursus du lycée, Oliver avait droit à une formation d'officier dans la troupe de son choix. Le 2 décembre 1916, il fut incorporé aux sapeurs (pionniers), dont le bataillon le plus proche était stationné à Cracovie. Otto Rank, quasi-fils adoptif de Freud, qui, avant et après la guerre mondiale, agissait comme son bras droit et rédigeait à l'époque avec rang d'officier un journal de Cracovie, joua pour lui les médiateurs. Jusqu'au début de mars 1917, Oliver s'acquitta de sa formation militaire de base à Cracovie ; ensuite, il fut muté à Krems, dans l'école d'officiers de réserve pour sapeurs. Il réussit l'examen de la mi-juillet deuxième de sa classe. Après une attente de deux mois, le « caporal Oli » fut convoqué de nouveau à Cracovie, d'où il partit fin novembre pour le front galicien. Là-bas, si peu de temps avant la paix de Brest-Litovsk, il n'y avait déjà « plus beaucoup de guerre ». Ce fut en revanche autre chose en Italie du Nord, où Oliver arriva en juin – en plein dans la dernière grande offensive impériale-royale sur la Piave. Sa tâche consista à construire des routes derrière le front, puis à fortifier des positions. Le travail lui laissait un peu de temps pour lire ; sa lecture favorite était le drame Les Prétendants à la couronne *d'Ibsen. Vers le 31 juillet, il fut promu cornette. C'est seulement dans les quelques mois qui suivirent juin 1918 qu'Oliver connut, comme il dit, le « vrai service du front », en danger de mort à cause des permanentes attaques aériennes. Début octobre, sa compagnie fut transférée à l'arrière à la suite d'une épidémie de fièvre, puis envoyée dans les Balkans. Elle était en train de traverser la Hongrie lorsque la monarchie s'effondra, fut arrêtée par des troupes en rébellion, désarmée et renvoyée dans ses foyers. Le 2 novembre, Oliver arriva à Vienne – premier à rentrer de la guerre et pour quelques mois seul fils dans la maison. En décembre, il fut démobilisé. À son grand regret, il avait manqué de quelques semaines sa nomination au grade de sous-lieutenant, c'est-à-dire sa promotion dans le rang des officiers*[1].

Selon son propre sentiment, Oliver avait survécu à la guerre sans trop de duretés ; les années qui suivirent devinrent pour lui plus difficiles. Il eut le plus grand mal à trouver du travail rémunéré. Le

1. OFM, p. 3 *sq.* (troupe de son choix, deuxième de sa classe) ; F/Kal (2.12.1916, formation de base, front galicien) ; OFM, p. 3, OFI, p. 22 (Rank) ; F/Fer II, p. 268, *supra*, p. 147 (« caporal ») ; OFI, p. 24 (« plus beaucoup de guerre ») ; OFM, p. 8 (Ibsen) ; Freud 2004d, p. 56 (cornette) ; OFI, p. 24, OFM, p. 7 (service du front) ; OFI, p. 25 *sq.*, F/Kal (retour) ; OFM, p. 10 (manqué sous-lieutenant).

18 février 1919, Martha Freud écrivit à Martin que son frère faisait passer le temps « par des amusettes photographiques » – la photographie était déjà depuis des années sa passion (c'est lui qui est l'auteur du tout premier portrait de Freud de 1907, que son père reconnut officieusement). Une semaine plus tard, elle pouvait raconter à Ernst qu'Oliver avait reçu la commande, sur un délai de deux mois, de surveiller le remaniement de la villa d'une connaissance de la famille. Oliver semble d'une manière générale avoir été préparé à accepter du travail à l'étranger. De même que, pendant la guerre, il projeta par moments de partir pour Bagdad, de même il espérait à l'automne 1919 trouver un emploi dans les colonies hollandaises. Mais rien ne voulut se concrétiser, et son père remarqua que l'oisiveté ne lui faisait pas du bien. Finalement, ce fut l'infatigable ami et auxiliaire de Berlin, Max Eitingon, qui trouva pour lui à partir de juillet 1920 un poste pour six mois auprès d'un petit entrepreneur en maçonnerie du nom de Rapaport. Oliver quitta alors définitivement la maison familiale et déménagea en Allemagne – sans renoncer à sa citoyenneté autrichienne. À la fin de l'année, à nouveau grâce à l'entremise d'Eitingon, on lui proposa un emploi en Roumanie, dans une firme berlinoise qui ouvrait là-bas une mine de charbon. Il commença son activité à la mi-mars 1921, mais l'abandonna au bout de quelques semaines, pour une exploitation pétrolière plus proche. Lorsque l'entreprise connut des difficultés, il rentra en septembre à Berlin, où Rapaport eut encore du travail pour lui pendant six mois[1].

Ces turbulences externes s'accompagnèrent de turbulences internes. Oliver est celui de tous ses enfants au sujet duquel Freud s'est exprimé à des tiers de la manière la plus critique et la plus soucieuse – ce qui est sans doute lié au fait qu'il avait commencé par placer en lui des espoirs particulièrement importants. Début 1934, il faisait remarquer à Arnold Zweig : « Son talent, l'étendue et la fiabilité de son savoir furent toujours extraordinaires ; son caractère aussi est irréprochable. Ensuite la névrose s'est abattue sur lui et a balayé toutes les fleurs naissantes. » Ce jugement est resté pour l'essentiel constant sur plus de vingt ans ; la lettre de 1916 à Ferenczi, dans laquelle Freud atteste la névrose de son fils, poursuit ainsi : « Pour le reste, son être [Wesen] *n'est pas dans sa névrose ; je considère qu'il a des dons géniaux et espère*

1. OFM, p. 10 (sans duretés) ; SoF, p. 99 (« amusettes ») ; F/Jo, p. 302, cf. E. Freud et collab. 1976, p. 178 *sq.* (portrait de Freud) ; note 6 de 85-Martin (remaniement de la villa) ; 366-SophMax (Bagdad) ; 153-Ernst, F/E, p. 191,

qu'un jour, soudain, moyennant des découvertes importantes dans sa discipline, il acquerra de l'importance. Chez un être humain de cette sorte, on peut assumer tranquillement un rabougrissement sous certains rapports. » Ce rabougrissement fut largement perçu dans la famille. En est témoin, une fois de plus, le cousin Waldinger, qui écrit au sujet d'Oliver : « on racontait de nombreuses histoires à propos de son côté maniaque. Quand on lui demandait l'heure, il donnait toujours une réponse si fouillée qu'il incluait les secondes. Il était timide, inhibé et nerveux à un haut degré. Aucun de ceux qui le connaissaient ne manquait de remarquer qu'il était bizarre. [...] Avec ça, il était très habile, plein de sens pratique, en dépit de son éloignement du monde, et en toute chose très correct ». Il saute aux yeux qu'Oliver ne cessait d'être comparé à son frère cadet Ernst, et toujours à son désavantage [1].

Dans les premières années d'après-guerre, il souffrit doublement : parce qu'il cherchait du travail et une femme. Le fait qu'il n'entrevît aucune chance auprès des jeunes filles viennoises contribua à sa décision de quitter le pays natal. À Berlin aussi, il vécut une dépression sur laquelle il espéra avoir prise par une « auto-analyse ». Freud épancha alors son cœur, en décembre 1920, auprès d'Eitingon : Oliver, avoua-t-il, « fut longtemps ma fierté et mon espoir secret, jusqu'à ce qu'il devînt ensuite mon plus grand souci, dès lors que se déclara clairement son organisation anale-sadomasochiste et qu'échouèrent ensuite les tentatives de lui ouvrir une fonction génitale. La manière dont vous avez essayé et continuez d'essayer d'infléchir son destin [à savoir en lui fournissant du travail] est sans doute le mieux qu'on puisse faire pour lui. Mais je souffre beaucoup d'un sentiment d'impuissance [Hilflosigkeit] *». Cette situation désespérée atteignit un point culminant lorsque Oliver, ayant fait une demande en mariage en janvier 1921, essuya un refus. Ce fut donc peu avant son départ pour la Roumanie. Freud résuma en avril de la même année : « Si la chance est une constante dans l'équation de la vie d'un humain, [Oli] n'en a pas eu beaucoup dans la sienne* [2]. *»*

---

196 (Hollande) ; F/E, p. 214 (oisiveté) ; OFI, p. 27, 421-Max (Rapaport) ; OFI, p. 28, cf. F/E, p. 235, F/Fer III, p. 61, Oliver/Ernst, 23.1[1921] (UE) (Roumanie) ; OFI, p. 28 *sq.*, F/E, p. 272, Oliver/Ernst, 31.8.1921 (UE) (retour).

1. F/Zweig, 28.1.1934 ; F/Fer II, p. 107 (« génial ») ; Wald., p. 28 ; *infra*, p. 244 *sq.* (comparaisons avec Ernst).
2. F/E, p. 223, 232, 237 (jeunes filles viennoises, dépression, « ma fierté ») ; Lucie/Ernst, [30.1.1921] (refus) ; F/E, p. 263 (« chance »).

De retour à Berlin, Oliver eut recours au moyen extrême : il fit une psychanalyse. Eitingon ne voulant pas le prendre lui-même parce qu'il se sentait trop proche de lui, Lampl, qui était allé à Berlin pour sa formation d'analyste, lui recommanda Franz Alexander, la jeune étoile filante qui traversait le ciel de l'Institut psychanalytique de Berlin. Freud insista pour payer l'analyse, bien qu'une rémunération dans le cas d'enfants de collègues contredît à la déontologie médicale. Il se peut que le traitement ait pris fin en octobre 1922. Toujours est-il que Karl Abraham put alors communiquer à Freud qu'il trouvait Oliver « nettement changé à son avantage », et, un peu plus tard, que le jeune homme était maintenant « plus serein et beaucoup moins inquiet ». À la même époque, Anna Freud faisait état d'un autre symptôme du devenir-adulte : « Il faut qu'à l'oral et à l'écrit on appelle Oli Oliver, *sinon il est vexé. » Le signe le plus manifeste que sa vie commençait à se consolider fut le fait que la même femme qui l'avait d'abord éconduit consentit à présent à l'épouser. Le mariage eut lieu le 10 avril 1923 à Berlin. Tandis que Freud resta à la maison, Martha et Martin furent présents au titre de délégation de la famille viennoise*[1].

Henny Fuchs était née le 11 février 1892, et était la fille du médecin berlinois Paul Fuchs et de sa femme Gertrud. Elle s'était formée dans l'atelier berlinois de Lovis Corinth et avait ensuite accompli le cursus de l'Académie d'art de Weimar. Interrogée sur sa profession, elle répondait « peintre », « spécialité : portrait », également nature morte (« style : traditionnel »). Son savoir-faire était à même d'impressionner un amateur d'art tel qu'Eitingon ; ses œuvres étaient montrées à Weimar, Berlin, Düsseldorf et Breslau ; suivirent des expositions en France et aux États-Unis. Elle dispensait aussi des cours d'art, pour une part dans des jardins d'enfants et à l'école primaire, pour une autre part dans un cadre privé ; elle donnait aussi des cours de rattrapage en lecture. Dans le cadre de ses intérêts psychopédagogiques, elle allait écouter des conférences à l'Institut psychanalytique de Berlin[2]. *Après l'émigration, elle poursuivit d'une part son activité artistique et elle enseigna d'autre part (aux États-Unis) le français et l'allemand. Elle*

1. LAS/AF, p. 263 (trop proche) ; Lampl/Int., p. II/21 ; F/E, p. 277, 443-Max (Freud payait) ; F/A p. 561, 564 (« à son avantage ») ; LAS/AF, p. 75 (« *Oliver* ») ; F/Fer III, p. 118 (délégation).

2. L'une de ses sœurs, la pédagogue thérapeute et infirmière Else Fuchs, épouse Heilpern, suivit une formation psychanalytique et devint en 1933 membre de la Société psychanalytique allemande (BL/W ; cf. Henny Freud à l'American Friends Services Committee, 28.7.1942 ; OFP/LoC).

s'acquit rapidement la sympathie de son beau-père et de toute la famille Freud, et vécut avec Oliver dans une bonne entente conjugale. Le 3 septembre 1924, peut-être après une première grossesse malheureuse, elle donna naissance à sa fille Eva Mathilde, qui resta son unique enfant. Le « diablotin noir » devint une petite-fille particulièrement chérie de Freud[1].

Vers le printemps 1923, lorsque Oliver reçut le oui de Henny, il avait en vue un emploi à Duisburg, qu'il investit avec retard à cause des luttes déclenchées autour de la Ruhr. Mais la firme allait mal ; le traitement d'Oliver stagna à rebours de l'évolution générale des salaires, de sorte qu'il donna un préavis de résiliation pour juin 1925 ; son père rassura Henny, disant que cette démarche était « saine ». À partir d'août, il eut à Breslau pour six mois un « dur labeur pour un maigre salaire ». Ensuite, cette firme se heurta aussi à des difficultés, et Oliver rentra à Berlin, où il vécut avec sa femme et sa fille chez son beau-père et accepta diverses activités à court terme. Ce n'est qu'en novembre 1926 qu'il retrouva un emploi relativement bien payé, comme ingénieur en chef auprès de la firme Gottlieb Tesch, où il resta quatre ans et demi. En même temps il emménagea dans un appartement de construction récente dans l'arrondissement berlinois de Tempelhof. Il dirigea de sa propre initiative la construction de la piscine à vagues du luna-park de Halensee et prit en charge les problèmes de statique « lors de la refondation de l'opéra Unter den Linden et de la fondation sur caissons de la clinique ophtalmologique universitaire » ; plus tard, il travailla principalement comme ingénieur élaborant des projets dans un bureau. En juin 1931, il fut « redéployé » par suite de la crise économique, mais continua à recevoir de la firme de petites commandes en tant qu'« ingénieur-conseil ». Ses revenus restèrent faibles dans cette position, de sorte qu'il en était réduit à faire fond sur l'aide financière de son père. De manière générale, on discerne dans sa carrière professionnelle son « peu de goût pour le piston » dont son père le crédite à l'occasion[2].

1. Les indications biographiques contenues dans ce paragraphe sont empruntées à divers curriculum vitæ de Henny Freud (OFP/LoC). En outre : *infra*, p. 222, note 3, de 126-OliHenny (données sur les parents) ; F/E, p. 482 (savoir-faire) ; LAS/AF, p. 215, 218 et F/A, p. 581 (sympathie de la famille Freud) ; 216-Ernst avec note 2, p. 317 (grossesse malheureuse) ; F/RMB, 21.7.1929, cf. Molnar 1996, p. 353 (« diablotin »).

2. F/E, p. 325 (oui) ; F/Sam, 9.2.1923 (avec retard) ; Oliver/Ernst, 27.3.[1925] (UE), 128-Henny (résiliation, « saine ») ; F/Sam, 19.12.1925 (« dur labeur ») ; OFI, p. 31 et O. Freud à H. Grossmann, 13.1.1957 (OFP/LoC) (emploi chez

Oliver avec Henny et leur fille Eva, fin des années 1920

Après la prise de pouvoir par Hitler, il fut clair pour Oliver qu'il devrait quitter l'Allemagne, n'ayant, en tant que Juif, aucune chance d'y trouver du travail. Le 8 avril 1933, il se rendit à Vienne et eut un entretien avec son père. Ce dernier le rassura, disant qu'il n'était pas contraint de gagner de l'argent absolument tout de suite, « je suis heureusement en mesure de t'aider encore pendant quelques années ». On lui déconseilla l'Espagne et l'Angleterre ; de la France il entendait dire des choses relativement bonnes ; il se rendit donc à Paris, où il arriva fin mai. Jusqu'en 1937, il se fit un devoir de rendre visite à ses parents une fois par an, le plus souvent en novembre. Il utilisa sa première année au bord de la Seine à apprendre la langue, mais ne trouva pas d'emploi ; il dut se rendre indépendant. À cette fin, il mit à profit son violon d'Ingres, la photographie. En 1934, il s'aperçut à l'occasion d'un congé d'été dans le midi de la France que les possibilités de gagner de l'argent y étaient meilleures et que la vie y était plus agréable et meilleur marché qu'à Paris, de sorte qu'en septembre il

---

Tesch) ; p. 367, note 1, de 289-Ernst (appartement Tempelhof) ; O. Freud à Grossmann, 3.3.1957 et G. Tesch GmbH à W. Leiner, 8.2.1957 (OFP/LoC) (travaux divers à Berlin) ; O. Freud, Lebenslauf, mars 1957 (OFP/LoC) (« ingénieur-conseil ») ; 283-Ernst, F/Jo II, p. 87 (aide) ; 125-Oli (« piston »).

déménagea à Nice. Il prit à bail l'année suivante un magasin de photographie ; début 1936, il put en acquérir à des conditions avantageuses un autre qui produisait principalement de la photographie industrielle. Il avait maintenant enfin retrouvé le moyen de s'en sortir par lui-même, démentant ainsi le pronostic pessimiste de son père, qui avait écrit en 1935 à Arnold Zweig : « Sa seule chance, c'est que je vive éternellement et encaisse éternellement de l'argent que je puisse lui reverser. » À l'automne 1938, Oliver et Henny furent naturalisés Français. Leur fille Eva devint à brève échéance une « Française à 100 %[1] *».*

C'est dans cette vie satisfaisante que la guerre fit irruption, avec la formation du régime de Vichy, l'instauration des lois national-socialistes antijuives et, pour finir, l'occupation du midi de la France par les Allemands. Depuis 1941, Oliver était en quête, d'abord avec quelques réticences, de papiers pour quitter le pays. En novembre 1942, il s'en fallut d'un cheveu que, lors d'une première tentative de fuite avec sa femme et sa fille, il ne tombât entre les mains des sentinelles allemandes fraîchement installées à la frontière espagnole. En janvier 1943, lui-même et Henny purent franchir les Pyrénées clandestinement, et, en avril, ils eurent enfin réuni tous les visas nécessaires pour pouvoir s'embarquer à Lisbonne sur le bateau qui conduisait aux États-Unis. Leur émigration fut énergiquement et généreusement soutenue par des analystes autrefois viennois, qui s'étaient entre-temps installés aux États-Unis. Le couple dut non seulement abandonner à Nice toutes ses possessions, dont les tableaux de Henny et la plupart des lettres de Freud à son fils et à sa belle-fille, mais aussi Eva, âgée de dix-huit ans, qui avait franchement refusé de se joindre au second départ. Grâce à de faux papiers, elle échappa à la déportation, mais mourut en novembre 1944 des suites d'un avortement raté. Henny surtout ne put jamais surmonter ce coup du destin[2]*.*

Aux États-Unis, Oliver trouva d'abord du travail comme chargé de cours de mathématiques pour des candidats officiers ; il devint lui-

---

1. Les indications de ce paragraphe proviennent surtout de OFI, p. 32-40 (citations p. 34, 39). En outre : Molnar 1996, p. 256, 266 (8 avril et fin mai 1933) ; *ibid.*, p. 295, 341, 372, 398 (visites annuelles) ; F/Zweig, p. 146, 316-Ernst (prise à bail d'un magasin de photo) ; F/Zweig, 13.6.1935 (« sa chance ») ; F/E, p. 854 (naturalisés).
2. À propos de la fuite, cf. OFI, p. 40-46, et O. Freud, Exodus (OFP/LoC) ; en outre Henny Freud, Lebenslauf, avril 1959 (OFP/LoC) et Oliver/Ernst, 30.9.1958 (FML) (abandonné tableaux et lettres de Freud) ; Weissweiler 2006, p. 410-416 (Eva).

Sigmund Freud avec Henny et sa petite-fille Eva, fin des années 1920

même « Professeur Freud », comme son père. À partir de 1944, il vécut à Philadelphie, où, de 1945 jusqu'à la limite d'âge en août 1958, il occupa un poste dans le département de recherche et de développement de la firme Budd Co. (construction d'automobiles et de chemins de fer). En 1949, il acquit la citoyenneté américaine. La même année, il rendit visite avec Henny à sa mère à Londres, sur quoi celle-ci dit à celle qui avait été jadis sa préceptrice qu'Oli était « serein et content, qu'il [avait] une petite maison à lui et une petite voiture, indispensable aux États-Unis ». Un de ses traits, non des moindres : il fut un informateur zélé et hautement apprécié en raison de sa bonne mémoire des faits des premiers biographes de Freud, Siegfried Bernfeld et Ernest Jones. Il est mort le 24 janvier 1969 ; Henny lui survécut de deux ans. Bien qu'Oliver ait été perçu par bien des personnes qui le connurent comme un « homme très névrosé », on peut dire à la fin qu'il mena sa vie avec succès : de manière plus autonome que ses frères et moins porté par la gloire de Sigmund Freud[1].

Dans le chaos de leur fuite hors de France, Oliver et Henny ne purent sauver au total que 9 lettres de Freud. Elles datent essentiellement des années 1924-1925.

1. OFI, p. 57-59, O. Freud, curriculum vitæ, janv. 1959 (OFP/LoC) (« Assistant Professor », Budd Co.) ; Martha Freud/E. Reiss, 27.6.1949 (SFP/LoC) ; Lampl-Int., p. II/21 (« homme névrosé »).

Les lettres

Avant que ne débute le petit groupe des lettres conservées de Freud à son fils puîné[1]*, nous avons quelques lettres d'Oliver à son père*[2]*. La première a été écrite le 10 septembre 1910 à La Haye, où Martin, Oliver et Sophie passaient encore une semaine avec leur mère – Ernst et Anna étaient déjà rentrés auparavant à Vienne – après que Freud fut parti avec Ferenczi pour son voyage en Sicile. Cette lettre fait partie d'une petite série où les enfants racontent leur séjour à leur père*[3] *; la voici :*

Cher papa !

Nous n'avons pas écrit hier car nous ne savions pas si le courrier te parviendrait encore à Palerme. Cet après-midi, nous avons reçu ton deuxième télégramme de Palerme. [...]

J'ai déjà montré beaucoup de choses à maman[4], le Mauritshuis, le musée Mesdag, Delft et Scheveningen, en ville le Paleis, la Spui-Straat avec le grand magasin, etc. Sophie aussi est, à son échelle, très fringante. Hier, Sophie et moi avons pris un dernier bain à Scheveningen ; il y avait une très belle houle, mais l'eau était déjà très froide. En effet, comme par un fait exprès, depuis ton départ, le temps est tout à fait automnal, les matinées et les soirées très fraîches ; de temps en temps,

---

1. Deux cartes envoyées à l'occasion de voyages en 1909 et 1010, qui sont reproduites in F/Voy (p. 307, 350), sont ici négligées.
2. Elles se trouvent dans la liasse Oliver dans les SFP/LoC.
3. Cf. les communications en ce sens de Martin (*supra*, p. 113-115) et Sophie (*infra*, p. 413 *sq.*).
4. Oliver connaissait déjà La Haye grâce aux deux semaines qu'il y avait passées avec son père (et Ernst) en juillet 1910, tandis que Martha n'avait rejoint les autres que fin juillet.

un petit grain ; dans les intervalles, la plupart du temps, il fait beau ; aujourd'hui c'est assez maussade. Scheveningen est aussi déjà complètement mort. Hier après-midi, nous avons expédié la plus grande partie de nos bagages par l'intermédiaire d'un transporteur local qui nous les a promis pour Vienne dans 4-5 jours, parce que les bagages confiés en accompagnement à Ernst auraient coûté incomparablement plus cher. Hier soir, après le dîner, nous étions tous invités chez Mme Keiser [1] ; ce fut bien sympathique ; je crois que maman a été tout à fait épouvantée par la « Paschentin [2] ».

Aujourd'hui, nous avons passé toute la journée à Rotterdam. Nous avions déjà projeté longtemps à l'avance une visite à Rotterdam pour samedi, lorsque arriva hier une carte de Jacob Wolff, annonçant que Walter, de passage pour un voyage en Angleterre, resterait pour le sabbat chez les Wetzlar (des parents de maman [3]). Cette nouvelle nous confirma bien sûr dans notre dessein, et c'est ainsi que ce matin nous avons pris pour aller là-bas le beau train électrique, qui a aussi beaucoup plu à maman. De la ville, nous avons vu à peu près autant que l'autre fois avec toi ; nous avons simplement renoncé au musée. La ville a fait une très bonne impression à maman, et elle m'a paru aussi beaucoup plus agréable que la première fois. Chez les Wetzlar, nous avons été très aimablement reçus ; mais, à cause du sabbat, nous n'avons eu que très peu à manger. Walter Wolf[f] s'est beaucoup réjoui de nous revoir. Je serais très volontiers parti avec lui ce soir pour Londres, où il n'a que peu d'affaires à régler et compte rester environ une semaine ; en outre, il a à Londres un bon contact en la personne d'Oskar Philipp (fils de tante Mary [4]). Je crois qu'étant donné ce changement de circonstances tu n'aurais plus eu grand-chose à objecter à mon voyage à Londres [5] ; mais maman a été quand même d'avis que

1. Cf. *supra*, p. 113, note 5.
2. Graphie destinée à imiter la prononciation hollandaise du mot allemand *Patientin* [« patiente »] (on voit du reste que ladite prononciation se rapproche de l'anglaise). Il s'agit de Nel van der Linden (1867-1945), rejeton d'une riche maison, belle-sœur de Bruïne Groeneveldt (cf. note 2 page suivante), qui était en pension chez Mme Keiser. En novembre 1910, elle se rendit à Vienne avec celle-ci et Ans van Mastrigt, afin de se faire analyser par Freud (Stroeken 2010 ; cf. *supra*, p. 113, note 4).
3. À propos du type de parenté qui liait Martha Freud aux familles Wolff et Wetzlar, cf. F/MB, p. 350 *sq.*
4. Cf. *supra*, p. 174 avec note 2.
5. Qu'Oliver eût alors aimé aller à Londres, c'est une chose que Martin note aussi dans une lettre à son père de La Haye (cf. *supra*, p. 114). De fait, Freud déclara à sa femme dans une carte postale de Palerme datée du 14.9.1910 (F/Voy, p. 311) : « Je n'aurais rien eu à redire au voyage d'Oli dans ces conditions ; j'y

je ne devais pas le faire sans ton assentiment exprès, de sorte que j'y ai définitivement renoncé.

Demain, nous attendons Gretl avec son amie Paula Busch [1] [...]. Nous envisageons encore dans les prochains jours de visiter la Huis im Bosch et la Groote Kerk, où nous a guidés l'autre fois l'intelligent sacristain, et d'aller un jour – sans doute lundi – à Haarlem ou à Leyde, et de faire le tour du port en croisière recommandé par le Dr Debruine [2]. [...]

Avec bien des salutations, également au Dr Ferenczi, je reste

Ton fils fidèle

Oliver

L'ensemble suivant [3] est constitué par trois communications conservées, qu'Oliver envoya de Millstatt (Carinthie) [4] à ses parents à Karlsbad fin juillet-début août 1914. Dans une carte du 29 juillet sont décrites les premières conséquences du déclenchement de la guerre pendant la villégiature d'été : « Hier et avant-hier, une grande partie des estivants est partie dans le premier émoi suscité par les événements politiques. Ceux qui sont restés s'occupent principalement de lire et d'échanger tous les journaux auxquels ils ont accès ; il règne une satisfaction générale quant à l'énergie avec laquelle le gouvernement réagit face à la Serbie. »

Le 31, Oliver fait état dans une longue lettre du temps qu'il fait, de ses contacts, de la nourriture, de ses dépenses et de ses diverses activité sportives (natation) et autres. Par exemple : « Je suis aussi très content de mon vélo, simplement je n'ai pas pu en profiter la semaine dernière parce que les routes étaient trop ramollies. À présent, finalement, la route de Seeboden est à nouveau carrossable aux ¾ ; je fais le parcours dès aujourd'hui en 30 minutes contre 45 il y a 15 jours. » Ou bien : « Mon occupation principale est évidemment la photographie. J'ai déjà mis au point deux douzaines de prises de vue ordinaires et ½ douzaine

---

aurais même apporté une petite contribution ; c'est le fait qu'il voyage seul qui ne me plaisait pas. »

1. Cf. *supra*, p. 114.

2. Jan Rudolf de Bruïne Groeneveldt (1872-1942), chirurgien à Leyde. Avait fait sa formation entre autres à Vienne et y avait connu Freud, auprès de qui il est possible qu'il ait été en traitement (p. 74 avec note 1). Il semble que sa femme aussi ait fait une analyse auprès de Freud à la suite des rencontres en Hollande (Stroeken 2010).

3. Après une lettre commune d'Anna et d'Oliver du 18.9.1911 (F/AF, p. 79 *sq.*).

4. Où il voulait soigner les séquelles d'une blessure au pied (OFI, p. 7).

de prises autochromes, et j'ai dû commander aujourd'hui des plaques fraîches à Vienne. À partir de la semaine prochaine, je n'enverrai plus que des cartes avec vue faites par moi-même. »

Ensuite, il en vient encore à parler de la situation consécutive à la déclaration de guerre à la Serbie du 28 et de la mobilisation du 31 juillet :

Ici aussi, les événements politiques se font très fortement sentir. La Carinthie est aussi fortement touchée par la mobilisation que la Bohême. Une grande partie de la population a été incorporée aussitôt. [...] Pour l'instant, le courrier arrive encore presque ponctuellement, mais, deux des 4 facteurs ayant été appelés, il faut aller le chercher soi-même au guichet. [...]

Aucune nouvelle télégraphique officielle n'étant publiée par voie d'affiche, comme on devrait l'attendre, il arrive souvent que circulent les rumeurs les plus hasardeuses. Ainsi, pendant plusieurs jours, on n'a pu apprendre avec certitude si la circulation des chemins de fer se faisait normalement ou pas. Les hôteliers ont répandu le deuxième bruit, afin d'inciter les gens à ne pas partir ; mais ils ont par là obtenu le résultat contraire, parce que les gens en sont devenus encore plus anxieux. Peut-être que, en un premier émoi, un tiers des curistes est parti. Aujourd'hui à midi, on disait que la mobilisation générale avait déjà été décrétée, et le commandant de gendarmerie l'a confirmé. Est-ce qu'il ne s'agit là que d'une mesure préventive ou bien la Russie s'est-elle effectivement déjà exprimée en un sens hostile ? Voilà qui est encore inconnu. Les journaux paraissent ici beaucoup trop tard. Il n'est ensuite pas du tout exclu que je sois encore appelé au titre de réserviste de l'armée territoriale. Quant à l'attitude de l'Autriche et à la manière dont la crise s'est déroulée jusqu'ici, il règne une satisfaction générale, proche de l'enthousiasme. Face à l'étranger, on n'a maintenant plus besoin d'avoir honte d'être autrichien. Hier à midi, mon voisin de table a incité à organiser aussi parmi les curistes à Millstatt une collecte pour la Croix-Rouge ou les familles des réservistes. Pour l'instant, j'ai promis ma participation active. À vrai dire, ce n'est pas un sentiment agréable que de rester ici tranquillement installé dans une villégiature, tandis que presque tous mes collègues sont incorporés ; après l'appel des universités dans le journal d'aujourd'hui, j'ai eu sérieusement envie de me mettre à la disposition de l'État au titre de volontaire ; il est probable que je serais affecté au service des chemins de fer. Si la Russie s'en mêle effectivement, nous aurons cette année un automne et un hiver très graves.

Le 4 août arriva ensuite un télégramme de lui : « lettre seulement reçue aujourd'hui millstatt coupé depuis mercredi[1] *prière dire si dois rester ici ou peut-être partir à salzbourg ». Le 5, Oli fut de retour à Vienne*[2].

Les lettres de Freud à Oliver conservées commencent en 1924, après le mariage de celui-ci et son déplacement en Rhénanie.

125-Oli

[En-tête Vienne] 23.3.24

Cher Oli

Ces jours-ci, tu auras attendu avec impatience le télégramme qui doit t'appeler à Vienne. Au lieu de cela, cette lettre explicative[3]. Ton doute s'est révélé dans une certaine mesure justifié, mais l'affaire n'est pas vraiment terminée. Ce que j'ai écrit sur Bosel[4], ses bonnes intentions à l'endroit d'oncle et sa crédibilité reste vrai. Mais, depuis qu'il est rentré de son dernier voyage, il se trouve dans un état peu naturel de précipitation, de telle sorte qu'on ne peut rien faire de lui. Depuis une semaine, il donne à oncle des rendez-vous quotidiens, décommande par téléphone, ou le voit pour quelques minutes afin de s'excuser et de convenir d'une autre rencontre. Hier il pensait que tu étais là, attendant dans l'antichambre, a assuré que l'engagement était conclu et a voulu te voir tout de suite. Oncle a dit qu'aussi longtemps qu'il aurait si peu de temps

---

1. Le 29.7.
2. 352-SophMax. – Des années de guerre, il existe encore une carte commune d'Oliver et Martin aux parents (cf. *supra*, p. 147) ainsi qu'une photo du « 6 juillet » (probablement 1917 ; SFP/LoC), qui montre Oliver avec trois camarades en uniforme (leurs noms sont indiqués au verso).
3. On trouve une information supplémentaire à propos des efforts alors déployés par Oliver en vue d'un poste dans la firme Bosel (avec laquelle Martin était alors aussi en pourparlers ; cf. *supra*, p. 174) dans la lettre de Freud à son frère Alexander du 7.4.1924 (SFP/LoC), dans laquelle il est dit : « Oli a actuellement acquiescé à ce point à mes lettres qu'il a donné sa démission le 1er avril et qu'il compte sur un emploi autrichien, même si ce n'est pas à très court terme. Il pose la question, à mon avis très sensée, de savoir s'il peut entrer en communication directe avec l'ingénieur en chef de Bosel. Avant de lui donner une réponse, j'aimerais apprendre de toi quel a été le dernier résultat de tes rencontres, et je te prie de m'en informer rapidement. »
4. Siegmund Bosel (1893-1942), grossiste, banquier et spéculateur en Bourse d'origine juive, qui, vers la fin de la Première Guerre mondiale, et après, acquit une richesse fabuleuse, mais dont l'empire s'effondra en 1925-1926 (Wahl 2004). Alexander Freud avait avec lui des contacts d'affaires.

on ne pouvait pas te faire accourir ici. Il a avoué qu'il n'avait pas encore lu ta lettre qui se trouve sur son bureau avec 60 autres.

Tu diras que ce n'est pas quelque chose pour toi et nous ne voulons rien t'infliger tant que la lumière n'aura pas été ici complètement faite. Cet homme s'est engagé dans les entreprises les plus grandioses, lutte peut-être en ce moment contre une catastrophe financière, telle qu'a pu la provoquer la hausse du franc. On chuchote toutes sortes de choses, mais on ne sait rien. Cependant, il est tout à fait possible que, dans quelques jours, tout paraisse assuré et calme. La perspective d'un poste, d'un appartement et d'une carrière alléchants vaut en tout cas un peu de patience et de tolérance.

Par ailleurs, nous apprécions tout à fait ton aversion à l'endroit du piston et ton souhait de rester en Allemagne. On peut simplement se demander si ta position chez Thermosbau [1], même dans le cas d'une amélioration générale, offre suffisamment de perspectives pour justifier un sacrifice. De ton argent [2], tu peux naturellement faire ce que tu veux, il est ta propriété, et, si tu as besoin de plus pour les dépenses auxquelles on peut s'attendre, tu l'auras. Mais Martin te fait dire – et c'est aussi mon avis – que, étant donné l'incertitude juridique [3] qui règne, il est risqué d'acheter un appartement cher, qui peut vous être ensuite facilement enlevé sans indemnités. Il est probablement aussi illusoire de penser qu'on peut à tout moment le troquer en retour pour un même montant. Quand on est contraint de l'abandonner, il faut prendre ce qu'on vous donne alors en échange. Réfléchis à tout ça. Nous voulons seulement que notre brave Henny vive dans des conditions aussi bonnes que possible en cette passe pour elle difficile [4].

Depuis mon dernier rhume grippal, mon état de santé n'est pas précisément brillant, mon retour à la parole [5] progresse bien. Dans

1. Nom de la firme où Oliver travaillait (Duisburg, Sonnenwall 77 : F/Fer III, p. 198). Elle aurait sombré à la suite de la « première crise Stinnes en Allemagne » (OFI, p. 30 *sq.*).

2. Sans doute les 1 000 $ qu'il avait reçus de son père pour son mariage (93-Martin).

3. La Ruhr était occupée depuis le début de 1923 par les Français, ce à quoi la population opposait une résistance passive et violente (« *Ruhrkampf* »).

4. Elle était enceinte.

5. C'est-à-dire après l'importante opération du cancer d'octobre-novembre 1923 (cf. F/E, p. 350).

4 semaines, nous voulons aller tous au congrès de Salzbourg [1], et y rencontrer aussi tante.

Je vous salue tous deux cordialement.

Papa

126-OliHenny [En-tête Vienne] 7.5.24

Chers enfants

Votre lettre est arrivée au bon moment [2] et m'a beaucoup réjoui. En particulier que vous vous délivriez l'un à l'autre de si bons certificats ! Qu'il en soit toujours ainsi !

Mon anniversaire, dont il se pourrait bien que ce soit le dernier, s'est déroulé somptueusement. Des fleurs, des fleurs comme une *prima donna* ; mais je ne peux poursuivre comme Calchas : rien que des fleurs [3], car les meilleures gourmandises étaient aussi de la partie. Ce n'est sans doute que par délicatesse qu'on avait négligé l'habituelle langouste. Quelques livres, quelques petits cigares, dont je devrais me contenter maintenant, n'ont pas manqué non plus. Le plat de résistance a été constitué par le grand hommage de la ville de Vienne. À 12 h précises apparurent le Pr Tandler [4] et le Dr Friedjung [5] (conseiller municipal social.[iste], un de mes élèves, né à la même date), pour me communiquer au nom du maire qu'en considération de tout ce que j'avais mérité de la science j'étais nommé

Citoyen de la ville de Vienne.

---

1. Du 21 au 23 avril 1924 eut lieu à Salzbourg le VIIIe Congrès psychanalytique international. À cause des tensions entre Abraham/Jones et Rank/Ferenczi, sur lesquelles se brisa alors le « Comité », mais aussi pour des raisons de santé, Freud décida tout juste avant de se tenir à l'écart de ce congrès.
2. Pour le 68e anniversaire de Freud.
3. Parodie d'une citation de la pièce de Shakespeare *Troïlus et Cressida* (dans l'original, V, 3 : « *Words, words, mere words* [...]». À ceci près que ces paroles ne sont pas prononcées par Calchas, le voyant des Grecs devant Troie, mais par Troïlus. – Il se peut que cette plaisanterie ait son origine dans une version de *La Belle Hélène*, de Jacques Offenbach : Freud a assisté en 1922 à Berlin à une représentation de cette opérette, à laquelle il a pris grand plaisir (Lampl-Int., p. I/20).
4. Julius Tandler (1869-1936), professeur d'anatomie, après la Première Guerre mondiale politicien socialiste de la « Vienne rouge » qui faisait autorité (Sablik 1983).
5. Josef K. Friedjung (1871-1946), pédiatre, social-démocrate, depuis 1909 membre de l'Association psychanalytique viennoise (Gröger 1992).

(Cela avait déjà été annoncé des jours auparavant dans le journal. C'est une sorte d'honneur auquel il faut accorder beaucoup de valeur, mais tout de même pas autant qu'à « citoyen d'honneur ».) Je répondis qu'il fallait toujours apprécier une telle distinction venue de la ville de ses pères, même quand elle arrivait si tard, et les autres de répondre à leur tour qu'ils n'étaient pas responsables du retard, n'ayant pas été auparavant au gouvernail de la ville. En effet, l'hommage vient du parti social-démoc.[rate] ; l'*Arbeiterzeitung* me célèbre aujourd'hui dans un joli article [1]. Une missive du maire me fit ensuite savoir qu'un diplôme [2] conçu de manière artistique me serait remis prochainement à l'Hôtel de Ville. – Oli sait combien je suis peu ambitieux, mais Henny ne sait peut-être pas combien l'est maman.

Passons maintenant à des choses plus précises ! C'est très bien que les parents Fuchs [3] aient tant de confiance en votre avenir et veuillent faire des sacrifices pour vous, mais cela ne change rien

1. Le 7 mai 1924, l'*Arbeiter-Zeitung. Zentralorgan der Sozialdemokratie Deutschösterreichs* (journal du matin) relatait la double attribution du diplôme de citoyen à Robert Gersuny et Freud. Dans la deuxième partie de l'article, il est dit que « l'administration social-démocrate de la ville » s'est, en honorant Freud, « honorée elle-même et a manifesté sur un exemple largement visible qu'à l'avenir on ne doit plus rendre hommage aux héros de l'épée, mais à ceux de l'esprit ». L'article poursuit : « *Siegmund Freud* est le fondateur et le maître reconnu dans tout le monde culturel de ce qu'on appelle *méthode psychanalytique*. Partant d'observations faites sur des malades nerveux [...], il nous a fait pénétrer dans les rouages des processus psychiques jusqu'à une profondeur jamais atteinte par un autre chercheur avant lui. » Non seulement il aurait élucidé les lois « selon lesquelles se développent les phénomènes psychiques et corporels, souvent embrouillés, que l'on constate sur les gens malades des nerfs et de l'esprit », mais il aurait aussi – « deuxième découverte géniale » dans l'élan de son « activité exploratoire proprement gigantesque » – montré, en s'appuyant sur le rêve, les actes manqués, la création artistique, etc., que les mêmes lois régissent aussi la vie de l'âme des personnes en bonne santé, de sorte que toutes les sciences de l'esprit reçoivent de riches incitations de ses résultats. « Ce qui nous oblige particulièrement, nous autres socialistes, ce sont les nouvelles voies qu'il indique pour l'*éducation* des *enfants* et des *masses*. » À la fin du texte figure la mention du Centre psychanalytique ambulatoire « où l'on peut faire bénéficier les malades nécessiteux des résultats des recherches de *Freud* ».

2. Ce document était orné d'une aquarelle de Max Pollak, « Œdipe et le sphinx » (reproduction : http://www.freud-museum.at/freud/chronolg/1924-e.htm en date du 1.11.2007).

3. Les parents de Henny étaient le Dr Paul Fuchs (1861-1942), conseiller sanitaire, et Gertrud, née Boas (1867-1944). Tous deux périrent à Theresienstadt (Gedenkbuch ; Henny Freud à l'American Friends Services Committee, 28.7.1942 ; OFP/LoC). [« Boas » est la forme allemande de « Booz ». N.d.T.]

pour moi. Même si vous n'achetez pas d'appartement à D.[uisburg] – vous connaissez mes réserves dues à l'insécurité juridique –, le beau cadeau que nous attendons de Henny va nécessiter des dépenses qu'il faut prévoir. Faites-moi bien vite savoir combien il vous faut et par quelle voie, en quelles devises cela peut vous parvenir au mieux. (J'ai un dépôt de dollars à La Haye.)

J'entends volontiers parler des chances et des contacts d'Oli, mais la perspective en Autriche n'est nullement éteinte. Il est vrai que le président Bosel connaît actuellement des temps difficiles, mais il n'abandonne pas les Veitscher Werke [1], cultive avec beaucoup de sérieux ses relations avec oncle, et ne fait pas partie de ceux qui prennent une promesse à la légère. Il est même possible que nos relations s'approfondissent encore. J'ai entendu dire qu'il a l'intention de me rendre visite.

Martin aussi pense maintenant au changement [2]. Il paraît que, dans le monde des affaires, la crise a atteint une extension inquiétante.

Avec ses salutations les plus cordiales
votre papa

P.-S. Est-ce que, le 28/XII, j'ai donné à Oli $ 20 pour Ernstl à Hambourg ?

127-OliHenny [En-tête Vienne] 9.2.25

Chers enfants

Je crois volontiers que vous êtes tous deux excusés par votre dur travail d'écrire des lettres aussi rarement. Mais songez que nous ne pouvons nous empêcher de nous faire du souci quand des semaines passent sans que nous apprenions rien de vous. Vous pouvez nous épargner cela en gardant à la maison des cartes de correspondance et en écrivant pendant une minute de liberté, d'un côté, l'adresse, et de l'autre, ces lignes : « Nous allons tous trois très bien, aucun de nous n'a le temps ou l'envie d'écrire, O. ou H. ou E.M. [3] ! »

Demain partira chez vous une lettre, dont l'arrivée tombera entre les deux anniversaires et est censée apporter à chacun de vous deux [4]

1. Usines de magnésite dans le village styrien de Veitsch.
2. Cf. *supra*, p. 174.
3. La fille de six mois, Eva Mathilde.
4. L'anniversaire de Henny tombait le 11, celui d'Oliver le 19 février.

un petit billet anglais dont l'usage est laissé à la discrétion de sa précieuse personne. Ce contenu correspond à des honoraires pour une œuvre qu'un éditeur allemand m'a précipitamment envoyés en couronnes autrichiennes. Je voulais vous les faire virer directement.

Nos affaires personnelles se portent mieux que les affaires publiques ou universelles.

Avec de cordiales salutations
Papa

128-Henny [En-tête Vienne] 6.4.25

Ma chère Henny

Très heureux d'apprendre que vous avez reçu l'argent, tout au moins le premier tiers [1]. J'espère que vous n'aurez pas de difficultés avec le reste.

Je n'aimerais pas apprendre que vous l'avez remis à Ernst. Il est trop optimiste dans ses spéculations, et pour vous, la sécurité est la chose la plus importante.

D'après ses photos et tes récits – également d'après ses lettres – Evchen [2] est un être charmant. Salue-la bien de ma part.

Qu'Oli ait donné son congé [3], voilà une saine décision.

Cordialement
Papa

129-OliHenny [En-tête Vienne] 12.5.25

Chers enfants

Voici que j'ai donc aussi survécu au 69e. Cela n'a pas été commode, le matin j'ai eu un gros accès de fatigue à force de senteurs

---

1. Le 27.3.1925, Oliver avait écrit à son frère Ernst (UE) qu'on lui avait « annoncé que [son] débiteur [avait] l'intention de [lui] rembourser maintenant ponctuellement la première tranche du capital hypothécaire à échéance du 31 mars – 4 000 marks –, et le reste, prétendument aussi, dans le courant des prochaines semaines. Depuis l'arrangement en novembre, [il avait] reçu en contrepartie 18 % d'intérêts mensuels, grâce à quoi [il avait] pu faire face au loyer ». – L'identité de ce débiteur est inconnue.

2. Surnom d'Eva Mathilde, la fille d'Oliver. [N.d.T.]

3. C'est-à-dire d'un emploi en Rhénanie (cf. *supra*, p. 210). Si l'on s'en tient à la propre version d'Oliver (OFI), on a l'impression qu'il a jusque-là travaillé dans la même firme à Duisburg. Mais il arrive à Freud d'écrire (F/Sam, 21.8.1925) qu'il a quitté un poste « à Düsseldorf ».

de fleurs, de tendresses et de bons vœux. Parmi les non-Viennois, Ferenczi et Eitingon étaient présents ; la surprise, ce fut Lux [1], qui vient de repartir cet après-midi.

Au nombre des correspondances, il y eut aussi une très aimable lettre de Mme Gertrud Fuchs (Henny va aussitôt deviner qu'il s'agit de sa mère[)], à laquelle j'ai répondu dimanche. Des personnes encore plus proches, comme vous, doivent bien sûr —— [2]

attendre plus longtemps, voulais-je écrire. La visite de Herm. Keyserling [3] (½9-½12 la nuit) m'a interrompu. Il a été cette fois-ci bien plus sympathique et compréhensible qu'il y a 2 ans.

Toutes les petites nouveautés de votre lettre m'ont beaucoup intéressé, surtout, bien sûr, tout ce qui concerne Eva Mathilde, dont la dernière photo rappelle tellement sa tante Math au même âge. Comment sera-t-elle du reste appelée, E ou M ?

La petite Sophie [4], également ici, dont il s'en faut de beaucoup qu'elle soit aussi jolie qu'elle, se développe de manière charmante ; elle est gaie et radieuse. Dommage qu'en tant que grand-père on profite si peu de tous ces enfants.

Dans 7 semaines recommence notre été sur le Semmering. Je serai volontiers de la partie, plus aussi fanatique de travail qu'Oli a encore le droit de l'être.

Quand vous reverrai-je ?

Avec de cordiales salutations
Papa

130-OliHenny [En-tête Vienne] 28.6.25

Chers enfants

Je vous écris aujourd'hui en lieu et place de maman, qui est prise par le grand remue-ménage [5]. D'abord pour vous remercier de la

1. La femme d'Ernst ; cf. 223-Ernst.
2. Ici, une rature de Freud qui, outre que son enjeu n'est pas bien clair dans l'original, ne peut être rendue à sa place en traduction. [N.d.T.]
3. Hermann Graf von Keyserling (1880-1946), philosophe de la culture, dirigeait une « école de sagesse » à Darmstadt. À propos de sa visite antérieure chez Freud, cf. 203-Ernst et Rbr. IV, p. 53 ; à propos de la présente visite, cf. Freud et Groddeck 2008, p. 223 ; cf. p. 213-215.
4. La fille de Martin et Esti.
5. C'est-à-dire par les préparatifs de départ en vacances, que Freud passa cette année-là pour la deuxième fois sur le Semmering.

charmante petite photo d'EM. et vous confirmer que sa ressemblance avec sa grande tante au même âge est frappante. Ensuite pour souhaiter à Oli un prompt rétablissement et aussi un bon congé, qu'il a bien mérité. Il serait bienvenu au Semmering, mais ne voudra pas se séparer de sa femme et de son enfant, pour lesquels ce voyage ne sera pas souhaitable.

Le 30, nous partons dans notre villa Schüler [1]. Tante est déjà arrivée là-haut en provenance d'Abbazia [2]. Martin a rencontré à Paris tante Anna [3] et Lucy, mais il est déjà probablement à Londres [4]. Il a l'obligation de vous rendre visite lors de son voyage de retour.

Hier, j'ai clos mon travail annuel [5], bien content, car, en route pour le 70e, tout ça devient parfois rude. Étrange qu'on puisse devenir si vieux et soit capable de se souvenir encore d'époques où l'on était plus jeune. Et grand-mère à Ischl qui va cette année sur ses 90 !

Pour mon propre compte, je suis curieux de savoir si vous avez encore touché une mensualité de votre débiteur et si, pour l'instant, les intérêts rentrent régulièrement. En effet, si c'est le cas, la lente augmentation de vos paiements ne devrait pas en souffrir.

En juillet, Max ramènera Ernstl à la maison [6] ; il paraît qu'il va très bien. Esti est avec les enfants à Spital am Semmering, donc très près de nous.

Je vous salue tous trois cordialement et vous prie de nous tenir au courant de tous vos projets et expériences.

Papa

---

1. Dépendance du Südbahnhotel am Semmering, située à proximité immédiate de ce dernier, nommé d'après le directeur général de la Société des chemins de fer du Sud Friedrich Schüler, qui habita cette maison de 1881 à 1894 (Buchinger 2006, p. 161-163).

2. Aujourd'hui Opatija (Croatie), station balnéaire traditionnelle au bord de l'Adriatique septentrionale.

3. Anna Bernays (1858-1955), mariée à Eli Bernays, le frère de Martha Freud. Vivait à New York (cf. Freud-Bernays 2004).

4. À propos de ce voyage à Londres, cf. *supra*, p. 174.

5. Freud calculait son année de travail de vacances d'été en vacances d'été.

6. D'un séjour pour cure thermale en Suisse, qui avait duré presque un an (cf. 461 *sq.*-Max).

131-OliHenny [En-tête Vienne] [début 1926 [1]]

Il y a un peu plus d'un an, j'avais prêté à Ernst $ 500 [2]. Maintenant, ça commence à aller bien pour lui, il m'a spontanément communiqué qu'il est en mesure de me rembourser ce montant – je ne sais pas si c'est sur-le-champ –, et j'ai décidé qu'il doit le garder à votre disposition quand vous irez à Berlin [3]. Interrogez à présent vos besoins : si et quand cet argent pourrait vous être nécessaire ; pour le mois de flottement, il viendra peut-être justement à point. Demandez-le à Ernst en totalité ou en partie s'il ne l'a pas encore sous la main ; il suffit d'un mot à moi pour, si l'on peut dire, le lui avancer.

Je sais que vous êtes tous deux très innocents de la situation de détresse en Allemagne. Ici aussi, ça va indiciblement mal (Sam écrit des choses semblables de Manchester [4]). Il se trouve que moi, je ne suis pas sensible à la crise. Espérons que l'année 1926 apportera un début de l'amélioration. Pourquoi ne pas espérer ? Vous êtes encore si jeunes.

Je vous salue tous trois cordialement

Papa

Les deux lettres suivantes sont déjà adressées en France, où Oliver et Henny émigrèrent en 1933.

132-OliHenny [En-tête Vienne] 31.7.1933

Chers enfants

Mes compliments pour votre première villégiature d'été en France ! La mer doit être, n'est-ce pas, une grande découverte pour

---

1. Il s'agit manifestement d'un fragment de lettre. Il est conservé dans le dossier des lettres à Oliver, et certainement adressé à lui et à Henny. La date approximative se déduit du contenu (« que l'année 1926 », « Sam »).

2. Cf. 221-Ernst.

3. Est ici visé le déménagement à Breslau (cf. *supra*, p. 210). Peu de temps après, Freud jugea que, comparée à celle de ses autres fils, la position d'Oliver à cette époque était la plus mauvaise (F/Sam, 28.7.1926).

4. Freud échangeait des nouvelles familiales avec son neveu de quatre ans son cadet, Soloman (« Sam ») Freud (1860-1945), fils de son demi-frère Emanuel et comme ce dernier marchand (F/Sam). La lettre ici mentionnée est datée du 29.12.1925 ; Sam y parle de l'état de ses affaires : « *"Rotten" is the only word to describe it* » [« "Pourri" est le seul mot qui puisse le décrire »].

Evchen. Où se trouve au juste ce St-Briac [1] ? Avez-vous de la bonne eau potable ? Et quel son étrange rend le nom Edelweiss [2] au bord de la mer !

La déplorable canicule a trouvé hier un terme dans une chute de pression brutale. Chez nous, beaucoup de petites misères, maman a de l'eczéma aux mains et aux pieds, Martin, toujours des furoncles, etc. En août, je prends des vacances intégrales, bien que je ne sache quoi faire du temps libre. Seule la princesse me sollicitera pour une semaine, celle du 17. Je vous ferai virer par elle ces menus honoraires [3] comme extra pour l'été.

Je voudrais aussi qu'Ernst soit déjà sorti d'Allemagne, suis inquiet tant qu'il est encore là-bas [4]. Vous lisez tout de même sans doute les journaux. Notre avenir reste encore incertain. Je crois que nous dépendons des tours de force de Mussolini [5]. Bien sûr, nous tenons à exploiter jusqu'à l'extrême la possibilité de rester à Vienne.

Avec de cordiales salutations
Papa

Écrivez bientôt à nouveau !

133-OliHenny [En-tête Vienne] 2 sept. 1933

Chers enfants

Le dernière longue lettre d'Oli nous a épargné une visite à St-Briac, mais m'a aussi renforcé dans la conviction qu'il est encore capable d'autre chose que de travaux d'infrastructure et peut se reconvertir tranquillement dans d'autres activités, si celle qu'il a exercée jusqu'ici se met à faire défaut. J'espère que vous avez maintenant reçu la somme d'argent de la princesse Marie ; elle n'est

---

1. Saint-Briac-sur-Mer, à environ 80 km au nord-ouest de Rennes sur les bords de la Manche.
2. Possiblement le nom de la pension dans laquelle Oliver logeait avec sa famille. [Même mot en allemand, langue à laquelle le français a emprunté le sien. N.d.T.]
3. Soit ceux de cette semaine d'analyse avec Freud. [N.d.T.]
4. Cf. *infra*, p. 241.
5. Pour empêcher une prise de pouvoir des nationaux-socialistes en Autriche, Dollfuß, fondateur de la dictature austro-fasciste, conclut une alliance étroite avec l'Italie. En 1934, une tentative de putsch national-socialiste échoua de fait grâce à l'intervention de Mussolini.

pas censée relayer l'envoi régulier, mais vous rendre tout de même indépendants de ses échéances et vous donner plus de liberté de mouvement. Pour demain dimanche, les Laforgue [1] se sont annoncés ; nous espérons apprendre d'eux quelque chose de vos perspectives les plus proches. Les L. sont à coup sûr sympathiques ; mais, de ses promesses, rien, dans d'autres cas, n'a jamais été tenu [2].

Nous apprenons que vous avez l'intention de faire suivre mobilier et auxiliaire domestique. Mais par là, vous vous liez, peut-être prématurément, et avant que vous ne puissiez savoir si vous pourrez rester durablement à Paris. Soyez plutôt prudents. Max aussi parcourt la France en reconnaissance : Paris – Marseille – Lyon – Nice, et Anna et moi lui fournirons une contribution à son installation quand il se sera décidé [3]. Pourriez-vous converger d'une manière ou d'une autre ?

Nous aurons la joie de recevoir la visite de Lux avec ses garçons du 12 au 18 sept., avant leur départ pour Londres, et c'est pourquoi nous prolongeons notre séjour sur la Hohe Warte [4]. C'est volontiers que nous vous aurions aussi reçus ici, mais, dans notre représentation, vous restez plus proches de nous en France qu'eux en Angleterre, et il faut avant tout que vous appreniez la langue étrangère. La petite lettre d'Eva était charmante. Prélevez quelque chose sur vos nouveaux fonds pour son anniversaire en notre nom. Cordialement

Papa

Pour le 80e anniversaire de Freud, Oliver écrivit à son père, de Nice où il s'était installé entre-temps, la lettre suivante, à laquelle Henny adjoignit sa signature [5] :

---

1. René Laforgue (1894-1962), marié depuis 1922 à Paulette Erickson. Il fut cofondateur en 1926 et premier président de la Société psychanalytique de Paris (DIP).
2. À titre d'exemple, cf. F/E, p. 631 note 3.
3. En fait, Max Halberstadt n'émigra qu'en 1936, en Afrique du Sud (cf. *infra*, p. 408).
4. Quartiers d'été de cette année pour Freud, dans la banlieue de Vienne Unterdöbling ; il s'y était installé le 3 mai 1933 (Molnar 1996, p. 260). Au lieu de « Lux avec les garçons », ce furent Ernst et Lucie qui vinrent du 16 au 19 septembre (*ibid.*, p. 276 *sq.*).
5. Conservée dans une liasse de salutations adressées à Freud à l'occasion de son 80e anniversaire (UE).

Nice, le 2 mai 1936

Cher papa !

Nous gardons encore le souvenir le plus vif de ton 70e anniversaire [1] : la profusion de fleurs, le sphinx de Martin, le poème de Wolf [2], ton allocution à tes élèves : le Dr Eitingon, Jones, Ferenczi ; la délégation municipale en présence de la grand-mère radieuse. À cette époque, il se trouve que j'étais devenu professionnellement libre et que je pus sans difficulté participer pendant une semaine à Vienne à la célébration. Cette fois, je viens de surmonter avec bonheur un long interrègne, et la nouvelle activité qui commence à se développer de manière tout à fait satisfaisante ne permet pas que je l'interrompe par un voyage de plusieurs jours. Je me réjouis qu'au moins Henny et l'enfant soient allées chez toi il y a peu [3], et qu'elles aient pu me donner de bonnes nouvelles de toi (il n'y a que tante sur la santé de laquelle nous manquent depuis des nouvelles [4] !). Je me réjouis aussi particulièrement que tous deux aient pu, après une aussi longue séparation, se rapprocher personnellement de vous tous. Je suis quelque peu désolé de ne pouvoir être cette fois auprès de vous le 6 – probablement le seul de tes enfants dans ce cas [5]. Nous espérons au moins avoir notre modeste « part des restes » sous forme de photos, d'imprimés, de coupures de journaux, etc.

Avec de cordiales salutations et de bons vœux, ne serait-ce, pour commencer, qu'un bel été à Grinzing !

Oliver et Henny [6]

---

1. Dans une description que Freud adressa à Marie Bonaparte, il est dit au sujet de la participation de ses enfants à la fête d'alors (F/Corr, p. 400) : « Mathilde s'est occupée de tout de manière touchante ; mes deux fils de Berlin ont profité de l'occasion pour venir avec leurs femmes me rendre visite ; mon fils Martin [...] a fabriqué un groupe magnifique, "Œdipe et le sphinx", à l'aide des matériaux les plus drôles. »

2. Il était de tradition dans la famille que les chiens souhaitassent à Freud un bon anniversaire, avec un poème rédigé le plus souvent par Anna, à l'occasion aussi par Martin (Molnar 1994 ; on y trouve p. 84 le poème de Wolf pour le 70e anniversaire).

3. Henny était allée en visite à Vienne avec Eva pour neuf jours (Molnar 1996, p. 353 *sq.*).

4. Minna avait subi une opération aux yeux (Molnar 1996, p. 354 *sq.*).

5. En fait, Ernst ne vint pas non plus à cet anniversaire (cf. *infra*, p. 387).

6. Il y a encore, pour finir, une ébauche de télégramme non daté de la propre main de Freud (FMW), adressé à : Oliver Henny Freud/ Nice 2 Boulevard Cimiez ; expéditeur : Sigm. Freud 20 Maresfield Gns/ Hampst 2002. Texte : « *Affectionate greeting family Maresfield Gardens.* »

Ernst et Lucie (« Lux »)

Ernst Freud, vers 1920

Ernst Freud (1892-1970)
Esquisse biographique

Parmi les enfants Freud, Ernst est celui (avec Sophie, tôt disparue) dont s'est conservé ou est accessible le plus petit nombre de témoignages personnels, de sorte que, dans un tableau de sa vie, sa propre voix peut à peine se faire entendre. Né le 6 avril 1892, premier enfant mis au monde dans la Berggasse 19, il tient son prénom du physiologiste Ernst Brücke – à nouveau un personnage éponyme étranger, cette fois allemand, qui avait été à l'université de Vienne le patron vénéré de Freud. Ernst passa pour un « enfant chéri par la fortune ». Alors qu'il avait huit ans, Freud observa en lui une « force vitale inusable », une « fraîcheur et [une] sauvagerie maniaques », qui prirent parfois pour lui un tour étrangement inquiétant [unheimlich]. *En même temps, ce fils possédait, comme le constate Michael Molnar, « quelque chose de la confiance en soi de son père, et cela contribua à sa réussite dans la vie ». C'est peut-être cette singularité que Freud avait en tête lorsqu'il énonça que c'était son cadet qui lui ressemblait le plus par le caractère et par les dispositions. Un énoncé du garçonnet de deux ans devint une sorte d'adage familial. À la fin de vacances d'été au bord de l'Adriatique, il avait proclamé : « Je reste ici*[1]. *»*

À l'automne 1903, Ernst fut envoyé dans le même lycée que Martin et Oliver, mais il n'y resta qu'un an, dont la seconde moitié comme

1. F/Jo, p. 825 (« enfant chéri de la fortune ») ; F/Fl, p. 527 (« fraîcheur maniaque ») ; Molnar 2007, p. 138 ; Gardiner 1972, p. 163 (lui ressemblait le plus, F/Corr, p. 335 (« Je reste ici »).

auditeur libre[1]*, puis passa dans l'Oberrealschule*[2] *du I*^er^ *arrondissement. Il passa le baccalauréat en juin 1911, malgré un ulcère intestinal qui le contraignit ensuite à séjourner dans un sanatorium. Dès la fin de sa scolarité, son choix professionnel était fixé ; Freud écrivit : « Il veut ensuite devenir architecte. Je ne sais si je dois être d'accord. » Il fut certainement d'accord sur le fait qu'Ernst se soit écarté de son premier souhait professionnel : il aurait aimé devenir peintre – ce en vue de quoi, toutefois, selon son sentiment, il fallait être « ou bien très riche ou, hélas, tout à fait pauvre ». Autre fait qui témoigne d'une veine artistique : Ernst s'enthousiasmait pour Rilke et fit tout pour faire la connaissance personnelle de « son maître ». Il fit ses études à la Technische Hochschule*[3] *de Vienne, où il passa en juillet 1913 le premier examen d'État. Parmi ses camarades d'études, il y eut les futurs architectes Felix Augenfeld et Richard Neutra. Le premier fut un ami pour la vie ; ses relations avec le second avaient déjà trouvé leur fondement dans la période scolaire. En 1912, Ernst entreprit avec Neutra un tour de l'Italie du Nord. À partir de l'automne 1913, il poursuivit ses études à la Technische Hochschule de Munich, parce que Vienne ne lui offrait pas assez dans sa discipline*[4]*.*

Peu avant le déclenchement de la guerre, Ernst avait été ajourné une deuxième fois lors d'un conseil de révision. Lorsque, en septembre 1914, il fut jugé apte, il se porta volontaire et put faire ainsi valoir le droit qu'avait tout bachelier de choisir lui-même sa catégorie d'arme. Comme Martin, il se dirigea vers l'artillerie, et s'acquitta à Klagenfurt de la formation d'officier, qu'il termina en avril-mai 1915. Le départ en campagne, qu'il appelait de ses vœux, n'eut lieu que le 31 juillet, d'abord vers la Galicie. En septembre, il se trouva sur le Karst d'Istrie,

1. L'original porte, entre guillemets : « *Privatist* ». [N.d.T.]
2. Réalité institutionnelle qui n'a pas de strict équivalent en France. La *Realschule*, mot à mot davantage orientée vers les « réalités concrètes », s'oppose au lycée classique « humaniste ». Son cursus est plus court, ne débouche pas sur un baccalauréat de même prestige. Disons qu'elle serait plus quelque chose comme un lycée professionnel ou technique. [N.d.T.]
3. Cf. *supra*, p. 202, note 4 [N.d.T.]
4. Bulletin (FMW) (« auditeur libre ») ; Welter 2005, p. 207 (Oberrealschule) ; F/Pf, p. 51, F/J II, p. 175, F/Fer II, p. 260 (baccalauréat, sanatorium) ; F/PF, p. 51 (« devenir architecte ») ; Gardiner 1972, p. 163 (peintre) ; F/LAS, p. 52, 136-Ernst, p. 253 avec note 3, 342-SophMax (Rilke) ; Welter 2005, p. 208 (études à Vienne) ; Hines 1994, p. 12 et 14, F/Fer I, p. 429 (tour en Italie) ; F/A, p. 251 (Vienne ne lui offrait pas assez).

près de Trieste, théâtre des batailles de l'Isonzo, où, un mois plus tard, il s'en fallut d'un cheveu qu'il ne rencontrât la mort. Selon les mots de Freud : « Le hasard fit qu'il ne se trouva pas dans l'abri où, pendant que le plateau du Karst était balayé par les tirs, toute sa compagnie d'artilleurs avait cherché refuge, et il fut ainsi le seul à échapper au destin d'être enseveli et enterré par un impact de grenade. » Ernst resta sur le front italien et, plusieurs fois décoré, il fut promu le 1er *août 1916 au rang de sous-lieutenant ; à la mi-mai 1917, il fut impliqué dans la dixième bataille de l'Isonzo. À partir de novembre 1916, il se plaignit de divers tracas et commença à parler de ses « intentions de ne plus sortir ». La guerre finit pour lui quand, le 6 août 1917, moyennant le diagnostic d'ulcère, il alla d'abord dans l'hôpital d'Agram, puis à Graz et enfin, grâce à l'aide de Lampl qui lui procura une place dans un hôpital, à Vienne. En chemin, « ce petit voyou », selon l'expression du père, trouva le moyen d'attraper par-dessus le marché « une petite gonorrhée », dont on dut le « débarrasser secrètement » à Vienne. Désormais, Ernst s'installa très confortablement dans une sorte de « paix séparée ». En avril 1918, il fut déclaré inapte au service à cause d'un catarrhe pulmonaire. Commentaire laconique de Freud : « Il n'a tout simplement pas pu tenir le coup plus longtemps*[1]. *»*

Encore avant la fin de la guerre, le 28 octobre 1918, Ernst retourna à Munich pour y terminer ses études. Il ne se laissa même pas détourner de ce but par la révolution bavaroise ni par la proclamation de la République des conseils (du 7.4. au 2.5.1919). Le 20 avril 1919, Freud rapporta que son fils avait acquis son diplôme d'ingénieur « au milieu des troubles de la révolution » et « avec mention ». Jusqu'en novembre, il travailla dans un bureau d'architecte munichois et activa en même temps son déménagement à Berlin. Début octobre, Eitingon lui avait assuré là-bas un poste ; le déménagement eut lieu en décembre. Ernst prit part encore à Vienne au mariage de son frère

---

1. 352-SophMax (ajourné) ; F/A, p. 349 (droit au volontariat) ; *ibid.*, p. 384, *infra*, p. 248 (formation d'officier) ; par exemple, F/A, p. 393 (en Galicie) ; F/Fer II, p. 91 (Istrie) ; F/LAS, p. 48, cf. F/Fer II, p. 99 (« le hasard fit qu'il ne se trouva pas dans l'abri ») ; Welter 2005, p. 229, note 29 (décoré) ; F/Kal (promu) ; F/A, p. 434 (10e bataille de l'Isonzo) ; par exemple *infra*, p. 250, F/A, p. 425 (tracas) ; 68-Martin (« intentions ») ; F/Fer I, p. 260, F/A, p. 445, 77-Martin, *infra*, p. 250 (avec ulcère à Vienne) ; F/Fer II, p. 368, 278 (« petit voyou », « paix séparée ») ; F/A, p. 464, F/Kal (« inapte au service ») ; F/A, p. 445 (« pas pu tenir le coup »).

Martin ; le lendemain (8.12.1919), il quitta définitivement la maison parentale. La raison principale de ce changement énergique fut une jeune femme de Berlin, qui avait également étudié à Munich durant l'hiver 1918-1919 et avec laquelle il échangeait depuis des lettres d'amour[1].

Lucie (« Lux ») était née le 2 mars 1896, fille de Joseph Brasch, copropriétaire (juif) d'une affaire de banque, de céréales, de farine et de commissions, et de sa femme Elise, née Belgard. Freud la décrit comme une « jeune fille de bonne et riche famille, étudiante en langues anciennes » – Ernst Waldinger, qui avait un regard et une langue acérés, était d'avis que, chez Ernst, n'aurait « pu entrer en considération » absolument rien d'autre qu'une riche fiancée. Lucie était inscrite à Munich depuis octobre 1918. Elle le resta encore le semestre d'été suivant, mais se retrouva au moins à partir de la mi-avril à Berlin ; il se peut qu'elle ait fui la violence révolutionnaire et contre-révolutionnaire. Dans sa première lettre conservée à Ernst, datée du 13 mai 1919, elle demande : « Est-il vrai que le petit Toller[2] *n'est plus vivant, et est-il possible qu'ils aient aussi assassiné Landauer*[3] *? », ce qui incite à conclure à une certaine sympathie des jeunes gens pour la révolution qui venait d'être écrasée dans le sang ou, en tout cas, pour ses protagonistes Gustav Landauer et Ernst Toller. Fin mars 1920, Ernst et Lucie firent part de leurs fiançailles*[4].

Lors des noces, le 18 mai, ne furent présentes de Vienne qu'Anna et Martha Freud. Freud lui-même s'était excusé en arguant du fait qu'il ne voulait pas renoncer aux recettes des journées de travail qu'il aurait perdues à cause du voyage et que, de manière générale (si peu de temps après la mort de sa fille Sophie), il n'avait pas le cœur à la fête. Mais

---

1. F/Kal (28 octobre) ; F/Fer II, p. 386 (diplôme d'ingénieur) ; *infra*, p. 255, note 4 (bureau d'architecte munichois) ; F/E, p. 186 note 7 (poste à Berlin) ; F/Fer II, p. 410 (définitivement).

2. Ernst Toller (1893-1939), auteur dramatique allemand, pacifiste et communiste, qui prit une part active à la révolution bavaroise. [N.d.T.]

3. Gustav Landauer (1870-1919), écrivain et anarchiste, lié à Martin Buber, dirigea la revue *Der Sozialist*, fut assassiné près avoir pris lui aussi une part active à la révolution bavaroise. [N.d.T.]

4. Lucie/Ernst, [19.2.1921], Martha-Lucie, 20.3. [1925] (UE) (date de naissance de Lucie) ; Adressbuch Berlin 1920, F/AF, p. 314, note 2 (parents Brasch) ; Freud à Kata Lévy, 18.4.1920 (LoC/SFP) (« jeune fille de bonne famille ») ; Wald., p. 29 ; Studentenkartei UA München (immatriculée) ; Lucie/Ernst, 13.5.1919 (« Toller, etc. ») ; F/E, p. 216 (fiançailles).

Ernst et Lucie Freud, 1920

il eut tôt fait de développer une affectueuse inclination pour sa nouvelle belle-fille, qui le paya si fort de retour qu'il lui arrivait d'avouer à son mari : « Je suis heureuse de ne pas l'avoir [papa] connu avant toi. Je ne cesserais de me tourmenter en me demandant si c'est à cause de lui que je t'aime. » Le témoignage le plus émouvant de son affection pour son beau-père est un récit, daté du 2 octobre 1939, de la mort de Freud, dans lequel elle cherche à entrer par empathie dans le dévouement filial avec lequel Anna avait pris soin du mourant : pendant tout ce temps, une expression de bonheur aurait reposé sur le visage d'Anna, et c'est ainsi que pourrait s'expliquer pourquoi son père aurait accueilli « son sacrifice qui confinait presque à l'autodestruction » sans un mot de remerciement : « Peut-être continuait-il à être, même à l'aune de cette offrande peut-être sans exemple, encore et toujours celui qui donnait[1] ? »

La vie d'Ernst après la guerre, également ses premiers temps à Berlin, furent d'abord assombris par des soucis de santé. Freud ne cesse de mentionner le catarrhe du sommet des poumons (tuberculose) que son fils avait ramené de la guerre, et, à l'automne 1920, il le pressa si fortement de faire quelque chose en vue d'une guérison définitive qu'Ernst, au grand chagrin de sa femme enceinte, décida de faire une cure de trois mois à Arosa. Suivit un second séjour dans le même sanatorium début 1923 ; après quoi on n'entend plus parler de ce thème[2].

À Berlin, Ernst trouva d'abord du travail auprès de l'architecte Alexander Baerwald, une figure éminente du sionisme allemand, qui construisait beaucoup en Palestine. Cette entrée en contact ne lui fut à l'évidence pas seulement facilitée par l'engagement sioniste d'Eitingon, mais aussi par le sien propre, qui s'était déjà manifesté par sa participation au XIe Congrès sioniste mondial qui eut lieu du 2 au 9 septembre 1913 à Vienne. Plus tard, en 1926-1927, se profila même la chance de pouvoir construire à Jérusalem une maison pour Chaim Weizmann, président de l'Organisation sioniste mondiale ; mais le projet ne se concrétisa pas. Il aurait « très rapidement conquis Berlin », écrivit

---

1. *Infra*, p. 254, note 2, F/E, p. 220 (noces) ; F/E, p. 218 (Freud s'excuse) ; par exemple, *ibid.*, p. 208, 307-Lucie (affectueuse inclination) ; Lucie/Ernst, [19.9.1928] (« je suis heureuse ») ; F/AF, p. 551 *sq.* (récit de la mort de Freud).
2. Par exemple Freud 1985d, p. 285, F/Fer II, p. 379 (catarrhe du sommet des poumons) ; par exemple F/E, p. 238, 166- et 175-Ernst avec note 3 (cure thermale) ; 200 *sq.*-Ernst (second séjour).

Eitingon à Vienne fin décembre 1919. Il eut bientôt son propre cabinet, qui, jusqu'en 1933, fut aménagé dans ses appartements successifs, tous dans l'arrondissement de Tiergarten. On apprend qu'en juin 1921 il construisait « déjà deux maisons » (peu de temps après, trois) ; en 1928, Freud était en mesure de relater qu'Ernst avait plus de travail qu'il ne pouvait en assumer à lui seul. Une liste des projets exécutés par lui dans les années 1920-1933 confirme ce tableau de réussite. Il devait manifestement ses commandes – la majorité regardait l'architecture intérieure – dans une large mesure aux relations pour une part de sa femme, pour une autre part de son père. Il travailla pour les analystes Eitingon (et sa parentèle à Leipzig), Karl Abraham, Karen Horney, René A. Spitz et Sándor Radó, prit en charge l'aménagement intérieur de la policlinique psychanalytique berlinoise et du sanatorium d'Ernst Simmel, et construisit une maison pour son ami de jeunesse Hans Lampl, qui était également devenu analyste. Il fut employé aussi par un patient de son père. La maison de campagne qu'il construisit en 1928-1930 pour le banquier Theodor Frank à Geltow près de Berlin est considérée comme le chef-d'œuvre de la dizaine de maisons qu'Ernst créa pendant sa période berlinoise. Autre signe marquant de son ascension : la maison de vacances sur l'île baltique de Hiddensee, qu'il acquit à l'été 1927 et où Freud lui rendit visite une fois[1].

Dans le domaine familial aussi, autant qu'on peut le voir, Ernst fut heureux. Lucie mit au monde, en une succession rapide, trois fils : Stefan Gabriel (31.7.1921), Lucian Michael (8.12.1922) et Clemens Raphael (24.4.1924). On les appelait les « archanges », bien qu'on n'utilisât que dans le cas de Gabriel (« Gabi ») le nom angélique comme nom usuel. Ces enfants devinrent le centre de la vie de Lucie, le point de focalisation de son intelligence, de sa passion et de son attention, qui étaient impressionnantes. Avec Ernst (qui, lors de leur

---

1. 408-Max, Welter 2005, p. 209 *sq.*, F/Sam, 27.10.1919 (Baerwald) ; F/Jo, p. 308 (XIe Congrès sioniste) ; 225-Ernst, F/Fer III, p. 321, Welter 2005, p. 232 (projet Weizmann) ; F/E, p. 200 (« conquis ») ; Welter 2005, p. 211 (bureau) ; F/AF, p. 317, 434-Max (deux, trois maisons) ; F/Sam, 6.12.1928 (plus de travail) ; Welter 2005, p. 232-234 (liste 1920-1933) ; F/AF, p. 381, note 4 (relations de sa femme) ; F/A, p. 520 et 549, 311-Ernst (travail pour Abraham et Horney) ; 249-Ernst (patient de son père) ; D. Worbs 1997 (maison de campagne Frank) ; 237- et 274-Ernst avec note 1 (Hiddensee). – Les documents et la littérature à propos de l'œuvre d'Ernst Freud sont archivés dans la *RIBA British Architectural Library* (cf. http://architecture.com/LibraryDrawingsAndPhotographs/RI BA Library/Catalogue.aspx en date du 8.8.2009).

mariage, augmenta son nom en son honneur de l'initiale « L. »), elle mena une vie conjugale d'intimité symbiotique. Cela est attesté par les innombrables lettres qu'elle lui écrivait quand elle était séparée de lui – soit qu'elle passât l'été à Hiddensee, soit que l'un des deux partît en voyage. Ces lettres sont pleines d'informations quotidiennes, surtout à propos des enfants, et d'interrogations empressées ; elles attestent, par leurs apostrophes et leurs signatures, la tendresse inventive de l'épistolière (« Mein Überallesner », « Deine Alleine [1] ») *et contiennent sans cesse des phrases qui semblent être dictées par le tréfonds de l'âme, par exemple : « Il faudra que tu sois très gentil avec moi, cher, quand je serai à nouveau auprès de toi. Il est très dur de vivre avec mon cœur qui est toujours en flammes et ne connaît pas le repos » ; « Où sont tes lettres ?? Depuis une semaine, je ne sais pas comment tu as vécu ni comment vont nos enfants. Oh, mon Lim [le doux nom dont chacun usait à l'égard de l'autre], je ne suis rien sans toi [...]. Je ne peux pas vivre pour l'amour de moi-même. » On voit qu'elle était menacée de dépression. En même temps, elle donnait à son mari des conseils avisés sur ses affaires, ébauchait par exemple pour lui une lettre pour réclamer des honoraires en souffrance ou le dissuadait en 1925 d'abandonner une nouvelle fois leur appartement coûteux déjà au bout d'un an : par là, le fait que « nous avons eu les yeux plus gros que le ventre deviendrait trop transparent, et cela deviendrait pour nous, aux yeux de la société dont nous sommes entièrement dépendants pour ce qui est de la profession, non seulement dangereux, mais même sûrement nuisible ». Et ses intérêts s'étendaient loin : ainsi, elle envoya à Ernst une coupure de journal avec un article de Hans von Hattingberg, « La littérature psychanalytique », collecta des observations sur le complexe d'Œdipe de*

1. Il me paraît vain de traduire ces inventions uniques par des « équivalents ». Mieux vaut, me semble-t-il, en expliquer la formation. La première épithète est un substantif masculin bâti sur la formule *über alles*, qui signifie « par-dessus tout ». Elle peut donc évoquer elliptiquement : « [toi que j'aime] par-dessus tout ».
On pourrait traduire la deuxième par « ta seule », à ceci près qu'on perdrait tous les effets de sens suivants :
– « seule », avec majuscule, est substantivé ;
– *allein* ne s'emploie en principe jamais comme épithète, seulement comme attribut, ne peut donc être jamais « décliné » comme ici ;
– enfin, *allein* signifie moins « unique » que « isolée, solitaire », ce qui est la position effective et supposée de Lucie écrivant à Ernst.
On perdrait aussi la rime très riche entre *Deine* et *Alleine.* [N.d.T.]

Ernst avec ses fils Lucian, Clemens et Gabriel, 1928

ses fils et porta sur une conférence vespérale de la cousine d'Ernst, l'actrice Lilly [Freud-]Marlé, le jugement critique suivant : « bon techniquement », mais « du toc[1] *».*

Au plus tard en 1931, Ernst dut payer son tribut à la crise. Elle le contraignit à l'automne de cette année-là à déménager dans un logement moins onéreux. Fin novembre, Freud rapporta que, certes, il n'était pas obligé de soutenir son fils cadet comme les deux autres (et le beau-fils de Hambourg), mais qu'Ernst ne gagnait pas non plus un sou, vivant de l'argent de sa belle-mère fortunée. Ernst mit à profit cette période d'activité réduite pour donner un coup de main à sa sœur Anna, qui remaniait à proximité de Vienne la ferme qu'elle avait acquise à l'automne 1930 en association avec son amie Dorothy Burlingham[2]*.*

Après la prise du pouvoir par les nazis, Ernst se résolut, comme son frère Oliver, à l'émigration. À partir de la mi-mai 1933, il sonda ses

1. Welter 2005, p. 209 (initiale « L. ») ; Briefe Lucie/Ernst, 9.10.1921 (« cœur en flammes ») ; [20.9.1924] (« tes lettres ?? »), 3.8.1927 (ébauche de lettre), 21.8.1925 (appartement), 16.7.1925 (Hattingberg), [8.8.1924] « complexe d'Œdipe), 27.9.1926, cf. Tögel 2004, Freud-Marlé 2006 (Lilly).

2. Note de 284-Ernst (logement moins onéreux) ; Freud/Lampl de Groot, 29.11.1931 (LoC), F/Sam, 1.12.1931 (pas de revenus) ; Molnar 1996, p. 192 *sq.* (ferme A. Freud).

chances tant à Londres qu'à Paris, et se décida ensuite pour l'Angleterre, où il prépara sans délai son déménagement, trouvant même un internat pour ses fils. Il en revint fin août. Le 16 septembre, il fit avec Lucie une visite d'adieux à Vienne ; le 22, femme et enfant partirent pour Londres, tandis qu'il restait encore jusqu'à la mi-novembre pour liquider appartement et cabinet à Berlin. Pour Lucie, ce fut une période pénible, à laquelle elle réagit par de l'angoisse et des accès mélancoliques, tandis qu'Ernst se saisit de la situation avec énergie : « Dieu merci, il ne perd jamais courage », écrivit alors Martha à sa belle-fille[1]*.*

Dans quelle mesure Ernst connut à Londres un succès professionnel, voilà qui n'est pas tout à fait clair. En juin 1934, il était content de pouvoir couvrir un tiers de ses dépenses par des revenus. Les premières commandes dans sa nouvelle patrie – une maison, par ailleurs des aménagements intérieurs et des remaniements – vinrent de connaissances personnelles, pour la plupart des gens qui avaient émigré comme lui, parmi lesquels des analystes : Melanie Klein, Hilde Maas, Käthe Misch (plus tard Friedländer) et Ernest Jones. En 1935, il emménagea dans une maison à lui, remaniée et aménagée par ses soins, à St John's Wood Terrace – une adresse « excellente et tout ce qu'il y a de chic », comme le nota Jones en connaisseur. À partir de 1937, on trouve ensuite chez lui des projets de plus grande ampleur : un petit complexe de maisons et un ensemble de studios. Surplombant le tout : sa rénovation de la maison londonienne de ses parents dans le quartier de Hampstead (20, Maresfield Gardens, aujourd'hui musée Freud) ; pendant la guerre, il travailla aussi pour le foyer de pupilles de guerre de sa sœur Anna. Freud avait sans doute raison lorsqu'il rapportait à l'été 1938 qu'en Angleterre Ernst vivait « pour la cinquième année, en tant qu'architecte, dans des conditions prospères ». Cela est confirmé par le fait qu'il put alors à nouveau se payer une maison de vacances : à Walberswick, sur la côte de la mer du Nord dans le Suffolk (où Anna lui emboîta le pas). « C'est quelque chose d'authentiquement juif » écrivit Freud à cette occasion, « que de ne renoncer à rien et de suppléer à ce qui a été perdu[2] *». En 1939, Ernst Freud devint citoyen anglais*[3]*.*

---

1. Molnar 1996, p. 262, Martha/Ernst/Lucie, 21.6.1933 (UE) (sonda) ; 301-Lucie (internat) ; Molnar 1996, p. 276 *sq.* (visite d'adieux) ; Welter 2005, p. 212, 302-Ernst (départ, etc.) ; Weissweiler 2006, p. 362-364 (réaction de Lucie) ; Martha/Lucie, 29.7.[1933] (UE) (« ne perd jamais courage »).
2. Dans l'original : *sich für Verlorenes Ersatz zu schaffen.* [N.d.T.]
3. 311-Ernst (tiers de ses dépenses) ; Welter 2005, p. 219-226, 234 (commandes en Angleterre) ; 317-Jones/A. Freud, 23.11.1933 (BPS/A) (maison personnelle) ;

Avec les débuts de la Seconde Guerre mondiale, sa situation se détériora dramatiquement. Lucie écrivit en 1939 dans une lettre : « Ernst est pleinement convaincu de l'impossibilité de trouver actuellement du travail, et il ne remue pas le petit doigt à cette fin. Il [...] gagne environ £ 10.–,– par mois, et il m'en veut quand je me fais du souci. » Au lieu de poursuivre sa formation, il « travaille dans des jardins ou lit des romans. Peut-être devrais-je admirer son sang-froid, mais je dois avouer que cela me fait plutôt bouillir ». Des commandes éparses, qui survenaient, ne suffisaient pas pour la famille. Lorsque Lucie trouva elle-même un emploi dans une maison d'édition de cartes géographiques, son mari ne le supporta pas, de sorte qu'elle dut donner son congé. À partir de fin 1939, elle travailla comme secrétaire de rédaction et traductrice pour la maison d'édition (germanophone) Imago Publishing, qui avait été fondée à Londres pour prendre la succession de la Maison d'édition psychanalytique viennoise – sans doute le seul travail, comme elle le déclara, « qu'Ernst ne sabotera[it] pas ». Nous lisons qu'à l'été 1945 Ernst eut à nouveau beaucoup à faire. Ensuite, ses affaires connurent un reflux. Certes, il est encore question début 1965 de la commande de rénovation de la maison de vacances de voisins londoniens ; mais il faut considérer que vaut comme affirmation générale ce que Lucie nota début 1960 : Ernst « a abandonné son travail d'architecte [1] *».*

En contrepartie, il s'était découvert une nouvelle profession : agent littéraire pour l'œuvre de son père et éditeur de ses lettres ; dans cette dernière tâche, sa femme l'assistait. Il commença par travailler à un choix de lettres qui parut en 1960, sorte de biographie épistolaire grâce à laquelle le public littéraire fit la connaissance dans tous ses registres du grandiose épistolier que fut Freud ; suivirent les correspondances avec Oskar Pfister, Karl Abraham et Arnold Zweig. En dépit de tout ce que ces éditions permirent d'apprendre sur Freud et l'histoire de la psychanalyse, elles péchèrent par ceci qu'elles étaient incomplètes et que les textes étaient tronqués, souvent même sans indication d'élision. Ernst contribua par là à l'héroïsation et l'idéalisation posthumes de son

F/Bi, p. 242 (« pour la cinquième année ») ; 319-Ernst (« authentiquement juif ») ; Molnar 1996, p. 415 (citoyen anglais).

1. Briefe Lucie/Augenfeld (FML) : 13.2.1939 (Ernst convaincu), 14.11.1939 (donner son congé) ; par exemple 3.1.1940, 2.4.1941 (secrétaire de rédaction, traductrice), 11/23.8.1945 (Ernst beaucoup de travail), 7.1.1965 (voisins londoniens), 6.1.1960 (« abandonné architecte ») ; également : Welter 2005, p. 226.

père – de fait, il voulut en cultiver la gloire –, mais le tableau de Freud ainsi enjolivé qu'il promut a longtemps perturbé le travail biographique et nui à la valeur de son travail d'établissement de texte. En revanche, son dernier travail sur ce terrain dispense un plaisir pur et durable : le volume intitulé Sigmund Freud. Sein Leben in Bildern und Texten [1], *qu'il prit en charge avec Lucie (et Ilse Grubrich-Simitis) et qui parut six ans après sa mort. Ernst Freud mourut le 7 avril 1970. Lucie lui survécut de 19 ans, pétrifiée par le deuil* [2].

De tous les enfants de Freud, et excepté Anna, Ernst fut certainement celui qui réussit le mieux. Confiance en soi, compétence sûre et abord séduisant furent la base de son succès. Son père remarquait, alors qu'il avait dix-huit ans, en le comparant justement à Oliver, qu'il était « naturellement partout en tête, un diable d'homme ». Pendant des décennies, il constata lors de visites à son cadet, et ce de manière constante, l'effet vivifiant qui émanait de sa personne : il est « toujours magnifique », était-il dit en 1915. Et en 1935 : « réjouissant comme chaque fois ». De manière tout à fait semblable, Martha Freud écrivait en 1932 : « Sa fraîcheur et son courage dans la vie sont réconfortants. » Fin 1919, Eitingon remarquait qu'Ernst introduisait dans sa maison « toute une aimable vie », et Jones louait en 1933 sa vitalité communicative. Ces deux hommes qui l'avaient employé faisaient aussi l'éloge de son habileté professionnelle. Freud appréciait également de manière très générale la compétence pratique de son cadet. Il le chargea de gérer des fonds (comptes en devises), se fit fournir en antiquités par son intermédiaire, lui confia, pour la vendre, une montre qui était la dernière pièce de valeur de son patient le plus célèbre, l'« Homme aux loups », le chargea d'arranger ses multiples déplacements à Berlin en vue d'améliorer sa prothèse à la mâchoire, et eut recours à son aide pour chercher et aménager un logement à Londres [3].

1. *Sigmund Freud. Sa vie en images et en textes.* [N.d.T.]
2. Volumes à l'édition desquels Ernst Freud a participé : Freud 1960a, Freud et Pfister 1963, Freud et Abraham 1965, Freud et Zweig 1968, E. Freud et collab. 1976 ; Weissweiler 2006, p. 429 (cultivé la gloire de son père) ; Schröter 2006, p. 230 (image de Freud enjolivée) ; D. Freud 2009, p. 202 (Lucie pétrifiée).
3. 23-MathRob (« diable d'homme ») ; F/Fer II, p. 74 (« toujours magnifique ») ; F/RMB, 28.8.1935 (« réjouissant comme chaque fois ») ; Martha/Lucie, 3.9.[1932] (UE) (« fraîcheur et courage dans la vie ») ; F/E, p. 199, F/Jo, p. 827 (« vitalité ») ; F/E, p. 267, F/Jo, p. 849 (habileté professionnelle) ; 158-Ernst (compte en devises) ; 203- et 232-Ernst (antiquités) ; 204-Ernst (montre) ; 98-Martin, 241- et 251-Ernst (voyages à Berlin) ; F/E, p. 844, Freud/Lampl de Groot, 22.8.1938 (LoC) (logements à Londres).

Il est vrai qu'il y a aussi des aspects qui ternissent quelque peu ce tableau rayonnant. Il pouvait arriver que la haute idée qu'il avait de lui-même conduisît le jeune Ernst sur des chemins tortueux. Il était, écrivit Freud à l'occasion, « un élégant gaspilleur », et Hans Lampl était d'avis que le père aurait en quelque sorte admiré son cadet « en raison de son absence de scrupules ». Il cite comme exemple le fait qu'Ernst gérait la caisse de son association d'étudiants. « Et il était quelqu'un qui aimait la belle vie. Et alors il n'avait plus d'argent et il a dépensé celui de la caisse. Et puis il est allé trouver le professeur et le lui a dit, et alors le professeur lui a donné l'argent. Mais il ne trouvait pas cela correct, et il m'a confié que cela lui causait du souci. Et pourtant j'avais le sentiment qu'il avait une certaine prédilection pour lui. » Adulte, il garda un penchant pour des affaires financières casse-cou. Anna Freud, dont Ernst avait été le confident intime vers 1920, trouva la suite de son évolution, selon les mots de Lou Andreas-Salomé, décevante, parce qu'« il lui avait semblé devenir un jour quelque chose d'en quelque sorte extraordinaire, et qu'il ne devint ensuite que l'inverse : compétence, aptitude à la vie, bonheur, etc., normaux, encore que cela représentât un mieux en regard d'une époque antérieure où il paraissait se disperser ». Et, pour le cousin Waldinger, il était « l'Ernst élégant, roublard, qui connaissait la vie ». « Chez Mathilde, Martin et encore plus chez Ernst, bien que celui-ci le masquât par beaucoup de charme et de merveilleuses manières, on avait le sentiment que leur importait beaucoup la mise en valeur sociale. Ernst mettait l'accent sur quelque chose qui tenait du flegme d'un aristocrate anglais. [...] Il va de soi que, chez lui aussi, tout était réglé, même si c'était à un degré de crispation moindre que chez Oliver[1]. »

Mais, en dépit de ces zones d'ombre – le topos *dominant dans la famille était, en ce qui concerne Ernst, son succès, et qu'il était l'« enfant gâté de la fortune ». C'est au moment du mariage que Freud l'a le plus clairement formulé, écrivant à son fils : « tu as, n'est-il pas vrai, dès les premières années d'enfance, éprouvé une attirance pour l'ensoleillé, le chaud et le beau », faisant par là allusion au moment où, en 1894, il ne voulut pas quitter l'Adriatique. « Depuis, tu as façonné toi-même et d'une manière bien plus autonome que tes frères*

1. F/Alex, 19.8.1919 (« élégant gaspilleur ») ; Lampl-Int., p. II/18 ; 128-Henny, 221-Ernst (affaires financières casse-cou) ; LAS/Freud, 18.5.1925 (SFP/LoC) ; Wald. p. 28 *sq.*

aînés ton destin, à vrai dire toujours pour notre contentement et pour ta réussite à toi. » Pour son trentième anniversaire, Freud émit l'avis que son fils avait « déjà tout ce qu'on peut avoir à l'étape de la vie où [il se trouvait] : une femme tendre, un enfant magnifique, du travail, un gagne-pain et des amis », de sorte qu'il ne pouvait que lui souhaiter « que le bonheur lui restât fidèle ». Début 1938, il trouvait que l'existence d'Ernst en Angleterre se découpait « comme une oasis sur le fond de toute la misère ambiante ». « Chaque fois que j'y pense, ton succès me réjouit et m'emplit de bon espoir pour la génération suivante. » Et cette ligne de chance se poursuivit aussi dans la génération subséquente, chez les enfants de Lucie et Ernst : tandis que l'aîné, Stephen (il abandonna le nom angélique de « Gabriel »), se « contenta » de gérer pendant des décennies une affaire de quincaillerie, le cadet devint célèbre en Angleterre sous le prénom anglicisé de Clement en tant que star médiatique et politicien, pour finir anobli, et Lucian Freud acquit la stature d'un des plus grands peintres d'aujourd'hui, réalisant ainsi avec éclat le rêve professionnel originel de son père[1].

Les lettres conservées de Freud à Ernst et Lucie se répartissent d'une manière pas tout fait régulière sur les années 1918-1938. Dans cette occurrence, il y a aussi quelques salutations à l'adresse des petits-fils. La liasse qui suit contient 190 pièces.

1. 160-Ernst (« attirance pour l'ensoleillé ») ; 193-Ernst « déjà tout ce qu'on peut avoir ») ; 319-Ernst (« oasis »).

Les lettres

D'Ernst aussi, nous avons quelques lettres adressées à son père pendant les années de guerre, quoique bien moins que de Martin [1]. *De Klagenfurt, où il suivait sa formation d'artilleur et était tombé malade d'une grippe début novembre* [2], *il écrit le 20 novembre 1914 :*

J'ai entre-temps recouvré la santé et participe à nouveau à tous les exercices d'équitation, de course et de tir. Nous sommes actuellement mieux traités et, le soir, nous sommes toujours libres dès 5 heures et demie. Si l'on avait le droit de dormir aussi chez soi, les choses dans l'armée seraient tout à fait supportables. [...]

En revanche, je suis actuellement presque complètement à court d'argent, et dois t'en demander à nouveau. Je l'ai entièrement consommé en nourriture, car je n'ai absolument aucun accès à quoi que ce soit d'autre et, par chance, dormir ne coûte rien. Mais maintenant, je ne pourrai plus éviter l'achat d'un manteau ; peut-être aurai-je besoin aussi d'une culotte d'équitation, la ferai faire et te ferai envoyer la facture.

Aujourd'hui, j'ai déposé mon ticket chez Mlle von Fest [3], et je compte avoir en échange bien à manger pour dimanche midi.

Dans une lettre du 17 janvier 1915, il est dit : « Un Munichois, que j'ai rencontré ici comme volontaire, m'a raconté que, comme soldat,

1. Sont auparavant conservées deux cartes postales adressées par Freud à Ernst de son voyage en Amérique en 1909 ; elles ont été publiées dans le cadre des lettres de voyage (F/Voy, p. 275). En outre, une carte avec vue du lac de Garde (Punta San Vigilio), qu'Ernst envoya le 18.4.1914 à « Fam. Pr. S. Freud » (UE). Les lettres des années de guerre sont déposées au FML.
2. Cf. 360-SophMax.
3. Ancienne patiente de Freud (cf. Goldmann 1985).

on peut rester immatriculé gratuitement à la technique. Et là-dessus, j'ai pris la plume et demandé que mon immatriculation soit prolongée jusqu'à la conclusion de la paix. » Et on lit dans une lettre du 31 janvier :

Cher papa,

Je te remercie de tout cœur pour l'argent ; il est miraculeusement arrivé à point nommé et je veux par avance utiliser l'excédent auquel on peut s'attendre pour l'achat d'une paire de vraies chaussures. Combien on peut avoir les pieds gelés à force de rester debout dans la neige ! C'est quelque chose de proprement terrible, déjà ici, dans le Midi.

Les bonnes nouvelles de Martin me réjouissent beaucoup. Il paraît que chez nous aussi il y a des poux (associés au typhus exanthématique), et nous devons nous faire tondre le crâne à zéro, ce à quoi je ne peux absolument pas me résoudre.

Il est très probable qu'Oli sera maintenant gardé aussi. Il faudra alors que tu retires tes paroles au sujet du patriotisme et de tes 3 fils dispensés d'armée [1].

Hier, j'ai reçu de Hambourg la photo de Sophie et de mon neveu tout nu. Il est effroyablement gros ; mais, au terme d'une étude minutieuse, je suis parvenu à la conclusion que (malgré ses traits juvéniles) il ne ressemble à aucun d'entre nous autant qu'à toi. Et cela en particulier en ce qui concerne les yeux, le front et les cheveux.

Est-ce que personne d'autre ne s'en est encore aperçu ?

Il fait -15°, ciel bleu et soleil. J'ai fait du cheval et du patin à glace tous les jours.

Cordiale salutation ton fils

Ernst

Dans une lettre suivante du 19.3.1915, Ernst doit « cette fois demander de l'argent » à son père « dès avant la fin du mois, parce que le mien, à cause de mon voyage à Vienne, s'épuise plus tôt que d'habitude ». Il mentionne qu'il sera sûrement encore à Klagenfurt jusqu'à la mi-avril, parce que ses examens traîneraient en longueur, il se félicite du temps et écrit ensuite entre autres :

Votre télégramme, qui annonce la visite d'oncle, m'est parvenu le soir à l'auberge ; j'espère obtenir beaucoup de permissions pour lui. Je peux encore manier épatamment mon lieutenant, et c'est important.

---

1. À propos d'Oliver, *supra*, p. 202 *sq.* ; à propos du mot « patriotisme », cf. 50-Martin.

De Martin j'ai reçu une carte avec des conseils pour l'équipement, et Augenfeld [1] part à nouveau en campagne comme cadet. [...]

Ma dignité de caporal se fait particulièrement remarquer dans la rue ; je dois sans cesse répondre aux saluts. Hier, j'ai escorté des criminels dans le cadre de mon service ; cela aussi était très beau.

Ensuite, le 6 mai 1915, un télégramme : « aujourd'hui devenu artificier [2] pars ces prochains jours en campagne en qualité d'officier ».

Ernst finit par aller en Istrie. Sa première missive de là-bas qui ait été conservée date du 28 avril 1916. Il félicite son père pour son 60e anniversaire, le remercie pour une carte (qui a été perdue) et poursuit :

Quant à mon grade de sous-lieutenant à partir du 1er mai, ça ne donnera rien. Il semble qu'on en ait trop et qu'on laisse encore attendre ma classe. Je ne suis pas malheureux, car, dans la batterie, ça ne change rien, et, comme cornette, j'ai au moins libre accès à des médailles de bravoure, qui seront peut-être prochainement faciles à obtenir.

J'ai à nouveau beaucoup d'argent, que je voudrais en envoyer à la maison, si vous me confirmiez le dernier envoi (à peu près à la mi-mars). Et la valise ?

J'ai à présent un vrai serviteur et je suis ordonnance auprès d'un commandant. Un monsieur très militaire, quelque peu étrange, qui n'est pas très facile à manier, ce à quoi je réussis bien. Il n'y a que le soir où il me retient souvent avec des conversations sur l'art et la science jusqu'à 2 h, tout en exigeant que je me lève tôt, de sorte que je ne peux arriver à dormir 12 heures selon mon habitude. Et lui-même fait ensuite une sieste de 3-4 heures.

Sinon, je ne pourrais que me plaindre encore du temps. Il n'arrive pas à se déshabituer de la neige, et si l'on ne pensait pas à mai qui approche, on pourrait désespérer.

Mais il faut vraiment que Math m'envoie maintenant mon Baedeker [3].

---

1. Felix Augenfeld (1893-1984), architecte viennois, émigra en 1938 en Angleterre, en 1940 aux États-Unis. Ami d'Ernst depuis le temps des études (plus tard surtout aussi de Lucie). Conçut vers 1930 un fauteuil de bureau marquant pour Freud, qui était adapté à la position singulière que prenait celui-ci pour lire (Molnar 1996, p. 135 *sq.*).

2. *Feuerwerker* : le « le plus haut grade de sous-officier » d'artillerie (F/A, p. 384).

3. Nom de très populaires guides de voyage en Allemagne, en référence à leur auteur, un peu comme nous parlerions aujourd'hui de « guides Michelin ». [N.d.T.]

Le 24 novembre 1916, Ernst exprime l'espoir de pouvoir rendre prochainement visite à ses parents :

L'effectif des officiers auprès des batteries en sortie est diminué, les surnuméraires sont envoyés à la batterie de secours de Szombathely = Steinamanger [1] et ne sont réutilisés depuis là-bas qu'en cas de besoin. Ma venue n'est pas encore tout à fait fixée.

Depuis quelque temps, je ne me sens pas très bien. La semaine dernière, j'ai eu en particulier des douleurs assez fortes au cœur qui ressemblent tout à fait à celles que j'ai eues avant, et je suis aussi resté alité avec un peu de fièvre.

C'est pourquoi, si une occasion favorable se présente, au lieu du passage par la batterie de secours, j'essaierai d'arracher à un établissement sanitaire de campagne une permission de repos de plusieurs semaines, ce qui, paraît-il, est beaucoup plus difficile à l'arrière. N'aie donc pas peur, si ma prochaine adresse devait être un hôpital.

On ne trouve dans les sources aucune confirmation du fait qu'Ernst aurait quitté le front dès 1916. Les 2-3 février 1917, Freud inscrit dans son calendrier : « Attendu Ernst en vain », et seulement le 15 avril : « Ernst en permission. » Le 3 mai, celui-ci « retourna au front », c'est-à-dire sur l'Isonzo [2]. On trouve ensuite du nouveau dans une carte de sa main datée du 6 août 1917, dans laquelle il est dit : « je vais aujourd'hui à l'hôpital avec un ulcère et la maladie dont je me plains par lettres depuis des semaines. Prière donc de ne plus envoyer de courrier ici jusqu'à nouvel ordre. Il n'y a aucun raison de s'inquiéter ». Le 22 août, Freud rapporte : « Enfin ce matin une lettre nous informant que Lampl lui a obtenu un accueil dans l'hôpital de la Stiftskaserne et qu'il espère arriver à Vienne le lendemain (le 20) [3]. »

À partir de là, Ernst resta dispensé du service de la guerre. Le 28 octobre 1918, il déménagea à Munich pour y terminer ses études. C'est à cette époque que commencent les lettres substantielles que Freud lui adressa et qui ont été conservées.

---

1. Cf. 77-Martin avec note 2, p. 151.
2. F/Kal ; F/A, p. 434.
3. F/AF, p. 188 ; cf. 386-SophMax.

134-Ernst [En-tête Vienne] 29.X.18 [a]

Cher Ernst

À peine es-tu parti que je suis poussé à t'écrire.

Sophie se fait du souci quant à la sécurité de son envoi d'argent mensuel. Je te demande donc de prélever sans délai, te fondant sur ta lettre [1], 1 000 mk et de les garder par-devers toi jusqu'à ce que tu reçoives d'elle ou de moi commission de les lui envoyer. Quant à toi-même, tu es, n'est-ce pas ? approvisionné à court terme.

Oli n'est pas venu [2].

Salutation et souhaits cordiaux

Papa

135-Ernst [En-tête Vienne] 4.XII.18. [b] [3]

Cher Ernst

Je me réjouis qu'au moins tu ailles bien, et espère que tu t'aimes assez pour ne pas oublier ta santé. Tu as bien eu des nouvelles de Martin ; j'ai mobilisé Sachs pour qu'à partir de la Suisse il se renseigne sur son nouveau séjour et ses besoins [4]. Pour Sophie, j'ai obtenu 5 000 mk [5] par un virement des St. Stefanswerke [6], de sorte que tu n'as pas besoin de partager tes marks avec eux.

Je n'ose pas me défaire de mon document d'appartenance, étant donné que je ne peux être sûr du moment où je pourrai le récupérer et que je peux à tout moment me trouver dans la situation d'en

a. Enveloppe associée adressée à : Herrn Obltt Ernst Freud/ München/ Technische Hochschule.

b. L'enveloppe associée ne porte que l'adresse : Herrn Ernst Freud.

1. Il est possible qu'il s'agisse d'une lettre avec numéraire ou d'une procuration pour un compte de Freud.

2. Il revint de la guerre le 2 novembre 1918 (cf. *supra*, p. 206 *sq.*).

3. Cette lettre fut sans doute apportée à Ernst à Munich, comme l'enveloppe le rend vraisemblable, par l'ami Wallesz qui est nommé dans la note.

4. À propos des destinées de Martin après la fin de la guerre, qui sont mentionnées plusieurs fois dans la suite, cf. *supra*, p. 160-168.

5. La somme n'est pas lisible avec certitude ; il est possible aussi qu'il faille lire « 9 000 ». C'est en se fondant sur 398-Soph qu'on penche plutôt pour « 5 000 ».

6. Peut-être des honoraires médicaux.

avoir besoin. J'espère que sa copie légalisée te suffira [1] auprès de la République bavaroise [2].

Dieu sait par quels détours, Freund a rétabli la communication avec nous ; nous obtenons tout de lui : farine, lard, viande, cigares, etc. Si ça continue comme ça, nous serons à l'abri de la faim. Il ne peut envoyer ni lumière ni chaleur. Mes livres sont à Teschen [3] et ne trouvent pas le chemin de Vienne.

Je te salue cordialement
Papa

136-Ernst [En-tête Vienne] 8.XII.18 [a]

Cher Ernst

Je te remercie pour l'état de tes comptes et ne le trouve pas si dissuasif. Tu as emporté 4 000 mk et bien des dépenses ne se répéteront pas. Si tu n'achètes pas de porcelaine (sauf si très bon marché) et ne prêtes pas d'argent, tu t'en tireras longtemps, et j'ai de mon côté un nouveau dépôt de marks.

---

a. Enveloppe associée adressée à : Herrn Ernst Freud, Gabelsbergerstr. 3, München, Baiern ; avec papier collant et mention imprimée : Militärischerseits unter Kriegsrecht geöffnet [ouvert par l'autorité militaire conformément au droit de la guerre].

1. Déjà la veille, Martha avait écrit dans le même esprit à Ernst (FML) : « Mais papa va faire confectionner pour toi une copie certifiée de *son* attestation de résidence (= preuve de citoyenneté), que Wallesz t'apportera et qui te suffira sans doute pour l'acquisition du passeport ». On a conservé la copie datée du 4.12.1918 de ce document délivré le 4 mars 1908 (UE). Le texte dit en substance : « À Monsieur le Dr Sigismund Freud. Le comité du conseil municipal de Vienne chargé de l'attribution du droit de résidence et de citoyenneté vous a admis, par suite de votre requête du 27 novembre 1907 et attendu les preuves fournies des prérequis légaux, dans l'association des membres de la commune de Vienne par un décret daté du 16 janvier 1908. Cette admission s'étend [...] aussi à votre épouse Martha née Bernays et aux enfants qui n'y étaient pas encore autorisés par eux-mêmes [... Mathilde, Jean Martin, Oliver, Ernst, Sofie et Anna]. Le nom et la date de naissance d'Ernst y sont soulignés à la main.

2. Le 7.11.1918, une révolution avait eu lieu en Bavière ; le roi s'était enfui. Le 8 avait été proclamé l'« État libre [*Freistaat*] » de Bavière. [Curieusement, il arrive encore aujourd'hui qu'on qualifie la Bavière de *Freistaat*, plutôt pour lui conférer alors une sorte de souveraineté particulariste « suprafédérale ». N.d.T.]

3. C'est à Teschen (Český Těšcin), qui faisait autrefois partie de la Silésie morave, rattaché après la guerre à la Tchécoslovaquie nouvelle devenue autonome, que se trouvait l'imprimerie Prochaska, avec laquelle collaborait Hugo

Je voudrais répéter jusqu'à satiété que le maintien de ta santé est l'essentiel. Bien sûr, le processus n'est pas encore éteint [1]. Peut-être qu'une fois tes études terminées tu pourras encore aller pour un certain temps à Davos. Sachs en dit le plus grand bien dans ses lettres ; en ce moment, la Suisse ne laisse personne franchir ses frontières, que l'individu soit en bonne santé ou malade. Avec ta profession, j'espère, tu trouveras encore à te réconcilier. Un changement à ton âge est aussi grave qu'un divorce.

Tu as eu certainement des nouvelles de Martin : dernière lettre du 14 novembre, d'un hôpital de campagne ital. 107, *zona di guerra*. Contenu : il va mieux et attend d'être transporté dans l'arrière italien. Sachs est chargé de se renseigner par la + Rouge et de s'adresser directement à Diena à Padoue. Nous verrons si nous arrivons à quelque chose.

Tu as eu réellement le temps de devenir encore lieutenant. Oli se repose sans trouver d'emploi. Max écrit déjà de son atelier, espérant que le public se souviendra encore de lui [2]. Chez nous, le manque de lumière confère à tout une atmosphère sombre ; on attend d'un jour à l'autre le rétablissement de l'éclairage de la circulation des trams. Nous avons bien porté sur Rilke un jugement exact [3]. De Heller, j'ai reçu avant-hier de gros honoraires pour les deux derniers livres qui me sont parvenus ici en provenance de Teschen, en au moins quelques exemplaires. Ils ont été partagés entre les mineurs de la famille (Annerl et les deux enfants de Sophie). Le petit [4] doit arriver dans 8 ou 15 jours.

Arrange-toi pour que ta vie, en dépit de toute ton application, soit agréable, et écris à nouveau bientôt

Papa

Heller. La 4e suite des *Kleine Schriften* et la réédition des *Conférences* étaient déjà en préparation depuis juillet (cf. 79-Martin avec note 5).

1. Depuis au moins neuf mois, Ernst vivait avec le diagnostic « catarrhe pulmonaire » = tuberculose (cf. *supra*, p. 235).
2. Cf. *infra*, p. 405.
3. Rilke, qu'Ernst vénérait (*supra*, p. 256), vivait alors à Munich ; cf. 139-Ernst avec note 6, p. 256. Ce passage pourrait viser l'attitude de Rilke à l'endroit de Freud et de sa famille, en fin de compte de rejet, en dépit de tout le charme de ses manières.
4. Le deuxième enfant de Sophie.

137-Ernst [En-tête Vienne] 30.3.19

Cher Ernst.

Prends tout de suite cette lettre comme vœu pour ton anniversaire du 6/3 [1], car il n'y aura rien d'autre pour l'instant. J'ai à ta disposition 3 000 mk, que je t'enverrai dès que virements et lettres de paiement redeviendront possibles – à condition qu'on ne me les reprenne pas avant. Quant à savoir si tu dois te reposer ou si tu reprends tout de suite au travail, il faut que tu t'en remettes à la décision du médecin ; et si tu t'y mets, choisis les environs de Munich, qui doivent être assez beaux au printemps. Que, pour Pâques, j'aille à Munich ou Hambourg, voilà qui est exclu, si fort que soit mon désir de le faire. On ne peut guère venir à bout des formalités de passeport ; cela me prendrait des jours ; et le voyage est par lui-même déjà si long qu'il ne resterait rien pour le séjour. Or, il faut que je cherche à gagner de l'argent, aussi longtemps que ça marche. Les patients de Ferenczi sont tous devenus insolvables en un jour [2].

À présent, c'est la misère totale. Nous avons bien souffert de la faim et du froid, jusqu'aux os, vivons dans l'incertitude la plus étrange quant à ce qu'apportera le lendemain, et sommes en chute libre tous ensemble. Je ne peux pas non plus t'exhorter du tout à rentrer bientôt à la maison, car il ne peut y être encore question d'occasion d'embauche. Par un heureux hasard, Oli a sans doute trouvé un emploi pour 2 mois par l'entremise amicale d'Ella Götzl-Pick [3]. Mais de Martin, nous avons de très bonnes nouvelles ; il est à présent à Cogoleto, à une heure de Gênes, bénéficiant d'une plus grande mobilité et de meilleurs soins, et de surcroît, j'attends qu'un Dr Mackenzie, qui est influent à Gênes, s'engage en sa faveur, en raison de ses relations avec Sachs. Rank, Sachs et Jones se sont rencontrés la semaine dernière en Suisse pour des affaires d'édition et d'association. Rank doit revenir dans les premiers jours d'avril et rapporter aussi une petite partie des propriétés anglaises d'Annerl. J'espère que Sophie est déjà à présent auprès de son mari à Hambourg. L'intérêt le plus vif nous porte bien sûr actuellement vers les Freund à Budapest, mais,

---

1. C'est ce qu'on lit dans le manuscrit. En fait, cet anniversaire tombait le 6 avril.
2. Ferenczi avait informé Freud dans une lettre du 25.3.1919 de cette conséquence de la révolution hongroise, qui conduisit fin mars à l'instauration de l'éphémère gouvernement de Béla Kun (F/Fer II, p. 374).
3. Cf., *supra*, note 6 de 85-Martin.

depuis le renversement, je n'ai encore aucune nouvelle de lui [1]. Porte-toi bien et donne bientôt à nouveau de tes nouvelles

Papa

138-Ernst Vienne 23/4 [1919] [a]

tous hautement réjouis par bonne nouvelle inattendue [2] bonne chance pour avenir wallesz [3] apportera le nécessaire = papa

139-Ernst [En-tête Vienne] 27.4.19 [b]

Cher Ernst

Tu en as donc aussi fini, et je confirme volontiers que tu t'en es bien tiré par des temps difficiles. Si je te comprends bien, tu veux maintenant te reposer quelques semaines, à la campagne, je pense seulement quand il fera chaud, et puis accepter un emploi à Munich même [4]. Cela aboutira sans doute à ce que tu restes en Allemagne, mais on ne peut qu'être d'accord sur ce point. Ton ami W.[allesz] t'apportera ce qu'il me reste encore de marks ; la somme de G. [5] à Berlin trouvera aussi encore le chemin qui mène à toi, et tu seras ainsi approvisionné pour quelque temps. En revanche, je n'ai pas réussi à envoyer de l'argent à Martin ; celui qui devait venir de Suisse n'est toujours pas arrivé au bout de 2 mois et ½ [6]. À part ça, il semble aller bien.

La semaine dernière, nous nous sommes fait beaucoup de souci pour le Dr Freund. On disait qu'il avait été arrêté avec les otages [7], ce qui paraît être réellement vrai, mais ses ouvriers ont

a. Télégramme.

b. Enveloppe associée adressée à : Herrn Ing. Architekt/ Ernst Freud [etc.].

1. Les situations mentionnées dans les dernières phrases sont éclaircies dans les notes de 86-Martin.

2. Dès le 20 avril, Freud savait « par un télégramme de Munich » qu'Ernst avait obtenu son diplôme (*supra*, p. 235).

3. À tout le moins un ami d'Ernst (cf. notes de 135-Ernst) ; par ailleurs non identifié.

4. D'avril à novembre 1929, Ernst fut actif dans l'atelier de l'architecte munichois Fritz Landauer (attestation de décembre 1919 ; UE).

5. Non identifié.

6. Cf. toutefois 399-SophMax.

7. Le 26.4.1919, la *Neue Freie Presse* avait donné la nouvelle que le gouvernement hongrois des conseils avait arrêté 610 otages – apparemment des membres de l'ancienne élite économique, politique et culturelle.

réussi à le faire libérer sur leur demande ; en tout cas, il est à présent libre. Auparavant, j'avais été requis de faire le voyage pour 8-15 jours, afin de le traiter pour récidive [1]. Cela ne m'a pas été possible ; mais même si j'avais voulu, les interruptions du trafic ferroviaire [2] qui se sont déclenchées juste après y auraient fait obstacle. Maintenant, je l'attends ici, dès que les circonstances le permettront. Le gouvernement des conseils nous a adressé le fonds par mensualités auprès de la délégation qui se trouve ici [3] ; Rank travaille très vaillamment à notre maison d'édition. À Leipzig s'est constituée une société académique [4] psychanalytique.

C'est encore de ce côté-là que les choses vont pour le mieux. À part ça, il y aurait beaucoup à déplorer, et la perspective de ne pas quitter la ville de tout l'été ne met pas de bonne humeur [5].

Il faut que tu m'écrives ce qu'il est advenu de ta rencontre avec Rilke et Lou [6]. J'attends de manière générale des nouvelles de toi.

Salut et vœux cordiaux

Papa

Tlgr bien reçu ?

---

1. À savoir d'une névrose hypocondriaque (cf. F/Fer II, p. 383-385).
2. Suspension de la circulation des personnes dans les chemins de fer hongrois (NFP, 25.4.1919).
3. Anton von Freund avait instauré fin 1918 un fonds qui rendit possible la fondation de la Maison d'édition psychanalytique internationale (Marinelli 2009). Après la révolution hongroise, cet argent était en danger (cf. F/Fer II, p. 376). Dans un premier temps, un cinquième de cette somme fut versé (*ibid.*, p. 234).
4. CF. IZ 1919, p. 228, et May 2000, p. 57 *sq.* [En allemand, *akademisch* a un sens légèrement différent de son homologue français « académique ». Cet adjectif et les mots qui vont avec désignent plutôt tout ce qui a un rapport avec l'enseignement supérieur. N.d.T.]
5. Ce fut finalement Ernst qui trouva pour ses parents une résidence d'été non loin de chez lui (142-Ernst).
6. Lou Andreas-Salomé (1861-1937), écrivain et amie de Rilke, intéressée depuis 1911 par la psychanalyse, qu'elle exerça aussi par la suite (par exemple Welsch et Wiener 1990). De fin mars à début juin 1919, elle séjourna chez Rilke à Munich. Le 14.4.1919, elle écrivit à Ernst la carte postale suivante (SFP/LoC) : « Cher Monsieur Freud,/ Feriez-vous bien à Rainer Maria Rilke et à moi-même le plaisir de passer avec nous un après-midi ? Voudriez-vous nous désigner un jour après Pâques qui vous conviendrait (j'espère que ça tombera sur un où l'on ne risque pas un coup de fusil) ?/ Avec mes meilleures salutations/ Lou Andreas. » Cette rencontre eut lieu le 23.4. (F/LAS, p. 123 avec note 1).

140-Ernst [En-tête Vienne] 18.5[a].19[b][1]

Cher Ernst

Ton envoi[2] véhiculé par Hattingberg[3] a été reçu avec applaudissements et étonnement. Nous ne serions pas capables d'une telle prouesse. Aujourd'hui, par exemple, du sucre et 50 cigares ont été transmis par le Dr Steiner[4]. Les deux réserves étaient épuisées, ton sucre, donc, quand il est arrivé, sans concurrence. Je suis aussi heureux que tu aies déjà reçu une partie de l'argent de Berlin. Je n'ai pas osé confier quoi que ce soit à W.[allesz] parce qu'il avait sollicité l'autorisation trop tard.

Depuis le jeudi de la semaine dernière, maman se promenait avec une vraie grippe et des températures autour de 38°[5]. Avant-hier soir, ce furent des frissons de fièvre, avec plus de 39°, et puis la pneumonie a eu tôt fait de se déclarer. Nous avons une bonne infirmière, Hitschmann[6] comme médecin, Braun comme conseiller médical. Je suis mis en quarantaine. Tout semble se dérouler de manière favorable, sans sujet d'inquiétude, mais cela va traîner sûrement un certain temps et laisser derrière soi un gros affaiblissement. Cette période était déjà assez rude sans que vienne s'y ajouter cet incident. Le repos estival va devenir un problème.

J'espère que tu sais doser travail et repos et te maintenir surtout en forme par un mode de vie bien réglé.

Écris-nous bientôt à nouveau.

Avec de cordiales salutations

papa

---

a. Manuscrit : 6.

b. Enveloppe associée adressée à : Herrn Ing. Ernst Freud [etc.].

1. Il convient de corriger la date du mois étant donné la concordance de fond avec la lettre à Sophie du 18 mai (400-Soph ; en outre F/A, p. 491).
2. « Sucre, beurre et farine » (400-Soph).
3. Hans von Hattingberg (1879-1944), d'abord membre du groupe local munichois de l'API, puis, de 1919 à 1925, de l'Association viennoise (Keifenheim i. V.). Il semble qu'Ernst l'ait connu lui-même et sa femme (cf. p. 429, avec note 5).
4. Probablement Maximilian Steiner (1874-1942), dermatologue et vénérologue à Vienne, membre de la Société viennoise du mercredi, puis de l'APV depuis 1907 (BL/W).
5. Cf. p. 167, note 3.
6. Eduard Hitschmann (1871-1957), médecin, en 1905 membre de la Société viennoise du mercredi/APV, à partir de 1922 directeur de l'établissement psychanalytique ambulatoire viennois (BL/W).

141-Ernst Vienne 2/6 [1919] [a]

maman très satisfaisant a pour une large part quitté le lit attendons nouvelles de toi salutation papa

142-Ernst [En-tête Vienne] 26.6.19 [b]

Cher Ernst

Je joins ici une lettre qui est arrivée pour toi aujourd'hui, et profite de cette occasion pour te remercier cordialement de ton intervention dans l'affaire du séjour estival [1]. Demain je vais expédier un tlgr, qui t'autorise à louer une chambre avec balcon pour 2 personnes et une autre plus petite pour Anna à Badersee. Étant donné que le laissez-passer [2] est émis pour la période du 15 août à la mi-septembre, je peux avoir auparavant terminé ma cure à Gastein, ainsi que maman la sienne au sanatorium Parsch, et nous envisageons de voyager directement par Salzbourg. En ce qui concerne l'obtention de certificats [3] et de passeports, nous nous en occuperons à partir de demain. Ce qu'Anna fera jusqu'à la mi-août [c] n'est pas encore fixé, elle a aussi un grand besoin de repos. Quant à savoir si nos projets pourront être exécutés de la sorte, il est vrai que cela dépend de circonstances sur lesquelles nous n'avons pas de pouvoir ; mais la signature de la paix en Allemagne [4] donne au moins le courage de s'y risquer.

La nouveauté ici, c'est qu'oncle Eli [5] nous a envoyé une somme pour nous considérable, pour lui modique, de 100 000 K, afin d'aider les membres passifs de la famille à surnager en ces temps

a. Télégramme.
b. D'après l'inscription sur l'enveloppe associée envoyé par exprès.
c. Corrigé à la place de juillet.

1. C'est-à-dire dans l'arrangement de la villégiature estivale au bord du Badersee à Grainau (Bavière supérieure), au pied de la Zugspitze (F/E, p. 181).
2. Autorisation de séjour en Allemagne.
3. Il est possible qu'il s'agisse de sortes de « casiers judiciaires ».
4. Le traité de Versailles fut accepté le 28 juin 1919 par des représentants du gouvernement allemand, ce qui fut annoncé dans la *Neue Freie Presse* du 25 par la manchette : « Signature du traité de paix allemand probablement samedi ».
5. Eli Bernays (1860-1923), frère de Martha Freud et marié à la sœur de Freud Anna, marchand ; émigra en 1892 à New York, où il devint riche (cf. Freud-Bernays 2004).

difficiles ; voilà qui mérite reconnaissance et qui est pour moi et oncle Alex un soulagement très bienvenu. Il a en plus envoyé 5 000 francs à Berne que Rosi [1] est censée aller chercher là-bas en allant à New York. Elle veut partir le 10 juillet. En espérant que ce sera pour son bonheur.

La journée d'aujourd'hui était placée sous le signe d'une nouvelle bouleversante. Käthe Hschl [Hammerschlag [2]], étudiante en chimie flegmatique aux joues rouges, s'est empoisonnée hier au cyanure de potassium ! J'ai été aujourd'hui en haut chez les parents ; il paraît que ce serait effectivement une mélancolie bien caractérisée dont elle aurait souffert depuis 3 semaines. Des éléments qui auraient été l'occasion de cette mélancolie elle-même ou la justifieraient ne sont pas connus. C'est la dernière dont on aurait pu attendre une chose pareille. Tu feras part aussi de tes condoléances.

Peut-être encore cette semaine, au plus tard début juillet, j'aurai l'occasion de te faire adresser par une voie commode les honoraires pour la réédition du Léonard [3], probablement 450 mk. J'ai encore de l'argent allemand à ta disposition.

Nos intentions sont jusqu'à présent d'aller à trois [4] le 15 juillet à Salzbourg-Gastein. À notre surprise, le Pr Braun, qui a traité tante ici avec succès, lui a également prescrit Gastein avec un mode de vie très calme. Il est probable qu'ensuite elle voudra retourner à Reich[enha]ll [5].

Cette fois, nous espérons donc te revoir bientôt et peut-être pour un assez long temps.

De Martin : de rares nouvelles disant qu'il va très bien. Assisterons-nous encore à son retour avant les vacances ? Je pense plutôt seulement après notre retour à l'automne [6].

---

1. Beatrice (« Rosi ») Winternitz, à partir de 1923 épouse Waldinger (1896-1969), fille de la sœur de Freud Pauline, née à New York, depuis 1900, après la mort de son père, à nouveau en Autriche. Elle « grandit plus ou moins avec les enfants Freud et fut la camarade de jeux et de classe d'Anna » (Waldinger/Jones, 26.10.1953 ; BPS/A). Cf. également 153-Ernst et 275-Ernst avec note 2.

2. Fille d'Albert Hammerschlag, un fils du professeur de religion de Freud, Samuel H. (cf. F/AF, p. 177, note ; Fichtner 2008).

3. La deuxième édition de l'étude de Freud sur Léonard de Vinci (1910c) parut en 1919 chez Deuticke.

4. C'est-à-dire : Martha à Salzbourg dans le sanatorium Parsch, Minna avec Freud à Bad Gastein (cf. 31-Math avec note 2, p. 85).

5. En Bavière supérieure, à la frontière sud-est de l'Autriche, près de Salzbourg.

6. Cela advint en fait plus tôt (*supra*, p. 168).

Aujourd'hui, tu n'auras pas sujet de te plaindre d'une lettre sans contenu.

Porte-toi bien.
Papa

143-Ernst Vienne 27/6 [1919] [a]

te charge louer badersee grande chambre avec balcon et petite à côté certificats suivent bientôt merci [b] papa

144-Ernst [En-tête Vienne] 3.7.19

Cher Ernst.

Je t'ai fait virer aujourd'hui par Deuticke 2 000 mk, dont tu m'accuseras réception (au lieu des 450 promis). – Les démarches en vue d'un passeport allemand sont en route, très pénibles, les certificats aussi sont déjà là ; mais on en a encore besoin ici. Il est encore malgré tout possible que nous n'en fassions pas ensuite usage ; dans ce cas, tu seras prié par télégramme de décommander Badersee par le même moyen.

La difficulté tient surtout à ceci que nous n'avons rien dans les premières semaines pour Annerl, qui a grand besoin de repos. Elle a terminé sa première année scolaire [1] avec de très grandes réussites. La seule chose qui est établie à peu près fermement est que nous autres trois vieux partons pour Salzbourg-Gastein le 15. C'est grandement nécessaire pour tous.

Nouveau suicide. Aujourd'hui, c'est le Dr Tausk qui s'est tiré dessus [2].

Je te salue cordialement
espérant une prompte réponse
Papa

---

a. Télégramme.
b. Soit en allemand : *dank*, que l'éditeur allemand a substitué à : *bank*.

1. C'est-à-dire sa première année en tant qu'institutrice.
2. Victor Tausk (1879-1919), juriste et médecin, membre de l'APV depuis 1909 (BL/W). À propos du contexte de son suicide, cf. Eissler 1983.

145-Ernst

[En-tête Vienne] B. Gastein
Villa Wassing 19.7.19

Cher Ernst

Nous sommes donc là, arrivés le 15 après un voyage abominable. Maman communique avec nous par téléphone, voulait d'abord décamper de Parsch, mais s'est laissé apparemment retenir. Par elle, nous savons aussi qu'Anna a franchi Salzbourg avec Margaretl Rie [1] le 17, pour arriver à Bair. Gmain [2]. Nous manquons d'autres nouvelles, de même que, d'une manière générale, nous semblons être coupés des liaisons postales.

Ici, nous allons très bien. Magnifiquement logés et bien nourris, même si ce n'est pas sans restrictions, mais sans doute pas plus cher qu'à Vienne. Trois journées splendides après une première mauvaise. Tante vit très calmement ; j'ai aujourd'hui fait ma première randonnée conséquente.

Autorisation d'entrée, certificats, visas, etc., nous permettront, je l'espère, de franchir la frontière bavaroise le 12 août. Annerl nous accompagnera sûrement à Badersee, peut-être que maman préférera rester à Reichenhall. Achète-moi une provision de cigares ; je n'en n'emporte aucun et, ici déjà, je vais en manquer étant donné les prix usuraires.

Donc au revoir.

Cordialement
Papa [a]

146-Ernst

Badersee 31.8.19 [b]

Cher Ernst

Tes envois sont bien arrivés hier, la part de comestibles quelque peu trempée, mais tout à fait utilisable. Quant aux autres attentes [3],

a. Post-scriptum de Minna Bernays non reproduit.
b. Carte postale.

1. Margarethe Rie (1899-1986), fille de l'ami de Freud Oscar Rie, actrice, plus tard mariée avec le psychanalyste Hermann Nunberg (F/AF, p. 184, note 2). Anna Freud était une de ses amies et passa avec elle la première moitié des vacances d'été.
2. Bayerisch Gmain, près de Reichenhall.
3. Peu clair.

aucune n'a été satisfaite, pas une n'a même reçu l'ombre d'une réponse. Ici, séjour et compagnie ne cessent d'être agréables. Imagine que Lampl s'est procuré un poste de dissecteur à La Haye et qu'il a fait la même chose pour son patron à Harlem [1]. C'est quand même du pot [2] !

Cordialement papa

147-Ernst [En-tête Vienne] Badersee 1.9.19 [a]

Cher Ernst

Oncle écrit aujourd'hui qu'il a envoyé pour moi mk 2 500 à Hambourg. Il est très probable que notre hôte ici accepte les couronnes, même au taux de 2 : 1. Je peux donc voyager [3]. Maman va sans doute rentrer à la maison avec Anna, de sorte que tu pourras nous emmener tous après le 8 de ce mois à Munich. Arrange-toi en fonction de ça.

De la banque, pas de réponse. Martin doit être à nouveau à Vienne.

Cordiales salutations
Papa

---

a. Tampon de l'expéditeur sur l'enveloppe associée : Alpen-Hotel u. Pension/ Badersee/ bei Garmisch-Partenkirchen [etc.].

1. Il est probable que cela n'aboutit pas. Dans une lettre à Ernst du 17.6.1919 (FML), Lampl annonce qu'il va aller en Hollande « dans les premiers jours de juillet » pour s'y livrer à des « prospections professionnelles ». Mais ses lettres suivantes (du 4.11, etc.) continuèrent à être écrites à Vienne et, le 4.1.1920, Martha Freud rapporte à Ernst (FML/UE) que Rank, tout juste de retour d'Angleterre et de Hollande, « donne entièrement raison à Lampl dans son aversion à l'égard des Hollandais, et déclare aussi qu'il préférerait crever de faim à Vienne plutôt que de vivre là-bas aussi somptueusement que ce soit ».

2. Dans l'original : *Sau*, qui signifie « truie ». « C'est parce que, dans les anciens jeux de cartes, l'as arborait une *truie* qu'on dit aussi *Sau* pour as » ; d'où, dans le langage estudiantin, la signification de « chance » (*Deutsches Wörterbuch*, t. XIV, col. 1846 *sq.*), tout comme dans l'expression plus courante « *Schwein haben* » [mot à mot : « avoir du cochon »].

3. Vers Hambourg en passant par Berlin, et ce avec *Martha* ; cf. 404 *sq.*-Max avec note 2, p. 484.

148-Ernst Hambourg 14/9 [1919] [a]

logeons chez sophie cordialement heureux = papa

149-Ernst Hambourg 19/9 [1919] [b]

départ berlin dimanche [1] wagon-lit = papa

150-Ernst Vienne 25/9 [1919] [c]

heureusement arrivés grâce à ton aide [2] = papa

151-Ernst [En-tête Vienne] 27.19.19

Cher Ernst

Je suis très bousculé et ne peux pas t'écrire encore vraiment, seulement des questions techniques. Prière d'envoyer à la

Kant-Gesellschaft
Prof. A. Liebert
Berlin W 15 [3]
Fasanenstr. 48

20 mk [4], en contrepartie je paierai demain ton abonnement juif [5].

Cordialement
Papa

---

a. Télégramme.
b. Télégramme.
c. Télégramme.

1. 21 septembre.
2. On ne sait rien des modalités de cette aide.
3. Désigne ici probablement le quartier de Berlin Westend, qui ne saurait, bien sûr, correspondre à ce qu'on a appelé dans l'histoire récente « Berlin-Ouest ». [N.d.T.]
4. Dans la bibliothèque de Freud se trouvait un travail de P. Hofmann sur *Empfindung und Vorstellung* [*Sensation et représentation*] (1919), qui fut publié comme numéro 47 des cahiers complémentaires aux *Kant-Studien*, la revue éditée par la société Kant (Davies et Fichtner 2006). Il pourrait être visé ici.
5. On ne sait pas à quel journal ou quelle revue juifs s'était abonné Ernst Freud.

152-Ernst 29.9.1919 [a] [1]

Mon cher Ernst, mille salutations d'un déjeuner très sympathique ici au Cobenzl. T'écrirai bientôt de manière détaillée. Espère que tu vas bien. Maman

Salutations les plus cordiales d'Angleterre de

Ernest Jones

Papa

Salutations cordiales et meilleurs vœux d'avenir de votre sincère Rank

Une lettre avec quelques nouveautés suit sous peu,

Anna.

Salutations d'Eric Hiller [2].

153-Ernst [En-tête Vienne] 28.X.19 [b]

Cher Ernst

Ainsi, tu es donc sur la route que tu as souhaitée, et j'espère que tu continueras à trouver aussi des gens et des circonstances qui te soient favorables jusqu'à ce que tu sois arrivé au but [3]. La maison se vide promptement, tu sais que Martin va se marier le 7 déc. et qu'Oli se réjouit à la perspective du voyage en Hollande, afin d'aller y chercher en personne auprès du ministère des Colonies son poste dans les colonies [4]. Si Eitingon réussit à le retenir en Allemagne par une autre offre, je ne serai pas mécontent. De toute façon il s'en va, et Anna va loger chez nous seule comme une vieille fille, le

a. Carte postale avec vue : Wien. Cobenzl, Restaurant-Terrasse ; date du cachet de la poste. Chaque salutation est de la main du soussigné, l'adresse est écrite par Freud.

b. L'enveloppe probablement associée adressée à Munich.

1. L'une parmi plusieurs cartes collectives qui furent écrites lors du déjeuner au Schlosshotel Cobenzl à l'occasion de la première visite de Jones à Vienne après la guerre (fc. F/E, p. 184). Cf. note 1 de 406-Soph, p. 486.
2. Eric Hiller (1893- ??), non-analyste, actif dans la production anglaise de la Maison d'édition psychanalytique, domicilié de 1921 à 1923 à Vienne (BL/W).
3. La semaine auparavant, Ernst avait été à Berlin et y avait manifestement arrangé son déménagement (408-Max).
4. Cf. la lettre suivante et *supra*, p. 207.

matin dans son école, occupée l'après-midi comme représentante de l'*Intern. psychoanalytic Press* (Maison d'édition) [1]. Quand vos chambres seront devenues libres, elle prendra la grande qui était à vous au lieu de celle où elle loge actuellement, et elle fera du cabinet de Martin un bureau [2]. Mais auparavant, tu viendras encore une fois, et habiteras dans ton ancienne chambre.

J'ai déjà à ta disposition une pierre ancienne pour ta bague. Mais l'orfèvre ne veut absolument pas la sertir avant d'avoir pris la mesure de ton doigt. Une telle bague étant de nos jours une chose précieuse, j'attends ta venue. Il vaudrait mieux, bien sûr, que tu te hâtes d'envoyer une bague modèle (sans valeur), telle que les orfèvres en utilisent pour leurs essais.

J'ai été surpris d'apprendre que tu n'as pas pu rembourser les 700 mk au Dr Rie [3]. Pourquoi est-ce que cela n'a pas marché ? Il ne m'en a rien dit.

La semaine dernière, une lettre d'oncle Eli a apporté la triste nouvelle que, peu de jours après son arrivée, le 24 sept., Rosi a été internée dans un asile pour dérangement mental. Tu peux facilement imaginer notre pénible surprise ainsi que le ton de la lettre. Depuis, pas encore d'autre nouvelle. Il faut provisoirement que tante Pauli, Dolfi et grand-mère n'apprennent rien. Elles – Pauli et Dolfi – viennent justement de repartir hier pour Ischl [4].

Dans une lettre charmante, Sam a demandé ce qu'il doit envoyer en fait de biens alimentaires [5]. Je crois que ce n'est pas possible : rien n'arrivera.

Écris bientôt quand nous pouvons t'attendre ici, et sois cordialement salué par

Papa

---

1. La Maison d'édition psychanalytique internationale géra jusqu'en 1922-1923 un département anglais. Anna y était responsable « de la correspondance anglaise » (F/E, p. 192), et elle commença aussi à traduire.

2. Cf. 171-Ernst avec note 2.

3. Contexte peu clair ; il est probablement question d'Alfred Rie.

4. C'est-dire auprès de leur mère et de celle de Freud.

5. Cette demande de Sam Freud depuis Manchester n'a pas été conservée. Dans sa réponse du 27.10.1919, Freud répondit au neveu (F/Sam) que le plus nécessaire étaient « *fat, corned beef, cocoa, tea, English cakes, and what not* ». Mais il ne devait rien envoyer, si ce n'est à la mission militaire anglaise à Vienne, car, sinon, les envois se perdaient dans le train. En fait, le premier Care-Paket lui parvint tout de même avec plus de deux mois de retard.

154-Ernst [En-tête Vienne] 10.XI.19 [a]

Cher Ernst

Étant donné qu'on ne peut pas prévoir quand les lettres arrivent, je réponds à la tienne du 5 de ce mois le jour même [1]. Nous nous réjouissons beaucoup de ton arrivée annoncée pour le 26. Je crois que tu pourras loger dans ta chambre. Tu peux m'apporter des cigares légers en quantité illimitée, j'en suis un peu à court, tandis que j'ai à foison les meilleurs havanes (Jones). Pour ta bague, nous avons aussi trouvé maintenant l'or ; Martin va apporter la pierre demain là où il a commandé aussi les alliances.

Pfister doit arriver demain avec un train d'enfants [2], le lendemain, Ferenczi doit partir à Bpest. Freund reste encore ici. Rank s'efforce d'obtenir des passeports pour faire des voyages d'affaires en Hollande et en Angleterre [3] (!) ; tu ne pourras guère le rencontrer. Mon Anglais [4] me quitte dès le 21 de ce mois. Le seul chez qui rien ne bouge est Oli. Emden lui a télégraphié : « ne pas venir pour l'instant ». D'Amérique, aucune espèce de nouvelles.

Kobus Kann [5] est avec sa famille en Palestine. Loe, qui s'enquiert aussi de toi, lui a envoyé une auto. Elle part avec son mari le 6 déc. en Amérique et veut nous rencontrer en juin après son retour.

Cordiale salutation. Au revoir

Papa

---

a. D'après l'inscription sur l'enveloppe associée envoyé par exprès ; adressé à Munich ; avec du papier collant et la mention imprimée : [Gemäß] der Verordnung vom 15. November 1918 (Reichsgesetzblatt S. 1324) geöffnet [Ouverte conformément à l'ordonnance du 15 novembre 1918, etc.].

1. C'est-à-dire le jour de l'arrivée.
2. Oskar Pfister (1873-1956), pasteur à Zurich, ami de Freud depuis 1909, cofondateur en 1919 de la Société suisse de psychanalyse (Nase 1993 ; cf. F/Pf). Il vint avec un des trains par lesquels l'Action internationale d'aide aux enfants envoyait à l'étranger des enfants de l'Autriche affamée, et « travailla beaucoup à une action d'aide à la pauvre Vienne » (F/E, p. 192).
3. Rank entreprit ce voyage surtout à la demande de von Freund (F/E, p. 192, 205).
4. Le pédiatre David Forsyth (1877-1941) fit auprès de Freud du 6.10 au 18.11.1919 une « très brève analyse didactique » (May 2006a, p. 71 *sq.*, 92). Après la Première Guerre mondiale, Freud préférait les patients qui pouvaient le payer en devises lourdes.
5. Jacobus Henricus Kann (1872-1944), banquier hollandais, éminent sioniste ; frère de Loe Jones. – Ernst comptait alors sur la possibilité d'aller en Palestine (Anna/Ernst, 8.11.1919 et Math/Ernst, 8.4.1920 ; UE).

155-Ernst Vienne, 31.XII.1919 [a]

Cher Ernst !

D'une sympathique célébration de la Saint-Sylvestre très interne cordiaux vœux de Nouvel An !

Martin Esti

Cher Ernst, qu'advient-il de l'envoi [1] ? L'année prochaine, espérons, quelques wagons.

Bonne année de Robert

Très heureuse que la chambre te plaise.

Math

Meilleurs vœux pour le logement et la profession en 1920

Papa

Cordiales salutation de Nouvel An !

Maman

156-Ernst 4.1.20.* [b] [2]

Cher Ernst

J'ajoute seulement que j'ai commencé à amasser des marks sur ton compte munichois, plus de 1 000 par mois. De surcroît, Brill a expédié à la même adresse un envoi destiné à la Maison d'édition [3].

---

a. Carte postale, écrite au crayon ; adressée de la main de Martin à : Herrn/ Ing. Ernst Freud/ per Adr. Dr Pinner/ Berlin Wilmersdorf/ Detmolderstraße 3. Chaque salutation est de la main du soussigné.

b. Post-scriptum à une lettre de Martha Freud, qui n'est pas reproduite.

1. Possiblement des cigares.

2. Les lettres de cette liasse marquées d'un astérisque ne se trouvent pas comme les autres à la Library of Congress, Washington (SFP), mais (pour une part aussi en copies) dans les archives de l'University of Essex (UE). – Dans sa lettre antécédente, Martha Freud écrit, entre autres : « Martin & Esti vivent dans une très grande concorde, sont plusieurs fois par semaine le soir chez nous ; Martin a eu une petite augmentation de traitement ; mais cela ne suffit toujours pas pour vivre. »

3. Cf. les deux lettres suivantes. Cet argent connut encore quelques vicissitudes (en résumé Rbr. 1, p. 100-102 ; cf. 163-Ernst).

Comment vont les choses à présent ? Tu seras, toi, mis au courant de ces dépôts, as certainement indiqué ton adresse berlinoise et me feras ensuite parvenir cet avis. Le chemin est un peu compliqué. N'est-il pas possible de le raccourcir ?

Hier, Edward m'a annoncé l'expédition de 100 dollars comme premier résultat des conférences traduites, malheureusement encore en couronnes. En outre, une invitation de la maison d'édition de là-bas à une tournée de conférences en Amérique avec une garantie de $ 10 000 (c'est-à-dire actuellement 1 700 000 Kr)[1]. Je n'accepterai guère, mais ne me fais pas de souci pour l'argent.

La fameuse « nomination[2] » a enfin eu lieu le 31 déc. Je te souhaite des bagages intacts et une belle année nouvelle 1920. Cordialement

Papa

157-Ernst [En-tête Vienne] 6.1.20.[a b]

Administratif

Cher Ernst

Comme tu le sais, j'ai commencé à me servir de ton compte à la Deutsche Bank à Munich. Jusqu'ici, on peut y inventorier, outre ton reliquat, 1 200 mk versés par [P.] à Francfort[3], 1 200 dollars en marks du Dr Brill, sa contribution au fonds pour la revue anglaise[4], donc pas ma propriété. Je suppose que la banque t'a avisé de ces versements, et que tu m'enverras ses avis en recommandé.

---

a. Dans le manuscrit, probable lapsus sur la date : 6.2.10.

b. D'après l'inscription sur l'enveloppe associée, envoyé en recommandé et par exprès ; adressé à : Herrn Ernst Freud/ bei Dr Pinner [etc.]. Tampon d'arrivée Berlin : 11.1.20.

1. Edward Bernays avait organisé une édition américaine des *Conférences* de Freud (1916-1917a), qui parut en 1920. Freud refusa cette tournée dans une lettre qu'il lui adressa le 4.1.1920 en alléguant sa santé et les frais élevés (Bernays 1967, p. 182 *sq.*).

2. Freud, qui, en tant que maître de conférences [*Privatdozent*], était professeur titulaire extraordinaire, obtint alors le (simple) titre de professeur d'université ordinaire (Gicklhorn et Gicklhorn 1960, p. 130).

3. Un patient dont Freud avait fait virer les versements d'honoraires sur le compte de Munich (cf. 415 *sq.*-Max).

4. L'*International Psycho-Analytical Journal*, nouvellement fondé.

Cependant, Rank affirme maintenant qu'on en viendra très probablement à une confiscation de tous les comptes de ressortissants autrichiens à l'étranger, et il exige que j'abandonne ce compte et collecte des fonds étrangers sous le nom de Dr Jones en un lieu neutre.

C'est pourquoi je te prie de faire le plus tôt possible en sorte que tous les dépôts soient transférés – le plus simple est que tu abandonnes tout simplement ce compte – à l'adresse Lippmann, Rosenthal & Cie Amsterdam Spiegelstraat 8 pour le Dr Jones, Londres. Ensuite, je pourrai en disposer directement à partir d'ici.

J'espère que tu te révéleras agile et sûr également dans toutes ces affaires administratives et te salue

cordialement
Papa

P.-S. Aujourd'hui, les denrées alimentaires que Rank a apportées de Hollande ont été déballées.

158-Ernst [En-tête Vienne] 15.1.20

Cher Ernst

Les liaisons postales sont épouvantablement misérables. Je t'ai écrit le 6/1 par exprès recommandé, et je peux calculer que je ne pourrai pas encore recevoir de réponse aujourd'hui, mais je continue sur le même sujet, sans attendre ta communication.

Je t'écrivais que je suis décidé à abandonner ton compte à la Deutsche Bank à Munich, et te priais (avec justification) de faire transférer tout ce qui s'y trouve répertorié au compte du Dr Ernest Jones chez Lippmann, Rosenthal & Cie Amsterdam Spiegelstr. 8. À l'époque, il n'y avait que 1 200 mk de [P.] à Francfort. Depuis, le Dr Brill a versé sur ton compte 500-1 200 dollars (je ne sais combien) en mk. Il faudrait opérer de la même manière avec ceux-ci. Si tu as écrit ou si tu es en train d'apprendre que ce transfert en Hollande se heurte à des difficultés, je te prie de faire virer cet argent (mes 1 200 + Brill) à Max à Hambourg, avec la précision que les 1 200 mk lui sont destinés, que le reste (Brill) est un dépôt.

J'ai tant à faire et à écrire que je serai heureux si tu es tenu au courant de toutes les nouveautés d'ici par maman ou Anna. Je ne suis pas content de ton catarrhe, très curieux des destinées d'Oli. Maus s'est installée aujourd'hui [1].

Cordiales salutations à vous deux
Papa

159-Ernst [En-tête Vienne] 8.2.20

Cher Ernst

Je te remercie beaucoup de t'être chargé des fleurs [2]. Étant donné qu'à présent nous ne vivons plus sur une caisse, il faut bien que je te demande ce que tu as dépensé pour te le rembourser. J'ai donné les premiers 1 200 mk de ton compte à Math pour Max, et je lui ai fait envoyer directement ceux qui vont arriver à la prochaine échéance pour couvrir les frais de la maladie, la cérémonie, etc. [3]. L'Amérique est à tous égards négligente [4].

J'ai été très heureux d'apprendre que tu étais occupé à aménager la policlinique [5], moins de savoir que tu ne te débarrasses pas de ton catarrhe. J'espère que tu te comporteras avec prudence jusqu'à ce que les circonstances te permettent de rechercher un climat plus clément. Ne sois pas désinvolte sur ce point vital.

Combien touches-tu donc chez ton aimable patron [6] ? J'espère : pas seulement des virements à venir.

La maison est à présent tout à fait morose, il n'y a que Maus qui s'épanouisse d'une manière réjouissante. Nous attendons Oli et Mathrobert [7]. Anna s'occupe du choix pour le beau-frère d'E. [8].

---

1. Cäcilie Graf habita quelque temps chez les Freud (Anna in F/Sam, 20.4.1920).
2. Pour l'enterrement de Sophie, qui était morte le 25 janvier 1920.
3. Cf. 412-Max.
4. Outre le virement de Brill, Freud attendait aussi une lettre de celui qui était alors son adepte le plus important aux États-Unis ainsi que les éditions américaines de quelques-uns de ses écrits (cf. F/Brill, du 4.1 au 13.5.1920).
5. C'est-à-dire la policlinique psychanalytique berlinoise, qui fut inaugurée le 14.2.
6. Cf. *supra*, p. 238 *sq.* Mais on ne peut savoir tout à fait clairement s'il s'agit encore du poste chez Baerwald.
7. Cette manière de fusionner les noms de Mathilde et Robert était courante dans le jargon de la famille Freud.
8. L'éditeur insère ici une note avec la mention : « peu clair ». Mais il me semble qu'il suffit de se reporter ne serait-ce qu'à la lettre suivante pour s'autoriser à avancer l'hypothèse qu'il s'agit ici d'un choix « d'objet », donc probablement de chercher à ce beau-frère une femme à sa convenance… [N.d.T.]

Freund [1] a été enterré le 22/1, le lendemain matin est arrivé le premier télégramme de Max [2]. Le 25/1, tout le monde est rentré à Bpest.

Dans ma pratique, j'ai un Américain et attends un Anglais [3], qui m'est envoyé par Jones. Tout ce qui ressortit au général et au public ne sera pas sujet à amélioration.

Cordiales salutations de

Papa [4]

160-Ernst [En-tête Vienne] 2 avril 20. [a]

Cher Ernst

Un télégramme de refus d'Eitingon contenait une allusion obscure à ton « choix heureux », laquelle a donc été éclaircie par ta lettre d'aujourd'hui [5]. Accepte mon vœu de bonheur le plus cordial et le plus chaleureux, et fais-en part à ta fiancée. Puisse tout devenir et rester aussi ensoleillé que tu l'as toujours voulu. En effet, dès ta plus tendre enfance, tu as éprouvé une attirance pour l'ensoleillé, le chaud et le beau, déjà à 2 ans et ½ au moment de quitter Lovrana [6]. Depuis, avec beaucoup plus d'autonomie que tes frères aînés, tu as façonné toi-même ton destin, il est vrai, toujours pour notre satisfaction et aussi pour ta réussite. Puissent te rester fidèles tous les privilèges dont tu as joui jusqu'ici !

Que nous soyons ici ex- et reclus, si impuissants : voilà quelle est la goutte amère, jamais évitable, dans le calice de nos joies. Ne ferons-nous la connaissance de ta Lucie que quand elle sera devenue ta femme ? En effet, nous ne pourrons guère être présents lors de

---

a. D'après l'inscription sur la lettre associée, envoyé par exprès.

1. Anton von Freund souffrait d'un cancer, et il mourut, au terme d'une maladie de plusieurs mois qui toucha Freud de près, le 20 janvier 1920 à Vienne.
2. Touchant à la maladie de Sophie qui conduisit à la mort.
3. Dr Bieber et Claud Dangar Daly (cf. May 2006a ; 2007).
4. À partir de fin février 1920, Ernst séjourna pour se reposer à Oberstaufen dans l'Allgäu (F/E, p. 213 note 7). Freud signa par « salutation papa » une carte postale envoyée là-bas le 4.3 (U.E), écrite par Martha, avec des ajouts d'Esti, Martin, Anna et Mathilde.
5. À propos des fiançailles et du mariage d'Ernst avec Lucie Brasch, qui eurent lieu alors, cf. *supra*, p. 236 ; à propos de l'allusion d'Eitingon F/E, p. 216.
6. Un peu plus à propos de cette anecdote familiale *supra*, p. 233.

tes noces. Tu le sais et c'est pourquoi tu ne nous y invites pas du tout. Tu as raison, rien au fond de plus personnel que le mariage, et pas une affaire familiale.

Quant à savoir si maman te verra avant ton voyage de noces, c'est une question en suspens. Elle est épouvantée par les difficultés, et peut-être que tout simplement l'arrivée imminente d'oncle Eli finira par la retenir ici, à condition que les rumeurs à ce sujet se renforcent. Je ne suis pas du reste d'avis que tu doives l'attendre à cause des dollars ; il est bien trop peu sûr ; la firme de fourrures [1] me paraît bien plus adéquate. Du reste, j'amasse des devises à Amsterdam, et je pourrai t'en donner une partie, si ta prochaine lettre me fournit plus de détails. En premier lieu, nous souhaitons ardemment faire sa connaissance, c'est-à-dire par des photos, d'elle seule et de vous deux. Il faudra aussi que tu transmettes à sa famille nos premières salutations.

Nous espérons avoir très bientôt de plus amples nouvelles.

Jones, Sachs et Ferenczi sont déjà arrivés [2]. C'est désolant qu'Eitingon et Abraham ne se soient pas adressés à nous en temps voulu pour l'autorisation d'entrée dans le territoire.

Jouis à présent de jours heureux !

Très cordialement
Papa

161-Ernst [En-tête Vienne] 18.4.20. [a]

Cher Ernst

Finalement, maman partira quand même, pourvu que la grève ne s'étende pas au dernier moment à la Franz-Josefs-Bahn [3]. Je

---

a. L'enveloppe associée comporte pour seule mention : Ernst.

1. Est probablement visée la firme de la famille Eitingon, dont le siège principal se trouvait provisoirement à New York, et qui commença peu après à gérer des fonds pour Freud (F/E, p. 221, 223).

2. Pour Pâques, à l'occasion d'un voyage à Vienne de Jones, avait été fixée à brève échéance une réunion du « Comité », que ne purent honorer Abraham et Eitingon, parce qu'ils ne purent se procurer à temps passeport et visa (par exemple F/A, p. 516 *sq.*).

3. Le grève des cheminots concernait alors principalement les chemins de fer du Sud et se calma rapidement. La Franz-Josefs-Bahn qui menait à Prague ne fut pas touchée par elle (cf. ANNO). Martha Freud alla à Hambourg via Berlin le 19.4.1920 (F/Fer III, p. 19). Il semble qu'elle ait emporté cette lettre avec elle.

remarque que tu es déjà sorti de l'Autriche allemande [1], et que tu te représentes tout ce qui se passe ici de manière trop légère, que tu n'as pas idée de quelle accumulation de soucis, de tracas et de dépenses s'accompagne un tel voyage.

Je connais maintenant enfin la photo et la signature de ta Lux. Quant au minois, on peut y déchiffrer toutes les bonnes choses possibles, si l'on consent à s'adonner à l'interprétation des signes. Malheureusement, par suite de la situation géographique, il faudra qu'elle reste éloignée de nous. Mais pourvu que vous deveniez bien intimes l'un avec l'autre !

J'ai donné à maman une babiole de ma collection [2] pour qu'elle la lui remette ; peut-être que ton goût pourra la faire transformer en une parure originale. Tu sais combien la question des cadeaux est en ce moment difficile. Si vous venez un jour ici, tu pourras te choisir encore quelque chose d'autre.

Je ne pourrai guère venir au mariage [3]. En dehors du tracas, je suis retenu par la considération qu'une perte de quatre jours de travail implique actuellement de renoncer à 20 000 K et qu'il faut que j'économise pour l'été. Je suis très content que le destin soit disposé à t'épargner, justement à toi, la lutte harassante contre la nécessité ordinaire de la vie ; j'espère que tu sauras faire face au danger qu'entraîne la richesse d'une femme. Sois pour l'instant cordialement salué

par Papa

162-Lucie [En-tête Vienne] 23.4.20* [a]

Ma chère enfant

Je me réjouis de pouvoir te nommer ainsi. Ta lettre délicate m'a permis de vivre, pour la première fois depuis bien des semaines,

---

a. D'après l'inscription sur l'enveloppe associée, envoyé par exprès ; adressé à : Frl. Lucie Brasch/ Berlin-Charlottenburg/ Hardenbergstrasse 13.

1. Dans le sillage du démembrement de la monarchie impériale et royale, les députés germanophones du Reichsrat se réunirent à Vienne le 21 octobre 1918 et nommèrent officiellement le territoire qu'ils représentaient « Autriche allemande » [*Deutschösterreich*]. Mais le nouvel État dut adopter le nom de « République d'Autriche » le 10 septembre 1919 lors du traité de Saint-Germain.

2. La collection d'antiquités de Freud.

3. Le mariage avait été fixé à la Pentecôte (23.5), et, après que Freud se fut décommandé, il fut avancé de cinq jours (F/E, p. 218 note 1). Martha vint pour la cérémonie de Hambourg, Anna, de Vienne (par exemple F/A, p. 521 *sq.*).

une journée joyeuse. Sans quoi, je n'aurais eu aucun mal à deviner la cause de ton hésitation ; en effet, ces choses-là me sont justement familières. Mais quand il s'agit de soi-même, on est facilement obtus, et je suis dans une situation semblable à la tienne. De même que tu as perdu un père aimé [1], de même j'ai perdu il y a peu une fille, et depuis, je suis si meurtri que je ne me risque pas à croire au bonheur. Mais il semble tout de même que cela soit encore possible, et que tu sois le bonheur.

Ta cordiale invitation à votre mariage est une grande tentation. Avec quel plaisir je m'y rendrais ! Mais Ernst te confirmera que ma journée de travail a actuellement une grande valeur et que mon aptitude aux fatigues du voyage n'est plus très grande. En contre-partie du montant qui m'échapperait par suite de ce voyage, je préfère effectuer une donation qui, dans tes possessions ou ton ménage, pourra te rappeler quotidiennement ton beau-père – père d'Ernst. Je te verrai quand même ensuite bientôt en jeune femme ?

Fais-moi d'abord le plaisir de saluer de la plus aimable façon de ma part ta mère et tes sœurs [2]. Puissiez-vous tous vous réjouir des temps qui commencent à présent !

Très cordialement
Papa

163-Ernst [En-tête Vienne] 5.5.20. [a]

Cher Ernst

Tu sais déjà maintenant que je ne viendrai pas à Berlin. Parmi toutes les raisons, la première de toutes : je ne peux actuellement me réjouir. C'est une bonne chose que tu avances maintenant la date du mariage, j'espère que ce ne sera pas au point de rendre à Annerl sa présence impossible. De tes – vos – projets je ne sais encore rien ; mais j'espère vous voir bientôt ici, et peut-être mieux

a. D'après l'inscription sur l'enveloppe associée, envoyé par exprès.

1. Le père de Lucie (cf. *supra*, p. 236) était mort peu auparavant (il est encore mentionné dans une lettre Lucie/Ernst du 25 juillet 1919).
2. À propos de la mère de Lucie, cf. *supra*, p. 236. L'une des sœurs, nommée Käte (selon sa propre orthographe), épousa le banquier hambourgeois Hans Calmann, avec qui elle eut trois enfants ; elle mourut en janvier 1932 (288-Lucie). L'autre, Gerda (morte en 1984), était mariée au pédiatre Karl Mosse (1896-1963) (Seidler 2007, p. 179 ; Weissweiler 2006, p. 350 *sq.*) ; ils divorcèrent

profiter de vous que pendant le tumulte festif des jours de noces. L'enthousiasme général pour la manière d'être et le comportement de Lucie m'a fait beaucoup de bien. Tu sais ce que cela signifie précisément pour maman, qui n'a encore jusqu'ici jamais été emballée par un de ses beaux-enfants et qui ne s'est même habituée à Max que lentement.

Pour ce qui est du cadeau de noce, vous en émettrez le vœu ou le choisirez quand vous serez ici [1].

– N'oublie pas de nous donner accès aux marks de Brill quand tu es absent de Berlin. Nous en aurons besoin prochainement. Rank t'écrira à ce sujet.

Demain, j'aurai 64 ans. C'est tard dans la vie. Pour une telle période, je ne vais encore pas trop mal, pouvant travailler 9 heures sans peine. Pour vous autres, enfants, je n'ai pas pu faire autant que je voulais. C'est pour moi un réconfort que de pouvoir te croire heureux et en sécurité. Salue ta fiancée cordialement de ma part et reçois toi-même mes vœux les plus chaleureux.

Ton papa [2]

De Hiddensee, le 23 mai 1920, Ernst et Lucie envoyèrent à Vienne une « Cordiale salutation du départ en voyage de noces ». Le recto de la carte montre le couple de nouveaux mariés [3].

164-ErnstLucie BGastein 7.8.20. [a]

Chers enfants

La lettre d'Oli, dans laquelle vous demandez qu'il vous rappelle à mon souvenir, a mis 8 jours, d'où seulement une carte pour dire

---

a. Carte postale ; pour la première fois adressée à : Herrn und Frau Ernst Freud/ Berlin W/ Regentenstr. 11 ; expéditeur : Villa Wassing.

en 1937 (aimables informations de Carola Zentner, courriel du 14.10.2009). CF. 172-ErnstLucie.

1. Ernst vint à Vienne avec sa jeune femme début juin pour une dizaine de jours (cf. F/E, p. 224).

2. Pendant le temps écoulé entre cette lettre et la suivante, Ernst et Lucie emménagèrent dans leur premier appartement berlinois Regentenstraße (aujourd'hui : Hitzigallee) 11, dans le quartier de Tiergarten ; ils le conservèrent jusqu'au printemps 1924.

3. Carte conservée in FML ; cf. sa reproduction *supra*, p. 237.

que Gastein est à nouveau très beau et fait son devoir. Aujourd'hui, j'ai marché 7 h, et j'ai cueilli notre dîner [1]. Sinon, il n'y a pas grand-chose à mettre de côté. À l'occasion, j'écris aussi quelque chose [2]. De vous, j'attends beaucoup de nouveautés à propos de votre installation. Dernière lettre d'Ernst notée le 12/7. Très cordialement

Papa

165-Ernst B Gastein 20.8.20. [a]

Cher Ernst

Merci pour tes nouvelles. Ai beaucoup écrit [3] ces derniers temps et pour cette raison moins correspondu. Ne peux t'indiquer encore exactement notre arrivée à Berlin [4], n'ai pas encore de passeports. Tu seras informé à temps. N'ai pas été à Ischl [5], cela m'aurait demandé 4 jours, irai là-bas à partir de Salzbourg. Nous nous sommes trouvés ici formidablement, oncle Alex arrivé aujourd'hui avec famille, aujourd'hui pour la première fois mauvais temps.

Salue cordialement Lux, à très bientôt !

Papa

---

a. Carte postale.

1. Des champignons et/ou baies.
2. *Massenpsychologie und Ich-Analyse* [*Psychologie de masse et analyse du moi*] (Freud 1921c).
3. C'est-à-dire : écrit pour son travail. [N.d.T.]
4. Freud quitta avec Anna le 28 août 1920 ses quartiers d'été de l'année à Bad Gastein et arriva à Berlin le 31, d'où il poursuivit sa route, en passant par Hambourg, pour le congrès de l'API à La Haye. (cf. 424-Max).
5. Pour le 85e anniversaire de sa mère le 18 août.

166-Ernst [En-tête Vienne] 7.X.20.[a]

Cher Ernst

Je me suis beaucoup réjoui de vos nouvelles de S. Vigilio[1], et te donne ci-dessous l'adresse de celle qui était autrefois Margarete Schön[2], actuellement

Frau Prof. Dr Leandro de Ozzola
Piazza Rondarimi 33 Roma.

Mais le plus important pour moi est la déclaration de Lampl, selon laquelle il t'a examiné à Berlin et a trouvé ton catarrhe du sommet des poumons à nouveau en plein épanouissement. Il est indéniable que tu n'avais pas bonne mine, et que tu as fait la même impression à tante à Merano. Or, cela ne me réjouit pas de gâcher ta belle excursion en Italie, mais je ne suis pas partisan des ménagements et des camouflages, et je sais qu'on paie cher les illusions. En cette saison, étant donné ton agitation et ton inclination compréhensible à voir beaucoup de choses, l'Italie t'apportera peu d'amélioration. Je crois que tu devrais te faire à l'idée de passer quelques mois de cet hiver à Davos dans un sanatorium. Tu y trouveras une guérison radicale et seras ensuite tout à fait apte au travail, tandis qu'un atermoiement serait frivole et quelque succédané que ce soit inadéquat. En n'importe quelle période ultérieure, une interruption pour cause de maladie te dérangerait plus que précisément en ce moment. Tu vas bien sûr regretter ton beau logement nouvellement aménagé ; mais force majeure[3], et tu peux t'assurer de sa possession par un occupant de ton choix.

Lux sera certainement de mon avis et t'accompagnera ; à elle aussi, ça fera du bien. Peut-être que, si je vais mieux, je trouverai l'énergie d'envoyer Anna vous rejoindre pour quelques semaines. Du reste, cela ne pourrait être aussi qu'une bonne chose si vous vous en teniez, pendant votre voyage actuel, à un rythme tranquille.

---

a. Enveloppe associée adressée à : Al/ Signore Ernesto Freud/ ferma in posta/ Venezia/ Italien ; adresse raturée et remplacée par diverses mains par : Napoli/ Anacapri.

1. San Vigilio sur la rive orientale du lac de Garde, que Freud aimait particulièrement (F/Voy, p. 245 ; cf. *supra*, p. 247, note 1).
2. Margit, née Schön (1888-1937), fille de l'architecte viennois Friedrich Schön, mariée à l'historien de l'art italien Leandro d'Ozzola (www.architektenlexikon.at/de/564.htm en date du 12.11.2009).
3. Les mots « force majeure » figurent ainsi en français dans l'original. [N.d.T.]

De nous autres, vieilles personnes solitaires, il n'y a pas trop de mauvaises nouvelles à donner. Dès le deuxième jour de ma reprise, j'ai le maximum de travail ; j'ai ramené de Hollande un estomac gâté, qui, toutefois, ne me dérange pas trop. Le congrès a été très réussi, toutes les affaires publiques et littéraires sont dans une situation excellente. Nous avons savouré hier le triomphe de soutirer à un éditeur français [1] 1 500 frcs pour la traduction des *Conférences*, etc.

Maman s'est très bien remise, une nouvelle bonne serait parfaite, si elle avait l'intention de rester [2]. Martin a un très bon poste, ne supporte peut-être pas encore bien le travail ; Esti va très bien et est très fière d'un état d'expectative [3]. Il paraît qu'Oli va maintenant aller effectivement en Roumanie [4].

Je vous salue, toi et Lux, cordialement, et espère que votre aptitude à jouir de la vie est inentamée malgré le peu de plaisir qu'apporte la maladie.

Papa

167-ErnstLucie [En-tête Vienne] 17.X.20. [a]

Chers enfants

Si vous demandez qu'on vous envoie des lettres à Venise, et allez ensuite à Naples, vous n'êtes pas en droit de vous plaindre de l'absence de courrier. Écrivez à la poste restante à Venise, et faites suivre pour vous ma lettre à partir de là-bas. Elle traite d'une question qui n'est pas sans importance.

C'est une bonne chose que cela vous plaise. Que direz-vous *a fortiori* du Vésuve ou de Pompéi ? J'espère que vous ne manquerez pas de saluer de ma part Sorrente et la route d'Amalfi – la plus belle chose que j'aie vue. Soit dit en passant, ne vous étonnez pas

a. Enveloppe probablement associée adressée à : Napoli/ ferma in posta ; nom de la localité raturé et remplacé par : Anacapri ; tampon d'arrivée : Anacapri, 31.10.20.

1. Payot (Rbr. 1, p. 58) ; les *Conférences* (Freud 1916-17a) y parurent en 1922.
2. Marianne d'Aussee ; elle ne resta qu'un an (F/AF, p. 284 avec note 15).
3. Elle attendait son fils Anton Walter.
4. Cf. *supra*, p. 207 *sq*.

du F[a] sur l'enveloppe. Les Italiens n'identifient pas notre F.F[b], et cela crée toujours des difficultés lors du retrait de lettres. Il faut alors demander aussi d'aller voir à la rubrique T.T[c].

Ici, peu de nouveautés, maison calme, les deux couples mariés[1], visiteurs fréquents, beaucoup de travail, dont 4 heures d'anglais par jour[2], pas spécialement commode. Les affaires administratives sous un jour très favorable ; nous songeons à vendre la Maison d'édition au financier Richard Kola[3], ce qui nous débarrasserait de tout souci et nous permettrait de publier ce que nous voulons. Rank resterait directeur de l'entreprise, qui garderait aussi son nom. Un éditeur français a récemment payé 1 500 frcs pour le droit de traduction des *Conférences*. Nous sommes en pourparlers avec un éditeur espagnol[4] pour la *Vie quotidienne*, etc.

La Hollande a été très belle. Le voyage en Angleterre a échoué à cause du long temps d'attente du visa d'Annerl. Pour finir, nous avons fait avec Ophuijsen[5] et Emden un circuit de deux jours : passage par le Zuiderzee en direction de la Frise, puis retour à travers de beaux paysages de forêts et de collines (bolets !). À partir de Meppel, nous avons aussi visité une Venise hollandaise du nom de Gisthoorn, un village, dans lequel chaque maison est construite sur une motte de terre particulière, et où les rues consistent en canaux qu'enjambent d'innombrables passerelles de bois. Parmi les souvenirs ramenés de Hollande figure aussi un catarrhe gastrique, qui n'a pu résister ici à la Karlsbader[6].

---

a. En caractère d'imprimerie.
b. Deux formes de la lettre en écriture cursive.
c. Caractères cursif et d'imprimerie.

1. Mathilde/Robert et Martin/Esti.
2. Les patients anglais et américains de Freud étaient alors : Daly, Adolph Stern, James Strachey, George M. Young (May 2006a ; 2007).
3. Ce projet de vente de la Maison d'édition psychanalytique à Richard Kola (1872-1939), qui était alors en train d'édifier un empire éditorial, ne vit pas le jour (cf. F/E, p. 245, note 7).
4. Biblioteca Nueva. La *Psychopathologie de la vie quotidienne* inaugura en 1922 une édition des *Obras completas* de Freud, qui s'acheva en 1930 avec 14 volumes – la première édition complète dans une langue non allemande (cf. Knapp 2008).
5. Johan H.W. van Ophuijsen (1882-1950), psychiatre, cofondateur en 1917 de l'Association néerlandaise de psychanalyse, organisateur en chef du congrès de l'API à La Haye (Stroeken 2009).
6. Sous-entendre ici : eau (ou sel).

Ce sera très bien si, fin novembre, pleins de Rome, vous passez par Vienne. D'ici là, j'espère encore avoir de temps à autre de bonnes nouvelles de vous.

Je vous souhaite de prendre du très bon temps.

Papa

168-Ernst Vienne 27-10 20 [a]

tous bien lettres poste restante venise naples salutation papa

169-ErnstLucie [En-tête Vienne] 7.XI.20. [b]

Cher Ernst, chère Lux

Dans la mesure où vous n'êtes toujours pas en possession de mes lettres adressées à Venise et Naples et où il ne ressort pas de vos lettres où l'on doit vous écrire, je récapitule ici le contenu principal desdites lettres et adresse cette missive à Rome. C'était pour l'essentiel une exhortation pressante à passer cet hiver à Davos, afin de donner un coup de grâce définitif à ton catarrhe, ce qui réussira à coup sûr à ce stade initial, alors que, sinon, il est connu qu'on ne peut rien garantir quant à son évolution, et que des interruptions continuelles pour cause de maladie te dérangeront par la suite toujours plus que maintenant, au début de ta vie conjugale et de ton travail. En outre, la prière de ne pas te bousculer en voyage, ce qui semble dépassé si l'on se réfère à tes nouvelles ultérieures. Je ne sais pas du tout si novembre est une période favorable pour un séjour à Rome, et je pense que les considérations de santé devraient, même si cela coûte des sacrifices, l'emporter sur toutes les autres.

Le rappel, en marge, que les Italiens sont incapables de lire notre F.F, de sorte qu'il est recommandé de toujours faire vérifier à la poste à la rubrique T.

Si nov. a son caractère habituel, ou si la période lors de laquelle vous passerez à Vienne n'en présente pas de meilleur, alors, sans avoir égard à nos regrets, je postulerai que votre séjour ici ne soit

---

a. Télégramme ; adressé à : Ernest Freud/ Anacapri/ Paradiso.

b. Enveloppe associée adressée à : Sign. Ernesto Freud/ da Berlino/ ferma in posta/ *Roma*/ Italien.

que très bref. Je me fais du souci à cause [a] du retour de ton catarrhe, et ta mine à Berlin ne m'a pas non plus satisfait.

Nous attendons tante le 9 de ce mois au matin [1], Anna doit arriver aujourd'hui à Berlin [2], être rentrée avant son anniversaire (3/XII). Nous sommes bien solitaires, il y a beaucoup à faire.

Je vous salue, chers enfants, cordialement, et espère que vous ne serez pas allés en Italie pour la dernière fois. Quiconque a été une fois en Italie, aurait dit quelque part Goethe, ne peut plus jamais être tout à fait malheureux [3].

Avec mes plus beaux vœux
Papa

170-ErnstLucie [En-tête Vienne] 9 nov. 20 [b]

Chers enfants

Maintenant que je connais votre lieu de séjour, vous n'êtes plus à l'abri de mes lettres. Tante est revenue ce matin et a donné plus de détails sur l'état d'Ernst. Je tiens donc d'abord à vous dire qu'il faut renoncer à l'attente que le séjour en Italie mette une fin radicale au catarrhe. Même s'il s'améliore, il se déclenchera à Berlin à nouveau à la première occasion, et il fera ensuite partie des choses qu'on ne peut négliger impunément. Mais on risque déjà trop à attendre cette récidive. Deuxièmement, je veux recevoir de vous l'assurance que vous êtes résolus à ne faire passer avant le devoir de guérir ce catarrhe aucune considération de jouissance de la nature et de l'art, de logement à Berlin, de coûts et de chances. Troisième-

a. L'éditeur a ici substitué *wegen* [« à cause de »] à *wieder* [« à nouveau »]. Erreur qui pourrait faire lapsus. Certes, *wieder* a été écrit par « contamination » avec le début du mot *Wiederkehr* [retour] ; mais on voit qu'il pourrait aussi s'agir d'un lapsus significatif. [N.d.T.]

b. Enveloppe associée adressée à : Hotel Paradiso/ Anacapri/ Italien ; ajout de la main d'un tiers : Napoli.

1. C'est-à-dire à son retour de Merano (166-Ernst ; F/Sam, 15.10.1920).

2. Anna séjournait depuis le 28.9.1920 à Hambourg (F/AF, p. 281) et revint à Vienne vers le 10/13.12 (F/E, p. 236, 238).

3. Goethe remarque dans son *Voyage en Italie* à propos de son père qu'il « ne pouvait plus jamais devenir tout à fait malheureux, parce qu'il ne cessait de se transporter par la pensée à Naples » (Naples, le 27 février 1787).

ment, que vous ne vous contenterez pas d'un succédané, mais choisirez la seule chose qui vaille : séjour à Davos (à l'extrême rigueur encore Arosa). Lucy est aussi à Davos à cause d'un état beaucoup moins aigu.

Exhorter et semer l'inquiétude étant une activité plutôt ingrate, je romps ici, en attendant vos réponses.

Avec de cordiales salutations
Papa

171-ErnstLucie [En-tête Vienne] 15 nov. 20 [a]

Chers enfants

À vos lettres qui viennent d'arriver aujourd'hui, je réponds immédiatement, ne sachant pas en effet combien de temps vous resterez encore. Je suis donc très heureux de recevoir d'aussi bonnes nouvelles de l'état de santé actuel d'Ernst et de votre vie dans le monde féerique de Capri, même si je reste persuadé que le danger de récidive n'est pas par là conjuré [1]. Je continue aussi à vous inviter à ne pas compromettre dans le vacarme et les tracas de Rome ce que vous avez acquis dans l'idylle, convaincu que ce n'est pas la dernière fois que vous serez allés en Italie. Si tout va bien, je ne voudrais pas renoncer au projet de partager avec vous votre prochain séjour, à vrai dire plutôt à quatre qu'à trois, ce qui ne constitue pas une société.

À Vienne, vous pourrez à nouveau loger dans la chambre d'Ernst. Tante ne veut pas déménager avant que vous ne soyez repartis [2]. Compte non tenu des frais, il n'est guère possible actuellement de trouver des chambres d'hôtel. Entre-temps, je me serai

---

a. Sur l'enveloppe associée, l'adresse Anacapri est raturée par la main d'un tiers et remplacée par : Pensione Bohle Parco Margherita/ Napoli.

1. Le 18.11.1920, Freud écrivit à Anna (F/AF, p. 307) : « D'Ernst et de Lux, de bonnes nouvelles d'Anacapri ; il a déjà grossi, aperçoit bien la nécessité de s'occuper de son catarrhe, mais espère en venir à bout par son séjour en Italie, ce qui devrait ne pas réussir. »

2. Étant donné la redistribution des chambres opérée alors à la Berggasse 19, après le départ des fils, Anna Freud se vit attribuer les deux « chambres de garçons », tandis que Minna Bernays déménagea dans l'ancienne chambre d'Anna (F/AF, p. 298, note 7).

aussi renseigné auprès de Sachs sur ce qu'il aura dépensé à Davos [1]. Anna est attendue à la maison dans une quinzaine de jours.

Beaucoup de travail, encore beaucoup de lettres à écrire, plus encore de salutations cordiales à tous deux de

Papa

P.-S. Tom a fêté des fiançailles puissamment juives [2]. Manquent les détails.

172-ErnstLucie [En-tête Vienne] 28.XI.20. [a]

Chers enfants

Très content de vos nouvelles et des intentions qui s'y trouvent exprimées, je veux simplement vous saluer dans la Ville sainte et je n'ai pas, pour ce faire, de papier à lettres plus petit. Ne vous étonnez pas trop du lapsus initial. C'est dimanche [3], et je suis en train de confectionner une douzaine de lettres à des étrangers divers, et il se trouve que celle qui vous est destinée figure au beau milieu. En semaine, je ne peux plus écrire de lettres ; les 6 heures quotidiennes d'anglais [4] me prennent beaucoup trop, parce que cette satanée nation n'ouvre pas sa gueule quand elle parle, de sorte qu'on ne comprend rien si l'on ne tend pas très précisément l'oreille en permanence.

Chez nous, rien de neuf que je ne vous aie peut-être déjà raconté. Je n'ai pas de certitude sur ce point. Êtes-vous déjà au courant des fiançailles de Tom avec M. Jankew Seidmann, lecteur au « Welt-

---

a. Enveloppe associée adressée à : Pensione Ludovisi/ Via Emilia 18/ Roma.

1. Dans sa lettre du 18 à Anna, Freud continuait (*ibid.*) : « N'oublie pas de prier Sachs de te ou de me donner directement *des renseignements précis sur les frais au sanatorium de Davos*. Ernst les réclame comme données destinées à sa prise de décision. » Cf. note 1 de 84-Martin, p. 164.
2. Martha Gertrude, dite « Tom », née Freud (1892-1930), artiste important auteur de livres pour enfants, était une fille de la sœur de Freud Maria qui vivait à Berlin. Elle épousa l'écrivain et journaliste juif, plus tard éditeur, Jakob/Jankew Seidmann (1892-1929) (Murken 2004).
3. Le jour où Freud expédiait ordinairement le gros de sa correspondance.
4. Aux patients anglo-américains nommés ci-dessus (note 2 de 167-ErnstLucie, p. 279) étaient encore entre-temps venus s'ajouter le Dr Bieber (pour une deuxième tranche) et Alix Strachey (May 2007, p. 606 *sq.* ; Meisel et Kendrick 1995, p. 89).

bund » ? Anna et Oli en font de grands éloges ; dans la famille ici se font nettement jour des motions de défense antisémites [1]. Quant à moi, je ne donne pas là-dedans, je veux seulement espérer qu'il n'est pas aussi tordu qu'elle, en dépit de tous ses talents.

Anna a fait télégraphier par Eitingon qu'elle souhaitait prolonger son congé, et elle va donc rester au-delà de son anniversaire [2]. Nous croyons être assurés que cela n'a aucune signification particulière. Nous attendons votre maman et votre sœur pour le 1er décembre, mais n'avons pas encore de télégramme d'elles [3]. Les négociations avec le Regina [4] en vue de leur hébergement progressent d'une manière prometteuse. (Prix de la chambre avec chauffage K 276.) Vous logerez, bien sûr, chez nous. Il paraît qu'on y est copieusement chauffé. Notre nouvelle perle Marianne n'est pas aussi pingre que la vieille Anna. Il fait en ce moment un froid si aigre que, par exemple, aujourd'hui, nous ne pourrions accueillir votre arrivée sans inquiétude. Il n'est vraiment pas bien expédient de n'emporter pour un si long voyage que des bagages à main. Je vous conseille de ne pas vous geler par amour de l'économie.

De toutes les belles choses que vous aurez vues à Rome, Naples, Paestum, Pompéi, je souhaite, bien sûr, entendre un compte rendu oral ; mais je ne peux rien écrire à ce sujet. Il est probable que ma lettre vous fera l'effet de venir d'un autre monde.

Je vous salue tous deux très cordialement

Papa

173-ErnstLucie [En-tête Vienne] 28.XII.20.

Chers enfants

Je n'ai absolument rien de particulier à vous communiquer, profite seulement de l'occasion de vous envoyer par l'intermédiaire

---

1. Seidmann était né dans un shtetl de Bucovine (Murken 2004, p. 87, note 23). [Antisémitisme « intrajuif » donc, si l'on peut dire, dirigé contre les « Juifs de l'Est ».] [N.d.T.]
2. Le 3 décembre.
3. Le 6 décembre 1920, Freud écrivit à Anna (F/AF, p. 313) : « Maman et Käthe Brasch ont été charmantes et ont rapidement conquis une place au premier rang dans l'assemblée de la parentèle. » À leur retour de Rome, elles firent également étape à Vienne (427-Max) et y ratèrent Ernst et Lucie, qui n'arrivèrent que le 7 décembre.
4. Hôtel proche de la Berggasse, dans lequel Freud hébergeait ordinairement ses hôtes.

d'un aimable messager [1] une belle salutation pour le Nouvel An 1921.

Ici, le temps est épouvantable, tout le monde est malade ; quiconque veut se sentir malheureux trouve à cela facilement une raison, voire beaucoup ; l'avenir proche est sombre. J'espère que votre jeunesse passe outre à tout cela, surmonte les difficultés qui dominent l'instant, et se réjouit encore de bon cœur de la vie. Pour toute nouvelle de chacun de vous, il y a ici à la Berggasse un public reconnaissant, surtout bien sûr pour les bonnes. Recevez mes cordiales salutations et transmettez mes compliments à la mère et aux sœurs de Lux.

Papa

174-ErnstLucie — Saint-Sylvestre 1920* [a]

Ferventes salutations à tous deux à l'occasion du Nouvel An

Maman

et pour toute l'année 1921

Papa

À des retrouvailles longues et fréquentes !

Anna

Meilleurs vœux !

Tante Minna

Pt PS [2] Lampl

Tous mes vœux et meilleures salutations

Robert

Math [b]

---

a. Carte postale avec vue de l'atelier viennois ; au recto, des motifs de la Saint-Sylvestre. Chaque salutation est de la main du soussigné ; date de la main de Martha Freud, adresse de celle de Freud.

b. Cette salutation a été placée après coup au-dessus de celle de Martha, sans doute pour des raisons de place.

1. Non identifié.

2. Ces lettres ne peuvent être déchiffrées de manière certaine. Mais Martin signe aussi par « P.T. » une lettre présumée à Lampl en octobre 1914 (cf. *supra*, p. 133, note 2). Peut-être : « p. t. » = *pleno titulo* (lat.) : « avec titre complet » (dont le scripteur s'épargne la rédaction) ; et PS = *Postscriptum/postscriptus* (lat) : « post-scriptum », « soussigné ».

175-Ernst [En-tête Vienne] 16.1.21.[a]

Cher Ernst

On peut enfin à nouveau écrire. La grève postale ne t'est sans doute pas restée inconnue. Notre situation est telle que l'on attend l'effondrement complet d'un jour à l'autre. Mais quoi ensuite ? Occupation par des légionnaires tchèques[1] !

Pour le Nouvel An, je ne me sentais certainement pas bien ni de bonne humeur. Le Dr Edelmann[2], que j'ai pris comme médecin personnel, m'a entre-temps fait beaucoup de bien en me recommandant l'eau de Karlsbad, et je suis à nouveau vaillant au travail.

Dans ta lettre, je n'ai pas trouvé tout à fait l'enthousiasme requis pour l'air magnifique et le soleil ardent auxquels on peut s'attendre dans une telle région[3], et je n'ai pu me défaire de l'impression que tu as peut-être trop sacrifié au désir d'épargne, ce qui serait très inadéquat et finalement onéreux ; et je me suis étonné que la maison ne puisse fournir plus de 10 °C, ce dont ne fait état aucune lettre de Sachs en provenance de Davos. Cela dit, il est difficile de juger de telles configurations à distance, et j'ai confiance que tu auras suffisamment d'énergie et de perspicacité pour ne pas reculer devant un changement si tu t'aperçois que tu n'es pas tombé sur ce qui convient. Sachs a payé chez Eisenlohr 14 fr.

En effet, la seule chose qui importe, c'est que tu parviennes à mettre un terme au processus.

Ici, peu de nouveautés. Les étrangers se maintiennent encore, 6 heures d'anglais par jour. Janvier est d'une douceur printanière. Anna a aménagé ses deux pièces avec beaucoup de style, tante

---

a. Enveloppe associée adressée à : Villa Dr Herwig/ Inner-Aros/ Graubündten [*sic* !]/ Schweiz. [*Graubünden* désigne en allemand le canton des Grisons. N.d.T.]

1. Du fait de la situation financière désespérée, comme le constatait la *Neue Freie Presse* du 14.1.1921 en citant le *Times*, menaçait alors le « naufrage de l'Autriche dans la banqueroute et la ruine ».
2. Adolf Edelmann (1885-1939), spécialiste des maladies internes à Vienne (F/AF, p. 360, note 15).
3. Se conformant aux exigences de Freud, Ernst était allé en cure à Arosa dans le canton suisse des Grisons, et il y resta trois petits mois (F/E, p. 260). Le 15.4.1921, il rentra avec Lucie à Berlin (*ibid.*, p. 249) ; une lettre conservée de Mirra Eitingon, datée du 7.4 et adressée aux deux (FML), avait été envoyée poste restante à Oberstaufen dans l'Allgäu, où ils séjournèrent au plus tard à partir de début avril (Anna/Ernst, 3.4.1921).

déborde de bonheur face à son espace. Ditha est annoncée. J'ai déjà refusé deux propositions de voyage en Amérique, afin d'y donner des cours et traiter des patients, y voyant des tracas assurés et des chances de gain défavorables [1]. Il va de soi qu'on fait de meilleures offres à n'importe quel musicien virtuose. Le Dr Bernfeld, qui a l'air tout à fait misérable, était ici hier. Il est contraint de quitter en avril *Le Juif* [2], qui va péricliter, et veut venir à Vienne, où j'espère l'employer avec des analyses et dans la Maison d'édition [3]. Ce serait une acquisition épatante s'il pouvait s'y maintenir.

Lux a écrit une lettre charmante, à laquelle je répondrai encore aujourd'hui [4]. J'espère avoir bientôt à nouveau des nouvelles de toi, si le trafic reste soustrait aux perturbations, et je te salue cordialement au nom de tous.

Papa

176-Ernst [En-tête Vienne] 18.2.21

Cher Ernst

J'ai reçu toutes tes lettres. L'ensemble est une histoire navrante. La pauvre enfant semble être tout à fait désemparée [5]. Le 16 [a] de ce mois, j'ai reçu d'elle une lettre exprès qui déplace l'obstacle sur

---

a. Rectification du manuscrit : 13.

1. Cf. Jones III, p. 33.
2. Le mensuel *Der Jude* édité par Martin Buber parut de 1916 à 1928.
3. À partir de l'été 1920, Siegfried Bernfeld avait travaillé à Heppenheim/Heidelberg chez Martin Buber comme secrétaire privé et rédacteur de *Der Jude*, mais n'avait pu exercer sa fonction que de manière limitée pour des raisons de maladie (Bunzl 1992, p. 81). Il n'entra pas dans la Maison d'édition psychanalytique (F/E, p. 256) ; il devint analyste.
4. La lettre que Freud annonce ici (pour autant qu'elle ait été écrite) semble s'être perdue.
5. Il est question de Lucie, qui était enceinte et se languissait d'Ernst. Il s'agit de savoir si elle a le devoir ou le droit d'aller à Arosa en dépit de sa grossesse. Les lettres qu'elle écrivait alors à son mari quotidiennement, parfois plusieurs par jour, attestent ses violents changements d'humeur, une oscillation entre supputation raisonnable, élan douloureux et désespoir, entre les arguments qui plaidaient pour ou contre le voyage. Ce qui trancha fut la lettre que Freud lui adressa, mentionnée dans la suite (qui ne semble pas non plus s'être conservée). Le 19.2.1921, elle écrivit à Ernst : « ce matin à 8 h, la lettre de papa est arrivée avec la décision : tu dois voyager. Ce n'est que lentement que j'ai pu comprendre ce qui va se passer – mes yeux pour le bonheur avaient déjà désappris à voir –

l'argent et s'en remet à moi de la décision définitive. Le lettre était du 13 ; j'ai répondu le même jour par exprès qu'elle devait voyager, que sa bonne humeur était très importante non seulement pour elle mais aussi pour l'enfant. Je croyais avoir par là réglé l'affaire et t'ai fait virer £ 30, que tu devrais recevoir en l'espace d'une semaine. Mais hier, Lampl m'a montré une lettre du 14 disant qu'elle est fermement décidée à ne pas partir et qu'elle ne se laissera détourner de cette résolution ni par toi ni par moi. Et maintenant j'attends à nouveau que mon argument selon lequel sa dépression pourrait ne pas faire du bien à l'enfant fasse impression sur elle, de sorte qu'elle balance derechef. Ce qu'il y a de perturbant en l'affaire, c'est qu'on n'obtient aucune clarté sur les motifs contraires. Certes, elle écrit que son médecin berlinois lui interdit le voyage à cause de sa grossesse, mais tout semble se passer normalement, et l'on ne sait pas si sa famille ne s'est pas mise à couvert derrière le médecin, poussant celui-ci à mettre cette raison en avant. Les motifs de la famille sont par ailleurs inconnus ; il est probable que l'argent ne soit pas décisif[1]. As-tu touché juste avec ton interprétation – peur de la contagion ? Je ne le sais pas ; cela semble être tout à fait irrationnel.

Je ne peux en aucun cas approuver ton dessein, au cas où elle ne viendrait pas, d'interrompre début mars le traitement ou le séjour. Cela me paraît être le comble de l'absurdité, car ta guérison complète est bien la condition à l'issue favorable de la situation actuelle et la garantie qu'elle ne se répétera pas.

J'attends encore que les difficultés se résolvent et que ma contribution rencontre son utilité visée. À moins que le médecin n'ait vraiment de bonnes raisons de lui interdire le voyage, auquel cas vous devrez tous les deux tenir le coup et surmonter la contrariété au même titre que, dans l'autre cas, les obstacles extérieurs.

Je te prie de me donner très vite d'autres nouvelles et te salue dans cette attente

très cordialement
Papa

---

et maintenant, 12 heures après, je te l'ai dit, et demain matin mon Unique le saura : je VIENS ». Elle arriva à Arosa à temps pour pouvoir y fêter avec Ernst, le 2 mars, son (propre) anniversaire.

1. Le 10.2.1921, la mère de Lucie avait écrit à Ernst (UE) qu'elle était contre le voyage : « Et ce plus pour des raisons de santé que d'argent », prenant en considération les *deux*.

177-Ernst Vienne 21.2.21

Aujourd'hui, Max a envoyé des photos de la tombe de Sophie [1]. Le monument est esthétiquement très réussi, te remercie cordialement.

Papa [2]

178-Ernst [En-tête Vienne] 8.5.21*

Chers enfants

Cordial merci pour la lettre et le récipient chinois à la finalité inconnue. Eitingon, qui a fait de ces jours des fêtes [3], vous communiquera tout ce qu'il vaut la peine de savoir. Bien sûr, je continue à ne pas être un adepte des solennités, notamment quand elles sont destinées à vous rappeler votre progression dans la vieillesse.

Hier, Anton [4] nous a rendu sa première visite. Il est bien frêle et ne paie pas de mine ; mais il a déjà un comportement tout à fait humain. Une petite fille, qui réunirait en une image toutes les amorces de beauté présentes dans les deux familles, ne serait pas indésirable au titre de l'alternance.

Portez-vous bien tous les deux et gardez votre sérénité ! Avec de cordiales salutations

Papa

179-ErnstLucie [En-tête Vienne] 16.6.21*

Chers enfants,

Selon le vœu d'Oli, je vous fais suivre sa dernière lettre pour que vous la lisiez, en fassiez part à Eitingon et me la renvoyiez [5].

1. Une photo de la stèle funéraire façonnée par Ernst Freud (dans le cimetière juif de Hambourg-Ohlsdorf) se trouve au musée Freud de Londres.

2. Freud signa aussi par « papa » une carte postale du 29.3.1921 (UE), par laquelle Anna Freud adressait à Ernst ses remerciements pour un paquet d'oranges.

3. Eitingon était venu à Vienne pour l'anniversaire de Freud, ce dont il s'était fait désormais une règle.

4. Anton Walter, le premier enfant de Martin et d'Esti, né en avril.

5. Dans cette lettre, il se sera agi des difficultés d'Oliver en Roumanie (cf. *supra*, p. 207 *sq.*). En cette affaire, tant Ernst qu'Eitingon avaient parlé avec un ami berlinois d'Eitingon, le directeur Hirsch (F/E, p. 266), qui avait fourni à Oliver deux des emplois qu'il avait eus jusque-là (pas le deuxième en Roumanie) (OFI, p. 27 *sq.*, 33 ; Oliver/Ernst 23.1.[1921], UE).

Je me suis beaucoup réjoui de la dernière lettre de Lux. Ses lettres sont rares ; mais elles sont alors longues et bonnes. Quant à la question du destin, garçon ou fille, nous n'allons pas nous disputer.

Martin est devenu aujourd'hui fondé de pouvoir de la Treuga [1].

Très cordialement

Papa

180-ErnstLucie B Gastein 16.7.21. [a]

Chers enfants

À nouveau à Gastein, encore grillés à point par le voyage d'hier, mais dès aujourd'hui bel orage avec perspective de pluie sur plusieurs jours. Veux voir quelle est la qualité du repos en l'absence de toute occupation. Maman doit quitter Vienne demain matin [2]. Plus le mois avance, plus je serai reconnaissant de nouvelles de vous. Il est possible que Max nous rende visite ici.

Vœux cordiaux !

Papa [b]

181-Lucie [En-tête Vienne] B Gastein 2.8.21.*

Ma chère Lux

Lorsque j'ai reçu ta dernière lettre, je préparais une réponse pour te consoler de ne pas avoir terminé ton opus 1, alors qu'Ernst en était déjà à son opus 3 [3]. Je voulais te dire qu'il a toujours manifesté un tempérament particulièrement fougueux et que vos deux cas ne sont tout de même pas bien comparables. Car il ne se soucie plus de ses œuvres dès lors qu'elles sont terminées, tandis que pour toi c'est le moment où le travail commence, etc.

---

a. Carte postale ; adresse de l'expéditeur : V. Wassing.

b. Post-scriptum de Minna Bernays non reproduit.

1. Cf. *supra*, p. 105.

2. Elle alla à Altaussee, où Anna passait déjà les vacances avec Max et son fils aîné Ernstl (cf. 431-Max, note 4, p. 509). La visite de Max à Freud, dont il est question tout de suite après, n'eut pas lieu.

3. Allusion aux trois premières maisons qu'Ernst Freud construisit à Berlin (cf. *supra*, p. 239).

Là-dessus le télégramme [1] est arrivé et a rendu toutes ces consolations superflues. Un fils donc, dans ma série, le quatrième ! Comment est-il ? Lesquelles des possibilités insoupçonnées se trouvent en lui réalisées ? Dommage qu'il ait déjà 6 semaines quand il me sera donné à voir [2]. J'ai, bien sûr, salué Anton – la mère tient à Anton Walter – dès son entrée en cette vie, et je regrette que l'anonyme berlinois me soit présenté alors qu'il y aura déjà fait un petit bout de chemin. Mais au fond, c'est à vous qu'il appartient, et il faut un certain temps pour qu'un être de cette espèce apprenne à apprécier la valeur et la fonction d'un grand-père.

Qu'il prospère donc et fasse bien ton bonheur, jusqu'à ce qu'il puisse te payer de tes douleurs et de tes soucis avec sa manière d'être et ses succès dans la vie. J'imagine Ernst très fier.

Je te salue et t'embrasse cordialement.

Grand-papa

182-ErnstLucie — Kurheim 16.8.21* [a]

Chers enfants

Arrivé hier ici [3] avec maman, Anna, Ernst, Maus attendue. Beau haut plateau de 1 180 m, calme, bonne chère, air d'altitude, plus grande altitude encore pour les prix. Espérons que maman se rétablira ici, ce qu'elle n'a pas réussi à Aussee. Ernstl est très brave, Gabriel, nous l'espérons aussi. Très impatients de nouvelles, y compris des maisons.

Avec des vœux cordiaux au nom de tous les présents

Papa

183-Ernst — [En-tête Vienne] Seefeld 20.8.21*

Cher Ernst

Eu égard à tes occupations multiples et à mon inactivité, je t'envoie une lettre en échange d'une carte. Nous sommes très

a. Carte postale ; adresse d'expéditeur : Seefeld i. T.

1. Avec la nouvelle de la naissance de son premier fils, Stefan Gabriel (« Gab », « Gabi »). Ce fut le quatrième petit-fils de Freud d'une série ininterrompue.
2. Cf. la deuxième lettre après celle-ci avec note 4.
3. C'est-à-dire à Seefeld au Tyrol, à l'ouest d'Innsbruck, où Freud passa en 1921 la seconde moitié de ses vacances d'été (cf. 434-Max).

heureux de tes nouvelles. Gabriel a manifestement un grand sens de la famille, sans quoi il n'aurait pas eu l'attention délicate de grossir précisément d'un gramme en échange de 10 m [1] du salaire d'Oli. Je pense que l'emploi d'Oli est à nouveau quelque chose de provisoire, et qu'il a l'intention de prendre le large avec des recommandations plus puissantes [2]. Nous en collectons aussi en ce moment pour la Roumanie. J'espère que, pendant qu'il sera à nouveau à Berlin, tu trouveras quand même le temps de t'occuper un peu de lui, afin qu'il sorte plus vite de cet abandon erratique. J'espère de même que tu t'entends à brider ton ambition dans l'intérêt de ta santé et que tu ne te « fiches pas en l'air [3] » trop tôt. Que ta réussite signifie pour nous aussi une satisfaction sans restriction, c'est une chose que je fais ressortir volontiers.

J'espère venir vers la mi-septembre, et voir alors St.[efan] G.[abriel]. Je ne peux rien décider de plus précis. Il faudra que j'emmène Ernstl à Hambourg seul, et je ne sais donc pas si j'irai d'abord à Hambourg ou à Berlin. Le départ d'ici dépend aussi du temps qu'il fera, de l'état de santé de maman et d'autres choses encore [4].

Avec de cordiales salutations à toute la famille

Papa

184-Lucie

Kurheim Seefeld, Tyrol

23 août [1921]* [a]

Papa se réjouit cette fois d'être le premier visiteur viennois [5].

---

a. Post-scriptum à une lettre ici non reproduite de Martha Freud ; l'expéditeur et la date en sont repris.

1. Il pourrait s'agir de « marks », même si ceux-ci sont généralement plutôt indiqués par l'abréviation « mk ».
2. Après l'échec de son aventure roumaine, Oliver revint à Berlin, où il resta jusqu'à nouvel ordre.
3. Dans l'original : *kaputt machst.* [N.d.T.]
4. Freud partit le 14/15.9.1921 pour Berlin, où l'on vint chercher Ernstl ; puis il suivit lui-même à Hambourg le 18 (Briefe 438 *sq.*-Max).
5. Dans sa lettre antécédente à « Ma chère, douce Lux », Martha Freud avait déclaré que ni elle ni Anna ne se joindraient au voyage à Berlin.

185-ErnstLucie Seefeld 5.9.21. [a]

Chers enfants,

J'ai maintenant un wagon-lit Munich-Berlin pour le 14/9, arriverai donc le 15 à midi (?). Écris-moi par retour du courrier si je dois expédier les bagages et descendre à la gare Zoo ou Friedrichstr. Je veux bien loger dans la petite pension dont parle Lux. Mais Eitingon veut un hôtel, mettez-vous d'accord là-dessus [1]. Je suis déjà très désireux de vous voir, ainsi que l'animal prodige.

Très cordialement

Papa

186-ErnstLucie Seefeld 10.9.21.* [b]

Cher Ernst

En même temps que ta lettre sont arrivés les billets de Reichenhall commandés par tante. Ils sont valables pour le train de 7 h 15, nous arriverons donc tôt, tu écris 7 h 37. J'accepte avec gratitude la chambre que tu as retenue et me réjouis beaucoup des retrouvailles et de la connaissance nouvelle que je vais faire.

Cordialement à toi et Lux

Papa

187-Ernst Lübeck 20.9.21. [c]

Cher Ernst

Nous avons décidé qu'il faudrait que tu viennes une fois ici [2], pour voir les bâtiments et le musée, ce que nous n'avons pu faire que de manière fugitive.

Cordialement à toi et Oliver

Papa [d]

---

a. Carte postale.
b. Carte postale.
c. Carte postale.
d. Post-scriptum de Max Halberstadt non reproduit.

1. Cf. F/E, p. 272-275.
2. C'est-à-dire à Lübeck.

188-ErnstLucie [En-tête Vienne] 24.X.21

Chère Lux, cher Ernst

Il y a 25 ans aujourd'hui que grand-père est mort [1], je m'en souviens évidemment très bien.

Enfin une lettre de vous ! Dans des cas de ce genre, il faut beaucoup de tolérance. L'autre partie, en l'occurrence nous, a éprouvé exactement la même chose. Pourquoi est-ce que l'un des deux ne s'assied pas une bonne fois pour écrire au moins une carte ? Cela dit, on ne le fait pas soi-même non plus. Jusqu'à ce qu'enfin quelqu'un ait la bonne idée de prendre l'initiative. Cette fois vous. (La lettre de Lux à Anna n'est pas par ailleurs arrivée, la lettre à maman est arrivée la première.)

Eh bien, c'est excellent que vous alliez si bien et que le petit prospère si gaillardement. Son image me poursuit encore ; je serais presque tenté d'avouer que même ses dernières minuscules photographies ont encore cette étrange expression. Mais n'oubliez surtout pas de bien chauffer à fond votre appartement froid en cet hiver qui commence justement aujourd'hui, et même si la moitié du bénéfice tiré des constructions devait y passer. Tout est d'un moindre coût que tomber malade. Poêles chauds et fenêtres ouvertes sont la meilleure combinaison.

Je me réjouis beaucoup par avance de la photo de Lux, j'aimerais avoir aussi bientôt quelque chose de réussi de Gabriel. Tous mes remerciements pour le cadeau en métal argent à l'adresse des Rie. Ici, je n'ai rien pu trouver, j'accepte cette boîte, m'en remettant au goût d'Ernst. Une difficulté en l'occurrence : le jour des noces est déjà le 10 novembre [2]. Le cadeau pourra-t-il arriver à Vienne dans l'intervalle ? Sans quoi il ne restera pas d'autre issue que d'annoncer, puis de s'excuser, pour le moins embarrassant. Fais-toi envoyer l'argent par Max, qui le créditera même sans commission expresse de ma part. En effet, écrire une lettre ne m'est pas facile. Je tiens encore à m'acquitter de ma correspondance officielle ; et si, au titre d'homme de confiance mondial, je dois un jour envoyer à Sydney (Australie) une expertise sur un cas, et le lendemain éclairer une

---

1. On donne ordinairement pour date de la mort de Jacob Freud le 23.10.1896 ; Freud écrit lui-même en 1898 : « 23/24 octobre » (F/Fl, p. 409).
2. Noces d'argent d'Oscar et Melanie Rie (cf. F/Fl, p. 255, 260).

dame à Porto Rico sur ses souvenirs d'enfance, etc. [1], il ne me restera plus rien pour mes proches. J'ai régulièrement 9 heures de travail, dont 6 en anglais ; à part ça, je n'écris rien du tout, et ne prends part qu'aux soucis et activités de la Maison d'édition. La conséquence en est, il est vrai, une grande richesse en couronnes, qui se fait beaucoup remarquer au milieu d'une situation publique quasiment impossible. À la maison, tout le monde va bien en ce moment, Anna est même florissante, Toni, potelé et drôle, un vrai bébé. Esti passablement épuisée, Martin se donne un mal de chien, ne s'en sort évidemment pas avec son traitement d'un demi-million.

Le silence d'Oliver nous était particulièrement incompréhensible ; demain, je répondrai à M. Adunar Marcovice, Bukarest calea Plevnei 59, qui a demandé son adresse. Je vous salue tous deux ainsi qu'Oliver cordialement, et prie Lux de me rappeler au bon souvenir de sa mère et de ses sœurs.

Papa

189-Ernst — Vienne 7.XI.21 [a]

Cher Ernst

La boîte est arrivée aujourd'hui, est très belle, exactement ce qu'il faut pour l'occasion et d'un très bon rapport qualité-prix. Te nommerai volontiers approvisionneur de cour. – Ici beaucoup de travail, attente de Lou Andreas Salomé comme invitée, pour qui on aménage le salon [2]. Vous salue cordialement toi Lux et Gabriel

Papa

190-ErnstLucie — [En-tête Vienne] 20.XII.21 [3].

Cher Ernst et chère Lucie

Ce matin, Mme Lou est partie ; ce soir est donc le premier moment où je peux répondre à ta réjouissante lettre du 30/XI-7/

a. Carte postale.

1. Ces deux configurations sont obscures ; aucune lettre connue de Freud jusqu'ici qui s'y rapporterait.
2. Lou Andreas-Salomé logea chez les Freud à Vienne du 9.11 au 20.12.1921 (F/AF, p. 347, note 7).
3. Reproduit en grande partie in F/Corr, p. 366.

XII : elle a été un hôte charmant de même qu'en général une femme remarquable. Anna a travaillé analytiquement avec elle [1], rendu visite à de nombreuses personnalités intéressantes et a beaucoup joui de sa fréquentation. Maman s'est occupée d'elle avec beaucoup d'amabilité ; avec mes 9 heures de travail, je n'avais pas beaucoup de temps pour elle ; mais elle s'est comportée de manière discrète et peu exigeante. En marge de tout cela, l'agitation de ce temps a été très grande, je ne savais pas qu'on a d'autant plus à faire qu'on devient plus vieux. La vieillesse tranquille semble être une fable autant que la jeunesse heureuse. Les refus et les renseignements que je suis obligé de diffuser dans tous les azimuts me coûtent beaucoup de temps, tout le monde veut se faire analyser par moi et, en même temps, personne ne partira avant fin février.

Parmi les succès d'une certaine importance, je vous signale la parution des traductions française et italienne (Ire partie) des *Conférences* et ma nomination au titre de membre honoraire de la Société néerlandaise de psychiatrie (sur proposition d'un adversaire [2]).

On peut jauger l'extension actuelle de la psychanalyse à partir du fait qu'en l'espace d'une semaine sont arrivées deux demandes de formation de nouveaux groupes locaux de l'Association internationale [3], et ce en provenance de Calcutta et de Moscou ! La deuxième lettre était affranchie à 10 000 roubles, ce qui donne une idée de notre avenir, peut-être aussi du vôtre.

Dans la pièce qu'a habitée Mme Lou, nous accueillerons vers début janvier peu de temps l'un après l'autre Abraham et Ferenczi, qui doivent donner des cours à nos Américains [4]. Le premier doit

---

1. La formulation pourrait suggérer qu'Anna s'est fait analyser par Lou Andreas-Salomé. Simultanément, de l'échange d'alors entre les deux femmes sur le thème « rêve – rêve diurne – poésie » est sortie la première publication d'Anna Freud (1924) (cf. Weber et Rothe 2004, p. 871 *sq.*, 877 *sq.*).

2. Il se peut que ce mot d'« adversaire » désigne Cornelis Winkler, qui ne se signale cependant dans la littérature que par ce fait qu'il *vota* pour la qualité de membre d'honneur (par exemple Rbr. 2, p. 300 ; cf. Stroeken 1997, p. 23-26).

3. C'est-à-dire de l'Association psychanalytique internationale.

4. Dans le cadre d'un enseignement de trois mois sur la psychanalyse qui était organisé à Vienne pour les étrangers qui y séjournaient en vue d'une analyse didactique, principalement auprès de Freud (Rbr. 2, p. 251). D'après le témoignage d'Abram Kardiner (1979, p. 18 *sq.*), il y avait encore en analyse chez Freud, outre lui-même, quatre Américains : Leonard Blumgart, Munro A. Meyer, Clarence P. Oberndorf et Albert Polon ; s'y ajoutaient les Anglais John Rickman, Alix et James Strachey ainsi qu'un Suisse (probablement Philipp Sarasin : F/Pf, 29.7.1921).

emporter le cadeau de Noël de maman pour Gabriel, que vous devez donc refuser s'il vient d'un autre côté, une cuillère transversale en argent, qui pourra bien servir à ménager sa savante mère.

Depuis 2 jours, le bras de tante Minna est sorti du plâtre [1] et devient rapidement actif ; elle s'en est mal accommodée pendant tout ce temps et a été très grognon. Avant-hier du reste, notre brave cuisinière a répété la même chute avec le même résultat, de sorte qu'en ce moment ce sont maman et Fanni qui s'occupent de la cuisine.

Le Toni de Martin se développe magnifiquement, il est déjà assis dans la chaise neuve pour enfant qui arrive pour Noël ; il est très moche, mais son père n'était pas non plus une beauté. D'Oli, j'ai trop peu de nouvelles, je lui écrirai très bientôt, aimerais le savoir dans un emploi plus définitif.

De vous, je n'ai pas besoin d'avoir de meilleures nouvelles que celles que contenait la dernière lettre. J'espère que la prochaine en apportera de semblables.

Je vous salue cordialement pour Noël et le Nouvel An

Papa

191-ErnstLucie [En-tête Vienne] 13.2.1922*

Chers enfants,

On peut enfin vous écrire à nouveau [2]. Nous ne sommes évidemment pas en mesure d'apercevoir votre dernière grève sous le jour d'une nécessité absolue. Peut-être apprendrons-nous à penser autrement quand nous aurons reçu les crédits [3] et que les fonctionnaires ou les ouvriers tenteront de s'emparer de ces fonds.

Ici, je commence par ajouter mes remerciements écrits pour le beau Rembrandt [4], doublement précieux, puisque cadeau du père

1. Vers la mi-novembre 1921, elle était tombée dans la rue et s'était cassé le bras (F/Sam, 4.12.1921).

2. Une grande grève de cheminots venait de prendre fin en Allemagne (cf. ANNO).

3. Le samedi 11.2.1922, les journaux firent état d'un projet de loi français visant à un crédit d'aide à l'Autriche. Il y eut aussi des initiatives analogues en Angleterre et en Tchécoslovaquie.

4. Dans le legs de Freud (aujourd'hui FML) se trouvent deux eaux-fortes originales de Rembrandt : *Les Juifs dans la synagogue* (1648) et *Portrait de Menasse Ben Israel* (1636) (cf. Schlesier 1993, p. 263, note 120) ; c'est sans doute l'une des deux qui est visée ici.

au fils à partir de ses propres gains. Je confirme ensuite que tous les témoins oculaires disent unanimement de Gabriel qu'il est vraiment la merveille sous les espèces de laquelle il nous est apparu en automne. Voir un être humain une seule fois par an n'est pas le bon moyen pour rester en contact avec lui pendant son développement.

Ici, chez nous, il y a un embrouillamini de misère monétaire, de froid et de grippe. Je pourrais encore ajouter : de travail, mais il semble que je vais pouvoir me reposer bientôt ; actuellement, 3 de mes élèves ou patients sont manquants pour cause de maladie. Annerl rend toute la journée visite à des malades, de l'Anglaise Mrs Strachey [1], alitée dans une pension à Maus, de cette dernière à Edith [2], ensuite à grand-mère ou tante Dolfi, qui sont calamiteuses à tour de rôle. Ditha séjourne chez nous à la maison, s'intègre bien, participe gentiment à tout, va aussi changer de l'argent ou expédier un télégramme. Aujourd'hui, sans un Américain à la maison, aucune famille digne de ce nom ne peut subsister.

Dans le cercle le plus rapproché, personne ne s'est jamais porté aussi mal ; seulement des catarrhes sans fièvre et d'autres petites misères. Après la guérison de sa main, tante s'est encore payé un corps étranger dans la cornée, qui a dû être enlevé par Königstein ; mais cela ne lui a valu que 24 heures d'invalidité.

Le petit Toni, ou Walter, comme l'appelle sa romantique de mère, est aussi débarrassé de sa fièvre, il fait sa gymnastique la plupart du temps au lit, est très brave et semble avoir hérité de son père des dispositions pour le sport. Il est possible qu'il marche à un an, mais guère qu'il tienne des discours. Je le vois une fois par semaine, le dimanche ; les dernières fois, il était devenu assez avisé pour m'identifier comme quelque chose d'étranger et de terrible. Aujourd'hui, étant tout à fait enroué, je ne suis pas sorti [3].

L'été et l'avenir en général sont encore très sombres. Nous aimerions bien être en compagnie des garçons hambourgeois, mais

---

1. Alix Strachey (1892-1973), en analyse avec Freud depuis l'automne 1920 (Meisel et Kendrick 1995). Tomba alors malade d'une grippe, qui dégénéra en pleurésie, de sorte qu'elle dut interrompre son analyse (LAS/AF, p. 24).

2. Très probablement Edith Rischawy (??-1931), fille de Marie R. (cf. 14-Math avec note 2, p. 58), pendant un certain temps amie d'Anna Freud (Molnar 1996, p. 171 ; LAD/AF, p. 22).

3. Le 13.2.1922 était un lundi. Il est possible que Freud ait commencé cette lettre le dimanche et ait continué à écrire dans la nuit.

comment faire, et où va-t-on en Allemagne ? Il est probable qu'Annerl va arriver avec des projets après en avoir conféré avec vous tous [1]. Je ne vais sans doute pas renoncer à Gastein, mais probablement en repartir dès le 1er juillet. Je me sens assez riche et assez vieux.

Abraham a été une visite très agréable ; mais il n'a pas pu nous dire grand-chose de vous. D'Oliver, j'attends des nouvelles depuis longtemps. J'ai espéré un moment que Lux se serait réfugiée avec l'enfant pendant la grève à Gaglow [2].

Et maintenant portez-vous bien ; j'espère avoir bientôt des nouvelles de vous trois.

Vœux cordiaux
Papa

192-Lucie 2.3.22* [a]

Lux
pour un petit luxe [3]

Papa

193-Ernst [En-tête Vienne] 3.4.22

Cher Ernst

Il n'est pas vraiment nécessaire que je te souhaite du bonheur pour ton 30e anniversaire. Tu es le seul de mes enfants à posséder dès à présent tout ce qu'on peut avoir à ton stade de la vie : une femme tendre, un enfant magnifique, du travail, des revenus et des amis. Et d'ailleurs, tu mérites tout ça, et puisque, dans la vie, tout ne va pas selon le mérite, permets-moi d'exprimer le vœu que le bonheur te reste fidèle.

Très cordialement
Papa

---

a. Inscrit sur une enveloppe.

1. Anna Freud partit le 1er mars 1922 pour un grand voyage en Allemagne, avec des étapes à Hambourg, Berlin et Göttingen.
2. Résidence d'été des parents de Lucie (Groß-Gaglow, au sud de Cottbus), au centre d'un roman de leur petite-fille Esther Freud (1998).
3. Sans doute un billet de banque. Le 2 mars était l'anniversaire de Lucie.

194-Lucie Vienne 2.5.22* [a]

Chère Lux

Tu as raison, Gabriel est charmant [1]. Je me réjouis beaucoup de vous revoir [2].

Cordialement

Papa

195-Ernst Bad Gastein 2.7.22 [b]

[Cher Ernst

accuse avec re]merciements réception [3] de […] le bureau d'ici […] se développe tout à […] si mystérieusement beaucoup […] s'étonne du monde. Curieux de ce que maman en dira [4].

– Tante s'est formidablement requinquée et reposée à Abbazia, j'éprouve à présent toute la fatigue consécutive au travail de ces trois trimestres. As-tu déjà expertisé l'horloge du pauvre Pankj. [5] et discuté avec Theo [6] des nécessités des prochaines années ?

Cordialement à toi et Lux

papa

---

a. Carte postale.

b. Carte postale ; expéditeur : Villa Wassing. Lacune dans le texte en haut et à gauche, parce que le timbre a été arraché.

1. Probablement sur une photographie qui avait été envoyée.
2. Freud alla à Berlin avec Anna pour le congrès berlinois de l'API en septembre 1922 (cf. note 3 de 450-Max).
3. Sans doute à nouveau d'une photo de Gabriel.
4. Martha Freud séjourna du 4 au 7 juillet 1922 à Berlin, avant de rejoindre ses petits-enfants hambourgeois dans le Harz (cf. 448-Max avec note 1, p. 527).
5. Sergueï Pankejeff (1887-1979), le patient de Freud connu sous le nom de l'« Homme aux loups » (cf. Gardiner 1972), s'efforçait de vendre une horloge qui lui appartenait et se trouvait à Berlin. Eitingon, à qui Freud avait écrit à ce sujet le 12 juin 1922, devait s'occuper de cette vente avec l'aide d'Ernst (F/E, p. 297).
6. Theodor Freud (1904-1923), fils de la sœur de Freud, Maria (« Mitzi »). Depuis la mort de son mari en septembre 1920, elle avait besoin d'un soutien financier (cf. Tögel 2004).

196-Ernst Vienne 8.X.22* [a]

Cher Ernst

Aujourd'hui, Deuticke m'a avisé du virement de M 14 000 [1]. J'ai chargé la Maison d'édition de t'envoyer environ 35 000 couronnes hongroises converties en marks. C'est aussi de la Maison d'édition que tu recevras le prochain envoi important. J'ai laissé pour toi chez Eitingon £ 5 en billet et M 50 000. Cela me conviendrait si, après avoir reçu le deuxième envoi de la Maison d'édition, tu me faisais parvenir une feuille avec confirmations et comptabilisations, et si tu tenais bien en ordre ce fonds familial.

Je ne suis pas sûr d'avoir donné à toi ou à Lux les 500 M pour votre sympathique bonne d'enfants. Certainement pas à cette bonne en mains propres. Si tel est bien le cas, aie l'amabilité de les lui donner après coup en les prenant sur le fonds. Ou bien : Anna se souvient d'avoir prêté une somme équivalente à Lux et de ne pas avoir été remboursée. Si vous vous en souvenez aussi, utilise ce paiement pour la bonne.

Il faudra aussi que tu déduises quelque chose pour des fleurs et des cigares. –

Je suis, bien entendu, en plein travail. Les Frink [2] sont peut-être encore ici jusqu'au 14 ; ce soir, nous avons été leurs invités lors du *Don Juan* à l'Opéra.

La maison est lentement rentrée dans l'ordre ; les 3 dames s'en trouvent bien. Heinerle est le préféré de tous ; ses parents adoptifs en font des folies [3]. Tante Rosa est un problème non résolu, si tant est qu'elle soit un problème soluble. Contre toute attente, grand-mère est gaillarde et se porte assez bien.

---

a. En-tête imprimé : Internationaler Psychoanalytischer Kongress/Berlin (25-27 septembre 1922).

1. De plusieurs œuvres de Freud, dont les droits se trouvaient chez Deuticke, parurent en 1922 des rééditions : *Études sur l'hystérie*, *Interprétation du rêve*, *Trois Essais*, *Sur la psychanalye*.
2. Horace W. Frink (1883-1936), neurologue, membre fondateur en 1911 de la Société psychanalytique de New York, en 1921-1922 plusieurs fois en analyse avec Freud. En 1922, encouragé par Freud, il avait divorcé et s'était lié à Angelika Bijur, une ancienne patiente à lui, qu'il épousa à Paris en décembre 1922, après une troisième tranche d'analyse avec Freud (Edmunds 1988).
3. Heinz Halberstadt, âgé de 3 ans (le plus souvent appelé « Heinele »), avait été pris en charge début octobre par Mathilde et Robert, qui devaient prendre soin de lui (cf. *infra*, p. 407).

J'espère que Lux s'est portée ces dernières semaines aussi bien que tout le temps, et que tu as de quoi travailler. D'Oli, je n'ai encore aucune nouvelle. Oncle Alex est alité avec un anthrax, semble en voie de guérison. Chez Käte, fille des Emden [1], c'est une fille qui est arrivée.

Très cordialement
Papa

Que devient ma photo de Gabriel [2] ?

197-Ernst [En-tête Vienne] 5.XI.22*

Cher Ernst

Il faut que je t'écrive encore avant que n'arrive la nouvelle que nous attendons de vous [3]. Je ne sais du reste pas quand ce mois-ci.

Merci pour tes comptes. Je trouve tout naturel que tu fasses quelque chose des marks avant qu'ils ne se mettent à fondre. Vous faites actuellement l'expérience de ce que nous avons derrière nous [4], et ce ne sera pas joli non plus. Outre l'envoi assez important de la Maison d'édition (120 000 M), qui te sera sans doute parvenu, tu dois recevoir encore de Suisse 100 fr ou l'équivalent en marks, les honoraires d'une consultation qui ne m'a malheureusement pas été payée tout de suite. Comme tu t'en souviendras, tu devais avec effacer une dette en francs. Cela ne sera donc pas crédité à mon compte.

Je me fais, bien sûr, aussi du souci pour les Berlinois, mais j'espère que vous-mêmes, personnellement, vous en tirerez bien, d'une manière ou d'une autre. Veille simplement à ta santé et, si quelque chose de suspect bouge, retourne sans hésiter pour quelques semaines au sanatorium. Tu n'auras à assumer que les frais de voyage ; pour les frais de séjour, je te ferai facilement envoyer un mandat de Hollande. Il ne serait pas nécessaire que Lux te rende une deuxième fois [5] visite. Mais je suis d'avis que tu n'en as pas besoin actuellement.

Ici, nous avons des difficultés infinies et insolubles avec tante Rosa, Pauli, Rosi, qui dépendent pour une part du manque de

---

1. Probablement Catharina Johanna, une fille des van Emden, qui s'était fiancée à l'été 1920 (F/AF, p. 445, avec note 8).
2. Une telle photo est reproduite in E. Freud et collab. 1976, p. 228.
3. La naissance du deuxième enfant était imminente.
4. C'est-à-dire une inflation galopante.
5. Lors d'un deuxième séjour thermal en Suisse, après le premier début 1921 (cf. note 5 de 176-Ernst).

logements, pour une autre du manque de bon sens des personnes concernées. Heinele se développe de manière charmante, a pris deux kilos le premier mois, est devenu impeccablement propre et est dorloté par d'innombrables tantes et oncles. Ses parents adoptifs sont tout simplement fous de lui ; on n'aurait pas jugé Robert capable d'un tel dégel.

Tu te souviens certainement de Christine Haberl. Son fils de 18 ans, Ernst, a tiré sur son père et s'est ensuite présenté de lui-même à la police. Ça fait froid dans le dos, et, en réalité, c'est un brave garçon prometteur, et c'est le père qui est le criminel, maltraitant depuis des années femme et enfants. Nous avons mobilisé nos relations pour sauver ce garçon, et croyons à un succès certain, d'autant plus que le vieux n'a pas eu grand-chose [1].

Mon travail ne s'est pas encore allégé, j'ai encore 9 heures pour 10 personnes [2], et je désire ardemment me débarrasser d'1 ou 2.

Mes nouvelles acquisitions ont rencontré l'approbation du Pr Loewy [3].

Transmets mes vifs remerciements à Lux pour sa chère lettre et les nouvelles de la famille. Les photos d'Oli sont excellentes. Je répète qu'actuellement je suis très partisan d'une fille, car un garçon aura du mal à s'affirmer à côté de Gabriel.

En vous saluant tous, 3 ou 4, très cordialement,

Papa

---

1. Ce cas fut recensé dans la presse et fut d'abord présenté comme un exemple d'« une brutalisation des mœurs particulièrement forte » (*Neue Zeitung*, 1.11.1922). Freud s'en mêla – probablement surtout parce que la mère du coupable avait été une « sœur de lait » de Mathilde (LAS/AF, p. 84) ; il paya d'ailleurs le défenseur, le Dr Valentin Teirich (*ibid.* ; cf. Jones III, p. 100). Le 19 septembre 1923 eut lieu l'audience, lors de laquelle il apparut que ce qui avait donné l'ultime impulsion était le fait que la haine du fils à l'endroit du père violent s'était déchargée dans cette agression : le père avait assailli de manière immorale sa fille illégitime, qui vivait dans la maison. Ernst Haberl fut acquitté parce que, du point de vue objectif, on avait bien affaire à un grave dommage physique, mais que, du point de vue subjectif, tant l'exposé des preuves que l'expertise médicale légale avaient établi qu'on avait affaire à une action de court-circuit impulsif, qu'on pouvait faire équivaloir à un dérangement mental » (*Neue Zeitung*, 20.9.1923). Plus de détails sur ce cas in A. Freud et Aichhorn (à paraître).
2. La solution de Freud consistait à donner à quelques analysants seulement cinq heures au lieu des six heures hebdomadaires normales (cf. F/E, p. 311).
3. Löwy avait manifestement expertisé, comme il le faisait régulièrement (Molnar 1996, p. 394), les derniers achats d'antiquités de Freud.

198-ErnstLucie [En-tête Vienne] 14 déc. 22

Mes chers enfants

Encore une fois, cordiaux vœux de bonheur [1]. Je m'attends à apprendre d'un jour à l'autre par la poste ce que fait le nouvel arrivant et comment il s'appelle. Le courage qu'il a d'entrer dans le monde en second après un tel frère aîné me le rend d'emblée sympathique.

J'avais l'intention de remettre à Edith Rischawy, qui s'en va demain à Berlin, un premier cadeau pour lui de la part de son grand-père ; mais on a si généralement contesté ma décision de lui confier quelque chose que j'en ai été détourné ; et ainsi, il est probable que Lampl, le prochain à effectuer le voyage de retour, sera le messager.

J'espère que Lux continue à aller aussi bien. Ici, il semble qu'il y ait malheureusement un souci avec Esti. On présume chez elle une grossesse anormale ; et, si le diagnostic se trouve confirmé, on en viendra sans doute dans 1-2 semaines à une opération [2]. Son état de santé et son comportement ont été dernièrement, d'une façon générale, passablement éloignés de la norme.

Heinele est charmant ; il est rare qu'il aille tout à fait bien. Le petit Anton (ou Walter), sauvage et florissant ; les vieilles personnes vacillent toutes un peu, comme le veut en effet leur âge, inévitablement. Vienne est calme et solitaire, je crois que je suis encore le seul auquel il soit donné de travailler et de gagner quelque chose.

Eitingon a écrit avec beaucoup d'assiduité de Paris et de Londres, il pourrait être aujourd'hui à Palerme [3]. (Où j'ai été, moi aussi, un jour !)

Je vous salue cordialement, ainsi que les deux garçons.

Papa

---

1. Pour la naissance du deuxième fils, Lucian Michael, le 8.12.1922. Il est manifeste que cette lettre avait été précédée d'un télégramme ou d'une conversation téléphonique.

2. À propos de ce – deuxième – avortement d'Esti (bien que le diagnostic d'une grossesse extra-utérine ait été douteux), cf. SoF, p. 136.

3. Eitingon était parti avec sa femme à la mi-octobre pour un voyage de trois mois et demi, avec pour étapes Paris, Londres, la Sicile, Taormina, Florence (cf. F/E, p. 304-327).

199-Ernst [En-tête Vienne] 7.1.23 [a]

Cher Ernst

J'attends maintenant très bientôt d'apprendre de toi que tu es parti pour Arosa [1]. Je sais que ce ne sera pas un avantage pour tes affaires, mais cela n'entre pas en ligne de compte. À présent d'autant moins que tu vas avoir la charge de deux gardiens de la lignée [2] à ce point magnifiques. Quand tu seras là-bas, si tu as besoin de plus que les fr 1 000, cela ne présentera aucune difficulté de te les faire adresser à partir de la Hollande. Jusqu'à ce que la chose soit complètement guérie – cf. Sachs –, tu devras sans doute procéder assez souvent à de telles interruptions.

Nous nous sommes réconciliés avec Lucian [3], dans la mesure où cela se justifie par le nom de la mère. « Honigmus [4] » – une charmante production enfantine – est, évidemment, bien plus beau. La lettre de Lux, imprégnée de fierté maternelle, nous a tous beaucoup réjouis ; elle ne se donnait que pour une demi-lettre ; et nous sommes depuis impatients de connaître l'autre moitié. Au fond, tout ce que vous écrivez est pour nous trop peu.

Il était très agréable d'apprendre que tu as été le premier à féliciter la fiancée d'Oli [5]. De là-bas non plus, nous ne savons pas assez de choses. J'espère que Lux révisera à cette occasion des antipathies anciennes, dont j'ai entendu parler. Je lui ai souvent dit ou ai voulu lui dire qu'elle était trop dure dans ses jugements. Les perspectives du nouveau couple nous occupent, comme on peut le concevoir facilement, tant les extérieures que les intérieures. Les distances géographiques mettent bien fin, il est vrai, à une vie commune.

Je vous salue cordialement toi, Lux et les garçons,

Papa

---

a. Le chiffre de l'année n'est pas clair ; corrigé ? Ressemblerait plutôt à « 21 », ce qui est impossible pour des raisons de contenu.

1. Le 25.12.1922, Freud avait écrit à Eitingon (F/E, p. 320) : « Je pense aussi que pour Ernst le temps sera bientôt revenu de se rendre au sanatorium en Suisse et j'espère pouvoir prochainement l'inciter à le faire. »
2. Dans l'original : *Stammhalter*. Cf. sur ce point la note 4, p. 172. [N.d.T.]
3. C'est-à-dire avec son nom. Lucian fut plus tard appelé par la même abréviation « Lux » que sa mère.
4. Formation qui peut évoquer un prénom et se décompose en *Honig* = miel, et *Mus* = compote. [N.d.T.]
5. Henny Fuchs ; cf. *supra*, p. 209 *sq*.

200-Ernst [En-tête Vienne] 23.1.23. [a]

Cher Ernst

Merci pour ta lettre détaillée [1]. Cela me plaît que tu ne te sentes pas gravement malade, mais le traitement des malades légers est tellement plus gratifiant.

Notre intérêt est à présent sollicité par les destinées d'Oli [2]. Je ne sais pas s'il va oser se risquer dans 8 jours dans l'enfer français. On réalise malheureusement de plus en plus avec les années combien on est impuissant. Il faut qu'il se débrouille par lui-même. Mes expériences avec mes belles-filles m'ont aussi, bien sûr, rendu prudent et circonspect. Mais c'était bien son droit d'attendre si rien d'autre ne se trouvait pour elle [3] ; et c'est pourquoi il reste encore possible qu'elle devienne pour lui une femme fidèle et un bon camarade. Nous verrons bien et, en attendant, nous voulons espérer.

Lux nous a envoyé de son cercle de fiancées une carte collective, et je suis prêt à la louer beaucoup pour cette entreprise. Que Michael [4] souffre de la comparaison avec Gabriel, c'était facile à prévoir ; c'est pourquoi je vous souhaitais d'avoir une fille.

Les comptes n'étaient pas joints à la lettre. Je suis prêt à me charger à nouveau des subventions à tante Mitzi, si tu veux bien m'indiquer sous quelle forme et de quelle manière je dois les envoyer. £ 5 équivalent actuellement à fr 125. Il est probable que je vais faire envoyer les sommes – ou importantes en une seule fois ou inférieures mensuellement – de Hollande, d'où elles ne peuvent toutefois arriver que sous les espèces de marks.

Ici, il y a toutes sortes de menus désagréments et, dans l'ensemble, une atmosphère incertaine de malaise. Travailler est moins pour moi un besoin, bien que ce soit une nécessité tout autant que dans les années antérieures.

Avec des vœux de rétablissement cordiaux

Papa

---

a. Enveloppe associée adressée à : Villa Dr Herwig/ Arosa/ Schweiz.

1. Écrite déjà depuis la cure suisse.
2. C'est-à-dire par son mariage et son déménagement imminent dans la Ruhr, qui venait d'être occupée par les Français.
3. Allusion au refus que Henny avait d'abord opposé à Oliver.
4. Le deuxième nom du nouveau-né Lucian.

201-Lucie [En-tête Vienne], 15.2.1923

Ma chère Lux

Je t'envoie ma part de remerciements pour la charmante description de la vie et des activités des deux archanges [1]. Tu as bien des raisons de te sentir heureuse, et c'est une très belle chose que tu t'entendes à en jouir. Ernst va aussi bientôt rentrer [2], de toute façon reposé et ragaillardi. Et vous êtes jeunes tous les quatre, tous autant que vous êtes.

Si tu regrettes ta dureté d'antan [3], c'est déjà pas mal, mais c'est encore mieux si tu la répares par ton amabilité actuelle. Je me suis beaucoup réjoui de ton comportement à l'égard de la fiancée d'Oli. Elle, certainement aussi.

Je suis actuellement très attiré par Berlin, afin de vous revoir tous, et quelques-uns d'entre vous pour la première fois. Mais la conséquence du fait que les jeunes ont aujourd'hui tant de mal à arriver à quelque chose est que les vieux doivent tirer d'eux-mêmes jusqu'à la dernière goutte de leur capacité à produire. Il faut que je m'échine tant qu'il se trouve des gens qui me paient.

Je te salue cordialement et te prie d'adresser mes compliments à ta mère, tes frères et sœurs et à la drôle petite Josefa [4].

Papa

202-Ernst [En-tête Vienne] 4.3.23 [a]

Cher Ernst

Je sais par Max que tu es arrivé à la maison sain et sauf, mais pas si tu as reçu les fl [5] 150 pour tante [6]. Lissa et Kann [7] ont fait

a. L'enveloppe associée ne comporte que l'inscription : Ernst.

1. C'est-à-dire des fils Stefan *Gabriel* et Lucian *Michael*. La nomination des fils d'après les archanges avait été programmée (cf. 220-Ernst).
2. Lucie attendait le retour de son mari d'Arosa pour le 24/25.2.1923 (Lucie/Ernst, [19.2.1923] ; FML).
3. C'est-à-dire vis-à-vis de Henny.
4. Possiblement la bonne d'enfants dont il est question in 196-Ernst.
5. Abréviation pour des florins hollandais.
6. La sœur berlinoise de Freud, Maria (« Mitzi ») (cf. 200-Ernst).
7. La banque hollandaise de Freud à cette époque (cf. par exemple F/Jo, p. 465, 594 et *passim*).

état de l'envoi. Il faudrait que tu m'informes par retour du courrier de toutes les affaires administratives de ce genre, même si c'est de manière laconique.

Maintenant, je te demande – si tu apprends que Henny ne se marie pas à Pâques, mais veut venir à Vienne – de lui faire savoir que tu es chargé de lui fournir le billet pour un [...] confortable [a]

203-Ernst [En-tête Vienne] 14.3.23 [b]

Cher Ernst

Reçu aujourd'hui ta lettre substitutive. Il faut que je sois bref et efficace si Schmideberg [1] doit emporter la réponse, j'écris dans mon cabinet.

Ci-joint fr 500 équivalant à environ £ 20 pour tante. Pas tout à fait d'accord avec ton achat, sans doute parce que le charme de l'objet n'opère pas dans la description. $ 40, c'est beaucoup d'argent, tant qu'on passe l'année à en gagner. Il faudrait qu'il soit très beau, et, dans le cas d'un masque en bois, ce n'est pas facile [2].

Le dilemme du voyage pour le mariage d'Oli sera sans doute tranché ici par le bureau allemand qui délivre les passeports. Je n'ai ni le temps ni l'envie de me colleter avec ces difficultés [3].

Toutes tes nouvelles familiales nous ont beaucoup intéressés, et la plupart nous ont réjouis. En la personne de Lux, tu as une compagne solide. Espérons qu'Oli trouve aussi en Henny ce dont il a besoin. Martin a tiré un lot plus mauvais.

Beaucoup de visiteurs intéressants ces derniers temps, récemment le comte Keyserling, que j'ai trouvé imbuvable [4], Mr Viereck [5] de

---

a. La suite de la lettre est coupée ; c'est pourquoi manque aussi le mot signalé par les points de suspension.

b. L'enveloppe associée comporte pout toute inscription : Ernst.

1. Walter Schmideberg (1890-1954) étudia la médecine après la guerre, en 1919 membre de l'APV, en 1922 déménagement à Berlin. Actif comme psychanalyste (BL/W).

2. Quant à cet achat d'antiquité par Ernst, il pourrait s'agir d'un des trois masques funéraires égyptiens en bois qui sont conservés dans la collection de Freud (FML) ; cf. 255-Ernst.

3. Freud resta également à l'écart de ce mariage, comme de celui d'Ernst et Lucie (*supra*, p. 209).

4. Cf. note 3 de 129-Oli, p. 225.

5. George Sylvester Viereck (1884-1962), écrivain américain, natif de Munich, en contact avec Freud de 1918 à 1933 (Johnson 1972).

New York, mieux que je n'attendais. Lettre charmante et échange de livres avec Romain Rolland [1]. On est toujours étonné que tout le monde ne soit pas des canailles.

Avec mes salutations les plus cordiales
Papa

fr 500
$ 40 [2].

204-Ernst [En-tête Vienne] 19.3.23

Cher Ernst

Encore une petite affaire humanitaire-financière, avec laquelle je dois t'embêter.

Il y a de nombreux mois, il avait été question entre nous d'une horloge qui avait coûté en une période favorable 8 000 M, et qui est maintenant le seul bien du pauvre Dr Pankejeff [3]. Elle se trouve à Berlin chez le Dr Peripletnik W. Knesebeckstr. 54/56, qui devait la vendre, mais n'est pas très fiable. Tu as promis de te charger de l'horloge et de la vendre au meilleur prix possible, et Eitingon avait déjà avancé de l'argent à Pankej. sur cette base. Or, Pankej. demande une fois de plus ce qu'il en est de son horloge, et je te prie d'activer l'affaire. Il a été une fois mon plus riche patient, et maintenant, il accepte des subventions de moi, vit d'un petit emploi d'agent à 1 million par mois et a une femme malade des poumons ; il se comporte par ailleurs de manière sympathique et patiente.

Ici, depuis le départ de Schmid.[eberg], rien de nouveau. Je continue à souffrir de maux de tête et de névralgies, paraît-il la forme que prend cette année la grippe chronique. Henny écrit avec assiduité ; elle a aujourd'hui définitivement refusé l'invitation de venir à Vienne avant le mariage.

Avec de cordiales salutations pour toi, Lux et les archanges

Papa

---

1. Freud avait peu de temps auparavant fait transmettre à l'écrivain célèbre sa « respectueuse vénération », sur quoi Rolland lui écrivit qu'il connaissait et appréciait ses œuvres depuis déjà plus de 20 ans. Cet échange fut le début d'une correspondance assez longue (Vermorel et Vermorel 1993).
2. Sommes glissées en espèces dans l'enveloppe.
3. Cf. note 5 de 195-Ernst.

205-Ernst Vienne lu.[ndi] 23.4.23.* [a]

Cher Ernst

Il y a des semaines, j'ai remarqué qu'il y avait chez moi quelque chose en trop au palais ; et je l'ai fait enlever par Hajek le samedi 21 de ce mois [1]. Je suis rentré ce matin de sa clinique et, ne pouvant rien manger de solide ni convenablement parler, j'ai une semaine de repos. Tout le monde est romanesquement convaincu de la bénignité de la néoformation qui a été ôtée ; mais on ne pouvait tout de même pas dire comment elle se serait comportée si on l'avait laissée exister.

Pas une ligne d'Oli-Henny depuis leur emménagement à D.[uisburg]. Si vous êtes mieux informés, nous vous demandons de nous mettre au courant au plus tôt.

Cordiales salutations pour toi, Lux et les anges

Papa

206-Ernst 29.4.23 [b]

Cher Ernst

Après une semaine de malaise, je me risque à reprendre demain le travail. Déglutir et parler ne va pas encore sans peine ; mais tout cela est en train de se résorber. Cet épisode semble être passé. Nous sommes très mécontents du silence à Duisburg. Pas une seule carte n'est arrivée.

Cordialement à toi, Lux et les petits

Papa [2]

---

a. Carte postale.
b. Carte postale.

1. Sa première opération du cancer, bien que Freud fût encore laissé dans l'ignorance de la nature maligne du tissu. Par la suite, il dut se soumettre à une thérapie au radium. Pour des détails, cf. Schur 1973, p. 413-425.
2. De lettres de Lucie à Ernst (UE) il ressort que celui-ci partit le 2 mai 1923 pour une visite d'anniversaire à Vienne (il y resta jusqu'au 10 : 453-Max). Lucie envoya des photos en cadeau. Le 5 mai, elle fit part d'un appel téléphonique chez « Mme Fuchs », la belle-mère d'Oliver, « pour apprendre si elle avait du nouveau. Elle n'a pas de nouvelles depuis quelques jours ; la dernière avait une tonalité réjouie. Ils semblent simplement ne pas apercevoir de possibilité de logement après le 1er juin ». Le 6, elle parla avec Ernst et avec « papa », c'est-à-dire Freud, au téléphone.

207-ErnstLucie B Gastein 8.7.23 [a]

Chers enfants

Seulement un signe de vie, ce qui, par les temps qui courent, n'est pas tout à fait superflu. Gastein est à nouveau merveilleux, mais notre dernière perte nous cause une grande peine [1]. Maman, Anna et Ernstl sont à Annenheim ; Anna doit venir me rendre visite demain (seulement 2 h et ½ de trajet).

Je ne verrai pas vos angelots cette année, ce serait encore trop douloureux. Nos projets sont : août à Lavarone (à l'exception de tante) et sept. avec Anna et oncle Alex à Rome. Mais rien n'est encore assuré, car il est possible que telle ou telle chose dans ma réaction au radium m'oblige à revenir à Vienne. J'espère que non [2].

Vous salue tous très cordialement

Papa

208-Lucie B Gastein 13/7 23* [b]

Ma chère Lux

Viens juste de recevoir ta lettre [3]. Tu as si vaillamment rempli ton triste devoir ! Cette année, cela fait bien des choses accumulées. J'avoue que je suis encore comme obtus face au nouveau, n'ayant pas surmonté l'ancien. Ernst a une fois de plus fourni toute l'aide qu'il pouvait. Se solidariser, aider, prendre part, on ne peut faire plus. Le reste, c'est : supporter. C'est une belle chose que vous alliez si bien.

Très cordialement

Papa

---

a. Carte postale ; expéditeur : Villa Wassing.

b. Carte postale.

1. C'est-à-dire la mort du petit Heinz Halberstadt ; cf. *infra*, p. 408.

2. Les voyages projetés eurent bien lieu (cf. 33-MathRob avec note 4). Il est vrai que Freud entreprit le voyage à Rome, qui fut son dernier, en la seule compagnie d'Anna (cf. par exemple F/Voy, p. 333).

3. Lucie y avait fait état de l'accident mortel de Theo, le neveu berlinois de Freud (F/AF, p. 433 ; cf. 33-MathRob avec note 3).

209-Ernst [En-tête Vienne] B Gastein 28.7.23

Cher Ernst,

La circonstance favorable qui veut que je tienne à féliciter Gab-Gab [1] pour son deuxième anniversaire (le cadeau doit être reporté à une occasion appropriée) me pousse à t'écrire aussi et à remarquer que cela fait des mois que je n'ai pas vu ton écriture. N'était la brave Lux, je pourrais oublier que j'ai des enfants à Berlin. Or, en ce moment justement, nous parlons de vous à chaque heure et nous faisons du souci, nous demandant si les choses vont vraiment aussi mal que les journaux le racontent et comment vous traversez personnellement ces temps difficiles [2].

Maman et Anna étaient tout particulièrement contentes à Annenheim, quittent ce lieu à vrai dire à contrecœur. Lundi 30/7, je vais les rejoindre, et mercredi, nous voulons rencontrer Rob et Math à Bolzano. Notre destination commune est, comme tu le sais, Lavarone. Mon état de santé s'est ici bien amélioré ; on m'a également dispensé de me présenter au contrôle de la plaie consécutive à mon opération de Vienne. Tante se sent aussi mieux à Gastein et elle y est devenue plus mobile ; mais son état général n'est pas bon, elle ne peut pas non plus se passer de sa digitale [3]. Elle prolonge son séjour ici, veut ensuite aller à Merano.

Maintenant, je peux sans doute m'attendre à ce que tu ou vous m'écriviez bientôt tout ce qu'il vaut la peine de savoir de vous et de vos enfants.

Avec des salutations et des vœux de bonheur cordiaux
Papa

210-Ernst Annenheim 31.7.23 [a]

Cher Ernst

Ai été content de voir une lettre de toi et te fais toutes sortes d'amendes honorables. Demain, traversée de la frontière en direc-

---

a. Carte postale.

1. Gabriel.
2. Dans les journaux autrichiens (cf. ANNO), il y avait ces jours-là des manchettes du genre « Guerre civile imminente en Allemagne » (26) ou « Situation critique en Allemagne. Chute du mark. – L'inflation. – La hausse des prix » (NFP, 27.7.1923 »). On s'attendait à un putsch de communistes.
3. Son extrait est utilisé en médecine pour renforcer le cœur.

tion de Lavarone, hôtel du Lac. Math et Rob y seront probablement avant nous. Tante reste provisoirement dedans à Gastein, veut aller fin août à Merano. L'histoire de Gab avec l'oiseau piailleur [1] était charmante. Dommage que nous ne puissions le féliciter nous-mêmes aujourd'hui.

Cordiales salutations à Lux et toi
Papa

211-Ernst Lavarone 5.8.23* [a]

Cher Ernst

Nous voilà à nouveau ici après de nombreuses années [2] ! Tu n'as pas eu raison au sujet de ton jugement sur les ravages de la guerre. Les choses ont à peine changé. Rob et Math sont encore avec nous jusqu'à après-demain, tous deux encore très abattus [3]. Je me réjouirai beaucoup d'avoir ici de bonnes nouvelles de toi, de Lux et des petits.

Cordialement papa

212-Ernst [En-tête Vienne] Lavarone 14 août 23

Cher Ernst

Bien sûr, je voulais justement t'écrire aujourd'hui, et ainsi, je suis heureux que tu aies anticipé la réponse à quelques questions. Ce qui me causait le plus de souci c'étaient Oli-Henny, dont je n'ai eu aucune nouvelle pendant des semaines. Je voulais aussi savoir si toi, qui as sans doute veillé à ce que ses dollars ne soient pas échangés, tu as l'occasion de lui faire parvenir de l'argent.

Les soucis sont innombrables, je ne pourrai les faire tous entrer dans cette lettre. Ainsi, par exemple, il semble inévitable que Max congédie Mlle J.[acob] [4] et dissolve son ménage [5]. Je ne pense pas

---

a. Carte postale ; expéditeur imprimé : Grand Hôtel du Lac/ m. 1171 Lavarone, Famiglia Bertoldi propr.

1. N'a pu être éclairci.
2. C'est-à-dire comme en 1906 et 1907.
3. C'est-à-dire par la perte de leur fils adoptif Heinz Halberstadt.
4. La femme de ménage de Max Halberstadt après la mort de Sophie (439-Max avec note 1).
5. Cette deuxième mesure en tout cas n'a pas été prise.

qu'un photographe puisse aujourd'hui vivre à Hambourg. Mais, quant à savoir ce [a] qu'il peut faire ensuite, je ne le sais pas, je crains que lui ne le sache pas non plus.

À la fin de ce mois a lieu ici une réunion du Comité [1]. (Si le trafic ferroviaire ne s'y oppose pas !) Eitingon a promis d'emmener Ernstl à Berlin ; je peux lui remettre aussi de quoi renouveler le fonds familial.

Entre Monterovere et Vezzena [2], il y a vraiment peu d'arbres, sur ce point tu as raison ; en contrepartie, plus de fraises qu'à notre époque. Sur le plateau lui-même, le déboisement est moindre et n'est pas gênant. Lavarone reste charmant, bien que l'été y soit plus torride que dans notre souvenir, que les innombrables automobiles y fassent tourbillonner une poussière épouvantable et que le bruit n'y soit pas tout à fait ce qu'on souhaite en un lieu de repos. J'ai déjà, par deux fois, payé d'accès de fatigue cardiaque la tentative d'arpenter des chemins d'une certaine longueur. Quelques beaux parcours en automobile nous ont montré les vestiges des forts qu'on laisse se développer en ruines intéressantes. Bertoldi [3] est comme autrefois un type sympathique, il a une femme et une fille de 12 ans. Ses récits du temps de guerre sont savoureux.

Nous ne regrettons pas d'être venus ici. À Madonna di Campiglio, dont il était question, nous aurions payé deux fois plus cher, et aurions eu encore plus de bruit.

La presse [4], à laquelle nous nous sommes abonnés, n'est arrivée jusqu'à maintenant qu'une fois ; de sorte que notre imagination [*Phantasie*] concernant la situation chez vous n'est restreinte par aucune sorte de nouvelles. Je sais que, vu de près, ça a l'air moins

a. Ici, l'éditeur a substitué *Was* [= ce que] à ce qui était par lapsus dans le manuscrit *Weiß*, soit « sait » ou « sais », qui ne sont pas distincts en allemand. [N.d.T.]

1. Cf. note 1 de 36-Math.
2. Le Monterovere (Kaiserjägerweg) conduit du nord au plateau de Lavarone ; le col de Vezzena se trouve à l'est de cette voie. Dans cette région passait jusqu'en 1918 la frontière austro-italienne, qui était très fortifiée et fut l'enjeu pendant la Première Guerre mondiale de violents combats. Dans cette lettre, il s'agit de savoir quelles conséquences de la guerre étaient visibles.
3. Le propriétaire de l'hôtel du Lac, dans lequel Freud logeait comme auparavant.
4. C'est-à-dire la *Neue Freie Presse*, le journal que Freud lisait régulièrement.

terrible, mais ce n'est certainement pas beau ; c'est quelque chose que ta lettre elle-même a l'air de concéder. Je comprends que tu ne veuilles provisoirement pas voyager.

Par les temps qui courent, j'aurais besoin de jeunesse, d'une santé intégrale et de bien plus d'argent. Reçois, avec Lux et les enfants, mes cordiales salutations !

Papa

213-Ernst

Lavarone 29.8.23 [a]

Cher Ernst

Par Deutsch, j'ai directement des nouvelles de toi [1]. Aujourd'hui, le Comité est réuni ici ; le 30, Eitingon va emmener Ernstl et t'apportera des provisions [2] pour ta famille. Le 31, nous partons : maman à Merano, Savoy Hotel, auprès de tante, nous [3] à Rome Eden Hotel Via Ludovisi. Je vous salue cordialement, toi, Lux et les angelots, et j'ai plaisir à lire que tu es de bonne humeur.

Papa

214-Ernst

[Rome] Eden Hotel 1.9.23 [b] [4]

Viens d'arriver ici avec Anna. Cordialement papa.

---

a. Carte postale.

b. Carte postale avec vue : Roma – Pantheon di Agrippa. Texte sur la marge libre de la carte à côté de l'image.

1. Felix Deutsch avait passé l'été avec sa femme Helene, qui séjournait en 1923-1924 à Berlin, où elle faisait une analyse avec Abraham. Freud l'avait « mandé » à Lavarone à cause d'embarras buccaux persistants (lettre du 17.8 ; SFP/LoC).
2. Provisions pécuniaires.
3. Freud avec Anna.
4. Cette carte ne se trouve dans aucune des deux grandes liasses des lettres de Freud à Ernst, et elle n'est pas non plus contenue dans l'édition des lettres de voyage. Ernst Freud l'a offerte à Ilse Grubrich-Simitis, qui en a publié et commenté un fac-similé (Grubrich-Simitis 1995).

215-Ernst

Rome 10.9.23[a] [1]

Cher Ernst

Lettre reçue, en même temps carte d'Oli après le départ de Henny[2]. Ici, nous allons très bien, nous pourrions rester jusqu'au 21. Rome est plus chère et plus bruyante, toutes les beautés sont restées belles. Auras-tu l'occasion de parler à Mme Bardas[3] ? Je lui ai écrit une carte. Cordiales salutations à toi, Lux et les enfants

Papa

216-Ernst

[En-tête Vienne] 28.IX.23

Cher Ernst

J'ai déduit avec satisfaction de l'annonce de tes projets de voyage[4] que tu portes un jugement favorable sur la situation de ton pays. Espère que l'avenir te donnera raison.

Je suis rentré de Rome très bien reposé ; mais, la semaine prochaine, je dois me soumettre à une nouvelle opération, qui ôtera un morceau de la mâchoire supérieure[5]. L'opération par elle-même

---

a. Carte postale.

1. Également publiée in F/Voy, p. 337.
2. Contexte peu clair. Il semble que Henny ait été enceinte (cf. la lettre suivante avec note 2) et qu'elle soit allée peut-être pour cette raison chez ses parents à Berlin, comme elle le fit sûrement en 1924 (cf. F/Fer III/1, p. 244).
3. La femme de Willy (ou Willi) Bardas (1867-1924), avec la famille duquel les Freud entretenaient des relations d'amitié, et qui vivait à Berlin comme « pianiste et professeur de piano » (Adreßbuch Berlin 1923 ; cf. F/AF, p. 75, note 13). En 1927, Arthur Schnabel tira de son legs une *Psychologie de la technique pianistique*, qu'il publia. – Le contexte présumé de ce passage ressort d'un souvenir de Martin Freud, qui écrit au sujet de Bardas et de ses tournées de concerts (MaF, p. 46) : « Il échappa comme par miracle au grand tremblement de terre du Japon » (le 1er septembre 1923) – « seulement pour perdre la vie un peu plus tard lors d'un accident d'automobile en Italie ».
4. Ernst Freud projetait cet automne-là un voyage à Rome (Martha/Ernst, verso de 218-Ernst), qui toutefois ne fut apparemment réalisé qu'en 1925 (cf. 222-Ernst).
5. La grande opération lors de laquelle furent ôtées les parties cancéreuses du palais, des maxillaires supérieur et inférieur de Freud, eut lieu en deux étapes les 4 et 11 octobre 1923. Le 12 novembre, il y eut encore une opération supplémentaire (Jones III, p. 528-530 ; Schur 1973, p. 431 *sq.*). L'ouverture ainsi pratiquée dans la bouche dut être obturée par une prothèse (cf. Romm 1983, avec reproduction).

n'a rien de particulièrement grave ; mais, étant donné qu'ensuite on hérite d'une pièce substitutive, afin de pouvoir bien manger et parler, et qu'il faut des semaines jusqu'à ce qu'on s'en accommode, je ne serai plus en état de travailler au mois d'oct.

Le tout n'est, bien sûr, ni très agréable ni très prometteur, mais il se peut encore qu'il y ait une issue favorable. Mon chirurgien, un certain Pr Pichler [1], a la réputation d'être un artiste en la matière.

Si Oli et Henny (sa lettre est arrivée aujourd'hui) sont encore à Berlin, fais-leur part de cette nouveauté. J'espère pouvoir ensuite leur écrire de manière détaillée à Duisburg. De fait, Henny à l'air d'être à nouveau *all right*. Peut-être qu'elle apportera la petite fille tant désirée [2] [*ersehnte*].

Avec de cordiales salutations à toi, Lux et les enfants ton

Papa

217-ErnstLucie Vienne, 30.XI.23* [a]

Chers enfants

La lettre de Lux vient d'arriver. Voici la réponse. Je me remets lentement de la deuxième opération pratiquée le 12/XI, ne suis pas encore d'une force herculéenne et attends le rétablissement promis des fonctions grâce à une pièce substitutive, à laquelle on travaille quotidiennement.

– Vos histoires d'enfants sont trop charmantes. Dommage qu'on soit si loin, ne pouvant y prendre aucune part.

Je vous salue cordialement

Papa

218-Lucie Vienne 9.XII.23* [b]

Chère Lux,

Les photos sont arrivées aujourd'hui. Il y a longtemps que je n'avais pas vu quelque chose d'aussi ravissant ; il faudrait, pour

a. Carte postale.
b. Carte postale.

1. Johann (Hans) Pichler (1877-1949), professeur de chirurgie de la mâchoire à Vienne. Il traita l'affection cancéreuse de Freud jusqu'à son émigration en 1938.
2. Eva, la fille d'Oliver Freud, ne naquit qu'un an plus tard. Ce passage semble présupposer une grossesse antérieure de Henny, qui ensuite dut toutefois, que ce fût volontaire ou non, prendre fin avant terme.

trouver quelque chose de semblable, aller chercher parmi les angelots à Rome. C'était pour oublier un moment la petite et la grande misère. Et ce trait de caractère touchant de faire, le jour de son propre anniversaire [1], des cadeaux aux autres, grands-parents dénaturés [2] qui… je romps ici. Avec mon plus cordial vœu de bonheur

Grand-papa [a]

219-ErnstLucie vienne 25 avr. 1924* [b]

grands-parents tantes oncles au comble du bonheur saluent avec ferveur le troisième archange souhaitent à la vaillante mère la guérison la plus prompte [3]

220-Ernst [En-tête Vienne] 11.5.24 [c] [4]

Cher Ernst

Ta lettre d'anniversaire est venue à point nommé et m'a, par son contenu et en raison de sa valeur qui tient à la rareté, fait un grand plaisir. Maintenant, tu as donc aussi déjà trois fils, et bientôt, il pourra aussi t'arriver que tu sois mécontent d'avoir si peu de nouvelles de l'un ou de l'autre.

Mon troisième a aussitôt eu le nom d'Ernst ; comment s'appelle le tien ? S'il doit être aussi un archange, il ne reste plus pour lui que Raphael, Uriel est trop inusité.

Mon anniversaire s'est déroulé sans accident et au prix de dons de sang démesurés. Lors de félicitations solennelles, la ville de

---

a. Ajout de Martha Freud au verso de la carte non reproduit.

b. Télégramme.

c. Enveloppe associée pour la première fois adressée à : Berlin W/ Regentenstr. 23.

1. Freud pense ici à l'anniversaire de Lucian le 8.12.

2. En allemand on dit « grands-parents corbeaux ». Même chose pour le père, la mère, etc. [N.d.T.]

3. Le 24 avril 1924 naquit Clemens Raphael, le troisième fils d'Ernst et Lucie. Le vocabulaire (« avec ferveur ») semble indiquer que le télégramme fut formulé plutôt par Martha Freud que par son mari.

4. Le 5 avril 1924, Ernst avait emménagé avec sa famille dans un nouvel appartement situé dans la même rue que l'ancien (Math/Ernst, 6.4.1924). Il était à vrai dire trop cher pour lui (cf. *supra*, p. 238-241 ; *infra*, note 2 de 284-Ernst, p. 362).

Vienne m'a conféré le titre d'un de ses citoyens [1], face à quoi je n'ai pu qu'avoir l'air bête, car je ne sais que faire de cet honneur.

Il est probable que les deux prochains mois vont décider de la suite de mon destin. Si je reste pendant ce temps exempt de récidive et si je surmonte les tracas infiniment variables de la prothèse, je pourrai en effet vivre à nouveau un certain temps. Le choix de la villégiature d'été dépend aussi de mon état de santé, du degré de dépendance médicale. En ce moment, 6 heures d'analyse ne me pèsent pas ; mais je tiens tout le reste à distance de moi. Il n'est pas si facile de s'isoler ; R. Rolland vient justement de se faire annoncer avec Stefan Zweig [2].

Je vous salue de la manière la plus cordiale toi, Lux, pleine de fierté maternelle [a], et la petite valetaille

Papa

Fin août 1924, Ernst séjourna au Semmering[3]. *En octobre/novembre de la même année, Martha Freud passa à Berlin presque trois semaines*[4]. *Après son départ, Ernst et Lucie écrivirent le 14/11 à Freud*[5] *:*

> ERNST : Cher papa, nous nous sommes beaucoup réjouis de la visite de maman, et nous sommes en train de décider que ce genre de dispositif devra se renouveler en permanence. Peut-être qu'un jour tu te laisseras aussi tout de même tenter ! Pour les dieux qu'elle nous a apportés et pour les trésors d'or destinés aux enfants, nos remerciements les plus cordiaux.
>
> LUCIE : Cher papa, ta déesse égyptienne, que nous avons identifiée comme étant Sekhmet, est un très bel ornement pour mon bureau, avec ses chatoiements d'or, et je te remercie aussi cordialement pour le génie à la décoration si riche. Le plus beau cadeau, ce fut de nous avoir accordé maman si longtemps.

---

a. L'équivalent de « maternelle » a été dans le manuscrit ajouté après coup en début de ligne.

1. Plus de détails à ce sujet in 126-OliHenny.
2. Selon le vœu de Rolland, la visite eut lieu l'après-midi du 14 mai 1924 (cf. S. Zweig 1989, p. 133).
3. Lucie/Ernst, 22.8.1924.
4. Cf. F/E, p. 369-371.
5. Cette lettre comme celle du 6.12.1924, citée ci-dessous, in FML.

221-Ernst [En-tête Vienne] 30.XI.24

Cher Ernst

Ayant appris par maman que tu n'as pas d'argent chez toi, j'ai chargé Martin de te faire envoyer $ 500 de mon compte de Londres auprès de l'Anglo-Austrian Bank Ltd. Cela est censé être un prêt non requis, pour cette raison exempt d'intérêts ; tu peux à tout moment le rembourser sur le même compte, libellé à mon nom. L'argent qui est placé là est, comme tu le sais, destiné à maman.

La somme que tu reçois est trop réduite pour que tu puisses spéculer avec, j'espère assez importante pour te faciliter la vie jusqu'à ce que tu gagnes à nouveau de l'argent.

Sinon, les autres nouvelles rapportées par maman étaient très réjouissantes. Je regrette de ne pas pouvoir pour l'instant envisager de vous voir moi-même, vous, les enfants et la maison.

Avec de cordiales salutations à toi et Lux

Papa

Dans ce cas, exceptionnellement, la lettre-réponse du 6 décembre 1924 est conservée. Ernst écrit entre autres :

> Ton prêt non requis arrive à point nommé, et je t'en remercie de la manière la plus cordiale ; il remplira tout à fait sa fin, qui est de faciliter notre vie dans les mois à venir, et je l'accepte d'autant plus volontiers que je suis, de mon côté, absolument assuré de pouvoir le rembourser à l'occasion sans difficulté [1].
>
> Enfin, les 3 projets auxquels j'ai travaillé depuis l'été ont fait maintenant l'objet d'une décision favorable, de sorte que je suis, pour les 3-4 mois à venir, fourni en travail et en ressources. De manière générale, les perspectives ne sont pas du tout défavorables ; ici, la situation d'ensemble est meilleure, et le cercle de mes relations est manifestement en train de s'élargir ; difficile reste l'incertitude récurrente quant à savoir si du nouveau travail va venir et, en outre, le fait que, momentanément, notre fortune n'est ni disponible ni en mesure de rapporter.
>
> Mais, pour le reste, comme maman l'a relaté, nous allons bien, Lux et les enfants sont en bonne santé, joyeux, et ils prospèrent. Parfois, ils parlent encore de la grand-maman et disent qu'il n'aurait pas du tout été nécessaire qu'elle s'en allât.

1. Cette échéance arriva début 1926 (cf. 131-OliHenny).

Je joins un article sur Willy Bardas [1], qui vous intéressera sûrement. Je suis en ce moment souvent avec sa femme.

222-Ernst [En-tête Vienne] 21.4.25*

Cher Ernst

Je regrette vraiment d'avoir omis de te remercier pour le beau Phidias [2]. Mon ami Em. Loewy m'a raconté des tas de choses tant sur l'objet que sur la personne de l'auteur ; et il m'a rappelé que celui-ci fut pendant un temps mon patient, ce qui m'a été, il est vrai, l'occasion de faire avec lui une étrange expérience.

Je ne peux malheureusement pas t'envoyer la *Selbstdarstellung* [3] que tu souhaites. J'ai, en février, expédié les tirés à part, insuffisants en nombre, aux collaborateurs nommés dans le texte et à mes traducteurs, et je n'ai rien gardé pour la famille. Qui, du reste, perd très peu en l'affaire. Cet essai est paru dans le 4e volume d'une collection, qui, à part moi, traite encore de 5 autres « héros [4] ».

Rien que des refus ! Car je ne possède pas non plus de photographies. Mais il est facile de s'en procurer. Par l'intermédiaire de Max, sur mon compte, tu peux t'en faire envoyer autant que tu en as besoin, et même quand c'en serait une pour chacune de tes pièces ou pour chaque archange.

Que tu aies été à Rome – à ma place – voilà qui m'a réjoui.

L'expérience la plus intéressante de ces derniers temps a été un entretien de 2 heures avec G. Brandes, qui a visité Vienne à 83 ans [5]. Face à lui, mon aîné de 14 ans, j'ai eu honte, d'une

---

1. Cf. 215-Ernst avec note 3.
2. Probablement le livre de Hans Schrader sur Phidias (1924) ; présent dans la bibliothèque de Freud (Davies et Fichtner 2006). À propos de la personne de l'auteur et de son (court) traitement chez Freud, cf. F/J II, p. 208, note 4, 217.
3. Freud 1925d.
4. La *Selbstdarstellung* [Autoprésentation] de Freud parut à l'origine dans le tome 4 de la série éditée par Louis R. Grote, *Die Medizin der Gegenwart in Selbstdarstellungen* [*La médecine du présent en autoprésentations*], qui devait donner la parole à des médecins « éminents ». Ce volume contenait en outre des contributions d'Adolf Gottstein, Otto Heubner, Johannes von Kries, Hans Much et Norbert Ortner. [Freud a choisi ici le mot grec, *Heroen*, alors qu'il existe aussi un mot germanique courant. N.d.T.]
5. Freud appréciait déjà depuis longtemps l'écrivain danois connu Georg Brandes (1842-1927) (cf. F/Fl, p. 514). À propos de sa visite chez celui-ci, cf. Freud-Marlé (2006, p. 166-168) et la lettre de Freud du 4.3.1927 qui y est citée.

manière véritablement biologique. Je n'arrive même pas à vous rendre visite à Berlin et à faire ainsi deux nouvelles connaissances, certainement très gratifiantes. À vrai dire si la reconstitution de ma prothèse continue à faire des progrès, comme cette semaine – mais je préfère ne pas faire de projets [1]. Actuellement, je me sens quelque peu fatigué à cause du travail qu'on exerce sur moi et aussi de mon propre travail, sur une durée de 6 mois et ½ ; et j'attends comme un lycéen que soient écoulées les 10 semaines qui me séparent des vacances.

Cordiales salutations à Lux et aux petits !

Papa

223-Ernst vienne 6 mai 1925* [a]

charmante surprise pour anniversaire arrivée en parfait état [2] merci = papa

Qu'Ernst ait fait, avec Lucie, une visite-surprise à Vienne pour Noël 1925 est attesté par un télégramme que sa mère lui a adressé le 22.12 : « hautement réjouis cordiale bienvenue papa exempt de travail dès le

---

a. Télégramme.

1. Une visite de Freud à Berlin pour la Noël fut déjà sérieusement envisagée pour 1925 (cf. aussi Anna/Lucie, 18.12.1925 ; UE), mais elle ne se réalisa qu'en 1926 (cf. 225-Ernst avec note 2, p. 324).
2. Lucie était arrivée à Vienne le 6 mai 1925 s'en s'être annoncée. L'après-midi (indication de date : « mercredi 4 h ½ »), elle écrivit à son mari (UE) : « C'est sans doute grand-maman qui s'est le plus réjouie, mais aussi les tantes Rosa, Dolphi, même la Sopherl d'Alexandre. Et surtout le papa [= Freud], après avoir surmonté sa déception que je n'aie pas emmené d'enfant. Hormis les personnes nommées, il y avait là : Math, Robert, Ditha et [sa sœur] Hella avec Peter [son fils], Esti avec les enfants, Rosi avec Hermann [son fils], M., Mme et Marianne Rie, le Dr [Ludwig] Rosenberg, Ferenczi et Eitingon, plusieurs anciens domestiques et bonnes d'enfants, Mme Nelli Doub [Dub ?], Ruth Blumgart [plus tard : Mack Brunswick], Edith Rischawy. Des télégrammes du monde entier, et des fleurs et des fruits, comme il n'y en a, paraît-il, jamais eu encore. Chaque fois que ça sonne, on fait un trait, et je crois qu'on arrivera à cent traits. Maman n'a pas soufflé mot à qui que ce soit, et tous, sauf Annerl, qui a dû d'abord s'y faire comme nous, se sont beaucoup réjouis de la surprise de ma visite. » – Ce passage nous livre une impression rare du tohu-bohu qui environnait Freud lors de ses anniversaires.

vingt-quatre n'ai pas vendu la mèche de ta venue te prie préciser arrivée pour cause de réservation de chambre maman[1] ».

224-Lucie

[En-tête Vienne] 1.3.26.[a]

Ma chère Lux

J'ai déjà de si grands reproches à me faire pour avoir laissé passer l'anniversaire d'une fille berlinoise[2] que… je ne peux recommencer. Accepte mes plus cordiaux vœux de perpétuation de ton bonheur familial et, en passant, également mes remerciements pour tes ravissantes lettres, dans lesquelles tu décris ta maison et tes enfants.

Tu ne cesses de m'inviter à vous rendre visite à Berlin, rends chaque fois ton offre plus tentante – et le destin, le déroulement nécessaire des choses ne font que me rendre de plus en plus difficile la décision de voyager. Il serait honnête de nous dire : abandonnons cette intention. L'énergie est désormais chez les fils ; il ne reste au vieux père rien d'autre que de se tirer d'affaire d'une manière ou d'une autre qui ne soit pas indigne.

Toutefois, je me réserve toutes les possibilités de cadeaux pour le prochain revoir. Où sera-ce donc ?

Avec mes salutations les plus chaleureuses pour toi, Ernst et les archangelots

Papa
(ou Grand-papa)

225-Ernst

[En-tête Vienne] 12 oct. 26

Cher Ernst

Maman a été vexée de n'apprendre que via Merano la bonne nouvelle de ton lien avec Sion[3]. Je me réjouis qu'au moins l'un de

---

a. D'après l'inscription sur l'enveloppe associée, envoyé par exprès.

1. Télégramme in UE ; cf. LAS/AF, p. 413.
2. Sans doute celui de Henny, vieux de deux semaines et demie.
3. À propos de ce projet d'une maison pour Chaim Weizmann à Jérusalem, cf. *supra*, p. 238. – « via Merano » signifie probablement : par l'intermédiaire de Minna Bernays, qui y séjournait alors (Martha/Ernst, 11.10.1926 ; UE). Dans une lettre du 16.10.1926 à Ernst et Lucie (UE), Martha Freud se corrigea : « J'ai hâte de vous dire aussi enfin combien nous sommes heureux et fiers de cette

vous trois ait tiré quelque profit de mes relations. Eder[1] est un homme sérieux et correct, et je crois qu'il m'est très dévoué. Je suis persuadé qu'une fois que tu auras été introduit tu éliras domicile là-bas aussi ; je ne veux pas encore dire : à Jérusalem, mais dans ce cercle et dans ce domaine de travail. Pour l'instant, je n'ai encore aucune représentation de la manière dont tu pourrais t'accommoder de vivre à Berlin et de construire en Terre sainte. Mais ce sont manifestement tes propres soucis ; nous devons être très heureux que s'ouvrent pour toi de telles perspectives.

En ce qui concerne à présent le deuxième sujet de ta lettre, à savoir notre visite à Berlin pour Noël[2], je peux t'assurer que cette entreprise vient en tête du peu de vœux que je formule encore. Mais – tant ma famille que mes amis passent trop facilement outre aux changements que mon âge et surtout les infirmités qui ne cessent de me tourmenter ont suscités chez moi. Je suis très facilement fatigué, rapidement las de toute tâche, et ne parviens au terme du jour que si je tiens à l'écart de moi tout ce qui dépasse un certain minimum. La condition pour que je puisse voyager jusqu'à vous est donc que je n'éprouve pas ici trop de malaise, également que je n'attrape pas à nouveau l'une des nombreuses maladies qui se relaient en ce moment chez moi. Si cela peut se faire, je viendrai certainement ; voir les quatre petits, c'est vraiment une chose qu'il ne faudrait plus remettre davantage.

---

chose en Palestine ! Je ne suis d'ailleurs plus du tout vexée, c'est quelque chose qui chez moi passe très vite, et la joie que m'ont faite vos lettres a tout réparé. »

1. Montague David Eder (1866-1936), pratique psychanalytique depuis 1912, connaissance de Freud depuis 1913. De 1921 à 1923 et de 1925 à 1928, siège au comité directeur de l'Organisation sioniste mondiale (Hobman 1945). Dans une lettre du 11 mai 1926 (*ibid.*, p. 20 *sq.*) de remerciement pour des vœux à l'occasion de son 70ᵉ anniversaire, Freud prie Eder de transmettre aussi ses remerciements au curatorium de l'université hébraïque de Jérusalem, et poursuit : « Je pense en particulier au Dr Weizmann et au Pr Einstein, qui m'ont manifesté tant de sympathie et auxquels me lient tant d'intérêts communs, sans que je les connaisse personnellement, à mon grand regret » (original anglais).

2. De fait, Freud alla avec Martha le 25 décembre 1926 à Berlin, où il vit pour la première fois les deux plus jeunes fils d'Ernst ainsi que la fille d'Oliver. Max vint aussi de Hamboug avec Ernstl. Ce fut le premier voyage de Freud d'une certaine ampleur après l'opération du cancer. Le matin du 2.1.1927, il était à nouveau à Vienne (F/AF, p. 451-457 avec note). De cette époque date probablement un télégramme expédié de Berlin à la date du 31.12 (UE), dans lequel Ernst et Lucie envoie des « vœux de Nouvel An cordiaux [...] avec le meilleur souvenir de la fin de l'année ».

Lux écrit que Gabi reconnaît mon écriture à quelques mètres de distance. Je prends cette remarque comme accusé de réception de mon dernier envoi de timbres [1], pour lequel j'ai collecté trois mois durant au Semmering. Toujours est-il que cet intérêt s'est déjà transmis à la troisième génération.

Si je viens à Berlin, je ne veux voir, en dehors de ta famille et de celle d'Oli, qu'Eitingon. Si je vais au-delà, il sera impossible de déterminer où l'on doit s'arrêter. Maman viendra de toute façon, également sans moi ; vous la trouverez très gaillarde et juvénile.

Je vous salue tous cordialement.

Papa

226-Gab [En-tête Vienne] 8.1.27* [a]

Mon cher Gabi

En remerciement de ton cadeau d'adieu, je t'envoie tous les timbres que j'ai décollés de mes lettres depuis mon retour, et j'espère que tu en trouveras dans le lot quelques-uns de nouveaux [2].

Je vous salue, toi et tes deux frères, cordialement.

Grand-papa

227-Ernst [En-tête Vienne] 6.2.27*

Cher Ernst

Deux petites commissions :

1) verser sur la carte de paiement jointe 15 M

2) donner à Henny pour son anniversaire qui approche

50 M comme deuxième mensualité, alors qu'elle a déjà reçu la première par le biais d'honoraires allemands.

Ici, peu de nouveautés, même ma « nouvelle » prothèse n'est pas encore là. Je me suis beaucoup réjoui de vos bonnes nouveautés.

Je vous salue, toi, Lux et les angelots, cordialement

Papa

---

a. Enveloppe associée adressée à : Herrn Gabriel Freud [etc.].

1. Freud lui-même en avait une grande collection (Lampl-Int., p. I/20).
2. Un petit tas de timbres (entre autres du Brésil, du Guatemala, d'Italie, des Pays-Bas, des États-Unis) est conservé dans l'enveloppe qui accompagne la lettre.

228-Ernst [En-tête Vienne] 16.2.27

Cher Ernst

Seulement une petite commission administrative, que la bonne Lux expédiera sans peine. Envoie au Dr Eitingon, en les prenant sur le dépôt, M 67,50 pour les cigares qu'il m'a envoyés jusqu'ici. Il en a découvert une sorte, Half Corona, Heistrich, qui est encore meilleure – plus chère aussi que celle que Lux a réclamée auprès de Schiller [1]. (150 pièces à pf [2] 45.)

Vous avez eu la visite d'oncle et de Harry [3], qui sont censés nous parler beaucoup de vous.

Ici, rien de neuf, même pas une nouvelle prothèse. À toi, Lux et les angelots

cordiales salutations de

Papa

P.-S. J'ai acheté un ravissant petit vase du Dipylon [4], tel que je souhaitais en avoir un depuis longtemps.

229-Lucie [En-tête Vienne] 1er mars 27* [a]

Ma chère Lux

Encore sous le coup des impressions de la visite de Noël, il m'est particulièrement facile de te souhaiter un bon anniversaire. Reste comme tu es, et garde ce que tu as. Je ne peux rien souhaiter de mieux.

Étant donné que vous êtes les gérants de mon dépôt en marks, il est très commode pour toi de t'approprier là-dessus 100 M au titre de mon petit cadeau.

Ce qui est joint ici [5] est, bien sûr, pour Gabi.

Avec mes salutations les plus cordiales

Papa

---

a. D'après l'inscription et l'étiquette collée sur l'enveloppe associée, envoyé par exprès.

1. Cf. F/E, p. 486.
2. « pf » pour « Pfennig ». [N.d.T.]
3. Harry Freud (1909-1968), fils du frère de Freud, Alexander.
4. Vase grec ancien aux ornements géométriques.
5. Sans doute des timbres.

230-Ernst [En-tête Vienne] 17.3.27

Cher Ernst

Tu me feras plaisir en me faisant savoir ce qui reste encore des 1 000 M de dépôt.

Tu peux dire à ton beau-frère [1] que je n'ai pas manqué d'enquêter sur mon impression que sa tête de Juif alexandrine rappelle le jeune Disraeli. Je me suis fait envoyer de Londres la biographie officielle de D. par Monypenny [2], dans laquelle je me souvenais avoir vu des portraits de jeunesse. Mais je n'ai rien trouvé de probant ; il faut que l'apport de mon imagination [*Phantasie*] ait été très important.

Toutes les autres choses de vive voix par Anna, qui inaugure à présent son rôle de tante [3].

Cordialement à toi, Lux et les anges
Papa

231-Ernst [En-tête Vienne] 4.4.27

Cher Ernst

Je te félicite cordialement d'avoir ainsi parcouru la première moitié du chemin de ta vie, et je te demande de prélever pour toi-même, comme pour n'importe quel autre anniversaire, M 100 sur le dépôt.

Avec mes vœux les plus chaleureux
Papa

232-Ernst [En-tête Vienne] 28.4.27*

Cher Ernst

Ruth [4] – tu sais qu'elle fait presque partie de la famille – a dit de toi, de Lux et des enfants la même chose que tous les autres visiteurs.

1. Très probablement Karl Mosse (cf. p. 274, note 2), qui vivait à Potsdam.
2. Monypenny (1910-1920) ; ne figure pas dans la bibliothèque de Freud (cf. Davies et Fichtner 2006).
3. Anna Freud prononça le 19 mars 1927 à la DPG un exposé « Zur Technik der Kinderanalyse » [« À propos de la technique de l'analyse d'enfants »] (IZ 1927, p. 367 ; cf. LAS/AF, p. 451). Elle ne connaissait pas encore non plus trois des quatre enfants de ses frères berlinois.
4. Ruth Mack, divorcée de Blumgart, à partir de 1928 épouse Brunswick. Elle avait été à Berlin avec son futur mari (F/AF, p. 484).

Tu peux imaginer quelle satisfaction cela représente chaque fois pour moi. Mais je ne t'écris pas pour cette raison ; en effet, des effusions de sentiments entre père et fils sont de mauvais goût ; non, je t'écris plutôt à propos de collections et de ce qui y touche de près.

Ruth et Mark m'ont dévoilé que tu veux apporter en secret un cadeau d'anniversaire [1]. Or, nous avons tous irrévocablement décidé qu'on ne doit fêter aucun de mes anniversaires avant le 75e. Cela vaut donc pour toi aussi. En revanche, je peux essayer de me faire des cadeaux à moi-même. J'apprends que le Dr Lederer [2] a une coupe mycénienne pour laquelle il demande $ 50, et que tu as trouvée belle aussi. Tu pourrais me l'apporter si elle te plaît toujours.

Il est également question d'un anneau d'or sur la cornaline duquel est incisée une main qui tire sur une oreille. Cette pierre aurait, en raison de son objet, un intérêt particulier – analytique – pour moi. C'est ainsi que je balance entre les deux objets et que j'aimerais te laisser le choix, étant donné que l'anneau ne sera guère meilleur marché que la coupe. Si le prix est minime, je t'autorise volontiers à dépasser le montant de $ 50. Tu vas venir ici si tôt que je n'ai pas besoin de t'envoyer l'argent.

Nous sommes rentrés ce matin du sanatorium, où je me suis cette fois – pas assez malade – beaucoup ennuyé [3]. Anna est arrivée de Venise dans la matinée, cuite jusqu'au brun-rouge et très requinquée [4].

Ma – nouvelle – prothèse me tourmente encore beaucoup. Peux-tu te renseigner pour savoir si un certain Pr Schröder [a] à Berlin [5], qui passe pour un artiste en la matière, travaille encore ?

Je vous salue tous cordialement

Papa

---

a. Freud écrit ici et aussi en quelques autres passages ultérieurs : Schroeder.

1. C'est-à-dire lors de sa visite à Vienne pour l'anniversaire de Freud.
2. Philipp Lederer (1872-1944), marchand d'antiquités et de monnaies à Berlin, dont Freud était client (cf. Tögel 2006, p. 116-118).
3. À cause de ses ennuis cardiaques, Freud s'était, ce printemps-là, rendu pour la deuxième fois au Cottage-Sanatorium de Vienne. Il y habitait un appartement avec sa femme et sa belle-sœur (F/E, p. 492 ; cf. 469-Max).
4. Le 7 avril 1927, Anna Freud était partie avec Dorothy Burlingham pour un voyage en Italie (F/AF, p. 470).
5. C'est la première fois qu'est mentionné Hermann Schröder, que Freud alla trouver quatre fois à Berlin de 1928 à 1930 pour améliorer sa prothèse à la mâchoire (cf. 240 *sq.*-Ernst et Tögel 2006, p. 87-97).

233-Gab [En-tête Vienne] 8 juin 1927*

Mon cher Gabi

Ta première lettre m'a beaucoup réjoui, elle est très bien écrite. Nous cherchons encore à élucider tes deux devinettes [1], et nous n'avons pas encore trouvé la solution. Tante Anna est d'avis que nous devons te prier de nous écrire aussi les solutions, étant donné que nous n'arriverons pas à les deviner. Je voudrais savoir si tu les as faites toi-même ou bien où tu les as trouvées.

Pour te remercier, je t'envoie à nouveau tous les timbres que j'ai rassemblés depuis la visite de papa. Je suis désolé que ce soient souvent les mêmes.

Je vous salue, toi et tes petits frères, cordialement

Grand-papa

234-Gab [En-tête Vienne] Semmering Villa Schüler 18.6.1927*

Mon cher Gabi

Ta deuxième lettre m'a aussi beaucoup réjoui, en particulier parce que j'ai appris que tu as fait toi-même les devinettes. Il faut qu'à ce sujet je t'en dise un peu plus. J'ai proprement deviné la première parce qu'en effet tu as joint à la lettre un œuf. Mais tante Anna et moi n'avons pas identifié le deuxième objet comme étant un serpent en papier. Cela nous a rendus incertains ; tante Anna a été d'avis que nous nous trompions peut-être aussi à propos de la première devinette. Il est plus prudent que nous disions que nous ne le savons pas ; avec une mauvaise solution, on se couvre de ridicule. Maintenant que tu nous as donné les solutions, nous disons que les devinettes étaient bonnes et pleines de sens.

Nous sommes contents d'être maintenant déjà dans notre belle maison sur le mont Semmering. Quel dommage que tu ne viennes pas cette année comme la petite Eva [2], pour voir depuis nos terrasses le coup d'œil qu'on a sur la neige et les abris. Mais vous allez bientôt partir vers votre cher Gaglow.

Sur une terrasse, nous avons découvert un nid de merle avec des petits assez développés, qui pourront très bientôt prendre leur

1. Cf. la lettre suivante.
2. La fille d'Oliver et Henny.

envol. En ce moment, la mère oiseau vient encore et apporte dans son bec des vers de terre pour les nourrir.

Dans la villa voisine, qu'habite notre amie américaine [1], les trois petits de notre Wolf, bizarres petites bêtes, sont âgés de trois mois ; ils gigotent en tous sens et causent pas mal de dégâts ; mais on les aime bien. Sauf que le père Wolf ne se soucie pas d'eux. Sur ce point, les petits d'hommes sont mieux lotis.

Reçois les cordiales salutations de

Ton grand-papa

235-Gab [Semmering, 28 juillet (1927)]* [a] [2]

Mon cher Gabriel

Tu auras sans doute des souhaits pour la satisfaction desquels tu pourras utiliser les billets ci-joints. Accepte-les avec les vœux cordiaux de

Grand-papa

236-Ernst [En-tête Vienne] 22.9.27*

Administratif

Cher Ernst

Si j'ai encore chez toi une réserve en marks, aie l'amabilité d'honorer la carte de paiement jointe pour un montant de 34,90 M. Ce que j'ai acheté là reviendra un jour à Gabi [3].

Je vous salue, toi, Lux et les petits, cordialement

Papa

Le 29, nous arriverons à Vienne [4].

---

a. Post-scriptum à une lettre de Martha Freud. Daté d'après celle-ci, année suppléée d'après le cachet de la poste. D'après l'inscription de Freud sur l'enveloppe associée, envoyé en recommandé. L'enveloppe est adressée de la main de Martha

1. Dorothy Burlingham. Elle habitait la villa Klein, ou Sophia, voisine de la villa Schüler (Buchinger 2006, p. 167-170).
2. La lettre antécédente de la grand-mère contient les vœux d'anniversaire proprement dits à l'adresse de son « Gaby bien-aimé ». Il en ressort aussi que celui-ci attendait de partir prochainement pour Hiddensee et d'y voir la mer pour la première fois.
3. Contexte peu clair.
4. Retour des vacances d'été.

237-Ernst [En-tête Vienne] 7.X.1927

Cher Ernst

Tu es le premier de tes frères et sœurs à avoir acquis une propriété foncière [1] ; je t'en félicite ; les autres n'ont guère de perspective de t'imiter bientôt sur ce point. La description de Lux nous a extraordinairement plu, comme c'est toujours le cas de ses lettres, que nous attendons volontiers [2].

Je te remercie pour le petit paiement que tu as opéré pour moi – proprement pour Gabi. Mais maintenant une autre affaire ! La nouvelle abracadabrante [3] selon laquelle j'aurais reçu 100 000 dollars [4] me vaut des lettres à fendre l'âme où l'on implore ma charité et qui me parviennent de toutes les parties de l'Allemagne, y compris d'une île de la mer du Nord dont je n'avais jamais entendu le nom. Je crois que là il faut qu'il se passe quelque chose. Le plus adéquat serait sans doute un démenti dans un grand journal berlinois, surtout si c'est celui-là même qui a diffusé la nouvelle. Je te laisse décider si tu veux écrire en mon nom ou me laisser la parole à moi-même. Donc ou bien : Mon père, le Pr F., me charge de faire savoir – ou bien : le Pr F. prie l'honorable rédaction de porter à la connaissance du public – dans les deux cas : que la nouvelle selon laquelle il aurait reçu de quelque côté que ce soit un cadeau de $ 100 000 est inventée de toutes pièces et en totalité. J'espère qu'ensuite on me laissera tranquille.

Freud à : Herrn Gabriel Freud/ bei Frau Elise Brasch/ Gross-Gaglow/ bei Cottbus/ Post Madlow/ Nieder-Lausitz.

1. La moitié d'une maison de pêcheur à Vitte sur l'île de Hiddensee.
2. Le 16.9.1927, Lucie écrivit de Hiddensee à Ernst (UE) : « Papa m'a remerciée de ma lettre "cordiale" au Semmering en envoyant des timbres à Gabi dans l'heure même de son arrivée, et maman y a répondu aujourd'hui de manière tout à fait détaillée. »
3. Je ne vois pas comment traduire de manière plus idiomatique l'original, qui porte : *Tartarennachricht*. Il faut aller chercher son origine dans le dictionnaire de Grimm : « nouvelle non garantie et peu crédible (d'après, paraît-il, la nouvelle de la chute de Sébastopol qui aurait été, pendant la guerre de Crimée, faussement rapportée par un Tartare) ». [N.d.T.]
4. L'annonce disait que Freud avait « reçu de la Société psychanalytique de New York un cadeau honorifique de 100 000 dollars, afin de pouvoir consacrer le soir de sa vie à ses recherches, exempt de soucis matériels » (F/E, p. 532, note 1). On n'a pu retrouver un démenti dans un journal berlinois.

Je veillerai à ce que maman ne retarde pas son voyage [1]. Mathilde est misérable et nous cause pour la première fois de sérieux soucis. Cordialement à toi, Lux et les anges

Papa

238-Lucie [En-tête Vienne] 14.XII.1927*

Ma chère Lux

Ci-joint, à l'avance, afin que tu aies le temps de le convertir en marchandises, l'envoi de Noël de grand-papa pour ses trois archanges. Je t'abandonne, à toi qui es aussi tellement mieux au courant, la joie de choisir et d'acheter. Je ne serai malheureusement pas présent lors de la distribution.

Arrière-grand-mère commence à devenir égrotante ou, comme elle le dit elle-même, à vieillir.

J'aimerais savoir qui est chargé du financement de l'envoi de cigares qui passe par les mains de Lampl.

Avec de cordiales salutations pour toi, Ernst et les petits

Votre papa

239-Lucie [En-tête Vienne] 29.2.1928*

Ma chère Lux

Tu es, certes, ma belle-fille la plus riche, de sorte que je suis gêné de t'envoyer des billets de banque ; mais, premièrement, je n'ai rien d'autre qui se laisse glisser dans une lettre ; et, deuxièmement, une ménagère comme toi peut aussi avoir besoin de petites sommes. Tel est le sens des $ 25 ci-joints.

Je n'ai qu'à te souhaiter que tout reste aussi bien qu'en ce moment.

Très cordialement
Papa

---

1. Freud à Ferenczi, 23.10.1927 (F/Fer III, p. 361) : « Ma femme voulait aller à Berlin avec Mathilde ; par suite de son état de santé vacillant, cette dernière s'est décommandée », de sorte que le voyage fut différé. Toujours est-il que, le 18.11, Martha Freud était déjà depuis un moment à Berlin, dont elle revint le 22 (F/E, p. 537).

240-Ernst [En-tête Vienne] Villa Schüler 17.6.1928*

Cher Ernst

Depuis hier après-midi, nous sommes là-haut [1], où il fait beau et frais comme toujours. Je ne parviens pas à produire la même humeur vacancière que d'habitude, étant confronté à l'éventualité de quitter à nouveau ce lieu bientôt. Même les dernières tentatives de Pichler n'ont conduit à rien de bon. Si cela était à demi supportable, je m'abstiendrais de toute expérimentation. Je m'attends donc à rencontrer le Pr Schröder dimanche prochain à l'h.[ôtel] Regina [2]. Au prix des menaces les plus acérées, Mathilde s'est assuré une chambre avec salle de bain. J'arriverai vers 12 h en auto. Demande-lui s'il a besoin, pour l'examen, de dispositifs particuliers, tels que lumière, etc. J'espère que ce n'est pas nécessaire ; dans ce cas, il faudrait que nous allions, par exemple, dans le Cottage-Sanatorium [3].

Je ne sais pas si mon âge et l'état de mes forces – qui a bien baissé ces derniers temps – sont très favorables à une entreprise telle que l'élaboration d'une nouvelle prothèse. Je ne peux à vrai dire le faire que s'il me le présente comme une chose légère et n'exige pas trop de temps. S'il n'interrompt pas son travail en été, je viendrai aussi tôt que possible, peut-être dès le mois présent.

Bien sûr, tu as pris sur toi toutes les dépenses pour le voyage de Schr.

Quand je serai à Berlin, ce que je préférerais, c'est habiter à Tegel. Car je serai inapte au travail et à la jouissance, et j'apprécierai un parc plus que la grande ville. Il va de soi que je n'accepte pas l'hospitalité de Simmel [4] ; il n'y a que les honoraires pour le traitement médical que le sanatorium ne doit pas me facturer.

Je suis actuellement suffisamment approvisionné en bons cigares Heistrich, n'en fumant plus qu'un seul par jour. Je ne suis pas sûr

---

1. Pour la cinquième fois consécutive et la dernière sur le Semmering.
2. En fait, Schröder ne vint pas ; ce fut son assistant Franz Ernst (cf. 479-Max). On verra dans la lettre suivante le cours ultérieur que prirent les choses.
3. Hôpital privé viennois de qualité, auquel Freud recourait aussi pour lui-même (par exemple 267-Ernst).
4. Ernst Simmel (1882-1947), médecin, psychanalyste, de 1926 à 1930 président de la Société psychanalytique allemande. Fonda en 1927 la clinique psychanalytique « Sanatorium Schloß Tegel », où Freud logea de 1928 à 1930 pour tous ses séjours à Berlin (Schultz-Venrath 1992 ; DIP).

que mon cœur supporte cet unique exemplaire. En tout cas, à Berlin, il faudrait choisir une marque plus légère, par exemple celle que Lux s'était procurée après la visite de la collection de verre.

Jusqu'ici tu n'as pas encore eu un vieux père. Mon écriture te montrera que c'est ce qu'il est à présent devenu. Il fallait bien s'y attendre.

J'espère que ma présence à Berlin ne dérangera pas vos projets de vacances. En effet, je n'ai besoin de rien là-bas ; et, pendant un tel traitement, je ne suis pas de bonne compagnie.

Les trois timbres : pour la collection de Gabi.

Je vous salue cordialement toi, Lux et les enfants.

Papa

241-Ernst [En-tête Vienne] Semmering 27.6.1928* [a]

Cher Ernst

Je te remercie pour toute la peine que tu t'es donnée dans l'affaire Schröder. Aie maintenant la gentillesse d'accomplir encore la dernière démarche afférente.

Ta remarque, selon laquelle Schr. semble préférer sept. pour mon traitement, a emporté la décision. Je ne voudrais vraiment pas risquer qu'une complication imprévue rende cette brève période insuffisante et remette en question l'achèvement du travail. Bien sûr, ce n'est pas agréable de prendre encore un délai de 2 mois ; mais, finalement, ce n'est pas pire que les années précédentes. En outre sont entrés en ligne de compte, au titre de motifs secondaires, le fait qu'en été j'ai le temps de me remettre des tracas de l'année de travail écoulée, également le fait qu'un départ en sept. est discret, tandis que, maintenant, il mettrait aussitôt sur la bonne piste tous les curieux.

Fais donc savoir à Schr. que je préfère la date de sept., et que j'aimerais être le premier dont il s'occupera après ses vacances. Il sera sans doute poli de faire savoir la même chose au Pr Ernst [1] et d'ajouter que je compte bien le voir ensuite. (Il faut que je lui paie les honoraires de sa visite ici.) La date de sept. comporte aussi un

---

a. D'après l'inscription et l'étiquette sur l'enveloppe associée, envoyé par exprès.

1. Franz Ernst (1887-1947), assistant de Schröder (Riemer 2001).

inconvénient. S'il ne s'y met pas le premier, ou si le traitement se prolonge, mon absence en octobre me coûtera beaucoup d'argent. Mais on ne peut rien y changer ; cela sera porté au compte débiteur des héritiers.

En sept., vous serez probablement tous à nouveau à Berlin. Toutes les autres décisions ne sont maintenant pas urgentes. Faismoi simplement savoir combien tu as dépensé pour le voyage du Pr E., afin que je te le rembourse sur-le-champ.

J'ai été hier chez Braun à cause de mes problèmes cardiaques ; mais il n'en a tiré aucune conclusion. Toujours est-il que je n'ai plus besoin de Heistrich.

Quelques (4) pièces jointes pour Gabi.

Cordialement à toi et Lux,
Papa

242-Ernst [En-tête Vienne] Semmering 11.7.1928*

Cher Ernst

Je te prie de me rendre encore un service dans l'affaire Schröder. Tu as écrit que tu m'as annoncé chez lui pour le 1er sept. Dois-je en conclure qu'il a promis de commencer le travail ce jour-là, ou n'as-tu fait que lui exprimer mon vœu ? J'ai encore besoin de cette assurance.

J'ai été peiné d'apprendre que tu n'as pas pu avoir le nouveau logement et que votre congé de cette année n'a pas encore de contours. Chez nous, rien de neuf, rien de méchant non plus. Nous jouissons d'un été exceptionnellement beau, et attendons l'automne. J'ai pour cela des raisons particulières.

Cordialement à vous tous
Papa [1]

243-Ernst semmering 29.8.28.* [a]

départ [2] comme programmé au revoir = papa

---

a. Télégramme : date du tampon d'arrivée.

1. D'une lettre de Lucie à Ernst du 21.8.1928 (UE) il ressort que Freud avait dit à son fils, dans une lettre qui est perdue, qu'il allait mal.

2. C'est-à-dire pour Berlin, afin d'y suivre le traitement de Schröder. Ce départ eut lieu le 30 août, le séjour, qu'Anna Freud partagea avec son père, dura jusqu'au 31 octobre 1928 (Tögel 2006, p. 88-94).

244-ErnstLucie [En-tête Vienne] 3.XI.1928*

Chers enfants

Cette fois, le séjour à Berlin n'a pas été seulement long ; il a été également si intense que je ne [me] sens toujours pas ici vraiment chez moi. A peut-être contribué à cela le fait que, pendant la première nuit, j'ai été dérangé par des troubles de l'estomac et de l'intestin et que j'ai été ensuite obligé d'intercaler un désagréable jour de jeûne. Pendant un voyage, il faut se nourrir très modérément, et ce que Lux m'a donné pour partir était trop tentant, évidemment aussi trop riche pour nos desseins à tous deux.

La prothèse est bien gentille, que ce soit tel jour ou tel autre, n'oscillant qu'en fonction des enflures du catarrhe. Je viens juste de rédiger la lettre difficile à Pichler [1]. Que j'aie fait un tour en avion [2] à Berlin a produit plus d'impression ici à Vienne que la totalité de mes onze volumes [3].

Dans la famille, nous avons trouvé tout le monde en bonne santé. Nous allons chez la grand-mère demain.

Ce fut pour moi quand même une expérience précieuse que d'apprendre tout ce qu'on peut recevoir de ses propres enfants.

À ne pas oublier : toutes les acquisitions nouvelles [4] ont bien survécu sans dommage au voyage.

Je vous salue, vous et les trois garçons, très cordialement, et j'attends bientôt des nouvelles de vous.

Papa

245-Lucie [En-tête Vienne] 8.XI.1928*

Ma chère Lux

Tu as raison, le chèque de M. [V.] [5] n'est pas chic du tout, il m'a acheté deux heures à très bas prix. Il n'est même pas correct, car je

1. Sans doute pour lui annoncer qu'il changeait de médecin. Cette démarche n'avait pas été facile pour Freud, « car, au fond, c'est quand même faire défection à un homme à qui je dois déjà depuis 4 ans le prolongement de ma vie » (F/Jo, p. II/63). Il revint plus tard en traitement chez Pichler (Jones III, p. 536).

2. Un tour d'avion de 20 minutes au-dessus de Berlin (Tögel 2006, p. 105-107).

3. C'est-à-dire les *Gesammelte Schriften* de Freud. L'édition présentée de manière luxueuse avait été à l'origine fixée à 10 volumes, qui parurent en 1924-1925 ; elle fut complétée en 1928 par un 11e et en 1934 par un 12e volume.

4. Antiquités.

5. Un homme d'affaires renommé ; il s'agit d'honoraires pour la consultation dont il est question ensuite.

ne lui ai pas dit : « Payez ce que vous voulez », mais : « Réglez ce point avec mon fils », c'est-à-dire tout de même : « Demandez-lui ce que vous devez. » Cela dit, nous voulons accueillir toutes les surprises et songer que la libéralité de Schröder [1] fait plus que simplement compenser la ladrerie de [V.]. Ayant eu l'imprudence de commencer par accepter de [V.] une obligeance, c'est nous qui avons les premiers quitté le terrain purement financier. Un rappel serait certainement de nature à nous faire encaisser le reste, mais cela gâcherait aussi radicalement cette relation qui vous importe quelque peu. C'est pourquoi je pense qu'Ernst, récipiendaire du chèque, doit en accuser froidement réception – sans remerciements – et que cela suffira.

Il me vient à l'esprit un autre biais. Ernst pourrait renvoyer le chèque à [V.] et joindre un mot disant que son père préfère considérer la consultation comme une contrepartie amicale pour l'avion. Mais je crains que [V.] ne soit assez avisé pour percer la chose à jour et penser qu'avec 1 000 M, ce n'est pas l'amitié que j'avais en tête. Je m'en remets à vous de décider si vous voulez procéder ainsi. Je suis d'accord avec tout.

De toutes les façons, mon compte auprès d'Ernst est affaibli par cet incident, et j'attends un calcul afin d'évaluer s'il n'a pas besoin d'un renflouement pour produire tout ce qu'on attend de lui. En effet, je voulais aussi garder un petit fonds pour les trois anniversaires chez vous. Si Schröder n'envoie pas bientôt la facture pour le matériel, il faudrait le lui rappeler doucement.

Cela fait seulement une semaine que nous sommes ici, et elle est passée très lentement. Pendant ce temps, mon état de santé n'était pas spécialement fameux ; cela dit, mon médecin personnel, le Pr Braun, a été content de moi à l'occasion d'une visite faite à son initiative. Il a été décidé de procéder à un traitement du nez. La prothèse se comporte exactement comme à Berlin, pas plus mal ; il est vrai pas mieux non plus ; et, pour des progrès, il reste encore pas mal d'espace.

Le remarque critique de Gabi donne beaucoup à réfléchir [2].

Je vous salue tous cordialement ; je n'arrive pas encore à vous ressentir si éloignés.

Papa

1. Il ne factura que les frais matériels et techniques, mais ne perçut aucun honoraire pour la part qu'il prit au traitement de Freud (cf. Tögel 2006, p. 92 *sq.*).
2. Non éclairci.

246-Ernst [En-tête Vienne] 15.XI.1928

Cher Ernst

Je suis très heureux d'apprendre que mon compte chez toi présente encore un actif de M 1 755, et te prie de procéder avec lui aux opérations suivantes : avec 500 M, je veux créer un fonds anniversaire pour les trois garçons, dans lequel Lux, qui connaît mieux [leurs] souhaits que moi, pourra puiser lors des occasions afférentes. Tu garderas M 225 pour le financement des envois de cigares (ou de dentifrice) ; et, quant aux M 1 000, je les réclamerai de toi un jour ; ou bien, si je deviens exubérant, je les utiliserai pour un achat chez Lederer.

Avec la prothèse, je vis sur le même pied que pendant la dernière semaine à Tegel. La grande amélioration demeure, également les incommodités restantes, qui ne me permettent pas de me sentir à l'aise. J'ai entrepris contre elles un traitement nasal, jusqu'ici avec un mauvais résultat. Du reste, Pichler m'a répondu aimablement et m'a invité à une visite de temps à autre.

Dis à Lucian et Clemens que leurs lettres m'ont beaucoup réjoui et que je leur répondrai quand j'aurai mis ici les choses en ordre.

Sinon rien de nouveau. À Lux, mon cordial remerciement pour avoir continué ta lettre.

Tendres salutations à vous tous de

Papa

247-Lucie [En-tête Vienne] 29.XI.1928*

Ma chère Lux

Je suis dans l'ensemble d'accord avec toi ; mais je n'approuve pas ton projet de capitaliser les M 500 et de n'utiliser que leurs intérêts pour les trois anniversaires. Pour cela, il faudrait un ou deux zéros de plus. J'espère que tu céderas.

Un mois depuis Berlin est passé lentement. La prothèse est bonne, le catarrhe est mauvais. On peut exister.

Je me réjouis de vos bonnes nouvelles.

Cordiales salutations à tous

Papa

248-Ernst Vienne 11.XII.28 [a]

Cher Ernst

Je te prie d'envoyer à nouveau M 44 à la Maison d'édition juive (pour le deuxième tome du *Dictionnaire juif*[1]). – Très heureux d'apprendre que vous allez partir pour Noël et le Jour de l'An.

Cordialement

Papa

249-Ernst [En-tête Vienne] 16.XII.1928

Cher Ernst

Je me réjouis d'apprendre que tu as pu enfin aussi obtenir quelque chose grâce à moi. La commande de la Ruths peut en effet être indirectement imputée à mes relations avec le directeur général[2]. Actuellement, tu ne peux faire sa connaissance personnelle ; après une grippe[b] berlinoise, il est allé se reposer en Égypte, et il ne doit venir chez moi que fin janvier. Un homme fascinant, même s'il présente des traits fantasques quelque peu suspects ; il se pourrait qu'il devienne dans un proche avenir un grand capitaine d'industrie.

Ta première publication[3] a fière allure ; je suis tout à fait d'accord avec mon cadeau d'anniversaire à Lucian ; je te remercie du paiement à la Maison d'édition juive. Mais ce qui me satisfait avant tout, c'est votre projet de voyage[4], car quelque chose de ce genre était déjà, autant que je puis en juger, tout à fait nécessaire.

---

a. Carte postale.

b. En allemand : *Grippe*. Mot substitué par l'éditeur à un autre qui lui sembla avoir été écrit par lapsus : *Gruppe* [= groupe]. [N.d.T.]

1. Le *Jüdisches Lexikon* parut en 4 tomes (le 4e tome en deux volumes) de 1927 à 1930 ; conservé dans la bibliothèque de Freud (Davies et Fichtner 2006).

2. Une commande de la Ruths SARL à Ernst Freud, à propos d'installations de bureaux et d'ébauches de meubles, et attestée pour 1930 (Welter 2005, p. 232). Ruths était en analyse avec Freud (38-Math avec note 3).

3. Est ici visée une série de photos de la maison de Hans et Jeanne Lampl construite par Ernst in *Die Pyramide*, Neue Folge der Wohnungskunst, 14e année (1928-1929), n° 7 ; citée dans la table des matières au titre de « deux contributions de l'arch. Ernst L. Freud-Berlin : Maison d'habitation Dr L. » (p. 205-207), « espaces intérieurs et meubles particuliers » (p. 254-257).

4. Cf. la lettre suivante.

En fait, ma prothèse est bien gentille ; malheureusement, les catarrhes persistants lui dérobent une grande partie de son efficacité, de sorte qu'au total je ne me sens pas très à l'aise.

Aujourd'hui, nous avons la première chute de neige, d'emblée avec la plus abondante quantité. Curieux de savoir si Anna et Dorothy B.[urlingham], qui vont partir en week-end, passeront au travers en auto.

Il faut que vous lisiez de Thornton Wilder *The Bridge of San Luis Rey* [1] ; c'est quelque chose d'une beauté tout à fait inhabituelle.

Je vous salue, toi, Lux et les garçons, cordialement

Papa

250-Ernst [En-tête Vienne] 3.2.1929

Cher Ernst

Il fait ici plus froid de jour en jour [2] ; si je diffère encore un peu plus l'écriture, je ne serai plus en mesure à la fin de tenir la plume. C'est pourquoi je te prie aujourd'hui de payer pour moi à partir de mon crédit les M 15 qu'on me réclame ici.

Il ne passera sans doute plus un très long temps jusqu'à ce que nous nous revoyions à Berlin [3]. Depuis ton retour de Zuoz [4], nous n'avons plus aucune nouvelle de vous.

Cordialement à toi, Lux et les garçons

Papa

251-Ernst [En-tête Vienne] 15.2.29

Cher Ernst

Cette lettre ne contient encore rien de définitif, mais ne doit pas être remise à plus tard.

Nous pouvons garder la date du 11 mars pour l'arrivée à Berlin. Tu es donc prié de téléphoner à Schröder dans la matinée de ce

1. Le roman était paru en 1927, sa version allemande en 1929.
2. « L'hiver 1928-1929 fut en Allemagne de loin le plus froid du XXe siècle », février 1929 le mois le plus froid de tout le siècle en général (home.arcor.de/wetter-wissen/Schnee/Extremwinter_1928_1929/body_extremwinter_1928_1929.html).
3. Le 10 mars 1929, Freud revint à Berlin avec Anna pour faire rectifier sa prothèse ; il rentra le 23 (F/Fer III, p. 405, note 1).
4. Dans la haute Engadine (Suisse).

lundi, afin de savoir quand je peux arriver chez lui, à supposer qu'en cette période les trains n'aient pas de retard. L'incertitude porte sur le point suivant. Il est connu que maman a beaucoup de mal à se décider. Elle aimerait bien venir avec moi afin de vous revoir tous, mais elle sait qu'elle ne peut me rendre elle-même autant de services qu'Anna. Il est probable qu'il adviendra finalement que je voyagerai avec Anna et que maman fera sa visite plus tard, de manière indépendante. Dans ce cas, je préférerais habiter à Tegel, mais pas dans la villa. Pour une semaine, deux au plus, je ne voudrais pas déranger Simmel. Ils pourraient nous donner un studio, tel que celui qu'a eu Lou [1]. Circonstance déterminante pour ce choix : Ruths, qui a à faire à Berlin, veut venir avec moi. Dans une pension ou à l'hôtel, on n'est pas à l'abri de gens qui entendent ; au sanatorium, on disposerait sans doute pour cette heure unique de l'une de tes belles salles de traitement [2]. Bien sûr, nous aurions à nouveau besoin de l'auto, comme en automne. Je te mettrai au courant dès que la question de l'accompagnement aura été décidée. Maman préférerait la pension Krause près de chez toi.

Du reste, hier, elle s'est couchée avec une température de 37,6° et les symptômes d'un catarrhe. Braun nous dira si on appelle ça une grippe. Ruths, qui est arrivé il y a une semaine, a aussitôt attrapé une grippe avec température élevée, pense pouvoir sortir lundi prochain. Quand je lui ai parlé, il a démenti le transfert de son bureau à Londres. Ils ont dû différer, parce que, par suite de la maladie du roi, ils n'ont pas réussi à rassembler le capital nécessaire. L'avenir dira donc…

Peut-être que notre prochaine visite à Berlin aura pour effet de t'apporter un travail aussi abondant que la précédente. J'écris cela parce que la bonne Providence m'a à nouveau offert un chèque en dollars inattendu [3], pour couvrir mes frais de voyage à Berlin. Il est vrai qu'elle a permis aussi que Martin perde son poste fin mars, ce qui occasionnera des dépenses bien plus élevées. Il est connu que les voies de la Providence sont très obscures.

---

1. Lou Andreas-Salomé avait rendu visite à Freud en octobre 1928 à Tegel (LAS/AF, p. 471).
2. C'est Ernst Freud qui était l'auteur de l'aménagement intérieur du sanatorium de Tegel (Welter 2005, p. 232).
3. L'origine de ce chèque n'a pu être établie.

Il neige infatigablement. Il est probable qu'Anna sera obligée de décommander l'exposé à Francfort du 20 [1]. Demain, nous serons autorisés à prendre le premier et le seul bain de la semaine [2].

Je te salue cordialement, avec Lux et les garçons

Papa

252-Ernst [En-tête Vienne] 19.2.1929

Cher Ernst

Nous en restons donc au dispositif que j'avais mentionné comme probable dans ma dernière lettre. Anna m'accompagne, nous voyageons le dimanche 10 mars via Passau, arrivons Dieu sait quand ; tu as pris pour moi chez Schröder un rendez-vous qui est postérieur à l'heure d'arrivée prévisible. Nous souhaitons loger à Tegel, pas dans la villa mais dans la maison, aux mêmes conditions, avec une auto.

Une pension serait certainement meilleur marché, mais on y serait moins au calme et moins à son aise ; si l'on inclut les frais de voiture, l'économie ainsi faite se réduit à une portion congrue. Maman, qui est maintenant assez à plat après une petite grippe, préfère profiter de notre absence pour accomplir un petit voyage de récupération avec tante ; je crois qu'elle fait bien.

Aujourd'hui, dégel, ±0°, nous espérons pouvoir bientôt prendre à nouveau des bains.

Étant donné que nous n'en entendons pas parler, nous espérons que vous avez tous échappé à la grippe ; mais nous aimerions en avoir la confirmation.

Cordiales salutations à vous tous

Papa

---

1. À l'occasion de l'inauguration de l'Institut de psychanalyse de Francfort avaient été planifiées entre le 20 février et le 5 mars 1929 quatre conférences publiques sur l'importance de la psychanalyse pour la pédagogie (A. Freud), les sciences de l'esprit (Sachs), la sociologie (Bernfeld) et la médecine (Federn) (Laier 1996, p. 50 *sq.*). Mais le 20.2, A. Freud écrivit à Eitingon (AFP/LoC) : « Aujourd'hui, c'est le mercredi soir où je dois prononcer ma conférence, mais je me trouve à Vienne et pas à Francfort. Les conditions de voyage étaient ces derniers jours si impossibles et les heures d'arrivée si imprévisibles qu'après une communication téléphonique et télégraphique avec Landauer, je l'ai finalement décidé à me permuter avec Bernfeld. De sorte que je ne parlerai que le soir du 28 à Francfort. »

2. Étant donné le « froid anormal » de cet hiver, la livraison de charbon était devenue difficile, tandis qu'en même temps la demande augmentait, de sorte que l'achat de charbon fut rationné pour la population (ANNO).

253-ErnstLucie [En-tête Vienne] 29.3.1929 [a]

Bien chers,

À la hâte une salutation pascale, pour ne pas être trop impoli. Le voyage a été agréable, la nourriture excellente. Ici, je ne suis pas encore venu à bout des lettres qui exigent une réponse, et j'attends encore la réconciliation promise de la mâchoire avec la prothèse. Le printemps tarde ici, autant qu'à Tegel. L'envie de voyager de maman ne semble pas être irrésistible.

Vous salue tous cordialement

Papa

254-Ernst [En-tête Vienne] 5.5.1929 [b]

Cher Ernst

Je ne t'ai pas écrit plus tôt, pour te remercier de l'habileté avec laquelle tu as réglé la question du loyer à Berchtesgaden [1], parce qu'une rumeur disait que tu allais venir ces jours-ci toi-même. Je sais maintenant que nous n'avons pas à t'attendre. La maladie des enfants [2], sans doute dès à présent de tous trois, est très agaçante ; mais c'est au moins une chose qu'ils auront derrière eux ; ça ne reviendra jamais. Nous aimerions apprendre que tout se déroule de manière tempérée.

Je ne voudrais pas abandonner mon compte auprès de toi et le renfloue avec les $ 150 ci-joints.

Je ne vais pas mal, je rends de temps en temps visite au Dr Karolyi, et espère éviter pour un temps les visites à Berlin, onéreuses même si elles sont agréables.

Je te salue cordialement, mais cette fois surtout Lux et les petits.

Papa

---

a. Enveloppe associée adressée à : Herrn und Frau/ Ernst L. Freud [etc.] – seule occurrence de l'initiale intercalée.

b. D'après l'étiquette collée sur l'enveloppe associée, envoyé en recommandé.

1. Villégiature d'été de cette année pour Freud (maison Schneewinkel), dans laquelle il s'installa le 18 juin (F/E, p. 606).

2. Coqueluche ; cf. la lettre suivante.

255-Ernst [En-tête Vienne] 12.5.1929

Cher Ernst

On peut dire que j'aurai survécu à l'anniversaire ; ses répercussions ne sont pas encore surmontées. Ton Égyptien [1] est accroché à la bibliothèque, comme si c'était sa place depuis des millénaires. Tu ne m'as pas encore confirmé la reconstitution de mon compte chez toi.

Nous sommes très désireux d'apprendre comment évolue chez vous la coqueluche. Je remercie cordialement de leurs vœux les trois chers garçons et la mère-secrétaire. Schneewinkel [2] est moins une maison qu'une propriété foncière ; s'ils n'avaient pas Hiddensee et Gaglow, ils devraient s'ébattre chez nous dans la forêt et dans le pré.

Anna est à nouveau allée cette semaine avec Dorothy B.[urlingham] à Berchtesgaden, pour y régler la question du logement de la famille B. Du fait de l'absence du capitaine – locataire forcé –, elles n'ont pas encore réussi ; mais, moyennant un bail éventuel [3], elles se sont assuré une maison paysanne à proximité immédiate. Un véritable envol [4] – par les airs, aller et retour, en 1 h 35 d'ici, c'est-à-dire de Salzbourg [5] ! Pour la Pentecôte est projetée une nouvelle visite, cette fois aussi en vue d'un entretien avec Mme Berliner [6].

J'espère que vous nous rendrez visite aussi une fois par les airs à partir de Berlin. Je reçois un traitement d'accompagnement du Dr Karolyi, qui me promet un été sûr.

Cordiales salutations à toi, Lux et les enfants de

Papa

---

1. Le cadeau d'anniversaire d'Ernst à son père était un « masque de bois égyptien géant » (F/RMB, 15.5.1929) – probablement un des masques funéraires qui étaient accrochés à une étagère de livres dans le bureau de Freud (cf. Engelman 1977, p. 38, planche 30).
2. Nom propre qui signifie mot à mot : « coin neigeux ». [N.d.T.]
3. Terme technique : *Eventualvertrag*. [N.d.T.]
4. Freud se livre ici à un jeu de mot tout à fait intraduisible en français. En effet, il écrit : *Ausflug*, mot qui signifie « excursion », mais qui inclut le mot *Flug*, soit « vol ». [N.d.T.]
5. Anna Freud relata cette expérience à Lou Andreas-Salomé (« On est bien plus heureux en l'air que sur la terre » : LAS/AF, p. 484).
6. Le bailleur du Schneewinkellehen était l'historien d'art munichois Rudolf Berliner (F/AF, p. 500, note 3).

256-Ernst [En-tête Vienne] Berchtesgaden 29.6.1929*

Cher Ernst

Aujourd'hui, après beaucoup de jours mauvais, froids et maussades, en est enfin arrivé un ensoleillé et beau, et je l'emploie à t'écrire que jamais encore nous n'avons habité en un lieu aussi campagne, aussi calme, aussi confortable qu'ici. J'espère que tu pourras t'en rendre compte par toi-même [1]. Bien sûr, je peux me souvenir avoir été plus jeune et en meilleure santé et avoir entrepris davantage ; mais je n'en ai guère plus joui.

Tous éprouvent à peu près la même chose, peut-être à l'exception de tante, qui ne peut oublier l'Adriatique. Anna vit avec ses quatre enfants prêtés et leur mère [2], et se repose après le travail et avant le congrès [3], en jouant au ballon ou en faisant les foins, en circulant en auto ou à vélo. Étant donné la liberté qu'on peut leur accorder ici, les chiens [4] semblent nager dans le bonheur. Les Burlingham sont un voisinage idéal, mais, à vrai dire, c'est plutôt une famille en deux camps. Si l'eczéma d'été de maman prend fin et si mon état n'évolue pas, il y aura un bel été.

Je travaille 2 heures par jour, avec Ruths et un corbeau blanc d'Albany N. Y., le Dr MacCord [5]. Pour passer le temps, j'écris aussi, mais des choses que le public ne verra guère [6]. Le Dr Karolyi a arrangé ma prothèse, pas de manière spécialement brillante, mais

1. Ernst et Lucie vinrent en visite le 21 ou 22 juillet (F/RMB, 21.7.1929).
2. Dorothy Burlingham avec ses enfants Robert (« Bob »), Mary (« Mabbie »), Katrina (« Tinky ») et Michael (« Mikey ») (cf. W.E. Freud 2003, p. 72-77). En outre, depuis quelque temps, le jeune Ernst Halberstadt faisait partie de la famille Freud.
3. Du 27 au 31 juillet 1929 eut lieu à Oxford le XIe Congrès psychanalytique international. On s'attendait à ce que son déroulement soit turbulent à cause des conflits qui opposaient alors à propos de l'analyse profane les groupes anglo-américains et ceux d'Europe centrale ; mais, dans les faits, il resta pacifique (cf. par exemple F/E, p. 599-611).
4. Le berger allemand d'Anna Wolf et le chow-chow de Freud, Lün.
5. En août 1928, Freud écrivit à Fritz Wittels, un analyste viennois émigré à New York (Wittels 1996, p. 157 *sq.*) : « Certes, l'Américain et la psychanalyse, ça va souvent aussi peu ensemble, si l'on se rappelle la comparaison de Grabbe, que quand un corbeau "enfile une chemise blanche". » Peut-être voulait-il, par l'allusion ci-dessus, caractériser son analysant américain d'alors (cf. note 4 de 38-Math) comme une exception positive au regard des ses compatriotes.
6. *Le Malaise dans la culture* (Freud 1930a).

de sorte qu'on peut faire avec. En effet, Berlin est cher, et le Dr Lederer y est inévitable.

Le Dr Jones et sa femme m'ont déjà rendu visite ; demain arriveront les Ferenczi, en route pour St-Moritz. Je crains que beaucoup d'autres ne viennent encore.

Clemens a écrit à maman une lettre charmante avec l'écriture de Lux ; les garçons auraient ici aussi de très bonnes conditions, même si l'on ne peut trouver d'ambre.

Salue toi-même et Lux cordialement

Papa.

257-Ernst [En-tête Vienne] Berchtesgaden 10.8.1929

Cher Ernst

Je ne suis toujours pas décidé quant à savoir si je dois m'en tenir à Karolyi ou aller à Berlin [1]. Mais il faudra enfin trancher. Je te prie de te renseigner auprès de Schröder pour savoir à partir de quand il reprend le travail, provisoirement, sans m'annoncer définitivement. Il va de soi qu'en ce moment la prothèse devient de plus en plus déficiente.

Le reste est en ordre. Ernstl a été malade pendant une semaine, de même que Bob.

Emden partage nos repas depuis le même laps de temps ; il nous pèse un peu à tous. Math est chez nous et se sent bien.

J'espère que Gab a reçu son globe [2].

Le Dr Ruths est tout à fait cinglé, même si ce n'est pas plus que d'habitude. Je préférerais ne pas venir à Berlin à cause de lui. La princesse est à nouveau en cure pour quelques mois [3].

Je vous salue cordialement, toi, Lux et les petits

Papa

1. Cf. la lettre parallèle 104-Martin.
2. C'est-à-dire pour son anniversaire le 31.7.
3. Marie Bonaparte fit cet été et cet automne-là une de ses tranches d'analyse avec Freud. (cf. Bertin 1989, p. 319 *sq.*).

258-Ernst [En-tête Vienne] Berchtesgaden 15.8.1929* [a]

Cher Ernst

Aujourd'hui est un jour férié stupide [1] ; il n'y a pas non plus de courrier, et ainsi, pas de nouvelles de toi non plus. Mais je t'écris avant même d'avoir reçu ta réponse, parce qu'entre-temps la situation s'est éclaircie.

Karolyi est éliminé, comme n'étant pas sûr ; on ne sait pas s'il sera rentré le 15 sept. Je suis décidé à aller chez Schröder et espère qu'il m'acceptera, bien que, comme patient, je n'apporte ni honneur ni profit ; mais il est suffisamment pourvu de ces deux choses. Tu peux donc poser tout de suite la question chez lui ; je suis disponible à partir du 15 sept. [2]. Parfois je doute de pouvoir tenir le coup aussi longtemps. Le fonctionnement de la prothèse s'est rapidement dégradé ; mais j'aimerais, si c'est possible, fournir cet effort, car la vie à Schneewinkl est trop belle. J'ai également, le dernier jour d'août, un changement d'Américains : McCord s'en va, doit être remplacé par le Dr Blanton [3], et il faut que je commence par capter ce nouvel homme avant de lui infliger un nouveau voyage. En dehors de lui, la princesse vient avec moi ; et Ruths acceptera volontiers quelques semaines de prolongement de la cure. Il faut bien ça pour couvrir les frais.

Un deuxième point : Anna préfère de loin Tegel à un séjour en ville. Cela signifie pour elle un deuxième congé d'été, celui-ci ayant été jusqu'ici très perturbé par les émois et les efforts du congrès. Là-bas, elle peut faire de l'aviron, nager et faire du vélo, et elle est bien mieux protégée des sollicitations sociales. Moi aussi, je vis à Tegel dans les heures de loisir à peu près comme ici ; et, dans un appartement en ville, je serai comme un prisonnier. Si porté que j'aie donc été à accepter ton offre, ces considérations font tout de même pencher

---

a. Sur l'enveloppe associée, l'adresse berlinoise a été raturée par la main d'un tiers et remplacée par : Vitte/ auf Hiddensee/ via Stralsund.

1. Assomption.
2. Le 31.8.1929, Freud écrivit à Eitingon (F/E, p. 614) : « Schröder ne commence que le 20 sept., mais nous [Freud et Anna] arriverons le 15 à Berlin. » Ils restèrent jusqu'à la fin octobre.
3. Smiley Blanton (1882-1966), psychiatre, psychanalyste ; du 31 août 1929 à juin 1930 (puis à nouveau en 1935, 1937 et 1938) en analyse avec Freud (cf. Blanton 1975).

pour Tegel, pourvu que la maison ait encore une capacité d'accueil. S'ils n'ont plus d'auto à disposition, nous devrons en louer une pour cette période, moyennant la remise correspondante. Tu devrais à nouveau dîner chez nous aussi souvent que cela te sera possible. L'absence d'Eitingon [1] devrait, certes, se traduire par un manque de caviar, mais par ailleurs grandement faciliter la situation.

Je suis à présent très impatient de recevoir de tes nouvelles, vous salue cordialement, toi et les Hiddenséens [2].

Papa

259-Ernst [En-tête Vienne] Berchtesgaden 26.8.1929

Cher Ernst

Je t'imagine à Hiddensee, mais il importe peu que cette lettre t'attende quelques jours. Ma situation s'est simplifiée du fait que Karolyi s'est décommandé directement par écrit. Il est souffrant, et son technicien est mort ; cela balaie mon dernier scrupule à aller chez Schröder. J'espère que tu m'annonceras chez lui définitivement pour la période de son retour à la mi-septembre.

Ma lettre d'aujourd'hui est motivée par un télégramme d'Eitingon, selon qui l'existence du sanatorium de Tegel serait menacée au cas où il ne recevrait pas d'aide. Or, de l'aide, je ne peux en donner, et Eitingon non plus. Une part de malheur qu'on ne saurait empêcher. Certes, j'ai écrit aux Liebman à N York, qui ont fréquenté le sanatorium l'année dernière à mon instigation, et je m'attends à ce qu'ils prennent contact avec Simmel, mais sinon rien [3].

J'aimerais donc apprendre de toi s'il nous sera possible de loger à Tegel en sept.-oct. Tu sais que nous préférerions cela plutôt que d'accepter ton aimable invitation. Tegel signifie pour moi vie dans la nature et calme, pour Anna, un prolongement des vacances. À Berlin W, je suis un prisonnier. En outre, nous craignons de compromettre sérieusement le confort de ta maison. En effet, j'ai besoin d'une chambre de soins, à côté de laquelle personne ne séjourne,

1. Il prit des vacances d'août à fin octobre en Suisse romande et à Florence.
2. C'est-à-dire sa femme et ses enfants, qui passaient régulièrement l'été dans la maison de vacances de Hiddensee.
3. De fait, la fermeture du sanatorium put être provisoirement empêchée par un prêt de Julius Liebman, le père d'un patient de Freud (F/E, p. 616, note 1 ; cf. Molnar 1996, p. 131). Cette fois aussi, Freud logea à Tegel.

pendant plusieurs heures. Au cas où Tegel fermerait, je suis d'avis qu'il faudrait penser à une pension située au calme plutôt qu'à la Regenstraße.

J'espère que tu as trouvé tout le monde en bonne santé et que c'est ton cas aussi.

Cordialement papa

260-Ernst [En-tête Vienne] 14.XI.29

Cher Ernst

Je te prie de régler cette facture à partir de mon compte. Il y a longtemps que nous n'avons pas eu de nouvelles de vous. Je ne me porte pas spécialement bien.

Cordialement à tous
Papa

261-Ernst [En-tête Vienne] 3.XII.1929*

Cher Ernst

Je te prie d'envoyer pour moi M 6 aux éditions Felix Meiner à Leipzig, Kurze Strasse 8.

Grâce à l'anniversaire d'Anna, nous avons eu aujourd'hui des nouvelles de vous.

Cordialement
Papa

262-Lucie [En-tête Vienne] 20.XII.1929*

Ma chère Lux

À vous tous, cordiales salutations de Noël ! J'espère que tu ne manqueras pas de débiter mon compte auprès d'Ernst pour les dépenses destinées aux cadeaux de Noël des garçons. Je t'autorise à faire le choix ; le prestige doit rester mon apanage.

Nous attendons demain matin le retour d'Anna d'Essen-Göttingen [1]. Ici, nous n'allons pas mal. Nous aimerions avoir bientôt de vos nouvelles.

Cordialement
Papa

1. Le motif de ce voyage n'a pu être éclairci. Au retour, Anna rendit visite à Lou Andreas-Salomé (F/AF, p. 511 *sq.*).

263-Ernst [En-tête Vienne] 1.2.1930

Cher Ernst

Tu dois savoir depuis longtemps qu'on a à nouveau besoin d'argent pour Tom [1], et que tante Mitzi s'est adressée aussi à oncle et à Anna pour leur demander des contributions mensuelles de M 100. Anna y était prête, mais je ne veux pas qu'elle continue à s'obliger ainsi ; elle a suffisamment assumé et restera encore 35 ans en exercice. Je prends donc cette dépense en charge et te prie de payer régulièrement cette contribution avec mon compte auprès de toi à partir du 1er février. Mais il faut alors que je l'alimente ; il ne sera plus très fourni, et il doit quand même suffire pour vos anniversaires. À cette fin, je te demande de m'adresser un extrait de compte de ta banque privée.

Chez nous, rien de nouveau. Il est vrai que Lux ne nous écrit pas souvent ; mais chaque lettre d'elle est un plaisir entier.

Soit dit en passant, tu auras aussi à rembourser Eitingon pour des cigares.

Je vous salue tous cordialement

Papa

264-Ernst [En-tête Vienne] 18.2.1930

Cher Ernst

Je considère que c'est un très bon signe que je n'aie pas reçu de réponse de toi à ma dernière lettre, qui avait trait à mon compte chez toi. Tu es manifestement accaparé par de nombreuses belles commandes. Cela dit, je me réjouirai quand même beaucoup si j'ai à nouveau quelques nouvelles de toi.

Avec de cordiales salutations pour toi, Lux et les garçons

Papa

---

1. Après le suicide de son mari en octobre 1929, Tom Seidmann-Freud avait été placée dans un sanatorium, où elle mit également fin à ses jours le 7 février 1930 (Murken 2004, p. 95-98).

265-Ernst [En-tête Vienne] 5.4.1930

Cher Ernst

Étant donné que, cette fois, un hasard rare fait que l'un d'entre nous peut être chez toi pour ton anniversaire [1], il suffit que j'ajoute encore quelques lignes de vœux au nom de nous tous. C'est un point lumineux, dans tous les tracas de ce temps, que tu puisses poursuivre ton chemin ascendant sans entraves, de manière irrésistible et accompagné de tant d'amour.

C'est volontiers que j'aurais été aujourd'hui ton hôte avec maman, mais Schröder ne l'a pas voulu, et, en remettant à plus tard, il m'a imposé quelques rudes semaines. Il n'est pas toujours facile de supporter la dépendance.

Chez nous aussi, le printemps commence, avec le fœhn, la fatigue et tout ce qui va avec. J'espère que les beautés naturelles de Berlin seront bien mises en valeur en mai.

Maman semble bien jouir de sa vie. Dis-lui encore que, chez les Rie, rien n'a changé [2], à coup sûr rien dans le bon sens.

Les plus cordiales salutations pour Lux et les trois garçons de

Papa

266-Ernst [En-tête Vienne] 13.4.1930

Cher Ernst

Maman est revenue aujourd'hui dans les meilleures dispositions, très contente de ses impressions et expériences berlinoises. Il a été à coup sûr très avisé qu'elle ait voyagé seule et ne m'ait pas attendu. Toutes les parties en ont tiré un plus grand bénéfice.

L'autre chose au sujet de laquelle j'écris semble sans doute prématurée, mais elle vient peut-être malgré tout à point nommé, si vous êtes aussi absents pour assez longtemps à Pâques.

Il s'agit de Schröder dont je sens dans la douleur à quel point je suis actuellement dépendant. Voici ce qu'il m'a simplement fait dire : fin avril ou début mai avec la limite du 28 mai, date à laquelle

---

1. Martha Freud était partie pour Berlin le 29.3.1930 (Molnar 1996, p. 108 *sq.*). À propos de la (dernière) visite de Freud, peu de temps après, cf. les deux lettres suivantes.
2. Melanie Rie était gravement malade ; elle mourut en août de la même année (Molnar 1996, p. 108 *sq.* ; 139).

il quitte à nouveau Berlin. Mais il ne m'a pas encore fixé d'échéance précise ; et, à vrai dire, cela est nécessaire, si l'on ne veut pas gaspiller du temps ici ou à Berlin, étant donné qu'il faut se procurer des places en wagon-lit assez longtemps à l'avance. Et les autres, qui viennent avec nous, sont également impatients d'avoir une indication précise. Cela fait toute une colonie, trois parties de mon côté, deux du côté d'Anna, dont Dorothy B.[urlingham] avec ses deux filles [1].

Je te prie donc d'aller demander le plus tôt possible après Pâques à la Lindenallee [2] quel jour je peux venir, et, au cas où, en un premier temps, tu n'obtiendrais pas de réponse sûre, de reposer encore la question au moment approprié. Pour excuser une telle insistance, il faut invoquer la difficulté de se procurer des places en wagon-lit.

Je me réjouis beaucoup de vous revoir tous ; il est vrai que je dois cette opportunité aux déficiences de ma santé ; mais je serais heureux si l'affirmation de ces restes de santé faisait moins difficulté.

Avec de cordiales salutations

Papa

267-Ernst [En-tête Vienne] 19.4.1930

Cher Ernst

De nouvelles complications m'obligent à t'importuner à nouveau à propos de mon voyage.

Ces dernières semaines et ces derniers mois, j'ai beaucoup souffert de l'irrégularité de mon rythme cardiaque, ayant occasionnellement des crises d'une nature très inconfortable. Mes médecins personnels sont unanimes dans l'assurance que ces ennuis sont sans danger. Si peu qu'on puisse être assuré que les médecins disent la vérité, je dois tout de même cette fois les croire, étant donné qu'ils accordent aussi leurs prescriptions à leur diagnostic. Ils sont d'avis

---

1. Les trois patients que Freud emmenait avec lui étaient Smiley Blanton (remplacé le 12.5.1930 par David Brunswick), Dorothy Burlingham et Edith Jackson (Molnar 1996, p. 128 ; F/Meine Lieben, 12.5.1930). Les patientes d'Anna sont sans doute les filles Burlingham.
2. À Lindenallee 20, dans le quartier berlinois de Westend, où se trouvait le cabinet de Schröder.

que les troubles cardiaques viennent de stimuli intestinaux, et les expériences que j'ai faites ces derniers temps semblent leur donner raison. Les accès de coliques se sont chez moi tellement accumulés que je n'ose vraiment plus quitter la maison dans cet état. Or, le Pr Braun insiste pour que j'aille au Cottage-Sanatorium pour y entreprendre avant Berlin une cure intestinale et diététique en bonne et due forme ; il considère même que c'est plus important que la correction de la prothèse, qui est, du reste, du fait de la perturbation de la mastication, coresponsable de l'affection intestinale. Je déménage donc lundi soir (21/4) au sanatorium avec Anna.

Or, 9 jours pour ce genre de traitement sont sans doute trop peu. Il s'ensuit que je devrai repousser le voyage à Berlin d'une à deux semaines. Cela se heurte à un seul obstacle : Schröder m'a fait dire par l'intermédiaire de son assistant Trebitsch [1] que son traitement sera limité par son départ de Berlin le 28 mai. Si j'arrive le 2/5, nous aurons 4 semaines devant nous, sans doute un temps suffisant. Si je raccourcis ce temps, je prends le risque qu'il n'arrive pas à terminer ou que, faute de temps, il n'entreprenne absolument rien de consistant.

Il s'agit donc d'apprendre si cette date de fin mai sera effectivement maintenue par Schr. Si c'est le cas, je partirai quand même le 1er mai, pour autant que cela sera possible. Tu as écrit que, dans son institut, on ne sait rien d'un tel voyage fin mai. Peut-être qu'il y a renoncé ; mais il se peut aussi qu'il n'ait simplement pas mis au courant son assistante. Il est également possible que cela ne corresponde qu'à une absence de quelques jours, pendant laquelle je pourrais très bien attendre à Berlin. Peux-tu apprendre quelque chose de sûr à ce sujet fin avril, ou chez lui ou auprès du Dr Trebitsch dans son institut universitaire ? La suite de mes projets ne peut que dépendre de cela [2].

Je vous salue, toi, Lux et les enfants, cordialement

Papa

---

1. Fritz Trebitsch (1897- ? ; cf. www.vdzm.de/opferliste.htm, en date du 23.10.2009) avait corrigé la prothèse de Freud en février 1930 lors d'une visite à Vienne (F/E, p. 637).

2. Après un séjour en sanatorium du 21.4 au 3.5.1930, Freud arriva à Berlin le 5 mai, où il resta jusqu'à fin juillet (Molnar 1996, p. 116-133). Le 24 mai, il écrivit à la maison (F/Meine Lieben) : « Schröder a pris congé de moi aujourd'hui, peut-être pour une semaine, pas un voyage d'agrément, mais de service,

268-Ernst [En-tête Vienne] Grundlsee 31.7.30.*[a]

Cher Ernst

Il est temps que je te donne des nouvelles. Nous sommes rentrés le dimanche 27[1]. La maison est très confortable, spacieuse, la vue est grandiose, le temps fort désagréable, mais encore supportable.

La nouvelle de Francfort est arrivée sous une forme positive ; une lettre du secrétaire, le Dr Paquet, est aussi compréhensive que flatteuse[2]. Anna partira le 28 août pour Francfort afin de me remplacer.

Ma prothèse est très peu satisfaisante. Il faudra que je renonce à l'unique cigare que j'ai jusqu'ici essayé. Par ailleurs non plus, je ne parviens pas à me sentir bien.

Maman est arrivée ici avec une angine et semble se remettre seulement aujourd'hui.

Je m'attends à ce que tu sois déjà parti pour Hiddensee fêter l'anniversaire de Gabi.

Avec de cordiales salutations pour Lux et les enfants

Papa

269-Ernst [En-tête Vienne] Grundlsee 23.8.1930

Cher Ernst

Nous nous sommes beaucoup réjouis d'apprendre que ton assez long silence coïncidait avec ton beau congé à Hiddensee, et nous aimerions maintenant te procurer un nouveau congé, à toi et à Lux, que vous devriez passer à la Rebenburg[3]. Car voici notre jugement unanime : nous n'avons jamais été aussi bien logés. Héberger des

---

a. Sur l'enveloppe associée, l'adresse berlinoise est raturée par la main d'un tiers et remplacée par : Vitte/ Hiddensee/ über Stralsund.

comme il dit pour s'excuser. » Freud mit à profit la pause ainsi occasionnée dans le traitement pour une excursion a Hiddensee (cf. *supra*, p. 239 *sq.*).

1. De fait, Freud arriva le 25.7.1930 à Vienne et parvint le dimanche 27 à Grundlsee, sa villégiature d'été de cette année (KCh).

2. Freud avait appris au début du mois à Berlin qu'il devait obtenir le prix Goethe 1930 ; mais l'information officielle par une lettre d'Alfons Paquet (1881-1944), le secrétaire du curatorium, ne lui était parvenue que le 29.7 (Molnar 1996, p. 133 ; F/E, p. 646, note 2).

3. Le logement de vacances des Freud à Grundlsee.

hôtes n'a jamais été pour nous aussi confortable ; depuis plus de deux semaines, Math est chez nous.

Les 17 et 18 de ce mois, nous étions chez grand-mère à Ischl. D'elle on ne peut plus dire grand-chose de bon [1]. On relève comme une faveur les moments où elle s'éveille de son apathie, nous reconnaît et montre de l'intérêt pour ce qui se passe autour d'elle. Actuellement, elle est agitée, a hâte de rentrer chez elle, et sera probablement transportée dans quelques jours sous la surveillance du Dr Federn à Goisern [2].

Le temps n'a pas été pire qu'ailleurs, donc passablement mauvais ; quand s'intercalent de beaux jours, c'est ici merveilleux.

Le prix Goethe m'a coûté beaucoup d'écrivailleries ; pas seulement du fait des remerciements hautement oiseux pour d'innombrables félicitations, mais aussi à cause de l'essai que j'ai dû rédiger pour réagir à l'attribution du prix [3]. Anna en donnera lecture le 28 dans la maison de Goethe. Il semble qu'à cette occasion on organisera à Francfort une fête populaire. Musique, discours, radio et festin ! Demain, j'attends la visite du conseiller municipal, le Dr Michel, qui me remettra sans doute le prix en personne. Dans la mesure où je vais en cette circonstance entrer en possession de marks, il est bon que je repousse le règlement de ma facture auprès de toi jusqu'à cet événement qui n'est pas indésirable.

La prothèse ne se comporte pas mal ; mais son rendement est hautement dépendant des phénomènes de tumescence qui se produisent dans la région de la plaie ; de ce fait, il est très peu fiable. On se débrouille pour tenir.

Tous les autres ici se portent très bien. À l'aide de nos trois autos : Burlingham, Ruth et princesse, nous venons à bout de ce que nous impose le terrain. On a même pu trouver, disséminés, des bolets. Yofi [4] est charmant.

Cordiales salutations pour toi, Lux et les enfants

Papa

1. Elle mourut peu après (cf. p. 184, note 3).
2. Également une station thermale en Haute-Autriche (Salzkammergut).
3. Freud 1930e.
4. Le nouveau chow-chow de Freud.

270-Ernst [En-tête Vienne] Grundlsee 24.8.1930

Cher Ernst,

Aujourd'hui, le Dr Michel, conseiller municipal à Francfort, un jeune homme très sympathique aux idées libérales, m'a apporté le chèque que je joins, et avec lequel je veux refonder mon compte auprès de toi. Hormis le paiement de mes dettes à ton égard, le premier prélèvement sera d'un montant de M 500, que tu voudras bien envoyer à Marlé [1] pour Angela, en indiquant la provenance (Goethe). J'attends à bref délai un premier relevé de compte, afin d'y voir clair pour moi-même, et je te salue cordialement

Papa

P.-S. Revenons tout juste d'Ischl. On espère l'emmener [2] demain encore vivante à Vienne [a]. Par ailleurs, je te prie d'accuser réception du chèque, dont j'ai noté le numéro, par retour du courrier.

271-Lucie [En-tête Vienne] Grundlsee 26.9.1930

Ma chère Lux

Tu as tout fait raison, tes lettres sont arrivées et tu n'as pas eu de réponse. Laisse-moi te raconter de quoi notre temps a été rempli. D'abord, l'histoire du prix Goethe, les visites, la correspondance, d'innombrables félicitations ; ensuite, l'esprit du temps, pour se venger, a inventé la nouvelle journalistique selon laquelle je serais en train de mourir d'un cancer de la langue ; nouvelles lettres, condoléances, précieux conseils. Peu après, c'est mère qui meurt ; voici qu'envoient leurs condoléances les gens les plus éloignés, les plus oiseux. Il est vrai qu'on préfère encore les condoléances aux félicitations.

En coulisse, il n'a pas non plus été très facile de pouvoir dire avec contentement que je suis épargné. Il semble que j'ai dû payer une modeste tentative d'accéder à au moins 2-3 cigares par jour

---

a. Au bas de la page : « *verte !* », impératif latin qui signifie : « tourne [la page] ». [N.d.T.]

1. Arnold Marlé (1887-1970), acteur et metteur en scène, mari de la nièce de Freud, Lilly, la sœur de Tom Seidmann-Freud. Le couple avait adopté sa fille Angela devenue orpheline (Tögel 2004, p. 38 *sq.* ; Murken 2004, p. 100).
2. La mère de Freud.

par de nouveaux embarras cardiaques et gastriques, dont je ne suis pas encore délivré à présent, bien que j'aie tiré le 12 de ce mois la dernière bouffée d'une feuille de tabac roulé. Le temps a été en sept. presque continuellement désagréable, de sorte que nous pensons sans regrets arriver à Vienne le soir du 28. Il semble qu'Anna soit mieux lotie ; elle est partie le 15 en vadrouille avec Dorothy : Landeck, Stilfserjoch, Engadine, à présent Chiavenna ; et elle donne des nouvelles enthousiastes [1].

Je te remercie de toutes ces nouvelles, et vous salue, toi et tes trois hommes, cordialement

Papa

272-ErnstLucie Vienne 29.9.30. [a]

Chers enfants

Arrivés hier soir, ce matin Anna aussi. Espérons nous remettre du séjour à la campagne.

Cordiales salutations
Papa

273-Ernst [En-tête Vienne] 30.9.1930

Cher Ernst

Je te prie de virer M 3 000 de mon compte chez toi sur le compte du Dr Robert Hilb [2], nº 5/407 « Compte spécial Tegel ». Cette somme est destinée au sanatorium et est issue à parts égales de Dorothy Burlingham, Anna et moi.

Cordialement
Papa

P.-S. Ils ont aujourd'hui radiographié mon estomac et rien trouvé [3].

---

a. Carte postale.

1. Les lettres et télégrammes de ce voyage en Italie du Nord et dans le sud-ouest de la Suisse se trouvent in F/AF, p. 513-526.
2. Avocat, lié au sanatorium de Tegel depuis sa fondation (F/E, p. 705, note 1).
3. C'est-à-dire qu'ils n'ont pas trouvé de cause organique aux coliques de Freud (Molnar 1996, p. 146).

274-Ernst [En-tête Vienne] 23.X.1930. [a]

Cher Ernst !

Ces derniers temps, nous n'avons pas beaucoup entendu parler les uns des autres ; ce n'est qu'aujourd'hui que j'ai reçu la chère carte de Lux, qui a ravivé le souvenir de l'excursion à Hiddensee [1], pleine de péripéties. J'ai mis à profit l'intervalle pour m'acquitter de plusieurs maladies, d'une opération de rectification chez Pichler (avec état des lieux non suspect) et d'une pneumonie de brève durée, mais fort désagréable, qui occasionne une convalescence lors de laquelle j'ai encore recours à l'aide d'Anna [2]. J'espère que chez vous tout va bien, et que ton travail n'a pas cessé, malgré les circonstances catastrophiques.

Je te prie de prélever sur mon fonds Goethe la somme de 1 000 marks et de l'envoyer à Mme Lou Andreas-Salomé à Göttingen (Herzberger Landstrasse 101), et ce le plus tôt possible. De cette manière, il sera malgré tout tenu quelque peu compte de l'objection qui monte du public [3]. Mme Lou a perdu récemment un mari âgé de 85 ans [4].

J'espère avoir très vite de tes nouvelles, directement ou indirectement, et je vous salue tous cordialement.

Papa

275-Ernst [En-tête Vienne] 16.XII.1930

Cher Ernst

J'espère que tu gères ma fortune en marks de manière consciencieuse, que tu n'oublies pas de l'entamer pour des anniversaires et que tu m'enverras à la fin de l'année un relevé de compte dans lequel seront consignées les deux réclamations ci-

---

a. Tapé à la machine à l'exception de la signature.

1. À propos des perturbations dont s'accompagna l'excursion de Freud à Hiddensee fin mai 1930, cf. Molnar (1996, p. 123 *sq.*) et Tögel (2006, p. 55 *sq.*).
2. Il est probable qu'il a dicté cette lettre à Anna, qui l'a tapée à la machine.
3. Une critique qui était faite à l'attribution du prix Goethe à Freud était que ce prix devait de préférence revenir à des écrivains (Mouvement psychanalytique, t. II [1930], p. 594).
4. Friedrich-Carl Andreas (1846-1930), professeur d'orientalisme à Göttingen, était mort le 3 octobre 1930.

jointes [1]. Et je dois même te prier de les régler avant ton départ en vacances.

En ce moment, mon état est fort supportable. Les achats de Noël sont retardés par le fait que ta cousine Rosi W.[aldinger] se trouve, complètement cinglée, à Inzersdorf [2], ce qui coûtera pas mal d'argent.

À toi, Lux et les garçons, cordiales salutations de

Papa

276-Lucie — Vienne 12.1.1931 [a]

Chère Lux

J'espère que ta maladie n'a pas persisté longtemps. Pour preuve de ma croyance à ton rétablissement, je te prie de commander à la pharmacie du Kaiserdamm [3] les trois tubes de dentifrice 5a. Mais il devrait être aussi possible de le faire par téléphone. Cordialement

Papa

277-Lucie — Vienne 13/1 1931 [b]

Chère Lux

Si tu n'as pas encore commandé le dentifrice, tu n'as pas besoin de le faire. Il vient juste d'arriver.

Cordialement

Papa

278-Ernst — [En-tête Vienne] 9.2.1931

Cher Ernst

D'abord pour te prier de verser à Henny, dont l'anniversaire tombe le 11 de ce mois, M 150 prélevés sur le crédit, ensuite de

a. Carte postale.

b. Carte postale.

1. Non éclairci.

2. Elle avait surmonté cet état au moment du Nouvel An. Selon l'avis d'Anna Freud (LAS/AF, p. 509) : « Il s'agissait probablement chez elle d'une répétition de la crise de schizophrénie d'il y a 11 ans » (cf. 153-Ernst). À Inzersdorf, près de Vienne (intégré aujourd'hui à sa commune), se trouvait un sanatorium pour les malades des nerfs et de l'esprit.

3. Kaiserdamm : grande rue qui va de Berlin-Charlottenburg à Westend.

faire la même chose pour Oli le 19, sans renouvellement exprès de la commission.

Samedi dernier, j'ai subi à nouveau chez Pichler une opération semblable dans la région cicatricielle. Cette fois sans incidents et sans endommagement général. Je ne peux plus mâcher depuis quelques jours et suspends le travail. J'espère pouvoir reprendre après-demain. On m'assure que ce ne sont que des mesures de précaution, que l'état n'est nullement préoccupant ; mais cela montre tout de même que là-bas se passe toujours quelque chose qui devrait ne pas être. Mais, à mon âge, toutes ces choses ont perdu leur caractère effrayant.

Cela n'a manifestement pas de sens que je vienne à Berlin à cause de la prothèse. La vie commune avec vous me manque d'autant plus qu'elle s'était si bien épanouie l'année dernière.

Avec de cordiales salutations à toi, Lux et aux trois garçons

Papa

279-Ernst [En-tête Vienne] 15.3.1931*

Cher Ernst

Le 22 de ce mois, soit aujourd'hui en 8, tante Mitzi aura aussi 70 ans. Elle passera probablement cette journée à Hambourg [1]. Je te prie de lui remettre à temps, comme cadeau d'anniversaire, M 500, prélevés sur mon crédit. J'espère que, pour Lux aussi, tu as puisé à cette source. Ta photo avec Gabi a bien mis en valeur le garçon, toi un peu moins. Je suis encore bien tourmenté ; maman viendra chez vous très bientôt, après Pâques.

Cordiales salutations à vous tous

Papa

280-Ernst [En-tête Vienne] 18.3.1931

Cher Ernst

Puisque tel est le vœu de Lux, je te prie de lui donner en mains propres M 150 comme étrennes d'anniversaire.

Tante Mitzi passera, à ce que j'apprends, son 70e à Hambourg.

Cordialement

Papa

---

1. Chez sa fille Lilly, épouse Marlé. Cf. la lettre d'anniversaire de Freud à sa sœur (2004d, p. 62).

281-ErnstLucie [En-tête Vienne] 21.4.1931

Chers enfants

Pichler insiste pour que je fasse à nouveau pratiquer sur ma vieille cicatrice l'une de ces opérations prophylactiques qui ont déjà eu lieu par deux fois cette année [1] (oct. et févr.). Cela m'est très désagréable, mais il faut, bien sûr, que je cède ; à ce qu'il dit, encore heureux que le foisonnement n'ait pas encore de caractère malin. Cela doit avoir lieu jeudi ou vendredi au sanatorium Auersperg [2]. À part ça, je suis en bon état.

Je vous écris parce que j'ai entendu dire que vous voulez venir ici pour mon anniversaire. Or, à cette date, même si tout se passe bien, je ne serai certainement pas très utilisable. Par ailleurs, votre visite n'est pas un effort pour moi, mais une pure joie. Je ne veux donc pas vous dissuader ; mais je vous laisse décider.

Eva Rosenfeld a emporté avec elle l'« exhumation [3] » pour Clemens. Grand-maman s'occupera des culottes en cuir.

Aux tâches de gérant du fonds en marks, qu'assume Ernst, vient encore s'ajouter à présent celle de verser pour Ernstl à Scharfenberg une allocation scolaire mensuelle et, plus généralement, de le financer [4].

Avec de cordiales salutations
Papa

---

1. Ici, Freud semble penser non à l'année du calendrier, mais à son année de travail.
2. Cette opération, du 23.4.1931, fut plus incisive que les deux précédentes ; elle mit au jour du tissu précancéreux. Le 6 mai, jour de son 75e annniversaire, il était encore très affaibli, de sorte que cela fut fêté dans le plus étroit cercle familial. Ernst et Oliver renoncèrent aussi à leur intention de venir à Vienne (F/E, p. 687 ; Molnar 1996, p. 168 *sq.*).
3. En son sens archéologique. Apparemment une expression à usage privé pour « cadeau d'anniversaire » (Clemens : né le 26.4) ; cf. 292-Cle.
4. Cf. note 3 de 494-Max.

282-Ernst Vienne XVIII Khevenhüllerstr. 6
[5.VI.31] [a]

Cher Ernst

Voici notre nouvelle adresse [1], dont toi ou Lux pourrez faire usage prochainement.

N'oublie pas de verser une allocation scolaire pour Ernstl à Scharfenberg et de lui donner par ailleurs ce dont il a besoin.

Cordialement à tous
Papa

283-Ernst [En-tête Vienne] 4.7.1931

Cher Ernst

Échaudés par la perte du dernier envoi recommandé à Oli, nous avons décidé de faire opérer des paiements mensuels (M 300) à son bénéfice ainsi qu'au bénéfice de Max (M 210) par le biais de ta banque privée. Cela doit se faire à partir du présent mois de juillet. À cette fin, Martin te virera de temps en temps des sommes assez importantes, la prochaine dans quelques jours.

Nous avons ici une chaleur tout à fait extraordinaire ; mais on peut continuer à jouir de la vie dans la maison et le jardin. En ce moment, tout le monde va bien. Nous espérons qu'il en va de même pour toi et les tiens.

Cordialement
Papa

284-Ernst [En-tête Vienne] 30.8.1931

Cher Ernst

Je suis heureux de voir que ta chance accoutumée ne t'a pas abandonné, même dans la question du logement [2], et j'espère

a. Carte postale ; date du cachet de la poste.

1. C'est-à-dire celle de la villégiature d'été de 1931, dans la localité de banlieue viennoise de Pötzleinsdorf.

2. Probablement au cours d'octobre, Ernst emménagea dans un nouvel appartement de la Matthäikirchstr. 4, également à Berlin-Tiergarten, non loin de la Regentenstraße (cf. Martha/ErnstLucie, 30.10.[1931] ; UE). Ce déménagement était une mesure d'économie, conditionnée par les mauvaises sources de revenus d'Ernst (Martha/Lucie, 20.8).

qu'elle continuera à t'accompagner aussi fidèlement dans l'avenir. Je ne peux pas approuver ton intention d'écrire à la princesse Marie [1]. En dépit de sa vieille amitié avec Briand [2], elle n'a aucune influence sociale à Paris, et il est très improbable que des Français emploient un étranger. En outre, on gâche la relation en réclamant quelque chose, surtout si la personne en question n'a même pas la satisfaction de pouvoir le fournir. Il est vrai qu'elle est très serviable. Quand l'artiste arménien [3] qui était venu à Vienne pour un jour sur l'invitation de Ruth refusa ensuite de revenir pour plus longtemps, elle partit pour Paris le quatrième jour de son séjour à Vienne, afin de l'emmener ici, avec sa femme et sa fille, pour ainsi dire en laisse, et elle subvint ici aux frais de son séjour au Cottage-Sanatorium. Mais elle a fait cela spontanément et contre mon souhait exprès. Elle et Ruth ont voulu payer aussi ses honoraires. Mais, comme tu peux t'y attendre, je ne l'ai pas accepté.

Cet homme est parti hier. Pendant 3 semaines, il m'a terriblement éprouvé. Passer 4 à 6 heures par jour sur un fauteuil de dentiste ! Il a indubitablement un grand savoir-faire ; je sais au moins qu'on ne pourra pas faire mieux. L'amélioration qu'il a obtenue n'est pas extraordinaire. Il paraît que je devrais attendre un mieux si je m'habituais à la nouvelle pièce. C'est donc la même consolation que lors d'une cure à Gastein. Le résultat vaut-il cette énorme dépense ? Toujours est-il que le mois d'août, pendant lequel je n'ai pu, moi aussi, donner que très peu d'heures, m'a appauvri. Ce n'est que depuis que Kazanjian est parti que le soleil brille à nouveau. Nous avons eu un temps calamiteux, comme chez vous. Mais, dans la chaleur, je n'aurais absolument pas pu supporter ces tracasseries.

Ce soir, je vais donner à Martin les commandes, pour Oli et Mme Kurz [4]. À Max, tu peux envoyer les M 210. Le naufrage de

1. Manifestement en vue d'une nouvelle commande.
2. Aristide Briand (1862-1932), à plusieurs reprises Premier ministre et ministre français, avait été l'amant de Marie Bonaparte et resta son ami (Bertin 189).
3. Varaztad Hovhannes Kazanjian (1879-1974), professeur de chirurgie de la mâchoire à Harvard. Persuadé par Ruth Mack Brunswick, il avait rendu visite à Freud le 31 juillet 1931, ne voulut pas ensuite se charger du traitement, mais fabriqua finalement à partir du 10 août trois nouvelles prothèses. Ses honoraires s'élevèrent à 6 000 dollars, une dépense que Freud regretta plus tard (F/E, p. 701-706, 725 ; Molnar 1996, p. 179-183).
4. Un homme du nom de Kurz, manifestement un ami et collègue viennois d'Ernst, est plusieurs fois mentionné dans des lettres de Martha à Lucie (par exemple 18.1.1931, 21.1.1935 ; UE).

Tegel nous a fait beaucoup de peine [1]. Par là, mes chances de revoir Lux et les enfants, qui me manquent tant, surtout Lux, ont diminué.

Je vous salue tous très cordialement

Papa

285-Ernst [En-tête Vienne] 20.9.1931

Cher Ernst

Combien de temps puis-je encore t'écrire à cette adresse ?

Je te prie aujourd'hui d'envoyer encore M 300 à Lederer – probablement pour la dernière fois – et à Monsieur

Michael Fraenkel
à Breslau, Hohenzollernstr. 24

M 1 000 pour une biographie d'oncle Jakob Bernays [2], qu'il prépare. Ce second paiement est un acte de gratitude, car c'est avec l'héritage qu'il a laissé que nous avons en son temps fondé notre maison. Le reste de mon crédit chez toi ne doit pas être entamé, mais se trouver à disposition pour vos anniversaires et pour les besoins d'Ernstl.

Notre ami à nous tous, le Dr Oscar Rie, a été incinéré hier. Depuis une attaque cardiaque survenue le 1er de ce mois, il était gravement atteint. Son beau-fils Nunberg [3] a dû s'embarquer pour Philadelphie le jour de sa mort, l'autre, Ernst Kris [4], n'a pas pu reporter un voyage à Paris ; c'est ainsi que les deux jeunes femmes furent toutes seules en ces jours difficiles.

---

1. Le 24.8.1931, la décision avait été prise de fermer le sanatorium de Simmel. La crise financière d'alors en Allemagne avait rendu beaucoup de patients insolvables (F/E, p. 705, note 2).

2. L'*Image d'une vie en lettres*, qui parut un an plus tard (Fraenkel 1932). Jacob Bernays (1824-1881), un frère du père de Martha Freud, était un important philologue de langues anciennes, interprète de la doctrine aristotélicienne de la *catharsis* (Hirschmüller 2005, p. 328 *sq.*). Il mourut sans enfants ; une part de son héritage échut à Martha (*ibid.*, p. 342 *sq.*).

3. Hermann Nunberg (1884-1970), psychiatre, psychanalyste, depuis 1914 à Vienne. De 1931 à 1933, il émigra progressivement aux États-Unis, où il assura d'abord une charge d'enseignement à l'université de Pennsylvanie (BL/W). Marié depuis 1929 à Margarethe Rie.

4. Ernst Kris (1900-1957), historien de l'art, ayant par la suite suivi une formation psychanalytique (BL/W). Épousa en 1927 la deuxième fille Rie, Marianne (cf. 294-Ernst avec note 5, p. 369).

Tante Minna a rencontré à Merano le soleil que nous n'arrivons pas à voir ici. Dans huit jours, nous serons à la Bergg.[asse].

J'aimerais bien apprendre de vous des choses plus précises et nouvelles. Ici, l'époque est très mauvaise. Martin doit entrer dans la Maison d'édition le 1er janvier [1]. Mais combien de temps celle-ci tiendra-t-elle ?

Je vous salue tous cordialement
Papa

286-Ernst [En-tête Vienne] 1.XII.1931 [a]

Cher Ernst

Je t'écris aujourd'hui seulement à vrai dire pour te demander d'offrir à Lux [2] en mon nom et au nom de maman les livres qu'il souhaite, ou d'autres à votre gré. Dans sa lettre très joliment écrite, il n'a pas exprimé d'autres vœux.

Tout le reste ici est si triste qu'on préfère éviter de le mentionner [3]. Martin a fait beaucoup d'éloges de votre nouveau logement [4].

Mes salutations les plus cordiales à toi, Lux et les garçons.

Papa

287-Ernst [En-tête Vienne] 13.XII.1931

Cher Ernst

Imagine combien, en un temps où les bonnes nouvelles sont si rares, nous nous réjouissons que la scarlatine se passe chez les enfants de manière si bénigne. Nous espérons que les complications leur seront aussi épargnées ; et ensuite, le résultat est l'immunité souhaitable contre cette méchante maladie.

---

a. Enveloppe associée adressée pour la première fois à : Berlin W/ Matthaei-kirchstr. 4.

1. À propos de la prise en charge de la direction de la Maison d'édition psychanalytique par Martin Freud, cf. *supra*, p. 108 *sq.*
2. Ici, par exception, c'est Lucian qui est visé, et qui avait son anniversaire le 8.12.
3. Freud était alors surtout accablé par la grave crise qui frappait la Maison d'édition psychanalytique.
4. Martin Freud était allé à Berlin le 21.11.1931, pour parler avec Eitingon de l'avenir de la Maison d'édition (F/E, p. 714, note 1).

Content du niveau auquel se situe le reste de mon crédit chez toi, je te prie d'utiliser M 100 pour les cadeaux de Noël aux enfants et de donner, à la même fin, M 50 à Henny pour la petite Eva. Mais assez tôt, pour qu'elle ait le temps d'acheter. Tu peux aussi t'acquitter pour moi de l'invitation ci-jointe à payer une cotisation annuelle [1].

Selon les dires de mon médecin personnel le Dr Schur [2], mon mauvais état de santé de ces dernières semaines s'explique par une grippe qui tarde à se déclarer. Il est certain que j'ai une bronchite assez violente. Mais cela ne me dérange pas dans mon travail.

La sensation de ces jours-ci a été une ravissante statue d'ivoire, haute d'environ 20 cm, du dieu Vishnou, offerte par le groupe psa de Calcutta, qui a été sculptée avec le plus grand soin d'après une vieille statue de pierre du Travancore, et qu'on a dotée d'un joli socle en bois avec une inscription en sanskrit [3]. Elle était accompagnée d'un poème sanskrit avec sa traduction anglaise. Malheureusement, dans le bois comme dans l'ivoire se développent des fêlures. Pourquoi ? Est-ce que le dieu habitué à Calcutta ne peut pas supporter le climat de Vienne ?

Cordiales salutations à vous tous
Papa

288-Lucie [En-tête Vienne] 25.1.1932*

Ma chère Lux

Nous avons tous, saisis de douleur, appris la nouvelle du décès de ta sœur Käthe, qui laisse derrière elle un jeune mari et trois petits enfants. Je te prie de faire également part de notre sympathie à ta chère mère. C'est là peu de chose ; mais tu sais combien peu on est en mesure de faire par une telle circonstance.

Cordialement
Papa

---

1. Non éclairci.
2. Max Schur (1897-1969), médecin personnel de Freud, entra en 1933 à l'Association psychanalytique viennoise (BL/W).
3. Plus de détails sur cette statuette, avec reproduction, chez Molnar 1996, p. 202 *sq*.

289-Ernst [En-tête Vienne] 6.2.1932

Cher Ernst

L'époque ne vous donne pas envie d'écrire des lettres, sauf dans les cas où l'on doit expédier une affaire pratique. C'est de quelque chose de ce genre qu'il s'agit aujourd'hui.

Henny a son anniversaire le 11 de ce mois, Oli le 19 ; nous avions coutume de les fêter en même temps. Je te prie de prélever M 300 sur mon reliquat de Goethe chez toi – à combien se monte-t-il au juste encore ? – et de les envoyer à Tempelhof[1] pour le 11 de ce mois, à destination des deux.

Je sais que tu es régulièrement en relation d'affaires avec Martin, et que tu es ainsi informé de ce qui se passe à la Maison d'édition. L'assainissement me coûte de grands sacrifices pécuniaires[2] ; mais il n'y a pas moyen de se fier à d'autres. On a vite fait de s'endurcir contre la pauvreté dès lors qu'on voit qu'on ne peut l'enrayer. Anna est très éprouvée par sa grippe, le Semmering lui a fait du bien[3], mais on ne pouvait l'y maintenir plus longtemps.

Le malheur survenu dans ta famille nous a tous bouleversés ; nous savons par Max que tu as été à Hambourg.

Nous avons loué la même maison à Poetzl.[einsdorf]. La vieillesse ne fait pas bon ménage avec l'hiver.

Avec des salutations cordiales pour Lux et les garçons

Papa

290-Lucie [En-tête Vienne] 1.3.1932

Ma chère Lux

Les meilleurs vœux possibles en ces temps difficiles ! Ernst doit prélever M 100 sur mon crédit et te les délivrer pour ton usage le plus privé.

Papa

---

1. Depuis fin 1926, Oliver habitait « dans un groupe de maisons construit par la städtische Heimatstätten-Siedlung Berlin-Wilmersdorf, à côté du parc Theodor Francke à Tempelhof (O. Freud à H. Grossmann, 13.1.1957 ; OFP/LoC).
2. Quelques détails à ce sujet in F/E, p. 728.
3. Elle y avait séjourné du 26.1 au 1.2.1932 pour se reposer (Molnar 1996, p. 209 *sq.*).

291-Ernst [En-tête Vienne] 1.4.1932

Cher Ernst

Maman va partir pour Berlin un de ces prochains jours, afin d'être chez vous pour ton 40e anniversaire ; elle te mettra au courant par téléphone le jour de son départ [1]. Je ne veux pas qu'elle loge chez vous, parce que après chaque sortie elle aurait à gravir 4 étages, également parce que son âge justifie une exigence de calme et d'isolement. Étant donné que je ne peux lui donner à emporter qu'un minimum d'argent, il n'y a pas d'autre possibilité que d'utiliser pour son séjour le reste de mon crédit chez toi. Je te prie en conséquence de le tenir à sa disposition. Je déduis 100 M au titre de cadeau d'anniversaire pour toi.

Je redoute d'éprouver moi aussi bientôt la difficulté de cette époque. Pas de nouveaux cas en vue pour l'été ; les anciens se résorbent lentement.

Tu apprendras directement tout le reste bientôt.

Je vous salue tous cordialement

Papa

292-Cle [En-tête Vienne] 22.4.1932*

Grand-papa envoie à son cher Clemens de cordiaux vœux de bonheur, et il a préparé de petites exhumations [2] pour lui.

293-Ernst [En-tête Vienne] 15.1.1933

Cher Ernst

J'utilise un dimanche matin vide pour t'écrire ces lignes purement administratives.

Je trouve, moi aussi, affligeant que le prix Goethe n'ait pas duré plus que 2 ans et ½. Cela dit, une réédition de celui-ci est très invraisemblable. Chez toi se trouve encore un reliquat de M 74,80. Ajoutes-y M 720 chez Jeanne [3], sur lesquels tu peux opérer un

1. Martha Freud alla à Berlin du 4 au 19 avril 1932 (Molnar 1996, p. 216-219).

2. Cf. 281-Ernst avec note 3, p. 361.

3. Jeanne Lampl-de Groot (1895-1987), médecin hollandais, femme de Hans Lampl, vécut après une analyse chez Freud de 1925 à 1932 à Berlin, où elle fit sa formation à l'Institut psychanalytique. Elle faisait partie du cercle des amis de Freud (BL/W).

prélèvement à tout moment, de sorte que, pour ce qui est des dépenses nécessaires (pour Ernstl, les anniversaires, etc.), aucune perturbation ne doit intervenir. Le 1er février, les versements de Mme Paret-Cassirer [1] commenceront chez toi, d'abord sans doute M 4 000. À partir de février, tu te chargeras ensuite des subventions mensuelles, M 500 à Oli, M 210 à Max. Aussi longtemps que Mme P.-C. restera chez moi, nous serons ainsi à l'abri. Je serais très obligé à ta « banque privée » si elle me donnait une information mensuelle.

Chez moi aussi, les revenus du travail ont beaucoup baissé, mais on arrive encore à joindre les deux bouts.

– À part ça, tu n'ignores rien de ce qui se passe ici. Nous sommes chaque fois heureux des belles lettres de Lux, au contenu si riche. Le temps hivernal est abominable.

Avec de cordiales salutations à vous tous

Papa

294-Ernst [En-tête Vienne] 3.2.1933

Cher Ernst

Vous y passez donc aussi ! Nous sommes tous encore debout [2] et nous goinfrons de perles de quinine ; mais, au-dessus de nous, chez Dorothy B.[urlingham] [3], les quatre enfants sont tous alités (ainsi que l'hôte [4]) ; Ruth Br.[unswick] est au lit depuis presque une semaine, et, n'ayant pas de vraie cuisinière, elle est nourrie par nous ; Marianne Kris [5] se remet lentement, Mme le Dr Deutsch est très malade, etc. Voilà pour ce qui est de notre voisinage

1. Suzanne Cassirer, épouse Paret (1896-1963), déménagea après son divorce à Vienne, où elle s'engagea dans une analyse avec Freud. Formation de psychanalyste, mariage en 1934 avec Siegfried Bernfeld (Fallend et Reichmayr 1992, p. 289).

2. C'est-à-dire pas encore victimes de la grippe qui sévit (cf. Molnar 1996, p. 246).

3. Depuis septembre 1929, Dorothy Burlingham habitait un appartement à la Berggasse 19, deux étages au-dessus de celui des Freud.

4. Possiblement Julia de Forest Tiffany Parker, sœur de Dorothy, qui visitait alors Vienne (Burlingham 1989, p. 239).

5. Marianne Kris (1900-1980), fille d'Oscar Rie, ami de Freud depuis de longues années, femme d'Ernst K., s'acquitta après son doctorat en médecine d'une formation d'analyste à l'Institut de Berlin (BL/W).

immédiat. En conséquence de quoi je ne travaille que 3 h par jour, et Anna, qui ne sait pas habituellement ce qu'est une heure de liberté, va se promener et fait des achats. Par ailleurs, jusqu'ici, nous n'avons pas eu connaissance d'un seul cas vraiment grave.

Mon compte chez toi est donc à nouveau alimenté, et j'espère que cela va continuer à aller sans encombre pendant une série de mois.

À part ça : maman et tante cherchent un logement à la campagne [1], Jofi était en chaleur et, après une aventure amoureuse permise par les autorités, elle peut compter sur un *puppy* [2] pour début avril. Je vais relativement bien, seulement tracassé par un catarrhe du nez et des oreilles. La Sophie d'Alexandre semble être en mauvais état, et me cause du souci.

J'ai eu des nouvelles des Lampl [3] ; de cas de maladie chez Oli, je ne sais rien. La petite Eva n'aurait pas trop besoin de ça après sa scarlatine. Martin raconte que, depuis le nouveau chancelier du Reich [4], la Maison d'édition ne reçoit plus aucun courrier d'Allemagne.

J'espère apprendre très bientôt que vous êtes tous complètement rétablis.

Cordialement
Papa

295-Ernst [En-tête Vienne] 10.2.1933 [a]

Cher Ernst

Demain, le 11, c'est l'anniversaire de Henny, le 19, celui d'Oli. Je crois qu'ils les fêtent en même temps. Dans tous les cas, je te prie de leur remettre M 100 à chacun pour leur anniversaire. Établissons comme règle générale que l'adulte sera gratifié de 100 M, l'enfant de 50 à partir du trésor que tu gères, de manière égale dans les deux familles.

---

a. D'après l'étiquette collée sur l'enveloppe associée, envoyé par exprès.

1. C'est-à-dire un logement pour l'été.
2. Mot anglais pour « chiot ». [N.d.T.]
3. À l'époque de cette lettre, la famille Lampl état en proie à une « épidémie domestique » grippale, avec récidives de coqueluche chez les enfants (Freud/Lampl-de Groot, 1.2.1933 ; SPF/LoC).
4. Le 30 janvier, Hitler avait été nommé chancelier du Reich.

Anna est provisoirement très légèrement malade ; elle se tient à l'écart.

Cordialement à tous
Papa

296-Lucie [En-tête Vienne] 6.3.1933

Ma chère Lucie

Cela a-t-il vraiment été la première fois que je ne t'ai pas écrit pour ton anniversaire ? Je suis très peiné que tu y aies subodoré un défaut d'amour [*eine Lieblosigkeit*]. D'une manière ou d'une autre, le moment d'écrire était passé ; et je m'en étais remis à l'appel téléphonique du soir, qui a ensuite échoué. Je me suis alors consolé en me disant que tu devinerais ce que je t'aurais écrit. Que tout ce qui est essentiel doit rester chez toi tel qu'il est, et que quelques traits de surface devraient chez vous être modifiés pour aller vers un mieux. Il y a eu et il y a encore des jours où nos pensées sont sans cesse préoccupées de vous [1].

J'espère que ton mari n'a pas omis de te remettre le cadeau d'anniversaire pris sur mon fonds et déterminé selon une ligne budgétaire. Celle-ci a pris un tour assez modeste, en accord avec les circonstances défavorables de notre époque. Tu fais si peu de dépenses pour toi-même.

Nous sommes justement en train de nous demander si nous ne devrions pas louer une certaine maison sur la Hohe Warte [2] pour la belle saison, étant donné que je n'ose pas voyager. Il y aurait là-bas encore plus de place pour les visites des enfants qu'à Poetzldf [Pötzleinsdorf]. Il serait tellement beau d'avoir Clechen [3] auprès de nous. Est-ce que maman viendra chez vous auparavant, voilà qui est en ce moment douteux.

Maintenant ne sois plus fâchée, et accueille les salutations et les vœux les plus cordiaux de ton

vieux Papa

---

1. Il s'agit là, bien sûr, d'allusions à la situation en Allemagne après la prise du pouvoir par les nationaux-socialistes et à la manière dont cela poussa les Juifs à émigrer.
2. Cf. p. 229, note 4.
3. Diminutif de Clemens.

puisse te souhaiter. Conforme-toi au cérémonial et prends pour toi 100 M sur le compte. Ta comptabilité récente ne m'a pas beaucoup éclairé, parce que les dates n'y sont pas consignées, ni pour les rentrées ni pour les dépenses. L'apport mensuel doit cette fois se monter à 2 600-2 700 M.

No ill wind[1], etc. ; si tu as moins à faire, tu pourras venir plus tôt[2]. À partir de mai, Hohe Warte 46.

Cordialement
Papa

299-Ernst [En-tête Vienne] 13.4.1933[a]

Cher Ernst
Nombre d'heures avec S. C. Paret

déc.	– 18
jan.	– 21
févr.	– 23
mars	– 26
	88

Est-ce que ce nombre s'accorde avec les versements chez toi ? D'après ce que tu me communiques, il ne semble pas. À un prochain revoir !

Papa

300-Gab [En-tête Vienne] 29.7.1933

Cher Gabi

De ma part aussi, mes souhaits cordiaux pour ton 12e anniversaire. J'ai eu aussi une fois cet âge-là, et je sais que ce peut être une

a. L'enveloppe associée ne comporte que la mention : Ernst. En outre, une liste de versements, manifestement en rapport avec la même affaire, de la main d'un tiers (Ernst ?).

1. Allusion au proverbe anglais : « *It's an ill wind that blows nobody any good* », dont le sens est à peu près : « à quelque chose malheur est bon ». [N.d.T.]
2. Ernst vint à Vienne le 5 mai pour l'anniversaire de Freud (KCh).

belle période. J'espère que papa est à la maison [1] et qu'il te remettra ton cadeau, comme je le lui ai demandé.

Avec de cordiales salutations à maman, Lux [2] et Cle

Ton grand-papa

Entre cette lettre et la suivante s'intercale le déménagement de la famille d'Ernst Freud en Angleterre. Ernst, qui avait préparé ce changement au cours d'un séjour assez long à Londres, resta encore quelques semaines pour liquider le logement et le bureau à Berlin.

301-Lucie [En-tête Vienne] 20.X.1933* [a]

Ma chère Lux

Imagine ma surprise quand il s'est révélé que l'un de mes patients, un Hollandais de grande valeur [3], non seulement connaissait Dartington Hall [4], mais confirmait aussi en tout point ton jugement favorable. Il a même ajouté que c'est en Angleterre la seule école où la nourriture aussi est bonne. Il savait qu'y était aussi un fils de Huxley [5].

Il semble donc qu'Ernst se soit brillamment acquitté de cette part de sa tâche. À présent, j'aimerais apprendre qu'il a aussi avancé sur l'autre point, qu'il a quitté Berlin et qu'il t'a libérée de ta solitude. Dans sa dernière lettre (sur laquelle je prélève aussi la pièce jointe [6]), il n'indique pas encore de date assurée.

De la branche parisienne de la famille [7], rien de prometteur. J'apprendrai avec sympathie comment il en va des émigrants de ton côté [8].

---

a. Enveloppe adressée à : Mrs Lucy Freud/ c/o Mrs Biggs/ Dartington Hall/ Totnes (Devon)/ England.

1. Il était difficile que ce fût le cas ; cf. *supra*, p. 241 *sq*.
2. Ici pour Lucian. [N.d.T.]
3. Van der Leeuw (cf. 297-Ernst avec note 6, p. 372).
4. École réformée anglaise, fondée en 1926, située dans le sud-est de l'Angleterre. Ernst y avait inscrit ses fils.
5. L'écrivain Aldous Huxley (cf. Parsons 1987).
6. Non éclairci.
7. C'est-à-dire Oliver avec sa femme et sa fille (cf. *supra*, p. 211 *sq*.).
8. La mère et la sœur de Lucie n'émigrèrent qu'en 1936 ou 1939 en Angleterre (Carola Zentner, courriel du 14.10.2009).

Moi-même, je travaille à nouveau ; je vais subjectivement passablement bien ; j'ai encore des plaies non cicatrisées dans la bouche et ne peux pas sortir, à cause des escaliers. J'apprécie d'être à nouveau chez moi, parmi tout ce qui m'appartient.

Je pense souvent à toi et aux trois jeunes Anglais, et je vous salue tous cordialement

Papa

302-Ernst [En-tête Vienne] 18.XI.1933

Cher Ernst

Ton télégramme [1] a été attendu avec impatience et salué avec allégresse. Enfin ! Et maintenant nous espérons aussi qu'un trafic postal sans obstacle nous transmettra assez d'informations sur ce que vous vivez.

Que signifie l'adresse dont je me sers également aujourd'hui [2] ? Recevrons-nous aussi celle du logement qui vous a été cédé ?

La cause immédiate qui me pousse aujourd'hui à t'écrire est que Max nous apprend la nouvelle qu'il n'a pas obtenu de commandes pour oct. et nov. [3]. Je ne comprends pas ça, car tu avais promis d'y pourvoir comme jusqu'alors tant que tu serais à Berlin. Je te prie donc de me fournir des explications rapides et de me donner des informations approfondies sur mon compte, étant donné que nous devons assurer les contributions pour Max et Oli.

La semaine prochaine, je dois sortir pour la première fois. La chaise à porteurs est déjà prête. L'existence ne vaut plus grand-chose, mais les gains sont encore bons.

Dans la cordiale attente de nouvelles de toi et de Lux

Papa

---

1. À propos de l'arrivée définitive d'Ernst en Angleterre, pour laquelle il avait quitté Berlin le 16.11.1933 (Molnar 1996, p. 283).
2. À l'occasion (507-Max), Freud restitue cette adresse effectivement énigmatique de la manière suivante : « BM/ Freud, London W.C. 1 ». Peut-être « BM » pour « British Museum ».
3. Cf. 507-Max.

303-Ernst [En-tête Vienne] 3.XII.1933 [a]

Cher Ernst

Anniversaire d'Anna, comme tu t'en souviens. Par des visiteurs, tante Mitzi [1] a attrapé une crise d'*angina pectoris*, qui a mis fin à toute ambiance joyeuse. Par bonheur, Ruth aussi était là ; elle l'a assistée. Maintenant, elle repose paisiblement après des injections, jusqu'à ce qu'on puisse la transporter.

Je te remercie de tes rapports financiers ; je suppose que tu as déjà versé les subventions pour déc., et, à partir de janvier, je ferai exécuter cette affaire par Martin à partir de Zurich. Ce qui reste chez toi, nous le laissons en l'état au titre de fonds pour les cadeaux. Le 8 déc. [2], il pourra pour la première fois aller servir en Angleterre.

Je viens tout juste de recevoir la lettre de Lux. L'étroitesse du monde donne, n'est-ce pas, une impression de grande familiarité [3]. Berkeley Hill [4] n'est-il pas marié à une femme hindoue, une personne charmante du reste ? Nous dévorons, bien sûr, toutes les petites nouvelles sur votre vie en Angleterre. Le climat et la nourriture ne méritent vraiment pas d'éloges. Mais le petit-déjeuner quand même ?

Avec mes salutations les plus cordiales

Papa

304-Ernst [En-tête Vienne] 20.2.1934

Cher Ernst

Grâce au principe qui préside à tout reportage journalistique et qui consiste à faire autant de bruit que possible, il n'est sans doute pas facile d'apprendre par les gazettes ce qui se passe dans une ville

a. Enveloppe associée adressée à : Mr Ernest Freud/ London W1/ 36 Clarges Street.

1. La sœur de Freud Maria avait déménagé au cours de l'année de Berlin à Vienne (Tögel 2004, p. 37).
2. Anniversaire de Lucian.
3. Dans l'original : « *Die Enge der Welt ist doch sehr anheimelnd.* » *Anheimelnd* n'est pas vraiment traduisible et fait signe vers le lexique de l'essai *Das Unheimliche* [*L'Inquiétante Étrangeté*]. [N.d.T.]
4. Owen Berkeley-Hill (1879-1944), médecin, membre de la British Psychoanalytical Society, actif dans l'Indian Medical Service (F/Jo, p. 125, note 3).

où l'on tire des coups de feu [1]. C'est nous qui fûmes le plus atteints par le fait que nous n'eûmes pas de courant électrique pendant presque 24 heures. (Ce fut une consolation qu'au moins les allumettes aient encore fonctionné.) Mais, pour le reste, ce fut la guerre civile, et pas jolie. Le déroulement des événements n'est pas élucidé ; on affirme qu'un certain puissant M. [2] a exigé de prendre à présent en main le règlement du conflit qui dure depuis longtemps. Peut-être était-il inévitable que cela arrive un jour ou l'autre. Bien sûr, ce sont à présent les vainqueurs qui sont les héros et les sauveurs de l'ordre sacré, les autres, les insolents rebelles. Mais, en cas d'une victoire des autres, ce ne serait pas non plus devenu plus joli, et cela nous aurait apporté une invasion militaire du pays. Il ne faut pas condamner trop sévèrement le gouvernement ; on ne peut pas vivre non plus avec la dictature du prolétariat, qui était le but des dirigeants soc. Évidemment, les vainqueurs n'omettront maintenant aucune des fautes qu'on peut commettre dans une telle situation. Ce ne sera guère la faute de Dollfuss [3] ; il est probable qu'il ne pourra pas dompter les bouffons dangereux de la Heimwehr [4].

L'avenir est incertain, ou un fascisme autrichien ou la croix gammée. Dans le second cas, il nous faudra partir ; nous sommes prêts à subir de la part du fascisme local [5] toutes sortes de choses, dans la mesure où il ne nous traitera pas tout à fait aussi mal que son cousin allemand. Ça ne donnera rien de joli non plus ; mais, à l'étranger, ce n'est pas plus reluisant, ce que je n'ai pas besoin de vous dire, à vous qui avez malgré tout encore tiré un bon numéro. Notre rapport aux deux possibilités politiques de l'avenir autrichien ne peut que citer l'exclamation de Mercutio dans *Roméo et Juliette* :

1. Le 12 février 1934 avait éclaté en Autriche une guerre civile sanglante entre les forces de l'austro-fascisme qui était au gouvernement et les sociaux-démocrates, avec proclamation d'une grève générale. Le 14, les sociaux-démocrates étaient battus.

2. Il est probable que soit ici visé Mussolini.

3. Engelbert Dollfuß (1892-1934), chancelier fédéral autrichien, qui était issu du parti chrétien-social. En mars 1933, il avait mis le Parlement hors jeu et établi un régime autoritaire.

4. Organisation paramilitaire de droite. Son nom signifie littéralement « défense du foyer, du pays natal ». Il n'y a pas là l'exacte connotation de « patrie ». [N.d.T.]

5. Dans l'original : *heimischen*. [N.d.T.]

A plague on both your houses [1].

Martin est chez lui [2], mais ne va pas très bien. Il devait aujourd'hui aller à Baden ; il n'y a que les chutes de neige, d'une force inouïe, qui obligent à différer. Anna est défigurée et accablée par ce qu'on appelle un œdème de Quincke, des enflures qui démangent sur le visage, heureusement rien de nocif à long terme. Depuis deux semaines, je suis traité à la bouche par des rayons X ; l'appareil est installé dans la chambre de tante. La loi martiale vient tout juste d'être abrogée – mercredi à 2 h ½ du matin. Notre gouvernement et notre cardinal [3] attendent beaucoup de l'aide de Dieu.

Salutation cordiale à toi et Lux

Papa

305-Lucie vienne [2 mars 1934]* [a]

many happy returns dans nouvelle patrie [4] = papa

306-Ernst [En-tête Vienne] 2.3.1934*

Cher Ernst

Je viens de télégraphier à Lux et m'attends à ce que notre fonds suffise encore à un cadeau d'anniversaire de dimension traditionnelle. Chez nous, tout est calme, proprement détendu. L'espoir qu'il n'advienne rien de méchant et que nous puissions rester se renforce. Martin est encore au sanatorium Gutenbrunn à Baden, pour son rétablissement complet.

Cordiales salutations

Papa

a. Télégramme ; date du tampon d'arrivée. Adresse : lucy freud 36 clarges street london.

1. Shakespeare, *Roméo et Juliette*, III, 1 : « Une peste sur vos deux maisons. »
2. Après une opération de calculs rénaux.
3. Theodor Innitzer (1875-1955), nommé archevêque de Vienne en 1932, cardinal à partir de 1933. Soutint le régime austro-fasciste.
4. Traduit ici *Heimat*. [N.d.T.]

307-Lucie [En-tête Vienne] 8.3.1934*

Ma chère et bonne Lux

Tu peux imaginer, mais je ne peux pas te décrire, avec quel bouleversement j'ai reçu la nouvelle de ton accident [1]. On sait, n'est-ce pas, combien mal assurés sont les fondements de notre bonheur, mais c'est comme une sensation de tremblement de terre quand quelque chose nous le rappelle. Et l'on doit être reconnaissant que la communication ne nous en ait été faite que lorsque l'inquiétude quant à l'issue a semblé balayée ; mais ce sentiment d'insécurité selon lequel toutes les calamités possibles peuvent être arrivées sans qu'on le sache n'a trouvé qu'un nouvel aliment.

Maintenant que nous savons qu'il ne t'est rien arrivé – et tant de choses auraient pu t'arriver –, nous sommes en droit de nous réjouir que tu sois restée si vaillante et si aimable – deux de tes qualités qui nous sont connues et te rendent à nous si chère – et nous te remercions surtout de nous avoir écrit toi-même, ce que tu feras encore. Il se trouve que ton anniversaire est également tombé dans cette période. Si je possède encore un fonds chez Ernst, il doit avoir donné une expression à mon vœu de bonheur.

Avec mes pensées les plus cordiales

Papa

308-Ernst [En-tête Vienne] 11.3.1934 [2]

Cher Ernst

Je te remercie particulièrement de ton dernier récit, clair, objectif et sincère. On sait maintenant ce qui est arrivé, et l'on peut par bonheur se rallier à l'espoir du médecin de Yeovil [3]. (Je suis allé

1. Le 3 mars 1934, Freud nota dans sa *Chronique la plus brève* : « Lux victime d'un accident d'auto. » Molnar (1996, p. 293) commente : « Cet accident s'était produit une semaine auparavant, et l'on avait commencé par craindre une fracture du crâne. Ernst avait d'abord gardé cette nouvelle pour lui, afin de ne pas inquiéter ses parents sans nécessité. » C'est Lucie qui conduisait elle-même la voiture dans laquelle elle voulait emmener ses fils de Londres à Dartington Hall ; les fils en sortirent indemnes (F/Jo, p. 838 ; 509-Max).

2. Fichtner (2007) a fait de cette lettre un fac-similé, qu'il a reproduit et commenté. Son commentaire est utilisé dans la suite.

3. Ville dans le sud-est de l'Angleterre. C'est dans l'hôpital de celle-ci que Lucie se trouvait après son accident.

297-Ernst [En-tête Vienne] 11.3.1933

Cher Ernst

Merci pour ta lettre, avec un relevé de compte soigneux. Elle est arrivée ouverte [1] ! Ce serait bien si tu venais, même pour peu de temps, nous rendre visite. Nous louons ces jours-ci Hohe Warte 46, quelques maisons après Götzl [2]. On hésite, de manière générale en des temps aussi incertains, à se lier à quelqu'un ; mais une trop grande circonspection nous a déjà fait perdre notre beau Pötzlf, qui nous manque beaucoup.

L'atmosphère est ici incertaine et confuse. On est juste dans l'attente [3]. Ma discussion avec Einstein [4] devrait avoir paru depuis longtemps. En dehors de Mme Paret, que j'aime beaucoup, j'ai une autre nouvelle patiente [5], et j'attends pour le 15 un homme de Hollande [6].

Mon état est supportable. Anna se torture trop. Maman ne me paraît pas être à son sommet ; elle n'accepte pas les conseils médicaux. Je me réjouis que vous vous portiez tous bien à nouveau.

Cordialement

Papa

298-Ernst [En-tête Vienne] 5.4.1933

Cher Ernst

Le souhait de cette année est encore plus instant et plus sérieux que les années précédentes, où il ne restait pas grand-chose qu'on

1. À cette époque-là, le courrier était censuré en Allemagne.

2. Le lotissement Hohe Warte 36 appartenait depuis 1918 au fabricant juif Alfred Götzl (cf. 85-Martin avec note 6). La villa Götzl servit de 1965 à 2005 de résidence officielle au président fédéral autrichien.

3. Le 5 mars 1933 avait eu lieu l'« élection de Hitler en Allemagne » (KCh), lors de laquelle les nationaux-socialistes devinrent de loin le parti le plus puissant. Leur influence menaçait de s'étendre à l'Autriche (cf. Molnar 1996, p. 251 ; 304-Ernst avec note 4, p. 377).

4. *Pourquoi la guerre ?* (cf. Freud 1933b).

5. Le 1er mars 1933, l'écrivain anglo-américain Hilda Doolittle (H.D.) (1886-1961) avait commencé son analyse chez Freud. Ses lettres de cette époque (Friedman 2002) livrent une impression de l'atmosphère tendue qui régnait alors dans la maison Freud.

6. J.J. van der Leeuw (1893-1933), surnommé « le Hollandais Volant », théosophe (Doolittle 1975, p. 37).

chercher, bien sûr, cette petite ville dans l'Encyclop. [1] et sur la carte. Je ne m'attendais pas à ce qu'elle revête un jour pour nous autant d'intérêt.)

Je crois que, chez nous, la situation se décante petit à petit. Les progrès de la réaction catholique sont incroyablement rapides et profus. Mais, même là-dedans, il y a une certaine garantie que la barbarie hitlérienne, devant laquelle nous aurions fui, ne franchira pas la frontière : l'Église catholique comme notre protection ! Nous resterons donc. L'exil n'est jamais très beau ; il ne faut pas non plus oublier la mort d'Ispahan [2]. Tu te souviens peut-être que l'actuel ambassadeur américain à Moscou, W.C. Bullitt [3], a été mon patient pendant des années ; en dernier lieu, il est devenu mon collaborateur pour une étude sur Wilson, qui ne peut maintenant être publiée. (Tout cela en toute discrétion !!) Or, Bullitt a incité l'attaché américain à Vienne, G. Earle [4], à m'offrir, au cas où je serais personnellement menacé par les nazis, l'asile dans la légation américaine. Il paraît que je figurerais en tête de la liste nazie. J'espère que je ne serai pas amené à user de cette protection. Earle repartira dans quelques mois pour devenir gouverneur de Pennsylvanie. Il est par ailleurs un ami de jeunesse de notre Dorothy, et c'est ainsi qu'il en est venu à me rendre visite il y a quelques jours.

Notre fascisme du terroir [*bodenständiger*], tel qu'il se développe actuellement, ne sera guère plus malin que l'allemand, mais très probablement plus humain et plus modéré. En tant que Juifs, nous n'aurons pas de quoi rire.

---

1. Dans l'*Encyclopædia Britannica*.

2. Allusion à une histoire persane traditionnelle, qui, d'après une version de Cocteau (1992, p. 21), se déroule ainsi : un jeune homme rencontre la mort, qui le menace par un geste, et il s'enfuit à toute bride vers Ispahan. Là-bas, il se trouve face à la mort, qui lui explique que son geste n'était pas de menace, mais de surprise, parce qu'elle avait vu ici le jeune homme qu'elle était censée aller chercher le soir dans la ville très distante d'Ispahan. Pour d'autres versions, cf. Fichtner 2007, p. 197.

3. William B.C. Bullitt (1891-1967), journaliste et diplomate américain, de 1933 à 1936 premier ambassadeur des États-Unis en Union soviétique. La biographie (critique) du président américain Thomas Woodrow Wilson, qu'il voulait écrire en collaboration avec Freud, fut projetée en 1930, devait paraître dans la Maison d'édition psychanalytique, mais ne fut publiée qu'en 1967 (Freud et Bullitt 2005). À propos des détails de la coopération entre les deux auteurs, cf. Roazen 2005 et Solms 2008.

4. George H. Earle (1890-1974), de 1932 à 1934 ambassadeur américain en Autriche ; de 1935 à 1939, gouverneur de Pennsylvanie.

En ce moment, je lis la *Famille Oppenheim* de Feuchtwanger [1], une description douloureuse des bouleversements brutaux en Allemagne. J'y suis cité plusieurs fois comme formant contraste avec Hitler. Je te demande maintenant si tu veux avoir ce livre pour Lux. Si tu réponds rapidement, il sera aussitôt expédié.

Avec tous mes vœux cordiaux de sortie de cette situation pour vous tous

Papa

309-Ernst [En-tête Vienne] 15.4.1934

Cher Ernst

Aujourd'hui est le dimanche où tu voulais ramener Lux à la maison. Nous serons heureux d'apprendre que tu as réussi.

Le montant de mon dépôt chez toi m'a agréablement surpris. Je n'ai pas besoin de me soucier pour un certain temps des anniversaires. Le fonds n'a pas à remplir d'autres tâches.

Après de longues recherches, nous avons loué un logement pour l'été. À Grinzing XIX Strasserg[asse] 47, donc à mi-hauteur de la montagne qui s'appelle en haut Ciel. J'espère que tu te souviens de la localité. La maison se trouve de biais au-dessous de la villa Ferstel [2], soit peu avant l'endroit où la Strassergasse débouche dans la Himmelstrasse [3]. Elle est vieillotte, mais confortable ; elle se laissera bien aménager pour nos besoins. J'ai en rez-de-chaussée : bureau, chambre à coucher, salle de bain et une grande terrasse couverte. La situation en rez-de-chaussée a été malheureusement pour moi une condition indispensable. Le grand vieux jardin a une partie plane, et puis il monte doucement jusqu'à l'endroit où il paraît qu'il est bien plus beau. Je me donnerai la peine de conquérir

1. Feuchtwanger (1933). Un passage de ce livre, où Freud et Hitler sont mis en contraste, se lit ainsi (p. 137) : « N'est-il pas étrange […] qu'une même époque produise des hommes à un stade d'évolution aussi différent que l'auteur du livre *Mein Kampf* et l'auteur du livre *Le Malaise dans la culture* ? Un anatomiste du siècle prochain devrait pouvoir exhiber sur les cerveaux des deux une différence d'au moins trente mille ans. »

2. Heinrich von Ferstel (1828-1883), célèbre architecte autrichien ; édifia en 1864 sa villa personnelle à Grinzing (Himmelstr. 45). Une de ses belles-filles devint à la fin des années 1890 une patiente de Freud (F/Fl, p. 563, note 1).

3. Soit « rue du Ciel », ce qui explique le jeu de mots auquel Freud s'est livré peu avant. [N.d.T.]

lentement ces régions supérieures. Pour l'instant, je ne suis pas capable de choses de ce genre. Nous allons bientôt y déménager en mai. L'impatience vient du fait que nous avons en ce moment un printemps à la beauté de conte. On oublie alors trop facilement qu'on aura à le payer ensuite par du froid et de la pluie.

Je n'écris pas à propos de notre situation politique. Je suppose que nous pourrons rester hors de danger. Vers quel degré de relégation et d'oppression nous allons, on ne peut encore le deviner. Tout serait mieux que l'hitlérisme. L'Europe n'est pas un établissement de plaisance.

Dans l'espoir d'avoir de toi bientôt des nouvelles abondantes et bonnes, avec de cordiales salutations à Lux

Papa

310-ErnstLucie [En-tête Vienne] XIX Strasserg. 47

[après le 6.5.1934 [1]]

Chers enfants

Cordial merci pour vos lettres ! Le travail manuel de Cle'chen [2] et les lignes qui l'accompagnent ont rencontré une reconnaissance générale. La journée a été belle et paisible, et elle s'est passée sans aucun trouble pour la santé, parce que aucune espèce de visiteur n'a été acceptée. On n'a pas pu refuser des fleurs ; mais elles sont inoffensives. Dommage que vous ne soyez pas encore assez mobiles pour contempler pendant une demi-journée la splendeur et la luxuriance. La maison et le jardin vaudraient aussi la peine. Nous n'avons jamais été si bien lotis pour l'été. Il est vrai que je ne peux pas non plus me souvenir d'un printemps aussi glorieux.

Maintenant, je peux pendant quelques semaines rédiger des courriers de remerciement. Donnez très bientôt de vos nouvelles et faites part des événements récents.

Cordialement

Papa

---

1. L'année de cette lettre d'après-anniversaire est attestée par les allusions au printemps particulièrement beau, aux visiteurs éconduits et à la « pluie de fleurs », qui trouvent des parallèles ailleurs (cf. Molnar 1996, p. 298 *sq.*).
2. Dans le legs d'Anna Freud (FML), on trouve un album avec des photos de Londres et des légendes en anglais de la main du jeune Clemens ; il pourrait ici s'agir de cela.

311-Ernst [En-tête Vienne] XIX Strasserg. 47
6.6.1934

Cher Ernst

Merci pour tes nouvelles ! J'en conclus que Lux doit encore se remettre de quelque chose, mais j'espère qu'elle y réussira. Tes calculs selon lesquels tu peux couvrir un tiers de tes dépenses par tes revenus rendent un son très satisfaisant et sont prometteurs pour l'avenir proche. Gabi est certainement un problème [1], mais cela est compensé par le succès du côté des deux autres.

En bref, je ne comprends rien à l'essai sur Œdipe – toute cette histoire est assez bête [2]. On aurait pu répondre de manière finement humoristique.

J'ai trouvé Southwold [3] sur la carte. Pendant une heure avant de m'endormir, je lis des romans anglais [4] et suis ainsi initié aux charmes des paysages anglais.

Tout ce que nous apprenons aussi confirme le mécontentement croissant en Allemagne. Mais on rattache à juste titre à ce constat cette mise en garde : ne pas croire à l'imminence de l'effondrement. Les gens peuvent rester encore longtemps mécontents ; et un autre tour des choses ne semble pas se préparer. L'espoir reste du côté de l'imprévu. Hindenburg est aussi très vieux et il est depuis longtemps en bout de course [5]. Le plus préoccupant est que ce mécontentement ne peut que favoriser le déclenchement de la guerre, en vue de laquelle l'Allemagne s'arme avec une énergie inouïe. En cas de guerre, l'Autriche est le champ de bataille le plus proche, et nous sommes tous perdus. Faible consolation, l'idée que je ne le vivrai peut-être pas, alors que vous serez tous encore là.

Dans la famille élargie, il se passe toutes sortes de choses. Tante Rosa a été hier (6/6) transportée au sanatorium avec une affection biliaire soudainement surgie ; son état est très grave. Le dernier

---

1. Pourrait se rapporter au fait que Gabriel ne se plaisait pas autant que ses frères à l'école anglaise (cf. Martha/Lucie, 15.1.1934).
2. N'a pu être éclairci.
3. Ville côtière de l'Essex. Tout près de là se trouve Walberswick, où Ernst eut une maison de vacances à partir de 1938 (cf. 319-Ernst).
4. Peut-être les romans policiers anglais que Freud, par moments, lisait à raison d'un par nuit (Freud-Marlé 2006, p. 269).
5. Le président du Reich Paul von Hindenburg, dont on espérait qu'il constituerait un contrepoids à Hitler, mourut le 2 août 1934.

patient en sanatorium, oncle, avec une angine grippale, est rentré hier à la maison. Erwin Magnus [1] s'en va au Danemark, où il espère trouver du travail et un aimable accueil. Arnold Marlé fait savoir qu'il a été enfin engagé au théâtre allemand à Prague [2]. Nous irions excellemment dans notre beau foyer estival si ma vieillesse n'était pas bien trop riche en tracas alternants. Ta cliente le Dr Horney [3] s'est rendue impossible à l'Institut psa d'Alexander à Chicago et le quitte à l'automne. Mme Sokolnicka, la pionnière de Paris [4], s'est suicidée. Le monde est bien disparate.

Cordiales salutations à vous tous
Papa

312-Ernst Vienne 9.6.1934 [a]

Tante Rosa est en pleine guérison.

J'ai vu au musée de Budapest le cheval attribué à Léonard [5].

Cordialement
Pa

313-Gab [Vienne 28 juillet (1934)
XIX. Strasserg. 47]* [b]

Grand-père félicite le jeune Anglais pour son 13e anniversaire.

---

a. Carte postale.

b. Post-scriptum à une lettre de Martha Freud à « Gaby » (Gabriel), qui n'est pas reproduite ici. La date et l'adresse de l'expéditeur en sont reprises.

1. Erwin Magnus (1881-1947), germaniste danois, mari de la nièce de Freud, Margarethe, née Freud. Ils divorcèrent dans les années 1930 (Tögel 2004, p. 37 *sq.*).

2. D'où il émigra en Angleterre en 1938.

3. Karen Horney (1885-1952), neurologue et psychanalyste, émigra en 1932 de Berlin à Chicago, où elle devint vice-présidente de l'Institut psychanalytique fondé par Franz Alexander ; de là, elle déménagea à New York (www.psychoanalytikerinnen.de). Freud ne l'aimait pas. Dans une lettre à Alexander du 3.6.1934 (SFP/LoC), il raconte qu'elle aurait essayé de « priver [Ernst] de son paiement, en invoquant la faillite de son mari », alors qu'il s'était chargé de son « installation » ; Ernst aurait réagi.

4. Eugenia Sokolnicka (1884-1934), analysante de Freud, à partir de 1921 à Paris, première psychanalyste en France (DIP).

5. Ce qu'on appelle le « Cavalier de Budapest » dans le musée pour les Arts plastiques ; l'attribution à Léonard est controversée. L'occasion de cette mention n'est pas claire.

314-ErnstLucie Vienne 16.4.1935 [a]

Vous fais part de notre déménagement, effectué dès avant Pâques, au XIX Strassergasse 47, où d'éventuelles lettres de vous rencontreront toujours un sympathique accueil.

Cordialement
Papa

315-Gab [En-tête Vienne] 30.7.1935

Cher Gab

Ton vieux grand-père te salue pour ton anniversaire et, pour ce qui est des accomplissements de souhaits, renvoie à son compte auprès de ton père.

Cordialement grand-pa

316-Ernst [En-tête Vienne] 21.XI.1935 [b]

Cher Ernst

Seulement une petite affaire comptable. Je me suis fait envoyer par un M. Percy Allen 99 Corringham Road NW 11 quelques-uns de ses livres, ce pour quoi je lui dois 8 sh. Je te prie de les lui payer. Ils se rapportent à la question du Shakespeare d'Oxford [1].

Nous nous réjouissons de toutes les bonnes nouvelles qui nous arrivent de vous. Nous sommes, quant à nous, en premier lieu préoccupés par les problèmes qui gravitent autour d'Oli et d'Ernstl : est-ce que le jeune garçon doit et peut aller en Palestine [2], est-ce qu'il est responsable de mettre en jeu une grosse somme d'argent pour acheter à Oli un magasin de photo à Nice [3] ? Nous

a. Carte postale ; adressée à : Mr and Mrs/ Ernest Freud/ 115 King Henry's Road/ London/ NW3.

b. Enveloppe associée adressée à : London NW8/ 32 St John's Wood Terrace.

1. Allen était un des principaux défenseurs de la thèse, dont Freud était également convaincu (cf. Gay 1992), selon laquelle Edward de Vere, 17e Earl of Oxford, était le véritable auteur des pièces de « Shakespeare ». Dans la bibliothèque de Freud se trouvent cinq ouvrages de lui en rapport avec ce thème. L'un d'eux (Allen environ 1932) contient une dédicace de l'auteur datée du 27 décembre 1935 (cf. Davies et Fichtner 2006).

2. Cf. 510-Max avec note 2.

3. Oli finit par gérer un tel magasin. Il vint le 23.11.1935 à Vienne, afin de se concerter avec son père et son frère quant à la question de savoir s'il pouvait être

avons invité Oli à venir à Vienne pour concertation. Dans les affaires pratiques, celles-ci et d'autres, Martin est vraiment irremplaçable. Sinon – par bonheur, se dit-on – rien de nouveau.

Cordiales salutations à toi, Lux et les garçons. À votre prospérité chez les « Chinois des eaux [1] » !

Papa

317-Ernst [En-tête Vienne] 29.XI.1935

Cher Ernst

Le numéro avec tes photos [2] est arrivé et a fait plaisir à tout le monde. Quiconque a vu la maison est ravi par sa beauté et confirme son étroitesse, « à l'étroit, mais chez moi [3] » ; bien.

Les Chinois des eaux ne sont malheureusement pas de mon invention, je crois qu'ils sont de Heine [4]. Je me les suis rappelés en relation avec les livres que tu as payés pour moi. En effet, douter de William Shakspir [5] de Stratford passe dans les milieux anglais distingués pour un crime, parce que en rupture avec la tradition.

Nous avons payé pour Ernstl un visa touristique et le laissons partir en Palestine à la mi-déc. C'est-à-dire, bien sûr, dans l'incertain. Il est censé y acquérir une patrie et une place dans la société. Jusqu'à présent, il nous a causé beaucoup de souci.

Oli a été ici quelques jours, il s'en va aujourd'hui. Nous avons longtemps délibéré quant à savoir si nous pouvons acquérir pour

---

acheté et à quel prix (Molnar 1996, p. 341). La lettre suivante fait état de l'issue négative du projet. Peu de temps après, il acquit un autre magasin de photo à Nice (cf. *supra*, p. 212).

1. Chinois qui vivent sur des bateaux dans l'eau. Les Anglais pourraient être visés par là.

2. La revue *Decoration* publia dans son numéro de novembre 1935 (n° 7, new series, p. 22-25) une contribution de Noel L. Carrington : « Ernst L. Freud, interviewed at his new London house » (cf. *supra*, p. 242). Le texte de l'interview est assorti de nombreuses photos, parmi lesquelles la première : « The architect in his study at St John's Woods Terrace » – une pièce avec fenêtre coulissante et porte de verre ouverte sur le jardin.

3. Je tâche de rendre une assonance massive, dont l'allemand est particulièrement friand. Dans l'original, comme un slogan : « *Klein, aber mein* » [mot à mot : « petite, mais mienne »]. [N.d.T.]

4. Heinrich Heine était certes un anglophobe connu ; mais on n'a pu trouver cette expression dans ses œuvres.

5. *Sic.* [N.d.T.]

lui le magasin de photo auquel il s'intéresse. Le propriétaire a refusé par télégraphe les offres de Martin. Nous ne pouvons pas raisonnablement aller au-delà d'un versement en liquide de 100 000 frcs[a]. Ainsi, il n'en est rien sorti. Pour le reste, Oli se trouve dans une condition meilleure que celles qu'il a connues depuis longtemps. On ne peut pas dire qu'il ait beaucoup de chance.

Nous espérons apprendre bien des choses intimes par l'intermédiaire des Wälder[1].

Cordiales salutations à toi, à Lux et aux garçons !

Papa

Ernst et Lucie envisageaient sérieusement de venir à Vienne pour le 80e anniversaire de Freud le 6 mai 1936. Cela est attesté par un télégramme qui a pour date d'arrivée le 30.4, et dans lequel il est dit : « prière de télégraphier sincèrement si notre visite est vraiment souhaitée/ ernst-lux ». La réponse fut manifestement négative – pas étonnant étant donné l'épouvante avec laquelle Freud voyait arriver l'événement. Voici la lettre d'anniversaire que Lucie écrivit le 3 mai :

Mon cher papa,

C'est le 16e anniversaire à l'occasion duquel je peux t'adresser mes félicitations au titre de ta fille. Je peux encore me souvenir combien il me fut difficile de te donner ce nom. Je ne peux décrire à quel point j'ai plaisir à te nommer ainsi maintenant. En effet, je vous dois votre cher fils ; mais je dois aussi à Ernst mon cher père.

Avec des vœux magnifiques et chaleureux[2] pour cette nouvelle année et cette nouvelle décennie, reçois les salutations de ta

fille Lux

Ernst et Lucie rattrapèrent la visite à Vienne en septembre 1936 pour les noces d'or de leurs parents et beaux-parents[3].

---

a. Dans le manuscrit, « 2 » corrigé en « 1 » ; mais il s'agit peut-être de l'inverse.

1. Robert (1900-1967) et Jenny Wälder (1898-1989) étaient psychanalystes à Vienne (BL/W). Le premier prononça le 21.11.1935 à Londres l'une des conférences d'échanges par lesquelles on cherchait alors à clarifier et à surmonter les différences entre l'école psychanalytique viennoise et l'école anglaise, influencée par Melanie Klein.
2. Ici, une forte allitération, qu'il ne m'a pas paru possible de rendre en français : « *herrlichen, herzlichen* ». [N.d.T.]
3. À propos du 80e anniversaire, cf. par exemple Molnar 1996, p. 335 *sq.* ; la visite d'Ernst et Lucie en septembre *ibid.*, p. 367. – Télégramme et lettre de

318-Gab [En-tête Vienne] 29.7.1936

Mon cher Gabriel

Je te souhaite cordialement le bonheur d'adresser tes propres vœux à *dad*, qui les satisfera à partir du reste de mon crédit. J'aime entendre dire que tu es devenu un Anglais. Étrange qu'à peu près à ton âge je devais aussi devenir un Anglais et étudier à Manchester [1]. Cela n'est advenu que deux générations plus tard.

La signature jointe est pour un fou d'autographes qui a le droit de se réclamer de toi. (D.C. Reynders.) D'habitude, je refuse de telles idioties.

Ton vieux grand-papa

319-Ernst [En-tête Vienne] 17 janvier 1938* [2]

Cher Ernst

Je ne me suis pas moins réjoui de ta lettre que de la belle plaque de verre persane que tu m'as envoyée. Comme cadeau en retour, je t'ai fait expédier l'essai sur Moïse [3], l'un des rares travaux de ces derniers temps qui peut revendiquer un intérêt général. Je redoute que cet intérêt n'aille au-delà de la mesure justifiée et ne soit gonflé jusqu'à la sensation. Mais peut-être que je me leurre dans cette attente. C'est ma première entrée en scène en tant qu'historien, plutôt tardive ! On peut prévoir qu'il n'y aura pas beaucoup d'amabilité de la part de la critique scientifique – la communauté juive [*die Judenschaft*] sera très offensée.

Je ne sais pas ce que tu apprends de moi par l'*Evening Standard*. Probablement que des mensonges. Par moi directement tu peux apprendre que je ne vais pas bien du tout et que je trouve la vie déjà très incommode. Cela n'est pas étonnant ; on ne revendique plus.

Lucie in UE. On y trouve en outre des lettres d'anniversaire des trois petits-fils anglais à leur grand-père.

1. Depuis 1859 vivaient à Manchester les demi-frères de Freud, Emanuel et Philipp, bien plus âgés que lui, fils du premier mariage de son père. Freud leur rendit visite au cours de l'été 1875 et estima après son retour « qu'il aurait préféré « habiter là-bas qu'ici » (1989a, p. 144).

2. Lettre reproduite in F/Corr, p. 481.

3. Probablement la deuxième des études sur Moïse, intitulée « Si Moïse était un Égyptien… » (Freud 1937e), publiée dans *Imago* et dont les épreuves furent entièrement corrigées à la date du 21.10.1937 (Molnar 1996, p. 392).

Mes chaleureuses félicitations pour l'inauguration de Hidden House [1] ! Il est authentiquement juif de ne renoncer à rien et de se créer des substituts à ce qu'on perd. Déjà Moïse, qui, d'après mon jugement, a donné une empreinte durable au caractère juif, en a créé le modèle. Dans notre époque actuelle difficile, ton existence en Angleterre se détache comme une oasis sur toute la misère alentour. Chaque fois que j'y pense, ton succès me réjouit et me remplit d'espoir pour les possibilités de la génération suivante.

Quant aux autres, tu es au courant. Maman se maintient de manière excellente, tante est au seuil d'une opération de la cataracte, dont on espère qu'elle se passera bien. Anna est excellente quant à son moral, à son rendement et sous tous les rapports humains. C'est étonnant jusqu'à quel degré de clarté et d'autonomie son travail scientifique s'est développé. Si elle avait plus d'ambition… mais cela vaut peut-être mieux pour sa vie ultérieure.

Mes salutations les plus cordiales à ta brave Lux et aux trois grands garçons, dont le grand-père ne sait malheureusement pas assez de choses. C'est volontiers que je dirais : au revoir à Grinzing.

Papa

320-Ernst [En-tête Vienne] 22.2.1938

Cher Ernst

J'ai suffisamment de loisir pour répondre à ta lettre si judicieuse, car j'ai eu samedi une nouvelle opération au sanatorium, et je ne reprends le travail qu'aujourd'hui avec deux heures par jour. L'avant-dernière opération a eu lieu il y a exactement quatre semaines [2]. Anna, qui est du reste aussi remarquable comme infirmière que comme analyste, tailleuse ou agricultrice [3], et en quoi que ce soit qu'elle entreprenne, est d'avis que ce sont précisément nos sauteries du week-end. Cela dit, j'ai eu dernièrement 9 mois de repos, et je n'ai pas besoin de surestimer la gravité de la situation. Il s'agit de modifications tissulaires suspectes dans l'aire des

1. La nouvelle maison de vacances d'Ernst à Walberswick (cf. *supra*, p. 242 *sq.*). Le nom devait évoquer « Hiddensee ».

2. Plus de détails sur ces deux opérations chez Molnar 1996, p. 405 *sq.*

3. Anna Freud taillait ou tricotait des robes, également avec Mathilde (Young-Bruehl 1995, p. 281). En 1930, elle avait acquis avec Dorothy Burlingham une ferme à Hochrotherd près de Vienne.

opérations antérieures ; et la méthode actuelle consiste à éliminer tout ce qu'on peut considérer comme « précarcinomique ». La dernière intervention n'était proprement justifiée qu'à titre de précaution. Bien sûr, elle n'en fut pas moins fatigante, abondamment désagréable, perturbante et – coûteuse. Mais, étant donné mon âge, il faut tout de même s'estimer satisfait.

Il est difficile de penser de la même manière sur les derniers événements dans notre patrie. Il ne fait pas de doute que cette rencontre à Berchtesgaden [1] – imagine-la seulement, sur notre magnifique Obersalzberg, où tu as cherché des bolets avec tant de succès (était-ce en 1920 [2] ?) – a été un grand pas dans une direction dont on ne sait pas jusqu'à quel point elle va conduire à notre perte. Est-ce que l'issue sera la même qu'en Allemagne, c'est quelque chose dont on peut encore douter. L'Église catholique est très forte et opposera une grande résistance. Notre Schuschnigg est un homme correct, courageux et qui a du caractère. Le jour de son retour, il a invité chez lui trois représentants de la grande industrie juive, pour les assurer que les Juifs n'avaient ici rien à craindre. Tant qu'il est là, bien sûr ; ce qui arrivera quand il devra partir, c'est une autre question.

Je ne crois pas que, laissée à elle-même, l'Autriche sombrerait dans le nazisme. C'est là une différence avec l'Allemagne qui est généralement négligée. Sous une forte pression de l'Allemagne, cela peut certainement arriver. L'évolution chez nous dépend donc tout à fait des événements dans le monde extérieur. Les Allemands conserveront-ils la liberté d'opérer comme ils veulent en Europe centrale, ne basculeront-ils pas d'eux-mêmes, les puissances occidentales continueront-elles à se laisser intimider, etc. ? Voilà des sujets sur lesquels personne ne peut actuellement dire quoi que ce soit avec certitude ou ne serait-ce qu'avec une probabilité d'une certaine ampleur. Nous pouvons nous attendre à toutes les vilenies et il ne nous est pas refusé d'espérer encore un mieux, c'est-à-dire que nous devons attendre ; l'intention de notre gouvernement semble être aussi de gagner du temps.

1. Le 12 février 1938, Hitler avait rencontré le chancelier fédéral Schuschnigg à Hohensalzberg près de Berchtesgaden, et l'avait contraint à associer les nationaux-socialistes à son gouvernement.
2. C'était sans doute en 1922 (cf. note 2 de 450-Max, p. 526).

Notre problème personnel est très simple à régler. Une émigration comme dans ton cas, soit un effort pour trouver ailleurs une patrie, une possibilité de travail et de rémunération, n'entre pas en ligne de compte pour moi avec deux vieilles femmes. Nous sommes trop vieux ; la vie avec ses tâches est derrière nous. La seule chose dont nous ayons besoin est un petit abri de fin de vie [*Austragstüberl*], où pouvoir attendre le dénouement. Si nous étions riches et si je n'étais pas un invalide, la tentation serait grande de chercher cet asile [*Asyl*] dans un joli coin de la côte méditerranéenne. Dans ce cas aussi, il faudrait surmonter le scrupule que ma fuite ne donne le signal de la dissolution complète du groupe analytique. Par bonheur, cette tentation n'existe pas. Je ne suis même pas autorisé à monter un escalier de quelques marches, ne suis donc pas à la hauteur des efforts que nécessite un assez long voyage. En outre, je suis lié à mon chirurgien, qui m'a maintenu en vie depuis 14 ans [1]. Il faut donc que je tienne le coup ici, même si la situation continue à s'assombrir. Dans le pire cas, qui n'est pas très vraisemblable, où vie et liberté seraient menacées ici, un bref parcours en automobile via Presbourg [2] serait censé me mettre en sécurité. Si elle est libérée de ses obligations à mon égard, Anna sera volontiers accueillie partout. Pour Martin et les siens, cela serait plus difficile. Je ne peux le prémunir contre rien.

Après-demain, nous entendrons ce que notre chancelier a à nous dire [3].

Je ne suis pas encore complètement remis de l'anesthésie et des douleurs, ce qui ressort certainement pour toi de cette lettre. J'espère que tu as encore un peu d'argent de moi pour les prochains anniversaires.

Cordialement à toi, à Lux et aux garçons

Papa

321-Ernst [En-tête Vienne] 9.5.1938

Cher Ernst

J'ai reçu ta lettre d'anniversaire ce matin, t'en remercie et ne te rends pas responsable du retard. Nous avons été heureux de lire

1. Pichler.
2. Aujourd'hui Bratislava. [N.d.T]
3. Dans un discours annoncé à grands frais, retransmis à la radio, Schuschnigg s'engagea à préserver l'indépendance de l'Autriche. Anna écrivit à ce sujet le 27.2.1938 (UE) : « Nous espérons beaucoup que vous avez entendu le discours

que Lux est à nouveau à la maison, n'avons pas appris quel a été son problème.

Tu auras vu entre-temps nos amis [1] et sauras par eux tout ce à propos de quoi je pourrais écrire. Bob et Mabbie sont à coup sûr très réjouissants. Le grand Bill [a] [2] n'est peut-être pas aussi puissant qu'il aime à le croire lui-même et qu'il veut le paraître aux yeux des autres.

Nous attendons avec plus ou moins de patience que nos affaires soient réglées [3]. Eu égard aux limites du temps qu'il me reste à vivre, je suis très sensible à tout retardement. L'énergie juvénile d'Anna et sa vaillance optimiste sont restées par bonheur inébranlables. Sans cela du reste, ça n'irait pas du tout. D'une manière tout à fait générale, les femmes tiennent mieux le coup que les hommes.

Tu as oublié que notre chow-chow ne s'appelle plus Jofi, mais Lün. J'espère que [b], malgré cette erreur, elle trouvera grâce auprès du vétérinaire [4].

Avec beaucoup de salutations cordiales à tous

Papa

---

a. Dans le manuscrit : Brill.

b. En allemand : *hoffentlich*. Écrit deux fois dans le manuscrit.

de Schuschnigg. Nous sommes très fiers de l'attitude de l'Autriche. Quel que soit le dénouement, c'est beau d'avoir tant de courage pour sa propre existence. » Le 11 mars, Schuschnigg démissionna ; le 13 fut accompli l'Anschluss de l'Autriche au Reich allemand.

1. Dorothy Burlingham avait quitté Vienne le 1er avril 1938 avec son fils Bob ; sa fille Mabbie était déjà partie auparavant. Les deux jeunes gens allèrent début mai à Londres, tandis que leur mère resta jusqu'à la mi-mai en Suisse (Burlingham 1989, p. 263 *sq.* ; F/AF, p. 541).

2. Manifestement William Bullitt, qu'Ernst avait rencontré peu de temps auparavant, et qui avait promis de faire pour Freud ce qu'il pourrait, « en cas de besoin, d'aller même à Berlin et d'y parler avec [le ministre des Affaires étrangères] Neurath et [le ministre de la Propagande] Goebbels » (Burlingham 1989, p. 264). Dans les faits, la pression diplomatique exercée par Bullitt contribua beaucoup à ce que Freud reçût l'autorisation de sortie du territoire (cf. Gay 1989, p. 699-702).

3. Concernant la sortie du territoire.

4. À savoir lors de l'immigration en Angleterre. Elle dut passer six mois en quarantaine (Molnar 1996, p. 450). Jofi, à qui elle avait succédé, était morte en janvier 1937 (*ibid.*, p. 379).

322-Ernst [En-tête Vienne] 12.5.1938 [1]

Cher Ernst

Je t'écris sans motivation extérieure, parce que je suis assis là, impuissant et inactif, tandis qu'Anna fait toutes les démarches, passe dans tous les bureaux, expédie toutes les affaires. On peut « déjà voir le voyage [2] ». Nous n'attendons plus que la déclaration selon laquelle nous sommes en règle avec le fisc [a] [3], qui doit arriver d'ici une semaine. Martin partira sans doute avec les siens avant nous, laissera sa femme et sa fille à Paris, ira à Londres avec le garçon. Il espère, et nous tous avec lui, que cela sera en pratique la fin de son mariage malheureux [4]. Elle [5] est non seulement méchamment cinglée, mais dérangée aussi au sens médical. Mais que va-t-il faire ensuite en Angleterre ? Il ne peut pas vivre sans femme(s), et il ne trouvera pas là-bas la sorte de liberté qu'il s'est permise ici.

Nous avons l'intention de nous reposer un jour à Paris chez la princesse Marie, peut-être seulement entre l'arrivée le matin et le train direct du soir. Bien sûr, tu seras avisé par télégramme dès que le jour sera fixé. Tu dois avertir l'office compétent de l'arrivée de Lün (qui s'appelle encore chez toi Jofi !) : je te le rappelle dès aujourd'hui, afin de nous épargner une annonce télégraphique. La princesse nous donnera de l'argent afin que nous n'arrivions pas en Angleterre réduits à la mendicité.

Deux perspectives sont préservées en cette sombre époque : vous voir tous réunis et – *to die in freedom* [6]. Je me compare parfois au vieux Jacob, que ses enfants avaient aussi emmené en Égypte à un âge avancé, comme Th. Mann nous le décrira dans son prochain

---

a. Ici, en marge, un point d'exclamation entre parenthèses ; on ne sait pas de la main de qui.

1. Cette lettre est en grande partie reproduite in F/Corr, p. 483.
2. Une expression de la petite Sophie, souvent citée dans la famille (MaF, p. 52).
3. La famille Freud avait déjà les passeports ; elle avait maintenant besoin encore d'un document attestant qu'elle n'avait plus de dettes fiscales. Celui-ci arriva le 2 juin ; le départ eut lieu deux jours plus tard (Molnar 1996, p. 423).
4. À propos de l'émigration de Martin et de la séparation afférente d'avec sa femme, cf. *supra*, p. 109.
5. Esti Freud.
6. « Mourir en liberté ». [N.d.T.]

roman [1]. Espérons que cela ne sera pas suivi comme autrefois d'un exode hors d'Égypte. Il est temps qu'Assuérus trouve le repos.

Dans quelle mesure nous autres vieilles personnes réussirons à nous accommoder des difficultés de la nouvelle patrie ? Cette question reste ouverte. Tu nous y aideras. Tout cela ne compte pas au regard de la libération. Anna y parviendra sans doute facilement ; et c'est là le point décisif, car pour nous, entre 73 et 82 ans [2], toute cette entreprise n'aurait pas eu de sens.

Si j'arrivais avec des richesses, je me constituerais une nouvelle collection avec l'aide de ton beau-frère [3]. Mais, étant donné la situation, je devrai me contenter des deux petites pièces que la princesse m'a dérobées lors de sa première visite, et des objets qu'elle a achetés pour moi lors de son dernier séjour à Athènes et qu'elle garde maintenant à Paris. Ce que je vais faire suivre de ma propre collection est en effet tout à fait incertain [4]. Il est vrai que cela rappelle le sauvetage de la cage d'oiseaux lors de l'incendie [5].

Je pourrais continuer à écrire ainsi pendant des heures, mais tu seras trop occupé pour le lire. C'est pourquoi, à toi, Lux et à tous les garçons, seulement de cordiales salutations de

Papa

323-Gab [En-tête Londres I] 3.8.1938 [a]

Cher Gab

Je savais et nous savions que tu fêtais ton anniversaire dimanche ; mais, d'une certaine façon, la canicule a exercé une influence paralysante sur la décision de t'envoyer un télégramme. Je t'aurais écrit de toute façon, car te demander ce que tu souhaites par télégramme aurait été trop coûteux. C'est ce que je rattrape maintenant, et,

---

a. Enveloppe adressée à : Mr G. St. Freud/ Walberswick/ Southwold/ Suffolk/ Hidden House.

1. Le quatrième et dernier tome de la tétralogie de Thomas Mann, *Joseph le Nourricier*, parut en 1943. Freud avait « mélancoliquement » prévu qu'il ne lui serait plus donné d'en être contemporain (Hummel 2006, p. 88).
2. Âges respectifs de Minna Bernays et de Freud.
3. Identité non éclaircie.
4. En fait, Freud put sauver toute sa collection pour lui-même.
5. Freud avait déjà utilisé cette même comparaison en 1910 dans une lettre à Ferenczi (F/Fer I, p. 239).

ayant tant économisé sur le courrier, je n'ai pas besoin d'économiser sur toi.

Avec des vœux cordiaux de ma part

Grand-pa

Une lettre de Freud à Elise Brasch

MAI 1936 [a] [1]

JE VOUS REMERCIE CORDIALEMENT POUR VOTRE PARTICIPATION À LA CÉLÉBRATION DE MON QUATRE-VINGTIÈME ANNIVERSAIRE [b]

et espère n'avoir toujours que de bonnes nouvelles de vous, la grand-mère de mes petits-fils.

Freud

---

a. Enveloppe associée adressé à : Frau Elise Brasch/ Berlin W 15/ Knesebeckstr. 54 ; cette adresse raturée par la main d'un tiers et remplacée (avec des fautes d'orthographe) par : Grampnitz bei Potzdam/ Adrresse Dr Mosse.

b. Imprimé jusqu'ici, la suite manuscrite.

1. Une des cartes préimprimées que Freud envoyait alors par centaines, avec des variantes additives individuelles. À Crampnitz, près de Potsdam, habitait la fille d'Elise Brasch, la sœur de Lucie, Gerda, avec son mari.

Sophie (« Soph ») et Max

Sophie Halberstadt, née Freud, vers 1914

Sophie Halberstadt, née Freud (1893-1920)
Esquisse biographique

Le 12 avril 1893, Martha Freud eut sa deuxième fille, le cinquième enfant en six ans et demi. (Après quoi elle en eut à vrai dire assez des grossesses, et vécut un certain temps en situation de continence avec son mari, avant qu'Anna ne fût engendrée au titre de retardataire.) Le nouveau-né fut nommé Sophie, d'après Sophie Paneth, la femme d'un camarade d'études de Freud, décédé trois ans auparavant. Peut-être que le choix de ce nom constituait un remerciement en retour du cadeau financier considérable que les Paneth avaient fait lors de leur propre mariage aux amis qui étaient moins favorisés qu'eux par le destin. Sophie passait pour être la fille préférée de sa mère. La mère et la fille partirent à plusieurs reprises en voyage ensemble : à l'été 1909 à Hambourg chez la mère de Martha et, entre 1909 et 1911, à Karlsbad, afin de combattre les ennuis biliaires de Sophie. S'inscrit dans le même tableau le fait que la fille finit par se marier à Hambourg, ville natale de sa mère[1]*.*

Quand on parle de Sophie, on met en avant sa beauté. Dès ses trois ans, son père lui décerna ce compliment qu'elle se trouvait « au stade de la beauté[2] *» ; Mathilde la trouvait à dix-sept ans « très jolie » ; un parent qualifia Sophie de « plus belle femme qu'il ait jamais vue ». Dans la mesure où elle avait occupé le terrain de la beauté, Anna, qui*

---

1. F/FL, p. 76 (continence) ; F/MB, p. 231, cf. Paneth 2007 (choix du prénom) ; F/Corr, p. 110 (cadeau financier) ; Wald., p. 20, Young-Bruehl 1995, t. I, p. 57 et 341, note 43 (fille préférée) ; F/J, p. 314 I, F/Fer I, p. 72, 295, 327-Soph avec note 4 (voyages avec sa mère).
2. Ce dernier mot en français dans l'original. [N.d.T.]

était jalouse de sa sœur aînée et se trouvait avec elle dans une « éternelle controverse », ne put que se rabattre sur l'intelligence. Par ailleurs, la jeune Sophie était qualifiée de « mordante », elle se serait « un peu fermée à la vie », et, plus tard, Freud formula qu'elle était « à vrai dire abrupte à l'égard des inconnus ». On ne connaît rien de précis de sa formation scolaire ; il est probable qu'elle se déroula exactement de la même manière que celle de ses sœurs : lycée privé jusqu'à l'âge de seize ans. Elle aussi se trouva face au but de vie typique tout tracé d'une fille bourgeoise de l'époque : mariage, ménage, enfants. Il semble qu'elle se soit pliée à ce but de meilleure grâce que ses sœurs : « Sophie », se souvient Hans Lampl, « était une jeune fille simple », beaucoup moins intéressée par les choses intellectuelles que Mathilde ou a fortiori *Anna. Comme sa sœur aînée, elle apprit à tricoter auprès de tante Minna et, à dix-sept ans, elle se précipita dans les convivialités de la jeunesse. « Sopherl aussi danse beaucoup », racontait alors Mathilde*[1].

C'est à cette époque que Lampl (né en 1889), le camarade d'école de Martin, tomba amoureux d'elle, et fut aimé en retour – avec pour résultat qu'en 1910, contrairement aux années précédentes, il ne fut plus invité à passer les vacances d'été avec la famille Freud. Tous deux s'étaient-ils déjà promis le mariage ? Rétrospectivement, Lampl manifeste de la compréhension pour le refus qu'il essuya, car il était alors encore étudiant – et les Freud « étaient d'une manière générale beaucoup plus conventionnels qu'on n'aimerait à l'imaginer ». Mais Sophie ne se laissa pas détourner longtemps de son désir de mariage. Comme Lampl le rapporte, elle ne se sentait pas bien à la maison et, dès qu'une occasion de partir se présenta, elle s'en saisit. Cela dit, la relation ancienne qu'elle avait entretenue avec lui, poursuit Lampl, avait été connue à Vienne ; et c'est pourquoi elle dut être ouvertement niée lors des noces de Sophie : ce fut « un mariage juif, dans la maison. Et il s'est alors joué quelque chose de très étrange. Ce fut moi *qui dus en effet aller chercher Sophie. Avant la noce, Sophie était dans le bureau du professeur. La mariée attendait, et l'on m'a chargé d'aller chercher Sophie. À cette époque, j'aimais* encore *Sophie, et elle m'aimait* aussi.

1. F/Fl, p. 252 (« beauté ») ; *supra*, p. 77 (« jolie », « mordante ») ; Behling 2002, p. 173 *sq.* (« plus belle femme ») ; F/AF, p. 98, 100 (« controverse ») ; Young-Bruehl 1995, t. I, p. 63 (beauté/intelligence) ; 337-Soph, 413-Max (« fermée », « abrupte ») ; Lampl-Int., p. I/23 (« jeune fille simple ») ; Young-Bruehl, *op. cit.*, p. 62 (tricoter) ; Gödde 2005, p. 363 (« Sopherl danse »).

Sophie et Martha Freud, vers 1912

Et, de cette manière, on a pour ainsi dire démontré au monde entier que je ne pouvais malgré tout qu'être d'accord avec cela [1] *».*

Sophie trouva à l'âge de dix-neuf ans l'homme qui l'enleva à sa famille vers le printemps et l'été 1912, lors d'une visite assez longue à Hambourg qu'elle fit cette fois seule. Né le 14 mai 1882, Max Halberstadt faisait partie de la parentèle élargie de Martha Freud. Il était photographe, spécialisé dans les portraits, et possédait depuis 1907 un atelier personnel, qu'il échangea en 1912 contre un meilleur. Dès 1909, Freud avait fait faire chez lui une photo « officielle » – qui fut du reste sa première. De retour de Hambourg, Sophie mit ses parents devant le fait accompli [2] *de ses fiançailles (informelles). Elle avait opté pour un homme et pour le mariage avec la même autonomie que Mathilde auparavant, et, Freud ayant déjà considéré que son aînée, alors âgée de vingt ans, était trop jeune pour le mariage, il dut être* a fortiori *de cet avis en la présente occasion. Mais il campait sur le principe déclaré que ses filles devaient se « donner selon leur libre inclination » ; d'après tout ce qu'il savait déjà du fiancé, il avait un préjugé*

1. Cet épisode d'après Lampl-Int., p. I/22 *sq.*
2. « Fait accompli » : en français dans l'original. [N.d.T.]

favorable à son égard ; et, après que Max eut rendu sa visite inaugurale à ses futurs beaux-parents, il approuva tout à fait ce qui s'était passé. Max lui apparut comme une « personne particulièrement fine et sérieuse », et il acquit rapidement dans sa vie affective le statut de fils[1].

Freud étant conscient du peu de biens que Sophie apportait dans le mariage, il ne pouvait non plus être très exigeant quant à la fortune du fiancé ; il lui suffit que sa situation fût « bourgeoisement correcte ». De fait, les affaires de Max Halberstadt ne furent pas toujours brillantes, bien qu'il travaillât à l'époque de Weimar pour des célébrités du théâtre de Hambourg ou pour des firmes comme Reemtsma et Darboven ; à plusieurs reprises, il en fut réduit pendant des mois et des années à des subventions de Freud. De manière générale aussi, il profita très manifestement de son beau-père. Celui-ci lui alloua le monopole commercial de ses photos portraits ; par les mots : « Mes photographies sont fabriquées par l'atelier Max Halberstadt à Hambourg », il déclina en 1926 l'offre afférente d'une firme viennoise. Chaque fois que quelqu'un avait besoin d'un portrait de Freud, il était renvoyé à Hambourg. La Maison d'édition psychanalytique achetait chez Halberstadt, et Freud aussi commandait chez lui des tirages de photos officielles, pour les distribuer auprès d'adeptes pleins de vénération. Pour ne rien dire des nouveaux clients que l'atelier Halberstadt recruta dans la parentèle de Freud et dans les cercles analytiques[2].

Le mariage de Sophie et Max fut célébré le 26 janvier 1913[3] *; ensuite la jeune femme déménagea à Hambourg. Freud s'attendait à lui rendre visite au moins une fois par an (ce qui incluait généralement un arrêt à Berlin). Martha y allait encore plus souvent et y restait la plupart du temps assez longtemps. Sa première visite à sa fille eut lieu en avril-mai 1913, probablement en réaction à ce que Sophie disait de son mal du pays. C'est à la même époque que Sophie subit une interruption de grossesse pour raisons médicales. Lorsque ensuite, dans*

1. 329-Max avec note 4, p. 416 (visite à Hambourg, parentèle) ; Weinke 2003 (photographe) ; 325-Max avec note 1 (photo 1909) ; 329-Max « libre inclination ») ; F/Fer I, p. 418 (« personne fine ») ; 337-Soph, F/Bi, p. 169 (statut d'un fils).
2. 27-Math (pas très exigeant) ; Freud 2004d, p. 53 (« bourgeoisement correcte ») ; Weinke 2003, p. 112, 114 (époque de Weimar) ; 497-Max, Freud/Atelier Lobé, 2.7.1926 (FMW) (monopole) ; 404- et 452-Max (Maison d'édition, Freud commandait) ; F/A, p. 564, 447-Max avec note 1 et 471-Max avec note 4 (clients).
3. Voir cette date dans l'arbre généalogique de la famille (SFP/LoC) ; elle est confirmée par F/A, p. 224, et F/Brill, 20.1.1913 (contre Weinke 2003, p. 112).

Sophie et Max, vers 1914

la nuit du 10 au 11 mars 1914, le petit Ernst Wolfgang (« Ernstl ») vint au monde, Freud commenta l'arrivée de son premier petit enfant par ces mots : « Très étrange ! Un sentiment vieillot, respect devant les prodiges de la sexualité ! » Il a dû s'agir pour lui d'un profond accomplissement de souhait. Comme le remarque Lampl : « Il a toujours eu, comme ça, le sentiment que les humains doivent avoir des enfants. Comment, avec quoi ils allaient leur donner à manger, cela ne l'intéressait pas. [...] Il était très heureux que Sophie ait eu ces deux enfants. » Pour la naissance d'Ernstl, Martha retourna à Hambourg[1].

Freud lui-même fit la connaissance de son petit-fils lors d'une visite en septembre de la même année. Il constata alors avec bienveillance

1. F/A, p. 213 (une fois par an) ; 337-Soph avec note 3, p. 424 (visite de Martha) ; Young-Bruehl 1995, t. I, p. 344, note 94 (grossesse) ; F/Fer I, p. 583 (« très étrange ») ; Lampl-Int., p. I/25 ; F/Bi, p. 137 (naissance).

que sa fille se conformait aux maximes de la première pédagogue psychanalytique, Hermine Hug-Hellmuth. Lorsque l'enfant âgé de quatre ans réagit négativement à la naissance d'un frère, Freud apaisa la mère consternée : cela tenait surtout au fait que « vous n'avez pas, comme d'autres parents, réprimé violemment dès le début de telles manifestations par des cris ». Lors de sa visite suivante, en septembre 1915, il observa sur la personne d'Ernstl le jeu du « Fort-Da » – l'élaboration du départ de la mère par le « faire-disparaître » et le « faire-revenir » d'une bobine de fil –, dont il fit l'objet d'une analyse célèbre. Il inséra dans L'Interprétation du rêve *un rêve de l'enfant âgé de trois ans et demi, que la mère avait noté. C'est à ses petits-fils de Hambourg – Ernstl et le cadet Heinele – que se rapportent, parmi ceux qui nous ont été transmis, les propos les plus séduisants que Freud ait énoncés sur des petits enfants. Lorsque Anna se fit une fois du souci à propos de l'immoralité de Heinele (quand on lui donnait à manger, il ne réagissait pas aux mots : « Une cuillerée pour papa, etc. », il fallait dire : « Voilà un morceau que Minna n'aura pas », etc.), il répondit : ce garçon « deviendra encore très moral, cela est garanti par sa très grande gentillesse. Sa mauvaiseté est étroitement liée à sa vivacité intellectuelle. Être sage est dès le début* dull [1] *». C'étaient les charmants garnements qu'il aimait particulièrement, et c'est pourquoi Heinele fut, aussi longtemps qu'il vécut, son plus grand chouchou parmi ses petits-fils. Face à un parent en Angleterre, il le caractérisa par les mots :* « A charming naughty devil of a boy [2]. »

Comme les fils de Freud à Vienne, le gendre hambourgeois fut aussi incorporé dans l'armée au moment de la Première Guerre mondiale ; lui aussi partit dans l'artillerie. Quand Freud écrivait à des amis au sujet des destinées guerrières de ses fils, il le faisait tout à fait dans les mêmes termes pour Max que pour Martin, Oliver et Ernst. Il semble que Max ait pu un temps retarder son incorporation, mais, le 8 décembre 1915, le temps des ménagements [3] prit fin. Au lieu, comme

1. Anglais : « abrutissant ». [N.d.T.]
2. « Un charmant vilain diable de garçon. » [N.d.T.] F/A, p. 340, 346 (visite en 1914) ; F/A, p. 347(Hug-Hellmuth) ; 398-Soph (« réprimé par des cris ») ; Freud 1920g, p. 11-15 (Fort-Da) ; 386-SophMax avec note 1 p. 468 (rêve) ; F/AF, p. 373 *sq.*, 370 (« mauvaiseté » de Heinele) ; F/Sam, 4.12.1921 (« *devil of a boy* »).
3. Dans l'original : *Schonzeit.* Il est intéressant que l'éditeur ait utilisé ici une expression en principe réservée à la signification : « période de fermeture de la chasse ». [N.d.T.]

il l'avait espéré, de pouvoir accomplir son « dressage » près de Hambourg, il arriva dès janvier sur le front français, près d'Arras. Là, le 23 février 1916, il écopa d'une éraflure par balle à la tête et fut transporté à l'hôpital. Cette expérience déclencha chez lui une névrose traumatique ou de guerre, avec céphalées et dépression, de sorte qu'en septembre il fut « déclaré comme n'étant plus apte au service de guerre ». Fin octobre, il trouva un poste comme photographe aviateur, d'abord à Hanovre et à Königsberg. En novembre, sa femme alla avec Ernstl pour six mois complets chez ses parents à Vienne. En mai 1917, la petite famille déménagea à Schwerin[1]*, où, le 8 décembre 1918, son second fils, Heinz Rudolf (« Heinele », parfois aussi « Heinerle ») vint au monde. Max y était actif dans la formation d'aviateurs la reconnaissance aérienne. En juin 1918, il envisageait déjà de revenir à Hambourg. En novembre, après sa démobilisation, il franchit le pas, afin de pouvoir reprendre ses affaires dans la période de Noël ; Sophie suivit fin mars 1919*[2]*.*

Au moins depuis l'été 1917, Freud avait soutenu financièrement la famille de sa fille ; après la guerre, il poursuivit ce soutien. Le moral de Max s'en trouva à peine rasséréné, de sorte que Freud lui écrivit à l'occasion : « Je voudrais t'engager à ne pas te faire tant de soucis et de tracas et à mettre davantage de confiance dans votre jeunesse. Prends exemple sur la légèreté d'esprit de ton vieux beau-père. » En septembre 1919, Freud partit pour une semaine à Hambourg. C'est alors que fut effectuée la plus connue de toutes les photos de Freud : le demi-portrait avec cigare à la sévérité statuaire. Par ailleurs, il eut avec Sophie un entretien approfondi sur les soucis d'argent et la nécessité de la contraception, étant donné qu'ils ne pouvaient pas se payer un troisième enfant. Cela resta vain : vers la fin de l'année, sa fille contrite lui confessa qu'elle était à nouveau enceinte, ce à quoi Freud répondit par une lettre pleine de consolation et d'encouragement[3]*.*

---

1. Ville moyenne du Mecklembourg. [N.d.T.]
2. F/Fer II, p. 107, 111, F/E, p. 133 (incorporation à l'armée) ; *infra*, p. 451-465, avec notes (névrose traumatique, photographe aviateur) ; F/A, p. 432 (Königsberg) ; note 4 de 383-SophMax (Sophie à Vienne) ; F/A, 434 (à Schwerin) ; Weinke 2003, p. 112, W.E. Freud 2003, p. 85 (formation à la reconnaissance aérienne) ; 392- et 396-Max avec note 1, p. 477 (retour à Hambourg).
3. 386- et 401-SophMax, 134-Ernst (soutien) ; 403-Max (« légèreté d'esprit ») ; note 2, p. 484 de 404-Max (septembre 1919) ; note 5 de 406-Soph (photo de Freud) ; 409-Soph (consolation).

Certainement affaiblie par sa grossesse et les soucis afférents, Sophie dut se rendre à l'hôpital à la mi-janvier 1920 ; la cause précise n'est pas claire. Le 25 janvier, n'ayant pas encore atteint ses vingt-sept ans, elle y succomba à une « pneumonie grippale » – « comme emportée par le vent dans une santé florissante, en pleine activité vitale, mère vaillante et tendre épouse, en quatre ou cinq jours, comme si elle n'avait jamais existé ». Max fut inconsolable. Pour Freud, ce fut l'un des événements face auxquels il ne connaissait qu'une réaction : « Nécessité obtuse, résignation muette[1]. *» Il éprouva durement cette « monstruosité que des enfants doivent mourir avant les parents ». À cause des difficultés qu'on avait à l'époque pour obtenir un passeport et voyager, aucun des Viennois ne put assister aux obsèques à Hambourg ; seuls vinrent de Berlin Ernst et Oliver. Mathilde et Robert parvinrent à aller là-bas un peu plus tard. Le monument funéraire de Sophie fut dessiné par son frère Ernst. Freud ne cessa désormais de porter le portrait de sa fille défunte dans un médaillon fixé à sa montre à chaînette*[2].

Son histoire et donc aussi sa correspondance avec elle se poursuivirent avec le beau-fils veuf, qui était décidé à continuer à s'occuper de ses fils avec l'aide d'une gouvernante. Par deux fois, alors que celle-ci fut malade, à l'automne 1920 et ensuite à nouveau au printemps 1922, c'est Anna qui prit la relève et qui, chaque fois, se rendit à Hambourg pour plusieurs semaines, d'où elle donna à son père des nouvelles des deux garçons dans des lettres détaillées, vivantes, également préoccupées. Aux vacances d'été, on s'arrangea pour que les enfants de Hambourg ou parfois le petit Ernst seul puissent se retrouver avec la grand-mère viennoise et/ou tante Anna. Lors de trois visites en 1920-1922, Freud en personne se donna une image de la situation dans la maison. Il endossa une responsabilité quant à la santé et à l'épanouissement de ses petits-fils, priant par exemple Max d'utiliser des fonds grand-paternels pour faire en sorte qu'Ernstl, qui était un « mauvais mangeur », obtînt « chaque jour son œuf et éventuellement des sucreries ou du chocolat » :

---

1. Dans l'original : « *Stumpfe Notwendigkeit, stumme Ergebung.* » On voit qu'à tout prendre le premier prédicat ne se différencie du second que par l'adjonction d'un phonème. Le français peine hélas à suivre. L'effet de sens peut être : en quelque sorte, opposer le même au même. [N.d.T.]

2. Cf. 412-Max avec note 1, p. 494 et *infra*, p. 569 *sq.* (hôpital) ; F/Pf, p. 77 (« emportée par le vent ») ; F/E, p. 209, cf. 411-Max (« obtuse ») ; F/Bi, p. 169 (« monstruosité ») ; 177-Ernst (monument funéraire) ; 420-Max avec note 5 (médaillon).

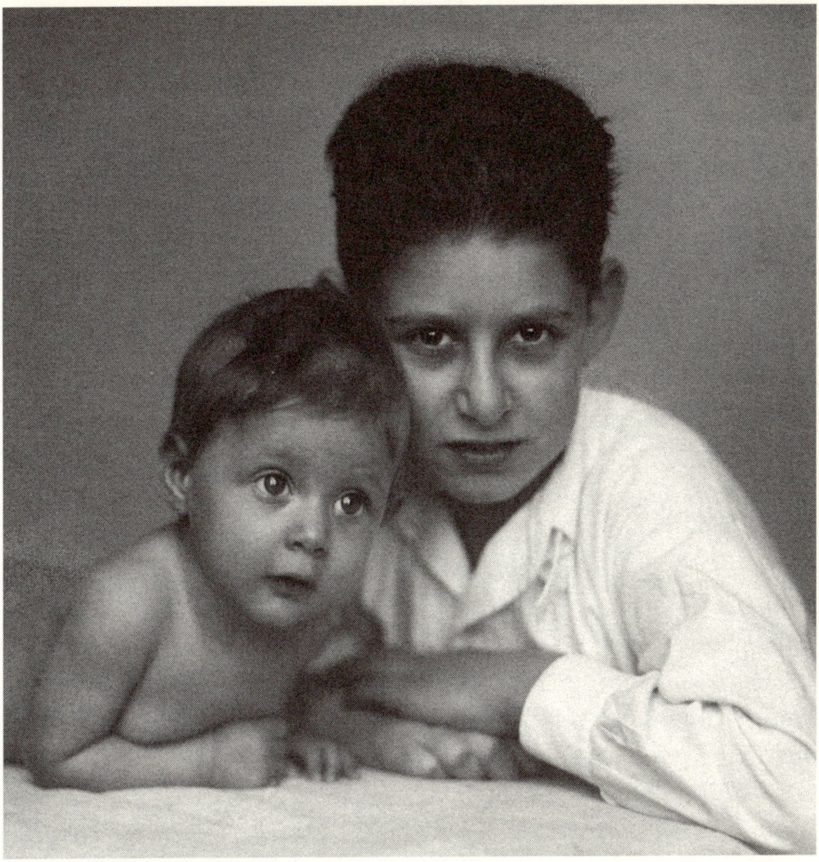

Les fils de Sophie, Heinele et Ernstl, vers 1921

les enfants avaient besoin de ça, et peut-être qu'alors le garçon aurait aussi envie de manger autre chose. Surtout, il imposa à son gendre son soutien financier au bénéfice de ses petits-fils. Cela correspondait manifestement pour lui à un besoin profond, celui de « cultiver » de cette manière « la mémoire de Sophie ». Max ne cessa de beaucoup souffrir de cette perte. De 1920 à mars 1922, Anna le trouva de manière invariable avec un moral « oppressé », sans courage et fatigué[1].

En septembre 1922, lors d'une visite de Freud à Hambourg, on constata que Heinele n'y était pas l'objet de soins ou d'attention médicale suffisants, de sorte qu'il dut déménager à Vienne. Mathilde et Robert l'adoptèrent comme leur enfant – et eurent à déplorer sa mort

1. F/Fer III, p. 8 (s'occuper des enfants) ; par exemple 450-Max (gouvernante) ; F/AF, p. 282 *sq.*, 351 *sq.* (Anna à Hambourg) ; 428-Max (« sucreries ») ; par exemple 415-Max, F/Fer III, p. 51 (soutien) ; 450-Max (« mémoire ») ; F/AF, p. 296, 328, 361, 373 (moral).

le 19 juin 1923. Freud lui-même eut le sentiment qu'il « n'y avait guère jamais eu d'être humain, à coup sûr jamais d'enfant qui lui eût été cher à ce point ». Cette perte, déclara-t-il cinq ans plus tard, lui aurait conféré « à la longue une satiété de la vie ». Désormais, il concentra sa sollicitude sur l'aîné, Ernstl, à qui il permit par exemple de faire une longue cure en Suisse. Lorsque le jeune garçon ne s'accommoda pas de l'école (de sa belle-mère non plus), lui aussi fut ramené à Vienne, où il passa sous la garde d'Anna et fréquenta la petite école psychanalytique privée de Hietzing. Freud suivit la continuation de la vie de l'aîné de ses petits-fils dans un internat berlinois, son voyage risqué en 1933 à Vienne, sa recherche d'une place dans la vie, qui le conduisit jusqu'en Palestine et en Russie, et constata avec satisfaction au cours de l'automne 1938 en Angleterre que « le nonchalant (petit) Ernst [avait] trouvé un poste rémunéré auprès d'une firme photographique ». Plus tard, cet Ernst prit le nom de « Freud » et devint psychanalyste [1].

Il avait toujours été clair que Max chercherait et trouverait tôt ou tard une nouvelle femme ; mais, encore en juillet 1922, Freud signalait que ce pauvre homme n'avait « en 2 ans et ½ toujours pas surmonté son deuil ». Ce n'est que le 20 novembre 1923 qu'il épousa sa deuxième femme, Bertha Katzenstein (1897-1982), avec laquelle il eut une fille en 1925. Freud lui écrivit une lettre de félicitations pour son mariage et resta fidèle aux sentiments paternels qu'il éprouvait pour lui : Max serait aussi après la mort de Sophie resté « des nôtres », remarqua-t-il en 1926. Pendant la crise économique, il le soutint comme ses fils par des paiements réguliers et supputa avec Martha si l'on ne devrait pas lui offrir la direction économique du sanatorium psychanalytique de Tegel. En 1933, il participa aux projets d'émigration de Max, demanda à Oliver s'il ne voulait pas se joindre à son beau-frère, et reçut Max en février 1936 pour une visite d'adieux, avant que celui-ci ne partît, après avoir dissous son atelier de Hambourg, avec sa femme et sa fille en Afrique du Sud. « Cela fait dix ans qu'il n'a pas été ici, dit alors Anna Freud, mais il est remarquable de constater à quel point

---

1. 452-Max avec note 1, p. 528 (Heinele à Vienne) ; Freud/K. et L. Lévy, 11.6.1923 (SFP/Loc) (« été cher ») ; F/Jo, p. II/60 (« satiété de la vie ») : 461- à 466-Max avec note 3, p. 540 (cure) ; par exemple 480-Max avec note 1, p. 551, W.E. Freud 2003, p. 64, 75 *sq.* (Ernstl à Vienne) ; Molnar 1996, p. 166 *sq.*, 181, 254, 342, 366 (continuation de la vie d'Ernstl) ; F/RMB, 13.10.1938, cf. W.E. Freud 2003, p. 52 (poste).

il nous est encore proche et combien nous le sommes de lui. » Max Halberstadt est mort le 30 décembre 1940 à Johannesburg[1].

Dans les années 1912-1920, Freud a entretenu avec sa fille hambourgeoise une correspondance très intense ; mais, dès cette époque, il eut aussi une correspondance séparée avec Max, à qui il continua d'écrire jusqu'en 1935. Ernstl reçut aussi quelques lettres de son grand-père. Le nombre total de pièces reproduites ci-dessous se monte à 189.

1. Freud 1958d, p. 289 (juillet 1922) ; Weinke 2003, p. 112 (deuxième femme) ; 458-Max (lettre de félicitations) ; 469-Max (« des nôtres ») ; 484-Max avec note 1, F/Sam, 1.12.1931, 293-Ernst (soutien) ; F/Meine Lieben, 25.8.1929 (Tegel) ; 133-OliHenny, Molnar 1996, p. 349, LAS/AF, p. 585 (« visite d'adieux) ; Weinke 2003, p. 117 (mort de Max).

Les lettres

Les premiers des messages conservés de Freud à Sophie sont des pièces isolées écrites à l'occasion de divers voyages du père ou de la fille [1]. *Dans l'intervalle se trouve une lettre à Max Halberstadt à propos d'une photo portrait que Freud fit confectionner chez Max dès avant que celui-ci devînt son beau-fils.*

324-Soph 10.4.09 [a] [2]

Chère Sophie

J'espère que cette salutation arrivera tout juste pour ton anniversaire

Pa

---

a. Carte postale avec vue : VENEZIA – Quattro Cavalli di Bronzo sulla Chiesa di S. Marco.

1. Ne sont pas reproduites dans ce qui suit les salutations sur deux cartes postales que Freud a envoyées à Sophie le 24.9.1908 du lac de Garde ou le 13.9.1909 des chutes du Niagara. Elles sont contenues dans l'édition de ses lettres de voyage (F/Voy, p. 244, 275).
2. Freud passa le week-end de Pâques (11 avril) 1909 avec sa belle-sœur Minna et son frère Alexander à Venise (F/Fer I, p. 60).

325-Max [En-tête Vienne] 1.X.09

Monsieur

Je sais que je suis un objet défavorable à toute reproduction [1]. Ma femme souhaite respectivement 3 tirages des échantillons joints a et e ; j'ai sélectionné e pour en commander une douzaine. Si e devait se présenter dans son exécution définitive sous un jour encore plus favorable, il nous en faudra sans doute un plus grand nombre.

Avec d'aimables salutations de la part de ma femme et de moi-même

Votre dévoué
Freud

326-Soph 1.4.10 [a] [2]

Au revoir à dimanche [3] matin

Pa

327-Soph [En-tête Vienne] 25.5.10 [4]

Chère Soph

Je te demande de me dire si tu as trouvé la chaînette de lorgnon pour maman ou s'il vaut mieux trouver à l'acheter à Vienne. Je te

---

a. Carte postale avec vue : Rothenburg o. T., Rathaus.

1. À son retour d'Amérique durant l'été 1909, Freud fit halte à Hambourg les 29-30 septembre, et il s'y fit tirer son portrait dans l'atelier de photo de Max Halberstadt (cf. 329-Max). Plus tard, il reconnut comme « officielle » l'une des photos alors réalisées (reproduction in E. Freud et collab. 1976, p. 190 ; cf. Weinke 2003, p. 125) (344-Max).
2. À Rothenburg, où cette carte a été écrite, Freud passa une « bonne journée » avec C.G. Jung (F/Fer I, p. 166) à la suite du IIe Congrès psychanalytique (Nuremberg, 30-31 mars 1910).
3. Le 3 avril.
4. Le 17.3.1910, Freud avait écrit à Oskar Pfister (F/Pf) : Sophie « souffre d'une enflure non poétique de la vésicule biliaire – à cause de calculs ou plutôt pas – et elle a tiré un bénéfice très conséquent de la cure qu'elle a faite il y a un an à Karlsbad, de sorte que nous espérons la rétablir grâce à celle de cette année ». Le séjour thermal de Sophie et Martha dura du 8.5 au 5.6. (F/Fer I, p. 179, 187). Freud lui avait rendu visite à Karlsbad pour la Pentecôte (15 mai).

prie en outre de demander chez le célèbre joaillier Kessler[a][1] combien coûte un étui à cigarettes en néphrite, comme j'en ai vu chez lui. S'il est abordable (c'est-à-dire jusqu'à 50 K), je voudrais en acquérir un pour en faire cadeau au Dr Ferenczi.

J'espère que vous allez très bien et que vous ne laisserez pas passer le moment de réclamer de l'argent.

Très cordiales salutations

Pa

Dans les premières semaines des vacances d'été 1910, que Freud passa avec Oliver et Ernst à La Haye, Sophie séjourna avec sa tante Minna et sa sœur Anna dans la localité de Bistrai, en Silésie autrichienne. Qu'elle ait envié ses frères, c'est ce qui ressort d'un mot qu'elle joignit probablement à une lettre de Minna : « Cher papa !/ Je voudrais aussi faire du cheval ! (nager, etc.)/ Ta fille Sophie[2]*. » Fin juillet, les deux filles rejoignirent avec Martha le reste de la famille ; on passa le mois d'août à Noordwijk. Pendant le voyage en Sicile pour lequel Freud partit de là-bas, il fut tenu au courant par les récits alternés des enfants qui étaient restés (et ceux de sa femme). C'est ainsi que Sophie, dans une carte postale expédiée le 5 septembre encore de Noordwijk, raconte :*

> Nous sommes en train de faire les bagages. Hier soir, Ernst a eu de la fièvre ; il avait un peu pris froid ; mais, moyennant des bouillottes et beaucoup de tisane bien chaude, il a été remis sur pied. Martin compose des poèmes d'adieux ; Oli combine avec enthousiasme des horaires de chemin de fer, dans lesquels il indique précisément chaque station. Je me baigne en dépit de la tempête et de la houle ; et cela me fait beaucoup de bien. Martin est très aimable, et les deux autres garçons aussi très gentils. Nous aurions beaucoup aimé que maman télé-

---

a. Nom corrigé.

1. Chez qui Freud se fournissait souvent (F/AF, p. 76 *sq.* avec note 11).
2. Ce qui suggère la date à laquelle ce billet (SFP/LoC) a été écrit, c'est une exclamation tout à fait semblable d'Anna dans le post-scriptum à une lettre envoyée par Minna de Bistrai, où personne ne se sentait très bien. À propos du séjour là-bas dans son ensemble, cf. F/MB, p. 255-262 (exclamation d'Anna : p. 261). Une carte postale que Freud envoya à Sophie le 17 juillet 1910 de La Haye est publiée ailleurs (F/Voy, p. 286) ; de même un petit post-scriptum qu'elle ajouta à une lettre de Minna (F/MB, p. 262). – De plus amples détails quant aux arrangements des vacances de cet été-là *supra*, p. 70-73.

graphie : « enfants charmants sans exception » ; mais maman n'a pas voulu.

Sur une carte postale avec la Vue de Delft *de Vermeer, qui est accrochée dans le Mauritshuis à La Haye, elle accuse réception le 8 septembre de la lettre de Freud datée du 6 à Rome*[1] *et restitue un poème que Martin – pris d'une fureur poétique – lui aurait dicté :*

Combien de degrés à Palerme
Peut bien donner à l'ombre le therm-
Omètre, tandis que je peine à réchauffer mon épiderme,
Mais que pour la Hollande je m'enthousiasme ferme[2].

De Vienne elle écrivit finalement le 17 septembre :

Cher papa !

Aujourd'hui nous avons reçu ta carte de Palerme et pensons que tu ne resteras que peu de temps à Syracuse et reviendras ensuite à Palerme. Nous espérons que tu as reçu toutes les dernières nouvelles. [...] – Nous sommes depuis hier matin rentrés sains et saufs à la maison (comme tu le disais dans ton télégramme[3]) et nous avons maintenant le plus bel été. Les derniers jours à La Haye ont été encore magnifiques, nous avons été à Leyde, ce qui fut peut-être le plus beau, et nous y avons tout vu. Anna von Mastright nous a guidés[4]. Nous sommes partis mardi soir[5], maman et moi en wagon-lit, Martin en 2e classe, et nous sommes arrivés mercredi matin à Berlin. Tante Mitzi nous a rendus complètement dingues et, après la Hollande, Berlin nous a été très antipathique, terrassant aussi. Le lendemain, nous avons rendu visite aux Wertheim dans le Grunewald[6] ; leur maison est quelque chose d'indescriptible, elle fut comme une conclusion après tous les musées. L'après-midi, nous sommes partis passablement fourbus ; mais le voyage a été si agréable que Martin a dit que nous regrettions chaque heure quand elle était passée. D'une manière générale, il a été tout le temps d'une amabilité charmante, s'est efforcé de tout

1. Lettre reproduite in F/Voy, p. 301-303 ; *ibid.* (p. 350 *sq.*) la carte de Freud du 14.9.1910 de Palerme, mentionnée ci-dessous.

2. Dans l'original, tout est rimé sur « Paler*mo* », les deux derniers vers étant artificiellement et plaisamment tirés vers la finale « -o ». [N.d.T.]

3. Apparemment un télégramme de salutation non conservé à l'occasion du retour de la famille à Vienne.

4. Cf. *supra*, p. 113 avec note 4 et p. 215 *sq.*

5. Le 13.9.

6. Cf. *supra*, p. 113 avec note 4.

nous faciliter, a entrepris pour nous diverses démarches ; et il s'est comporté d'une façon tout particulièrement gentille. Anna et Ernst vont déjà régulièrement à l'école, mais Ernst n'a pas du tout bonne mine. Dans notre appartement règne encore un grand remue-ménage [1]. Le placard à vêtements n'est pas encore terminé, et on est revenu chercher pour réglage le poêle à gaz pour les bains ; mais la cuisine est devenue splendide, Agnes [2] est aux anges et n'y laisse entrer personne de peur qu'elle ne soit salie. Nos grands bagages sont arrivés aujourd'hui ; nous sommes en général en pleine activité. Nous enverrons aussi les prochaines nouvelles à Palerme. Salutation et baiser

de ta Sophie.

Freud écrivit la carte suivante en juillet 1911 de Karlsbad, où il séjournait en compagnie du couple Emden. Au début, Sophie y avait été aussi auprès de lui, qui avait fait une cure une nouvelle fois à Karlsbad avec sa mère du 19 avril au 20 mai [3].

328-Soph 18.7.11 [a]

En souvenir de notre première visite ici, j'ai réitéré aujourd'hui cette excursion avec les Emden. Le docteur nous a lu la légende consignée dans le livre ; elle a admiré les rochers [4]. Maintenant, nous attendons les truites, après que le café reporté en fin d'après-midi aura été surmonté. Si tard dans la soirée, nous sommes les seuls hôtes.

Cordiales salutations
Pa
A. von Emden
J. von Emden

a. Carte postale avec vue : Hans Heiling bei Karlsbad und Ellbogen ; adressée à : Oberbozen a Ritten/ Hoferhaus/ Tirol.

1. À propos de la situation familiale à Vienne, cf. *supra*, p. 74, avec note 4, et p. 75, avec note 2.
2. Probablement la cuisinière.
3. Jones II, p. 95 ; F/Fer I, p. 283, 295 (Sophie à Karlsbad).
4. Au rocher de Hans Heiling dans l'Egertal à l'ouest de Karlsbad est associée la légende suivante : Hans Heiling avait conclu avec une nixe un pacte en vertu duquel elle lui apprendrait la magie noire, pourvu qu'il ne se mariât jamais. Mais quand il se maria malgré tout, la nixe métamorphosa tout le cortège nuptial en pierre : précisément ce rocher.

En 1912 aussi, Freud commença ses vacances d'été par une cure de plusieurs semaines à Karlsbad (du 14.7 au 14.8), cette fois en compagnie de sa femme. Minna, Sophie et Anna passèrent cette période à Lovrana. Le 15 août, les deux parties allèrent à Karersee, au nord-est de Bolzano [1]*. Les lettres suivantes, dont la première a été encore écrite à Vienne, tournent autour des fiançailles de Sophie avec Max Halberstadt, qui venaient tout juste d'avoir lieu.*

329-Max [En-tête Vienne] 7 juillet 12 [2]

Monsieur

Ma petite Sophie, à qui nous avions accordé une permission de quelques semaines à Hambourg [3], est donc revenue il y a deux jours, sereine, rayonnante et résolue, et nous a fait cette communication surprenante qu'elle s'y était fiancée à vous. Nous avons compris que nous étions par là déclarés – en un certain sens – superflus et que nous n'avions rien d'autre à faire que dispenser la formalité de notre bénédiction. Étant donné que nous n'avons jamais eu d'autre souhait que celui que nos filles se donnent selon leur libre inclination, comme l'a fait du reste notre aînée, nous ne pouvons au fond qu'être très contents de cet événement. Cependant nous sommes des parents, affligés de toute les infatuations de notre position, nous nous sentons tenus de faire valoir notre importance ; et c'est pourquoi nous voulons avoir aussi nous-mêmes sous les yeux le jeune homme énergique dont la détermination a déteint sur notre enfant, avant de dire avec émotion oui et amen.

C'est un bon point que vous ne nous étiez pas inconnu auparavant. J'ai emporté d'une visite dans votre atelier une impression de vous qui ne peut être que fugitive, mais n'en est pas moins hautement sympathique ; mais les deux mères – ma femme et ma belle-sœur – vous connaissent vous-même, votre mère, vos proches et, comme elles le disent, elles vous ont toujours rangé dans le cercle rapproché de notre parentèle [4]. De ce côté aussi, tous les sentiments

1. À propos de ces arrangements de vacances, cf. Jones II, p. 99, F/AF, p. 85, note 2, et F/Fer I, p. 67.
2. Lettre reproduite in F/Corr, p. 303 *sq.*
3. Le départ eut lieu en tout cas avant le 21 mai 1912 (cf. F/Brill, 21.5.1912).
4. Le père de Max, Wulff Selig Halberstadt (1847-1885), ne vivait déjà plus depuis longtemps. Sa mère, Michele Mathilde née Wolff (1856-1932), était

affluent vers vous. Selon toute vraisemblance, me dit-on, notre fille, qui sort à peine de la prime adolescence, va atterrir dans un nid bien chaud au côté d'un homme sérieux, aimant, lucide et intelligent.

S'il en est ainsi, en tant que parents, nous ne faisons, n'est-ce pas, que notre devoir en approuvant son inclination. À présent, cela devient un devoir pour moi que de faire plus amplement votre connaissance, et ce ne sont que quelques considérations pratiques qui m'invitent à faire taire mon impatience.

Sophie, qui, chose tout à fait remarquable, s'identifie déjà totalement à vos intérêts, rapporte que, dans les prochains jours, vous ne pourriez vous libérer qu'au prix de grands sacrifices. Cette semaine, ce sera le branle-bas de départ ; ma femme est prise par des affaires ; j'ai encore plus 9 heures de travail par jour. C'est pourquoi il ne paraît pas opportun de vous inviter dès à présent à Vienne. À partir du 15, nous serons tous deux à Karlsbad, où nous pensons rester environ 4 semaines, et nous aimerions vous voir pendant cette période auprès de nous, bien qu'alors la partie la plus attirante de la famille, la jeunesse, ne puisse vous être montrée [1]. Nous n'aurons pas alors pour seule tâche d'approfondir notre connaissance ; nous devrons aussi échanger sur les assises matérielles d'un mariage et aborder les questions techniques du lieu et de la date. C'est bien sûr aussi notre vœu que de pouvoir, à partir de cette visite, vous saluer par un nom plus tendre.

Dans cette attente, avec un cordial salut et mes meilleurs vœux

Votre Freud

330-Soph [En-tête Vienne] Karlsbad 20.7.12 [a] [2]

Ma chère Sophie

Un autre père écrirait qu'il ne comprend pas pourquoi un télégramme de la teneur : « Maman papa Max te félicitent [3] » peut être

a. Enveloppe associée adressée à : Beauregard/ Lovrana/ bei Abbazia.

apparentée avec (probablement une sœur de) Jacob Wolff, qui avait épousé une cousine de Martha Freud (Fanny Philipp, fille d'un frère de la mère de Martha) (StAH, Tableau généalogique Halberstadt ; cf. F/MB, p. 350-352 ; avec mes remerciements à A. Hirschmüller).

1. Max alla à Karlsbad le mercredi 17 juillet 1912 (F/Fer I, p. 411).

2. Lettre reproduite de manière tronquée in F/Corr, p. 311.

3. Ce télégramme antécédent à Sophie (sans doute du 17.7) ne semble pas avoir été conservé.

reçu dans un autre sens que : « te félicitent pour tes fiançailles », « te saluent comme fiancée », et qu'il ne peut concevoir qu'une telle salutation puisse susciter de l'insatisfaction. Mais je peux m'expliquer que ta mauvaise conscience t'ait un peu tourmentée, parce que, lors des fiançailles mêmes, tu es ainsi passée complètement outre à nous ; et cela te fait à tout le moins honneur. La force de ton repentir se laisse mesurer à ceci que tu as réussi à faire même un peu dérailler la tante qui est d'habitude si réfléchie.

Non, tout est dans l'ordre ; et Max s'est comporté, même s'il fut encore un peu farouche, de manière très aimable et captivante. Tu trouveras nos autres intentions dans un deuxième télégramme et dans ma lettre à la tante [1]. Je dois seulement te confesser encore que, lors des adieux, je me suis permis à son égard une petite ruse. Il avait payé dans notre dos sa facture dans la maison pour la misérable mansarde qui est la seule que nous avions pu obtenir ; c'est pourquoi je lui ai montré une petite bourse tricotée, que j'avais emportée pour l'argent des autres, et je le persuadai que c'était un ancien ouvrage de toi et le priai de la garder. Or, dans cette bourse se trouvaient les 6,80 K qu'il avait payées à Mme Schubert. Tu peux maintenant l'éclairer sur la procédure et démentir le prétendu ouvrage de ta main.

J'ai annoncé les fiançailles aux adresses suivantes :

Oncle Alex (pour *Neue Presse* 28/7 [2])
Oncle Emanuel
Mary [3]
Tante Mitzi [4]
" Rosa
Grand-mère
Dr Rie
Dr Kaufmann (pas immérité [5])

1. Ni ce télégramme ni cette lettre ne sont connus. Il y était probablement question de l'annonce officielle des fiançailles (cf. 334-Max) et du projet selon lequel Max devait rejoindre en août la famille Freud.

2. Cf. note 2 de 334-Max, p. 421.

3. Le plus probable est qu'il s'agit de Mary Philipp, né Heine (1853- ??), femme, entre-temps devenue veuve, d'Elias Philipp, frère de la mère de Martha Freud (F/MB ; p. 332 *sq.*, 350 *sq.*).

4. Cf. la lettre que Freud lui adressa le même jour (2004d, p. 53).

5. Probablement le spécialiste des maladies internes Rudolf Kaufmann (1871-1927), au sujet duquel Freud écrit en juillet 1913 que « depuis sa remarquable

Mlle Schiff [1]

Je te salue cordialement et te souhaite un bon repos jusqu'à notre rencontre à Bolzano.

Papa

331-Soph [En-tête Vienne] Karlsbad 22.7.12

Ma chère Sophie

Je te joins une lettre du Dr Rie arrivée pour toi et te demande en outre ce que tu souhaites qu'on t'envoie d'ici : un ornement ou une couverture brodée pour ton futur foyer ou même un tapis, s'il y en a un qui nous plaît, etc.

Fais en sorte que ces semaines te soient agréables et sois cordialement saluée par

Papa

332-Max [En-tête Vienne] Karlsbad 24.7.12 [a] [2]

Mon cher beau-fils

Vous avez raison de vous attendre à ce que notre intérêt commun de savoir la petite Sophie heureuse aura tôt fait de tous nous rapprocher. Mais, même en dehors de cela, vous découvrirez bientôt que nous deux pouvons donner un succédané de parents tout à fait utilisable, et que nous pouvons nous prendre d'affection pour vous pour vous-même. Lors de notre première rencontre, nous étions naturellement tous un peu inhibés. Mais, quand nous nous retrouverons à Karersee, ces stades liminaires seront surmontés. Nous ne pouvons pas encore vous fixer plus précisément la date ; à partir de Lovrana s'est fait jour l'intention de ne pas vous convoquer à Bolzano, afin que vous n'ayez pas à faire la connaissance de votre nouvelle chère parentèle, alors que vous serez fatigué du voyage,

a. Enveloppe associée adressée à : Herrn Max Halberstadt/ Photograph/ Hamburg/ Neuer Wall.

performance auprès de Sophie, [il l']apprécie tout particulièrement » (F/Fer I, p. 529). On n'a pu éclaircir à quoi se rapporte cet énoncé.

1. Sans doute Helene Schiff, sœur d'Arthur Schiff, beau-fils de Breuer (F/AF, p. 289 *sq.*).

2. Lettre reproduite in F/Corr, p. 313.

renfrogné ou souffrirez de migraine. Cela ferait exactement un jour de retard. Pour le reste, vous vous défendrez vous-même et prendrez tous les arrangements nécessaires avec la compagnie au bord de l'Adriatique.

Sophie a poursuivi encore un temps sa tactique à notre égard. Rien de ce que nous lui écrivions n'était pour elle assez détaillé ni assez cordial. Nous espérons qu'elle est en ce moment apaisée – et qu'elle vous aide à compter les jours. C'est quelque chose de très remarquable quand une petite fille devient comme ça soudain une femme aimante.

Quant aux annonces privées, nous nous en sommes entre-temps occupés avec diligence. La conséquence en a été qu'au moins deux personnes ont trahi leur intention perfide que vous fassiez leur portrait, afin de faire votre connaissance à cette occasion. Je ne suis pas censé vous dire qui. Soyez donc circonspect !

J'espère que vous avez transmis nos salutations à votre mère et à nos autres chers parents, et j'exprime moi-même le vœu que vous vous portiez très bien, afin que nous puissions parader devant les autres avec notre beau-fils et fils.

Votre cordialement dévoué
vieux futur beau-père
Freud

333-Soph Karlsbad 25.7.12 [a]

Chère Soph.

Il faut quand même que je te dédommage du fait que cette année tu ne puisses pas voir les nouveautés de Karlsbad [1].

Cordial salut pa

Max nous a écrit une lettre très sympathique.

---

a. Carte avec vue : Karlsbad, « Hotel Imperial. »

1. Se rapporte sans doute au motif qui se trouvait sur la carte postale : le grand et somptueux Hotel Imperial fut inauguré en 1912 (http://www.karlovy-vary.cz/de/vice-historie en date du 3.9.2009).

334-Max [En-tête Vienne] Karlsbad 27.7.12 [1]

Cher Max

Nul doute que nous ne vous connaissons pas encore comme il faut. Qui aurait pensé que vous soyez un correspondant aussi zélé ? On nous avait raconté le contraire. De ce point de vue, vous êtes excellemment disposé à d'assez longues fiançailles. D'un autre point de vue, il est vrai, moins. En effet, nous étions convenus que les fiançailles seraient publiées le 28 de ce mois simultanément à Vienne et à Hambourg [2]. Or, vous n'avez pu contenir votre impatience, et Vienne doit vous suivre en boitillant.

Pour ce qui est des 4 ans (exactement 4 et ½ [3]), vous n'avez pas à nous admirer. Il n'y avait là aucun mérite ; nous ne pouvions tout simplement pas faire autrement, et nous n'avions apporté dans le mariage que des familles abondamment pauvres. Je n'étais pas comme vous détenteur de cinq hautes distinctions ; mais j'avais d'abord tout eu à créer ; il est vrai que je n'avais alors que 25 ans et qu'au moment du mariage je n'étais pas plus jeune que vous aujourd'hui. Vous avez tout à fait raison quand vous ne voulez pas sur ce point imiter notre exemple. Avec ma femme, je me suis vraiment bien entendu ; je lui suis surtout reconnaissant d'avoir beaucoup de qualités éminentes, d'avoir fait de beaux enfants et de n'avoir été ni anormale ni trop malade. J'espère que ces deux traits se répéteront dans votre vie conjugale et que la petite revêche donnera une aimable femme.

Votre tante [4] s'est annoncée aujourd'hui chez nous ; nous sommes convenus par écrit d'une première rencontre demain matin (après avoir calmé notre première faim). Les correspondances de fiançailles ont pris le relais immédiat des lettres d'anniversaire. Vous participerez à la célébration du 26 juillet [5] prochain, au titre de la plus récente acquisition de maman.

---

1. Lettre reproduite in F/Corr, p. 315.
2. La communication dans la *Neue Freie Presse* du 28.7.1912 parut dans la rubrique « Kleine Chronik » sous le chef « nouvelles personnelles et de la cour » (p. 7) dans une série de nouvelles semblables et était ainsi libellée : « Mlle Sophie *Freud*, fille de M. le Pr Dr Siegmund Freud, s'est fiancée à M. Max *Halberstadt*, Hambourg. »
3. Durée des fiançailles de Sigmund et Martha Freud.
4. Non identifiée.
5. Jour anniversaire de Martha Freud.

Les deux numéros de journaux [1] sont arrivés. J'écris habituellement Sigm sans e ; mais il n'y a aucun doute sur l'identité.

Je vous salue cordialement, également au nom de ma femme,

Votre nouveau et vieux
beau-père Freud

335-Max [En-tête Vienne] Karlsbad, 12[a].8.12

Cher Max

Les choses vont bientôt devenir sérieuses. Nous espérons te voir dans peu de jours au milieu de nous comme fiancé déclaré de notre petite Sophie, et, tant devant elle que devant les étrangers, nous ne pourrons nous donner le ridicule de nous adresser encore à toi avec un « vous », comme on le fait pour un étranger distingué. Nous espérons que tu te feras aussi facilement à cette nouvelle relation.

Nous partons d'ici après-demain matin ; après une interruption de plusieurs heures à Munich, nous continuons vers Bolzano, y arrivons à 6 h le matin du 15, avec l'intention de rencontrer à midi le groupe de Lovrana, puis, au cours de la journée, les deux jeunes hommes qui seront encore attendus [2].

N'oublie pas d'emporter avec toi quelque chose de chaud en fait de vêtements pour l'altitude, et ne t'en remets pas complètement à la haute température de l'accueil et de tes sentiments. S'il devait pleuvoir, tu trouveras tout le monde maussade, bien sûr à l'exception de ta Sophie.

À la joie de te revoir

Ton beau-père
Freud [3]

Le 26 janvier 1913 fut célébré le mariage de Max et Sophie. S'ensuivit le déménagement de Sophie à Hambourg.

---

a. Correction du manuscrit qui porte « 11 ».

1. Les journaux hambourgeois du 27.7.1912 avec le faire-part de fiançailles (cf. F/Fer I, p. 418) ; l'un d'eux était le *Hamburger Fremdenblatt* (47-Martin).
2. C'est-à-dire Martin (cf. 47-Martin), sans doute avec Max lui-même.
3. Deux cartes postales subséquentes de Rome à Max (17.9) – salutation « d'un père complètement orphelin » – et à Sophie (21.9.1912) sont reproduites in F/Voy (p. 324, 326 ; la première avec une adresse de destinataire erronée).

336-Soph [En-tête Vienne] 4.2.13

Ma chère Sophie

Je veux te féliciter aussi à l'occasion du déménagement dans ton Reich [1]. Je te signale en outre que j'ai donné aujourd'hui ordre à la banque de procéder au virement sur le compte de Max, dans sa banque, de ta fortune privée et du reste de ta dot [2], en tout 8 550 K. Tout cela est encore si nouveau et singulier.

Salue Max très cordialement de ma part, et pense encore parfois à ton

Père

337-Soph [En-tête Vienne] 26.3.13. [a]

Ma chère Sophie

Rentré ce matin [3], j'ai trouvé ta chère et tendre lettre, à laquelle je veux te répondre tout de suite.

Tu as, à n'en pas douter, un peu le mal du pays, ce dont nous ne pouvons qu'être un peu fiers ; mais cela reste malgré tout aussi quelque peu douloureux. Il est dommage que tu te brouilles si vite avec ta nouvelle patrie [*Heimat*] ou avec les gens qui l'habitent. Qui sait si Max réussira à déménager à Munich, et si ce n'est pas le cas, tu vas te gâcher ta vie quotidienne. Tâche plutôt de te réconcilier avec ton nouvel environnement, je fais sur moi-même l'expérience de ce que peut avoir d'accablant le fait de ne pas bien s'entendre avec ses voisins, bien qu'à vrai dire ce ne soit pas moi qui aie engagé les choses ainsi. Mais il est probable que je prends ta plainte trop au sérieux. Quel manque important peux-tu éprouver au côté d'un homme avec lequel tu es aussi unie ? C'est à partir de lui que, toi aussi, tu t'habitueras à ce qui est autre et nouveau.

---

a. Enveloppe associée adressée à : Frau Sophie Halberstadt/ Parkallee 18/ Hamburg/ Deutschland.

1. Je n'oublie pas que ce mot peut avoir pour le lecteur francophone une résonance sinistre. Mais il ne faut pas oublier que cela pourrait désigner aussi bien un « royaume » (de conte). Je suis cependant obligé de faire entendre que Freud joue ici aussi de l'appellation *politique* en tant que telle, puisque Sophie passe proprement du *Reich* [empire] autrichien dans le *Reich* allemand. [N.d.T.]
2. De 20 000 couronnes (27-Math).
3. Du voyage de Pâques avec Anna, mentionné un peu plus loin dans la lettre (F/AF, p. 107-109).

Comme jeune fille, tu t'es quelque peu fermée à la vie. Maintenant, tout t'assaille d'un coup, exigeant que tu prennes position. Ça ne sera pas facile pour toi, mais vous êtes deux, cela ne peut donc que réussir. Si vous pouviez vraiment aller à Munich, ce serait très beau. Je pourrais te rendre visite si facilement et si souvent ; malheureusement, cela ne peut être déterminant pour Max. Pour la Pentecôte, je ne peux vraiment pas venir ; le voyage est trop pénible pour 2 ou 3 jours, et je ne peux actuellement me permettre plus. Je ne suis pas non plus aussi mobile qu'en des années antérieures. J'espère que vous accepterez notre invitation à venir à Marienbad [1] ; sinon, il faudra que je vienne à Hambourg en septembre, pour admirer ta maison et toi en maîtresse de maison. Mais je promets de le faire dans tous les cas [2], même si vous voulez être auprès de nous en juillet.

Je t'envoie maintenant maman très bientôt, et ce pour plusieurs semaines [3].

J'imagine que ton milieu te prive un peu des intérêts intellectuels auxquels tu t'es habituée à la maison. Mais vous êtes tous les deux si jeunes ; ce serait si beau si vous pouviez continuer à les cultiver entre vous. Avec le temps, vous en trouverez aussi d'autres, avec lesquels on peut nourrir les mêmes intentions.

Notre voyage de Pâques a été très beau. À Bolzano, j'ai rencontré Anna avec oncle et sa Sophie ; pour l'enchantement des deux dames, qui eurent tôt fait de devenir enfantines, nous avons voyagé avec le Nord-Sud-Express [4] jusqu'à Vérone, et là-bas, nous nous sommes grisés de l'ancienneté de cette ville charmante. Malheureusement, il a plu modérément. Samedi soir, j'ai été seul avec Anna à Venise, et j'ai savouré sa surprise face à l'invraisemblable splendeur de cette magicienne. Elle a vu Venise d'abord sous la pluie, mais lundi et mardi sous le plus bel éclat du soleil. Ensuite, nous avons payé toutes ces magnificences par un épouvantable voyage de retour dans la pire des bousculades pascales. Tu as sans doute

---

1. C'est à Marienbad que Freud passa ses vacances du 13.7. au 10.8.1913 avec Martha, Minna et Anna (Jones II, p. 106). Cf. en outre la lettre suivante avec note 1, p. 426.
2. Cela eut lieu pour la Noël (cf. 345-SophMax avec note 2, p. 432).
3. Martha fut à Hambourg au plus tard le 10.4.1913 (F/Fer I, p. 504), et revint au plus tard le 6.5 (339-Max).
4. Ce train, de luxe, allait de Berlin à Milan via le Brenner.

reçu une carte du dernier jour [1], sur laquelle j'ai ajouté un salut rédigé avec une plume payée par l'État [2].

Ton anniversaire est si proche que je dois te soumettre la question de savoir sous quelle forme tu souhaites recevoir ton cadeau, argent que tu utiliserais à Hambourg, ou quelque chose que maman t'apporterait d'ici. À cet égard en effet, tu restes encore mon enfant, même après avoir refusé que je continue à te verser des mensualités.

Je te prie de remercier Max en mon nom pour sa confection rapide des deux photos de moi [3]. Elles sont arrivées à une époque où chaque lettre était de trop pour moi. Maintenant ma pratique est plus calme ; on est seulement en attente d'une nouvelle vague. Ma gentille Hambourgeoise de Weimar [4] est partie avant Pâques ; ses adieux furent touchants. Il n'est pas du tout exclu qu'elle te tombe dessus une fois de plus dans l'atelier avec sa charmante polissonne de fille. Étant donné la nature scabreuse de toutes ces relations, je ne voulais pas te l'adresser directement à toi.

À présent, reçois mes cordiales salutations, reste vaillante et sois heureuse. Dis aussi à Max à quel point, bien que nous nous connaissions depuis si peu de temps, je me suis habitué à le compter au nombre de mes enfants.

Ton vieux père

338-Soph [En-tête Vienne] 21.4.13

Ma chère Sophie

Je suis très heureux d'apprendre que tu es à nouveau d'aplomb, que tu as bien surmonté ta première aventure [5] et que tu abordes à nouveau l'avenir avec joie. Je suis aussi prêt à concéder que j'ai pris trop au sérieux ta plainte sur la solitude. Je préfère qu'il en soit ainsi.

---

1. Manifestement perdue.
2. Dans l'original : « *aerarischen* ». L'éditeur commente ainsi : « ancien langage administratif autrichien » ; *das Ärar* = qui concerne la caisse de l'État, qui en est issu, en fait partie. [N.d.T.]
3. Probablement des tirages de la photo portrait « officielle » de 1909.
4. Une patiente qui avait été en traitement chez Freud pendant un an.
5. Peu clair. Le mot « aventure » ne convient pas à l'interruption de grossesse à laquelle Sophie avait alors probablement affaire (cf. *supra*, p. 402 *sq*.).

J'aimerais bien te complaire dans tes projets d'été ; mais cela n'est pas facile, dans la mesure où vous dédaignez Marienbad [1]. De la mi-août à début septembre (7/8 congrès à Munich [2]), on ne peut pas encore aller au bord du lac de Garde ; tout au plus les autres pourraient-ils y aller si je ne me joins pas à eux. J'ai choisi S. Martino dans le Tyrol du Sud en raison de sa beauté. Ailleurs, on n'aura pas cette certitude météorologique à laquelle nous tenons tant. Bien sûr, c'est loin pour vous ; mais vous êtes loin de tout, votre mer désolée mise à part. Il ne faut justement pas que vous incluiez les jours de voyage dans votre congé. Vous deviendrez tout au plus 4 jours plus tard des rentiers.

Il est du reste grand temps que maman prenne position sur cette question, sans quoi nous ne trouverons plus de chambres à S. Martino ; ils ne vont pas nous attendre là-bas. Dis ça à maman. Tante n'écrira pas avant.

Je ne voudrais pas accomplir ton autre souhait, soit d'avoir Anna auprès de toi pendant toute la période de Marienbad. Je ne lui ai rien dit non plus de ton invitation, si aimable soit-elle. Cette enfant récupère en ce moment magnifiquement, et il ne faut plus ébranler son équilibre. Si nous avons choisi Mbd au lieu de Karlsbad, c'est justement pour pouvoir y être en sa compagnie et celle de tante. Serait-ce que commencerait déjà chez toi la réaction à la jalousie enfantine que je vous ai prédite ? Du reste, si décidée que tu sois à ne pas fiancer Anna à Hmbg, il est certain que séjourner chez un jeune couple rend une jeune fille pleine de désirs inassouvis [*sehnsüchtig*] et insatisfaite.

Transmets bien des salutations à maman et à Max, et dis-leur que, si j'écris si hâtivement, c'est parce que j'ai beaucoup à écrire. Les journées plus légères sont terminées ; maintenant recommence le travail à temps plein.

Reçois les salutations cordiales de
ton père

Emden est le médecin de [G] [3]. Il n'est pas question de son adhésion au mouvement.

---

1. En fait, Sophie et Max rendirent tout de même visite en été à leurs (beaux-)parents avec leur escouade à Marienbad, avant que ceux-ci ne partent pour San Martino (48-Martin).
2. Cf. 342-SophMax, p. 429, avec note 3.
3. On ne peut expliquer pourquoi ce patient ou cette patiente est mentionné ici.

339-Max [En-tête Vienne] 6.5.13.

Cher Max

Je te remercie avec beaucoup d'émotion de ta chère lettre d'anniversaire et je vous remercie tous deux pour les beaux et précieux cadeaux que vous me faites en arguant du même prétexte. Que tu n'aies pas pu m'envoyer que des reflets de la beauté, ce n'est pas ta faute. Le vieux Menzel[a] [1] a au moins donné de belles photos, mais ta belle-mère est tout aussi difficile à photographier que facile à traiter, quand on n'est justement pas son médecin[2].

Grand merci pour la proposition qui m'est faite de choisir entre des femmes ; à 57 ans, cela arrive trop tard.

Maman est rentrée avec une si bonne mine que, même sans qu'elle me le dise, je suis sûr que vous avez été très gentils avec elle. Quant à la question de l'été, elle n'a pas encore apporté avec elle une décision.

Vous savez que vous avez encore un crédit de tapis chez moi. Il était déjà prêt, le *derwent*[3] de la salle d'attente, mais maman a alors insisté pour que je vous en rende un neuf ; c'est pourquoi vous devez à nouveau attendre.

Nous nous réjouissons beaucoup de la paix qui semble maintenant à nouveau assurée pour quelques jours[4]. Ernst est parti aujourd'hui en Dalmatie, heureux comme toujours. Oncle Alex. a télégraphié d'Italie.

Je suis assis chez moi enfoui dans les fleurs comme une vieille *prima donna*.

Au revoir encore cette année,

Votre vieux papa

---

a. Lecture incertaine.

1. Non identifié.
2. Il est manifeste que Max a fait des photos de Martha (et d'autres parents) lors de sa visite à Hambourg.
3. Derbent : ville de la république russe du sud du Daghestan, ville d'où provenaient des tapis d'un certain style.
4. Ce jour-là, les journaux annoncèrent (cf. ANNO) que le Monténégro était prêt à évacuer la ville albanaise de Skutari (aujourd'hui : Shkodër) qu'il avait conquise au cours de la première guerre balkanique. Auparavant, l'Autriche-Hongrie avait brandi la menace d'une guerre au cas où sa revendication sur ce point ne serait pas satisfaite.

340-Max [En-tête Vienne] 12.5.13

Cher Max

Je te félicite cordialement pour ton premier anniversaire [1] comme époux et comme gendre. La distance et l'entremise diplomatique de ta belle-mère ne sont manifestement pas favorables aux cadeaux. C'est ainsi que je suis de plus en plus endetté à votre égard.

Je te prie de remercier après coup Sophie pour son aimable lettre d'anniversaire, qui a pris du retard parce qu'elle avait été envoyée par exprès.

341-Max [En-tête Vienne] S. Martino 27.8.13

Cher Max

S'il te plaît, dis à ton docteur (c'est-à-dire à celui de Sophie) qu'il ne doit pas s'offusquer de l'intervention paternelle, si je le fais prier de bien vouloir soumettre l'urine à un examen <u>minutieux</u> et de ne cesser de recommencer tous les quinze jours. Les fréquents maux de tête me rendent songeur, ils ne font pas partie, comme les nausées, du tableau d'une grossesse [2].

J'espère que ce n'est rien, mais la prudence dans ce cas ne nuit jamais. – Le bel été est pour nous gâché par le fait que nous savons que Martin participe, dans les montagnes de la vallée d'Ampezzo, aux recherches de son ami disparu depuis 10 jours Ernst Martin [3]. Il est probable qu'il ne sera pas retrouvé. Martin est toujours brave et vaillant dans de tels cas.

Je vous salue, toi et Sophie, cordialement

Ton vieux papa

---

1. Le 14 mai.
2. Le fils aîné de Sophie, Ernst, naquit le 11.3.1914.
3. La vallée d'Ampezzo est située dans les Dolomites du Nord. Martin organisa les recherches pour retrouver son ami, trouva son sac à dos et ses chaussures ; mais le cadavre ne fut dégagé que plus tard (MaF, p. 168).

342-SophMax [Rome] 12 sept 13[a 1]

Mes chers enfants

Nous[2] voici donc à Rome, le deuxième jour par le plus magnifique des temps, logés princièrement, tout à fait libres d'affaires et, nous l'espérons aussi, de soucis. C'est un voyage pénible et interminable qui nous a conduits ici depuis Bologne, où nous nous sommes rencontrés, et hier, c'est un important sirocco qui dominait à Rome ; mais aujourd'hui nous sommes récompensés de toutes nos peines. J'espère que l'ambition de tante se révélera assez forte pour augmenter ses capacités de résistance jusqu'au degré requis. Je lui assène les nouveautés en quantités modérées ; jusqu'ici, elle n'a voulu voir que ce qu'elle avait déjà vu il y a 30 ans.

Bien sûr, il faudra que vous veniez aussi un jour ici ; mais cela ne presse vraiment pas ; avec les années, cela devient de plus en plus riche en contenu, et peut-être que vous êtes maintenant vraiment trop jeunes. Pour l'instant, il est inévitable que votre propre foyer vous captive et vous intéresse davantage que la plus belle et la plus éternelle des villes.

Le congrès de Munich n'a cette fois pas été beau et il a été très fatigant[3]. L'amusant a été que j'ai pu envoyer à Ernst une carte qui portait la signature de Rainer Maria Rilke, qu'il admire tant ; signature en outre de Lou Salomé et du Dr Hattingberg[4], le mari d'une femme avec laquelle il s'est lié d'amitié à S. Vigilio[5]. Les connaissances ont aussi, bien sûr, posé beaucoup de questions à votre sujet.

---

a. En-tête imprimé de l'Eden Hôtel, avec vue du bâtiment et de ses environs immédiats. Une des maisons y est désignée de la main de Freud comme étant la V.[illa] Malta.

1. Lettre reproduite in F/Voy, p. 330 *sq.*
2. C'est-à-dire Freud et Minna, au cours de leur voyage à Rome du 9 au 29.9.1913.
3. Le IVe Congrès psychanalytique international, qui eut lieu à Munich les 7 et 8 septembre 1913, fut placé tout entier sous le signe de la tension qui montait entre Freud et Jung ou, si l'on préfère, entre les tenants de chacun des deux (Schröter 1995).
4. Cf. note 3 de 136-Ernst, p. 253. Par l'entremise de Lou Andreas-Salomé, Rilke vint le 8 septembre au congrès « pour voir Freud », et, à cette occasion, il fit aussi la connaissance de Hans von Hattingberg (Rilke 2000, p. 24, 157 ; cf. Andreas-Salomé 1965, p. 131). La carte avec sa signature ne semble pas avoir été conservée.
5. Liese von Hattingberg, née Zierold (1885-1951), était la deuxième femme de Hattingberg. Il se sépara d'elle au printemps 1913, sur quoi elle se retira à

Notre voisin le plus proche ici est Bülow [1], qui, avec sa villa Malta, nous dérobe une partie du panorama. Pendant que j'écris, un soleil magnifique inonde de lumière le papier. La seule personne que je connaisse à Rome, mon fournisseur en antiquités Ettore Sandolo, m'a déjà salué dans la rue. À Munich, Gabai n'avait rien pour moi ; la seule pièce que j'ai achetée se trouvait dans une autre boutique. Le matin j'avais encaissé 150 mk pour une consultation ; et ils me gênaient, bien sûr. C'est ainsi que j'ai peur de votre homme à Hambourg, Sänger [2], je crois.

Portez-vous bien ; j'aimerais qu'on m'apporte ici la nouvelle directe que les maux de tête de Soph ont durablement cessé. Cordiales salutations de

Papa [3]

343-Max [En-tête Vienne] 15.X.13.

Cher Max

Je suis très heureux que la petite [4] aille si bien. Ma lettre d'aujourd'hui a aussi trait à tout autre chose.

Je regrette de mettre ton art à profit de manière si improductive. Mais il se trouve que je suis sévèrement tourmenté par ce qu'exige une photographie de moi ; j'ai, bien sûr, en ce moment encore moins envie qu'avant d'aller chez un photographe, et il est advenu aujourd'hui que l'éditeur français de la collection « Nos contemporains » a jeté son dévolu sur moi pour une biographie et une photo [5]. On fera d'après la photo une gravure sur cuivre, dont je

S. Vigilio. En 1920, ils en vinrent à une réconciliation et se remarièrent (Keifenheim, à paraître).

1. Bernhard von Bülow (1849-1929), chancelier du Reich allemand de 1900 à 1909, était marié à une princesse italienne, et vécut à Rome à partir de 1910.

2. Manifestement aussi un marchand d'antiquités, comme ci-dessus Gabai.

3. On ne reproduit pas ici une carte postale de Rome du 22.9.1913 qui suit immédiatement (cf. F/Voy, p. 332).

4. Sophie.

5. Cet ouvrage divisé en diverses séries fut édité par Clément Deltour. Est probablement visé ici : *Nos contemporains* (série XXI), « La monarchie austro-hongroise, album illustré, biographique d'après des documents authentiques », 3 vol., Berlin (Eckstein) 1914 (vol. 1 et 2) ; Aschaffenburg 1916 (vol. 3) (cf. www.dorotheum.com/downloads/44B40618 en date du 4.10.2009). – Freud ne fut pas content de l'article biographique que la rédaction avait ébauché. C'est pourquoi il pria Theodor Reik, par une lettre du 1er novembre 1913, de rédiger un nou-

suis autorisé à acheter un certain nombre de tirages. Il est vrai que les échantillons que j'ai vus sont très beaux.

Je te prie donc de m'envoyer au moins un exemplaire de la grande photographie faite chez toi en 1909, que j'ai depuis reconnue comme officielle. C'est donc sous cette apparence que je veux passer à la postérité. Je la transmettrai aussi tôt que possible à l'agent de l'entreprise. Par conséquent, ne m'en veuille pas.

Nous envoyons donc maman chez vous samedi [1] et la recommandons à votre bienveillance. Ernst est parti aujourd'hui [2]. J'espère pouvoir vous assaillir à Noël.

Avec un cordial salut pour toi et Soph ton vieux

Papa

344-Max [En-tête Vienne] 26.X.13.

Cher Max

Grand merci pour la photographie particulièrement bien exécutée. Je n'ai pas depuis parlé à l'agent de la publication ; je me ferai alors auprès de lui l'interprète de tes attentes. On doit fabriquer d'après la photo une héliogravure sur cuivre.

Vous êtes en ce moment à peu près autant de personnes que nous. Je me réjouis d'avoir toutes sortes de nouvelles de vous. C'est une bonne chose que l'accident se soit aussi favorablement déroulé [3].

Cordiale salutation
Ton papa

345-SophMax [En-tête Vienne] 4 déc. 13.

Mes chers enfants

Les gravures sont à présent arrivées et portent l'estampille de l'atelier dont elles sont issues. C'est seulement maintenant qu'on

---

veau texte, pour lequel il mit à sa disposition une liste de corrections (Reik 1976, p. 97-99). On n'a pu établir si les volumes mentionnés contiennent cet article avec photo.

1. C'est-à-dire le 18. On ne dispose d'aucune indication quant à la durée de cette visite à Hambourg (hormis la lettre suivante).

2. Pour poursuivre ses études à Munich.

3. Le contexte n'est pas clair.

s'aperçoit à quel point la prise de vue était bonne. Le service d'expédition à domicile vous en remettra un exemplaire dans les prochains jours [1].

Il se peut que ce soit très prématuré, mais je me saisis de cette occasion pour parler de nos dispositions en vue de nos retrouvailles pour la Noël. Je ne sais pas encore si je ferai halte à Berlin à l'aller ou au retour [2]. Cela dépend du Dr Abraham. Tout le reste est fixé. Je m'en vais le mercredi 24 de ce mois ; je serai donc chez vous à midi ou le soir pour le jour férié du lendemain. Je prie Max de réserver pour moi une chambre à l'hôtel Esplanade, mais – ne vous effrayez pas ! – une qui soit très chic. Le prix entre peu en ligne de compte ; ce qui n'est en revanche pas le cas de la lumière, de l'espace ; possibilité le soir d'écrire un peu (ce qui présuppose un bureau et une lampe), et salle de bain attenante. Ce voyage est censé apporter non seulement de la joie, mais aussi du repos et l'occasion de travailler. C'est beaucoup demander, n'est-ce pas ? En échange de cela, 12 à 15 mk par jour ne sont pas trop, d'autant plus que je suis prêt à prendre tous les repas gratis chez vous. D'une manière générale en effet, je voyage en grand seigneur [3], afin de me remettre des tracas du reste de l'existence. Je resterai ensuite chez vous le vendredi, le samedi et le dimanche, aussi longtemps que ça ira. Je veux arriver à Vienne le lundi matin.

Il y a longtemps que j'espère bien rencontrer Sophie à nouveau, et Max sera pendant ces jours en congé de son atelier. Il n'aura même pas besoin de me photographier. Je n'ai jamais été si riche en reproductions de moi-même, et je vais faire en outre l'objet d'une eau-forte de la main d'un très habile élève juif de Schmutzer (Max Pollak [4]).

Toutes les affaires domestiques sont aussi bien connues de vous que de moi grâce à la correspondance animée. Je vous félicite

---

1. On n'a pu établir quel est le parent qui servit d'intermédiaire (cf. en tout cas 360-SophMax).
2. Freud interrompit son voyage à Hambourg, qu'il fit seul et qui dura au total du mercredi 24 au lundi 29.12.1913, à l'aller, pour une halte de sept heures à Berlin, où il rencontra aussi Karl Abraham (F/E, p. 103).
3. « Grand seigneur » : en français dans l'original. [N.d.T.]
4. Max Pollak (1886-1970), artiste viennois. À propos de l'eau-forte de Freud, qu'il réalisa en 1913 sur la commande de l'éditeur Hugo Heller, cf. Molnar 2006a. Freud en offrit un tirage à Max avec la dédicace « À mon cher fils » (communication personnelle d'Eva Spangenthal).

encore cordialement pour les fiançailles du Dr Rudolf[1]. C'est ainsi qu'une famille émet d'un côté une pousse quand quelque chose a chu d'un autre.

Avec de cordiales salutations à tous deux
Votre père

346-Soph [En-tête Vienne] 27.4.14

Chère Soph

Je te suis resté redevable de réponses à plusieurs belles lettres ; mais il faut qu'aujourd'hui je m'exprime au sujet de ton fiston, dont tu m'as envoyé la première photo. Laisse-toi donc dire par ton vieux père expérimenté que tu n'as aucune honte à avoir de ce moineau, que, pour ses 6 semaines, il a une physionomie étonnamment humaine, bien plus de traits qu'habituellement des enfants deux fois plus âgés, et qu'aujourd'hui il ressemble déjà beaucoup à quelqu'un de qui manifestement il tient physiquement, à savoir son père ou sa famille. Étant donné aussi que, d'après tous les témoignages, il est un aussi bon gars que son père, il ne reste provisoirement pas grand-chose pour la part qui nous reviendrait. Je me réjouis beaucoup de faire sa connaissance en sept.

C'est une chose magnifique que tu sois si sereine et te portes si bien, et cela pourrait raviver en nous l'espoir que l'humanité ne s'éteindra pas de sitôt à force de lassitude de la vie. Nous avons actuellement toutes sortes de tracas ; je suis complètement abruti par un énorme rhume auquel j'avais eu le bonheur d'échapper pendant toute l'année. Mais il faut supporter tout ça.

Oli est attendu mercredi. Nous sommes très curieux de savoir s'il va cette fois dire quelque chose des merveilles du voyage[2].

Je vous salue, toi et Max, cordialement, et espère que nous continuerons longtemps à recevoir de vous trois d'aussi bonnes nouvelles et d'aussi belles photos.

Ton père

1. Le frère de Max, Samuel *Rudolf* Halberstadt (1879-1918), était pédiatre, marié à Betty, née Braunschweig (StAH, arbre généalogique Halberstadt et KSK/JGH ; F/Fer II, p. 310, note 5).
2. C'est-à-dire de son voyage en Égypte (cf. *supra*, p. 202).

La lettre de Max, à laquelle répond la lettre suivante de Freud, nous est par exception parvenue[1]*. La voici :*

Hambourg 30 avril 14.

Cher papa,

je t'envoie une copie du dessin que J.[ohn] Ph.[ilipp][2] avait fait de toi à l'époque ; il est très bon, mais il est certain que, si la séance avait duré plus longtemps, il aurait fait quelque chose d'encore meilleur. Je suis curieux de savoir comment il plaira à Vienne.

Le petit prend actuellement la taille de sa photo, sur laquelle il fait plus âgé qu'il n'est[3]. Je n'avais encore jamais eu de telles réclamations avec la clientèle féminine. En tout cas, il faudra que, lors des prochaines prises de vue, je sois prudent, afin que tu ne sois pas déçu quand tu viendras.

Le piaf[4] est vraiment très charmant en ce moment, et, si maman affirme que je lui préférerais la cassette, ne le crois pas, encore que celle-ci, bien sûr, soit en fait magnifique[5].

Soph s'est beaucoup réjouie de ta lettre, et elle répondra dans les prochains jours.

Bien des cordiales salutations à toi et maman

de ton Max

P.-S. As-tu reçu des missives à propos du Michel-Ange dans « Imago[6] » ?

---

1. Conservée in FML.
2. John Philipp (1865-1938), un cousin de Martha, qui était peintre (ces données se fondent sur F/MB, p. 351 et Archiv Bibliographia Judaica ; cf. F/Corr, p. 184, note 1). Son portrait dessiné de Freud mentionné ici (FML) est reproduit comme frontispice dans le présent volume.
3. Max Halberstadt était « spécialiste de photographies d'enfants (Weinke 2003, p. 112) et il a manifestement appliqué son art à ses propres enfants.
4. Il me semble qu'on peut rendre ainsi le diminutif « *Spatzi* », dérivé d'un mot qui signifie « moineau ». Ce mot de moineau était du reste déjà présent sous la plume de Freud dans la lettre précédente [N.d.T.]
5. La référence n'est pas claire. Peut-être un cadeau de Freud que Martha avait amené avec elle, alors qu'elle était allée à Hambourg pour la naissance de son premier petit-fils (*supra*, p. 402 *sq.*).
6. Freud 1914b. La revue *Imago*, fondée en 1912, éditée par Freud, était, comme l'indique son sous-titre, spécialisée dans l'« application de la psychanalyse aux sciences de l'esprit ».

347-Max [En-tête Vienne] 4.5.14

Cher Max

J'ai à te remercier à nouveau de quelque chose, à savoir de l'image, que personne n'est décidé à considérer comme ce pour quoi je la donne : une copie photographique d'un dessin. Celui-ci plaît en lui-même à tel point que je me suis quand même décidé à poser une nouvelle fois pour John P. en sept., quand je me retrouverai chez vous. Tu pourras le lui dire quand tu le verras. Mais j'apprends qu'à cette époque il aura quitté Hambourg.

Je me réjouis déjà beaucoup de faire la connaissance personnelle du moineau, souvent cité. D'ici là, il sera sans doute devenu très représentable [*repraesentabel*] et il aura appris à goûter bien des choses. Notre été est encore tout à fait incertain, seulement les deux dernières semaines de sept. sont remplies. Je ferai une conférence à Leyde, irai chercher Annerl en Angleterre ou attendrai qu'elle en revienne, et je viendrai chez vous, ce qui sera la dernière station [1]. Jusque-là, il faut encore travailler un peu.

Je vous salue, toi et Sophie, cordialement, et j'espère que, dans ta famille aussi, tout va bien.

Ton vieux papa

348-SophMax [En-tête Vienne] 10.5[a].14

Chers enfants

Je vous remercie cordialement pour le télégramme [2] rimé et pour le beau fruit savoureux, n'ayant malheureusement pu jouir que du premier, mon intestin étant à nouveau en traitement. C'est idiot, mais indéniable ; surtout étant donné que mes maladies deviennent tellement coûteuses. J'espère que nous vous débarrassons au moins des maladies. E.W. [3] a besoin de pouvoir longtemps picoler, crier et dormir sans être dérangé. La nature en a ainsi disposé que vous ne pouvez avoir cette absence de dérangement en même temps.

---

a. Plus probable que « 4 », dans le manuscrit.

1. Seule la visite à Hambourg en septembre 1914 fut réalisée ; les autres projets furent ruinés par le déclenchement de la guerre. Cela vaut aussi pour le congrès de l'API, qui était prévu à Dresde les 20/21 septembre (cf. F/A, p. 299, 334 *sq.*).
2. À l'occasion de l'anniversaire.
3. Le petit Ernst Wolfgang.

Martin vient tout juste de se coucher avec une angine. Mais tout cela n'est rien d'extraordinaire. La toux est en train de nettement diminuer.

Je vous salue tous trois cordialement

Votre papa

349-Max [En-tête Vienne] 17.5.14

Cher Max

Ost und West[1] (Berlin W15, Knesebeckstr. 48), la revue juive connue, réclame « si possible par retour du courrier » une photographie de moi pour illustrer un article, etc.[2]. Les embarras connus de la célébrité stérile ! Étant donné que je n'en possède pas, je te prie d'en faire fabriquer une et de la faire envoyer à l'adresse indiquée. J'ai bien sûr en tête celle qui a servi de modèle à la gravure sur cuivre.

Ne m'en veuille pas. Cela n'est même pas non plus une lettre, mais une simple commande.

Nous sommes obligés de t'utiliser encore jusqu'à ta 40e année.

Cordiales salutations à toute la famille de

Papa

350- SophMax 13.7. Karlsbad 1914[a]

Visiteurs bienvenus !
Villa Fasholt, Schlossberg
Piaf écarquillerait les yeux

Papa

351-SophMax [En-tête Vienne] Karlsbad 2.8.1914

Chers enfants

Le temps pendant lequel nous n'avons eu aucune nouvelle de vous est incalculable. Il est probable que vous n'y êtes pour rien.

---

a. Carte en couleur avec une illustration montrant une dame élégante ; date et texte écrits sur les quatre marges en une écriture latine soignée.

1. *Est et Ouest.* [N.d.T.]
2. Ce portrait illustra un essai de Reik sur Freud (Reik 1914a, col. 433 *sq.*) ; cf. la reproduction chez Weinke 2003, p. 125.

Je veux seulement vous informer que nous préférons rester ici, où le temps est d'une beauté qui n'est pas permise et où aucune famine ne menace, au lieu de rester coincés à Prague en voulant aller à Vienne [1]. En effet, le voyage de Munich est tout à fait impossible, et, soit dit en passant, Ernst n'est pas du tout là-bas, mais à Salzbourg chez Martin, d'où il ne peut sans doute pas revenir. De Mathilde nous avons déjà des nouvelles, en provenance de Vienne.

Nous nous portons très bien tous les deux, et nous pourrions être contents si, en de pareils temps, on était autorisé à penser à soi. C'est dur mais nécessaire ; et cela d'ailleurs passera. Je ne voudrais tout de même pas renoncer à regarder le Piaf ; peut-être que, d'ici à la mi-sept., bien des choses auront changé.

À vrai dire, on sent à présent l'éloignement géographique réduit. L'Autriche et l'Allemagne ne font qu'une, et chaque nouvelle qui vient de là-bas produit ici un écho qui semble issu d'une proximité immédiate.

Je vous salue cordialement et vous invite à tenter la chance de l'acheminement postal aussi souvent que possible. Maman dit 3 fois par jour : aujourd'hui nous aurons encore une lettre.

Votre papa

352-SophMax [En-tête Vienne] jeudi 6.8.14.

Mes chers enfants

Enfin un signe de vie de vous après tant de longs jours. Maintenant, j'ai aussi à nouveau le courage de vous écrire, dans l'espoir que cette lettre vous parviendra bien encore avant le 22 août [2]. Maman [a] est disposée à prendre au sérieux l'incorporation de Max, moi pas, sachant qu'il s'agit de prestations de services telles qu'elles échoiront aussi chez nous à Martin et Oli, qui n'ont également pas servi. Il préférera sans doute lui-même apporter sa contribution au

a. À la place de « Max », dans le manuscrit.

1. Pendant les jours de la mobilisation consécutive au déclenchement de la guerre, la circulation ferroviaire civile fut bloquée (F/E, p. 113). À propos des détails de la situation, cf. *supra*, p. 122-123.

2. La signification de cette date n'est pas claire ; est-elle celle de l'incorporation ? En fait, toutes les lettres qui suivent sont envoyées à l'adresse hambourgeoise normale.

grand travail qui est échu à la nation, plutôt que de rester assis inoccupé dans son atelier.

De ce qui à présent emplit tous les cœurs, je ne peux vous écrire plus que ce que chaque journaliste sert à ses lecteurs. Nous nageons dans le bonheur du sentiment d'avoir retrouvé une patrie qui n'existait plus guère pour nous en ces dernières décennies, et nous nous édifions face à l'exemple grandiose de l'énergie, de la franchise et de l'unanimité allemandes. Nous savons que nous luttons pour notre existence et que l'avenir de nos enfants prendra une tournure incomparablement plus belle si nous vainquons aux côtés de l'Allemagne. La goutte d'amertume dans le calice est le comportement de l'Angleterre, en laquelle nous avons jusqu'ici honoré le meilleur gardien de notre culture. Dès sa première excursion dans le monde, notre petite Annerl a été prise dans le tourbillon. Depuis le 29 juillet, nous sommes totalement coupés d'elle, mais espérons que nos parents et amis en Angleterre la protégeront [1].

Je suis d'avis que vous me serez plus reconnaissants de petites communications personnelles que de déclarations politiques. Nous avons donc passé à Karlsbad des jours inhabituellement beaux et y avons fait une bonne cure, jusqu'à ce que, la veille de l'anniversaire de maman, la tempête se déchaîne. La circulation a été très rapidement rendue si difficile que nous avons décidé d'attendre la fin de la cure et la levée du pire moment du blocus, donc de ne pas bouger jusqu'à la fin de cette semaine. À Karlsbad, on ne pouvait pas non plus mesurer tout le sérieux de la situation. Mais tante Minna et Math, qui étaient déjà rentrées plus tôt à Vienne, ne nous ont pas laissés en paix jusqu'à ce que nous partions le mardi 4 [a] avec le dernier train du soir qui était le seul autorisé et qui, pour cette raison, circulait assez régulièrement. Maintenant, nous sommes tout de même contents d'être ici. Les impressions de ces deux jours ne peuvent trouver place dans une lettre. Je ne communiquerai que les détails personnels. Oli est arrivé le même jour, le 5 [b] au soir, de Millstatt ; nous avons fini par apprendre aussi par Martin qu'Ernst, qui est resté aussi longtemps

a. Rectification de « lundi 3 », dans le manuscrit.
b. Rectification de 4, dans le manuscrit.

1. À propos du voyage d'Anna en Angleterre et de son retour, cf. *supra*, note 4 p. 124.

disparu que vous, se trouve sain et sauf à Munich [1]. C'est Ernst, parce qu'il a été ajourné pour la deuxième fois peu de temps auparavant, qui est le plus préservé d'une incorporation. Bien sûr, oncle Alex. n'a rien à faire dans son magasin, mais il travaille d'arrache-pied à la chambre de commerce et dans les commissions d'approvisionnement. Sophie et Harry [2] sont restés à Baden, grand-maman et Dolfi à Ischl ; tante Rosa ne peut revenir de Suisse avec les enfants. Oncle a réussi avec peine à lui envoyer de l'argent suisse, les lettres de crédit n'étant pas honorées à l'étranger. – Lampl, qui a fait ses preuves d'auxiliaire général, vient tout juste de téléphoner que tante Rosa est arrivée à Ischl et que Hermann [3] se portera ici à Vienne volontaire pour le travail de campagne. Lampl a une occupation à l'hôpital.

Nous avons certaines difficultés dans l'approvisionnement en vivres et en argent, mais les premières devraient être levées dans peu de jours, et mon directeur de banque m'a déclaré aujourd'hui qu'il versera autant d'argent qu'on en a besoin. Nous pourrons tenir ainsi un moment. Me trouvant au milieu de mes vacances bien méritées, je n'ai pas besoin pendant encore 2 mois de me tracasser quant au fait qu'il n'y a pas de traitements. Il est dommage que l'expansion de ma cause en France et en Angleterre, qui avait justement commencé de manière très prometteuse, se mette maintenant à ralentir. Mais, si nous surmontons bien cette unique crise, il sera plus facile de vivre dans le monde. L'air sera épuré de bien des miasmes.

Je parie qu'en ce même soir vous nous écrivez. Pourvu que les deux lettres arrivent rapidement.

Avec ses plus cordiales salutations, sans oublier EW, votre

vieux père
inapte à la guerre

353-SophMax Vienne 10.8.14. [a]

Chers enfants

Aucune lettre de vous n'arrivant, j'essaie une carte postale, et vous prie également d'y répondre. Nous allons bien, attendons la victoire ;

---

a. Carte postale.

1. À propos des destinées de Martin, Oliver er Ernst pendant les années de guerre, cf. *supra*, *passim*. Des recoupements avec des détails relatifs à ce thème ne sont signalés dans la suite que de manière sélective.
2. Femme et fils d'Alexander Freud.
3. Hermann Graf.

tante se remet lentement des sanatoriums ; d'Annerl, nous avons fini par apprendre par les Emden via la Hollande qu'elle est à l'institut de St Leonards [1]. Espère que vous êtes tous trois très vaillants.

Cordiales salutations

Pa

354-SophMax Vienne 11.8.14 [a]

Chers enfants

Enfin reçu deux cartes de Soph. J'espère que l'acheminement va mieux fonctionner maintenant que vous vous êtes tellement plus éloignés. Ernst est arrivé aujourd'hui, très fringant, mais il s'engage demain, nous ne savons pas exactement à quoi. Il raconte qu'on ne peut pas retenir Martin de se porter volontaire de guerre [2]. Nous n'avons donc plus notre mot à dire.

À partir de maintenant, je vais essayer d'écrire une carte par jour. Aujourd'hui, ma question est de savoir si Soph sera bien pourvue quand Max partira. En effet, je suis, moi aussi, encore là.

Très cordialement

Papa

355-SophMax Vienne 28.8.14. [b]

Chers enfants

La dernière photo d'E.W. est charmante. C'est décidé : je ferai sa connaissance en sept. Je veux seulement attendre qu'il soit devenu plus commode de voyager et que la fièvre guerrière qui nous agite en ce moment retombe. Si nos victoires se poursuivent ainsi, nous n'aurons pas à craindre que le Russe vienne nous hanter à Vienne. Aujourd'hui justement, nous sommes dans une extrême tension [3].

---

a. Carte postale.
b. Carte postale.

1. Dans l'académie féminine de St Leonard's près de Hastings, sur la côte méridionale de l'Angleterre, Anna avait suivi un cours de langue ; elle y était retournée après un court séjour à Londres (Molnar 2005, p. 156 ; F/Fer II, p. 18).
2. Cf. *supra*, p. 123-128.
3. Depuis le 26 août 1914, il y avait en Pologne et en Galicie de violents combats entre l'armée austro-hongroise et l'armée russe. Le 29, la *Neue Freie Presse*

Vous pouvez imaginer à quel point nous nous sommes réjouis du retour d'Anna.

Cordiales salutations papa

356-SophMax 6.9.14 Mühlau bei Innsbruck[a]

Chers enfants

C'est ma première excursion[1], la prochaine sera pour vous.

Martin se porte excellemment.

Papa

Chère Sophie, citoyenne de l'Allemagne victorieuse[2] et femme du camarade de guerre à venir, sois cordialement saluée.

Kriegsheil Max[3] !

Martin

357-SophMax [En-tête Vienne] 27.9.14[b 4]

Chers enfants

Je vous relate, autant que faire se peut, mes expériences de voyage et mon arrivée à bon port[5].

Vous vous souvenez du blessé sur le brancard à la gare. C'est lui qui a eu les raisins et un petit pain, et son père, décoré de la croix

a. Carte de correspondance de campagne ; post-scriptum et adresse d'expéditeur de Martin Freud.

b. Sur l'enveloppe associée au-dessus de l'adresse, inscrit par la main de Freud : offen [ouverte].

parla d'une « grande bataille décisive », la *Neue Zeitung* de la « plus grande bataille de l'histoire mondiale ».

1. À savoir auprès de Martin, peu avant son départ pour le Sud (cf. *supra*, p. 131).

2. La victoire des troupes allemandes sur les troupes russes à Tannenberg n'était vieille que de quelques jours.

3. Cette formule ne se laisse pas traduire. Quand on sait ce qu'il en advint chez les nazis, cela fait froid dans le dos. [N.d.T.]

4. Cette lettre, comme quelques-unes qui suivent, fut envoyée ouverte ; les lettres closes, qui rendaient difficile le travail de la censure, n'étaient pas acheminées (cf. F/A, p. 396).

5. Freud partit pour Hambourg le 16 septembre 1914 et il était rentré à Vienne le 27 (57 *sq.*-Martin). Tant à l'aller qu'au retour, il rencontra Abraham à Berlin (F/A, p. 346 *sq.*).

de fer de 1870, m'a dit merci à sa place. Deux autres petits pains m'ont été enlevés par un officier de marine de haut rang, qui voyageait depuis Kiel et qui avait très faim (je suis rapidement monté en 1re classe). En retour, j'ai obtenu de lui une conversation intéressante et des informations très réjouissantes. À la fin, nous avons échangé nos cartes, et il a même affirmé connaître mon nom. Chez Abraham, j'ai trouvé l'accueil cordial habituel et un déjeuner chaud ; jusqu'à 6 h, le temps a passé très vite. Ils ont induit en moi la tentation de rester à Berlin pour le dimanche ; mais je n'ai pas voulu, parce que je n'avais pas de nouvelles de la maison. Dans le wagon de Vienne, j'ai à nouveau, en offrant mon aide, fait la connaissance d'un jeune officier légèrement blessé, qui s'intitula courrier de l'Empereur et se révéla être un petit héros (drapeau français, croix de fer). Il parla beaucoup de son oncle Bernhard, dont vous connaissez aussi le nom, et dans le voisinage duquel j'ai coutume de loger à Rome [1]. À la gare, j'étais attendu par Oli et Anna, et depuis, j'ai eu affaire au déballage et aux récits. Deuticke a payé la moitié de *L'Interprétation du rêve* [2] ; mais le fisc s'est aussi manifesté. Côté patients, rien, pour la consolation de Max.

Le Dr H. Sachs raconte ici le trait d'esprit le plus récent : quelle est la ressemblance entre l'empereur Guillaume et les avocats viennois ? Réponse : depuis le déclenchement de la guerre, ils ne connaissent plus de partis [3].

Oncle a appelé au téléphone, et il prétendait avoir déjà quelques mauvaises nouvelles ; mais, à moyen terme, je suis confiant.

Tout le monde va bien ; de Martin, des comptes rendus abondants ; les occupations pour les autres, y compris Anna, font difficulté. Ta robe lui va parfaitement. Bien sûr, tous veulent à propos du Piaf plus que des récits.

Je vous remercie pour les beaux jours passés dans votre maison, et espère n'avoir de vous que de bonnes nouvelles.

Papa

---

1. Ex-chancelier du Reich von Bülow ; cf. 342-SophMax avec note 1, p. 430.
2. La 4e édition augmentée de *L'Interpration du rêve* parut en 1914 chez Franz Deuticke, éditeur de cette œuvre de la 1re (1900) jusqu'à la 8e édition (1930).
3. Allusion à la phrase de Guillaume II le 4 août 1914 : « Je ne connais plus de partis, je ne connais plus que des Allemands. » [En allemand, le même mot, *Partei*, peut désigner un « parti politique » et des « parties au procès ». En français, cette histoire drôle peut passer à l'oral. N.d.T.]

358-SophMax [En-tête Vienne] 9 oct. 14.[a]

Mes chers enfants

Il semble être si loin le moment où j'étais chez vous et où j'ai donné des cours au Piaf, et maintenant vous me donnerez certainement raison quand je disais ne pas pouvoir attendre ce que vous m'aviez promis[1]. Depuis, la pratique a repris – mais Max peut se consoler –, de manière très modeste chez moi aussi, d'un cinquième à un quart du volume habituel. J'ai encore largement le temps de dormir longtemps et de me reposer. Cette dernière activité est troublée par un mauvais rhume avec les complications afférentes, qui sévit du reste ces temps-ci. Annerl l'a aussi, Alexander et Lampl, qui est même alité. Encore beaucoup d'inconnus en outre.

Ernst est maintenant aussi soldat, et s'en va dimanche matin à Marburg[2], de manière très anodine pour l'instant. Lui aussi a choisi les canons. Il est serein comme toujours, regrette seulement d'avoir dû sacrifier ses cheveux longs. Il n'est pas possible que le deuil de Samson pour les siens ait été plus vif[3].

D'entre les événements qui doivent avoir pour conséquence, selon nos accords, un télégramme et l'achat de votre petite maison[4], aucun ne s'est réalisé, mais nous voulons bien continuer à espérer.

Nous sommes aussi disposés à croire que le « porté disparu » accolé à Si[e]gfried[5], dont vous parlez, ne signifie que captivité en France, ce qui ne peut devenir méchant pour lui, qui parle si bien la langue. Ici, contre toute attente, quelques femmes d'incorporés ont mis au monde des filles.

Je vous salue, vous et le Piaf, bien cordialement. Qui sait ce qu'il aura déjà appris comme tours de force quand je pourrai le revoir.

Papa

a. Sur l'enveloppe associée au-dessus de l'adresse, inscrit par la main de Freud : offen [ouverte].

1. Non éclairci.
2. Est sans doute visée ici la localité qui s'appelle aujourd'hui Maribor en Slovénie. En fait, Ernst alla à Klagenfurt (cf. *supra*, p. 234 *sq.*).
3. Allusion au Samson biblique. Cf. *supra*, p. 234.
4. Victoires militaires des puissances centrales ?
5. Selig *Siegfried* Halberstadt (1877- ?? ; émigra en 1934 à Anvers, puis à Jérusalem), frère aîné de Max (KSK/JGH et communication personnelle d'Eva Spangenthal) ; cf. la lettre suivante.

359-Max Vienne 14.X.14 [a]

Cher Max

Je t'en prie, dis à ta mère (dont je ne connais évidemment pas une fois de plus l'adresse) combien je me suis réjoui de la confirmation du diagnostic de captivité que j'avais porté sur ton frère. Vous respirez sans doute tous plus librement devant cette atténuation du destin. Salue Soph-Piaf

Cordialement
Papa

360-SophMax [En-tête Vienne] 10 nov. 14

Chers enfants

M. Popper [1] a derechef l'amabilité de servir de courrier. Cela donne ainsi de temps à autre l'occasion d'épancher son cœur, ce qui n'est par ailleurs pas possible, étant donné cette lamentable censure et les incertitudes dans l'acheminement postal.

Le moral est ici déprimé. Je crois même que la situation s'est dégradée depuis que nous nous sommes séparés. Le match nul s'est maintenant étendu à la Belgique. On craint généralement que, si, d'ici à la Noël, nous n'avons rien de proprement décisif sur la mer du Nord, l'arrivée d'une troupe auxiliaire fraîche japonaise ne mette fin à tout espoir de victoire [2]. Alors ne restera à l'Ouest que ce qui est déjà en cours à l'Est : à savoir qu'on se défend péniblement contre l'ennemi. Se faire du souci est là de peu de recours ; mais on n'a pas non plus le droit de s'aveugler ; ce recours est encore plus faible.

Aujourd'hui, via la Suède, j'ai obtenu une réponse brève à une question, à savoir qu'oncle Emanuel est mort le 17 oct. [3]. Il y est

---

a. Carte postale.

1. Non identifié. Freud le nomme à l'occasion « un vieil ami » (F/E, p. 209). D'une lettre commune de lui et de sa femme Alice en l'honneur du 80e anniversaire de Freud (UE), il ressort que tous deux vivaient à Hambourg et étaient bien connus tant de Max Halberstadt que de la nièce de Freud, Lilly Marlé.
2. Ces remarques réagissent au début de la guerre de positions embourbée sur le front ouest, à la conquête par les Japonais, quelques jours auparavant, de T'sing-Tao, capitale du protectorat allemand de Kiao-Tcheou, et au fait que l'Angleterre avait déclaré la mer du Nord zone militaire.
3. Cf. 60-Martin avec note 3, p. 135.

dit par suite d'un « accès [1] de chemin de fer ». Peut-être que c'est un accident qui est visé ; on n'a pas plus de détails. Je crois qu'il n'a pas non plus supporté la guerre. Il a atteint exactement le même âge que mon père.

Nous venons d'apprendre de Martin qu'il est à Salzbourg, encore sans idée précise sur la suite de sa destinée. Ernst semble avoir été traité par son médecin, étant donné sa grippe, avec ménagement. Jusqu'ici, nos deux guerriers n'ont pas beaucoup avancé. J'aimerais bien que le cas de l'un soit tiré au clair.

La pratique est tout à fait désolante, 11 heures par semaine au lieu de 60, et à prix réduit. Combien belles faudrait-il que soient les perspectives pour vous en dédommager !

Je regrette de ne pouvoir vous écrire rien de mieux. Mais pourvu que le Piaf continue à grandir et à se faire dans la vie une place aussi sereine, il connaîtra aussi des temps meilleurs.

Cordiales salutations à vous trois
de papa

361-SophMax [En-tête Vienne] 25.1.15.

Mes chers enfants

Votre deuxième anniversaire de mariage tombe dans une mauvaise période. Mais elle passera, sera remplacée par une meilleure, et l'on peut espérer que ce qui est actuellement bon demeurera. Votre jeune couple a déjà fait ses preuves, et votre magnifique gamin prospérera, et les vieux grands-parents y trouveront leur joie.

Provisoirement, la célébration de cette fête souffre de la défaveur des temps. Il faut que j'augmente la valeur de la petite somme que j'envoie à Sophie pour ses dépenses privées (par courrier spécial) par une petite astuce. J'ai rassemblé ce que j'ai pu trouver d'or autrichien dans le trésor en or. Ces couronnes au moins ne sont pas concernées par la dévaluation de notre devise.

J'aimerais vous rendre encore visite à tous trois, mais en personne, pas en l'espèce d'eau-forte [2]. Le premier heureux hasard

1. Id. note 2, p. 135. [N.d.T.]
2. Probablement le portrait de Freud par Pollak (cf. note 4, p. 432, de 345-SophMax). On peut aussi penser au portrait de Hermann Struck (E. Freud et collab. 1976, p. 210), qui fut diffusé tant comme lithographie que comme eau-forte. Avec une lettre du 24.12.1914, l'artiste avait fait parvenir à Freud deux tirages de chaque œuvre (SFP/LoC).

m'amènera chez vous ; s'il ne se présente pas, eh bien, je viendrai quand même, simplement un peu plus tard.

Avec mes vœux les plus cordiaux
Papa

362-SophMax [En-tête Vienne] 9.5.15

Chers enfants

Je vous remercie cordialement des photos et du télégramme. Pour la contribution qu'y a apportée Ernstl, vous pouvez lui transmettre quelque chose de beau de ma part. Il me regarde en ce moment en train d'écrire [1] et continue à faire un visage complètement ébahi. J'ai collecté soigneusement toutes les nouvelles à son propos (rapportées par des personnes impartiales !), et j'en suis arrivé à la conclusion qu'il a raison de se donner un fondement solide avant de commencer à se tourmenter avec la compréhension du monde. Il en arrivera là assez tôt. Les belles lettres qu'il écrit à l'occasion n'en sont que plus appréciables.

Notre été est très imprévisible. J'ai un seul point de repère fixe : je ferai à nouveau le voyage d'automne pour vous voir tous trois. Deux de mes fils sont déjà artificiers ; quant à savoir jusqu'à quel rang avancera le troisième dans l'artillerie, il faut attendre [2].

Maman est revenue très sereine, avec une bonne mine et tolérante à l'égard de Vienne [3]. Bien sûr, nous ne nous intéressons à rien d'autre qu'à la guerre. La première semaine de mai a été vraiment excitante. Est-ce que la prochaine va nous apporter aussi, en sus de toutes les victoires, un nouvel ennemi [4] ? On se dit souvent qu'il devrait être plus facile à supporter d'être au milieu de la mêlée plutôt qu'ainsi dehors et tâtonnant dans l'obscurité. Mais il est indéniable que les choses marchent excellemment.

Avec des salutations et des vœux cordiaux
Votre vieux papa

---

1. C'est-à-dire que Freud a sa photo devant lui. [N.d.T.]
2. Martin et Ernst venaient tout juste de parvenir au rang d'« artificier » (F/A, p. 384 ; cf. *supra*, p. 249 avec note 2). Le troisième « fils » en question est Max lui-même.
3. Elle était partie le 9.4.1915 à Hambourg pour des « semaines » (F/Fer II, p. 67).
4. Du 1er au 3 mai, les troupes impériales et royales percèrent le front russe lors d'une bataille victorieuse, et elles purent aussitôt après recouvrer presque toute la Galicie (ANNO). Le 23 mai, l'Italie déclara la guerre à l'Autriche-Hongrie.

363-SophMax [En-tête Vienne] Kbd Rudolfshof
29.7.15.[a]

Chers enfants

Il faut que je vous écrive aussi une fois, pour vous dire combien la dernière photo d'Ernstl m'a plu, même si je n'aurais pas pu l'y reconnaître. Je peux vous dire en outre que Kbd [Karlsbad] est tout aussi beau et bon que d'habitude, et meilleur marché relativement, presque aussi dans l'absolu.

Vous êtes déjà au courant de la légère blessure de Martin, qui ne l'a toutefois pas du tout rendu inapte au combat. Depuis (17/7), nous avons eu à nouveau de lui une lettre sereine ; il est manifestement très fier des compliments qu'il a reçus[1]. À la lettre était jointe une photographie, sur laquelle il conduit un cheval bien maigre, et un dessin au crayon, qu'un officier a fait de lui. Sur les deux, il a l'air d'un cosaque, pas d'un véritable docteur en droit de la nation autrichienne. Continuons à avoir bon espoir. Aujourd'hui, nous avons aussi appris que Walter Pick[2], dont la mère est ici, avait été légèrement blessé.

Nos intentions après la cure sont très obscures. Nous irons sans doute à Ischl et verrons si nous trouvons à y loger. En effet, les difficultés de la poste et du passage des frontières nous rendent Berchtesgaden impossible[3].

Notre venue à Hambourg tiendra compte des points suivants. Nous ne voulons pas quitter notre patrie tous les deux à la fois, étant donné qu'on ne peut savoir quand on a besoin de nous. Vous profiterez également mieux de notre présence si nous sommes chez vous individuellement. C'est ainsi que je viendrai en sept., sans doute vers le milieu du mois, maman, comme d'habitude, pour une assez longue période en automne. Du reste, tante veut vous rendre visite déjà plus tôt à partir de Berlin, où elle est attendue chez les Wertheim[4]. Il suffira qu'Ernstl apprenne bien des tours de

a. Enveloppe associée portant le cachet : Überprüft [contrôlé].

1. Cf. *supra*, p. 102 *sq*.
2. Walter Pick (1890- ??), fils du fabricant et conseiller impérial Adolf Pick (IKG/W), un ami des enfants Freud (F/AF, p. 175 *sq*. avec note 4).
3. Hypothèse hâtive : le 12 août 1915, Freud passa avec sa femme de Karlsbad à Königssee près de Berchtesgaden (F/Fer II, p. 87).
4. En fait, Freud alla à Hambourg à la mi-septembre 1915, accompagné jusqu'à Berlin par sa belle-sœur Minna (F/Fer II, p. 91). De celle-ci, il est dit ensuite le 31 octobre qu'elle aurait « prolongé » son séjour à Hambourg après l'incorpora-

force ou, tout au moins, qu'il reste en très bonne forme et de bonne humeur pour tous les visiteurs. Il en sera ainsi, pour autant qu'on peut cette année faire des projets.

Je laisse encore de la place pour maman et vous salue cordialement

Papa [a]

364-Soph Königssee 30.8.15. [b]

Chère Soph

Lisant un traité de mycologie, je m'aperçois tout juste qu'il existe un bolet amer, qui ressemble vraiment beaucoup au cèpe, qui se trouve aussi ordinairement à côté de lui et ne s'en différencie de manière sûre que par le fait que son pied est jaune verdâtre et réticulé en creux. Un seul exemplaire, mêlé aux cèpes, gâte le plat tout entier. Ici, la saison des champignons commence bien. Cordiales salutations

Papa

365-SophMax Königssee 5.9.15

Chers enfants

Nous sommes assis ici sous une pluie battante avec un beau panorama sur des monts enneigés, mais plus pour longtemps. Math et Anna veulent partir le 8 [1], maman à la fin de la semaine ; j'accompagne tante à Berlin via Munich-Weimar et vous annoncerai en temps voulu mon arrivée après le 15. Les lettres de Soph sont arrivées, la réponse est imminente. Il se peut, bien sûr, que la météorologie nous fasse anticiper les dates de voyage. Cordiales salutations à vous trois

Papa

a. Post-scriptum de Martha non reproduit.

b. Carte postale.

tion définitive de Max (*ibid.*, p. 153). Martha ne s'y rendit que le printemps suivant (369-Max avec note 1).

1. Un dimanche.

366-SophMax [En-tête Vienne] 26.9.15 [a]

Bien chers

Emden [1] m'a quitté à la gare de Dresden-Altstadt à 10 h 46. À Berlin, nous n'avons pas pu vivre grand-chose ; sur les 4 heures de l'arrêt, une s'est passée à se procurer une voiture pour transborder les bagages. Nous avons ensuite rendu visite à Mme Abraham, nous sommes informés auprès d'elle du moral de la population à Berlin, qui n'est pas différent de celui qui a cours chez vous, avons mangé à l'Excelsior, et il fut temps. À Vienne, j'étais attendu par Annerl qui avait amené une voiture ; tout ce qui s'appelle contrôle douanier avait été expédié avec une facilité incroyable. Maman commençait à se trouver très seule. Déballé les nouvelles ; en effet, je n'avais rien ramené dans mes bagages. Appris auprès de Robert et Math les détails de la triste circonstance [2]. Lors des combats autour de Rovno [3], balle dans le ventre, vécu encore une heure, mort en pleine conscience. Dans le testament qu'il a laissé, l'injonction d'éclairer sa fenêtre lors de chaque victoire. D'Ernst beaucoup de nouvelles, c'est par un pur hasard qu'il n'est pas encore cadet. Il paraît que Martin a rencontré Willi [4] près de Luck [5], dernière nouvelle du 8/9.

Il paraît qu'Oli est enchanté de son nouveau travail, la construction d'un tunnel dans les Beskides, à proximité de Teschen. Ella arrivée l'après-midi à 5 h, restée jusqu'à 10 h et ½, à la fin en compagnie de Rob et Math [6]. Je crois qu'elle aura tôt fait de devenir intime avec elle ; les femmes, jusqu'ici, ne sont pas allées très loin

a. Sur l'enveloppe associée au-dessus de l'adresse, de la main de Freud : Express offen [ouverte] ; au verso étiquette : Überprüft [contrôlé]/ Wien.

1. Avec qui Freud fut aussi à Berlin chez Hedwig Abraham (F/A, p. 395).
2. Impossible de dire quelle connaissance ou quel parent des enfants Freud était alors tombé au front.
3. Il était question de combats à l'ouest de Rovno (aujourd'hui Rivne dans le nord-ouest de l'Ukraine, alors Russie) dans le rapport de l'armée austro-hongroise du 10.9.1915. C'était là une partie de la grande offensive des puissances centrales sur le front est.
4. Willy Bardas ?
5. Aujourd'hui Loutsk, au nord-ouest de l'Ukraine. La ville fut occupée par les troupes impériales et royales fin août 1915.
6. Plus de détails sur les fiançailles d'Oli à cette époque et sur son mariage de courte durée avec Ella Haim *supra*, p. 203 *sq*.

avec elle. Elle est quelque peu timide et invoque comme cause sa crainte que les fiançailles pourraient ne pas nous convenir en raison de la jeunesse d'Oli. Aujourd'hui, bien sûr, j'ai pu l'examiner précisément. Sa beauté n'est pas régulière : type oriental anguleux, traits dessinés de manière fine et hardie, fraîcheur juvénile, très saine ; je la crois très normale, simple, probe, ouverte, à moi très sympathique, informe sans façon, tient beaucoup à ses études, qu'elle a obtenues au terme d'une lutte difficile, reconnaît vivre un certain conflit entre l'intention de les terminer et celle de garder son homme, conflit qui ne devrait pas être insoluble. Veut, si elle décroche son doctorat, aller avec lui à Bagdad. Informations sur la réputation et la situation de la firme, rassemblées par Alex, épatantes [1]. La mère a fait une excellente impression à maman et à Math. Je crois que tout va bien.

Cordiales salutations à vous quatre [2].

Papa

En décembre 1915, Max Halberstadt fut appelé et envoyé sur le front français.

367-Max 18.2.16 [a]

Cher Max

Je t'ai envoyé aujourd'hui 3 petits livres, au petit bonheur, étant donné que tu ne t'es pas manifesté. Dois-je t'envoyer tome après tome *Jean-Christophe* de Romain Rolland, le seul Français germanophile [3] ? C'est une chose célèbre et traduite en allemand. Ernst est parti hier soir chez Sophie [4]. Maman a quitté le lit ce matin après

---

a. Carte de correspondance de campagne ; adressée à : Deutsche Armee/ Kanonier Max Halberstadt/ 18 Res. Div./ Res.feld.art. Rgmt 18/ 3 Bat.

1. Se rapporte probablement au père Haim.
2. La quatrième personne pourrait être Minna.
3. Rolland chercha à forger pendant la Première Guerre mondiale une alliance d'intellectuels contre la guerre. Le roman en dix tomes *Jean-Christophe* (1904-1912) est considéré comme son chef-d'œuvre. Plus tard, Freud se trouva en contact épistolaire avec lui (cf. 203-Ernst avec note 1, p. 309).
4. Ernst eut du 10.2 au 1.3.1916 une permission pour aller chez lui (F/Kal).

une grippe. Martin en était aussi malade et Oli semble être en ce moment misérable.

Cordiales salutations
Papa

J'ai tiré des rééditions [1] 800 mk pour l'été de Soph et d'Ernstl.

368-Max [En-tête Vienne] 27.2.16

Mon cher Max

Tout juste reçu ta lettre. Ernst est rentré hier et a raconté des choses tellement charmantes au sujet de Soph et de l'enfant. Aujourd'hui il dort encore et ne sait encore rien de ce qui t'est arrivé [2]. Tu sais que, de son côté, il s'est passé quelque chose de tout à fait semblable ; il s'est simplement trouvé par hasard qu'il n'était pas dans l'abri, quand ses 5 camarades ont été atteints [3]. Si ta blessure est aussi anodine que tu l'écris, nous avons une grande chance pour la deuxième fois. On n'ose pas se réjouir et l'on ne peut pas comprendre que tous ne puissent avoir autant de chance. C'est assez, nous vivons dans l'instant et reprenons souffle, le danger étant passé si près de nous.

La guerre est épouvantable, il faut noter la cruauté froidement calculatrice avec laquelle les Anglo-Américains veulent la prolonger [4], le comportement des nôtres est hautement respectable.

Nous espérons que tu te remettras rapidement. Peut-être que tu trouveras maintenant un emploi qui te soit plus adapté. Il se peut que tu n'aies pas reçu ma dernière lettre. Je répète que j'ai réservé de 2 rééditions K 1 340 pour l'été de Soph. Malheureusement, le franchissement de la frontière est rendu de plus en plus difficile.

1. Le 17.2.1916, Freud enregistra dans ses notes de calendrier (F/Kal) la 3e édition des *Études sur l'hystérie*. En outre, il pourrait ici avoir eu en tête la 3e édition des leçons *Sur la psychanalyse*, dont la parution est signalée le 21.3.

2. Max Halberstadt avait été blessé le 23.2.1916, et il fut hospitalisé à Valenciennes (F/Kal ; F/E, p. 134) ; cette expérience lui valut une « névrose de guerre ».

3. Cf. *supra*, p. 235.

4. Le 25.2.1916, le discours du Premier ministre anglais Asquith fit à Vienne la une des journaux : il y était dit que la guerre ne pourrait être terminée que si les objectifs des Alliés étaient atteints et si la « domination militaire prussienne était anéantie totalement et définitivement » (NFP).

Maman se remet cette fois bien lentement, même Oli a été contraint à une permission des suites d'une affection de ce type et habite maintenant chez Ella. De même, Martin a eu à cause de la grippe une semaine de permission à l'arrière de sa batterie. Maintenant, pas de nouvelles de lui depuis 10 jours.

Imagine avec quelle cordialité tous te font transmettre leurs salutations.

Ton papa

369-Max [En-tête Vienne] 4.3.16

Cher Max

J'ai été très heureux de te lire à nouveau, d'apprendre que tu vas bien, en particulier parce que les nouvelles de Soph n'arrivent pas très souvent. Tu parles cette fois de blessures au pluriel. Je vais t'envoyer le *Jean-Christophe* tome par tome en français, si on peut le trouver ainsi ; sinon je m'abstiendrai.

Maman est encore si peu remise que nous différons son départ [1]. Mais on ne pourra plus la retenir longtemps, l'anniversaire d'Ernstl étant imminent. Après une longue pause, nous avons eu aujourd'hui des nouvelles de Martin ; il est rétabli et cela fait sans doute longtemps qu'il est à nouveau en activité. Oli est aussi venu ici pour une semaine, abandonnant sa construction ; il n'allait pas bien du tout après sa grippe, et serait resté plus longtemps si on ne l'avait rappelé. Ella est ici, plus exempte d'embarras [2]. Mais nous ne sommes pas très heureux de toute cette affaire. Jusqu'ici nous avons eu plus de chance avec les beaux-fils.

Comparée à l'année dernière, la pratique a nettement augmenté. En cette troisième année de guerre, elle est peut-être remontée au niveau ancien.

Écris à nouveau bientôt et reçois les cordiales salutations de

Papa

1. C'est-à-dire pour Hambourg, où elle séjourna du 10.3 au 17.4.1916 (F/Kal).
2. Elle était enceinte.

370-Soph 6.3.16 [a]

Chère Soph

N'aie pas peur si tu reçois ces jours-ci par une banque allemande 500 mk. Cet argent est destiné à maman, qui a pris un billet en wagon-lit pour le jeudi 9, afin de te rendre visite. Réfléchis bien à cette histoire de cours de photographie ; cela semble représenter trop de tracas.

Cordial salut à toi et Ernstl

Papa

371-Soph [En-tête Vienne] 7.3.16

Ma chère Sophie

Je ne suis pas du tout étonné que tu finisses par faiblir. Mais attends un peu, vendredi maman sera chez toi et elle te prêtera main-forte ; vous pourrez alors réfléchir à ce que vous comptez faire. Si vous vous décidez à passer par exemple mai et juin à la Berggasse, vous aménagerez les chambres pour toi, Ernstl et Marie [1], et tu seras satisfaite de tout ce que nous pouvons offrir ici. Sinon, la tante viendra chez toi et t'emmènera quelque part à la campagne, peut-être à Hofreit [2] ou à Reichenhall, car il faut que vous ayez toutes deux une fois un été hors de la ville [3]. Ne tiens pour rien les frais ; ils seront couverts à partir de ton héritage, dont tu n'auras pas besoin, il faut l'espérer, le moment venu, quand Max aura repris le travail.

Ton projet de suivre actuellement un cours de photographie n'a pas eu mon assentiment dès le début. Je suis content que tu en reviennes maintenant par toi-même.

Maman est encore elle-même bien faible. Prends soin d'elle aussi, de sorte que toutes deux parveniez à manger quelque chose, à savoir ce que vous pourrez trouver.

---

a. Carte postale ; avec le cachet : Überprüft [contrôlé]/ Wien 1.

1. Probablement une bonne d'enfant.
2. Dans la pension Hofreit à Schönau près de Berchtesgaden, où Freud avait passé l'été 1915 (Jones II, p. 193).
3. En fait, Sophie resta en Allemagne du Nord avec son mari, qui revint du front en avril (cf. F/Fer II, p. 142 ; 379-Max).

Le blocus avec Martin, comme cela est généralement confirmé, a été rompu par une brève et bonne nouvelle du 20/2. Ernst a déjà fait part de son arrivée à la batterie.

Pour l'anniversaire d'Ernstl, je ne pourrai pas être là-bas, de même qu'il ne pourra peut-être pas être ici pour le mien. Console-le en lui faisant espérer des temps meilleurs et salue-le cordialement de ma part. Avec Max, nous correspondons directement. C'est bien qu'il puisse rester encore 15 jours.

Avec des vœux cordiaux
Ton papa

372-Soph 9.3.16[a]

Ma chère Sophie

J'espère que maman est depuis longtemps chez toi. Un heureux hasard me met en mesure de faire à Ernstl un cadeau d'anniversaire approprié à son âge. Tu recevras pour lui de S. Karger à Berlin[1] 200 mk pour la traduction hollandaise de la *Vie quotidienne*, sur laquelle il a si tôt jeté son dévolu. Mais ne pas les placer dans des titres, les dépenser !

Cordial salut
Papa

373-Max Vienne 10/3 16[b]

Cher Max

Ta lettre, arrivée, a eu pour conséquence une lettre de moi[2]. Servira-t-elle ? Tes symptômes sont des suites connues de l'accident, destinés à passer.

Maman est partie hier jeudi ; on peut espérer qu'elle pourra participer à la célébration de l'anniversaire du petit gars. Bien sûr, ce

a. Carte postale ; avec le cachet : Überprüft [contrôlé]/ Wien 1.

b. Carte de correspondance de campagne ; adressée à : Deutsche Armee/ Kanonier Max Halberstadt/ Res. F. A. R. 18/III/ dz Etappen Lazarett/ der 6 Armee/ Z 40.

1. L'éditeur allemand de la *Psychopathologie de la vie quotidienne* (Freud 1901b).

2. Ce même 10.3.1916, Freud écrivit au médecin-chef de l'hôpital de campagne dans lequel était alité Max Halberstadt (cf. la lettre suivante).

soir, pas encore de nouvelle d'elle. On ne peut avoir *Jean-Christophe* qu'en traduction ; je ne l'envoie donc pas. Propose autre chose. Repose-toi comme il faut.

Cordialement papa

374-Max [En-tête Vienne] 20.3.16

Cher Max

En même temps que ta lettre d'aujourd'hui m'est parvenue la réponse de ton directeur d'hôpital, qui exprime l'attente que tu seras apte au service dans environ 2 semaines [1]. J'espère que d'ici là tu auras complètement surmonté aussi ta dépression, qui fait partie des symptômes consécutifs à l'accident. C'est probablement une affaire de seulement quelques mois. Les puissances parties au conflit devraient au moins ne pas pouvoir soutenir plus longtemps la guerre, et, si ça cède sur un point, tout s'effondrera. Jusque-là on va essayer toutes sortes de choses. C'est seulement quand tu te porteras bien à nouveau que tu retrouveras sans peine l'insouciance, qualifiée d'héroïque, qu'arborent Martin et Ernst.

J'ai des nouvelles des deux. Ernst a envoyé une carte de la gare de Graz, qui montre donc qu'il est en cours d'expédition. Il écrivait qu'il rencontrerait peut-être Martin. Nous aurons donc bientôt des nouvelles d'en bas.

Avec maman nous communiquons par lettres exprès. Comme tu le sais, notre projet est qu'elle [2] vienne chez nous fin avril et qu'elle aille ensuite en juin avec tante à Hofreit. En effet, Ernstl doit avoir cette année un été à la campagne. Ce sera mon plus bel anniversaire – selon mes intentions le seul –, dans la mesure où ils seront chez nous en mai [3]. Nous avons reçu aujourd'hui la suite de l'album d'enfant interrompue par ton incorporation. Trois prises de vue du 7/3, dont au moins deux sont réussies à ravir.

1. Le médecin-chef de l'hôpital d'arrière de la 6e armée écrivit le 15 mars 1916 à Freud (SFP/LoC) : « Je me réjouis de pouvoir répondre à votre lettre du 10 mars que la blessure d'éraflure par balle du canonnier Max *Halberstadt* (derrière l'oreille gauche) est en train de guérir de la meilleure façon. Les maux de tête du patient ont également cessé. On peut espérer fermement qu'il pourra, dans environ 2 semaines, être renvoyé en état de servir dans son corps de troupe. »

2. Sophie ; cf. 371-Soph avec note 3.

3. Pour le 60e anniversaire de Freud.

La femme d'Oli fait une mauvaise grossesse. On l'a maintenant assignée au lit ; nous la voyons peu. Une véritable relation [*Verhältnis*] à elle ne se met pas en place. Les circonstances [*Verhältnisse*] [1] aussi ont pour conséquence que les deux profitent très peu l'un de l'autre.

Nous vivons ainsi dans l'attente du lendemain, nous demandant s'il va apporter des nouvelles de tous les côtés et lesquelles. La pratique a à nouveau augmenté, de sorte qu'à court terme je peux m'épargner les inquiétudes de l'année dernière. J'espère que tu t'accommodes aussi des nécessités de la situation, de sorte que tout ce qui est lourd redevient léger pour toi. Garde ton bon moral détaché et donne-nous très bientôt derechef de bonnes nouvelles.

Avec des vœux cordiaux
Ton papa
qui t'aime

375-Max [En-tête Vienne] 29.3.16. [a]

Cher Max

Merci pour ta lettre d'aujourd'hui. Nous nous réjouissons tous de la venue de l'hôte et de ce qu'il apporte avec lui. Nous voulons lui rendre les choses agréables ; il n'y a que la difficulté de la communication postale avec toi que nous ne pouvons pas éliminer. Nous avons naturellement tous un peu baissé, tant extérieurement qu'intérieurement, et nous avons besoin d'une atmosphère chaleureuse.

J'ai à nouveau cherché pour toi chez Heller quelques livres ; mais, bien sûr, je ne sais pas davantage si j'aurai choisi à ton goût. Les derniers ne semblant pas être tous arrivés, j'établis la liste pour toi : 1) une réplique à Naumann, Europe centrale [2], 2) Th. Mann,

---

a. Adresse « Etappen-Lazarett der 6. Armee » raturée par la main d'un tiers et remplacée par : Res. Laz. Deutschland ; cette dernière adresse pareillement raturée et remplacée par une inscription qui invite à renvoyer à Vienne, à l'expéditeur, avec le tampon : Retour.

1. Jeu de mots, comme on le voit, impossible à rendre en français. [N.d.T.]
2. Friedrich Naumann était un député du Reich libéral. Dans *Mitteleuropa* (1915), il préconisait une étroite cohésion économique et militaire entre les pays d'Europe centrale sous la direction de l'Allemagne. On n'a pu établir l'existence

Frédéric le Grand, 3) Fontane, *Le Caractère anglais*[1], 4) une petite introduction à la connaissance de la Belgique, et un cinquième livre que j'ai oublié.

Martin est venu par surprise à Vienne avec sa batterie pour renouveler l'armement, et peut-être qu'il rencontrera encore maman. Il a vu Ernst en route, pour la première fois depuis le 14 juillet, où celui-ci lui avait rendu visite à Salzbourg. Il a obtenu de rester à la batterie, bien qu'il ait été destiné au cadre. D'Ernst, actuellement, bien sûr, pas de nouvelle, l'acheminement est interrompu. Oli est toujours malade à Mosty[2], il n'est pas bien traité. Je m'efforce à partir d'ici de le faire amener à l'hôpital de Teschen. Ella a avorté hier. Les deux n'ont pas beaucoup de chance. Nous rattachons à ce malheur un faible espoir dont il n'est pas encore permis de parler à haute voix. Ce serait vraiment un soulagement pour nous, car nous croyons qu'Oli ne perdrait pas grand-chose s'il devenait à nouveau libre.

Grand-mère est bien misérable. Tante a tout juste à nouveau de la migraine. Tu vois que les soucis ne connaissent pas de fin. On s'est déjà tellement réglé sur les avanies qu'on oppose une bonne résistance quand quelque chose arrive.

La situation générale est plus opaque que jamais. Nous savons seulement que de grands déploiements de forces sont imminents de toutes parts pour terminer la guerre au moins avant cet hiver.

Je te salue cordialement et te souhaite des progrès dans ta guérison.

Papa

376-Max [En-tête Vienne] 18.4.16

Cher Max

Ma dernière lettre et un colis de livres que je t'avais envoyés à l'hôpital me sont revenus. J'ai appris avec regret que tu n'avais pas encore complètement récupéré, et je voudrais te conseiller d'inciter

---

d'une prise de position à propos de ce livre, beaucoup lu et discuté, qui comporterait dans son titre le mot « réplique » ou quelque chose de semblable.

1. Les deux derniers titres (Mann 1993 [1915] ; Fontane 1915) étaient des parutions nouvelles, se rapportant à la situation politique au cours de la guerre mondiale.

2. Situé alors dans ce qui était la Silésie morave.

Rudolf[1] à présenter au collègue dont cela dépend ta revendication d'une activité moins astreignante. Avec un peu de repos et au contact d'Ernst, qui doit être très amusant, il ne fait pas de doute que tu surmonteras bien les séquelles[2].

Dis à Soph que sa longue lettre de Hanovre n'est pas arrivée chez moi ; j'aurais répondu depuis longtemps.

J'ai l'intention d'aller voir Oli pour Pâques, afin de relever son moral après le réjouissant désastre de son mariage et de le conseiller dans les démarches nécessaires. C'est un bonheur plus grand encore que ne peuvent l'imaginer des personnes plus éloignées.

Nos projets d'été dépendent maintenant complètement de Soph, donc en dernier lieu de toi. Des visites de notre part en Allemagne sont dès à présent rendues très difficiles. Je voudrais cette année aller avec maman à Gastein au lieu de Karlsbad, mais qu'adviendra-t-il alors et où iront les autres[3] ?

Avec les vœux les plus cordiaux pour toi, Soph et Ernsti

Papa

377-SophMax Teschen 24.4.16[a]

Chers enfants

Ai rendu visite à Oli à Mosty, ai regardé son tunnel avec lui et passe le lundi de Pâques avec lui à Teschen. Vous salue, vous et Ernst, que j'espérais voir ces temps-ci. Cordialement

Papa

Meilleures salutations Oliver

---

a. Carte postale, écrite au crayon ; adressée à Hambourg. Cachet : überprüft [contrôlé]/ K.u.k. Militärzensur, Teschen.

1. Son frère, le médecin (cf. note 1, p. 433).
2. Le 8 mai 1916, Freud écrivit (F/A, p. 407) : « Mon beau-fils est encore en convalescence à Hambourg, il a ramené un bout de névrose traumatique. Je ne sais pas s'il en sera tenu compte. »
3. Freud resta à Gastein du 15.7 au 15.9.1916, c'est-à-dire pendant la totalité des vacances d'été (cf. 380-Max, 382-Soph).

378-SophMax [En-tête Vienne] 9.5.16

Chers enfants

Vous êtes finalement les derniers que je remercie [1]. Malgré mes efforts dans l'ensemble couronnés de succès en vue de réprimer cette solennité inappropriée, il a quand même fallu que je passe 3 soirées entières en remerciements. Les notices dans les journaux berlinois [2] ont quelque peu dérangé ; à Vienne, tout a été calme. Maman vous a sans doute déjà informés des détails. Maintenant, je suis tout à fait sérieusement un vieil homme.

Je vais vous envoyer ces jours-ci 800 mk pour l'été. Nous sommes convenus que, cette fois-ci, Ernstl devait jouir un peu de la belle nature ; je m'en remets à vous, c'est-à-dire au règne de puissances supérieures, quant à décider *où*. Que nous nous voyions cet été ou cet automne, soit, comme jusqu'ici, une fois par an, voilà qui est malheureusement rendu invraisemblable par les entraves mises aux voyages. Mais on ne sait absolument rien.

Je dois donc me contenter de vous saluer très cordialement tous trois de loin.

Papa

379-Max [En-tête Vienne] 4.6.16

Cher Max

J'ai été très heureux d'apprendre que tu as à présent un médecin qui tient compte de ton état. Cela à soi seul, à quoi l'on peut

---

1. Pour les salutations à l'occasion du 60e anniversaire.
2. Une notice de ce genre, qui faisait bien ses 30 lignes, parut le 6 mai 1916 dans la *Vossische Zeitung* (édition du matin) : « Le Pr Dr Siegmund Freud *à Vienne*, dont le nom est devenu célèbre dans le monde entier du fait de la méthode par lui recommandée pour traiter les états pathologiques nerveux, notamment hystériques, *la psychanalyse*, fête aujourd'hui son *60e anniversaire.* » L'auteur rapporte la thèse fondamentale des *Études sur l'hystérie* – l'hystérie serait « considérée comme une sorte de défense face à des impressions désagréables qui sont refoulées dans le subconscient », la guérison s'effectuerait par une prise de conscience et une « abréaction » ; il décrit la théorie élargie de Freud, « selon laquelle le facteur qui serait pratiquement sans exception au fondement de l'hystérie et de la névrose est de nature sexuelle », mentionne *L'Interprétation du rêve* – « ici aussi, des facteurs sexuels jouent un rôle prépondérant » – et résume : « Avec ses théories, Freud a rencontré tant une contradiction qu'un assentiment de grande ampleur. »

ajouter la perspective de la paix qu'on prédit généralement pour cet automne, va t'apporter une amélioration dont on peut espérer qu'elle aura tôt fait de se convertir en guérison.

En cas d'une permission de maladie, que tu mérites bien, tu devras te rendre avec Soph et l'enfant dans un beau petit coin de nature. Je me souviens combien Karersee t'a fait du bien. Malheureusement, il n'est pas possible de tout réaliser. De même que Karersee est devenu inaccessible, de même nous rencontrer au cours de cette période présentera des difficultés. On nous rend le passage et le séjour en Allemagne si difficile que nous devons, je crois, y renoncer. Il serait peut-être plus facile que vous veniez en Autriche, si le voyage ne vous est pas rendu par là trop pénible et si tu en reçois l'autorisation. Sinon, je pense que ce sera sans doute pour vous le Holstein.

Les garçons sont assidus au courrier sur le front italien. Très fiers et sereins, ne déniant pas toutefois qu'il y a là-bas de grands tracas.

Fais surtout en sorte de bien te porter, et dispose-toi à attendre de bonnes choses.

Cordialement papa

380-Max [En-tête Vienne] 26.6.16 [a]

Cher Max

Je me réjouis beaucoup d'apprendre que tu es enfin sur le point de passer quelques semaines avec femme et enfant dans la belle nature, espérant que le temps ne vous sera pas défavorable, et je suis sûr que cela contribuera beaucoup à ton rétablissement. Si, malheureusement empêché par les difficultés de voyage, je ne peux justement pas te parler dans cette situation, tu n'en as pas moins en la personne du Dr Marcinowski [1] un médecin très intelligent, quelqu'un que je connais personnellement, et l'un de mes adeptes

a. Enveloppe associée avec étiquette : Überprüft [contrôlé]/ Wien.

1. Johannes Jaroslaw Marcinowski (1868-1935), alors propriétaire d'un sanatorium au bord du lac Uklei près d'Eutin/Holstein, où l'on proposait aussi de la psychanalyse (BL/W). La résidence estivale des Halberstadt se trouvait « à proximité immédiate » (F/A, p. 410). Dans le registre des patients de son sanatorium est consigné un séjour ultérieur de Max (prénom transformé par lapsus en « Ernst ») avec sa femme et son fils (29.12.1917-1.1.1918) (avec mes remerciements à Heike Bernhardt).

zélés, qui s'est signalé par quelques très bons livres dans le sens de mes orientations, et qui sera donc certainement prêt à t'assister, au cas où tu aurais besoin – ce que je ne crois pas – d'autre chose que de repos, de compagnie affectueuse, peut-être d'encore un peu d'encouragements. Peut-être n'est-il pas tout à fait aussi simple, pas tout à fait sûr ; mais les bons côtés n'en sont pas moins largement dominants chez lui.

Tu sauras sans doute déjà que Martin a soudain surgi chez nous le 23/6 pour quelques heures ; il ressemblait à un capitaine de brigands ; il était très réjouissant [1]. Aujourd'hui, nous apprenons d'Ernst que, faisant le même voyage vers le nord [2], il espère nous voir brièvement. Tous deux ne sont pas très heureux du changement ; ils étaient très contents en bas.

Nous allons mettre fin à notre séjour le 15/7 et partir pour Gastein, sans rattacher beaucoup d'attentes à cet été. C'est simplement parce qu'il n'y a absolument rien à entreprendre à Vienne et qu'on n'y aura non plus rien à faire.

Réjouissons-nous de nous revoir dans un avenir indéterminé. Salue cordialement ta mère de ma part et donne à Soph et au polisson un baiser à chacun sur l'injonction de

Papa

381-Soph

Salzbourg 7.8.16.
Hotel Bristol [a]

Chère Soph

J'ai lu ta dernière lettre et regretté que tu écrives si tristement. Il faut que vous ne vous fassiez pas de soucis, vous êtes très jeunes et ces temps passeront. Pour Max, on ne peut pas médicalement faire grand-chose, mais une occupation qui lui convienne améliorera son état, et, quand il aura retrouvé la paix et son métier, tout disparaîtra à nouveau. Si tu veux venir chez nous en sept, tu peux imaginer combien tu seras pour nous bienvenue avec l'enfant ; mais tu ne

---

a. Sur l'enveloppe associée au-dessus de l'adresse, écrit de la main de Freud : Offener Brief [lettre ouverte] ; cachet : Zensuriert/ Mil. Zens. Linz.

1. Cf. *supra*, p. 102.
2. C'est-à-dire du front italien au front russe.

dois pas y être contrainte ni être forcée de le faire si tu ne peux être complètement rassurée au sujet de l'état et du lieu de séjour de Max, de manière que tu n'aies pas à t'en faire si les nouvelles venaient à s'interrompre. Je ne sais pas exactement où vous en êtes en ce moment de vos provisions d'argent. Il faut que Max écrive à ce sujet et dise ce qu'il préfère : un envoi conséquent ou une subvention mensuelle, de sorte que tu puisses continuer à assurer ton ménage à Hambourg. Si cela finit par s'accumuler, tu le déduiras du petit héritage. J'espère que, chemin faisant, Ernstl deviendra riche. En automne sortira une réédition [1] chez Karger, et il recevra aussi les honoraires des *Conférences* [2] l'année prochaine, afin de devenir un étudiant aisé.

Ce matin, Ernst nous a réveillés. Pour la première fois depuis la guerre, nous avions une famille rassemblée : oncle et Sophie, Math et Robert, qui sont partis à midi pour Aussee, Martin depuis hier, Ernst et Anna. Je me suis fait photographier avec les deux sous-lieutenants [3]. Max ne doit pas se fâcher de la concurrence.

Les photos avec le chevreau étaient charmantes.

Je conclus ici, pour expédier la lettre rapidement.

Avec un cordial salut

Papa

382-Soph — Badgastein 7.9.16 [a]

Ma chère Soph

N'ayant pas reçu une réponse directe de Max, je t'écris à propos de la même question. Je sais bien que ta venue ne peut se décider avant qu'il n'ait été statué sur l'emploi à venir de Max ; je sais aussi que cela est encore de façon générale problématique. Comme tu l'écris, il peut se passer encore tout bonnement des semaines avant que tu ne saches quelque chose de certain. C'est pourquoi je te

---

a. Enveloppe associée avec le cachet : Zensuriert/ Mil. Zens. Linz.

1. De la *Psychologie de la vie quotidienne*.
2. Depuis octobre 1915, Freud mettait par écrit ses *Conférences d'introduction à la psychanalyse* (F/Fer II, p. 98), qui parurent en trois séries, en 1916-1917, chez Heller.
3. Photo reproduite in E. Freud et collab. 2006, p. 211.

demande directement si vous avez besoin d'argent et combien je dois t'envoyer.

Ayant cette année tant de difficulté à voyager jusqu'à Hambourg, j'économise de toute façon de l'argent qui t'était destiné. Écris-moi sans la moindre gêne et donne-moi une idée précise de votre situation actuelle.

Nous avons passé ici une très belle période, avant d'affronter les rigueurs du troisième hiver de guerre. Le 15/9, nous espérons arriver à la maison après un bref arrêt à Salzbourg. Je regrette beaucoup, bien sûr, de ne pouvoir vous voir, Max et toi, précisément en ce moment, et de ne pouvoir faire la connaissance d'Ernstl dans la plus belle période de sa vie ; cela ne tient pas du reste à ce que j'aurais quelque chose à faire à Vienne ; mais voyager est une entreprise si formidable qu'il est possible que le plus sage soit de trouver un autre usage aux frais de voyage. Par ailleurs demeure, bien sûr, la possibilité que tu viennes chez nous avec l'enfant.

De Martin et d'Ernst, nous ne cessons d'avoir de bonnes nouvelles. Oli est probablement encore à l'abri jusqu'à fin nov. [1] ; mais ce ne sera plus le cas ensuite. J'espère apprendre qu'il mettra avant la fin sept. un terme à son histoire avec Ella. Ce serait un soulagement.

Je vous salue tous trois de la manière la plus cordiale, et j'espère trouver à Vienne une réponse de vous.

Papa

383-SophMax Vienne 18.9.16. [a] [2]

Mes chers enfants

Bien, qu'il en soit comme vous le voulez. Je me réjouis, bien sûr, inhumainement [3] de la visite promise [4], et c'est justement pourquoi

a. Enveloppe associée avec l'étiquette : Überprüft [contrôlé]/ Wien.

1. C'est-à-dire du service au front (cf. *supra*, p. 203).
2. Lettre reproduite in F/Corr, p. 330 *sq.*
3. Je choisis de traduire littéralement le mot ici utilisé par Freud. Même s'il est attesté, dans la langue familière, au sens de « énormément », il n'est pas fréquent sous sa plume, selon mon expérience. [N.d.T.]
4. Sophie vint avec le petit Ernst le 17 novembre 1916 à Vienne, où elle resta jusqu'au 14 mai de l'année suivante (F/Kal).

je ne souhaite pas exercer une influence qui serait déplacée. Maman prend peut-être trop au sérieux les tâches nourricières. Cela ira à coup sûr. Nous ferons tout notre possible, et Soph n'oubliera certainement pas que nous l'aurions accueillie autrement en d'autres temps.

Vous ne devez pas prendre trop au sérieux vos incertitudes. En effet, il ne peut actuellement en aller autrement, et les destinées humaines sont en ce moment encore plus disparates. Vous êtes jeunes ; pour vous, c'est un épisode. ———

Aujourd'hui, j'ai repris les consultations, sans véritable plaisir. Jusqu'à ce que je me fasse au travail en bonne et due forme, il se passera sûrement plus d'une semaine. À vrai dire, un peu de travail n'est que dérangement.

Comme prochaine recette pour Ernstl, sont encore imminents avant la fin de l'année les honoraires en marks de la cinquième édition de la *Vie quotidienne*.

Nous voulons rester sereins et ne pas trop nous laisser affecter par rien. Hindenburg vient justement de dire que nous avions de bonnes perspectives [1].

Je vous salue tous trois cordialement

Papa

384-Max 11.XI [a].16 [b]

Cher Max

C'est avec une grande satisfaction que nous avons appris que tu as enfin trouvé l'affectation souhaitée [2], et nous rattachons à cela

a. Dans le manuscrit : « X ». Rectificatif d'après le cachet de la poste.

b. Carte de correspondance de campagne ; adressée à : Deutsche Armee/ Flieger [aviateur] Max Halberstadt/ Flieger Ers. Abt/ Flieger Komp./ Photogr. Abt./ Hannover.

1. Après que les troupes allemandes et alliées eurent remporté dans la Dobroudja (nord-est des Balkans) sur les Russes et les Roumains une victoire dite « décisive », le général en chef allemand Paul von Hindenburg rendit visite à cette partie du front, où un correspondant de la *Neue Freie Presse* s'entretint avec lui. Le compte rendu de sa « rencontre » avec Hindenburg le 18.9.1916 a pour titre cette citation : « Tout va bien et ira encore mieux. »

2. Le 26.9.1916, Freud avait rapporté (F/A, p. 418) : « Mon beau-fils se traîne à droite et à gauche, n'est pas libéré, et n'obtient pas d'autre affectation. Sa

les espoirs les plus vigoureux de ton rétablissement. Maintenant, nous attendons impatiemment Sophie et l'enfant, et nous voulons leur rendre aussi agréable que possible leur « asile pour réfugiés ». Censure levée. Écris bientôt. Cordialement

Papa

385-Max Vienne 23.XI.16.

Cher Max

Cela fait maintenant presque une semaine que Sophie et l'enfant sont chez nous, et ils se sont bien adaptés. Nous trouvons le visage de Sophie inchangé, sinon quelque peu émacié par la guerre, et nous insistons pour qu'elle se présente à nouveau chez son Dr Kaufmann, qui est malheureusement malcommode. Ernstl est, comme tu l'as prédit, devenu maître de la situation. Il connaît tout le monde, met tout le monde en valeur, est aimable avec tout le monde, et ne se laisse déranger par personne. Il sait distinguer entre « Berggasse » et chez lui, et il est d'une façon générale brillamment orienté. Son intrépidité fait honneur à son éducation, et son agilité à la transmission héréditaire. Avec moi, il adopte dans l'ensemble une attitude de refus, neutralité aimable, comme il paraît que cela a été le cas avec toi ces derniers temps. Il est très normal et amusant.

Depuis que nous avons ces hôtes, nous ne souffrons pas de manque. Le ravitaillement s'est au total amélioré, et des dons amicaux assurent le reste.

Il y a en même temps Oli, qui sera incorporé le 1/XII. Il n'a pas le droit de parler à haute voix dans sa chambre, pour ne pas réveiller Ernstl, mais les pensionnaires s'entendent bien.

La pratique est cette année bien plus mauvaise que l'an passé. On peut dire qu'à la guerre rien ne résiste. Et c'est quelque chose par quoi il faut passer. Les vieux dépérissent lentement mais inexorablement ; il n'y a pas de possibilité de consacrer ses soins et ses ménagements à celui qui en a besoin.

Tu sauras sans doute de Soph plus que je ne puis te communiquer. Je me réjouis particulièrement que ton changement de

névrose traumatique semble s'épanouir. Il a été reconnu comme n'étant plus apte à servir au front. »

position commence à manifester ses conséquences bienfaisantes, et je sais que tu te remettras complètement.

J'ai bien reçu la somme que tu m'as adressée, et je la gère.

Avec mes salutations les plus cordiales

Papa.

P.-S. Quand tu écris à ta mère, mentionne-moi auprès d'elle.

En mai 1917, Sophie et Ernstl rejoignirent Max Halberstadt à Schwerin, où ils restèrent jusqu'au printemps 1919.

386-SophMax Vienne 3.9.17.[a]

Mes chers enfants

Bien reçu votre télégramme d'accueil[1] et la lettre de Sophie. Je vous souhaite bien des choses réjouissantes lors de vos brèves vacances. L'une des plus belles sans doute est que Mère[2] est rétablie et peut jouir de séjourner longtemps avec vous, ce dont elle a été longtemps privée.

De nous, on peut dire qu'après une présence de 48 heures nous sommes à nouveau enviennoisés[3]. Les belles Tatras pèsent[4] sur nous comme un rêve dont on s'est réveillé en sursaut un peu contre son gré. L'air est difficile à respirer et, après une désaccoutumance de 2 mois, les pieds supportent mal la dureté du pavé. Annerl est arrivée hier dans la nuit, un jour après nous, pleine de ses impressions glanées dans la propriété hongroise, où elle a fait du cheval, de la calèche, s'est baignée, a rempli des sacs de froment, mais a mangé aussi de la crème fouettée et des figues, pour ne rien dire

---

a. D'après l'inscription sur l'enveloppe associée, envoyé par exprès ; adressé à : Herrn und Frau Halberstadt/ bei Frau Math. Halberstadt/ Oberstrasse 5/ Hamburg/ Deutschland.

1. C'est-à-dire à l'occasion du retour des parents de Csorbató le 1.9.1917 (F/Kal).
2. La mère de Max.
3. Traduction littérale de l'original, qui semble pouvoir passer. [N.d.T.]
4. Le verbe ici employé par Freud, *drücken*, pourrait presque connoter un cauchemar, un des mots possibles pour « cauchemar » étant en effet : *ein Alpdrücken*. [N.d.T.]

d'autres friandises [1]. L'été lui a finalement plu et lui a fait du bien à tout point de vue. Maman n'a pas grossi, ne s'est pas alourdie ; mais elle s'est ragaillardie. Nous avons trouvé Ernst, qui était déjà là [2]. Il vit comme patient gastrique à l'hôpital de la Stiftskaserne, partageant du reste la chambre du capitaine Simon Nathansohn [3], vient à midi et ½ à la maison, prend un bain, dort, reste jusqu'au soir et, comme il sait le faire, rend à tous la vie plus facile et plus gaie. Je ne peux pas dire qu'il ait bonne mine. Il avait manifestement besoin de repos et de changement, et il espère obtenir aussi quelques mois de permission et d'arrière. Cela nous suffit que Martin se trouve actuellement dans les fureurs de la 11e bataille de l'Isonzo. Dernière nouvelle de lui en date du 27/8. Oli, qui était par hasard à Vienne, est venu nous chercher à la gare samedi soir. Il a une mine resplendissante, mais s'ennuie comme c'est pas permis en attendant, déjà maintenant depuis 7 semaines, son affectation définitive [4]. Mathilde ne s'est pas remise et a mauvaise mine, Robert est comme toujours tendre avec elle, et de la meilleure humeur en tant que vainqueur. Je n'ai pas encore vu Alex. Vous ne savez probablement pas qu'il a été décoré pour l'anniversaire de l'empereur (17 août) de la couronne de fer. Je ne peux donc pas dire non plus comment elle lui va. Grand-mère est encore à Ischl, de même que les autres dames d'un certain âge. Rosi habite actuellement chez nous, et Maus se trouve dans une famille amie dans le Cottage [5], afin de se remettre un peu du deuil de sa mère [6].

Vous connaissez maintenant toutes les nouveautés familiales, comme si vous y étiez.

---

1. Anna passa la plus grande partie des vacances d'été 1917 séparée de ses parents à Kótaj (nord-est de la Hongrie) chez Ilona Zoltán, une sœur de Ferenczi (F/AF, p. 187-194).
2. Cf. *supra*, p. 235, 250 *sq*.
3. Probablement le fils d'un frère, vivant à Odessa, de la mère de Freud, née Nathansohn (Krüll 1992, p. 312) ; il était connu des enfants Freud. Il est dit de lui (O. Freud/Jones, 4.12.1952 ; PBPS/A) : Simon vint en 1914 à Vienne « *to serve in the Austrian army as a captain ; he died shortly afterwards, in his fifties* » [« pour servir dans l'armée autrichienne comme capitaine ; il mourut peu après, alors qu'il avait la cinquantaine »]. Il se pourrait que se rapporte à lui une note de calendrier de Freud du 3.10.1918 : « Avis Simon † ».
4. Cf. *supra*, p. 206.
5. Un quartier pavillonnaire dans le XVIIIe arrondissement de Vienne.
6. Le fils de Rosa Graf, Hermann, frère de « Maus », était peu de temps auparavant tombé au front (cf. 69-Martin).

La comparaison d'Ernstl et son rêve m'ont beaucoup intéressé [1]. Il me manque d'une manière générale très souvent. J'aurais encore en ce moment tellement de temps pour le distraire et l'étudier. C'est dommage quand on ne peut pas être ensemble en ces belles années qui ont si tôt fait de passer.

N'ayant pas appris de vous que l'argent de Hollande serait déjà arrivé chez vous, je demanderai prochainement discrètement à Heller quand il l'a expédié ou quand il l'expédiera. Quant à l'autre envoi, je procéderai ainsi : je commissionnerai la banque régulièrement le 15 du mois [2]. Cette fois seulement, je vais différer de quelques jours à cause de votre absence de Schwerin. Nous n'avons pas reçu les photographies sur lesquelles on est censé voir si nettement sur vos mines la petite diarrhée que vous avez surmontée. À Csorbató, des photographes médicaux ont fait des clichés d'Anna et de moi, qui plaisent ici extraordinairement. Nous ne les avons pour le moment qu'à raison d'un exemplaire de chacun. Dès que nous en aurons davantage, vous devriez pouvoir juger par vous-mêmes. Sur ma photo, je ne trouve pas ma ressemblance avec Ernstl bien grande.

Portez-vous donc bien et écrivez-nous à nouveau très bientôt, de Hambourg encore, où vous êtes chargés de transmettre aux nôtres, mais spécialement à Mère, de cordiales salutations.

Papa.

387-Soph [En-tête Vienne] 25 oct. 17

Ma chère Sophie

Je suis heureux de pouvoir enfin une fois accuser réception d'une lettre de toi, et te propose de numéroter désormais tes lettres.

Que Max ne se fasse pas de soucis pour l'argent. Il t'aurait certainement épousé aussi si tu avais apporté une somme que vous pourriez maintenant entamer en ces temps difficiles. Mais, pour moi, c'est en ce moment le seul plaisir sans mélange que de pouvoir donner de l'argent à vous mes enfants ou à maman ou à tante ; c'est

1. Sans doute le « rêve de castration » consigné par Sophie, que Freud restitua ainsi plus tard (F/AF, p. 341 ; cf. p. 336 *sq.*) : « Il se réveilla tout troublé et demanda : cette nuit Papi a eu sa tête sur un plat. » Inséré dans la 5e édition de *L'Interprétation du rêve* (Freud 1900a, p. 360).

2. Se rapporte à des versements de soutien (cf. la lettre suivante).

cela seul qui me rend le travail supportable et m'aide à traverser les soucis de ces années. Du reste, la pratique est bien assurée pour des mois.

Martin est au cœur de la nouvelle offensive [1] ; Ernst semble résolu à une paix séparée pour ce qui est de sa personne ; Oli en revanche se réjouit encore à la perspective de sortir.

Je t'enverrai *Imago* ; bientôt va sortir un nouveau numéro [2].

Ernstl doit être très amusant. Dommage qu'il soit en ce moment impossible de voyager !

Je te prie de faire part de mes cordiales félicitations à celle qui se fiance chez vous [3]. Mais je me souviens d'elle comme d'un enfant qui ressemblait tellement à la grand-mère. Non, ce doit être la plus petite – sais-tu qui m'a interrompu dans cette lettre ? Le frère de Betty, le Dr Braunschweig, qui est ici pour un cours de radiographie [4]. Il vient juste de dîner chez nous.

Cordiales salutations à toi, Max et Ernstl

Papa

388-SophMax [En-tête Vienne] 18.XI.17.

Chers enfants

J'ai donné à la banque l'ordre pour les 600 K, et j'espère qu'elles vont bientôt arriver. L'argent est la seule chose dont on dispose en abondance ; grosse pénurie de temps en revanche. Si je voulais travailler encore 4 heures par jour, je pourrais les vendre avantageusement.

Que voyager devienne de plus en plus interdit, voilà qui est très douloureux. Ainsi, je n'ai absolument aucun espoir de vous revoir bientôt, et nous nous angoissons tous souvent tout bonnement en pensant à Ernstl. Sale époque !

L'affaire la plus drôle de ces derniers temps fut une caisse envoyée par Martin de Palmanova, avec du café et des conserves pour

---

1. Le 24 octobre 1917, les troupes des puissances centrales avaient percé le front italien sur le cours supérieur de l'Isonzo.
2. Dans le 2e numéro d'*Imago*, qui était alors en préparation, mais dont la parution tardait à cause de la pénurie de papier (F/A, p. 452), figurait entre autres le travail de Freud, « Un souvenir d'enfance de *Poésie et vérité* » (1917b).
3. Non éclairci.
4. Un frère de la belle-sœur de Max (cf. note 1, p. 433, de 345-SophMax) ; probablement pas de Hambourg (pas de mention in KSK/JGH).

maman, du cuir, de la soie, des étoffes et quelques souliers pour moi-même, tout cela prélevé sur un dépôt italien. Lui au moins se porte en ce moment à merveille. Pourvu que notre artillerie ne soit pas forcée de se porter sur le front occidental, dès que nous aurons trouvé le repos en Italie !

Je vous salue cordialement et me réjouis de toutes vos nouvelles. Le timbre joint est censé rappeler à Sophie qu'elle doit écrire en recommandé.

Papa

389-Soph [En-tête Vienne] 29.XI.17

Ma chère Sophie

J'accuse réception de ta dernière lettre et t'en remercie, et je te souhaite que ce nouveau logement [1] soit le dernier avant ton retour dans la belle Parkstraße [2]. J'ai été très peiné que tu n'aies pu t'empêcher de te plaindre, et en même temps, je sais bien que tu n'as pas oublié à quel point ça pourrait être pire, et tout ce que tu as encore. Mais je ne te donne pas tort ; tu es, comme nous tous, durement atteinte.

On dit en général que ce n'est pas possible que Martin envoie quelque chose de la Vénétie par la poste ou le chemin de fer. Ce que nous avons reçu de lui est un petit colis qu'a apporté un soldat renvoyé du front chez lui, et il ne contenait pour nous qu'un peu de café et 3 boîtes de conserve. Ernst s'entendrait mieux au pillage. Du reste, nous attendons Ernst ces jours prochains ; il a réussi à se faire muter au cadre à Vienne. La dernière nouvelle de Martin datait du 22 de ce mois.

Je te joins l'ordonnance souhaitée. Qu'elle fasse à nouveau des miracles. Salue de ma part Max et Ernstl, et tiens toi-même vaillamment le coup. Pour vous, cela n'aura quand même été qu'un épisode.

Avec des vœux cordiaux
Papa

---

1. Encore à Schwerin.
2. *Parkallee*, à Hambourg, serait plus exact.

390-Soph [En-tête Vienne] 11 déc. 17

Ma chère Sophie

Je te fais cette fois envoyer par la banque un peu plus que d'habitude, afin que tu puisses utiliser l'excédent pour des cadeaux de Noël. 150 K sont pour toi et Max, et suffiront peut-être pour un ou deux beaux rôtis ou quelque autre régal. (Ici, on aurait à ce prix deux oies maigres.) Pour le reste, utilise-les comme tu veux ; je ne sais pas ce qu'il y a encore à acheter chez vous. Pour 50 K = 32 mk, tu es censée te procurer pour Ernstl un jouet qu'il souhaite, et lui dire qu'il a été envoyé par moi. J'espère que l'argent arrivera quelques jours plus tôt que d'habitude pour que tu aies le temps de choisir quelque chose.

Je gagne en ce moment beaucoup, et nous deviendrions certainement riches si nous pouvions perdre pour un assez long temps l'habitude de manger. D'autres sources que la pratique n'entrent pas en ligne de compte, car les livres ne sont pas imprimés, et le Pr Barany, à qui j'ai parlé récemment à son retour de Stockholm, a laissé planer beaucoup de doutes sur la perspective du prix pour moi [1]. Toujours est-il que la vie est en ce moment très intéressante ; on fait la fête et se réjouit quand on peut acheter quelque chose chez un renchérisseur ou bien quand on le reçoit en cadeau, comme il y a peu 20 kilos de la plus fine farine offerts par un de mes amis hongrois. Aujourd'hui aussi, par exemple, fut une belle journée. Tante a fait venir de Merano une petite caisse de pommes ; un patient a apporté 100 cigares et une bouteille d'essence, et, d'après des allusions mystérieuses, maman a réussi à faire un achat, etc.

Chez nous, il ne règne pas une grande confiance quant à une paix proche. Ces messieurs de l'Ouest ne sont pas encore mûrs. Mais il faudra bien que 1918 finisse par apporter tout. Martin semble être confronté à de durs combats, Oli écrit des lettres très pacifiques du Dniestr, et Ernst se réjouit de pouvoir être ici et n'a guère à souffrir en ce moment du service.

Je vous souhaite le plus beau Noël, et espère que Max pourra aussi se reposer toute une longue journée.

Cordialement
Papa

---

1. Robert Bárány (1876-1936), otologiste viennois, depuis 1917 professeur à Uppsala. Obtint en 1914 le prix Nobel, proposa en vain Freud en 1916 pour l'attribution (F/A, p. 421). Cf. Stolt 2001.

391-Soph [En-tête Vienne] 25.2.1918

Ma chère Sophie

Vos projets de voyage me contraignent à m'occuper à l'avance de l'anniversaire d'Ernstl. Je vais donc t'envoyer par la poste 500 K pour lui de telle sorte que tu les trouves à ton retour à Schwerin. Tu pourras ainsi t'employer à des achats à Hambourg, où il est plus facile d'avoir quelque chose, et avancer l'argent à cette fin. Procure-lui en particulier le chemin de fer avec des rails, etc. Mets le reste sur son compte, afin que ce reliquat augmente et attende son accroissement.

J'ai beaucoup à faire et, à un peu de fatigue et de mauvaise écriture près, je me porte très bien. Je suis fourni en cigares par la tendresse d'un patient. La Hongrie continue à contribuer au ravitaillement déjà devenu très difficile. La présence de Martin et d'Ernst anime la maison. Peut-être qu'Oli aussi viendra bientôt en permission.

Je viens juste d'apprendre dans le tram qui me ramenait du Cottage que la paix avec la Russie est signée [1]. J'ai souhaité à mes aimables informateurs une vie assez longue pour qu'ils puissent se réjouir aussi d'une paix à l'Ouest. Mais ils étaient d'avis que je connaîtrais encore cela de mon vivant ! Avec de cordiales salutations à toi, Max et Ernstl

Papa

392-Max [En-tête Vienne] 10.6.18

Mon cher Max

Nous suivons avec inquiétude l'évolution de l'affaire qui est censée vous ramener à la Parkallee [2]. Nous savons ce qui plaide pour et ce qui plaide contre. Pour : surtout le fait que tu peux

---

1. Ce même 25.2.1918, Freud écrivit dans ses notes de calendrier (F/Kal) : « Paix avec la Russie signée. » En fait, ces jours-là, ce ne furent que les négociations de paix qui commencèrent ; la paix de Brest-Litovsk fut ensuite conclue le 3 mars, ce que Freud consigna également dans son calendrier par les mots : « Paix avec la Grande-Russie, définitive. »

2. Obscur. En tout cas, les projets d'alors, qui prévoyaient que Max devait rentrer avec sa famille à Hambourg, ne furent pas réalisés. En fait, la famille renonça à son appartement dans la Parkallee à Hambourg et loua un nouveau logement à Schwerin (cf. 80-Martin).

reprendre une existence civile et que tu n'es pas forcé de laisser tes forces dépérir ainsi jusqu'au bout. Contre : que le poste ne répond pas assez à tes exigences légitimes, et que la vie à Hambourg est plus chère et pire que dans votre cher petit Schwerin. Cependant, la réserve à laquelle tu fais allusion n'existe pas. Je n'aurais pas pensé à vous envoyer moins à Hambourg, et je crois que tu n'as pas besoin d'entretenir de susceptibilité sur ce point. C'est pour moi une satisfaction que de pouvoir vous offrir un modeste soutien en cette mauvaise période dont tu n'es pas responsable ; et je souhaiterais seulement que ma capacité à gagner de l'argent reste encore inentamée pendant une bonne série d'années. Si vous n'avez plus besoin de moi, les autres seront là, qui reviennent de guerre, et qui ont été tout autant perturbés dans leur évolution que toi dans ton ascension prometteuse. Je n'ai encore jamais eu en vérité une année aussi fructueuse que celle-ci, et ma fortune a augmenté d'un quart par rapport à ce qu'elle était avant la guerre. Il est malheureux que l'argent ait tant perdu de sa valeur.

Ne te fais pas non plus de soucis pour la fleurette de décembre [1]. Ce sera pour moi une grande, très grande joie que de faire face aux frais qu'elle occasionnera, et, si je deviens riche, elle ne sera pas pauvre non plus. Tu vois qu'en quelque coin de moi, je continue à être optimiste.

Sinon, tu es informé régulièrement de tout ce qui se passe chez nous. J'ai une terrible envie de vous rendre visite ; mais j'éprouve une extraordinaire répulsion face aux limitations de la liberté personnelle qui sont liées à un tel voyage.

Je te promets d'écrire à ta mère quand ton frère aîné [2] reviendra. Cela me sera plus facile que lors de la dernière occasion, si triste [3].

Recevez, toi, Sophie et Ernstl, mes cordiales salutations.

Papa

---

1. Le 6 mai 1918, jour de son 62e anniversaire, Freud avait noté dans son calendrier (F/Kal) : « Grossesse de Sophie annoncée. »
2. Siegfried, qui se trouvait en captivité en France (cf. 358-SophMax avec note 5, p. 443).
3. Le frère de Max, Rudolf, était tombé sur le front français le 5 avril 1918 (KSK/JGH). Freud a fixé l'événement et la date dans ses notes de calendrier, mais n'a pas envoyé de condoléances à la mère (cf. *infra*, p. 568 *sq.*).

393-SophMax

[En-tête Vienne]
Budapest X. Bürgerl. Brauerei [1]
Mardi 9.7[a].18 matin

Bien chers

J'espère que maman aura voyagé quand même plus vite que cette lettre exprès[2], et je la salue dans l'espoir qu'elle est arrivée vivante, pas tout à fait à bout de forces et sans pertes. J'espère en outre que Soph évaluera l'état de ses forces et la maintiendra au repos autant qu'elle-même. Et voilà que je suis étonné de constater à quel point cette lettre est devenue « pleine d'espoirs ».

Notre voyage[3] a presque mérité d'être qualifié d'agréable. M. Brody[4] nous a épargné l'inspection des bagages ; le bateau n'était pas bondé ; le déjeuner fut raffiné, pas trop cher (10 K chacun), mais de dimension réduite. Nous n'avons cessé d'avoir faim. De 1 à 4 h, le soleil était d'une ardeur si terrible qu'Anna en devint rouge-bleu et moi-même complètement abruti. À 6 h, à la petite station de Nagy-Maros, Anna crie soudain : « Je vois Ferenczi embarquer. » Je me moque d'elle. Elle s'en va à la hâte et revient avec Ferenczi, la Pálos[5] et sa très gentille sœur italienne[6]. Je ne saurais vous décrire les ripailles qui s'ensuivirent pour l'étonnement de toute la compagnie navigante. Nous avons arboré des drapeaux hongrois et mangé sans arrêt jusqu'à 7 h, l'étrange étant que nous l'avons bien supporté tous les deux. À 8 h ½, nous avons débarqué à Bpest, avons été accueillis par le Dr Lévy[b] et sa femme, et avons été transportés avec 2 voitures et un petit chariot à bagages à Steinbruch[7], où nous avons naturellement conclu la journée par un petit dîner (escalopes avec pommes de terre nouvelles).

---

a. Manuscrit : 8.

b. Manuscrit : Levi.

1. Freud était alors l'hôte d'Anton von Freund, dans le quartier de Budapest nommé Köbánya (Carrière) (cf. note 2, p. 154, de 78-Martin). Martha s'était mise en route le lundi 8.7.1918, peu de jours après le départ de son mari, pour Schwerin (F/Fer II, p. 108). Elle le rejoignit, ainsi qu'Anna, le 1.8 à Csorbató (F/Kal).
2. Cf. 79-Martin : « les lettres exprès pour Schwerin mettent 10 à 11 jours ».
3. N.B. : avec un bateau sur le Danube.
4. Non identifié. Bródy était le nom de jeune fille de Rószi von Freund (F/Fer II, p. 296, note 3).
5. Gizella Pálos, qui devint la femme de Ferenczi.
6. Pas davantage identifiée.
7. Cf. ci-dessus la note 3 page précédente. Soit le quartier de Köbánya, ces deux mots signifiant en français « carrière de pierre » [N.d.T.]

Je suis trop paresseux pour accumuler les descriptions ; je me contente de dire brièvement que cette invitation fut un étourdissement : c'est un hôtel de tout premier ordre. J'ai un grand « bureau » avec de la littérature psychanalytique à ma disposition et une armoire à cigares pleine. Anna considère que c'est la table de travail la plus belle que j'aie eue jusqu'ici. Plus loin à l'étage une immense chambre à deux lits, avec une longue terrasse dégagée, la salle de bain à côté. Comparés à moi, tous les autres sont mal lotis. C'est ainsi qu'on vous gâte. De points du programme, il n'est pas encore question – nous voulons d'abord vivre tranquillement. Les messieurs ne sortent que le soir.

On vient tout juste chercher le courrier. Je suis très désireux d'avoir de bonnes nouvelles de vous.

Cordiales salutations à tous
Papa

394-Max T. Lomnicz [1] 12.9.18 [a]

Cher Max

Je te félicite cordialement pour ta croix de fer depuis longtemps méritée.

Papa [b]

395-Max [En-tête Vienne] 28.X.18

Cher Max

Je te félicite cordialement pour ta promotion [2]. Il n'est tout de même pas indifférent que tu aies une fois de plus fait brillamment tes preuves dans cette nouvelle situation, que tu n'as pas choisie toi-même et à laquelle tu n'as pas été éduqué. Si peu de valeur que j'accorde habituellement aux honneurs militaires, je n'en suis pas moins fier.

---

a. Carte postale ; adressée à : Körnerstrasse 10./ Schwerin iM/ Deutschland.
b. Deux salutations subséquentes d'Ernst et Martha Freud non reproduites.

1. Le 4 septembre 1918, Freud déménagea de Csorbató dans la localité proche de Tatra-Lomnicz (en slovaque : Tatranská Lomnica), où il resta jusqu'au 25 (F/Kal).
2. On n'a pu trouver aucun détail à ce sujet.

C'est vrai, cela fait maintenant quatre ans que je ne t'ai pas vu ; quant à Sophie et à l'enfant, cela fait 1 an et ½. La vie passe, et nous n'avons pas pu profiter les uns des autres. Mais il s'agit de forces surpuissantes devant lesquelles on ne peut que s'incliner. Je ne peux maintenant à plus forte raison songer à un voyage en Allemagne. Une semaine de tracasseries et de perturbation dans mon travail jusqu'à ce que j'aie fait les démarches nécessaires en vue d'obtenir l'autorisation ! Peut-être que tout va bientôt changer, dans le sens de la... facilité ; peut-être que nous viendrons tous chez vous et aurons alors une patrie. Il se produit en ce moment des changements inouïs avec une telle rapidité qu'il ne faudrait s'étonner de rien [1].

Bien sûr, ici, l'inquiétude règne quant à l'avenir immédiat. Nos amis hongrois, qui par ailleurs nous ravitaillent en victuailles, réclament de manière pressante que nous déménagions à Budapest, au moins pour un temps. Je ne peux m'y résoudre, bien que la pratique médicale menace ici de tarir et que notre fuite pourrait se réclamer d'un exemple prestigieux [2]. Nous voulons attendre ici. Martin écrit du dehors des lettres très moroses ; Ernst s'en va aujourd'hui à Munich [3]. Oli doit venir en permission ; mais il ne vient pas.

La prochaine grande joie est celle que nous attendons pour déc. Il y a là à nouveau un petit bout d'avenir ; on peut espérer qu'il prospérera aussi bien qu'Ernstl, dont je me réjouis beaucoup, même de loin.

Porte-toi bien et dis à Sophie que je lui écrirai bientôt moi-même.

Très cordialement
Papa

P.-S. N'oublie pas de faire mes compliments à Mère, dont je n'ai eu aucune nouvelle depuis longtemps.

---

1. Les bouleversements de la fin de la guerre en octobre-novembre 1918 se reflètent dans les notes de calendrier de Freud qui suivent (F/Kal) : « 30.10. Révolution Vienne et Budapest, [...] 3.11. Armistice avec l'Italie fin de la guerre ! [...], 6.11. Révolution à Kiel, [...] 8.11. République en Bavière !! Trafic interrompu avec l'Allemagne, 9.11. République à Berlin – abdication de Guillaume, 10.11. Ebert chancelier du Reich conditions d'armistice, 11.11. Fin de la guerre – Empereur Charles renonce, [...] 12.11. République et Anschluss – ai pris part à la panique. »

2. Allusion probable à l'empereur Charles d'Autriche, qui s'était installé le 23 octobre 1918 avec sa famille dans son pavillon de chasse de Gödöllö, où il envisageait de rester quelque temps (cf. ANNO).

3. Les lettres de Martin *supra*, p. 157-160 ; Ernst poursuivait ses études à Munich.

396-Max [En-tête Vienne] 24 XI.18

Cher Max

Je te félicite pour avoir enfin retrouvé ta liberté [1], et je peux imaginer combien tu brûles de la mettre au service de ton travail. Mais il y a un autre point sur lequel ça ne colle pas. Je ne peux guère laisser partir maman [2] et ensuite me passer d'elle pendant des mois. Sans parler des difficultés et des nuisances d'un tel voyage en hiver, voire en laissant de côté l'éventualité que l'aller et le retour deviennent tout simplement impossibles, ce qui n'est nullement à exclure, nous ne sommes tout bonnement pas encore des compatriotes, et qui sait si nous le deviendrons jamais [3] – tout cela étant mis à part, veux-je dire, une chose est sûre : les difficultés de la vie ici exigent sa présence. Il n'y a personne qui puisse prendre sa place ; l'état de tante rend tout travail de sa part inopportun ; Anna a son métier [4] ; les bonnes sont vieilles et inemployables sans direction. Être totalement coupé n'est guère non plus supportable ; si elle tombe malade là-bas, je ne pourrai pas venir.

Mon avis est que tu ne dois *lésiner sur aucune dépense*, en vue d'assurer pour ce temps à Soph de la compagnie et des soins, et tu peux à ce propos considérer que tout cela ne sera pas aussi coûteux que le voyage et le séjour de maman. Bien sûr, toutes ces réserves tomberont d'elles-mêmes si – ce qu'on n'est guère en droit d'espérer –, d'ici à fin janvier, s'instaurent chez vous et chez nous des conditions de circulation plus sûres et de meilleures conditions de vie.

Martin est depuis le 25/X porté disparu. D'après tous les renseignements engrangés, son régiment ou son corps de troupe entier a été fait prisonnier peu de jours avant l'armistice [5]. On ne peut rien

1. Le 22.11.1918, Martha avait écrit à Ernst (FML) : « Il y a eu un télégramme de Soph aujourd'hui, annonçant que Max a été libéré hier et qu'il va dès demain à Hambourg pour mettre son atelier en ordre en vue des affaires de Noël. À présent Soph est toute seule à Schwerin. » Elle déménagea avec les enfants le 27 mars 1919 (Sophie/Ernst, 3.4.1919 ; UE).

2. C'est-à-dire jusqu'à l'accouchement imminent de Sophie ; de même que pour le premier enfant.

3. L'Assemblée nationale de l'Autriche allemande avait décidé le 12 novembre 1918 d'unir l'Autriche allemande à la République allemande, un pas qui fut ensuite interdit par le traité de paix de Saint-Germain.

4. D'institutrice.

5. À propos de la captivité de Martin et de son retour, cf. *supra*, p. 104 et 160-168.

apprendre de sûr. On espère que des prisonniers si tardifs seront bientôt rapatriés. Il est impossible d'établir une communication.

Que Siegfried soit rentré en si bon état est d'autant plus réjouissant que c'est plus incroyable à entendre.

Je te suggère encore de ne pas trop t'échiner en vue de rattraper ton retard dans les délais les plus brefs, et je te salue cordialement avec mes meilleurs vœux pour tes entreprises.

Papa

397-Soph [En-tête Vienne] 15 déc. 18

Ma chère Soph

Je suis tellement content de ta lettre écrite le lendemain de l'enfant [1], qui montre combien tu es gaillarde, courageuse, forte. De même des premières nouvelles un peu détaillées de notre Heinz Rudolf. Il n'a pas en effet encore son minois définitif, sera certainement également beau dans quelques semaines, et alors il ne cachera plus ses ressemblances. Je te charge de lui dire qu'il est très vaillant de sa part d'avoir osé venir au monde en ces temps mauvais. Il sera récompensé de ce courage. Mon premier cadeau pour lui se trouve déjà dans le tiroir de maman, un livret avec 4 000 K [2], auquel viendront s'ajouter, j'espère, bien des choses encore. Robert et Math y ont adjoint les premières 100 K. Avec toi, il n'aura pas non plus de soucis alimentaires. Il sera très drôle d'observer quelle position Ernstl adoptera à son égard.

Tu sais que nous n'avons toujours pas appris où Martin est interné. Il est probable qu'il sera de retour à Pâques, – en attendant il ne manque pas grand-chose ici.

Maintenant, repose-toi comme il faut, afin qu'ensuite tu puisses bien t'occuper de tes 3 hommes, et continue à rester aussi solide.

Avec mes salutations et mes vœux de bonheur les plus cordiaux

Papa

398-Soph [En-tête Vienne] 30.3.19

Ma chère Sophie

Si éloignés que nous soyons encore de ton anniversaire, je ne t'en prie pas moins de prendre cette lettre comme un vœu de

1. C'est-à-dire : après la naissance de Heinz Rudolf (« Heinele ») le 8.12.1918.
2. Tirées d'honoraires de livres (cf. 136-Ernst).

bonheur, en même temps que comme une manière de saluer la refondation d'une famille après la longue interruption de la guerre [1]. En effet, je n'ai pas d'autres cadeaux pour toi. De fait, ce qui reste encore des 5 000 mk [2] vous appartient depuis longtemps à tous deux ; les livrets des deux petits n'ont pas reçu de nouvel apport ces derniers temps.

Ce que tu m'écris à propos d'Ernstl m'a extraordinairement intéressé, ne m'a pas surpris et encore moins effrayé [3]. C'est la conséquence de la naissance du frère, et cela se manifeste chez lui de manière plus véhémente seulement pour deux raisons, 1) parce qu'à la différence d'autres parents vous n'avez pas étouffé de telles manifestations violemment par des cris, et 2) parce que le père, dont la simple présence a un effet d'intimidation, a manqué à ce garçon dans les deux années décisives. Tu as tout à fait raison de présumer qu'il en va exactement de même avec d'autres enfants, cela étant simplement passé sous silence. Tout cela est absolument normal, montre évidemment qu'il est passionné et violent. Mais ne le prends avec trop de rigueur, applique-toi à prendre des notes et attends-toi avec assurance à ce que cette période de vif intérêt sexuel retombe avec la 6e année et le commencement de l'école.

J'aimerais bien vous voir aussi une fois, vous et les deux petits ; mais voyager est encore impossible. Je serais content si cela marchait en automne. Nous avons déjà tous renoncé en pensée au repos estival. Ça va très mal chez nous, et sans doute à beaucoup d'égards plus mal que chez vous. Tu reçois toutes les autres nouvelles par tes échanges réguliers avec maman. Les dernières en date de Martin sont bonnes ; il jouit d'un printemps sur la Riviera avec des restrictions non oppressantes.

Salue cordialement de ma part Max, que je n'ai maintenant pas vu depuis 4 ans. J'ai la plus belle confiance en son art, dont il a fait la démonstration dans son dernier envoi, et tu ne dois pas laisser gâcher par le présent la joie que te procure tout ce que tu as, la jeunesse et les perspectives d'avenir.

Très cordialement papa

---

1. Cf. 396-Max avec note 1, p. 477.
2. Sans doute le virement de début décembre 1918 mentionné in 135-Ernst.
3. Dès le 30.12.1918, Sophie a écrit à son frère Ernst (UE) qu'Ernstl souffre de la naissance du petit Heinz : il est « momentanément très méchant, fait de jolies propositions, nous demandant si nous ne préférerions pas l'abattre, etc. ; dans ses jeux aussi, il lui fait subir une mort ignominieuse ».

399-SophMax [En-tête Vienne] 9.5.19

Chers enfants

Cordial merci pour la lettre et le télégramme ! Ensuite le plus beau ce furent les photos. Heinz a trouvé le même jour un panégyriste en la personne d'une sympathique demoiselle [1], qui a apporté des salutations de votre part.

Je ressens à l'occasion les temps comme très difficiles, mais j'espère au moins pour vous et les enfants que vous en connaîtrez de meilleurs. J'ai toujours autant à faire ; mais ce qui m'appâtait d'habitude, l'approche de l'été, manque cette année. Tante en tout cas doit aller quelque part sans long voyage, et Annerl a bien mérité du repos. Nous n'avons aucun projet [2].

Dans quelques semaines, probablement en juin, j'aurai l'occasion de vous virer une certaine somme en Mk. Combien, cela dépend de la pénurie de papier, c'est-à-dire de la question de savoir si l'imprimeur aura pu imprimer 1 ou 2 000 exemplaires de la réédition de *L'Interprétation du rêve* [3]. Deuticke enverra l'argent directement de Leipzig. Au bout de 2 mois et ½, Martin a fini par recevoir 500 £ par l'intermédiaire de Binswanger [4]. Ernst était jusqu'à tout récemment coupé de tout approvisionnement.

Vous pouvez imaginer combien j'aimerais vous revoir maintenant tous quatre ! En attendant, seulement les salutations les plus cordiales de

Papa

400-Soph [En-tête Vienne] 18.5.19

Ma chère Sophie

Maman me charge aujourd'hui de t'écrire à sa place. Elle s'était traînée pendant huit jours avec une vraie grippe et une fièvre jusqu'à plus de 38° ; ensuite sont survenus vendredi soir des frissons et une température de plus de 39°. Le Pr Braun, qui est venu en consultation avec le Dr Hitschmann, a constaté une pneumonie ;

1. Non identifiée.
2. Peu de temps après, il fut décidé que Freud partirait d'abord avec Minna à Bad Gastein, puis avec Martha et Anna au bord du Badersee (142-Ernst).
3. La 5e édition, augmentée, de *L'Interprétation du rêve* parut en 1919.
4. Cf. 84-Martin.

nous avons pris une infirmière ; j'ai été délogé, dors dans le lit d'Oli, lui sur le sofa de Martin ; et nous avons ainsi en ce moment une vraie maladie dans la maison [1]. Mais il semble que ça aille bien ; les médecins assurent qu'il n'y a pas de sujet d'inquiétude ; ce matin, elle avait 37,6. Son pouls est bon ; elle prend ce qu'on lui donne à manger, est très calme et patiente ; seul le sommeil a été très perturbé ces deux dernières nuits.

Ne vous faites pas de soucis inutiles ; on s'attend à une issue favorable ; il est vrai que cela durera encore une semaine jusqu'à ce que l'affaire soit passée, et l'on ne peut penser sans appréhension à la faiblesse qui s'ensuivra, à la difficulté de trouver pour elle du repos. Ce sont des temps pendant lesquels il est à peine possible de faire quelque chose pour un malade. Mais, bien sûr, nous déploierons tous les moyens. Tante a remis ses migraines à plus tard, elle a vaillamment soigné et dirigé la maison ; Annerl n'est même pas allée à l'école samedi.

Vendredi, j'ai reçu la visite d'un collègue de Munich, le Dr Hattingberg, qui – imagine – a apporté du sucre, du beurre et de la farine de la part d'Ernst. Nous n'aurions, quant à nous, rien à donner. L'anxiété quant aux négociations de paix est en ce moment très grande, et les diverses restrictions et tracasseries sont très dures. Nous ne pouvons sans doute pas nous attendre à devenir citoyens du même pays.

Résistez bien à cette actualité mauvaise, ne vous mettez pas en peine du marasme des affaires, saluez cordialement les deux petits de notre part, et donnez bientôt de vos nouvelles

à votre vieux
papa

401-SophMax [En-tête Vienne] 3.7.19

Chers enfants

Deuticke vous a viré aujourd'hui 3 000 mk (de la réédition de *L'Interprétation du rêve*). Ernst et Heinz ont en même temps profité un peu du reste ; Ernst a maintenant 4 307 K, Heinz 4 896 K (parce qu'il a commencé plus tard).

1. Cf. note 3 de 88-Martin.

Nous partons le 15, tante et moi à Gastein, maman à Salzbourg. Annerl est un grand embarras ; tout le reste en été est aussi incertain. Ce que je préférerais, c'est venir chez vous en sept. [1] ; mais voyager est en ce moment une corvée et un éreintement abominables.

La photo de Sophie avec les deux garçons, que j'ai vue chez Lampl, m'a beaucoup plu. En effet, Ernstl a déjà l'air très mûr, et le petit promet de devenir très intéressant.

Vous salue cordialement
Papa

Que Max ne se fasse pas trop de soucis !

402-Soph [En-tête Vienne] Bad Gastein 17.7.19
Villa Wassing

Ma chère Sophie

Nous avons donc eu le courage de prendre des vacances d'été. Depuis avant-hier soir, nous sommes ici, tante et moi. Nous avons débarqué maman à Salzbourg ; il est vrai qu'hier elle a déjà téléphoné qu'elle se sent trop seule, et elle voulait nous rejoindre ; mais nous le lui avons tout à fait déconseillé, car hier il faisait un froid glacial, et la nourriture dont elle a besoin, lait et beurre, n'est justement pas possible à obtenir. Il faut précisément qu'elle vive tranquillement et non qu'elle soit obligée de sortir par mauvais temps pour chaque repas. Peut-être qu'elle viendra chez nous dans 1 à 2 semaines ; peut-être que là-bas elle trouvera tant de confort qu'elle aimera y rester et au-delà du temps imparti.

Aujourd'hui, c'est déjà très beau, Gastein au soleil ! Nous sommes heureux d'avoir enfin aussi, après des mois, une portion de viande, certes pour beaucoup d'argent, mais au fond pas plus chère qu'à Vienne, où on ne se l'octroie pas. Bien sûr, les premières promenades m'ont beaucoup fatigué ; mais je sais qu'on s'y habitue vite, et j'espère pouvoir me donner beaucoup de mouvement, seul, car tante doit vivre très tranquillement et se contenter des petits chemins qui mènent aux auberges toutes proches. J'ai aussi emporté

1. Cette intention fut réalisée (cf. 404-Max avec note 2, p. 484).

beaucoup de choses à écrire [1], mais le besoin de repos semble être encore plus grand que je ne l'avais éprouvé à Vienne.

Dans 4 semaines, j'ai l'intention de rencontrer maman et Annerl et d'entamer le deuxième séjour au bord du Badersee près de Garmisch. Nouvelle aventure que de franchir la frontière ; mais si tout reste calme, cela adviendra aussi. J'ai obtenu l'autorisation d'emporter des Mk en abondance, et ce qu'il en restera voyagera sans doute plutôt en direction de Hambourg que de Vienne. Étant donné les incertitudes qui touchent actuellement la propriété, on est disposé à dépenser avec une facilité particulière.

J'espère que tu nous écriras bientôt à nouveau ici, et que tu nous donneras de bonnes nouvelles de Max et des deux garçons, que j'ai emportés à Gastein [2].

Cordiales salutations à vous tous de
papa

403-Max [En-tête Vienne] Badgastein 27.7.19
Villa Wassing

Cher Max

Notre Maison d'édition est actuellement en mesure de t'envoyer les honoraires dus pour les travaux photographiques que tu as réalisés pour nous [3]. Si tu veux envoyer à la Maison d'édition internationale psychanalytique à l'attention du Dr Otto Rank Vienne I Grünangergasse 3-5 une facture régulièrement établie correspondant à la somme de disons 1 600 mk, il est probable que le virement ne se heurtera pas à des difficultés auprès de la centrale de devises. Je te prie donc de le faire sans délai.

Ici, nous nous trouvons très bien. Hier, pour l'anniversaire de maman, j'ai été à Salzbourg, l'ai trouvée très bien, bien soignée et en compagnie, et j'ai emmené Ernst, qui était aussi venu pour faire ses compliments, pour 1 jour et ½ à Gastein. Il rentre demain à Salzbourg.

---

1. Cf. 31-Math avec note 3, p. 86.
2. Sous forme de photographies.
3. C'est-à-dire les photos de Freud réalisées par Max Halberstadt, qui étaient utilisées par la Maison d'édition.

Je voudrais te suggérer de ne pas te faire tant de soucis et de tracas et de faire davantage confiance à votre jeunesse. Prends exemple sur l'insouciance de ton vieux beau-père.

Salue Soph et les deux garçons cordialement de ma part et présente mes hommages à ta chère mère.

J'aimerais conclure en disant : au revoir !

Papa

P.-S. De la *Vie quotidienne* vient de paraître la 6e édition dans notre propre Maison d'édition [1].

404-Max [En-tête Vienne] Badersee b. Garmisch
19.8.19

Cher Max

Depuis ta lettre, j'ai traversé une période agitée, ne suis entré que maintenant en possession d'un bureau, et je peux te répondre. La Zugspitze scintille devant mes yeux dans l'incandescence de l'été ; il faut devenir poétique malgré toutes les incommodités de l'été, les troubles gastriques, etc.

Donc avant tout : pourquoi n'as-tu envoyé une facture que pour 1 000 mk ? J'avais pourtant écrit 1 600. Trop modeste.

Ensuite : je pensais venir sans m'annoncer [2]. Les intermédiaires m'auront donc gâché la blague, encore avant qu'elle n'ait été fermement décidée. À présent, ta lettre me met face à une résolution difficile. D'un côté, j'accorderais volontiers à Soph et Ernstl le séjour ici et la décharge du ménage ; toi, je te verrais de toute façon, puisque tu as promis de les amener. Maman rêve de résoudre la question ainsi. De l'autre côté, il y a le fait qu'à mon âge il ne faut rien remettre à plus tard, que je voyage encore quand même plus aisément que Heinz, et que je risque ainsi facilement de rater l'occasion de faire sa connaissance. Je ne peux pas non plus mesurer

1. En tant que directeur de la Maison d'édition psychanalytique récemment fondée, Rank avait l'ambition de reprendre tous les titres de Freud aux éditeurs précédents, ce qui ne réussit que très approximativement (Grubrich-Simitis 1993, p. 43-45). Il put publier en premier la *Psychopathologie de la vie quotidienne* (1901b).

2. Freud et Martha quittèrent le Badersee le 9.9.1919 et allèrent ensuite à Hambourg via Berlin (cf. 89-Martin). Le voyage de retour, à nouveau via Berlin, eut lieu le 21 (149-Ernst).

jusqu'à quel point Soph est devenue une mère endurcie, ni si elle trouvera vraiment le repos, ayant abandonné l'enfant à des mains étrangères. Je penche donc de manière tranchée pour une visite chez vous ; maman et Ernst viendraient avec moi. Tu écris d'ailleurs aussi que cela serait plus facile pour vous. L'ultime date pour notre passage de la frontière [1] est le 24 sept.

L'affaire présente encore une petite difficulté. Pris dans l'erreur que l'Allemagne serait meilleur marché que l'Autriche allemande, je n'ai pas pris assez de Mk. Il ne m'est pas facile de m'en procurer encore, et tout pourrait échouer là-dessus. La vie à Munich et ici est, si l'on calcule le change, terriblement chère. J'entame aujourd'hui les démarches en vue de me procurer des marks, que je te ferai ensuite envoyer pour moi. La solution appropriée serait de vous faire venir ici et de rentrer ensuite avec vous. Mais même mon insouciance ne va pas jusque-là.

Martin et Ernst doivent aujourd'hui quitter Munich pour venir chez nous ici. J'ai déjà vu Martin à Salzbourg, il a bonne mine, n'a pas fléchi ; il a de sérieuses perspectives de mariage [2], mais pas de perspectives de rémunération.

Je vous salue, toi et Soph, cordialement, espérant maintenant des échanges plus fréquents de courrier, jusqu'à la décision.

Papa

405-Max [En-tête Vienne] Badersee 1er sept 19

Cher Max

Alex m'écrit tout juste qu'il t'a envoyé 2 500 mk pour moi à ton adresse. Il est donc maintenant très vraisemblable que je viendrai, et ce plutôt seul [3]. Je pourrais alors être chez vous dès le 13-14 ; il faut que je franchisse la frontière le 24/9. Bien sûr, désormais, je vous informerai aussitôt de tout changement. Mais je me réjouis beaucoup de vous voir et de vous revoir.

Cordialement
Papa

1. C'est-à-dire pour le retour en Autriche, conformément au visa allemand.
2. Cf. *supra*, p. 168.
3. En fait, Martha l'accompagna tout de même (cf. F/A, p. 497).

406-Soph [En-tête Vienne] 4 oct.[a] 19

Ma chère Sophie

Aujourd'hui, premier soupir de soulagement, les Anglais ont pris congé hier[1]. Il est vrai qu'il y en a un nouveau[2], mais celui-là est un patient, même si ce n'est que pour quelques semaines. Je t'aurais certainement écrit aujourd'hui, t'écris donc d'autant plus volontiers que je dois répondre à ta lettre arrivée aujourd'hui.

La photo avec les deux garçons est moins avantageuse pour toi et Ernst ; elle est jusqu'ici la meilleure de Heinz. J'espère que le petit gars est maintenant remis ; je ne peux que te répéter que c'est une adorable petite bête et qu'il promet d'être un charmant enfant. Ernst est déjà presque adulte et n'est plus un jouet.

Tu devrais obtenir du lait condensé d'Eitingon. Il n'aura à coup sûr pas de repos avant de te l'avoir procuré. Cela ne nuira pas, si ça t'arrive de deux côtés. Pendant le voyage, j'ai parlé de manière approfondie avec le Dr Liebermann[3] de tes besoins médicaux[4]. S'il ne t'a pas encore écrit, rappelle-le à l'ordre sans tarder. Max a son adresse ; ou, si ce n'est pas le cas, écris-lui par l'intermédiaire d'Eitingon. Ne te gêne pas pour réclamer cela de lui. En effet, il pourra recevoir une photo en échange[5].

---

a. Rectification de « sept. » dans le manuscrit.

1. Ernest Jones, accompagné de son assistant Eric Hiller, séjourna à Vienne du 27.9 au 3.10.1919 – sa première visite à Freud après la guerre. De concert avec Rank, Ferenczi et von Freund – c'est-à-dire dans le cercle restreint du « Comité » – furent mises en route l'expansion de l'API et, tout spécialement, la constitution de la Maison d'édition psychanalytique (cf. Jones III, p. 17-20 ; F/A, p. 498 *sq.*).
2. David Forsyth.
3. Hans Liebermann (1883-1931), médecin, depuis 1914 enregistré comme membre du groupe local berlinois de l'API, de 1919 à 1921 secrétaire de l'Association berlinoise.
4. C'est probablement un moyen de contraception qui est ici visé (cf. 409-Soph).
5. Manifestement, Max Halberstadt avait fait de son beau-père une nouvelle photo « officielle » lors du récent séjour de Freud à Hambourg. Il y en avait deux versions, que Freud, dans une lettre ultérieure, caractérise ainsi : « la grande, méchante » et la « plus atténuée, tronquée » (414-Max) ; il nommait aussi la première « la plus accentuée avec le cigare de travers » (430-Max). On peut en conclure que la photo statuaire connue de Freud avec cigare a été confectionnée en septembre 1919. De fait, en sont attestées deux versions : l'une grande (E. Freud 2006 et collab, p. 222) et une tronquée, également avec cigare (cf. Kardiner 1979, p. 7 ; ici avec la date du 30.3.1922). Max Halberstadt a expédié

Je suis tout à fait d'accord pour qu'Emden ait une photo, mais, dans ce cas, Ophuijsen aussi (La Haye, Prinse Vinkenpark 5). Tout cela seulement en petit format.

Tu n'es pas obligée de m'envoyer des cigares. J'en ai maintenant en surabondance avec ceux que j'ai ramenés de Hollande, d'Angleterre et d'Allemagne, et j'ai surtout une autorisation d'importation à partir de la Hollande pour 2 000 pièces, qui n'a pas été encore utilisée. Que Max les fume lui-même. Il ne faut vraiment pas lui envier le jeune homme [1] formé à la Ψα.

Avant-hier, nous sommes allés pour un plantureux goûter chez les beaux-parents de Martin. Il est installé là-bas dans un nid bien au chaud, a déjà une femme, un poste de secrétaire dans une banque nouvellement fondée et probablement aussi déjà un logement [2]. Esti plaît bien à maman ; seule la méfiance qui dérive d'Ella [3] lui nuit, bien que, manifestement, la situation soit entièrement différente.

Les Ferenczi et Freund, gravement malade, restent encore ici une semaine. J'ai 6 patients à partir de la semaine prochaine, mais ce n'est pas encore intéressant.

Je vous salue, toi, Max et les garçons, cordialement

Papa

407-SophMax [En-tête Vienne] 12 X. 19

Chers enfants

Je vous écris aujourd'hui seulement dans l'intérêt de la science, qui ne doit pas perdre un précieux matériau. Vous n'avez pas exécuté votre dessein de mettre par écrit pour moi les beaux exemples de *lapsus linguae* que vous m'avez racontés, et je vous invite à le faire. J'ai noté les mots clefs suivants :

---

quelques exemplaires de ces photos sur l'ordre de Freud (cf. par exemple F/A, p. 499). – Il semble que, lors de cette même occasion, ait été effectuée aussi une prise de vue de Freud avec Sophie (utilisée pour la couverture du présent livre).

1. Non identifié.

2. À propos de la situation de Martin à cette époque, de son mariage imminent avec Ernestine Drucker, de ses perspectives professionnelles, de ses beaux-parents, etc., cf. *supra* (p. 106 *sq.*) et note 2 de 90-Martin.

3. Allusion au mariage éphémère d'Oliver avec Ella Haim.

1) *Gespeckstücke* [1]

2) rétablissement de la maladie [2]

3) espère vous voir encore plus rarement [3].

Pour vous récompenser de m'envoyer ces allusions développées en histoires entières, je vais vous raconter deux histoires drôles [*Witze*] qui sont nées de notre situation actuelle.

a) La nouvelle monnaie autrichienne.

L'unité la plus élevée s'appelle dalles.

1 dalles = 100 drachmones

1 drachmone = 100 tünowim

1 tünef = 100 couronnes [4]

b) Il semble que nos sociaux-démocrates auront tôt fait de ruiner l'économie. Que viendra-t-il après eux ? Réponse : la habsbourgeoisie.

Je vous salue, vous et les petits, cordialement

Papa

408-Max [En-tête Vienne] 21.X.19

Cher Max

Les photos sont arrivées hier [5] et commencent maintenant à plaire aussi à d'autres. J'en suis très content et je pense seulement avec insatisfaction à la part des 2 500 mk qui est couverte par elles. Nous aurons bientôt toute la vérité dans la facture que tu as envoyée à notre Maison d'édition [6]. Je ne sais pas à présent si tu t'es procuré les adresses berlinoises directement ou si cela échoit

1. Mot qui n'existe pas, produit d'une contamination entre *Gepäckstücke* [« bagages »] et *Speck* [« lard »]. [N.d.T.]

2. On attendrait « rétablissement [*Wiederherstellung*] du malade ». En substituant « maladie » à « malade », le locuteur semble vouloir dire le contraire de ce qu'il vise consciemment. [N.d.T.]

3. Freud a intégré en 1920 les exemples 1 et 3 à la 7e édition de la *Psychopathologie de la vie quotidienne* (GW, p. 81, 96).

4. Jeu avec les mots yiddish « *dalles* » = pauvreté et « *tinnef/tünew* » [pluriel : *tünowim*] » = « camelote », « bêtises ». « Drachmones » semble être une déformation de « drachmes » à laquelle ce pluriel donne une consonance yiddish.

5. C'est-à-dire les nouvelles photos de Freud.

6. Le processus n'est pas clair dans les détails. Max semble en tout cas avoir expédié les photos de Freud et envoyé en contrepartie une facture à la Maison d'édition. Les 2 500 marks pourraient désigner la somme dont il est question in 405-Max.

tout de même à ma douzaine. Dans tous les cas, je te remercie cordialement pour toute ta peine.

La dissolution de la famille progresse rapidement. Martin veut se marier le 7 déc. ; Ernst est en ce moment à Berlin, et il est probable qu'il a déjà accepté le poste qui lui est offert là-bas par Eitingon auprès d'un architecte sioniste (malheureusement pour commencer seulement 250 mk) [1]. Oli a reçu une réponse favorable de l'Office colonial hollandais et il pense à bon droit aller là-bas en personne pour conclure l'affaire [2] ; il vous rendra certainement visite à l'occasion de ce déplacement. Ensuite, nous serons en droit d'avoir peur que l'Office de l'habitat ne nous prenne la moitié de nos chambres. Nous ne laissons pas d'ailleurs tante revenir [3].

Entre-temps, un horrible malheur a frappé notre famille en Amérique. Rosi, qui a débarqué le 17 septembre, a été internée dans un asile le 23 septembre comme malade mentale [4]. Eli nous a annoncé cela à sa façon dans une lettre, et il nous en veut beaucoup que nous lui ayons envoyé une malade à la maison. Cela dit, il doit s'agir de quelque chose de tout à fait aigu, car on n'avait jamais remarqué chez elle quelque chose d'anormal à cet égard, et elle nous a quittés avec une santé florissante et une humeur sereine. Le cas, vu de loin, est tout à fait énigmatique. Tout ce qu'il va gâcher dans l'avenir, Soph pourra te l'expliquer facilement [5].

Je travaille 9 heures par jour, et je peux boucler le budget tant que l'Anglais est là, qui paie autant que tous les autres ensemble, 2 guinées de l'heure. Mais il s'en va dans peu de semaines. J'ai pris conjointement avec Anna un professeur d'anglais, une femme, 2 fois par semaine le soir de 9 à 10, et je fais aussi de l'anglais par ailleurs. Peut-être que, dans un an ou un an et ½, il sera possible d'immigrer dans le pays non châtié par Dieu. Les beaux jours à Hambourg sont déjà si loin en arrière.

Je vous salue toi, Soph et les deux petits cordialement, et j'espère avoir bientôt de vos nouvelles.

Papa.

---

1. Cf. *supra*, p. 238 *sq*.
2. Cet espoir fut peu après réduit à néant (154-Ernst).
3. Minna Bernays passa l'hiver 1919-1920 en cure à Reichenhall (Freud/Hitschmann, 5.11.1919 ; SFP/LoC), d'où elle revint le 5 mars 1920 (415- et 417-Max).
4. Cf. 142-Ernst avec note 1, p. 259.
5. Peu clair. Peut-être parce que la charge de Rosi incomberait à nouveau à Freud et à son frère (ensuite aussi à Anna) quand elle reviendrait des États-Unis (ce qu'elle fit) ?

409-Soph [En-tête Vienne] 4.1.20.

Ma chère Soph

Si tu crois que je suis tout à fait consterné par ton annonce, tu te trompes [1]. Je suis en mesure de m'en réjouir beaucoup. J'espère qu'arrivera maintenant la belle et charmante petite fille ; et je ne veux pas quitter ce monde sans avoir fait sa connaissance. Il est également mieux d'avoir ses enfants tant qu'on est jeune ; et trois ne sont pas trop. Il est vrai que, dans un an ou deux, il aurait été encore temps ; mais cela est inessentiel ; il n'est pas toujours si commode de bien répartir.

Mon conseil est donc celui-ci : accueille cet enfant volontiers, et ne gâche pas le temps qui vous sépare de sa venue par la mauvaise humeur et le remords. Ne vous faites pas non plus de soucis. En effet, le magasin est reparti, et même si la guerre nous a appauvris, le monde des amis nous offre tant d'aide que, grâce à lui, nous nous enrichissons à nouveau. Je ne puis te décrire avec quelle tendre opiniâtreté des amis comme Eitingon [2], mais d'autres aussi, mettent à notre disposition de bonnes devises. Oncle Eli fait de vastes plans pour soutenir tous les membres de la famille ; moi-même, j'accumule présentement à nouveau des marks sur le compte d'Ernst à Munich [3], dont je peux te reverser une partie à tout moment. Les honoraires de rééditions te seront adressés directement. Bref, n'ayez pas du tout de soucis d'argent pour la fillette. Ta mère se trouvait dans une situation bien plus difficile, et finalement, elle a accepté les enfants, l'un après l'autre, avec peu de réticences, et si elle ne l'avait pas fait, Max n'aurait aujourd'hui pas de femme ou une tout autre.

Ce qu'on fait ensuite ? La même chose qu'on aurait dû faire tout de suite. On prend au sérieux la tâche de la régulation [4], et, les médecins étant à Hambourg si arriérés, on fait une fois le voyage de Berlin, et on s'y fait munir d'un moyen de préservation sûr [5].

---

1. Sophie était à nouveau enceinte (cf. *supra*, p. 405 *sq.*, et *infra*, p. 569 *sq.*).
2. L'épisode en question, de novembre 1919, est relaté in F/E, p. 194-200.
3. Cf. 157-Ernst. Concernait surtout les honoraires d'un patient allemand, que Freud encaissait en marks, mesure prise contre l'inflation galopante qui sévissait alors en Autriche et sans doute aussi en vue d'économies fiscales.
4. C'est-à-dire de l'interruption de grossesse.
5. Freud pense à un diaphragme anticonceptionnel (cf. *infra*, p. 570).

J'espère donc apprendre dans la prochaine lettre, et ce très bientôt, que vous vous êtes consolés tous deux et que vous regardez vers l'avenir proche dans une attente joyeuse.

Avec mes vœux de bonheur les plus cordiaux
Papa

410-Soph [En-tête Vienne] 5 jan. 20.

Ma chère Soph.

Un Mr Viereck (poète et journaliste) à New York, qui a entrepris une grande campagne d'agitation sur le thème « *Feed and clothe Germany*[1] », m'annonce une caisse de boucherie (échantillon 5), qui doit arriver prochainement à Hambourg chez Roehlig & Cie, Ferdinandstr. 34[a]. Je t'en prie, mets-toi en quête d'elle auprès de la firme, demande ce qu'on peut faire pour qu'elle arrive en sécurité et sans avoir été pillée, s'il faut un bulletin d'importation, s'il ne faut pas la diriger peut-être ici vers Schenker & Cie, etc.

Hier, je t'ai envoyé par exprès une longue lettre pleine de réprimandes et de vœux de bonheur.

Cordialement
Papa

Sophie Halberstadt mourut le 25 janvier 1920.

411-Max [En-tête Vienne] 25.1.20.

Mon cher [*theurer*] Max

C'est une jeune dame[2] qui va emporter cette lettre à Berlin et la poster de là-bas pour Hambourg. J'ai l'impression que je n'en ai jamais écrit une qui soit plus superfétatoire. Tu sais combien grande est notre douleur ; nous savons la peine qui doit être la tienne ; je ne fais aucune tentative pour te consoler, de même que tu ne peux rien pour nous. Tu es peut-être d'avis que je ne saurais pas ce que cela signifie que de perdre une femme aimée et la mère de ses

---

a. Adresse soulignée au crayon rouge.

1. « Nourrissez et habillez l'Allemagne. » [N.d.T.]
2. Non identifiée.

enfants, parce que cela m'a été épargné. Tu as raison, mais, à rebours, l'amère blessure de survivre à une jeune enfant florissante, en étant soi-même si avancé dans la vie et si proche de la mort, ne peut que t'être étrangère et inconcevable. Que ce malheur ne change rien à mes sentiments pour toi, que tu restes notre fils, aussi longtemps que tu voudras le rester, je n'ai pas non plus besoin de te le dire ; c'est la suite évidente de la relation que nous avons eue jusqu'ici. À quelle fin écris-je donc ? Je crois seulement parce que nous ne sommes pas ensemble et qu'en cette misérable époque d'emprisonnement nous ne pouvons pas aller l'un chez l'autre, de sorte que je ne peux te dire les choses que je répète à l'adresse de sa mère et de ses frères et sœurs : à savoir que c'est un acte du destin absurde et brutal qui nous a ravi notre Sophie, quelque chose face à quoi on ne peut ni accuser ni ruminer, mais incliner la tête sous le coup, pauvre être humain sans recours avec lequel jouent des puissances supérieures. Qu'il suffise qu'elle ait été heureuse tant qu'elle a vécu avec toi, malgré la difficulté des temps qui ont coïncidé avec votre court mariage de 7 ans ; et elle fut heureuse grâce à toi.

Maman est complètement abattue ; elle veut, dès que ce sera possible, la date la plus proche serait le 29, venir chez toi et te demander quelles sont tes intentions à court terme avec les enfants et le ménage. Je préférerais que Math et Robert voyagent à sa place [1], car j'ai peu confiance dans les forces de maman. Math est avisée et chaleureuse, Robert, malgré son côté abrupt et son égoïsme manifeste, est un brave gars, et il est en ce moment très ému. Je me réjouis aussi qu'Oli et ensuite Ernst [2] aient pu être auprès de toi, surtout qu'en automne nous ayons fait chez vous un séjour si chaleureux.

Embrasse les deux pauvres gamins à la place de leur grand-père, tiens-toi debout et reçois mes très cordiales salutations.

Papa.

1. En fait, Mathilde et Robert partirent pour Hambourg le 29.1.1920. On s'attendait à ce que leur voyage durât 2 à 3 semaines (F/Fer III, p. 8). Il est attesté qu'ils furent à Berlin du 10 au 16.2 (F/E, p. 210) et qu'on attendait leur retour de Hambourg vers le 21 (F/Sam, 15.2.1920). Martha ne partit qu'en avril (note 3 de 416-Max).

2. Tous deux vinrent à Hambourg à partir de Berlin, le second en compagnie d'Eitingon, et ils participèrent à la cérémonie funèbre, qui eut lieu le 28 janvier (F/Fer III/1, p. 50).

412-Max [En-tête Vienne] lundi 26/1 20.

Mon cher Max

Outre cette lettre, Robert et Math[a] t'apporteront aussi celle d'hier, qui devait passer par Berlin. C'est seulement grâce à Wenckebach[1] qu'ils peuvent partir, nous sommes vraiment des prisonniers. Combien maman et moi aurions aimé venir ! Mais, étant donné son état, c'est vraiment plus prudent, et je suis heureux de pouvoir me distraire par le travail et de gagner de l'argent pour nous tous.

Aujourd'hui aussi, je ne parlerai que de ce genre de petites affaires. Les nécessités de la vie et « l'horloge identiquement réglée pour l'éternité[2] » – ce sont des bienfaitrices dans le deuil.

J'avais préparé pour Soph plusieurs petits envois de marks au fur et à mesure des possibilités que j'avais de m'en procurer. Tu peux maintenant les utiliser pour les frais de maladie et d'incinération. Le chèque joint te sera expliqué par Ernst[3]. J'accumule des marks sur son compte à Munich, puisque je fais payer dans la mesure du possible mes patients avec leurs devises. Une deuxième somme, un peu plus importante, environ 1 300 M, te parviendra à la mi-février, ; quelque temps, peut-être plusieurs semaines plus tard, à l'époque des anniversaires, des honoraires de Deuticke. En outre, je l'espère, Robert emportera un peu de liquide pour les dernières dépenses.

Demain paraîtra l'avis dans la *N. Presse*[4], que nous pourrons encore découper pour toi.

---

a. Dans le manuscrit : Max.

1. Possiblement Karel Frederik Wenckebach (1864-1940), spécialiste des maladies internes né en Hollande, qui tint une chaire à Vienne à partir de 1915.
2. « *Des Dienstes immer gleichgestellte Uhr* » : Schiller, *Die Piccolimni*, I, 4. [Comme souvent, Freud cite inexactement : il remplace le *immer* (« toujours ») de l'original par *ewig* (« éternellement »). Le titre renvoie à la deuxième pièce de la très célèbre trilogie de *Wallenstein*. N.d.T.]
3. Cf. 158 *sq.*-Ernst.
4. Voici le libellé de l'avis paru dans la *Neue Freie Presse*, probablement formulé par Freud : « Le *Pr Dr Sigmund Freud* et sa *femme*, en leur propre nom et au nom de leur gendre *Max Halberstadt*, font part, avec la plus profonde tristesse, du décès, survenu à Hambourg, de leur fille bien-aimée/ *Sophie Halberstadt*/ qui a succombé le 25 *janvier* 1920 en sa 27e année à une affection grippale qui a pris un cours rapide. » Suivent les noms des enfants, frères et sœurs « et autres parents » associés au deuil. « *On est prié de condoléances silencieuses.* »

Il semble bien que Soph soit arrivée avec [1] l'infection dans la clinique [2], puisque les enfants sont aussi malades. Mais il est alors invraisemblable que Heinz fasse une coqueluche. Bien sûr, nous sommes désireux de savoir ce que tu décideras dans l'immédiat pour la maison et les enfants. J'espère que tu auras trouvé beaucoup d'aide auprès de ses frères et d'Eitingon. N'oublie pas qu'Eitingon est en ligne directe un « frère électif [3] ».

Peut-être joindrai-je encore une lettre. C'est comme une consolation de parler avec toi, même si tu ne peux pas répondre.

Avec un amour cordial
Papa

413-Max [En-tête Vienne] 5.2.20

Cher Max

Je viens de lire ta première lettre exprès (à l'adresse de Math), et je peux très bien te comprendre. C'est effectivement vrai qu'au début on ne le conçoit pas, qu'on ne veut pas le croire ; et ce n'est que moyennant un lent travail que cela se fraie un passage, de sorte qu'on est forcé de le croire. Que tu ne veuilles pas envoyer les enfants au loin, cela rencontre aussi tout à fait mon attente, sans compter les difficultés d'un voyage et les conditions de vie défavorables ici, chez nous. Cela dit, je ne peux pas non plus te dire de loin ce qu'il convient de faire ; je me satisfais de la considération que tu es le plus soucieux des pères, et que, dans tes soucis, tu ne resteras pas sans soutiens amicaux.

1. Cette formulation suggère que Sophie n'est pas allée à l'hôpital à cause de la grippe, des complications de laquelle elle mourut ensuite – et donne lieu de présumer que la raison de son admission pourrait avoir été une interruption de grossesse. Cette question pourra-t-elle jamais être vérifiée dans les dossiers des malades ? Cela est écrit dans les étoiles : certes, l'inventaire des archives municipales de Hambourg mentionne un paquet de tels dossiers qui englobe l'année 1920 et émane de l'hôpital Saint-Georges (www.hamburg.de/contentblob/31352/data/kb-bestaende.pdf, p. 149 en date du 23.10.2009), mais qui actuellement (octobre 2009) reste introuvable.

2. L'hôpital général de Hambourg-Saint-Georges.

3. « *Wahlbruder* ». À propos de la relation « familiale » d'Eitingon à Freud, cf. Schröter 2004, p. 14-16.

Nous avons parlé à M. Popper [1] ; le discours du Dr Rosenthal [2] nous a fait une profonde impression. Il est surprenant que tous l'aient appréciée ; en effet, elle était à vrai dire abrupte avec les inconnus ; mais il y avait dans son naturel quelque chose de subjuguant. Chez nous aussi s'accumulent les lettes de condoléances ; et les visites n'ont pas de fin. Son cas a suscité de toutes parts des sympathies. Bien sûr, à quoi cela nous avance-t-il ? Nous sentons qu'avec elle c'est notre éclat qui s'en est allé.

Que, ces jours-ci, nous n'ayons pu te voir ni te parler, voilà qui augmente cruellement notre grand malheur. J'espère que tu as été mis au fait des conditions de circulation chez nous. Maman aussi était si bouleversée que j'ai été soulagé quand Math s'est offerte à la remplacer. Le point positif dans tout ça, c'est que je peux continuer à travailler, pouvant ainsi oublier pendant des heures ce qui a changé.

J'adresse en même temps quelques mots de remerciement au Dr Rosenthal. Écris-moi bientôt à nouveau, et aussi souvent que tu en éprouves l'envie. Ernstl se comporte comme un vrai enfant ; cela vaut mieux ; mais, plus tard, sa mère va lui manquer épouvantablement. Heinz n'aura pas de souvenir d'elle ; je me suis pris d'une affection si particulière pour ce petit gars ; je voudrais seulement savoir d'où il tient son visage. Je présume du côté Bernays.

Avec son plus cordial salut
ton – dévoué, serais-je tenté d'écrire [3] –
gravement appauvri
Papa

414-Max [En-tête Vienne] 8.2.20.

Cher Max

En ces sombres jours, une commission. Aurais-tu la bonté d'envoyer au Dr Ernest Jones Londres W III Harley Str. une photo-

---

1. Cf. 360-SophMax avec note 1, p. 444. Popper apporta le texte du discours que le Dr Rosenthal avait prononcé lors de la cérémonie funèbre dédiée à Sophie (F/E, p. 210).

2. Probablement Felix Rosenthal (1885-1939/52 ?), à partir de 1930 médecin-chef à l'hôpital israélite de Hambourg (F/AF, p. 332, note 5).

3. De fait, Freud signa le 4.2.1920 un remerciement à une lettre de condoléances par « votre bien dévoué (dans tous les sens du terme) Freud » (adressé à L. Lévy ; SFP/LoC).

graphie de moi, ou bien la grande, méchante, ou bien la plus atténuée, tronquée [1]. Nous ne nous entendons manifestement pas aux acheminements, car tout arrive dans un état lamentable. –

Maman porte de plus en plus mal sa peine ; nous attendons le retour d'Oli et de Math et des nouvelles directes de toi. Maman et Anna ont une mine pitoyable. J'espère que les catarrhes des enfants ont peu d'importance.

Reçois mes cordiales salutations et continue à te tourmenter.

Papa

415-Max [En-tête Vienne] 15.2.20.

Cher Max

Je saisis avec empressement chaque occasion de t'écrire, et réponds aujourd'hui à ta lettre du 2 de ce mois à propos d'affaires d'argent. (J'espère que tu as reçu une lettre par l'entremise de M. Popper.)

Tu n'as pas à te faire de soucis pour notre situation ici. Il est vrai qu'on ne peut contrebalancer ce qu'on consomme par aucune sorte de travail, mais nous ne sommes pas du tout dans cette difficulté, étant donné qu'une amie anglaise (Loe Jones) nous fait parvenir la plus grande partie de nos besoins en denrées alimentaires à ses frais à partir de la Hollande. Par ailleurs aussi, des élèves et amis s'occupent de nous de la manière la plus tendre, et, avec tes deux vermisseaux, tu es pleinement justifié à avoir ta part de cette sollicitude. Tu as toi-même fait la connaissance du Dr Eitingon. Le Dr Jones m'envoie des patients anglais et américains, avec lesquels, bien sûr, on gagne un multiple de ce qu'on gagne avec ses compatriotes ; j'en ai actuellement deux, et, pour début avril, un troisième est annoncé [2]. D'un patient allemand ([P.] à Francfort) je peux te faire envoyer directement les honoraires, 11 à 1 300 mk par mois. Je m'attends à ce que tu les aies déjà reçus pour janvier. Étant donné que tu es certainement prêt à nous laisser prendre notre part à l'entretien des enfants, il suffit que tu fasses savoir si tu préfères

1. Cf. note 5, p. 486, de 406-Soph. Jones avait demandé qu'on lui envoie une des nouvelles photos de Hambourg (F/Jo, p. 436, 439).
2. À Bieber et Daly s'ajouta encore en avril 1920 John Rickman (May 2006a ; 2007).

une contribution régulière à l'éducation d'Ernstl et Heinz ou des envois aussi irréguliers que du temps de notre chère Soph. Ne refuse pas, même si tu n'en as pas besoin en ce moment, car, à mon âge, l'avenir est incertain.

Oli est de retour et nous a raconté beaucoup de choses. Nous pensons qu'il emmènera maman quand il reviendra à Berlin dans 6 ou 8 semaines. Nous avons l'intention de laisser Minna à Reichenhall jusqu'à Pâques. Jusque-là, je ne peux pas te prier assez instamment de nous relater toi-même une fois par semaine quelle tournure prennent les choses pour toi et dans la maison. Nous ressentons le blocus avec une douleur très particulière.

Je trouve l'insensibilité d'Ernstl très intéressante. Notre école affirme qu'avec la 5e année s'instaure de manière tout à fait normale une période de recul de la vie amoureuse, qui dure jusqu'à la prépuberté (10-11). L'ignorance de l'enfant fait le reste.

En pensée souvent auprès de toi,

avec de cordiales salutations
Papa

416-Max [En-tête Vienne] 29.2.20

Cher Max

Le nouvel événement avec Ernstl est donc heureusement passé ? Nous n'avons pas de réponse de toi à notre télégramme [1], mais les Neurath [2] nous ont fait savoir sans y être invités qu'il est exempt de fièvre. Je ne sais comment il s'est fait que, cette fois, je n'ai pas été inquiet.

Minna semble ne plus pouvoir tenir à Reichenhall, bien que nous l'encouragions énergiquement à rester loin d'ici jusqu'à fin mars. Si elle arrive à ce moment-là, le voyage de maman pourra aussi s'accélérer [3].

Je suis très content que tu aies accepté mon offre, de sorte que nous avons là l'occasion d'une correspondance d'affaires régulière. C'est comme une continuation de l'échange de lettres avec Soph.

1. Non conservé.
2. Non identifiés.
3. En fait, Martha Freud ne partit que le 19.4.1920 pour (Berlin et) Hambourg (F/Fer III, p. 19). Son retour eut lieu vers la fin mai (F/E, p. 224 ; 420-Max).

Je me représente pour l'instant les choses ainsi : chaque mois, aussi longtemps que j'aurai des patients d'Allemagne, je te ferai envoyer les honoraires. Tu en utiliseras la moitié à ta guise pour toi et les enfants, et tu en garderas l'autre moitié en compte à ma disposition. En mars, tu recevras de [P.] à Francfort 2 047 M, dont je te prie de mettre 1 000 de côté pour moi. De Deuticke rentreront au cours de cette année 3 à 5 000 M, dont nous disposerons de manière analogue. J'ai actuellement chez lui 5 rééditions [1]. Tous ces dépôts venant de moi trouveront très tôt à être employés quand maman sera chez toi. J'espère que les conserver ne sera pas pour toi source d'incommodités.

Notre prochaine intention est de procurer aux enfants, dès que cela sera possible, un séjour à la campagne, de sorte que tu puisses facilement sortir. Mais comment et où trouver cela ? Doit-on maintenant, à partir de mai, chercher un logement avec jardin et ensuite partir plus loin pendant les vacances ? Alors, nous aimerions y aller tous, et tu devrais aussi t'accorder enfin des vacances. De même que, tout simplement, tu dois considérer que tu es maintenant la seule personne qu'ont les enfants. Les grands-parents ne sont pas sûrs. Depuis la dernière fois que nous avons été ensemble à Karersee et Marienbad [2], le monde a, bien sûr, changé de manière très antipathique.

Je te salue cordialement
Papa

1. Pour l'année 1920, on peut attester trois rééditions d'œuvres de Freud chez Deuticke : *Trois Essais* (1905d), t. I de la *Sammlung kleiner Schriften* et *Sur la psychanalyse* (1910a). Étaient en outre prévus pour début octobre (cf. Rbr. 1, p. 61) : *L'Interprétation du rêve* (1900a), t. II de la *Sammlung* et *Le Trait d'esprit* (1905c).

2. Rappel des premières rencontres avec Max et Sophie comme couple durant les étés 1912 et 1913.

417-Max [En-tête Vienne] 4.3[a] [1].20[b]

Cher Max

Je te prie de féliciter Ernstl aussi en mon nom et de lui offrir quelque chose que tu auras acheté pour moi. Le choix, bien sûr, est entièrement laissé à ta discrétion.

Je te prie aussi d'opérer pour moi le versement joint, chose qui est, à partir d'ici, passablement compliquée. Ces deux dépenses sont à honorer avec une part des 1 000 mk que tu mettras de côté pour moi en mars sur l'envoi de Francfort. J'espère que tu tiens de tout cela une comptabilité rigoureuse.

Demain, nous attendons Minna. Ce sont des temps particulièrement fastidieux et vides. D'une façon générale, il manque dans tes lettres une information sur Mlle Z[2].

Je te salue cordialement
Papa

418-Max [En-tête Vienne] 11.4.20

Cher Max

Pour le mois de mars, tu recevras à nouveau de Francfort la somme de 2 047 mk (à peu près), que tu peux partager dans les mêmes proportions, 1 000 pour moi.

Maman espère maintenant enfin pouvoir voyager ; il y a eu vraiment beaucoup de difficultés. Mais je m'abstiens de toute promesse plus précise.

Ce qui occupe le haut du pavé en ce moment, ce sont les fiançailles d'Ernst avec Mlle Brasch[3] ; nous savons encore très peu de

a. Manuscrit : 2.
b. Il est probable que soit associée à cette lettre une enveloppe avec cachet de la poste peu clair (6.III.20 ?) et le tampon d'arrivée : Hamburg/ 10.3.2.07. Étiquette : exprès ; adressé à : Herrn Max Halberstadt/ Neuer Wall 54/ Hamburg/ Deutschland.

1. L'indication de mois « 2 » dans l'original est à coup sûr un lapsus, Ernstl ayant son anniversaire le 11.3 et Minna étant rentrée de Reichenhall dans la première moitié de mars (F/Fer III, p. 15).
2. Non identifiée. Femme qui tenait la maison ?
3. Pour des détails sur les fiançailles et le mariage d'Ernst et de Lucie (« Lux ») Brasch, cf. *supra*, p. 236.

chose d'elle. Pour le reste, deux belles-filles ne suffisent toujours pas à remplacer une fille.

Avec un très cordial salut
Papa [a]

P.-S. Cher Max ! La caisse de boucherie américaine [1] n'est toujours pas arrivée. Peut-être que tu pourrais interroger l'expéditeur hambourgeois et l'inviter à faire des recherches. Je crois que c'était une des dernières démarches de Soph.

419-Max [En-tête Vienne] 2.5.20

Cher Max

Je suis content que tu aies enfin maman auprès de toi, et j'espère que vous allez mettre la maison en ordre. Tu mettras aussi certainement à exécution ton dessein d'aller à Stuttgart [2], pendant que sa visite assurera tes arrières. Ta santé et ton aptitude au travail sont maintenant d'une nécessité encore plus urgente qu'avant.

Affaires : tu recevras ce mois-ci de Francfort mk 2 300, sur lesquels je te prie de prélever derechef 1 000 pour moi (ou, aussi bien, pour maman). En outre, Deuticke a annoncé qu'il t'a viré mk 1 360, que je destine également à maman, à l'exception de 60 mk, qui doivent servir à faire des cadeaux aux enfants pour mon anniversaire. D'après mes calculs, maman pourrait alors trouver chez toi 4 300 mk (à quelques petites soustractions près).

Je vous salue, toi et les enfants, cordialement
Papa

420-Max [En-tête Vienne] 4.6.20

Cher Max

Maman est donc à nouveau là, et elle prend lentement possession de sa maison, visiblement remise malgré le caractère douloureux de sa démarche. Ernst et Lux viennent de s'annoncer pour demain

a. Au pied de la page : *verte !*

1. Cf. 410-Soph.
2. Contexte peu clair.

soir. Ton télégramme, qui rend compte du voyage à Timmendorf, est arrivé hier.

Cela me réjouit beaucoup qu'il [1] puisse avoir un séjour au bord de la mer, plus encore le fait qu'après notre départ [2] maman veuille encore être auprès des enfants [3]. Du reste, je travaille cette année jusqu'au 30 juillet, afin de profiter de mes Anglais et parce qu'il est tellement difficile de trouver un lieu de séjour entre Gastein et le voyage en Hollande [4].

Je te remercie cordialement pour les souvenirs que tu m'as envoyés. J'ai serti le médaillon et je le porte en permanence [5] ; je voulais offrir à Lux la petite boîte en argent ; mais maman dit que je n'en ai pas le droit.

Ce mois-ci, tu recevras de Francfort 2 400 mk, dont tu devras à nouveau mettre 1 000 à part pour moi. Puisque tu en as donné 2 000 à maman, je compte donc sur un dépôt de 3 300 chez toi. Le même envoi se répétera encore 3 fois, pour mai, juin, juillet. Mon dépôt sera alors destiné au séjour de maman. Le reste est toujours pour les enfants, afin que tu n'aies pas à lésiner avec eux.

Je te salue cordialement et je pense beaucoup à te voir en septembre [6].

Ton papa

421-Max [En-tête Vienne] 4 juillet 20

Cher Max

Étant donné ta correspondance avec maman, les choses en sont venues au point que nous n'avons plus à négocier ensemble que des affaires.

---

1. Probablement Ernstl.
2. C'est-à-dire : pour les vacances d'été, que Freud passa à nouveau à Bad Gastein.
3. Ce projet ne fut pas réalisé (cf. la deuxième lettre après celle-ci).
4. Pour le Congrès psychanalytique de La Haye, auquel Freud se rendit en compagnie d'Anna.
5. Comme la nièce de Freud, Lilly Freud-Marlé se souvint (2006, p. 79) : « Il [Freud] ne portait comme ornements qu'une chevalière sobre avec une gemme antique et, à son gilet, une simple chaînette en or qui tenait une grande montre en or et un petit médaillon coloré avec la belle tête de Sophie décédée trop jeune. »
6. Freud fit halte à Berlin et Hambourg lors de son voyage à La Haye (cf. 424-Max).

Je sais que le paiement de [P.] a pris du retard en juin. Le vieux [1] est venu il y a quelques jours ici chez moi. Maintenant, tu peux t'attendre à recevoir bientôt les 2 400 annoncés, plus les 2 600 du mois écoulé. Un reliquat prendra la suite pour juillet. Des 5 000 premiers, je te demande d'utiliser 2 000 pour moi, le reste pour toi et les enfants. Je n'aime pas apprendre par maman que tu ne touches pas au tout ; je te prie plutôt de séparer rigoureusement ce qui me revient de ce qui te revient et d'employer effectivement la deuxième part pour toi et les enfants. Les paiements reprendront à partir d'oct., le jeune [P.] poursuivant son traitement.

En outre, je peux te faire virer par notre maison d'édition à Leipzig un montant d'honoraires de 11 000 mk, qui est entièrement à mon crédit [2]. De Deuticke aussi te parviendront certaines sommes. Il est vrai que je ne sais pas à présent si cela te convient que je place un dépôt de cette nature chez toi. Peut-être que cela te dérange pour des raisons fiscales et autres. Si c'est le cas, dis-le-moi franchement ; je peux tout aussi facilement faire déposer l'argent chez Eitingon, qui t'attribuera ensuite chaque fois ta part. Ernst n'est pas assez stable, puisqu'il veut faire des voyages. Mais dis-le-moi bientôt, afin que je puisse aviser Eitingon. J'ai en ce moment besoin du dépôt pour maman, qui doit bientôt venir chez toi, et pour Oli, qui a trouvé à Berlin un emploi à 600 mk et part là-bas dans quelques jours [3].

En effet, maman ne restera pas plus que quelques jours dans la petite chambre de la Hansastr. [4] ; elle doit partir le plus tôt possible dans la villégiature d'été que tu loueras. Tu dois promettre d'aller là-bas régulièrement pour le week's end [5]. Je viendrai avec Anna pour une visite dans la première semaine de sept.

Je te salue cordialement de même que les deux garçons. Tu peux imaginer combien de fois par jour nous parlons de vous ou pensons à vous.

Vis bien
Papa

---

1. Probablement le père du patient.
2. Cette phrase contredit le point de vue répandu selon lequel Freud n'aurait perçu aucuns honoraires sur ses publications à la Maison d'édition psychanalytique internationale.
3. Cf. *supra*, p. 207.
4. C'est dans cette rue que se trouvait l'appartement de Max.
5. *Sic* ! [N.d.T.]

422-Max [En-tête Vienne] 22.7.20

Cher Max

Que tu ne considères pas qu'un autre séjour à la campagne soit nécessaire pour les enfants, voilà qui est en soi réjouissant ; mais cela a eu pour conséquence que maman a renoncé à son projet d'aller chez toi. Je ne peux que l'approuver, car elle a grand besoin de repos, a de nouveau mauvaise mine et a manifestement besoin de plus que ce que la petite chambre à Hambourg peut lui offrir. Ainsi, nos projets se sont une fois de plus volatilisés, mais seulement pour être remis à l'année prochaine.

Je ne suis pas non plus content de ta manière d'envisager les questions d'argent. Tu ne peux considérer le tout comme un prêt, dont du reste tu n'as pas besoin, et que tu n'as pas réclamé. Mais je t'ai prié de distinguer nettement ce que j'accumule chez toi au titre de mon argent et ce que je mets à ta disposition pour les enfants. Le premier volet – j'aimerais apprendre de toi, maintenant et chaque fois que quelque chose vient s'y ajouter, combien cela fait – est destiné à Oli ou à maman quand elle vient chez toi, et j'y ferai appel moi-même en automne (sept.) ; le reste n'est pas ma propriété. Tu peux en faire ce que tu veux.

Tu sais bien que les parents héritent des enfants, quand ceux-ci ont laissé quelque chose, et tu ne voudras pas rogner sur la part que nous prenons à l'éducation des petits.

Je te prie de partager les 5 000 mk. 3 000 pour les enfants, 2 000 sur mon compte. Prochainement vont arriver 1 000 mk de Heller, quelque chose de Deuticke et puis une somme assez importante (11 000) de la Maison d'édition, que nous répartirons plus tard.

Je respecte beaucoup ton deuil, mais, cher Max, la vie fera valoir ses exigences, et les enfants aussi auront besoin de quelque chose. Nous avons encore le temps. En attendant, je sais bien que c'est le devoir qui te maintiendra debout.

Je vais le 30/7 avec Minna à Badgastein, villa Wassing. Pourrais-tu y venir pour les 8 derniers jours, de sorte que nous voyagions ensemble vers Berlin-Hambourg [1] ? Maman veut se joindre à Math et Robert qui vont à Goisern près d'Ischl. Anna est déjà chez le Dr Rie à Alt-Aussee.

---

1. Il est encore question de cette idée dans la lettre suivante, puis plus jamais nulle part.

Je suis très pris, en pleine possession de mes capacités de travail. Eitingon a envoyé ici un jeune sculpteur, Königsberger, ami d'Ernst, qui fait un modelage de moi en vue d'un buste en bronze [1]. Son savoir-faire est grand.

Avec ses plus cordiales salutations
ton vieux
papa

423-Max [En-tête Vienne] Villa Wassing
5.8.20

Cher Max

Je te remercie beaucoup pour ta lettre et ton accord avec mes propositions. Cela est pour moi une occasion bienvenue de t'écrire souvent. En fait de fonds, voici ce que tu peux encore attendre à court terme.

[P.]	– M 2 200
Heller à Vienne	– M 1 000
Éditions int. psych.	– M 6 925
	10 125

S'ajouteront plus tard à cela environ 4 000 de la Maison d'édition int. et divers versements de Deuticke. Tu partageras tout cela et m'en créditeras la moitié. Tu en enverras à Oli s'il le demande, évidemment sur mon compte. Je verrais favorablement que tu prennes sur le tien l'argent pour le voyage à Gastein. Ce sera pour toi un petit congé. Si tu veux aussi être ici ne serait-ce que pour quelques jours, et ensuite aller avec moi à Salzbourg, Ischl, Munich, Berlin, nous pourrons être beaucoup ensemble. Pour Hambourg j'aurai vraiment peu de jours. J'espère que tu t'y résoudras et t'annonceras à temps. Je devrai quitter Gastein vers le 28 de ce mois.

Ici, je passe des moments très agréables avec tante, et j'espère puiser des forces pour l'année prochaine, quand j'aurai surmonté l'indisposition des premiers jours.

Avec mon salut le plus cordial à toi et aux enfants

Papa

---

1. Paul David Königsberger (1890- ??) ; cf. F/AF, p. 250, note 2 et May 2006b, p. 144-147). Ce buste était un cadeau du « Comité » pour le 60e anniversaire de Freud (Rbr. 2, p. 154).

424-Max [En-tête Vienne] Gastein 26.8.20.

Cher Max

Je vais après-demain 28/8 d'ici à Ischl. J'espère être le lundi 30 au soir à Munich et mardi soir à Berlin. J'ai l'intention de passer le vendredi et le samedi chez toi à Hambourg (avec Anna), peut-être encore le dimanche ; je ne sais si chez vous des trains circulent le dimanche. Si tu veux venir à Berlin, ce ne peut être qu'à cause de tes frères et sœurs et de Lux. Je ne pourrai évidemment pas du tout profiter de toi à Berlin ; mais je ne veux pas t'en dissuader.

Cette dernière semaine, le temps a été ici tout à fait misérable ; nous sommes également menacés en Autriche d'une suspension de la circulation des personnes. Minna s'est très bien trouvée ici ; bonnes nouvelles aussi de maman.

Sois cordialement salué

Papa

Pense à notre hébergement en hôtel ou pension.

425-Max La Haye 10 sept. 20 [a]

Cher Max

Indescriptible affairement ; n'ai le temps d'écrire aucune lettre. Le congrès est un beau succès. Subjugué par l'opulence du pays, on s'habitue vite. Les prix, étant donné le change, sont fantastiques. Vais probablement après le 15 de ce mois en Angleterre jusqu'à fin sept. [1]. Lampl part ce matin chez Ernst.

Cordiales salutations à toi et aux enfants

Papa

426-Max [En-tête Vienne] 19 nov. 20

Cher Max

Je me suis beaucoup réjoui d'apprendre que le séjour d'Anna chez toi a apporté de la satisfaction à tous [2] et que les enfants

---

a. Carte postale ; adressée à : Hansastr. 71/ Hamburg/ Deutschland.

1. Ce projet de voyage fut ruiné.

2. Après un circuit commun à travers la Hollande, Anna Freud se sépara de son père le 28 septembre 1920 et alla d'abord à Hambourg, ensuite, le 7 novembre, à Berlin, jusqu'à ce qu'elle rentrât à Vienne à la mi-décembre (F/AF, p. 281 *sq.*).

prospèrent très bien. Je me fais du souci pour les jambes de Heinzl [1], je ne fais pas grand cas des médecins de Hambourg et de la promesse que « ça s'arrangera avec la croissance ». Je crois que, quand cela atteint un tel degré, on met aux enfants des attelles. Prends d'autres renseignements sur cette affaire.

Au printemps, maman te rendra visite pour assez longtemps. Malheureusement, je suis moi-même tellement ligoté, je suis confronté à des tâches excessives, ne suis qu'une machine à gagner de l'argent et m'échine 5 h par jour à parler anglais et, ce qui est encore plus difficile, à l'écouter [2].

Oli et Anna auront copieusement entamé mon crédit chez toi. Ce mois-ci, tu devrais avoir déjà reçu 2 400 M de Francfort ; à brève échéance arriveront encore plus de 6 000 M de notre maison d'édition, plus tard des envois de Deuticke. Les honoraires de Francfort diminueront de moitié le mois prochain, et je n'ai pas d'autres Allemands. Je préfère évidemment des Anglais. Auras-tu l'amabilité de m'envoyer, après le versement de la Maison d'édition, le calcul de ce que j'ai auprès de toi, bien sûr en te fondant sur le partage de toutes les rentrées. Nous devrons ensuite prendre à nouveau des dispositions pour maman et pour l'été.

La période où tu fais des affaires est maintenant imminente, et j'espère qu'elle va bien t'occuper. Peu à peu montera alors en toi la force de retrouver le chemin de la vie.

Je vous salue cordialement toi et les enfants, dont nous nous languissons tous les jours.

Papa.

427-Max [En-tête Vienne] 5.XII.20

Cher Max

Voici comment il te faut t'expliquer cette lettre : Mme Brasch, la belle-mère d'Ernst, qui nous a rendu visite lors de son voyage de retour de Rome, a eu l'amabilité de la prendre avec elle et de la poster à Berlin.

---

1. À propos du traitement de ses jambes torses par le fait de « rester assis immobile et les attacher », cf. le compte rendu que fit Anna de ces jours-là (F/AF, p. 295).
2. Cf. note 2, p. 279, de 167-ErnstLucie et note 4, p. 283, de 172-Ernst.

Elle [1] est censée te prier de t'enquérir en notre nom de quelque chose pour Heinz à l'occasion de son anniversaire et de déduire la dépense de mon crédit. Ce que cela peut être, tu le sauras plus facilement que nous. Le petit gars ne peut peut-être pas le comprendre, mais il doit quand même précocement entendre parler de grand-maman et de grand-papa en une association agréable.

Nous attendons Ernst et Lux chez nous vers le 10 de ce mois. Nous ne savons pas encore quand Anna rentrera de Berlin.

Avec un cordial salut à toi et Ernsti

Papa

428-Max [En-tête Vienne] 17 déc. 20

Cher Max

Cette lettre est censée te parvenir encore avant la Noël et nous avons en ce moment Poststrike [2].

Anna est rentrée, en très bonne forme et sereine, mais elle est maintenant déjà couchée avec un état viennois quelconque ; espérons qu'elle sera bientôt à nouveau sur pied. Je te remercie cordialement du beau châle que tu lui as donné pour moi ! Il faut que je l'utilise pour protéger le col sous la fourrure. Elle a encore passé deux jours avec Ernst et Lux, qui ont été nos hôtes lors de leur voyage de retour de Rome [3]. Dans quelques jours, elle emménagera définitivement dans les anciennes chambres de garçon et les arrangera pour elle-même.

Ernst souffre à nouveau de son catarrhe pulmonaire, bien qu'il ait grossi et ait bonne mine. Il a promis d'aller, dès qu'il le pourrait, à Arosa pour 3 mois [4], ce qui devrait, selon les prévisions, le guérir entièrement.

Anna m'a révélé qu'Ernsti est un mauvais mangeur et qu'on ne lui donne rien qui lui ferait envie. Je te prie donc de prélever 500 mk sur mon crédit et de les utiliser de sorte qu'il ait chaque jour son œuf et, à l'occasion, des friandises ou du chocolat. Cela devrait suffire jusqu'à son anniversaire. Les enfants ont besoin de cela ; j'espère qu'il aura alors aussi envie de manger autre chose.

1. C'est-à-dire la lettre. [N.d.T.]
2. *Sic.* « Grève de la poste ». [N.d.T.]
3. À propos de ce voyage commun en Italie, cf. 166-172-ErnstLucie.
4. Cf. 175-Ernst avec note 3, p. 286.

Il est probable que mon trésor a fondu de manière conséquente du fait des prélèvements d'Oli et d'Anna. Mais tu as dû déjà recevoir les honoraires de nov. de Francfort et le versement de ma maison d'édition ; et tu auras la bonté de me communiquer bientôt combien j'ai actuellement chez toi. En janvier et février arriveront de nouveaux fonds de Deuticke. Nous devons nous prémunir pour le séjour de maman au printemps.

Si tu veux me faire participer aux cadeaux de Noël pour les enfants, ne lésine pas.

Je ne cesse d'avoir beaucoup à faire, et je me tourmente 6 heures par jour avec des traitements anglais. Notre situation d'ensemble est très critique.

Je me réjouirais à un point extraordinaire de recevoir de toi quelques lignes apaisantes.

Très cordialement
Papa

429-Max [En-tête Vienne] 11.1.21.

Cher Max

Pour le bilan du Nouvel An, j'ai besoin maintenant que tu me renseignes sur les marks qui se trouvent chez toi et qu'il convient de me créditer. Aie la bonté de m'envoyer cette information.

Reçois mes cordiales salutations et donne-moi à nouveau bien vite des nouvelles de toi et des enfants comme dernièrement à maman.

Papa

430-Max [En-tête Vienne] 24.2.21

Cher Max

Le monument funéraire [1] est très beau et digne ; j'ai aussitôt envoyé à Ernst une carte de compliments.

Pour l'anniversaire d'Ernstl, il faut aussi que tu te prémunisses en notre nom. Mets généreusement la main dans mon fonds ; c'est toi qui connais ses souhaits. J'aimerais trouver bon accueil auprès de lui quand je reviendrai en sept. Étant donné que j'ai maintenant

1. Pour Sophie ; cf. 177-Ernst.

chez toi plus de 10 000 mk et qu'Oli quitte Berlin [1], je pense prochainement moins accumuler chez toi, et te prie de porter entièrement à ton crédit la somme à l'instant annoncée de [P.] de même que celle qu'on peut attendre le mois suivant. En février, j'ai presque eu une pause dans le travail, 4 étrangers étant partis. Début mars, ce seront à nouveau de vives eaux.

J'ai maintenant une demande à ton égard ou, si tu préfères, à l'égard de ton atelier. Veux-tu bien faire fabriquer une grande photographie (celle aux traits accusés avec le cigare de travers) et l'envoyer à l'adresse suivante :

Dr Owen Berkeley-Hill
European Asylum Ranchi
Bihar and Orissa
Indes orientales anglaises.

Il est probable que ton atelier assumera mieux l'expédition aux Indes que mes forces privées. Défalquer les frais du dépôt.

Très cordiales salutations à toi et aux deux garçons de

Papa.

431-Max [En-tête Vienne] 8.5.21.

Cher Max

Je te remercie cordialement de la lettre et de l'envoi, et je joins aussi une réponse à ton fils aîné [2], auquel la photographie, cette fois, n'a pas rendu justice. Par ses descriptions, tante Minna nous a une nouvelle fois rendu un peu plus proches ta maison et ta situation [3]. J'ai été très heureux d'apprendre que tu n'opposes plus un refus total à l'idée d'un congé de repos et que le voyage d'Ernstl à Aussee est assuré [4].

Bien sûr, j'aimerais apprendre ce qu'il est advenu de tes embarras gastriques et ce que tu comptes faire contre. Pour Heinele aussi,

---

1. À propos de l'emploi d'Oli à ce moment-là en Roumanie, cf. *supra*, p. 206 *sq.*
2. Manifestement pas conservée.
3. Le 28.3.1921, Freud avait écrit à Kata Lévy (SFP/LoC) que sa belle-sœur était « à Hambourg pour plusieurs semaines ». On n'en sait pas plus sur ce voyage.
4. Ernst Halberstadt passa tout l'été 1921 à partir de fin juin pour une part à Altaussee auprès d'Anna et de Martha (F/AF, p. 318, note 2), d'abord avec son père, pour une autre part à Seefeld dans le Tyrol auprès de la famille Freud élargie (182-ErnstLucie).

qui se développe tout à fait comme je l'avais pensé, un séjour d'été assez long sera indispensable. J'espère que tu ne lésines en aucune manière.

Le Dr Eitingon, mon autre Max, était ici ces jours-ci [1], il a apporté le buste de Königsberger et diffusé l'atmosphère de célébration qui était de mise. On ne m'a pas laissé oublier combien je suis déjà vieux. Il a fallu que je cesse le travail pendant un jour ; aujourd'hui, je n'ai pas dormi tout mon soûl, et je vois devant moi à tout le moins une colline de félicitations auxquelles je n'ai pas répondu.

Avec mes vœux les plus cordiaux

Papa

432-Max [En-tête Vienne] 19 mai 21

Mon cher Max

Tu sais tout ce que je te souhaite, et tu n'auras pas mal interprété mon silence lors de ton anniversaire [2]. Du mien, on a cette fois trop fait. J'ai déjà 65 ans, ai le droit d'être fatigué, et je me surprends pourtant à vouloir voir Heinele quand il sera grand.

Au début, le buste a déconcerté. Maintenant on s'y habitue, et on l'admire même. Le bronze est un matériau sur lequel il est difficile de porter un jugement.

Bien sûr, tes maux gastriques me donnent à penser. J'ai une forte présomption que les médecins se trompent, et que ce soit névrotique, en relation avec ta dépression et ton abstinence. Dans ce cas, Kissingen [3] ne serait guère nécessaire ou indiqué pour toi. Pour mon apaisement, Lampl a promis de te rendre visite très bientôt à partir de Berlin. Il a un bon coup d'œil médical, tu peux le croire.

Cette fois, nous ne voulons certainement pas renoncer à Ernstl à Aussee. Peut-être que ta prescription de cure t'amènera là-bas ou à proximité. Nous verrons [4].

As-tu reçu de Heller l'eau-forte souhaitée de Pollak [5] ? Elle est commandée depuis longtemps ; mais ce type est tellement peu sûr.

1. C'est-à-dire pour le 65e anniversaire de Freud.
2. Le 14 mai.
3. Station thermale en Franconie du Nord.
4. De fait, Max vint aussi à Altaussee, où il resta jusqu'au 21 juillet (F/AF, p. 333).
5. Cf. 345-SophMax avec note 4, p. 432.

J'aime tant les négociations pécuniaires avec toi, regrette que tu n'y sois jamais bien présent. Tu recevras sûrement avant l'été encore quelque chose de Deuticke pour *L'Interprétation du rêve* [1], et plus tard autre chose. Écris-moi aussi combien il me reste encore après l'irruption de tante Minna.

Avec de très cordiales salutations à toi et aux garçons

Papa.

433-Max [En-tête Vienne] 16.6.21.

Cher Max

Tout est en ordre, je paierai pour toi à Aussee ; Anna t'apportera de la monnaie autrichienne ; tu tiendras les comptes de la bonne façon, et te chargeras ultérieurement de subvenir aux besoins de tante à Reichenhall. (Quant à Ernstl, il est notre invité.)

À l'origine, je voulais que tu places tous les versements de 1921 sur ton seul compte ; tu ne l'as pas fait, mais tu as partagé en deux. Je l'accepte après coup, mais, entre-temps, tu auras reçu M 5 411 de Deuticke ; et d'autres versements de D. ou de notre Maison d'édition sont annoncés pour les mois qui viennent. J'espère qu'ils peuvent être encaissés également en ton absence ; sinon écris-moi afin que je les retienne.

Nous sommes extraordinairement heureux de t'avoir incité à ce voyage. Je te verrai donc aussi à Gastein [2]. Quant aux cigares, la situation est malheureusement difficile. Prends-en quelques-uns avec toi. Königsberger doit t'en livrer 25 à Aussee. J'espère que tout ira bien ; il n'y a que le temps qu'on ne peut pas garantir.

Avec de cordiales salutations à toi et aux enfants

Papa

434-Max [En-tête Vienne] BGastein 6.8.21

Mon cher Max

Je suis content d'avoir des nouvelles de toi même si tout n'est pas très gai dans ce que tu dis. J'espère que maintenant tu vas

1. La 6e édition de *L'Interprétation du rêve* était déjà prévue pour l'été 1920 (Freud/Jankélévitch, 28.6.1920 ; SFP/LoC), mais elle ne parut qu'en 1921.

2. Où Freud passa aussi cette année-là la première moitié de ses vacances. Une visite projetée de Max chez lui ne fut pas réalisée (F/AF, p. 328).

surmonter les suites de ta maladie aussi vite que Heinele a surmonté son accident [1], qui ne laissera vraiment aucune séquelle. Ce n'était pas d'ailleurs étonnant ; c'est un été meurtrier, et même Gastein a été trop chaud, même si nous n'y avons pas autant souffert que dans les grandes villes.

Les nouvelles qu'Annerl donne d'Ernstl rendent un son de plus en plus favorable ; je me réjouis beaucoup à la perspective de l'avoir auprès de moi à Seefeld. J'aurais volontiers approuvé votre projet pour Vienne [2] ; ce n'est pas moi non plus qui en aurais eu la charge ; mais c'est la prise en considération de toi, de Heinz et surtout de la grand-maman, qui a besoin de beaucoup de ménagements, qui en ont décidé autrement. Je veux dire que, même si tu supportes encore mal les enfants, leur absence – celle d'Ernsti en tête – te serait encore plus intolérable. Ce serait une décharge dangereuse.

Tu sais certainement déjà qu'Ernst a eu un fils le 31/7. D'après des nouvelles récentes – Ernst se déclare très occupé avec trois constructions de maisons –, il a son type longiligne blond aux yeux bleus. Son nom est Stefan Gabriel et on l'appelle Gabriel. La naissance a été difficile, mais Lux va bien, elle peut le nourrir, est très contente ; simplement, pour elle, ce fils n'est pas encore assez « classiquement beau ».

Nous partons d'ici le dimanche 14 ; je souhaite arriver le 15 à Seefeld (établissement thermal). À la mi-sept. je te ramène Ernstl, ou bien tout seul ou bien avec maman, si elle est apte à voyager. Nous resterons ensuite quelques jours chez toi, jusqu'à ce que j'aille à Hanovre-Hildesheim pour y rencontrer les amis [3].

Je ne peux pas accepter ta comptabilité tant que je n'aurai pas interrogé Anna ; certains postes me paraissent douteux, excessifs. Je

1. Lors duquel il s'était fracturé la clavicule (F/AF, p. 342).

2. Anna avait soumis à son père le projet de prendre Ernstl avec elle à Vienne après les vacances d'été pour environ six mois – surtout parce que Max s'entendait très mal avec lui. Freud s'était prononcé résolument contre (F/AF, p. 329-331, 333 *sq.*).

3. Freud alla seul avec Ernstl à Berlin, où la gouvernante de la maison Halberstadt vint le chercher, puis il alla lui-même un peu plus tard à Hambourg. De là, il partit pour le « voyage dans le Harz » du « Comité », qui dura du 21 au 28 septembre 1921 et servit à toutes les négociations administratives et scientifiques possibles (Jones III, p. 91). [L'éditeur allemand met « voyage dans le Harz » entre guillemets parce que cela peut évoquer le titre d'un ouvrage célèbre de Heine. N.d.T.]

serai également reconnaissant à la tante de bien vouloir me communiquer ma fortune en marks chez toi. À brève échéance, il faut attendre des versements de Francfort (les derniers), de la Maison d'édition à Vienne et ensuite de Deuticke.

Ici, il fait encore très beau. Lucie [1] tient le haut du pavé avec ses talents de convivialité. Ses gamins doivent arriver demain. Deux de tes amis ont déjà été nos hôtes ; nous attendons le Dr Obermann [2] pour le dîner de ce soir.

Écris-moi bientôt à nouveau, et si possible de bonnes nouvelles, transmets à ta mère mes cordiales salutations. Avec de tendres vœux

Papa

435-Max [En-tête Vienne] Seefeld i. T. 16.8.21
Kurheim

Cher Max

La première lettre d'ici, je te l'adresse à toi en remerciement pour la charmante carte de Heinele, pour ta lettre et pour te faire savoir qu'Ernstl, dans la plus intime concorde avec nous tous, profondément touché par forêt, vache, poulain, chat et poules, quelque peu accablé par la débordante tendresse des oncles et des tantes, loge ici avec nous, hébergé comme un prince. Il est déjà dressé à répondre à deux coups de sifflet quand il n'a pas été aperçu pendant un certain temps, car il aime à être seul en forêt. Pendant le voyage d'aller et de retour à Innsbruck – je ne peux pas confirmer le second point –, il s'est comporté très correctement ; il est d'une manière générale une personne correcte.

Maman est malheureusement arrivée ici sans être guérie ; Anna florissante ; Maus est attendue. Elles deux sont hélas logées comme des bonnes. La situation de la maison est magnifique : air, température, panorama, possibilité de faire des courses très satisfaisante ; malheureusement, la maîtresse de maison semble être une idiote et, en sus, une exploiteuse ; dans la maison, distinction sans confort. Mais nous sommes décidés à éviter les conflits et jouissons de ce qui nous est offert. La bonne chère semble en faire partie.

1. Leah (« Lucy ») Wiener.
2. Probablement Julian Obermann (1888-1956), alors chargé d'enseignement des langues et cultures sémitiques, etc., à Hambourg (F/AF, p. 362 *sq.*, note 5). – On n'a pu identifier les deux autres « amis ».

Je termine, parce que j'ai encore à en raconter à d'autres, avec de cordiales salutations à toi, Mère et Heinzl

Papa

J'apprends à l'instant qu'Anna t'a télégraphié.

436-Max [En-tête Vienne] Seefeld 20.8.21

Cher Max

Anna confirmant tes indications, j'accepte ta comptabilité, mais ne sais pas si elle inclut Francfort, Deuticke et la Maison d'édition. Mais je t'écris essentiellement au sujet d'Ernstl qui me cause de grandes joies, prêt à retirer mes réserves antérieures. Surtout, il a bonne mine, il est gai, voit tout, mange de manière satisfaisante, demande à être resservi, et, dans la maison, il est aimé de tous. Mais ce que j'apprécie le plus, c'est qu'il est une personne hautement correcte, qui tient tous ses engagements et est accessible à un argument. Il a de petites tendresses pour chacun d'entre nous, et lui-même est très réceptif à des compliments. C'est un petit gars très original avec de très forts intérêts d'ingénieur ; il me rappelle souvent Oli.

Le séjour ici est, à bien des égards, nombreux, proprement idéal. La seule question qui se pose encore est celle de savoir comment nous nous accommoderons de la maîtresse de maison, quelque peu capricieuse et guindée. Je ne lésinerai pas sur l'argent pour l'amadouer.

Salue ta mère cordialement de ma part ; nous sommes tous très peinés d'apprendre qu'elle a à nouveau des ennuis. Tu es sans doute rétabli depuis longtemps ? T. Minna est arrivée à Reichenhall avec quelque chose de semblable.

Très cordialement
Papa

437-Max [En-tête Vienne] Seefeld 31.8.21

Cher Max

Tu n'as pas calculé correctement. Il faut diviser par deux toutes les rentrées. Je corrige donc :

Solde 1er jan 21	10 071		
[P.] et [A.] [1]	– 4 461,50		
Deuticke	– 2 705,75	– 5 411,50 : 2	= 2 705,75
Volkmar [2]	– 3 905 [!]	– 6 190 : 2	= 3 095
Max H	3 200 [a]		
	24 363,25 [3]		
moins Minna	9 000		
	15 363,25		

J'ai vraiment l'intention de te ramener ton fils sans être accompagné et pense partir d'ici le 15/9. Il faudra peut-être avancer la date d'1 ou 2 jours. En tout cas, je te tiendrai au courant également par télégramme. Je voudrais que tu viennes à ma rencontre à Berlin afin de le prendre en charge, étant donné que je dois rester là-bas quelques jours. Nous verrons encore Gabriel à trois.

Je ne redoute pas du tout le voyage avec Ernstl. C'est un petit homme tellement correct et raisonnable, et nous nous entendons excellemment. D'une manière générale, et en particulier ici à Seefeld, il ne nous a donné que du plaisir. Il est chéri de tous dans la maison, et notre maîtresse de maison, plutôt difficile, est véritablement tendre avec lui. Il est traité ici comme un prince, mais il s'en montre aussi reconnaissant, et se comporte de manière bienséante et aimable, il est gai, par moments exubérant, docile et il ne fait pratiquement pas de difficultés. Ce n'est pas un grand mangeur, mais il mange, suffisamment pour ses proportions et dimensions.

a. Biffé : 25.

1. Le premier des deux noms cités ici est celui du patient de Freud « de Francfort », multiplement mentionné. Par précaution, nous avons aussi rendu anonyme le deuxième nom, qui ne figure nulle part ailleurs dans les lettres, parce qu'il pourrait s'agir pareillement d'un patient.
2. Probablement le grossiste Volckmar à Leipzig, qui était alors chargé par la Maison d'édition psychanalytique des livraisons en Allemagne (Rbr. II, p. 60).
3. Cette addition figure telle quelle dans l'original. Elle comporte non seulement un *lapsus calami* dans la quatrième ligne, mais aussi une erreur sur le total (le « 2 » de « 3 200 » semble avoir été compté non seulement pour les centaines, mais aussi pour les dizaines).

En vivant avec toutes les bêtes possibles, qui font partie de la maison, il a beaucoup appris, a un excellent sens de l'observation, une mémoire sûre et une pensée juste. Sa propension à l'anxiété s'est beaucoup améliorée, son côté dolent est peut-être le point qui nous heurte le plus. Il apprend très bien auprès d'Anna ; il y a peu, nous avons (moi, Anna, Maus) joué aux cartes, et il a tenu les comptes avec beaucoup d'exactitude. Pendant les parties, il s'est comporté très tranquillement ; pendant les pauses, il a fait usage de l'autorisation qui lui avait été faite de hurler ou de hennir. Il est vrai qu'il a en la personne d'Anna – je dois moi-même en faire l'éloge – une autorité et une institutrice idéales.

Tu vois donc qu'Ernstl n'a pas à se laisser éclipser par Heinele, à propos duquel tu racontes tant d'histoires drôles, et que je me réjouis de voir bientôt. Je veux dire qu'ils sont tous les deux très prometteurs et qu'ils valent la peine.

Mon état physique n'est pas toujours aussi exempt de troubles qu'il devrait l'être dans des conditions aussi épatantes ; mais cela n'est à mon âge rien d'extraordinaire. Ici, maman se rétablit magnifiquement. Toi aussi, tu te serais trouvé mieux ici qu'à Aussee. Malheureusement, nous ne pouvions pas en juger avant.

Je vous salue, toi et Heinzl, cordialement

Papa

P.-S. Nous avions oublié de te rappeler le 86e anniversaire de grand-maman. (18 août.) C'est ainsi qu'elle était très en émoi jusqu'à ce qu'on lui montrât un faux télégramme de Hambourg.

438-Max [En-tête Vienne] Seefeld 5.9.21

Cher Max

Minna nous a procuré des places couchettes Munich-Berlin pour la nuit du 14 au 15. J'espère donc ainsi arriver à Berlin le jeudi 15 ; tu trouveras l'heure de la matinée dans l'indicateur, que je n'ai pas ici. Je pense que tu seras à la gare Friedrichstrasse (?) et accueilleras Ernstl. Il se sera sans doute comporté très correctement, est très heureux et joue passionnément avec un matador, que le Dr Brill de New York lui a offert lors de sa visite ici.

Cela ne serait pas de trop si tu m'apportais tout de suite quelque 1 000 M. Deuticke prépare d'autres versements, qu'il faut diviser par deux.

Ici, je vais continuellement bien. Que fait ta mère ?

Très cordialement

Papa

439-Max Seefeld 10.9.21 [a]

Cher Max

Je viens de recevoir les billets pour les couchettes ; ils sont établis pour le train de 7.15 au départ de Munich ; j'arriverai donc tôt (7 h 37) (Anhalter Bahnhof) ; j'habiterai dans une petite pension tout près de chez Ernst. Mlle Jacob [1] pourra donc nous trouver chez Ernst et nous laisser le petit pour la matinée. Il est charmant et brillant.

Pour ce qui est d'apporter de l'argent, il n'y a pas d'urgence ; j'en ai assez, ai l'intention de passer le dimanche [2] avec toi. Cordialement

Papa

440-Max Hildesheim 22.9.21
Kaiserhof [b] [3]

Cher Max

Prendre congé de vous ne m'a pas été facile. Ici, dans de tout autres eaux, ville charmante, beau temps, entretiens animés, portions trop copieuses pour nos estomacs autrichiens. Ai appris que maman et Anna voulaient être dès demain à Innsbruck et samedi à Vienne ; mais chez nous c'est la grève des chemins de fer.

a. Carte postale ; adressée à : Hamburg/ Neuer Wall 54.
b. Carte postale.

1. C'est elle qui, après la mort de Sophie, avait en charge la maison Halberstadt (F/AF, p. 282 *sq.* avec note 4 et *passim*).
2. Le 18.9.
3. Lettre écrite lors du voyage dans le Harz du « Comité », qui commença à Hildesheim et se termina à Schierke.

Edward a de nouveau envoyé $ 997 tirés des *Conférences*[1]. Cordiales salutations à toi et aux petits

Papa

441-Max

Schierke Hotel Stolberg
26.9.21.[a]

Cher Max

La fin du voyage est proche. Nous partons mercredi. 7 h Leipzig avec wagon-lit Passau en direction de Vienne. Télégramme de la maison indiquant que maman et Anna sont de retour. Tout s'est bien goupillé ; seul le voyage en voiture de Hahnenklee à ici a été gâché par la pluie et le froid. S'il ne fait pas plus beau demain, nous n'irons pas sur le Brocken[2]. Vous salue, toi et les petits, cordialement

Papa

442-Max

[En-tête Vienne] 24 XI.21

Cher Max

Ne sois pas étonné que je n'aie pas répondu plus tôt à ta lettre reçue par l'intermédiaire de Mlle J.[acob]. Je suis vraiment trop occupé et laisse maintenant des lettres en plan jusqu'à ce que je puisse les expédier en masse[3] un soir où j'ai plus de liberté.

Je pense que tu ne dois pas prendre du tout au tragique les états que traverse Mlle J. Pour les enfants ils sont tout à fait anodins ; tu peux deviner la signification que cela peut avoir pour toi ; elle ne te gêne pas davantage ; et, étant donné la rareté des crises, ils sont également sans incidence pratique. Prends patience avec cette pauvre femme.

Pour l'anniversaire de Heinele qui approche, je te prie de prendre tes dispositions à Hambourg. Tu sais combien il est actuellement peu pratique d'acheter et d'expédier. Ne te prive pas de t'en prendre

---

a. Carte postale.

1. Cf. 156-Ernst avec note 1, p. 268.
2. Point culminant du Harz, célèbre parce que Goethe y situa, dans son *Ier Faust*, sa fameuse « *Walpurgisnacht* ». [N.d.T.]
3. « En masse » : en français dans l'original. [N.d.T.]

à mon compte. J'espère aussi que tu satisfais les demandes qui le concernent, en provenance d'Ernst, d'Oli ou de Lampl, sans me poser la question auparavant. Il faut que tu déposes sur ton compte le prochain envoi (de la Maison d'édition) sans le partager. Je ne peux confier au papier combien de millions je possède déjà. Malheureusement, ce ne sont que des millions calculés en Kr.

Dimanche dernier en 8, tante Minna, en se promenant avec moi, s'est fracturé, à cause d'une chute sur un sol verglacé, l'avant-bras droit tout près du poignet. Cela guérit très bien ; mais elle est très éprouvée et grincheuse.

Mme le Pr Lou Andreas-Salomé de Göttingen habite à présent chez nous comme hôte dans l'ancien salon. Anna est fourrée toute la journée avec elle [1].

Salue de ma part les deux vilains gamins, que j'aimerais tant revoir, et reçois toi-même mes cordiales salutations.

Papa

443-Max [En-tête Vienne] 2.1.22

Cher Max

La première lettre du Nouvel An, même si c'est seulement le deuxième jour, te revient. J'espère que les enfants sont rétablis et qu'il n'est rien resté de la maladie. Malheureusement, du fait de la distance, on est privé de toute coexistence. Tu as eu sans doute moins de tracas dans le magasin, aussi moins de satisfaction. Cela dit, tout semble indiquer que quelque chose va se passer pour le sauvetage de l'Allemagne. Autour de nous, pas un diable qui s'en soucie, et notre bêtise et notre maladresse propres, alliées à cette apathie, ne font que nous garantir le naufrage. Notre peur la plus immédiate concerne la confiscation de force des valeurs qui font l'objet d'une propriété privée. Avec l'assistance de Martin, j'en ai remis une partie en sûreté en Hollande ; mais je ne cesse d'en encaisser de nouvelles, et j'ai déjà attiré l'attention des autorités fiscales en tant que « spécialiste connu loin au-delà des frontières de l'Autriche [2] ».

1. Cf. 189 *sq.*-Ernst avec note.
2. Se rapporte possiblement à un épisode que Jones situe « vers 1913 » (II, p. 414) : le fisc, eu égard à la célébrité internationale de Freud, se serait étonné qu'il signalât dans sa déclaration d'impôt des revenus aussi bas. À quoi Freud

Le 31 déc., j'ai été à nouveau avec maman, peut-être après une interruption de 8-9 ans, au Burgtheater, places à 3 200 K. Mais c'était charmant. À minuit, c'est la vieille Wilbrandt[1], qui jouait le rôle d'une grand-mère octogénaire, qui a porté le toast du Nouvel An. La pièce à duré de 10 h ½ jusqu'à 1 h ½ de l'année nouvelle ; la représentation avait été organisée en faveur de la Société des médecins[2], qui n'a plus d'argent pour s'abonner aux journaux[3]. Ici, tout est misère et mendicité.

Si je lisais *Au-delà du principe de plaisir* en ayant connaissance de la situation personnelle, je serais aussi forcé de croire que c'est la réaction à la mort de Sophie ; et nous avons effectivement, dans l'analyse, tiré nombre de telles conclusions chez les poètes et les artistes. Mais en vérité, cet écrit avait été terminé l'automne d'avant, mis à part quelques notes et insertions, et il avait été lu par plusieurs personnes, ainsi par exemple par Eitingon à Badersee[4].

Oli se fait en ce moment analyser à Berlin à cause de ses altérations d'humeur[5], et il sollicitera fortement le compte que j'ai chez

---

rétorqua que l'autorité se trompait sur un point, à savoir quand elle affirmait que « sa renommée s'étendait loin au-delà des frontières de l'Autriche ; elle commence à la frontière ». [J'ai dû sur ce point corriger la traduction française qui est fautive. N.d.T.]

1. Auguste Wilbrandt (1843-1937), actrice de la cour, avait été nommée peu de temps auparavant membre d'honneur du Burgtheater (NFP, 31.12.1921).

2. La Société des médecins fut fondée en 1839 et est jusqu'à aujourd'hui la société médicale autrichienne la plus riche en traditions. Elle conféra à Freud en 1931 le titre de membre d'honneur.

3. *Wiener Zeitung*, 25.12.1921 : « Le jour de la Saint-Sylvestre à 10 h ½ du soir a lieu au Burgtheater une représentation nocturne en faveur de la faculté de médecine de l'université de Vienne et de la Société des médecins. On y donne la comédie *La Poudre d'escampette*. De nombreuses notabilités, dont le président fédéral, auraient annoncé leur venue. » D'après un compte rendu de la représentation dans la *Neue Freie Presse* (2.1.1922), dans cette comédie française de Gaston Armand de Caillavet et Robert de Flers, « on raconte avec esprit comment une jeune fiancée brûle la politesse juste avant les noces à son fiancé maniaque et ennuyeux et prend avec son ami de jeunesse "la poudre d'escampette" ».

4. Dès juillet 1921, Freud s'était fait confirmer par Eitingon que son écrit « était à demi terminé, lorsque Sophie était en vie et en pleine santé » (F/E, p. 230). Il avait été manifestement tôt confronté à l'interprétation selon laquelle sa thèse d'une pulsion de mort aurait été corrélée au décès survenu dans sa famille, qu'il vécut lui-même au début de 1920 (cf. Wittels 1924, p. 231 ; Freud 1987a, p. 758). En fait, les passages comportant l'introduction expresse de la pulsion de mort ne sont pas encore contenus dans son manuscrit original, mais ont été ajoutés lors d'une augmentation ultérieure (Grubrich-Simitis 1993, p. 234-244).

5. Par Franz Alexander (cf. *supra*, p. 209 *sq.*).

toi. J'aimerais bien savoir à la fin de l'année à combien il se monte. Prochainement vont arriver encore 1 600 M de Deuticke. Il ne faut pas, comme tu le sais, diviser par deux tous les derniers postes. Je le ferai renflouer donc éventuellement pour Oli à partir de la Hollande.

Aujourd'hui, tante a pu quitter le traitement chirurgical, et elle recommence à être habile. Le Dr Abraham doit venir le matin du 3/1, Ferenczi le 5/1, pour faire des exposés à mes Américains [1]. Ils logeront dans notre salon, qui a été aménagé en chambre d'amis depuis le séjour de Mme Lou Andreas-Salomé.

C'est janvier ; on peut donc déjà faire des projets d'été quant à savoir comment nous pourrons être réunis avec toi et les enfants.

Avec des salutations et des vœux cordiaux pour toi, Mère et les petits

Ton papa

444-Max [En-tête Vienne] 19.2.1922

Cher Max

Je te remercie pour la comptabilité ; mais tu m'as mal compris. À partir de l'extinction des honoraires de Francfort, tu aurais dû mettre toutes les recettes à ton compte. Laisse les choses en l'état, pour ta punition ! En effet, j'ai besoin d'argent pour la visite d'Annerl chez toi [2]. Mais je te prie de mettre jusqu'à nouvel ordre tous les versements à venir à ton crédit. Étant donné que tous les livres marchent très bien et qu'on imprime à nouveau des rééditions, pas mal de choses vont encore arriver dans quelques mois.

Les petites nouvelles des enfants nous réjouissent toujours extraordinairement. L'été a vraiment fait beaucoup de bien à Ernstl. Le prochain est à tous égards un problème sur lequel vous pouvez vous casser la tête, comme nous le ferons ici. Bien sûr, nous ne voudrions pas renoncer aux enfants, ou au moins pas à Ernst. Mais il faut que, toi aussi, tu prennes un congé, de préférence en notre compagnie.

Pas trop atteints personnellement, nous traversons tout de même en ce moment des temps misérables. Froid, grippe et toute la

---

1. Cf. 190-Ernst note 4, p. 296.
2. Anna Freud se rendit à Hambourg le 1er mars 1922, avec une halte d'un jour à Berlin. Le 18 avril, elle revint de là-bas à Berlin (LAS/AF, p. 24, 39).

désolation autour de nous forment un horrible ensemble. Le renchérissement est finalement si grave que les classes moyennes vont tout droit au naufrage. Les devises chutant simultanément, ma richesse apparente s'évapore aussi. Ainsi, par exemple, pertes par la baisse des cours cette semaine : 12 millions. Ne t'effraie pas : ce n'est pas une perte sérieuse, et nous sommes dans une situation tout à fait exceptionnelle. Nous n'avons pas besoin de nous refuser quoi que ce soit tant que je peux travailler. À l'extérieur, ça va mal aussi. Mon neveu Sam se plaint de pertes pécuniaires et du marasme des affaires à Manchester comme jamais auparavant [1]. Toutefois, le contrôleur anglais que nous allons avoir à Vienne [2] est un gage de temps meilleurs, car il est manifeste qu'il va préserver notre gouvernement faible des bêtises les plus graves.

En même temps, ma cause croît et prospère irrésistiblement. La semaine dernière, un groupe anglo-indien s'est constitué à Calcutta [3]. La traduction française des *Conférences* [4] fait sensation, et m'apporte en foule lettres, travaux, articles de journaux. Je viens de

---

1. Le 14.2.1922, il avait écrit (F/Sam) : « *Here, although prices are going down, we are in a bad way. There is any amount of unemployment and owing to rates of foreign exchange business with most of us is almost at a standstill. For a long time now I have done nothing and have lost a lot of money* » [« Ici, bien que les prix baissent, nous sommes mal en point. Il y a un certain pourcentage de chômage, et, du fait des taux de change avec l'étranger, les affaires sont pour la plupart d'entre nous proches de la stagnation. Cela fait un long moment que je n'ai rien fait, et j'ai perdu pas mal d'argent »].
2. L'Autriche venait d'obtenir la promesse d'un important crédit anglais, destiné à assainir le pays. À propos des conditions, le ministre des Finances autrichien remarquait entre autres (*Neue Zeitung*, 17.2.1922) : « Pour transformer ce crédit en liquidités, le gouvernement anglais va se servir de la Banque anglo-autrichienne. Le gouvernement anglais nommera un représentant à Vienne, qui assistera comme conseiller le gouvernement autrichien dans les dépenses qui seront faites avec le produit de ce prêt. Le représentant spécial du gouvernement anglais à Vienne se verra reconnaître une certaine influence sur les dispositions qui seront prises quant à cette somme de crédit. [...] Le gouvernement anglais propose pour occuper ce poste Mr Young, et le gouvernement autrichien a déjà donné son assentiment à cette nomination. » Sur le plan personnel, il est intéressant de noter que George Malcolm Young (1882-1959) avait été en analyse avec Freud d'octobre 1920 à janvier 1921 (May 2007, p. 602). En mars 1922, ce dernier déplora que Young ne se présentât plus chez lui (F/AF, p. 357).
3. Le groupe psychanalytique indien, sous la présidence de G. Bose, s'était constitué le 22 janvier 1922 et fut intégré à l'API en automne de cette même année lors du congrès de Berlin à titre provisoire (IZ 1922, p. 103, 503).
4. Parue en 1922 chez Payot.

parcourir le manuscrit d'un nouveau livre du Dr Reik : « Le dieu propre et le dieu étranger [1] », dans lequel, quand il sera imprimé, le Dr Obermann pourra trouver la solution de beaucoup d'énigmes avec lesquelles il se tracasse.

Je n'ai fixé comme condition au voyage d'Annerl que la cessation du gel et de la grève des chemins de fer. Je crois qu'elle attend ta réponse.

N'oublie pas ta propre santé, et salue cordialement ta chère mère, de même que les enfants, de la part de

Papa

445-Max [En-tête Vienne] 19.3.22

Cher Max

Je ne vois pas pourquoi tu ne devrais pas une fois gagner de l'argent grâce à moi [2], et je suis tout à fait d'accord pour que tu t'achètes aussi avec le reste de la somme des eaux-fortes ou des daguerréotypes, ou quoi que ce soit d'autre qui te fasse plaisir. Je te le cède solennellement. (Sans oublier les cigares !)

Ne va pas me faire non plus une erreur avec les prochaines rentrées en provenance de la Maison d'édition et de Deuticke (seulement dans quelques mois) !

Je vous accorde volontiers à tous quelques semaines plus chaudes !

Salue de ma part les deux garçons et ta chère mère [a].

Cordialement
Papa

446-Max Vienne 27.4.22. [b]

Cher Max

Je te prie 1) d'envoyer à M. Luis Lopez-Ballesteros [3], Madrid, Hortaleza 54 (mon traducteur espagnol) une belle photographie,

---

a. Cette phrase se concluait d'abord par « garçons » ; les quatre derniers mots ont été ajoutés après coup.

b. Carte postale ; adressée à : Neuer Wall 54.

1. Reik (1923) ; parut chez la Maison d'édition psychanalytique internationale.
2. Le contexte exact n'est pas clair.
3. Luis López-Ballesteros y de Torres (1869-1933), politicien et journaliste, traducteur des *Obras completas* [*Œuvres complètes*] de Freud (Knapp 2008, p. 83 *sq.* ; cf. note 4 de 167-ErnstLucie, p. 279).

qui est destinée au tome 2 de mes œuvres complètes ; 2) de m'écrire combien il me reste encore de crédit chez toi après le cambriolage d'Anna, etc.

Nous méditons sur des projets d'été susceptibles de rendre possible un être-ensemble.

Très cordialement
Papa

447-Max Vienne 17 mai 22. [a]

Cher Max

Des photographies d'Eitingon [1], nous tenons A pour excellente, B et E pour très bonnes, C et D pour mauvaises. Il faut que tu rectifies mon compte, car les rentrées ne doivent pas être divisées. Nous sommes curieux de ta décision pour l'été. Prière d'envoyer des photos de petit format à

Pauline and Morris Fried [2]
328 Sterling Place, Brooklyn, New York.

Cordialement
Papa

448-Max [En-tête Vienne] 20.6.22

Cher Max

On peut enfin voir arriver les vacances. J'ai l'intention de partir pour Gastein le 30/6 au soir.

---

a. Carte postale ; adressée à : Hansastr. 71.

1. La semaine précédente, Eitingon avait été à Hambourg (F/E, p. 294), où il s'était donc fait photographier plusieurs fois par Max Halberstadt. Une des photos d'Eitingon qui nous ont été transmises porte cette inscription datée, rédigée de sa propre main : « En cordial souvenir de tant de visites dans votre foyer et votre atelier. Votre Max Eitingon, VIII 1922 » (Weinke 2003, p. 123) ; elle pourrait avoir fait partie de la série mentionnée ci-dessus. Sur deux autres photos qui sont plus connues (F/E, face à la page 1 ; Zehn Jahre, face à la page 32), les vêtements et les traits du visage sont si semblables qu'on serait tenté de les ranger aussi dans cette série. (L'indication de l'année « 1912 » in F/E, qui suit la légende sur le tirage original utilisé, est erronée, comme le montre ne serait-ce que la bague que porte Eitingon, et qu'on reconnaît clairement sur d'autres portraits de la série comme étant la bague du Comité, qu'il reçut en cadeau de Freud en 1920.)
2. Non identifiés.

Dans les prochains jours, tu recevras de la « Donauländische Handelsgesellschaft [1] » (ou quelque chose de semblable) à Munich mk 50 000 que tu dois encaisser pour maman et les enfants à Hohegeiss ; tu les lui enverras en montants partiels appropriés [2]. Maman te fait dire que, d'après les dispositions prises jusqu'ici, elle part pour Berlin le 3/7 au soir (avec Anna), et qu'après un court séjour là-bas elle viendra retrouver les enfants. Mais elle ne peut pas déterminer le jour, et elle est d'avis que cela n'a pas d'importance si Mlle J.[acob] se trouve là-bas pour quelques jours seule avec les enfants. Ne les fais pas partir plus tard pour cette raison. Elle t'informera du reste à partir de Berlin.

Porte-toi bien. J'espère faire cet été quelques belles promenades avec toi, j'ai encore bon pied [3]. Salue de ma part mes deux garçons !

Cordialement
Papa.

449-Max

[En-tête Vienne] Badgastein
Villa Wassing 15.7.22

Cher Max

Tu recevras prochainement à nouveau de l'argent, pour les enfants, de Deuticke, mk 4 600 directement et la contrepartie en marks de 750 francs français (multiplier par environ 36) [4]. Je te prie de m'accuser tout de suite réception de l'arrivée, jusqu'à fin juillet ici.

Encore à partir de Vienne, je t'ai annoncé l'envoi de 50 000 mk de la part de la Münchner Donauländische Kredithandelsgesell-

1. Traduction approximative de cet intitulé lui-même approximatif : « Société de commerce des pays danubiens ». [N.d.T.]

2. Après une halte intermédiaire à Berlin, Martha Freud passa la période du 7 juillet jusqu'à début août 1922 avec les jeunes Halberstadt et la femme de ménage de Max à Hohegeiß dans le Harz (F/AF, p. 396 *sq.*, note 3 ; p. 401, note 10). Pendant le même temps, Anna séjourna chez Lou Andreas-Salomé à Göttingen.

3. Une rencontre projetée avec Max et Ernstl à partir du 1er août ne se réalisa pas (F/AF, p. 370 *sq.* avec note 14).

4. Freud à Anna, 22.7.1922 F/AF, p. 417) : « Grâce au paiement d'Alcan pour *L'Interprétation du rêve*, j'ai été en mesure d'envoyer à nouveau à Max 33 000 mk ». Il est vrai que l'édition française ne parut, sous le titre *La Science des rêves*, qu'en 1926.

schaft. Tu ne m'as pas confirmé son arrivée ; la somme envoyée pour Anna à Göttingen par la même voie est depuis longtemps en sa possession.

Cet argent était destiné au séjour à Hohegeiss. Or, j'apprends de maman qu'elle attend de l'argent de toi et que tu ne lui as promis que des montants aussi réduits que 2 000 mk, alors que la journée en coûte 700 [1]. Je te prie de me donner des éclaircissements par télégramme, afin qu'au cas où quelque chose ne collerait pas je puisse rapidement le faire arranger par Martin. En attendant, tu donneras sans doute un coup de main pour Hohegeiss.

Ici, nous allons très bien, la moitié du séjour est passée. Te verrons-nous en août à Berchtesgaden ?

Avec mon salut le plus cordial
Papa [a]

450-Max

[En-tête Vienne] Pension Moritz
Salzberg Berchtgd. 6.8.22

Cher Max

Nous sommes maintenant cinq ensemble. Hier, Oliver a été le dernier à se joindre [2]. Maman est vraiment d'une fraîcheur remarquable ; et elle se porte très bien après cette période si mauvaise à Hohegeiss [3]. Ce qu'elle raconte des enfants ne peut que plonger dans une profonde tristesse et rendre urgent le devoir de chercher au prix de tous les sacrifices une personne qui puisse mieux les guider et leur offrir plus que Mlle J. Je me languis véritablement de Heinele, qui, comme tu le sais, fut depuis le début mon préféré, mais j'ai plus de pitié pour Ernstl, qui endure plus de privations.

---

a. Au dos, note au crayon de la main d'un tiers, probablement Max, manifestement ébauche d'un télégramme de réponse : [ligne d'adresse Bad Gastein abrégé]/ argent arrivé/ maman abondamment/ approvisionnée en argent, tout/ parfaitement en ordre.

1. Anna avait informé son père le 13.7 des embarras pécuniaires de sa femme (F/AF, p. 405). Une semaine plus tard suivit la fin de l'alerte (p. 414).

2. Freud était avec Minna depuis le 1.8.1922 sur l'Obersalzberg près de Berchtesgaden ; Martha et Anna étaient arrivées le 4 (F/AF, p. 401, note 10). Outre Oliver, arrivèrent aussi plus tard encore Mathilde et Robert, Ernst et Lucie (F/E, p. 301).

3. Elle s'était plainte de la localité, de l'hébergement et de la nourriture, mais surtout du mauvais temps à Hohegeiss (F/AF, p. 404 *sq.*, 419).

Je te remercie pour ton offre réitérée de me fournir en Mk ; mais je me suis fait suffisamment approvisionner par une filiale bancaire à Brchtg ; et, en outre, j'ai emporté quelques petits papiers en langue étrangère, en échange desquels on ne reçoit hélas que trop de Mk.

Quant au compte, il semble que tu ne veuilles pas du tout me comprendre. Mon compte effectif chez toi ne peut pas excéder 3 à 4 000 mk ; tous les envois de ces derniers temps étaient destinés, sans partage, aux enfants. Je comprends que tu ne veuilles pas bâtir ton économie sur mes subventions indéterminées et déterminées à cesser ; mais, pour les enfants, il n'est pas indifférent qu'ils aient, en leurs tendres années, un plus en matière de nourriture, de vêtements, de surveillance médicale, etc., et, à cette fin, tu peux bien utiliser mes envois aussi longtemps qu'ils te parviennent. Mlle J. est assez bête pour considérer que légumes et salade sont particulièrement sains, et tenir la substitution de la margarine au beurre pour une ruse avisée de ménagère. Quand, à la mi-septembre – seul du reste –, je viendrai chez toi [1], nous aurons le temps de discuter de tout. Si tu vois pour moi une autre manière de cultiver la mémoire de Sophie, tu me le diras certainement. –

Le Blüher [2] dont tu parles est un bouffon dangereux, qui se sert de l'analyse à ses propres fins. Je ne veux pas dénier qu'il y ait dans son excès une part qui est justifiée.

Cette fois aussi, je n'avais aucun doute quant au fait que tes troubles gastriques n'ont pas la signification d'une affection grave ou locale.

Suis très curieux de savoir s'il adviendra quelque chose de ton intention d'acquérir quelque chose au bord de la Baltique. Tu m'écriras sans doute encore à ce sujet.

Ici, nous avons un temps variable ; mais cela ne peut pas se gâter autant qu'en Allemagne du Nord. Dans l'immédiat, nous attendons que le rideau de brouillard qui est devant nous se lève à nouveau,

1. Comme le montre la lettre suivante, ce projet fut encore modifié. Le 6.9.1922, Anna Freud écrivit à Lou Andreas-Salomé (LAS/AF, p. 67) : « Nous restons ici [à Obersalzberg] jusqu'au 14, ensuite un jour à Munich ; nous serons le 16 à Hambourg et le 20 à Berlin » – où toutes deux se rendirent au VIIe Congrès psychanalytique international, qui eut lieu du 25 au 27 septembre.
2. Hans Blüher (1888-1955), lettré privé et écrivain, en contact avec Freud en 1912-1913 (Neubauer 1996). Insistait sur l'importance de l'homosexualité.

et que notre imposant panorama montagneux avec échappée sur Berchtsgd et Salzbourg redevienne visible.

Avec les salutations les plus cordiales à toi et à Mère

Papa

451-Max Salzberg 13.9.22 [a]

Cher Max

Si tout marche comme prévu, nous arriverons le samedi 16 au matin [b] par le train de nuit de Munich. Je me réjouis beaucoup de vous revoir, toi et les enfants. Anna vient avec moi.

Très cordialement

Papa

452-Max [En-tête Vienne] 1er oct. 22

Cher Max

Arrivé vendredi soir avec 5 heures de retard. Rentré à la maison dans l'obscurité, livré l'enfant à Math [1]. Depuis, deux jours de lourd travail d'organisation ; demain commence l'activité.

Heinerle a toujours été charmant ; pendant le voyage, il a déjà enchanté d'innombrables oncles et tantes ; et il s'est très mal conduit envers le tendre bébé américain. En effet, nous sommes allés jusqu'à Vienne en compagnie des Frink [2]. Ici, il a trouvé en les personnes de Robert et Math un tendre couple parental ; il semble du reste très bien se sentir là-bas en vrai garnement caractériel qu'il est ; il n'y a qu'une fois que le pot s'est révélé trop grand qu'il a voulu aller chez tante Martha, qui a un pot plus petit. Le Dr Rie l'a déjà vu et s'occupera de lui. Il dit que sa mauvaise mine

---

a. Carte postale.

b. Ajouté en marge par la main d'un tiers, probablement Max : 7 h 35. 20.

1. C'était le résultat des conversations qui avaient eu lieu à Hambourg, et aux termes desquelles le petit Heinele de 3 ans devait venir à Vienne chez Mathilde et Robert (cf. *supra*, p. 33). Mathilde rapporte rétrospectivement (à Jones, 10.1.1956 ; BPS/A) que la famille viennoise aurait été inquiète à cause de sa santé délicate, et en aurait attribué la faute à la mauvaise nourriture en Allemagne. « *I fervently hoped*, écrit-elle, *to be able to nurse him to a better health* » [« J'espérais ardemment être capable de le soigner pour améliorer sa santé »].

2. Cf. 196-Ernst avec note 2, p. 301.

ainsi que ses réticences à manger viennent d'un suçotement excessif. C'est seulement quand il sera bien accoutumé qu'il faudra le sevrer énergiquement, ce qui mettra également fin au pipi au lit [1]. Math est aux anges avec lui, et Robert lui apprend tous les tours possibles. Heinele lui a du reste déjà fait une proposition : « aimons-nous ».

De Berlin, je ne peux rien dire ; ç'a été trop, tout très réussi, le congrès, un grand succès [2].

Ta photo [3] est arrivée ; on l'a trouvée excellente. J'en commande à présent 6 exemplaires, que tu décompteras à ta guise.

Ton chèque est encaissé. Que doit-il advenir de l'argent ? Martin conseille d'acheter avec une £.

Maman et tante étaient déjà à Vienne, cette dernière fort éprouvée. Donne-nous maintenant bientôt des nouvelles de toi et d'Ernsti.

Cordialement
Papa

453-Max [En-tête Vienne] 10.5.23

Cher Max

Je peux à nouveau parler, mâcher et travailler, suis autorisé à fumer dans des proportions modestes, et j'apprends que la néoformation qu'on a enlevée ne donne pas lieu à un mauvais pronostic [4]. Que je ne sois plus un jeune homme, ce n'est pas une nouveauté. Mon anniversaire a été célébré comme celui d'une diva. Ernst n'est parti qu'aujourd'hui, Eitingon déjà lundi.

Heinele est, comme tu le sais, au Semmering [5], tante Minna reste jusqu'à la Pentecôte au sanatorium, ne se sent pas très vaillante. D'Oli-Henny nous avons enfin reçu aujourd'hui une carte qu'ils

---

1. Anna avait écrit plusieurs fois de Hambourg à propos de ce problème du garçon qui la rendait soucieuse (F/AF, p. 367, 374).
2. Au sujet du congrès de Berlin, cf. Schröter 2007.
3. Il pourrait s'agir ici de la photo reproduite in E. Freud et collab. (2006, p. 225).
4. À propos de cette première opération du cancer de Freud, cf. 205-Ernst avec note 1.
5. Le séjour au Semmering de Heinele avait pour but de le reposer après une opération des amygdales, qui avait été précédée pendant des semaines de phénomènes fiévreux (F/AF, p. 426 ; LAS/AF, p. 150).

ont écrite au cours d'un voyage sur le Rhin ; de Duisburg aucun courrier ne parvient ici [1].

Je te prie de remercier beaucoup Ernsti pour sa lettre, et je lui joins ici quelques timbres pour sa collection. À ta mère, mes vœux les plus instants d'un rétablissement rapide et complet.

Avec le salut le plus cordial pour toi

Papa

454-Max [En-tête Vienne] 6.6.23

Cher Max

Notre Heinele nous cause à nouveau des soucis. Revenu, après l'opération, du Semmering, il s'est mis à avoir une fièvre très élevée, maintenant depuis une semaine entre 39 et 40, avec ça, peu de symptômes sinon des maux de tête et une enflure de la rate. Le soupçon allait à une paratyphoïde ; mais il semble ne pas se confirmer ; quelques examens sont encore à faire. Hier, consultation avec le Pr Knöpf[el]macher [2], auquel j'ai parlé aujourd'hui aussi en privé, et dont je te communique l'avis. Il pense que c'est une fièvre glandulaire, la seule incertitude étant de savoir si elle est associée ou non à une infection bacillaire. Dans le premier cas, tous les enfants endurent la maladie malgré la longue durée de la fièvre ; en cas d'infection bacillaire miliaire, il y a tout de même 50 % des enfants qui s'en tirent. Le cas serait sérieux ; mais il faudrait garder espoir, écrire au père, mais non lui télégraphier.

Le petit gars est tout à fait indemne sur le plan intellectuel, indescriptiblement charmant, avisé. J'espère que tu es convaincu qu'on fait tout pour lui. Désormais, tu recevras chaque jour une nouvelle de Math ou de moi. Nous partageons tous les soucis.

Reçois mes cordiales salutations.

Papa [3]

1. Cf. *supra*, p. 210, 310 *sq*.

2. Wilhelm Knöpfelmacher (1866-1938) était directeur de l'hôpital pour enfants Karoline à Vienne. La déformation du nom (correct in LAS/AF, p. 168) pourrait avoir été suscitée par le souvenir du camarade d'école de Freud, Hugo Knöpfmacher.

3. Le 8 juin 1922, Anna Freud écrivit à Lou Andreas-Salomé (LAS/AF, p. 194) : « Heinerle est gravement malade depuis 10 jours, les médecins le croient perdu. […] On pense que c'est une tuberculose miliaire, les premiers signes cérébraux se sont manifestés hier. Nous avons déjà prévenu son père qui doit arriver bien-

455-Max [En-tête Vienne] Badgastein
Villa Wassing 7 juillet 1923

Mon cher Max

Je suis ici depuis le 1er juillet[a] auprès de Minna ; hier, ils m'ont fait suivre ta lettre depuis Vienne ; mais hier après-midi encore, ils m'ont appelé d'Annenheim, où ils – maman, Anna, Ernstl – sont maintenant arrivés. Anna veut venir me rendre visite lundi ; il n'y a que 2 h ½ de train.

J'ai passé ici quelques-uns des jours les plus noirs de ma vie, plongé dans le deuil de cet enfant. J'ai fini par me ressaisir, et je peux maintenant penser à lui calmement et parler de lui sans larmes. Toutes les consolations raisonnables ont tourné court [*versagt*] ; je n'ai eu de recours que dans un argument à moi seul ajusté : à savoir qu'à mon âge je n'aurais de toute façon pas vu grand-chose de lui.

Je crois que tu n'as pas complètement réalisé quelle affection nous avons tous eue pour lui. Tu nous as vus tendrement affairés autour de lui, comme cela aurait été aussi le cas avec un autre enfant. Il n'y avait rien qui pût exprimer la différence qui inclinait en sa faveur. Je suis même forcé de croire que tu n'as pas appris à le connaître comme nous. En effet, à Hambourg, il était trop petit, et l'éternelle rivalité avec le frère aîné en a brouillé l'image. Ici, il s'était développé de manière ravissante, et l'on ne pouvait que qualifier de géniale la manière dont il apprenait à comprendre et à conquérir le monde et les gens autour de lui. Dommage qu'on ne puisse jamais faire l'expérience de l'évolution ultérieure des enfants qui commencent ainsi, car ils ne deviennent jamais vieux.

Les ¾ d'année qu'il a passés ici ont été, malgré sa maladie constante, une période très heureuse pour lui. Même à la fin, il a en fait moins souffert que nous. Il reste ainsi un doux souvenir sans mélange pour tous ceux qui l'ont connu.

Cela me paraît très approprié que tu te sois ménagé quelque chose comme des vacances. J'aimerais espérer que tu réussiras cette fois à changer profondément.

---

a. Correction de « 7 » dans le manuscrit.

tôt. » Max arriva à Vienne le 10 (p. 195) ; l'enfant mourut le 19 (cf. *supra*, p. 408).

J'ai vu Ernstl encore pendant 2 jours ; son équipement, manteau, casquette, valise, a beaucoup plu. Lui-même était très content et décontracté ; il s'est réjoui de tout et a esquivé toute mention de Heinele.

Je te salue cordialement et laisse encore de la place pour le post-scriptum de tante.

Papa

P.-S. J'ai des raisons de supposer que le Dr Rie a été vexé de ne recevoir de toi aucune manifestation de gratitude. Tout cela l'a vraiment touché aussi de près. Peut-être trouveras-tu maintenant quelques paroles simples pour lui (Vienne, III., Weyrgasse 5) [a].

456-Max Annenheim 31.7.23 [b]

Cher Max

Ici, une station d'un jour chez maman, demain matin continuation vers Bolzano – Trente – Lavarone. Voici notre prochaine adresse :

Lavarone, Trentino, Italie
Hôtel du Lac.

Ernstl est très gentil et sociable ; il ne forcit pas, mais a bonne mine. Maman et Anna, très ragaillardies. Tante Minna d'abord Gastein, restée à Wassing.

Cordialement
Papa

a. Post-scriptum de Minna Bernays non reproduit.
b. Carte postale.

457-Max [En-tête Vienne] 25.X.23.* [a] [1]

Cher Max !

Je suis rentré hier du sanatorium à la maison [2], suis encore très faible, mais ne veux pas différer de t'adresser mes cordiales félicitations pour le changement que tu projettes [3], et dont nous attendons tous une nouvelle vie pour toi et l'enfant. J'espère que ne te quittera pas non plus maintenant le courage que ces temps difficiles exigent d'un jeune couple.

Transmets mes salutations à ton élue, et sois assuré de mes sentiments cordiaux inchangés.

Papa.

Cher Max, je t'écrirai, bien sûr, encore à part ; en attendant, je vous embrasse, toi et Ernsti, et je me réjouis beaucoup.

Anna.

458-Max [En-tête Vienne] 3.XII.23* [b].

Cher Max,

Nous avons appris avec une grande satisfaction que tu es remarié, que tu as une maîtresse de maison et une compagne, ainsi qu'une éducatrice maternelle pour Ernst. Pendant dix ans, tu as été notre fils, et un tendre fils, comme nous te l'attestons volontiers. Il en

---

a. Tapé à la machine, y compris le post-scriptum et les signatures ; la plupart des trémas complétés à la main.

b. Tapé à la machine sauf la signature ; trémas complétés à la main.

1. Les lettres de cette liasse qui sont signalées par un astérisque ne se trouvent pas comme les autres à la Library of Congress, Washington (SFP), mais en la possession privée de Peter Rosenthal. – Cette lettre a été tapée à la machine par Anna sous dictée, comme la plus grande partie de la correspondance de Freud pendant un an et demi après sa grave opération.

2. C'est-dire du sanatorium Auersperg, où avaient également eu lieu l'opération du cancer du 4 au 10 novembre 1923 ainsi que la suivante, le 12.11 (cf. 216-Ernst avec note 5).

3. Max épousa le 20 novembre 1923, « après avoir fait brièvement sa connaissance » (LAS/AF, p. 217), Bertha Katzenstein, qui avait 15 ans de moins que lui (cf. *supra*, p. 408). Celle-ci avait d'abord exercé des fonctions d'auxiliaire dans une école privée que fréquentait le petit Ernstl, et, à partir de l'automne 1923, elle travailla dans l'atelier photo Halberstadt (W.E. Freud 2003, p. 103 ; Weinke 2003, p. 112).

restera nécessairement quelque chose aussi pour l'avenir. Nous portons en pensées le meilleur pronostic sur ton jeune ménage, car quiconque fut une fois heureux en mariage l'est facilement à nouveau. Nous espérons que se développeront des relations cordiales quand nous en viendrons à faire la connaissance personnelle de ta jeune femme.

Je me remets lentement mais régulièrement des contrecoups de la dernière opération, et j'attends une grande amélioration de ce que produira la pièce de substitution [1].

Avec un cordial salut à toi et aux tiens

Papa

459-Max [En-tête Vienne] 7.III.24 [a]

Cher Ernst,

Je t'envoie pour ton 10e anniversaire 5 livres anglaises, qui parviendront à ton père dans la lettre avec l'argent. Puisque tu as réussi à l'examen d'admission et que tu vas entrer au lycée à Pâques, tu trouveras facilement à utiliser cette somme. Tu peux de toute façon m'écrire ce que tu as acheté en échange.

J'espère qu'avec la nouvelle école un nouvel intérêt pour l'apprentissage va s'éveiller aussi en toi. Accepte mes cordiales félicitations et salue de ma part ton père et ta nouvelle mère.

Grand-papa

460-Max [En-tête Vienne] 9.8.24*

Cher Max

Je te crois quand tu dis que ce fut une méchante frayeur [2]. Par bonheur, c'est passé, et l'on peut présumer après coup que ce n'était pas le signe de quelque chose de trop grave. Ce pauvre garçon a une

a. Tapé à la machine hormis la signature.

1. C'est-à-dire de la prothèse de la mâchoire.
2. Sans doute une première éruption de « fièvre glandulaire » chez Ernst Halberstadt, dont il sera à plusieurs reprises question dans les lettres suivantes (cf. LAS/AF, p. 298). Il s'agissait d'une symptomatologie semblable à celle du défunt Heinele.

enfance difficile ; par bonheur, il semble avoir reçu une magnifique deuxième mère.

Ici, nous allons très bien [1], n'était le caractère très insatisfaisant de cet été. Même moi, je commence à croire à une amélioration quelque peu durable de mon état.

Tu n'as pas accusé réception des derniers $ 50 pour Ernstl. Je les avais confiés à Jankeff [2]. Lampl va en emporter autant ; il est vrai qu'il ne va pas d'ici directement à Berlin.

Tu as appris que commence maintenant le temps des filles. Il y en a une déjà chez Martin ; j'en attends une autre chez Oli [3]. Malheureusement, je ne profite plus beaucoup des petits-enfants, depuis qu'il m'est devenu si difficile de voyager.

Je vous salue, toi et ta chère Bertha, cordialement. N'oublie pas non plus de saluer ta chère mère de ma part.

Papa

461-Max [En-tête Vienne] Semmering 8 sept. 24

Cher Max

Les nouvelles que tu me donnes [4], pas tout à fait surprenantes, jettent une ombre sur la joie que nous causent les deux petites filles, Sophie Miriam chez Martin et Eva Mathilde chez Oli, cette dernière née à Berlin le 3 de ce mois.

Je suis tout à fait d'accord avec toi quand tu affirmes qu'un séjour thermal en Suisse (Arosa) présente encore plus de chances qu'à Wyk [5]. Renseigne-toi auprès d'Ernst, à qui cela a fait tellement de bien ; je vais demander à Rie quelle maison il faut choisir. Le coût ne peut être beaucoup plus important que maintenant en Allemagne. Dans les deux cas, il n'a besoin d'un accompagnateur que pour le voyage. Grand-père gagne encore tellement d'argent qu'il sentira à peine la dépense ; et il pourrait encore tenir 6 mois. Il est le seul bien qui nous soit resté de Sophie ; et c'est pourquoi il doit avoir ce qu'il y a de meilleur. Écris-moi bientôt à nouveau ce que

1. C'est-dire lors des vacances d'été, d'abord au Semmering.
2. Jankew Seidmann, le mari de la nièce berlinoise de Freud, Tom.
3. Cf. la lettre suivante. Jusqu'ici, à son grand dam, Freud n'avait eu que des petits-fils.
4. Sans doute de la maladie d'Ernstl.
5. Sur l'île de Föhr en mer du Nord.

tu as appris et décidé. Peut-être que ce changement amènera aussi un tournant dans son évolution.

Dans la belle maison [1] d'ici, nous avons vécu très à l'aise, eu pas mal d'hôtes, parmi lesquels aussi de très agréables ; mais, bien sûr, nous avons joui d'aussi peu d'été que les autres ailleurs. Les jours de septembre s'annoncent beaux ; la famille est justement assise dans le jardin, où nous avions jusqu'ici mis très rarement les pieds. Un seul Américain [2], qui reste encore jusqu'au 14 de ce mois, couvre les frais de séjour. Je vais une fois par semaine à Vienne [3].

Nous espérons apprendre que ta Bertha va bien et lui souhaitons toutes sortes de bonnes choses pour ces temps prochains [4].

Avec un cordial salut
Papa

N'oublie pas de saluer ta chère mère de ma part.

462-Max [En-tête Vienne] Semmering, 13.IX.24. [a]

Cher Max,

Entre-temps, la situation s'est un peu modifiée. Nous nous sommes souvenus que les vrais sanatoriums pour enfants sont à Lesyn [5] (je ne suis pas tout à fait certain de la manière dont le nom s'écrit) et qu'une bonne amie à nous, Mme le Dr Oberholzer à Zurich [6], nous a dit, à l'époque où Heinele nous donnait les premiers soucis, qu'elle connaissait le médecin de là-bas et qu'elle voulait lui transmettre une recommandation. C'est pourquoi je ne me suis pas adressé au Dr Rie, mais à Mme le Dr O., et je l'ai priée de t'envoyer des renseignements et la lettre de recommandation, ce

a. Tapé à la machine sauf le « Ton » à la fin de la lettre ; l'adresse ajoutée est aussi rédigée à la main.

1. Villa Schüler.
2. C'est-à-dire un patient américain.
3. Pour un traitement dentaire chez Pichler ou son assistant.
4. La nouvelle femme de Max était enceinte (cf. 465-Max avec note 1).
5. Probable déformation de Leysin, une station thermale d'altitude dans le canton de Waadt en Suisse occidentale. En fait, Ernstl fut emmené à Arosa.
6. Mira Oberholzer (1884-1949), médecin et psychanalyste suisse, en analyse chez Freud pendant la première moitié des années 1920 (Planta 2010).

qu'elle fera certainement très bientôt [1]. Nous savons du reste que Martha Flörsheim [2] a aussi été là-bas avec son enfant ; et cela te permet de glaner facilement des informations. Il est vrai que la décision ultime t'appartient toujours ; mais ce que tu m'écris m'incline à penser que tu partages mon jugement sur la valeur relative de Wyk et d'une station d'altitude suisse.

En attendant, qu'il [3] aille bien subjectivement est fort réjouissant. J'espère aussi que, quand il aura un frère ou une sœur, il réparera l'envie qu'il concevait à l'égard de Heinele par une grande tendresse.

Oli a bien raison de se sentir maintenant tellement bien ; Henny est très gentille ; sa famille se comporte de manière charmante, et il paraît que le bébé est irréprochable. Je voudrais seulement qu'ils aient déjà une maison où ils pourraient habiter ensemble.

De notre côté, rien de neuf.

Cordiales salutations à toi, Bertha et Ernstl.

Ton papa

Adresse :
Mme le Dr Mira Oberholzer
Zürich Utoquai 39

463-Max [En-tête Vienne] Semmering, 15.IX.24 [a].

Cher Max,

J'ai pris connaissance de ta lettre d'aujourd'hui à Mathilde, et reçu en même temps une lettre d'Ernst à propos de l'affaire

a. Tapé à la machine, sauf le « ton » à la fin de la lettre.

1. Dans sa lettre du 8.9.1924 à Mira Oberholzer, Freud avait écrit (LoC/SFP) : « Cher docteur// Vous vous souvenez peut-être que, l'année dernière, j'ai perdu l'enfant cadet de ma défunte fille à cause d'une tuberculose miliaire. Maintenant, l'aîné, un garçon de 11 ans et ½, qui vient d'entrer au lycée, est tombé malade d'une fièvre glandulaire ; il paraît que le poumon lui-même est encore intact, et nous ne voudrions rien négliger pour son rétablissement. Je me suis souvenu avoir appris de vous que vous connaissez bien le directeur d'un sanatorium pour enfants en Suisse (Lesyn ? je crois) et que vous êtes prête à lui faire parvenir une recommandation. Si j'ai raison en tout cela, puis-je vous prier de vous tourner en cette affaire vers mon beau-fils Max Halberstadt à Hambourg, Neuer Wall 54, de lui communiquer l'adresse et d'envoyer la recommandation au médecin ? »

2. Martha Flörsheim, née Philipp (1882- ??), sœur de la mère de Martha Freud (F/MB, p. 352).

3. Ernstl.

d'Ernstl. Cela me paraît très inapproprié que je prenne sur ce point les décisions à ta place, et je peux tout aussi peu appuyer le conseil d'Ernst que tu ailles avec l'enfant à Arosa et cherches une fois sur place. Je suis d'avis que tu attendes la lettre de Mme le Dr Oberholzer et que tu agisses selon son conseil. Je lui ai écrit aujourd'hui pour la deuxième fois, et lui ai dit aussi que tu interrompras le voyage avec l'enfant à Zurich, pour aller chercher personnellement des renseignements auprès d'elle [1]. Écris-moi de toute façon tout de suite après réception si tu as eu des nouvelles d'elle. Le hasard pourrait en effet vouloir qu'elle ne soit pas en ce moment à Zurich, de sorte que nous devrions modifier nos plans.

Je suis aussi favorable à ce que l'affaire soit expédiée aussi tôt que possible et sans te perturber dans tes activités. Le plus évident est bien que tu l'amènes là-bas toi-même. En cas de nécessité, on pourrait songer à solliciter Ernst à Berlin en ce sens, qui ne le refusera probablement pas, si Lux est de nouveau à la maison. Elle est en ce moment avec sa mère en Suisse. Quant aux frais, nous procéderons ainsi : tu me communiqueras le plus tôt possible le montant nécessaire pour l'équipement, le voyage aller et retour, de sorte que je puisse te le virer ou te dédommager rapidement pour la dépense. Bien sûr, je subviendrai aussi aux débours d'Ernst. Je pourrais verser directement au sanatorium les paiements mensuels qui seront exigibles là-bas.

Dans l'attente de prochaines nouvelles de toi

cordialement ton
papa

1. Voici la lettre de Freud à Mira Oberholzer du 15.9.1924 (LoC/SFP) : « Je prends la liberté d'adjoindre à ma dernière lettre un bref additif, pour vous prier de permettre que mon fils ou la personne, quelle qu'elle soit, qui accompagnera le petit puisse se présenter chez vous à Zurich. Mon beau-fils n'est pas très averti des choses médicales, et il sera fondé à être reconnaissant de tout renseignement que vous pourrez lui donner. Pour moi, c'est un grand soulagement que de savoir que vous vous chargez de l'affaire. Le petit garçon, d'environ 11 ans, n'est pas en ce moment malade, mais, mis en garde par le destin de son petit frère, nous ne voulons certainement rien négliger dans son cas. »

464-Max [En-tête Vienne] 8.XII.24.[a]

Cher Max !

Je te remercie pour le compte rendu du Dr Pedolin[1], que je conserve provisoirement. Je considère que la situation n'est plus préoccupante. Le Dr P. jouit de la meilleure réputation, et il n'est pas étonnant que 6 semaines n'aient pas suscité de changement dans l'état du petit. Il en irait autrement au bout de 6 mois. Nous sommes en tout cas contents d'avoir mis en œuvre pour lui le plus approprié. Je pense que cela aura de bonnes conséquences. Je vais me conformer à ta suggestion concernant les photos reproduites de manière illégale. Il y a quelques jours, j'ai vu une telle photo sur la page-titre de la revue américaine *Time*[2]. Je ne te l'envoie pas, parce qu'il est probable qu'on ne peut rien faire contre les Américains.

Ta Bertha est certainement revenue. J'espère que votre vie continue à se dérouler de manière paisible et satisfaisante.

Avec un cordial salut

Ton papa

---

a. Tapé à la machine, sauf le « ton » à la fin de la lettre.

1. Le propriétaire du sanatorium d'Arosa dans lequel logeait Ernst Halberstadt (F/Brill, 6.1.1925). Le garçon avait été amené par son père à Zurich dès le 28.9.1924 (LAS/AF, p. 302) ; il resta en Suisse jusqu'à l'été 1925 (cf. la deuxième lettre après celle-ci).

2. Il s'agit ici des photographies de Freud tirées par Max Halberstadt. Il est vrai que sur la page-titre de *Time* du 27 octobre 1924 (vol. IV, nº 17) ne figure aucune photo de Freud, mais un portrait dessiné auquel a manifestement servi de modèle la célèbre photo avec cigare. La légende renvoie à un article situé page 20 du numéro, intitulé « Freud and the Freudians », qui commence par une recension des éditions américaines récemment parues de *Au-delà du principe de plaisir* (Freud 1920g) et *Psychologie de masse et analyse du moi* (1921c), suivie de sections consacrées au curriculum vitae, au caractère, aux élèves, à la doctrine et aux écrits. Une grande partie des informations, de manière expresse ou non, est tirée de la biographie de Freud par Wittels (1924, édition allemande et anglaise). Lui est empruntée aussi la citation qui se trouve sur la page-titre sous le nom « Sigmund Freud » : « *The only rogue in a company of immaculate rascals* » (chez Wittels, il est dit page 223 que Freud, dans *L'Interprétation du rêve* et la *Psychopathologie de la vie quotidienne*, se serait présenté en termes exprès « comme la seule canaille dans un cercle d'hommes tous exemplaires et sans défaut »). Il est probable que Freud a été irrité par cet article, qui jugeait de sa doctrine avec un scepticisme superficiel. [On peut noter que, là où l'original parle d'« hommes exemplaires », l'article du *Time* écrit un mot qui signifie « gredins ». N.d.T.]

465-Max [En-tête Vienne] 7.4.25

Cher Max

Reçois aussi des félicitations cordiales pour la naissance de ta fille [1], et transmets-les à la jeune mère. J'espère que toutes deux se portent très bien, comme nous l'apprendrons bientôt.

Que ce soit une fille me plaît particulièrement, pas seulement à cause de toi et d'Ernstl, mais aussi – n'en sois pas choqué – à cause de la mémoire de Heinele. Ainsi, ce cher [*theure*] enfant reste encore plus longtemps non remplacé.

Depuis que nous l'avons perdu, je ne peux plus porter un intérêt entier à tous les petits [2]. Il y en a trois que je n'ai pas encore vus du tout. Mais je suis un vieux grand-père, qui n'a plus grand-chose à attendre, et toi un jeune père !

Avec mes vœux les plus chaleureux pour vous tous, en y incluant ta mère

Papa

466-Max [En-tête Vienne] 26.6.25

Cher Max

Ta chère lettre m'a beaucoup réjoui. Inutile de me remercier [3]. Je suis vieux, et, bien qu'en ce moment je n'aille pas mal, il me reste peu de satisfactions dans la vie. L'une d'elles est de pouvoir encore faire quelque chose pour mes enfants. J'espère que le séjour à Arosa a produit le meilleur effet sur Ernstl. Nous aimerions nous en convaincre, mais le voyage Arosa – Semmering – Hambourg est vraiment trop pénible pour le petit, qui aura sans cela du mal à effectuer le passage dans le plat pays.

En consultant la facture jointe qui va jusqu'à fin mai, tu t'apercevras que cela suffira à peu près jusqu'à ce qu'on aille le chercher. S'il y a un excédent, tu l'utiliseras pour lui ; s'il manque quelque chose que tu es obligé d'avancer, aie la bonté de m'en informer. J'ai effectué aujourd'hui le dernier envoi de timbres au collectionneur prometteur.

---

1. Eva Halberstadt vint au monde le 5 avril 1925 (Weinke 2003, p. 112).
2. Freud pense ici à ses descendants, pas aux enfants en général. [N.d.T.]
3. C'est-à-dire : de la prise en charge des frais de la cure d'Ernstl en Suisse.

Le 30 de ce mois, nous allons au Semmering, à nouveau villa Schüler. Tante y ira directement d'Abbazia, probablement dès demain. Nous sommes tous les quatre déjà las de la vie citadine. Tu auras du mal à deviner la quatrième personne ; c'est le grand chien d'Anna, Wolf[1], qui doit devenir son protecteur et se prête tout à fait à cette fonction.

Salue cordialement de ma part ta chère famille, mère, femme et fille, et montre-toi donc en été.

Avec mes vœux les plus chaleureux
Papa

467-Max [En-tête Vienne] Semmering 30.7.25

Cher Max

Ce n'est pas la faute de ta description si je ne peux rien te dire de sûr à propos de Mme le Dr R[2]. Il est très difficile de porter un jugement sur son cas à cause de l'endommagement indubitablement organique du crâne et du cerveau.

Il arrive souvent qu'après de tels accidents l'événement lui-même (ou une part de vécu antérieur) soit durablement oublié ; mais cela ne compromet nullement la perspective de rétablissement. La confusion actuelle peut être également causée par une intention obscure de se soustraire au savoir des conséquences de l'accident et de la destinée du garçon. Il pourra ensuite arriver qu'après le réveil elle accueille la grave nouvelle de manière tout à fait tranquille. Je connais de telles occurrences. Mais il ne faut pas exclure qu'éclate ensuite un deuil intense ou, à sa place, une psychose. Tristes possibilités, pauvre femme ! J'espère que tu continueras à m'écrire à son sujet.

La photo d'Ernstl était la première qui soit réjouissante depuis longtemps. – Nous passons ici un été très agréable.

Je vous salue cordialement, toi, Bertha et le petit[3].

Papa

P.-S. J'enverrai à nouveau des timbres à Ernstl quand nous serons à Vienne.

---

1. Anna avait reçu en cadeau de son père un berger allemand auquel on donna le nom de « Wolf ».
2. Non identifiée.
3. Dans l'original : *das Kleine*, soit au genre neutre. Il est difficile dans ce cas de savoir si est par là visée la fille [*das Mädchen*] nouveau-née ou Ernstl. [N.d.T.]

468-Ernstl [En-tête Vienne] 18 oct. 1925 [1]

Cher Ernst

Je ne veux pas laisser passer ton premier bulletin scolaire sans compliments. Sur l'utilisation du billet [2] ci-joint, tu te mettras d'accord avec papa et maman. J'espère que tu découvriras dans quelque temps pourquoi on va à l'école, et que tu y prendras alors beaucoup de plaisir. Je ne te reproche pas d'avoir eu peu de succès précisément en chant et en dessin. Tu as sur ces points une tare héréditaire : c'étaient aussi mes points faibles. Le chant ne m'a pas fait défaut par la suite ; c'est quelque chose qu'on peut tranquillement laisser aux oiseaux ; mais le dessin m'a beaucoup manqué ; j'ai souvent regretté de ne pas l'avoir mieux appris.

Ta petite sœur semble être tout à fait charmante. Je me réjouis d'apprendre que tu as tant d'affection pour elle.

Salue de ma part tes chers parents et écris bientôt encore.

Grand-papa

469-Max [En-tête Vienne] 17.III.26. [a]

Cher Max,

Il y a si longtemps que je n'ai eu de toi que des nouvelles indirectes qu'il faut que je t'écrive une fois de plus moi-même. Tu ne seras pas étonné d'apprendre qu'entre-temps je suis devenu plus vieux et pas spécialement mieux portant. Actuellement, je fais une thérapie cardiaque au sanatorium [3] ; il paraît que ce n'est rien de menaçant ; mais, bien sûr, le fait que j'aie besoin d'un tel traitement ne peut être conçu comme un signe de santé florissante. On me promet de me libérer encore au cours de ce mois, mais je m'aperçois qu'étant donné tous mes nombreux tracas plus ou moins importants il ne me sera pas précisément facile de poursuivre un travail professionnel copieux.

a. Tapé à la machine, sauf le « Ton » à la fin de la lettre.

1. Publié dans la newsletter de la Société Sigmund Freud 1/1997, p. 7.
2. De banque.
3. Freud séjourna du 5.3 au 2.4.1926 au Cottage-Sanatorium (F/E, p. 435, 441).

Pour ce qui est de ton intention de venir ici pour mon anniversaire [1], j'ai des conseils à te donner pour et contre. Ce qui pousse dans le deuxième sens, c'est notre intention de faire à cette date le moins de choses possible et de réduire au minimum toutes les solennités. Toutefois, ce qui plaide contre ce point de vue, c'est la considération que, de cette manière, on réussira justement à tenir à l'écart toutes les chères personnes qu'on aimerait revoir, tandis qu'on ne pourra pas se garder des inconnus et des indésirables qui ne posent pas la question. Bien sûr, j'aimerais bien te voir, car, en dépit de notre perte, tu n'as pas cessé d'être des nôtres ; il en va de même pour Ernstl ; et j'ai de toute façon décidé de me garder libre pour les jours du jeudi 6 jusqu'au dimanche soir. Mais ne t'engage pas sur une date, viens quand tu veux à l'intérieur de cette fourchette, tôt ou tard ; je ne travaille plus avec la même contention ni sans arrêt, et je trouverai toujours du temps pour toi ou pour vous.

J'aurai bien encore des nouvelles de toi d'ici là ; salue en attendant cordialement ta mère, ta chère femme et les enfants. Je dis bien au revoir.

Ton papa

470-Max [En-tête Vienne] 6.6.1926*

Cher Max

Quand j'ai appris par Robert que tu cherchais « quelques [a] milliers de marks » de crédit, je me suis déclaré volontiers prêt à te les donner. En lisant ta deuxième lettre à Math, je me suis aperçu que tu avais besoin de 10 à 15 000 M, et je suis à présent dans la situation désagréable de ne pas pouvoir te promettre autant. Ce montant serait une part disproportionnée de la fortune mise de côté pour maman, qui n'augmente malheureusement pas en ce moment du fait de la restriction de mon travail et du mode de vie plus confortable auxquels on me pousse. On me rappelle aussi qu'Oli est sans emploi [2] et que je dois être prêt à le prendre en

a. Guillemets ajoutés comme après coup au début de la ligne.

1. Le 70e. Max vint pour cet événement à Vienne, de même qu'Oliver et Ernst (LAS/AF, p. 427).
2. Cf. *supra*, p. 210.

charge. Tu sais bien que, par ailleurs, dans la famille, je ne manque pas de canaux de ponction [1]. Tout cela n'entrerait pas en ligne de compte si je pouvais compter gagner encore assez longtemps autant qu'avant. Mais .....

C'est la première fois que tu me demandes quelque chose, et c'est pourquoi il est particulièrement douloureux de ne pas pouvoir te le donner. Mais peut-être que tu pourras commencer à entreprendre quelque chose avec ce qu'il m'est facile de faire. Je peux t'envoyer sur-le-champ $ 1000 = Mk 4 200. Selon Martin, il est impossible d'opérer un amalgame avec l'héritage dû à Ernstl ; et il ne faut pas le tenter. Ce serait une dette personnelle (sans intérêts) à mon égard, plus exactement à l'égard de maman, qui a été instituée héritière universelle [2].

En outre, il m'a été promis que, dans les prochains mois, je vais récupérer une somme de 5 000 francs suisses que j'avais avancés en liquide à notre Maison d'édition [3]. Je n'avais pas compté avec ces 4 000 Mk ; s'ils arrivent, je pourrai te les céder sans faire un sacrifice. Il est vrai que tu as à compter avec le si, et même avec le quand.

Il est triste que vous autres jeunes gens ayez à souffrir si gravement de la conjoncture en dépit de votre compétence. Ernst est le seul dont la situation soit bonne, même si les choses ne deviennent pas faciles pour lui non plus.

Il est probable que l'indisposition d'Ernstl sera surmontée depuis longtemps. Je vous salue, toi et toute ta petite famille, cordialement, et espère avoir bientôt de tes nouvelles.

Papa

471-Max [En-tête Vienne] 29.6.26.

Cher Max

Mon offre reste donc suspendue jusqu'à ce que tu veuilles t'en servir. Ci-joint $ 100 pour l'été d'Ernstl, qu'Arnold [4] a la bonté de

1. Freud pense ici avant tout au soutien qu'il devait apporter à sa mère et à ses sœurs.

2. Cf. *supra*, 93-Martin et p. 194 *sq.*

3. C'était une promesse du directeur de la Maison d'édition Storfer (F/E, p. 446). Il n'est pas attesté que ce versement ait eu lieu, et Freud en doutait manifestement dès le début.

4. Arnold Marlé (1887-1970) vivait alors avec sa femme Lilly, la nièce de Freud, à Hambourg, où, jusqu'en 1933, il exerça les fonctions d'acteur et de metteur

vous apporter. Sa visite avec Lilli nous a beaucoup réjouis, bien que je n'aie justement pas été en état de parler.

Salue ta mère, Bertha et la petite [1] (qui n'a encore jamais rien reçu de nous) cordialement de la part de

Papa

472-Ernstl [En-tête Vienne] 14.X.26

Cher Ernst

J'ai entendu souvent ton père parler de toi, ne disant pour ma joie que du bien, en particulier que tu es tellement affectueux avec la petite Eva. Mais cela va faire longtemps que tu n'as reçu aucune lettre de moi. J'ai envoyé les derniers timbres prélevés sur ma correspondance à ton cousin Gabi à Berlin, qui, lui aussi, collectionne avec zèle. Fais-moi toutefois savoir si tu attends encore des envois de moi ; pour aujourd'hui, je ne joins que quelques échantillons. L'autre pièce jointe [2] est destinée à t'aider à accomplir quelques petits souhaits.

Soyez salués, toi, tes deux parents et ta petite sœur,

cordialement
par grand-papa

473-Ernstl [En-tête Vienne] 9 mars 1927 [3]

Mon cher Ernst

Cela me touche si étrangement de penser que tu as maintenant 13 ans, que tu n'es plus un enfant, mais un petit homme, avec tous les droits et devoirs qui se rattachent à ce nouvel état. Pour Noël à Berlin [4], tu m'as beaucoup plu, plus qu'en son temps à Lavarone, et j'ai souhaité te voir encore adulte.

---

en scène (Tögel 2004, p. 38 *sq.*). Max connaissait les deux ; il en a fait le portrait (Weinke 2003, p. 166 *sq.*).

1. Cf. *supra*, note 3, p. 541. Pareillement « *das Kleine* ». Ici, le contexte semble bien trancher en faveur de la petite fille. Reste à savoir pourquoi Ernstl est exclu de la salutation. Probablement parce qu'il se trouvait alors auprès de Freud… [N.d.T.]

2. À coup sûr le billet de banque obligé – sans doute, comme l'année précédente (468-Ernstl), pour le bulletin scolaire.

3. Reproduction partielle in Schneider 1999, p. 136.

4. Cf. note 2 de 225-Ernst, p. 324.

Cela m'a peiné d'apprendre que l'école te cause en ce moment des difficultés. Comment en est-il maintenant ? Papi écrira sans doute bientôt à ce sujet.

La pièce jointe est mon cadeau d'anniversaire. Tu te mettras d'accord avec tes parents sur son utilisation. Pour l'anniversaire de la petite Eva, qui approche, tu es déjà pourvu.

Reçois, avec toutes sortes de vœux, les salutations cordiales de

Grand-papa

474-Max [En-tête Vienne] Semmering 23.8.27

Cher Max

J'ai lu ta lettre à Anna à propos des difficultés d'Ernstl [1]. Il est certain que la décision à son sujet ne dépend en définitive que de toi. Cependant, je ne veux pas garder mon avis pour moi.

C'est un pauvre garçon, et il faudrait entamer toutes les démarches susceptibles de le tirer d'affaire. En ce moment, quelles qu'en soient les raisons, il se trouve en opposition à son foyer ; on ne tirera donc rien de lui tant qu'il y restera. Il est accessible à la fréquentation d'enfants de son âge et à une influence extérieure. Il faudra donc utiliser ces leviers pour l'inciter à apprendre et à s'adapter à son environnement, choses dont il aura par la suite un besoin urgent. La proposition d'Anna [2] me paraît donc vraiment digne d'être prise en considération, et nous sommes très volontiers prêts à aider à son exécution. Mais si on le laisse continuer à se buter, il sera peut-être impossible par la suite de faire de lui quoi que ce soit.

Il y a peu, j'ai lu une de ses lettres à Anna, très charmante et pleine d'intérêt, preuve qu'il est capable de quelque chose dès lors que sa sympathie est en jeu. On ne peut évidemment pas attendre qu'il perçoive par lui-même le côté déraisonnable de son comportement dans la maison.

Je vous salue, toi, Mère, Bertha et la petite Eva, cordialement,

Papa.

---

1. Ernstl n'arrivait pas à s'accommoder notamment de sa belle-mère, ni non plus de l'école (*supra*, p. 408).

2. Peu clair. Il est possible qu'Anna ait proposé une mise en internat ; cf. la deuxième lettre après celle-ci. Depuis juin 1927, Ernstl avait été auprès des Freud au Semmering.

475-Ernstl [En-tête Vienne] 19.XII.1927

Cher Ernst

Certes, vous ne fêtez pas Noël [1], mais nous le fêtons tous, et ne voulons pas t'exclure. Dans les pièces jointes, le plus gros billet est pour toi, le plus petit pour ta petite sœur.

J'apprends que tu es invité à Berlin. Salue papa et maman cordialement de la part de

Grand-papa

476-Max [En-tête Vienne] 10.2.1928

Cher Max

Nous t'avons fait longtemps attendre une réponse. Ta lettre a donné lieu à de longues supputations avec Anna, et, à la fin, il n'en est rien sorti de sûr.

On peut voir clairement que tu n'es pas toi-même favorable au projet de Gandersheim [2]. Nous serions pour, mais souhaiterions avoir des garanties qu'avec ce pas important pour Ernstl on ne se lance dans rien d'erroné. Or, Anna dit qu'on ne peut pas se fier à la réclame et à des informations de seconde main. Ces derniers jours justement, elle a appris de bonne source sur les Bondy des choses qui ne sont pas engageantes. Elle est d'avis que quelqu'un devrait s'y installer pendant 2-3 jours pour se faire son propre jugement. Elle-même est trop prise pour faire le voyage, et si tu ne le peux pas non plus, on n'ose pas exposer le destin d'Ernstl à cette incertitude.

En ce qui concerne l'aspect matériel, plusieurs choses sont à prendre en considération. La somme en elle-même me gênerait aussi peu qu'en son temps les frais du séjour en Suisse. Mes gains sont encore abondants ; mais j'ai vieilli ; la durée pendant laquelle

1. Il ne faut pas forcément déduire de ce fait que Max Halberstadt était un Juif croyant. D'un point de vue religieux, il passait plutôt pour le « mouton noir » de la famille (communication de W. Weinke d'après des informations d'Eva Spangenthal).

2. Le foyer éducatif régional pratiquant une pédagogie réformée, l'« école municipale de Gandersheim » (dans le Harz), avait été fondé en 1923 par le couple hambourgeois Max (1892-1951) et Gertrud Bondy (1889-1977) (cf. www.bbf.dipf.de/hk/rundbrief/1999/Rundbrief1-99.htm en date du 9.9.2009).

je pourrai encore gagner de l'argent est incertaine ; et il serait imprudent d'exposer ce garçon à une interruption prochaine de sa nouvelle situation. Je ne me sens pas bien du tout précisément en ce moment et, à mon âge, des changements brusques ne sont pas non plus à exclure. Bien sûr, si l'on était sûr d'avoir trouvé le bon hébergement pour Ernstl, on prendrait plus légèrement l'incertitude de la situation. Résultat : si tu peux établir des garanties pour Gandersheim, nous prenons sur nous le financement – aussi longtemps que ça ira [1].

Cela me fait beaucoup de peine que tu aies encore à te plaindre du caractère peu faste de l'époque. Il en va de même pour Oli et Martin. Bien sûr, tu n'as rien à mettre de côté pour me rembourser les 1 000 M ; je n'y ai pas songé un seul instant ; je préférerais que tu sois le seul à avoir besoin d'un coup de main, et je pourrais alors mettre davantage à ta disposition. Si tu gardes le garçon chez toi, je voudrais te proposer un montant mensuel pour couvrir ses besoins ; j'attends que tu m'en dises un mot bientôt.

Aujourd'hui, du fait d'un catarrhe oculaire, j'ai du mal à écrire ; je termine donc par des salutations cordiales à toi, à ta mère, à Bertha et aux enfants.

Papa.

477-Ernstl [En-tête Vienne] 9.3.1928

Cher Ernst

Tu es déjà maintenant un grand garçon de 14 ans ! le temps passe vite ; je peux encore me souvenir comment nous deux – ta mère et moi – promenions ta poussette à travers un petit parc. À présent, n'aie pas peur de devenir encore plus vieux et plus grand ; mais prépares-y-toi bien.

Dans les pièces jointes, quelque chose pour accomplir tes souhaits d'anniversaire, et quelques autres pour compléter ta collection de timbres.

Très cordialement
Grand-papa

1. On n'a aucune trace du fait qu'Ernstl serait allé à Gandersheim ; il alla plutôt à Vienne (cf. 480-Max avec note 1, p. 551).

478-Max [En-tête Vienne] 13.5.1928

Cher Max

Tu as raison, c'est triste de constater à quel point nous sommes arrachés les uns aux autres par la distance, alors que nous sommes faits pour être ensemble.

Tu sais que nous voulons avoir Ernstl en été auprès de nous, et tu pourrais l'amener au Semmering. En effet, il n'est pas du tout sûr que je resterai éternellement accessible à des visiteurs. La vie devient parfois dure avec moi.

Il faut que nous rediscutions aussi la question d'une *allowance* [1] régulière pour lui. Si, cette fois, tu utilises cette somme par exemple pour envoyer Bertha à Karlsbad, ce n'est en effet qu'un déplacement à l'intérieur de ton budget [2].

Remercie en tout cas le garçon pour sa lettre d'anniversaire. Si seulement il était plus mûr ; l'année dernière, il a gagné l'affection de tous.

Tante Minna est à Abbazia, Anna est aujourd'hui à Berlin [3], Wolf dans son foyer au bord du Danube [4] ; ainsi nous autres les deux vieux sommes seuls, et ce dimanche forme un vrai contraste avec le précédent [5], où même ma mère était ici chez nous.

La toute petite de Martin [6] est rentrée à la maison sans opération ; mais l'inflammation ne s'est pas encore entièrement résorbée.

Je vous salue tous cordialement

Papa

---

1. Mot anglais pour « allocation ». [N.d.T.]
2. Il semble ressortir de 483-Max que c'était là dans l'esprit de Freud une offre qui revenait à payer en extra les frais du séjour thermal de Bertha.
3. Le 12 mai 1928, Anna Freud soutint à la Société psychanalytique allemande une discussion avec Siegfried Bernfeld sur la « possibilité d'une pédagogie psychanalytique » (IZ 1928, p. 564).
4. À Kagran, une banlieue de Vienne située sur la rive gauche du Danube, se trouvait un foyer pour animaux, que les Freud utilisaient souvent pour leurs chiens (cf. MaF, p. 195).
5. Pour l'anniversaire de Freud.
6. Sophie. On ne sait rien de plus sur la maladie qui l'affecta alors.

479-Max [En-tête Vienne] 25.6.1928

Cher Max

La pièce jointe de $ 50 est destinée au voyage d'Ernst [1]. Il est possible que je le voie déjà à Berlin. En effet, mes misères avec ma prothèse sont devenues si pesantes que, me conformant à nombre d'incitations, j'ai décidé de m'adresser au Pr Schröder à Berlin. Son assistant, le Pr Ernst, était avant-hier et hier ici afin de m'examiner, et j'attends en ce moment l'invitation épistolaire à aller suivre un traitement à Berlin. J'espère pouvoir faire le voyage encore cette semaine, donc ce mois-ci [2].

Le traitement n'est pas censé durer beaucoup plus que 4 semaines. Anna vient avec moi ; nous logerons sans doute dans le sanatorium Schloss Tegel du Dr Simmel. Une manière de combler l'été qui n'a rien d'agréable, comme tu peux l'imaginer, surtout dans la mesure où mon cœur me rappelle actuellement qu'il a 72 ans. Mais il faut bien que je m'efforce de régler cette affaire de prothèse et que je me saisisse de chaque chance qui va dans ce sens.

J'espère que Bertha ramènera de Karlsbad un rétablissement radical. J'ai toujours trouvé la vie et la cure là-bas très agréables ; je ne me suis senti mieux nulle part ailleurs.

Je vous salue tous cordialement

Papa

480-Max [En-tête Vienne] Semmering 13.7.1928

Cher Max

Ernstl est maintenant chez nous, nous donne beaucoup de plaisir et beaucoup à réfléchir. Il est très gentil dans son comportement, s'entend à merveille avec les enfants américains de Mrs Burlingham [3], qui est notre amie, développe de l'humour et du talent comme acteur. Il est certain qu'ici il ne va pas mal et qu'aucun travail sérieux n'est exigé de lui. Mais ne crois pas que nous voulions négliger ce point de vue important. Nous savons qu'il n'est

---

1. Manifestement au voyage au Semmering, où il passa à nouveau l'été (cf. la lettre suivante). Freud y était déjà depuis le 16.6.1928 (240-Ernst).
2. En fait, Freud n'alla finalement à Berlin qu'en septembre (cf. 241-Ernst).
3. Dorothy Burlingham avait à nouveau loué, comme déjà l'année précédente, la maison voisine de la villa Schüler.

pas assez mûr pour son âge et qu'il a peu d'intérêts intellectuels. Or, un entretien approfondi, qu'Anna a eu avec lui, nous a donné un aperçu d'une situation réellement triste et préoccupante. Dans sa vie affective enfantine, il est en dissension avec toutes les personnes et configurations de sa maison, n'est pas attiré par l'école et est en danger de se buter de plus en plus, jusqu'à perdre tout point de repère et à ne pouvoir attendre que l'avenir d'un être morose et accablé. C'est ce que nous ne voulons pas, et pourquoi ne devrions-nous pas tenter pour lui ce que nous avons fait à plusieurs reprises pour d'autres enfants qui nous touchent de moins près ?

Il dit par avance que, pendant la prochaine année scolaire, il ne réussira pas ; et l'on est en droit de s'en remettre à de telles prophéties dont on est soi-même le metteur en scène. Tu as vu que des exhortations et ton exemple ne servent à rien. Nous voulons l'amener à apprendre d'une autre manière. Cela doit surgir d'une intime association avec ce qu'il aime en ce moment, au lieu qu'il se l'impose comme un devoir incompris.

Nous, c'est-à-dire principalement Anna, qui s'intéresse à de tels problèmes éducatifs, avons donc conçu le projet suivant. Pour les enfants Burlingham, qui sont éduqués de la manière la plus minutieuse, on a créé ici une école privée dotée de professeurs remarquables [1], dirigée par une femme exceptionnellement maternelle, une amie d'Anna, que j'estime beaucoup aussi, et dont nous avons vu à suffisance la bonne influence qu'elle exerce sur les caractères des enfants difficiles. L'école se trouve dans la maison de cette femme, Eva Rosenfeld, dans une villa avec jardin à Hietzing, le quartier le plus sain de Vienne. Nous aimerions à présent qu'il loge là-bas et qu'il reçoive dans cette école un enseignement individuel qui lui soit approprié. Cela doit être d'abord un essai de six mois ; à Pâques, il passera un examen à Hambourg en candidat libre, et il montrera ce qu'il a appris. Si cela marche, nous continuerons la chose ici jusqu'à ce que son intérêt pour l'apprentissage et le savoir soit devenu autonome et fiable. Nous escomptons que l'environnement qui lui est sympathique, l'exemple des enfants qu'il aime bien,

---

1. L'école de Hietzing fut instituée à l'automne 1927 par Eva Rosenfeld (AF à Eit., 4.10.1927 ; AFP/LoC) ; elle exista jusqu'en 1932. Ses professeurs principaux furent les futurs analystes Erik H. Erikson et Peter Blos (A. Freud 1994, avec introductions). Ernstl fréquenta cette école de l'automne 1928 au printemps 1931 (cf. note 3 de 494-Max).

l'influence des professeurs compréhensifs, tolérants au sens moderne et la perspective de prolonger son séjour à Vienne parviendront à promouvoir en lui sa mutation en étudiant sérieux. Si cette tentative échoue, je serai très inquiet pour son avenir. Et ce serait bien dommage pour lui.

Anna et moi partagerons les frais. Le projet est prêt, et il peut être exécuté à partir de sept. Il ne manquera plus que ton consentement, que, je l'espère, tu ne refuseras pas. Que cela fasse perdre du temps au garçon, ce n'est qu'une apparence, car, selon notre jugement, à l'école de Hambourg, il ne fera plus aucun progrès. Nous n'avons besoin de ton accord que pour ces six mois ; par la suite, nous serons tous guidés par les résultats.

J'espère que Bertha rapporte de Karlsbad une nette amélioration, comme c'est le cas chaque fois pour moi, et je vous salue, toi et Mère, très cordialement

Papa

481-Max [En-tête Vienne] 9.8.1928 Semmering

Cher Max

Ta dernière lettre à Anna m'a donné l'impression que tu voulais défendre Bertha contre un reproche de notre part, qui tendrait à la rendre coupable de l'insatisfaction d'Ernstl. Je t'assure qu'un tel reproche n'existe pas, et que notre regard est plus profond en cette affaire. Nous savons que ce garçon est un sacré morceau et qu'on ne peut exiger de Bertha qu'elle en vienne à bout. Mais, plus encore, nous ne t'avons pas avoué jusqu'ici la raison principale de notre procédure. Ernstl est en effet un névrosé costaud avec des symptômes manifestes, et c'est pourquoi il est si difficile de bien s'y prendre avec lui. Cela, bien sûr, n'augmente pas sa valeur, pas plus que ses perspectives d'avenir. Mais il est encore un enfant, encore malléable, pas encore perdu, et c'est pourquoi nous nous sommes résolus à mettre en œuvre tous les moyens dont il ne peut disposer à la maison, afin de le redresser à temps. C'est en effet le seul legs de notre Sophie. Bien sûr, on ne peut s'empêcher de penser à ce qui a été perdu avec Heinele.

Je prends évidemment tout à fait au sérieux ta promesse de nous rendre visite à Berlin.

Avec de cordiales salutations à toi et Bertha

Papa

482-Max [En-tête Vienne] 12.5.1929

Cher Max

Je te remercie cordialement pour tous tes bons vœux [1]. Il faut vraiment que je sois modeste dans mes plaintes, même si, comme tout un chacun, j'ai quelque raison pour cela.

Nous avons loué à Berchtesgaden, le Schneewinkellehen au bord de la route de Königssee. Les Burlingham essaient d'obtenir une des deux maisonnettes à proximité immédiate. Anna et Mrs B. ont été là-bas jeudi dernier, par l'avion Vienne-Salzbourg, aller et retour. Il paraît que l'impression a été grandiose.

Ernstl est tout à fait réjouissant ; il semble que l'expérience ait déjà réussi ; elle se poursuit. Bien sûr, il rouspète de manière tout à fait abominable ; mais il devient joli et viril. J'espère que tu nous rendras visite, à lui et à nous, une fois dans l'été ; je crois que tu aimes beaucoup Bchtgd.

Tante Minna s'en va mardi à Abbazia ; nous avons l'intention de partir après le 15 juin, il n'y a donc plus que 5 semaines.

Je vous salue, toi et ta petite famille, cordialement

Papa

483-Max [En-tête Vienne] Berchtesgaden 18.7.1929*

Cher Max

J'ai lu ta lettre à Ernstl et appris que ta femme a encore besoin de Karlsbad. Je crois que je t'ai déjà proposé une fois les moyens pécuniaires de cette cure [2]. Tu n'as pas répondu. J'espère que tu es maintenant plus accessible. C'est en effet une affaire où la nécessité et l'utilité sont hors de proportion avec les frais. Fais-moi savoir à combien tu les estimes, et tu pourras préparer le voyage sans délai.

Si tu viens ensuite ici, tu pourras te persuader à quel point nous avons mis ici dans le mille.

Avec un cordial salut à toi, Mère et Bertha

Papa

---

1. À nouveau pour l'anniversaire.
2. Cf. 478-Max avec note 2, p. 549.

484-Max [En-tête Vienne] Tegel 1.X.1929

Cher Max

À vrai dire, je te souhaite une autonomie matérielle prochaine et à moi un repos prochain, que je revendique, mais permets-moi d'espérer en attendant que je pourrai continuer encore longtemps la correspondance recommandée [1] que j'ai commencée aujourd'hui.

Nous ne rentrerons probablement pas avant la mi-octobre [2].

Je vous salue cordialement, toi et les tiens

Papa

485-Max [En-tête Vienne] 1 nov. 29

Cher Max

À la maison et de nouveau au travail ! Ernstl fait une très bonne impression de virilité ; il a maintenant dépassé la puberté. J'espère que les examens pratiqués sur Bertha livreront aussi de bons points de repère pour le traitement.

Cordialement

Papa

Ci-joint $ 50.

486-Max [En-tête Vienne] 1 déc. 1929

Cher Max

Tu seras heureux d'apprendre que nous considérons d'ores et déjà notre expérience avec Ernstl comme un succès. Tant dans son apparence que dans son comportement et dans ses performances à l'école, il se montre sous un jour très réjouissant. On est en droit d'espérer qu'il continuera à se consolider.

---

1. La lettre semble avoir été envoyée en recommandé à cause d'une insertion d'argent – peut-être 50 $ comme dans les suivantes. Désormais, de tels envois d'argent à Max se produisent chaque premier du mois. Ils auront sans doute accompagné aussi quelques brèves communications à la même date, qui n'y renvoient pas explicitement.

2. En fait, Freud dut rester à Berlin jusqu'à fin octobre à cause de travaux sur sa prothèse de mâchoire.

Il suffit que tu nous fasses maintenant savoir sous peu que l'état de santé de Bertha est également en bonne voie.

Bien des choses à toi et à Mère ! Cordialement

Papa

$ 50

487-Max [En-tête Vienne] 1.1.1930.

Cher Max

Cordiaux vœux de Nouvel An, tels que tu peux les attendre de nous. Ernstl évolue très bien ; il fait plaisir à voir, et a tout lieu d'être content.

Cordialement
Papa

488-Max [En-tête Vienne] 1.2.1930

Cher Max

Depuis sa grippe, Ernstl ne s'est pas vraiment remis, se plaint de douleurs au côté, etc. Nous l'avons fait examiner et avons obtenu l'information que ses glandes semblent bouger à nouveau ; pas étonnant, vu sa croissance rapide en cette période de sa vie. Il sera bien soigné et traité ; Anna s'occupe beaucoup de lui. Il n'est pas agréable que des considérations de santé interfèrent à présent avec son éducation ; mais il se comporte très bien, et nous espérons qu'il s'en sortira sans dommage.

Cordial salut à toi et aux tiens de

Papa

$ 50.

489-Max [En-tête Vienne] 2.3.1930

Cher Max

Cela te réjouira de recevoir de moi la confirmation qu'Ernstl se porte bien, moyennant des soins attentifs, et présente des signes objectifs d'amélioration. Avec cela, il se comporte correctement et raisonnablement, et réfute notre angoisse de voir son être-malade le faire régresser dans son développement. Je crois que ce n'est pas être trop optimiste que de ne pas se faire de souci sérieux pour lui. À présent, son anniversaire est imminent.

J'aime à entendre que ta femme aussi va mieux, et je te salue cordialement

Papa

Ci-joint : $ 50.

490-Max [En-tête Vienne] 5.5.1930. Tegel

Cher Max

Arrivé aujourd'hui ici avec Anna [1], d'où le retard pris ce mois-ci. Auparavant, j'ai passé 10 jours au Cottagesanator[ium], et me suis convaincu qu'il faut que je renonce complètement à fumer [2]. Tout cela n'est pas très réjouissant, bien que pas très étonnant, car demain, en toute discrétion, j'aurai – 74 ans !

À la gare, j'ai encore appris de Mme Eva Rosenfeld que le Pr Knöpf[el]macher a déclaré Ernstl en bonne santé.

J'espère que, chez toi aussi, tout va bien.

Cordialement papa

$ 50

491-Max [En-tête Vienne] Tegel 5.6.1930

Cher Max

Je me suis beaucoup réjoui de te voir à Berlin. Notre été n'a pas encore de visage ; nous resterons certainement à Tegel encore 2 semaines. Cordialement

Papa

$ 50.

492-Max [En-tête Vienne] Grundlsee 2.8.30

Cher Max

Notre maison [3] s'appelle la Rebenburg. Ernstl, qui est du reste un pensionnaire très gentil, t'en parlera certainement dans sa lettre.

1. À nouveau pour le (quatrième et dernier) traitement chez Schröder.
2. Ce qui, malgré tout, n'advint pas.
3. C'est-à-dire dans la localité de vacances de cette année-là : Grundlsee.

Le prix Goethe de 1930 vient de m'être attribué [1]. C'est Anna qui doit le recevoir le 28 de ce mois à Francfort.

Cordialement
Papa

493-Max [En-tête Vienne] Grundlsee 1.9.1930

Cher Max

Nous passons ici un temps merveilleux, et Ernstl le savoure aussi extraordinairement.

Cordiales salutations
Papa

494-Max [En-tête Vienne] 2.XI.1930

Cher Max

Me voici à nouveau sorti du lit et au travail. Ce furent 2 semaines affreuses [2].

Anna t'écrira certainement en détail au sujet des nouvelles intentions d'Ernstl [3]. Mon avis est qu'il a évolué de telle manière qu'on peut se dispenser d'un certain nombre de soucis à son endroit. Pourvu qu'il tienne bien le coup physiquement.

Avec de cordiales salutations à toi et aux tiens

Papa

495-Max [En-tête Vienne] 1.1.1931

Cher Max

Après la visite d'Ernstl, tu sais maintenant à notre sujet tout ce que je pourrais t'écrire. Je peux donc me contenter de souhaiter cordialement beaucoup de bonheur à toi et à tous les tiens.

Papa

---

1. Cf. note 2 de 268-Ernst.
2. Le 14 octobre 1930, Freud avait été opéré de la bouche (Molnar 1996, p. 147).
3. Se rapporte sans doute à un problème que W. Ernest Freud décrivit ainsi par la suite (Molnar 1996, p. 166) : « J'étais dans l'école très progressiste Burlingham-Rosenfeld à Hietzing (Vienne), mais je ne pouvais pas y passer les examens requis (baccalauréat). C'est pourquoi je dus trouver une autre école. Après quelques recherches, Anna Freud trouva pour moi la ferme-école Scharfenberg

496-Max [En-tête Vienne] 1.2.1931

Cher Max

Très heureux d'apprendre que tu as de meilleures attentes face à l'avenir immédiat [1]. En attendant, j'espère que la grippe ne vous a pas fait plus de mal qu'à nous.

Ici, nous sommes à nouveau passablement réunis. Ernstl paraît être *allright* [2] ; il développe un comportement sympathique.

Avec un cordial salut à toi et à tous les tiens

Papa

497-Max [En-tête Vienne] 10.2.1931

Cher Max

La lettre ci-jointe du directeur de notre Maison d'édition te donne un aperçu d'une situation stupide [3]. Bien sûr, je n'ai aucune envie de me faire photographier par un autre que par toi ; je te l'ai d'ailleurs promis. Ce que je préférerais, c'est empêcher toutes ces solennités ; mais je crains de ne pas le pouvoir cette fois ; c'est par ailleurs aussi certainement la dernière.

Alors, que vas-tu faire ? Tu sais combien nous aimons te voir ici. Mais cela vaut-il la peine pour toi de faire ce long voyage en peu de temps et, à vrai dire, sans aucun bénéfice en affaires ? Peut-être que tu fixeras d'autres conditions à la Maison d'édition. Je ne prendrai en aucun cas un engagement avec lequel tu ne serais pas d'accord.

Cordialement

Papa

---

sur une île dans le lac de Tegel à Berlin. » À partir d'avril 1931, Ernstl séjourna à Scharfenberg (*ibid.* ; cf. 281 *sq.*-Ernst), même si Freud ne mentionne que le 13.8 de cette année-là dans sa *Chronique la plus brève* qu'il y fut « admis ».

1. Il est possible qu'il ait informé Freud qu'il pouvait renoncer à ses subsides mensuels réguliers. Toutefois, au plus tard en juillet 1931, il reçut à nouveau de l'argent (283-Ernst).

2. *Sic.* [N.d.T.]

3. Storfer projetait à l'occasion du 75e anniversaire de Freud une « agitation » [au sens que ce mot a pris dans le cadre, par exemple, du militantisme politique] (F/E, p. 677), dont faisait manifestement partie l'insertion de nouvelles photos portraits. Max voulait, à cette fin, venir à Vienne (Martha/Lucie, 19.2.1931 ; UE), mais il semble que l'affaire tourna pourtant court (cf. les lettres suivantes).

498-Max [En-tête Vienne] 2.3.1931

Cher Max

Comme tu l'as déjà appris par Ernstl, ta venue ici est très souhaitée par nous tous. La Maison d'édition est prête à entrer en pourparlers avec toi, et j'ai déclaré que je refuse tout autre photographe. Il serait donc opportun que tu te mettes directement en relation avec A.J. Storfer.

Hélas, cet homme doué mais passablement cinglé vient justement de faire du grabuge [1]. Il est possible que je trouve là l'occasion de stopper tous les préparatifs à la cérémonie. Mais écris-lui.

Cordialement papa [2]

499-Max [En-tête Vienne] 15.3.1931

Cher Max

Tu es très innocent dans l'affaire Storfer. Il s'agit d'une bagarre entre lui et Eitingon. Provisoirement, j'utilise cet état de fait comme prétexte pour refuser ma participation aux manifestations dont Storfer est à l'origine. Ainsi, tu es aussi maintenant exempté de toute raison de te hâter de venir ici pour une nouvelle photo. Les anciennes photos me suffisent. Je ne vais sans doute pas me commettre avec une firme viennoise. S'il survenait un changement radical, tu en serais informé par télégramme.

Cordialement
Papa

500-Ernstl

Merci pour ta [a] sympathique participation à mon 75e anniversaire.
Vienne, mai 1931. [b]

Cordialement
Grand-papa

---

a. Substitué à la main au « votre » préimprimé.

b. Préimprimé jusqu'à ce point.

1. Il avait envoyé une lettre de congé à Eitingon en tant que « conseiller de surveillance » de la SARL Maison d'édition (F/E, p. 676 note 1) – prélude à sa démission de la Maison.

2. Est en outre conservée une enveloppe vide avec la mention de la main de Freud : « À Ernst/ pour le 11 mars 1931/ de son grand-père. » Une note d'une autre main (probablement celle d'Ernstl) spécifie : « Contenu 50 marks. »

501-Max [En-tête Vienne] XVIII Khevenhüllerstr. 6
[Début juin 1931] [1]

Cher Max

Ci-dessus notre nouvelle adresse. Ici, contre toute attente, il fait beau ; bon air, calme, pas du tout comme si l'on n'avait fait qu'un trajet de 12 minutes en auto depuis la Berggasse. Nos trois chiens [2] mènent une vie paradisiaque dans le jardin qui commence à la porte de ma chambre. Tout le monde est ici très satisfait. C'est ainsi qu'à un âge avancé je jouis des bénédictions d'une richesse relative. La Berggasse doit du reste changer de nom en mon honneur [3]. Si cela arrive effectivement, imagine combien je serai fier.

Cordialement papa

502-Max [En-tête Vienne] 24.4.1932

Cher Max

Tu as très bien fait. Cet homme ne s'est pas depuis manifesté chez moi [4]. Mais il le fera certainement encore ; il est très insolent, c'est-à-dire que probablement il agit ainsi pour camoufler l'humiliation que lui inflige sa misère actuelle.

J'ai appris avec regret par maman que ton estomac te tourmente à nouveau. J'ai moi-même quelque expérience en la matière. Lors de son dernier séjour, Ernstl a beaucoup plu à tout le monde ; il semble qu'Anna ait remporté ce succès.

Avec de cordiales salutations à toi, Mère et ta femme

Papa

503-Ernstl [En-tête Vienne] 8.5.1932

Cher Ernst

Ta lettre et tes nouvelles m'ont beaucoup réjoui.

Tu ne peux, bien sûr, pas deviner d'où je t'écris. Du bureau de la « villa » à Hochrotherd [5]. C'est déjà très confortable ici, les deux

---

1. Le 1er juin 1931, Freud avait déménagé dans ses quartiers d'été de cette année-là à Pötzleinsdorf.
2. Le chow-chow de Freud, Jofi, son « fils noir », ainsi que le berger d'Anna Wolf (F/E, p. 700).
3. Ne s'est pas produit.
4. Non éclairci.
5. C'est-à-dire la ferme d'Anna Freud et Dorothy Burlingham, dont l'aménagement avait été terminé entre-temps.

maîtresses de maison sont très hospitalières. Mais le temps est si désagréable qu'on se sent poussé à utiliser cette visite pour répondre à des lettres d'anniversaire.

Cordialement
Grand-papa

504-Max [En-tête Vienne] 10.5.1932

Cher Max

Cordiaux remerciements à toi et à ta charmante mère pour avoir une fois de plus célébré mon anniversaire avec tant de gentillesse. Il me reste peu de vœux pour moi-même, mais je me rallie de toute mon âme à vos attentes, qui vous font espérer des temps meilleurs. En attendant, nous sommes solidaires.

Cordialement
Papa

505-Max [En-tête Vienne] 13.7.1932*

Cher Max

Je n'ai pas la tranquillité requise pour continuer à travailler au machin avec lequel je remplis ces vacances [1]. Il faut que je m'interrompe et que je t'écrive, parce que Ernstl m'a apporté la nouvelle de la mort en douceur de ta chère mère [2]. Tu sais que je suis trop vieux pour être sentimental, et trop proche du même événement pour plaindre quelqu'un parce qu'il est mort. Ce qui me cause une très grande peine, c'est seulement l'idée qu'on l'a perdue. Bien sûr, tu l'as infiniment mieux connue que nous, puisqu'elle était ta mère ; mais tu dois apprendre comment elle nous est apparue. Nous avons surtout ressenti la grâce envoûtante de tout son être. Après que nous avons perdu notre petit Heinele, je lui ai écrit que j'étais persuadé que l'enfant avait hérité le charme qu'il avait pour nous tous de cette grand-mère qu'elle était. Tu sais que je n'ai pas pu oublier Heinele.

---

1. La *Nouvelle Suite des conférences d'introduction à la psychanalyse* (Freud 1933a, cf. par exemple F/E, p. 756).
2. Elle était morte le 11 juillet 1932 (StAH, Stammtafel Halberstadt). L'événement fut pour Freud assez important pour qu'il l'inscrivît dans sa *Chronique la plus brève* (à la date de cette lettre) (KCh).

On se dit qu'elle n'a pas été très heureuse dans la vie ; les plus durs coups du destin ne lui ont pas été épargnés [1]. Elle est tout au moins décédée paisiblement et sans douleur. Mais je suis certain qu'on l'a beaucoup aimée. Actuellement, je suis avec toutes mes pensées de sympathie possibles auprès de toi et des tiens. Je te prie de le leur dire.

Avec mes salutations et mes vœux les plus cordiaux
Ton papa

506-Max [En-tête Vienne] 4.9.1933
XIX Hohe Warte 46*

Cher Max

Merci pour tes comptes rendus de tes voyages exploratoires. Tu sais que, quand tu te seras décidé, nous serons de cœur avec toi [2].

Ernstl est très appliqué [3], semble se sentir bien et a bonne mine, il devient proprement joli.

Hier, nous avons eu la visite du Dr Laforgue et de sa femme, venus de Paris, qui se mettent amicalement en peine d'Oli. Malheureusement, le Dr L. a la réputation, à en croire des exemples antérieurs, de faire des projets et des promesses qui ne se réalisent jamais [4].

Cela comme introduction aux propos suivants, qui te concernent : [a]le Dr L. a parlé d'un M. Radó [5], qu'il connaît, qui va installer à Paris une agence de photographie, et qui est si apprécié que, même après avoir été chassé de Berlin, il a conservé la représentation de la maison d'édition Scherl [6]. Il paraît que cet

---

a. Trait rouge en marge jusqu'à « expérimentés ».

1. Elle avait survécu à son mari pendant 47 ans et perdu son deuxième fils Rudolf à la guerre – pour ne rien dire des pertes dans la famille de Max.
2. À propos de ces reconnaissances, cf. 133-Oli.
3. Il était venu début avril de Berlin à Vienne, ce qui faillit échouer d'un cheveu à cause de sa nationalité allemande (Molnar 1996, p. 254), et il s'y préparait au baccalauréat.
4. Cf. 133-Oli avec note 1, p. 229.
5. Carl (Charles) Radó (1899-1970 ; nécrologie *NY Times*, 5.10.1970) ; fonda à Paris en 1933 l'agence photographique Rapho, qui existe encore aujourd'hui. Il n'entra manifestement pas en contact avec Max Halberstadt.
6. Maison d'édition berlinoise, propriété de Hugenberg, qui publiait des journaux allemands nationalistes. Dès 1931, Carl Radó était décidé à résilier le plus

homme pourrait avoir besoin de collaborateurs expérimentés. Or, il se trouve qu'il est le frère d'un de nos meilleurs membres, le Dr Sándor Radó [1], actuellement à New York, en ce moment probablement encore à Porto dei Marmi (Italie, près de Viareggio [2]). L. est d'avis que tu devrais te mettre en rapport avec les Radó. Il est certain que ta relation à nous ne restera pas sans influence. L. ne rentre à Paris que début oct. (P.[aris] XVIe, 1 rue Mignet). Tu pourrais alors lui écrire ; pour ce qui est d'écrire au Dr Radó en Italie, tu le pourrais tout de suite. L. ne savait pas où son frère séjourne en ce moment. Je t'écris à ce sujet sans surestimer l'affaire.

Avec un cordial salut
Papa

507-Max [En-tête Vienne] 18.XI.1933*

Cher Max

Ta lettre m'a beaucoup surpris [3]. Je ne comprends pas la situation, car je n'avais pas pris d'autres dispositions, et Ernst avait promis de s'occuper des envois comme jusqu'ici, tant qu'il resterait à Berlin. Voici qu'il vient de partir le jeudi 16 ; il a brièvement donné comme adresse

BM/Freud
London W.C.1. [4].

Pourquoi ne lui as-tu pas écrit tout de suite en octobre ?

Bien sûr, les contributions d'oct. et nov. seront rattrapées. Pour déc. tu seras approvisionné d'un autre côté [5]. J'écris aussitôt à Ernst,

---

tôt possible ses liens avec Scherl à cause de sa « tendance politique » (lettre à Eitingon du 9.9.1931 ; ISA, legs Eitingon 2969/1).

1. Sándor Radó (1890-1972), médecin et psychanalyste hongrois, depuis 1922 à Berlin. À partir de fin 1824 rédacteur exécutif de l'*Internationale Zeitchrift für Psychoanalyse*, il émigra en 1931 à New York, où il fonda dans les années 1930 une école psychanalytique qui critiquait Freud (cf. Rado 1995).

2. Dans le nord de la Toscane.

3. Max l'avait informé qu'il n'avait pas reçu pour octobre et novembre 1933 les subsides réguliers de Freud, qui passaient par Ernst avant son émigration en Angleterre (302-Ernst).

4. Cf. 302-Ernst avec note 2.

5. En fait, Ernst assuma encore le versement de décembre ; à partir de janvier, Martin aménagea un canal à partir de Zurich (303-Ernst).

pour faire élucider cet incident. J'espère que ce retard ne te mettra pas dans l'embarras.

Je travaille à nouveau, mais ne suis pas encore autorisé à monter des escaliers [1], ce qui doit toutefois être envisagé la semaine prochaine. Espère apprendre davantage de tes intentions.

Cordialement
Papa

508-Max Vienne 22.2.34* [a]

Cher Max

Pour autant que je puis en juger, je te donne raison quant à ta décision [2]. Nous aussi sommes face à de nombreux projets, et nous préférerions les rejeter tous. Prochainement, quand j'y verrai plus clair, je t'en dirai plus.

Cordialement
Papa

509-Max [En-tête Vienne] 20.4.1934*

Cher Max

Nous croyons nous-mêmes que cela a été sage de ta part que de renoncer à l'émigration et de rester à Hambourg, où la vie semble être plus facile qu'ailleurs dans le Reich. Oli, dont nous attendons l'arrivée ici ce soir – pour quelques jours –, ne vit pas à l'aise à Paris, mais il n'a encore rien trouvé du tout, et n'a manifestement aucune perspective non plus de trouver quoi que ce soit. Ce qu'il va entreprendre est tout à fait obscur. Ernst a trouvé à Londres un

---

a. Carte postale.

1. Le 5 septembre 1933, Freud avait été victime d'une attaque cardiaque, à la suite de laquelle il ne pouvait plus monter des escaliers (Molnar 1996, p. 276, 279). Il ressort de la deuxième lettre après celle-ci que son handicap dura longtemps.

2. Se rapporte très probablement à la renonciation (provisoire) à l'émigration, dont il est question de manière détaillée dans la lettre suivante. La phrase qui suit, formulée de manière cryptée à cause de la censure du courrier, a pour arrière-plan le fait que, peu de jours auparavant, avait sévi à Vienne une guerre civile, qui conduisit à un renforcement de la dictature austro-fasciste en Autriche. Tant que l'issue fut incertaine, Freud songea aussi à l'émigration (cf. 304-Ernst).

accueil sympathique, a noué beaucoup de relations, mais il n'est encore non plus arrivé à rien. On nous assure qu'il va percer ; il le croit lui-même ; mais, pour l'instant, il vit sur ce qu'il a pu emporter de la fortune de sa femme. Les enfants ont trouvé une très bonne place dans une école moderne à Dartington, Devonshire. En y allant en auto, ils ont eu un accident, lors duquel seule Lux a été blessée [1]. Elle est restée alitée pendant des semaines dans un hôpital de la petite ville de Yeovil dans le Somerset, semblait être dans un état bien critique ; mais tout s'est bien passé, et maintenant elle est à nouveau auprès d'Ernst à Londres. Adresse à Londres : W1 36 Clasges Street, au cas où tu ne l'aurais pas déjà.

Dès la fin de ce mois, nous voulons partir en villégiature d'été à Grinzing

XIX Strassergasse 47.

La maison est simple et confortable, le jardin très beau, pour une part plat ; pour ce qui est de l'autre partie, montante, il faudra que je commence par en faire la conquête, ne pouvant pas encore actuellement monter. Depuis l'attaque de sept. dernier, je suis très limité. Mais tout le monde se réjouit beaucoup à la perspective de cet été. Ernstl logera, bien sûr, chez nous. J'espère que tu auras suffisamment de nouvelles par lui-même.

À présent avec de cordiales salutations pour toi et les tiens

Papa

510-Max [En-tête Vienne] 17.2.1935*

Cher Max

Je trouve très compréhensible ton vœu de voir encore Ernstl avant la Palestine. Quand il en sera là, nous y songerons [2]. Un lieu comme Prague, à mi-distance, pourrait être ce qui convient.

Quand, dernièrement, tu m'as proposé de diminuer de moitié ta subvention mensuelle, je n'inclinais pas du tout à acquiescer. Entretemps, mes enfants m'ont objecté ce que nous coûte actuellement Ernstl depuis qu'il habite chez des tiers, qu'il a besoin de rattrapage

1. Cf. 301- et 307-Lucie.
2. En fait, Ernst Halberstadt ne partit qu'en décembre 1935 pour la Palestine, où les choses toutefois ne lui dirent rien, de sorte qu'il rentra au bout d'à peu près six mois (Molnar 1996, p. 342).

et, de surcroît, d'analyse, et, au vu du recul simultané de mes revenus et de ceux d'Anna, je suis maintenant prêt à utiliser pour lui une part de ta subvention.

Tu sais probablement qu'au total il nous apporte plus de soucis que de plaisir. Cela nous vexe aussi qu'à presque 21 ans il ne vienne pas à bout de son pensum à l'école. Si, cette année, il n'est pas admis au baccalauréat, nous ne prolongerons pas davantage sa scolarité, mais l'abrégerons ! Nous voudrions déjà croire que les influences nouvelles en Palestine – où il n'est pas encore – lui auront fait du bien et l'auront aidé à reprendre pied. Toutes les circonstances extérieures sont si sombres aujourd'hui ; nos jeunes devraient au moins ne nous donner que des sujets d'espérance.

Avec de cordiales salutations à toi et à ta maison

Papa

511-Max [En-tête Vienne] 19.5.1935
XIX Strasserg. 47*

Cher Max

Je trouve tardivement le temps de te remercier de ta lettre [1] et de tes nouvelles. Nous vivons déjà depuis 4 semaines à Grinzing, le printemps a été âpre, froid et venteux, mais cela a présenté l'avantage que la floraison s'est épanouie avec lenteur. Cela a donc été très beau – dans la mesure où l'on pouvait en jouir.

Les femmes vont bien, maman est active et sereine comme toujours, Anna infatigable dans son travail et dans ses soins [2], tante Minna n'est malheureusement pas encore débarrassée de son catarrhe bronchique. Je pense qu'elle ira séjourner encore ces prochains jours au sanatorium Edlach (parages du Semmering). D'Ernstl, je vois peu de chose, il paraît qu'il est très studieux ; il y a bon espoir qu'il réussira au baccalauréat [3]. Ensuite, Martin prendra énergiquement en main son installation en Palestine.

Mon travail est très restreint par comparaison avec des périodes antérieures. J'ai cinq patients par jour ; mais seuls trois d'entre eux

1. Une fois de plus d'anniversaire.
2. Sous-entendu : prodigués à lui-même, son père.
3. Ce fut le cas, comme Freud le nota le 27 juin 1935 dans sa *Chronique la plus brève* (Molnar 1996, p. 330).

paient. Il semble bien qu'il soit déjà connu que je suis devenu vieux. Quant aux nombreux troubles de la santé, on n'a guère le droit à mon âge de s'en plaindre.

Tu as sans doute appris qu'Oli dirige actuellement à Nice un magasin de photo. Ainsi, il a au moins du travail, même si, pour l'instant, il n'en a pas davantage.

Avec de cordiales salutations à toi et aux tiens

Papa

Les dernières pièces de la correspondance entre Freud et la famille de Max qui sont conservées datent de l'année 1936 et ont été écrites à l'occasion du 80e anniversaire de Freud. Max lui-même se trouvait alors en voyage pour l'Afrique du Sud. Du bateau, il écrivit à son ex-beau-père une lettre qui rendait compte de ses projets, et envoya par télégramme « de très cordiaux vœux de bonheur d'une traversée magnifique ». Sa femme Berta (c'est ainsi qu'elle orthographiait son propre nom) félicitait aussi dans une lettre « le très honoré et cher Professeur[1] *». Aux salutations qu'Ernstl envoya de Palestine, Freud répondit par une carte qu'il avait fait imprimer pour l'occasion.*

512-Ernstl — Mai 1936

Je te remercie cordialement pour la part que tu as[a] prise à la célébration de mon quatre-vingtième anniversaire[b]

Grand-père

avec le vœu que tu trouves un beau foyer.

a. Substitué au « vous avez » préimprimé.
b. Préimprimé jusqu'ici.

1. Les félicitations pour le 80e anniversaire se trouvent in UE.

Lettres de Freud à Mathilde Halberstadt et à Arthur Lippmann

À Mathilde Halberstadt, la mère de Max

[En-tête Vienne] 23.3.20

Chère mère Halberstadt

Je trouve touchant que vous nous ayez quand même écrit maintenant [1]. Souvenez-vous, la dernière fois, lors de l'autre malheur [2], je n'étais pas parvenu à vous écrire. En effet, une mère ne peut être consolée ; comme j'en fais à présent l'expérience, un père, à peine.

Nos pensées aussi sont constamment auprès de Max et des deux orphelins. Ma femme fera le voyage à la fin de ce mois, si les circonstances ne viennent pas encore l'interdire au dernier moment. Nous voudrions passer une partie de l'été quelque part à la campagne avec les enfants, de telle sorte que Max puisse venir souvent. J'espère que nous réussirons.

De Heinzl aussi je me suis pris d'affection après avoir fait brièvement sa connaissance. Il est vrai qu'il ne se presse pas particulièrement dans son développement, mais il a largement le temps de se rattraper, et il est déjà un petit d'homme sympathique. Ernstl est très mûr pour son âge.

Je vous souhaite de tout cœur bonne santé, jusqu'à ce que nous nous revoyions.

Votre fidèlement dévoué
Freud

[En-tête Vienne] 16.5.26.

Chère grand-mère

Je vous remercie, avec une émotion mélancolique, pour vos chères lignes [3]. Nous ne nous sommes pas vus trop souvent, mais

---

1. C'est-à-dire après la mort de Sophie, avec un retard de deux mois.
2. Lorsque le frère de Max était tombé au front (note 3 de 392-Max, p. 473).
3. Probablement à l'occasion du 70ᵉ anniversaire.

nous avons vécu tant de choses ensemble que nous ne pouvons qu'avoir l'un pour l'autre les mêmes sentiments qu'une paire de vieux fidèles camarades.

Puisse l'avenir vous réserver encore bien de belles et bonnes choses après tant d'expériences douloureuses !

Cordialement votre
Freud

À Arthur Lippmann (hôpital général de Hambourg-Saint-Georges) à propos de la mort de Sophie Halberstadt [1]

[En-tête Vienne] 15 févr. 20

Très honoré collègue [2]

Je vous remercie beaucoup pour votre compte rendu de maladie circonstancié. Il est vrai que je n'ai jamais soupçonné que vous et les autres médecins auriez pu négliger quoi que ce soit en vue de son [3] rétablissement ou de son soulagement. Les détails que vous communiquez satisfont pleinement le besoin médical de savoir que tout était nécessaire et inévitable. Le cas était manifestement depuis le début désespéré.

Pour moi, la nouvelle fut plutôt l'information selon laquelle la grossesse avait si profondément modifié dans un sens défavorable son état tant corporel que psychique. On ne pourra sans doute jamais juger dans quelle mesure l'absence de résistance face à l'infection a été ensuite liée à cette dégradation.

Mais, d'un autre point de vue, le destin malheureux de ma fille me semble comporter un avertissement qui n'est souvent pas pris avec assez de sérieux par notre corporation. Face à une loi inhumaine et dépourvue d'empathie, qui impose même à la mère qui ne le veut pas la poursuite de la grossesse, le médecin devrait manifestement se faire un devoir d'enseigner les voies appropriées et inoffensives susceptibles d'empêcher les grossesses non désirées

1. Lettre reproduite chez Andrae (2003, p. 180 *sq.*) ; ici restituée dans ma propre transcription d'après l'original (StAH, legs familial Lippmann).
2. Arthur Lippmann (1884-1950), spécialiste des maladies internes à l'hôpital général Saint-Georges de Hambourg (Andrae 2003, p. 52-114).
3. C'est-à-dire de Sophie.

– dans le cadre du mariage. Lors de ma dernière visite en sept. 19, ma fille m'en avait parlé, les deux jeunes gens souffrant vivement des restrictions qu'ils s'étaient imposées. Je ne pus rien faire d'autre que les adresser à un gynécologue en vue de la pose d'un pessaire [1] occlusif. Il faut qu'ensuite, sur ce point, quelque chose se soit passé qui n'a pas convenu. J'espère que de semblables expériences contribueront à ce que les gynécologues prennent de plus en plus nettement la mesure de cette tâche qui leur incombe.

Je suis, honoré collègue, avec de sincères remerciements pour la peine que vous avez prise et pour votre sympathie

Votre dévoué
Freud

1. D'après le *Grand Larousse universel* : « diaphragme anticonceptionnel (vieilli) ». [N.d.T.]

Notice éditoriale et remerciements

Les originaux des lettres qui sont reproduites ci-dessus se trouvent pour la plupart à la Library of Congress (Washington), dans le département des Sigmund Freud Papers. Ils sont arrivés là après la mort d'Anna Freud (en 1982), aux termes d'un contrat que K.R. Eissler, le fondateur et directeur, pour de longues années, des Freud Archives, avait conclu dans les années 1960 avec les enfants Freud. Il restait un nombre important de lettres à Lucie et Ernst en possession de Lucie Freud, qui furent abandonnées dans les années 1990 à l'agence Sigmund Freud Copyrights, dont la collection de documents afférents à Freud constitue aujourd'hui la Sigmund Freud Collection de l'University of Essex (Colchester). Dix pièces, qui se trouvent encore actuellement chez Stephen (= Gabriel) Freud, existent à Colchester sous forme de photocopies. Une bonne douzaine de lettres à Max Halberstadt, qui ont une très grande importance aux yeux de sa seconde femme Bertha, ont été conservées par celle-ci et sont passés entre-temps en la possession du petit-fils, Peter Rosenthal. Quelques autres pièces se trouvent au Freud Museum (Londres) et chez Sophie, la fille de Martin [1].

Pour la présente édition, ces divers stocks ont été rassemblés. L'objectif était de réunir de manière complète et de restituer toutes les lettres conservées de Freud à ses enfants Mathilde, Martin, Oliver, Ernst et Sophie, à leurs conjoints et à leurs enfants. Quant aux lettres qui avaient déjà été publiées ailleurs, on a procédé à une sélection : on n'a reproduit une nouvelle fois que les pièces qui paraissaient pertinentes à la relation

1. Le contrat avec les Freud Archives, dont la collection représente le stock principal des Sigmund Freud Papers, a été décrit par Eissler (Schröter 2009, p. 54). Seulement à Colchester, à Washington aussi, quelques lettres ne se rencontrent qu'à l'état de photocopies. Cf. en outre le livre de Sophie Freud (2006).

entre le père et ses enfants (tandis que, par exemple, de simples récits de voyages ont été seulement signalés, mais pas dupliqués par rapport aux *Lettres de voyage* de 2002). Les lettres associées des enfants, dans la mesure où elles ont été conservées, et les lettres d'autres membres de la famille – outre la mère, surtout la tante et les frères et sœurs – n'ont pas été intégrées. Les premières sont présentées sous forme d'extraits et, sinon, au moins signalées, les secondes sont utilisées pour l'annotation [1]. Ces lettres d'autres scripteurs se trouvent en majorité ou bien au Freud Museum de Londres ou bien à Colchester, et sont répertoriées dans les divers catalogues qui ont été constitués par Christfried Tögel (pour Londres) et Thomas Roberts (pour Colchester).

Les textes de lettres reproduits ont été généralement prélevés sur les originaux (ordinairement manuscrits), la plupart du temps à l'aide de photographies, de photocopies ou de fac-similés ; cela vaut aussi pour des pièces qui étaient déjà publiées ailleurs – souvent pas tout à fait sans erreurs. Pour le gros des lettres, on a eu recours aux transcriptions brutes d'Ernst Falzeder ; pour les lettres à Ernst et Lucie (1918-1933), j'ai pu me fonder sur une copie de ma propre main, pour les lettres associées, surtout celles de Martin, sur une copie de Gerhard Fichtner. Ingeborg Meyer-Palmedo a confronté la transcription des lettres de Freud à des photos des originaux et l'a, le cas échéant, rectifiée ; c'est elle qui s'est aussi chargée d'une grande partie de l'appareil de critique textuelle. Bien que je sois responsable des textes en dernière instance, il m'a paru approprié de rendre hommage sur la page-titre à la part substantielle qu'Ingeborg Meyer-Palmedo et Ernst Falzeder ont prise à son établissement.

La forme donnée au texte suit très largement celle de l'original. Cela vaut pour les particularités de tous ordres, qu'il s'agisse de l'orthographe, de la ponctuation ou des abréviations, également des soulignements [...]. Les post-scriptum se situent à la fin de chaque lettre, sans égard pour la place qu'ils occupent dans l'original. On a renoncé à restituer l'en-tête imprimé de Freud, qui se présente de manière pratiquement invariante dans la très large majorité des pièces. [...] Les ajouts de l'éditeur sont insérés entre crochets là où cela a paru souhaitable pour la compréhension du sens ; les crochets du manuscrit ont été transformés en parenthèses pour des raisons d'univocité. Afin d'éviter des confusions, les noms propres sont présentés la plupart du temps avec leur orthographe correcte (par exemple : « Schröder » au lieu de « Schroeder »). Les noms de patients sont rendus anonymes (majuscules entre crochets), dans le cas où ils n'ont pas déjà été publiés.

---

1. Les lettres de Martha qui figuraient dans le legs de Max Halberstadt sont conservées par Peter Rosenthal. Elles n'ont pas été consultées pour cette édition.

L'appareil de notes se divise en notes de critique textuelle (appels par des lettres) et en explications de fond (indiquées par des nombres). Dans l'appareil de critique textuelle sont exposées les particularités de chaque document écrit, par exemple s'il s'agit d'une carte postale avec vue, d'une lettre par exprès ou tapée à la machine. Dans le cas où des enveloppes sont conservées, les adresses qui sont indiquées dessus sont consignées, dans la mesure où elles sortent d'une manière ou d'une autre de l'ordinaire, par exemple pendant des vacances ou bien après un déménagement. [...] Là où le texte imprimé corrige des lapsus manifestes, une note de critique textuelle signale l'intervention et restitue le libellé original. – L'appareil portant sur le fond est aussi concis que possible. On a fait un peu plus de place à des citations éclairantes empruntées à des sources non publiées. En général, la provenance des informations est explicitée – ce qui n'est toutefois pas le cas pour des résultats de recherches simples pratiquées sur Internet : de même que les éditeurs ont de toute façon reproduit sobrement, dans les notes portant sur le fond, un savoir emprunté aux dictionnaires, de même il est aujourd'hui superflu dans beaucoup de cas de citer de manière précise et exhaustive les sources du savoir tiré de Google.

Les textes intercalés croquent le contexte biographique là où cela a paru nécessaire, en particulier dans le cas de lettres isolées. Les esquisses biographiques concernant les enfants dessinent le cadre d'ensemble dans lequel évolue chaque liasse. L'introduction au début du volume livre quelques informations précises sur la vie de Freud et des réflexions permettant de comprendre ses lettres à ses enfants. Par opposition aux esquisses biographiques, qui restituent aussi les résultats de recherches personnelles, l'introduction n'a pas une telle prétention, mais est à entendre pour l'essentiel comme vade-mecum à l'adresse du grand public. Tous les textes qui sont de la plume de l'éditeur sont imprimés en italique, les notes mises à part.

Il convient de se réjouir du fait que le Aufbau Verlag a bien voulu adjoindre aux lettres dans chaque cas plusieurs photographies. On a choisi pour chaque enfant un portrait individuel, ainsi que dans la mesure du possible, une photo avec partenaire ou enfants, ainsi qu'une photo en relation avec d'autres membres de la famille. La sélection a été par ailleurs déterminée à la fois par un souci de diversité et celui de faire connaître un maximum de photos jusque-là non publiées. Sur un champ aussi labouré, on peut considérer comme un succès que plus de la moitié des reproductions contenues dans ce volume – y compris le frontispice de Freud – soient des nouveautés dans la littérature freudienne. Le gros des photos est issu du fonds du Freud Museum de Londres.

Reste l'agréable devoir des remerciements. À bien des égards, la présente édition a bénéficié du fait que, depuis des années, un petit réseau de spécialistes s'occupe des lettres de Freud. Ma gratitude va d'abord à Ernst Falzeder (Salzbourg), qui m'a cédé ses transcriptions déjà existantes de toutes les lettres aux enfants se trouvant à Washington, et à Ingeborg Meyer-Palmedo (Murnau), qui les a revues. Ernst Falzeder a aussi apporté une contribution à l'annotation des lettres à Mathilde, et il a généreusement mis à ma disposition ses copies d'autres lettres de Freud non publiées. Alors que j'ai pu exprimer ma gratitude envers ces deux collègues sur la page de titre, il faut que mon remerciement à l'égard de Gerhard Fichtner (Tübingen) reste informel. Il a en particulier mis à ma disposition ses volumineux ouvrages de données – bibliographies, listes et textes intégraux –, qui ont constitué, à toutes les étapes de mon travail, une aide précieuse, se révélant ainsi être non seulement le doyen de la recherche freudienne, mais, comme déjà si souvent, son promoteur désintéressé.

Je remercie ensuite cordialement les collègues qui se sont déclarés prêts à commenter mon manuscrit en totalité ou pour certaines de ses parties : Albrecht Hirschmüller (Tübingen) et Michael Molnar (Londres), ainsi qu'Ernst Falzeder, Gerhard Fichtner et Ingeborg Meyer-Palmedo. Toute personne qui a une fois accompli un travail d'édition tel que celui-ci saura d'expérience qu'on avance plutôt sans anicroche pendant les trois quarts du chemin, et qu'ensuite chaque pourcent d'amélioration est de plus en plus difficile à obtenir. Je remercie les personnes susnommées de m'avoir aidé à ajouter, ici et là, ce pourcent de mieux, qui m'aurait été inaccessible à moi seul.

Michael Molnar et Tom Roberts (Wivenhoe) m'ont très largement facilité l'accès aux archives du Freud Museum de Londres et de Colchester ; Nellie Thompson (New York) m'a soutenu dans mon travail à Washington ; Ann Freud (Londres) m'a aimablement donné accès aux matériaux qui étaient restés aux mains de son mari Stephen, et elle m'a transmis des données familiales ; c'est à Gisela Schneider-Flagmeyer (Bergisch-Gladbach) que je dois le beau portrait double de Max et Sophie Halberstadt issu du legs de W. Ernest Freud. Je remercie cordialement Eva Spangenthal (Johannesburg), la fille du deuxième lit de Max, et son fils Peter Rosenthal (Charleston, SC), qui ont bien voulu me communiquer les lettres originales de Freud qui se trouvaient en leur possession. J'ai pu les contacter grâce à la généreuse participation de Wilfried Weinke (Hambourg) à mon projet d'édition.

Enfin, un certain nombre de personnes m'ont apporté leur aide sur divers points par des renseignements, des commentaires et d'autres biais encore ; je les nomme par ordre alphabétique : Thomas Aichhorn (Vienne), Ida Fairbairn (Londres), Georg Gaugusch (Vienne), Michael Giefer (Bad Homburg), Philippe Helaers (Gand), Ludger M. Hermanns (Berlin), Christian Huber (Vienne), Katharina Keifenheim (Tübingen), Angelika Schönfeld (Berlin), Joachim Schröter (Hambourg), Renate Schröter (Darmstadt), Harry Stroeken (Utrecht), Anton Uhl (Ratisbonne), Wolfgang von Ungern-Sternberg (Ratisbonne) Mai Wegener (Berlin), Herbert Will (Munich). D'autres remerciements se trouvent dispersés dans les notes de cette édition.

Je remercie Magdalena Frank d'avoir recommandé mon projet chez le Aufbau Verlag, où il a été pris en charge par Christina Salmen avec autant d'empressement que de compétence. Dominic Angeloch a coopéré à la mise en œuvre technique du manuscrit avec soin et énergie ; c'est Hartmut Schönfuß qui a établi d'une manière qui requiert reconnaissance l'index des noms de personnes.

La publication des lettres de Freud à ses enfants a été financièrement rendue possible par la fondation Blum-Zulliger (Berne) et par le Sigmund-Freud-Zentrum des Salus-Instituts für Trendforschung und Therapieevaluation in Mental Health (Magdebourg). Je suis très reconnaissant aux directeurs de ces deux institutions, Kaspar Weber et Christfried Tögel, de leur soutien. Mais ma plus grande dette quant au présent volume va une fois de plus à ma communauté de vie et de travail avec Ulrike May.

Berlin, novembre 2009
Michael SCHRÖTER

Additif du traducteur

Dans les lignes qui précèdent, j'ai indiqué par le signe [...] des omissions volontaires. En effet, certaines opérations décrites quant à la transcription d'un manuscrit en texte imprimé perdent leur pertinence dès lors que s'ajoute à cette mutation celle de la traduction en langue française. D'une part, le lecteur francophone ne comprendrait souvent rien à l'enjeu ; d'autre part, le traducteur ne saurait pas toujours faire passer en français des modifications strictement propres à l'allemand.

Pour ce qui est des abréviations, dont Freud fait un usage fréquent, tant pour des noms propres que pour des noms communs, je ne les ai conservées que pour autant qu'elles ne constituaient pas une entrave à la compréhension aisée du texte par le lecteur francophone.

Quant aux ratures, lapsus, etc., me trouvant dans une position différente de celle de l'éditeur allemand, j'ai renoncé à tout ce qui m'apparaissait purement mécanique et de peu d'intérêt pour le lecteur francophone. En revanche, j'ai conservé tout ce que je pouvais tenir pour « significatif », notamment au titre de lapsus. Cela arrive.

Que soit ici chaleureusement remercié l'éditeur allemand, Michael Schröter, qui a toujours répondu avec promptitude, empressement et précision à tous les courriels dans lesquels je faisais état de mes difficultés à comprendre ou à traduire tel passage ou mot du texte. Le style épistolaire est en effet parfois elliptique ; il s'y rencontre aussi quelques termes très techniques.

Fernand CAMBON

Chronologie

1856 *6 mai* : naissance de Sigmund Freud à Freiberg en Moravie (aujourd'hui : Pribor).

1873 *été-automne* : baccalauréat, début des études de médecine à l'université de Vienne.

1881 *31 mars* : doctorat de médecine générale.

1882 *17 juin* : fiançailles avec Martha Bernays (1861-1951) de Hambourg ; mariage le 13 septembre 1886.

1885 *5 septembre* : nomination au titre de chargé de cours [*Privatdozent*] en neuropathologie.

1886 *25 avril* : ouverture d'un cabinet de neurologie.

1887 *16 octobre* : naissance de sa fille Mathilde.

1889 *7 décembre* : naissance de son fils Jean Martin.

1891 *19 février* : naissance de son fils Oliver ; *12 septembre* : déplacement du cabinet et du logement à la Berggasse 19.

1892 *6 avril* : naissance de son fils Ernst.

1893 *12 avril* : naissance de sa fille Sophie.

1895 *Études sur l'hystérie* (avec Josef Breuer) ; *3 décembre* : naissance de sa fille Anna.

1896 *été* : emménagement de Minna Bernays chez Sigmund et Martha Freud.

1900 (proprement novembre 1899) *L'Interprétation du rêve.*

1901 *Psychopathologie de la vie quotidienne.*

1902 *5 mars* : nomination au titre de professeur extraordinaire ; *octobre* : fondation de la Société psychologique du mercredi, qui se constituera en 1910 en Association psychanalytique viennoise (membres célèbres des premières années, entre autres : Alfred Adler, Paul Federn, Hugo Heller, Eduard Hitschmann, Otto Rank, Hanns Sachs, Wilhelm Stekel).

1905 *Trois Essais sur la théorie sexuelle.*

1905 Eugen Bleuler, professeur de psychiatrie à Zurich, se déclare adepte dans ses premières lettres à Freud – percée vers la reconnaissance.

1906-1908 Commencement des relations amicales et des correspondances avec C.G. Jung (Zurich), Max Eitingon et Karl Abraham (d'abord Zurich, ensuite Berlin), Sándor Ferenczi (Budapest) et Ernest Jones (d'abord Toronto, ensuite Londres).

1908 *26-27 avril* : première rencontre internationale des adeptes de Freud (comptabilisée plus tard comme premier Congrès psychanalytique international) à Salzbourg ; *été-automne* : baccalauréat de Martin Freud et commencement de ses études de jurisprudence à Vienne ; terminées en 1913 avec doctorat.

1909 Premier volume du *Jahrbuch für psychoanalytische und psychopathologische Forschungen*, première revue psychanalytique, avec Bleuler et Freud comme directeurs, Jung comme rédacteur (paraît jusqu'en 1914) ; *7 février* : mariage de Mathilde Freud et du marchand viennois Robert Hollitscher (1875-1959) ; *été-automne* : baccalauréat d'Oliver Freud et commencement de ses études à la Technische Hochschule de Vienne ; terminées en 1915 avec un diplôme d'ingénieur en construction.

1910 Fondation du *Zentralblatt für Psychoanalyse*, deuxième revue psychanalytique, avec Freud pour directeur, Adler et Stekel comme rédacteurs ; *30-31 mars* : fondation de l'Association psychanalytique internationale sous la présidence de Jung ; *été-automne* : baccalauréat d'Ernst Freud et début de ses études d'architecte à Vienne ; en 1913, poursuite à Munich ; terminées là-bas en avril 1919.

1911 Fin de la scolarité d'Anna Freud et commencement de sa formation d'institutrice (terminée en 1914) ; accentue les démêlés avec Adler, qui mènent à la mi-juin à sa démission de l'Association psychanalytique viennoise.

1912 Fondation d'*Imago. Zeitschrift für Anwendung der Psychoanalyse auf die Geisteswissenschaften*, éditée par Freud, rédigée par Rank et Sachs ; *été* : commencement des démêlés avec Jung, qui le conduisent en 1913-1914 à abandonner ses fonctions dans l'école de Freud et à démissionner de l'API ; fondation du « Comité » comme organe directeur informel de l'API par Ferenczi, Jones, Rank et Sachs, auxquels viennent s'ajouter Abraham en 1913 et Eitingon en 1919 ; *novembre* : Stekel démissionne de l'Association psychanalytique viennoise, emportant avec lui le *Zentralblatt* ; au titre de remplacement, fondation de l'*Internationale Zeitschrift für [ärztliche] Psychoanalyse*, avec Freud comme directeur, Rank comme principal rédacteur.

1913 *26 janvier* : mariage de Sophie Freud et du photographe hambourgeois Max Halberstadt (1882-1940), Sophie déménage à Hambourg.

1914 *11 mars* : naissance d'Ernst Wolfgang (« Ernstl »), premier enfant de Sophie et Max Halberstadt ; *1er août* : début de la Première Guerre mondiale ; Martin Freud se porte volontaire, bien qu'il soit enregistré comme inapte au service (août 1914), Ernst s'engage, alors que son incorporation est imminente (septembre 1914).

1915 *19 décembre* : mariage d'Oliver avec Ella Haim ; divorce le 10 septembre 1916.

1916 *novembre* : Oliver Freud se présente au service militaire, alors qu'il a été auparavant ajourné du fait de sa participation à des travaux de construction d'une importance stratégique.

1916-1917 *Conférences d'introduction à la psychanalyse.*

1918 *novembre* : fin de la guerre, chute de la monarchie impériale et royale, l'Autriche devient une république ; *8 décembre* : naissance de Heinz Rudolf (« Heinele »), second enfant de Sophie et Max Halberstadt.

1919 *janvier* : fondation de la Maison d'édition psychanalytique internationale ; *7 décembre* : mariage de Martin Freud et Ernestine (« Esti ») Drucker (1895-1980) ; ensuite, début de l'activité professionnelle de Martin comme banquier ; *décembre* : Ernst Freud déménage à Berlin, où il ouvre en 1920 un bureau d'architecte.

1920 *25 janvier* : mort de Sophie Halberstadt ; *16 février* : ouverture de la Policlinique psychanalytique de Berlin, cellule germinale du premier Institut didactique psychanalytique ; *18 mai* : mariage d'Ernst Freud et Lucie Brasch (1896-1989) ; *juillet* : Oliver Freud trouve du travail en tant qu'ingénieur en construction à Berlin et déménage là-bas.

1921 *3 avril* : naissance d'Anton Walter, premier enfant de Martin et Ernestine Freud ; *31 juillet* : naissance de Stefan Gabriel, premier enfant d'Ernst et Lucie Freud.

1922 *31 mai* : Anna Freud devient membre de l'Association psychanalytique viennoise, début de sa carrière d'analyste ; *8 décembre* : naissance de Lucian Michael, deuxième enfant d'Ernst et Lucie Freud.

1923 *Le Moi et le Ça* ; *10 avril* : mariage d'Oliver Freud et Henny Fuchs (1892-1971), puis déménagement de la famille à Duisburg. *21 avril* : première opération du palais, le diagnostic de cancer est tenu secret ; *19 juin* : mort du petit-fils Heinz Rudolf, qui avait déménagé fin septembre 1922 à Vienne, où Mathilde et Robert Hollitscher voulaient l'adopter ; *4, 11 octobre et 12 novembre* : opération radicale du cancer de la mâchoire par Hans Pichler.

1924 *24 avril* : naissance de Clemens Raphael, troisième enfant d'Ernst et Lucie Freud ; *6 août* : naissance de Miriam Sophie, deuxième enfant de Martin et Ernestine Freud ; *été* : brouille avec Rank, qui le conduit début novembre à démissionner de toutes ses fonctions dans l'école de Freud et finalement à se séparer de lui ; *3 septembre* : naissance d'Eva Mathilde, enfant unique d'Oliver et Henny Freud.

1928 *30 août au 31 octobre* : premier de quatre séjours berlinois pour l'amélioration de la prothèse de la mâchoire par Hermann Schröder ; dernier séjour du 5 mai à fin juillet 1930 ; *automne* : Ernst Halberstadt, fils de Sophie et Max, vient à Vienne sous la tutelle d'Anna Freud.

1930 *Le Malaise dans la culture* ; *28 août* : prix Goethe de la ville de Francfort-sur-le-Main.

1932 *16 janvier* : Martin Freud devient directeur de la Maison d'édition psychanalytique.

1933 *30 janvier* : Hitler devient chancelier du Reich allemand ; *fin mai* : déménagement d'Oliver Freud avec sa famille à Paris ; en 1934, à Nice, où il acquiert en 1936 un magasin de photo ; *de septembre à novembre* : émigration d'Ernst Freud avec sa famille à Londres.

1938 *13 mars* : Anschluss de l'Autriche par l'Allemagne ; à la suite de quoi, dissolution de l'Association psychanalytique viennoise et destruction de la Maison d'édition psychanalytique ; *5-24 mai* : émigration à Londres de Minna Bernays, Martin Freud, Mathilde et Robert Hollitscher ; Martin laisse sa femme et sa fille à Paris, *de facto* fin de son mariage ; *4 juin* : Freud quitte Vienne avec sa femme Martha et sa fille Anna, émigration à Londres.

1939 *23 septembre* : mort de Freud.

1943 *janvier à avril* : Oliver Freud se réfugie aux États-Unis.

1967 *25 avril* : mort de Martin Freud.

1969 *24 janvier* : mort d'Oliver Freud.

1970 *7 avril* : mort d'Ernst Freud.

1978 *20 février* : mort de Mathilde Hollitscher.

1982 *8 octobre* : mort d'Anna Freud.

Liste des abréviations et des archives le plus souvent utilisées

Archives

AZA	Arnold-Zweig-Archiv, Stiftung Archiv der Akademie der Künste zu Berlin
BPS/A	British Psychoanalytical Society, Archives : Ernst Jones Collection (Po_4)
FML	Freud Museum, London
FMW	Sigmund Freud Museum, Wien
IKG/W	Israelitische Kultusgemeinde Wien, Matriken
ISA	Israel State Archives, Jerusalem
LoC	Library of Congress (Washington), Manuscript Division
StAH	Staatsarchiv Hamburg
UE	University of Essex, Library, Special Collections : Sigmund Freud Collection

Autres abréviations dans le corpus épistolaire et l'appareil éditorial

AF/Ernst	Lettres d'Anna à Ernst Freud (UE et FML)
AFP	Anna Freud Papers (LoC)
ANNO	Austrian Newspapers Online (http://anno.onb.ac.at)
API	Association psychanalytique internationale
APV	Association psychanalytique viennoise
BL/W	Mühlleitner (1992)

Bpest	Budapest
DIP	*Dictionnaire international de la psychanalyse*
F/A	Freud et Abraham (2009)
F/AF	Freud u. A. Freud (2006)
F/Alex	Lettres de Sigmund à Alexander Freud (SFP/LoC ; cité d'après la transcription Fichtner)
F/Brill	Lettres de Freud à Abraham Brill (SFP/LoC ; cité d'après transcription Fichtner)
F/Corr	Freud (1966a)
F/E	Freud u. Eitingon (2009)
F/Ernst	Lettres de Sigmund à Ernst Freud (dans ce volume ; p. 247-395)
F/ErnstLucie	Lettres de Sigmund à Ernst et Lucie Freud (dans ce volume)
F/Fl	Freud (2006)
F/J	Freud u. Jung (1975)
F/Jo	Freud u. Jones (1998)
F/Kal	S. Freud : Kalendernotizen [« Notes de calendrier »] 1916-1918 (SFP/LoC ; cité d'après transcription Falzeder)
F/LAS	Andreas-Salomé, L. (1970) (Correspondance avec Sigmund Freud)
F/Martin	Lettres de Sigmund à Martin Freud (dans ce volume, p. 113-197)
F/MartinEsti	Lettres de Sigmund à Martin et Ernestine Freud (dans ce volume)
F/Math	Lettres de Sigmund à Mathilde Freud/Hollitscher (dans ce volume, p. 39-94)
F/MathRob	Lettres de Freud à Mathilde et Robert Hollitscher (dans ce volume)
F/Max	Lettres de Freud à Max Halberstadt (dans ce volume, p. 411-570)
F/MB	Freud u. Bernays (2005)
F/Meine Lieben	Lettres de Freud à sa femme et à sa belle-sœur 1928-1930 (SFP/LoC ; cité d'après transcription Tögel/Schröter)
F/Oli	Lettres de Freud à Oliver Freud (dans ce volume, p. 215-230)
F/OliHenny	Lettres de Sigmund à Oliver et Henny Freud (dans ce volume)
F/Pf	Freud u. Pfister (1966) ; avec indication de date : passages non imprimés (SFP/LoC ; cité d'après transcription Fichtner)

F/RMB	Lettres de Freud à Ruth Mack Brunswick (SFP/LoC ; cité d'après transcription Fichtner)
F/Sam	Lettres de Sigmund à Sam Freud (transcription Thomas Roberts)
F/Sophie	Lettres de Freud à Sophie Freud/Halberstadt (dans ce volume, p. 411-570)
F/SophieMax	Lettres de Freud à Sophie et Max Halberstadt (dans ce volume).
F/Voy	Freud (2005)
F/Zweig	Freud u. Zweig (1999) ; avec indication de date : passages non imprimés (AZA ; cité d'après transcription Fichtner)
GW	Gesammelte Werke
IZ	*Internationale Zeitschrift für Psychoanalyse*
Jones I-III	Jones (1958) t. I-III
KCh	S. Freud : Kürzeste Chronik, in Molnar (1996) : p. 30-69.
KSK/JGH	Kultussteuerkartei 1913-1942 der Jüdischen Gemeinden von Hamburg (StAH) [Fichier du denier du culte 1913-1942 des communautés juives de Hambourg]
Lampl-Int.	K.R. Eissler : Interview mit Hans Lampl, 1953 (SFP/LoC)
LAS/AF	Andreas-Salomé u. A. Freud (2006)
Lucie/Ernst	Lettres de Lucie à Ernst (Bestand EU)
MaF	M. Freud (1999)
NFP	*Neue Freie Presse* (Vienne)
OFI	K.R. Eissler : Interview mit Oliver Freud, 31.10.1953.
OFM	Oliver Freud : *Memories of World War I* (OFP/LoC)
OFP	Oliver and Henny Freud Papers (LoC)
psa	Psychanalytique
Rbr. I-IV	Rundbriefe des « Geheimen Komitees » [Circulaires du « Comité secret »], t. I-IV
SFP	Sigmund Freud Papers (LoC)
SoF	Sophie Freud (2008)
UA	Universitätsarchiv
Wald.	Ernst Waldinger : « Über die Familie Freud » (manuscrit tapé à la machine) (Siegfried Bernfeld Papers/LoC)
ψα/ΨA	psychanalytique/psychanalyse

Abréviations des monnaies dans le corpus épistolaire

frcs	franc français
fr	franc suisse
fl	florin hollandais ou autrichien
K, Kr	couronne autrichienne
£	livre anglaise
L	lire italienne
M, Mk, mk	mark allemand
pf	pfennig allemand
$	dollar américain
S	schilling autrichien

Bibliographie

N.d.T. : Les ouvrages théoriques de Freud sont libellés en allemand. La mention GW 8, par exemple, désigne le tome VIII des *Gesammelte Werke*. Le titre français est indiqué à la suite du titre allemand entre crochets. On n'a pas mentionné de traductions françaises, dans la mesure où il en existe dans la plupart des cas un trop grand nombre. Pour autant que, dans les notes de bas de page, une pagination est mentionnée, on rappelle que, dans les traductions Gallimard et dans celles des *Œuvres complètes* parues aux PUF, la pagination des *GW* figure toujours en marge.

Dans les nombreuses notes de bas de page, la question s'est posée de la reconversion des paginations des livres cités en paginations françaises correspondantes. Il n'existe qu'un nombre limité de traductions françaises de livres signés par d'autres que par Freud. Rappelons que les paginations de l'original se réfèrent toutes les fois qu'il est possible à un livre allemand, même quand la version originale de l'ouvrage est française ou anglaise.

La technique de la reconversion est délicate car elle ne peut être effectuée que si l'on dispose et du texte allemand et du texte français. Or, dans quelques cas, se procurer le texte allemand s'est révélé ou impossible ou beaucoup trop compliqué. Il a pu se trouver que la reconversion soit impossible alors que la version originale de l'ouvrage est française !

Dans la bibliographie qui suit, nous avons procédé de la manière suivante :

1) Quand la traduction existe et que les versions allemande et française sont accessibles, nous n'avons fait figurer que la référence de la version française, à laquelle renvoient alors les paginations de bas de page.

2) Quand il existe une traduction ou un original français, mais que la version allemande n'est pas accessible, nous avons indiqué la référence du texte allemand, soit celui qui fait foi pour les paginations de bas de page, et fait figurer la référence de la version française à la suite.

AICHHORN, T., et SCHRÖTER M., « K.R. Eissler und August Aichhorn. Aus ihrem Briefwechsel (1945-1949) », *Luzifer-Amor*, 40 (20), 2007, p. 7-90.

ALLEN, P., *The Life Story of Edward de Vere as « William Shakespeare »*, Londres, Cecil Palmer, vers 1932.

ANDRAE, M., *Die Vertreibung der jüdischen Ärzte des Allgemeinen Krankenhauses Hamburg-St. Georg im Nationalsozialismus*, thèse de médecine, version remaniée, Hambourg, Books on Demand, 2003.

ANDREAS-SALOMÉ, L., *Correspondance avec Sigmund Freud (1912-1936), suivie du Journal de l'année 1912-1913* ; trad. L. Jumel, Paris, Gallimard, 1970.

ANDREAS-SALOMÉ, L. et FREUD, A., *À l'ombre du père. Correspondance (1919-1937)*, trad. S. Michaud, Paris, Hachette, 2006.

APPIGNANESI, L., et FORRESTER, J., *Die Frauen Sigmund Freuds* [1992], Munich, DTV, 1996 ; trad. angl. *Freud's Women*, New York, Other Press, 2000.

BERNAYS, E.L., *Biographie einer Idee – Die hohe Schule der PR. Lebenserinnerungen* [1965], Düsseldorf-Vienne, Econ, 1967.

BERTIN, C., *Die letzte Bonaparte – Freuds Prinzessin. Ein Leben*, Fribourg-en-Brisgau, Kore, 1989 [*La Dernière Bonaparte*, Paris, Perrin, 1982].

BLANKENSTEIN, F. ou J., « Zur Geschichte der Prothetik am Zahnärztlichen Unversitätsinstitut Berlin », http://archive.org/web/20050220091720/http//www.charite.de/prothetik/Hompages42/standort_002, en date du 9.11.2009.

BLANTON, S., *Journal de mon analyse avec Freud*, trad. I. David, Paris, PUF, 1973.

BOS, J., et GROENENDIJK, L., *The Self-Marginalization of Wilhelm Stekel. Freudian Circles Inside and Out*, New York, Springer, 2007.

BREIN, F. (éd.), *Emanuel Löwy. Ein vergessener Pionier*, Vienne, Verlag des Clubs der Univ., 1998.

BREUER, J., et FREUD, S., *Studien über Hysterie* [1895, *Études sur l'hystérie*]. Francfort-sur-le-Main, Fischer, 1991.

BUCHINGER, G., *Villenarchitektur am Semmering*, Vienne-Cologne-Weimar, Böhlau, 2006.

BUNZL, J. (1992) « Siegfried Bernfeld und der Zionismus », in Fallend, K., et Reichmayr, J. (éd.), *Siegfried Bernfeld oder Die Grenzen der Psychoanalyse. Materialien zu Leben und Werk*, Francfort-sur-le-Main, Stroemfeld/Nexus, 1992, p. 73-85.

BURLINGHAM, M.J., *The Last Tiffany. A Biography of Dorothy Tiffany Burlingham*, New York, Atheneum, 1989.

CHARCOT, J.M., « La foi qui guérit », *Revue hebdomadaire*, n° 7, 1892, p. 112-132 ; également in *Archives de neurologie*, n° 125, 1893,

p. 1872-1887 ; publication séparée : *La Foi qui guérit*, Paris, Alcan, 1897.

COCTEAU, J., *Le Grand Écart* [1923], roman, Paris, Stock, 1991.

DAVIES, J.K., et FICHTNER, G., *Freud's Library. A Comprehensive Catalogue*, Londres/Tübingen, Freud Museum, 2006.

Deutsches Wörterbuch von Jacob und Wilhelm Grimm, 1854-1971, 32 vol. ; réimpr. Munich, DTV, 1984.

Dictionnaire international de la psychanalyse, éd. A. de Mijolla, Paris, Hachette, 2005.

DOOLITTLE, H., *Huldigung an Freud. Rückblick auf eine Analyse* [1956]. Francfort-sur-le-Main, etc., Ullstein, 1975.

EDMUNDS, L., « His Master's Choice », *Johns Hopkins Magazine*, n° 40 (2), 1988, p. 40-49.

EISSLER, K.R., *Victor Tausk's Suicide*, New York, Internat. Univ. Pr., 1983.

ENGELMAN, E., *La Maison de Freud, Berggasse 19, Vienne*, trad. R. Ransohoff et E. Roskis, Paris, Seuil, 1979

FALLEND, K., et REICHMAYR, J. (éd.), *Siegfried Bernfeld oder Die Grenzen der Psychoanalyse. Materialien zu Leben und Werk*, Francfort-sur-le-Main, Stroemfeld/Nexus, 1992.

FEUCHTWANGER, L., *Die Geschwister Oppenheim*, roman, Amsterdam, Querido, 1933.

FICHTNER, G., « "… eine schmerzhafte Schilderung der brutalen Umwälzung in Deutschland". Une lettre de Freud à son fils Ernst de l'année 1934 », *Jahrbuch der Psychoanalyse*, n° 54, 2007, p. 191-202.

FICHTNER, G., « Freud und die Familie Hammerschlag – eine prägende Begegnung », *Luzifer-Amor*, n° 21 (41), 2008, p. 63-79.

FISCHER, E., et LUDWIG-WINTERS, S., *Die Wertheims. Geschichte einer Familie* [2004]. Berlin, Rowohlt-Berlin, 2005.

FONTANE, T., *Der englische Charakter, heute wie gestern*, éd. S. Saenger, Francfort-sur-le-Main, Fischer, 1915.

FRAENKEL, M. (éd.), *Jabob Bernays. Ein Lebensbild in Briefen*, Breslau, Markus, 1932.

FREUD, A., « Mathilde Hollitscher-Freud (1887-1978) », *Sigmund Freud House Bulletin*, n° 2 (1), p. 2 *sq*.

FREUD, A., « Fantasme d'"être battu" et rêverie » [1922], trad. C. Christien, in *Féminité mascarade*, études psychanalytiques réunies par M.C. Hamon, Paris, Seuil, 1994, p. 57-75.

FREUD, A., *Briefe an Eva Rosenfeld*, éd. P. Heller, Bâle-Francfort-sur-le-Main, Stroemfeld Nexus, 1994 ; trad. fr., *Lettres à Eva Rosenfeld (1919-1937)* ; trad. C. Derblum, Paris, Hachette, 2003.

FREUD, A., et AICHHORN, A., « Die Psychoanalyse kann nur dort gedeihen, wo Freiheit des Gedankens herrscht », *Briefwechsel (1921-1949)*, éd. T. Aichhorn, Francfort-sur-le-Main, Brandes & Apsel, 2012.

Freud, A.W. : « Mein Großvater Sigmund Freud », in *« Die Biographen aber sollen sich plagen... » Beiträge zum 140. Geburtstag Sigmund Freuds*, éd. C. Tögel, Österreichisches Ost- und Südosteuropa-Institut, Sofia, Mnemosyne, 1996, p. 7-20.

FREUD, D., « The Freud Family Legacy » [2009], in Fry, H., *Freud's War*, Stroud, History Press, 2009, p. 201-203.

FREUD, E., FREUD, L., et GRUBRICH-SIMITIS, I., *Sigmund Freud : lieux visages, objets*, Paris, Gallimard, 2006.

FREUD, Esther, *Sommer in Gaglow* [1997], Hambourg, Hoffmann & Campe, 1998.

FREUD, M., *Parole d'honneur*, trad. P. et T. Blewitt, Londres, V. Gollancz, 1939.

FREUD, M., *Mein Vater Sigmund Freud* [1957], Heidelberg, Mattes, 1999.

FREUD, S. (1886d), *Observation d'une hémianesthésie très marquée chez un homme hystérique*, OCF 1 (à paraître), en all. in GW Nachtr., n° 54, p. 57-64.

FREUD, S. (1900a), *Die Traumdeutung* [*L'Interprétation du rêve*]. GW, 2/3.

FREUD, S. (1901b), *Zur Psychopathologie des Alltagslebens* [*La Psychopathologie de la vie quotidienne*], GW 4.

FREUD, S. (1905c), *Der Witz und seine Beziehung zum Unbewussten* [*Le Trait d'esprit et sa relation avec l'inconscient*], GW 6.

FREUD, S. (1907a), *Der Wahn und die Träume in W. Jensens « Gradiva »* [*Le Délire et les rêves dans la « Gradiva » de W. Jensen*], GW 7, p. 29-122.

FREUD, S. (1910a), *Über Psychoanalyse. Fünf Vorlesungen, gehalten zur 20jährign Gründungsfeier der Clark University in Worcester, Mass., September 1909* [*Sur la psychanalyse. Cinq Leçons*], GW 8, p. 1-60.

FREUD, S. (1910c), *Eine Kindheitserinnerung des Leonardo da Vinci* [*Un souvenir d'enfance de Léonard de Vinci*], GW 8, p. 127-211.

FREUD, S. (1912f), *Schlusswort der Onanie-Diskussion* [*Conclusion de la discussion sur l'onanisme*], GW 8, p. 334-345.

FREUD, S. (1914b), *Der Moses des Michelangelo* [*Le Moïse de Michel-Ange*], GW 10, p. 172-201.

FREUD, S. (1914d), *Zur Geschichte der pychoanalytischen Bewegung* [*À propos de l'histoire du mouvement psychanalytique*], GW 10, p. 43-113.

FREUD, S. (1916-17a), *Vorlesungen zur Einführung in die Psychoanalyse* [*Conférences d'introduction à la psychanalyse*], GW 11.

FREUD, S. (1917b), *Eine Kindheitserinnerung aus Dichtung und Wahrheit* [*Un souvenir d'enfance de « Poésie et vérité »*], GW 12, p. 15-26.

FREUD, S. (1918b), *Aus der Geschichte einer infantilen Neurose* [*À partir de l'histoire d'une névrose infantile* (*L'Homme aux loups*)], GW 12, p. 27-157.

FREUD, S. (1920g), *Jenseits des Lustprinzips* [*Au-delà du principe de plaisir*], GW 13, p. 1-69.

FREUD, S. (1921c), *Massenpsychologie und Ich-Analyse* [*Psychologie de masse et analyse du moi*], GW 13, p. 71-161.

FREUD, S. (1922a), *Traum und Telepathie* [*Rêve et télépathie*], GW 13, p. 165-191.

FREUD, S. (1925d), « Selbstdarstellung » [« Autoprésentation »], GW 14, p. 31-96.

FREUD, S. (1927c), *Die Zukunft einer Illusion* [*L'Avenir d'une illusion*], GW 14, p. 325-380.

FREUD, S. (1930a), *Das Unbehagen in der Kultur* [*Le Malaise dans la culture*], GW 14, p. 419-506.

FREUD, S. (1930c), *Ansprache im Frankfurter Goethe-Haus* [*Allocution à la maison de Goethe à Francfort*], GW 14, p. 547-550.

FREUD, S. (1933a), *Neue Folge der Vorlesungen zur Einführung in die Psychoanalyse* [*Nouvelle suite des leçons d'introduction à la psychanalyse*], GW 15.

FREUD, S. (1933b), *Warum Krieg* [*Pourquoi la guerre*], GW 16, p. 13-27.

FREUD, S. (1936d), *Zum Ableben Professor Brauns* [*Décès du professeur Braun*], GW Nachtr., p. 735.

FREUD, S. (1937e), « Wenn Moses ein Ägypter war » [Si Moïse fut un Égyptien], *Imago*, n° 23, p. 387-419 (= GW 316, p. 114-155).

FREUD, S. (1940a), *Abriss der Psychoanalyse* [*Abrégé de psychanalyse*], GW 17, p. 63-138.

FREUD, S. (1960a), *Correspondance* (1873-1939), trad. A. Berman, et J.-P. Grossein, Paris, Gallimard, 1966.

FREUD, S. (1985d), « Lettres de Sigmund Freud à sa patiente Anna von Vest », *Revue internationale d'histoire de la psychanalyse*, n° 5, 1992, p. 571-598.

FREUD, S., *Lettres à Wilhelm Fließ (1887-1904)*, trad. F. Kahn et F. Roberts, Paris, PUF, 2006.

FREUD, S. (1987a), *Korrekturliste zum Brief an Fritz Wittels vom 18. Dezember 1923*, GW Nachtr., p. 756-758.

FREUD, S., *Lettres de jeunesse*, trad. C. Heim, Paris, Gallimard, 1990.

FREUD, S. (2004d), « Briefe an Maria (Mitzi) Freud und ihre Familie », éd. C. Tögel et M. Schröter, *Luzifer-Amor*, n° 17 (33), p. 51-72.

FREUD, S., *« Notre cœur tend vers le sud. » Correspondance de voyage (1895-1923)*, trad. J.-C. Capèle, Paris, Fayard, 2005.

FREUD, S., et ABRAHAM, K., *Correspondance complète (1907-1925)*, trad. F. Cambon, Paris, Gallimard, 2006.

FREUD, S., et BERNAYS, M., *Briefwechsel (1882-1938)*, éd. A. Hirschmüller, Tübingen, Éditions Diskord, 2005.

FREUD, S., et BINSWANGER, L., *Correspondance (1908-1938)*, trad. M. Strauss, Calmann-Lévy, 1995.

FREUD, S., et BULLITT, W.C., *Le Président Thomas Woodrow Wilson : Portrait psychologique*, Paris, Payot, 2005.

FREUD, S., et EITINGON, M., *Correspondance (1906-1939)*, trad. O. Mannoni, Paris, Hachette, 2009.

FREUD, S., et FERENCZI, S., *Correspondance*, trad. groupe du Coq-Héron, Paris, Calmann-Lévy, 1992, 1996 et 2000, 3 t.

FREUD, S., et FREUD, A., *Correspondance 1904-1938*, préface d'Élisabeth Roudinesco, trad. O. Mannoni, Fayard, 2012.

FREUD, S., et GRODDECK, G., *Briefwechsel*, éd. M. Giefer en collaboration avec B. Schuh, Francfort-sur-le-Main-Bâle, Stroemfeld, 2008.

FREUD, S., et JONES, E., *Correspondance complète (1908-1939)*, trad. E. Dauzat, M. Weber et J.-P. Lefebvre, Paris, PUF, 1998.

FREUD, S., et JUNG, C.G., *Correspondance*, t. I, « 1908-1939 » et t. II, « 1910-1914 », trad. R. Fivaz Silbermann, Paris, Gallimard, 1975.

FREUD, S., et PFISTER, O., *Correspondance (1909-1939)*, trad. J. Jumel, Paris, Gallimard, 1966.

FREUD, S., et ZWEIG, A., *Correspondance*, trad. J. Hauer et D. Plassard, Paris, Payot, 1999.

FREUD, Sophie, *À l'ombre de la famille Freud. Comment ma mère a vécu le XXe siècle*, trad. N. Casanova, Paris, Des femmes, 2008.

FREUD, W.E., *Remaining in Touch – Zur Bedeutung der Kontinuität früher Beziehungserfahrungen. Gesammelte Schriften (1965-2000)*, éd. H. von Lüpke, Francfort-sur-le-Main, Édition Déjà-vu, 2003.

FREUD-BERNAYS, A., *Eine Wienerin in New York. Die Erinnerungen der Schwester Sigmund Freuds*, éd. C. Tögel, Berlin, Aufbau, 2004.

FREUD-MARLÉ, L., *Mein Onkel Sigmund Freud. Erinnerungen an eine große Familie*, éd. C. Tögel, Berlin, Aufbau, 2006.

FRIEDMAN, S.S., *Analyzing Freud. Letters of H.D., Bryher and their Circle*, New York, New Directions, 2002.

FRY, H., *Freud's War*, Stroud, History Press, 2009.

GARDINER, M., *L'Homme aux loups par ses psychanalystes et par lui-même*, trad. L. Weitel, Paris, Gallimard, 1981.

GAUGUSCH, G., *Handbuch der bedeutenden jüdischen Familien in Wien* [Titre de travail], à paraître.

GAY, P., *Freud, eine Biographie für unsere Zeit*, Francfort-sur-le-Main, Fischer, 1989 ; trad. fr., *Freud : une vie*, trad. T. Jolas, Paris, Hachette, 1991.

GAY, P., « Freud und der Mann aus Stratford » [1990], in *Freud entziffern. Essays*, Francfort-sur-le-Main, Fischer, 1992, p. 17-64.

Gedenkbuch Berlins der jüdischen Opfer des Nationalsozialismus, Berlin, Éditions Hentrich, 1995.

GICKLHORN, J., et GICKLHORN, R., *Sigmund Freuds akademische Laufbahn im Lichte der Dokumente*, Vienne/Innsbruck, Urban & Schwarzenberg, 1960.

GÖDDE, G., *Mathilde Freud. Sigmund Freuds Tochter in Briefen und Selbstzeugnissen* [2003], Berlin, Aufbau, 2005.

GOLDMANN, S., « Eine Kur aus der Frühzeit der Psychoanalyse. Kommentar zu Freuds Briefen an Anna von Vest », *Jahrbuch der Psychoanalyse*, n° 17, 1985, p. 296-337.

GRÖGER, H., « Josef K. Friedjung (1871-1946) », in *Aus dem Kreis um Sigmund Freud. Zu den Protokollen der Wiener Psychoanalytischen Vereinigung*, éd. E. Federn et G. Wittenberger, Francfort-sur-le-Main, Fischer, 1992, p. 133-136.

GROßEGGER, E., *Der Kaiser-Huldigungs-Festzug Wien 1908*, Vienne, Verlag Österr. Akad. d. Wiss., 1985.

GRUBRICH-SIMITIS, I., « La fantaisie freudienne. À propos d'un manuscrit inédit de Freud », présentation de *Übersicht der Übertragungsneurosen*, *Revue du Collège des psychanalystes*, n° 17, 1985, p. 75-79.

GRUBRICH-SIMITIS, I., *Freud. Retour aux manuscrits : faire parler des documents muets* ; trad. R. Laine, J. Stute Cadiot, Paris, PUF, 1997.

GRUBRICH-SIMITIS, I., « Eben mit Anna hier angekommen. Über eine Ansichtskarte Sigmund Freuds – Aus Anlass des 100. Geburtstags von Anna Freud. Frankfurter Rundschau », 9.12.1995, S. ZB2, 1995.

HARMAT, P., *Freud, Ferenczi und die ungarische Psychoanalyse* [1986]. Tübingen, Éditions Diskord, 1988.

HERZER, M., *Magnus Hirschfeld. Leben und Werk eines jüdischen, schwulen und sozialistischen Sexologen*, Francfort-sur-le-Main, Campus, 1992.

HINES, T.S., *Richard Neutra and the Search for Modern Architecture. A Biography and History* [1982], Berkeley/Los Angeles/Londres, University of Califonia Press, 1994.

HIRSCHMÜLLER, A., *Josef Breuer*, trad. M. Weber, Paris, PUF, 1991.

HIRSCHMÜLLER, A., *Freuds Begegnung mit der Psychiatrie. Von der Hirnmythologie zur Neurosenlehre*, Tübingen, Éditions Diskord, 1991.

HIRSCHMÜLLER, A., « Zur Familie Bernays », in Freud, S., et Bernays, M., *Briefwechsel (1882-1938)*, éd. A. Hirschmüller, Tübingen, Éditions Diskord, 2005, p. 325-343.

HOBMAN, J.B. (éd.), *David Eder. Memoirs of a Modern Pioneer*, Londres, Gollancz, 1945.

HOFMANN, P., *Empfindung und Vorstellung. Ein Beitrag zur Klärung psychologischer Grundbegriffe*, Berlin, Reuther & Reichard, 1919.

HUMMEL, G., « Ein Sommernachmittag in Grinzing. Thomas Mann bei Sigmund Freud », *Luzifer-Amor*, n° 19 (38), 2006, p. 76-101.

JOHNSON, N.M., *George Sylvester Viereck. German-American Propagandist*, Urbana, etc., University of Illinois Press, 1972.

JONES, E., *La Vie et l'Œuvre de Sigmund Freud*, t. I, « La jeunesse (1856-1900) » ; t. II, « Les années de maturité (1901-1919) », t. III, « Les dernières années (1919-1939) », Paris, PUF, 1958.

Jüdisches Lexikon. Ein enzyklopädisches Handbuch des jüdischen Wissens in vier Bänden, fondé par G. Herlitz et B. Kirschner. Berlin, Jüdischer Verlag, 1927-1930.

KADERAS, B., « Hans Liebermanns Plädoyer für die Einführung der Psychoanalyse als Unterrichtsfach an der Universität. Biographische Notizen und kommentierte Edition des Artikels "Psychoanalyse und Universität" », *Luzifer-Amor*, n° 13 (26), 2000, p. 113-128.

KARDINER, A., *Mon analyse avec Freud*, trad. A. Lyotard-May, Paris, Belfond, 1978.

KEIFENHEIM, K., « Hans von Hattingberg (1879-1944) », Leben und Werk. Med. Diss. Tübingen (masch.), 2011. http://tobis-lib.uni-tuebingen.de/volltexte/2011/5852/pdf/Hans_von_Hattingberg.pdf (en date du 1.4.2012).

KNAPP, H., *Avantgarde und Psychoanalyse in Spanien. José Ortega y Gasset, Salvador Dalí, Rosa Chacel und ihre Rezeption der Theorien Sigmund Freuds*, Hambourg, Kovač, 2008.

KRÜLL, M., *Sigmund, fils de Jacob : un lien non dénoué*, trad. M. Weber, Paris, Gallimard, 1983.

LAIER, M., « Sie wissen, dass alles von unserem alten Institut vernichtet wurde », Das Frankfurter psychoanalytische Institut (1929 *bis* 1933), in *Psychoanalyse in Frankfurt am Main. Zerstörte Anfänge, Wiederannäherung, Entwicklungen*, éd. T. Plänkers et collab., Tübingen, Éditions Diskord, 1996, p. 41-72.

LAMPL, H., « Freud aus der Nähe. Ein Interview mit K.R. Eissler, exzerpiert von M. Schröter unter Mitarbeit von M. Frank », *Luzifer-Amor*, n° 24 (48), 1953, p. 9-31.

LEITNER, M., *Freud, Rank und die Folgen. Ein Schlüsselkonflikt für die Psychoanalyse*, Vienne, Turia + Kant, 1998.

LÉVY-FREUND, K., « Dernières vacances des Freud avant la fin du monde », *Coq-Héron*, n° 117, 1990, p. 39-44.

LIEBERMAN, E.J., *La Volonté en acte : la vie et l'œuvre d'Otto Rank*, trad. A. Weill, Paris, PUF, 1991.

LIST, E., *Mutterliebe und Geburtenkontrolle – Zwischen Psychoanalyse und Sozialismus. Die Geschichte der Margarethe Hilferding-Hönigsberg*, Vienne, Mandelbaum, 2006.

MADDOX, B., *Freud's Wizzard. The Enigma of Ernest Jones*, Londres, Murray, 2006.

MANN, T., « Friedrich und die große Koalition » [1915], in *Essays*, éd. H. Kurzke et S. Stachorski, t. I, « Frühlingssturm (1893-1918) », Francfort-sur-le-Main, Fischer, 1993, p. 210-268.

MARINELLI, L., *Psyches Kanon. Zur Publikationsgeschichte rund um den Internationalen Psychoanalytischen Verlag, editorisch bearbeitet von C. Huber und W. Chramosta*, Vienne/Berlin, Turia + Kant, 2009.

MAY, U., « Therese Benedek (1892-1977). Freudsche Psychoanalyse im Leipzig der zwanziger Jahre », in *Mit ohne Freud. Zur Geschichte der Psychoanalyse in Ostdeutschland*, éd. H. Bernhardt et R. Lockot, Gießen, Psychosozial, 2000, p. 51-91.

MAY, U. (2006a), « Freuds Patientenkalender. Siebzehn Analytiker in Analyse bei Freud (1910-1920) », *Luzifer-Amor*, n° 19 (37), p. 43-97.

MAY, U., « Fundstücke zur Freud-Biographik in der Exilpresse », *Luzifer-Amor*, n° 19 (38), 2006b, p. 140-148.

MAY, U., « Neunzehn Patienten in Analyse bei Freud (1910-1920) », 1re partie : « Zur Dauer von Freuds Analysen », *Psyche*, n° 61, 2007, p. 590-625.

MAY, U., « Vierzehnhundert Stunden Analyse bei Freud : Viktor von Dirsztay. Eine biographische Skizze », *Luzifer-Amor*, n° 23 (45), 2010, p. 21-69.

MEISEL, P., et KENDRICK, W. (éd.), *Kultur und Psychoanalyse in Bloomsbury und Berlin. Die Briefe von James und Alix Strachey (1924-1925)*, Stuttgart, Verlag Internat. Psychoanalyse, 1995 ; trad. fr., *Bloomsbury/Freud : James et Alix Strachey, correspondance (1924-1925)* ; trad. C. Wieder et C. Palmier, Paris, PUF, 1990.

MOLNAR, M., *Sigmund Freud, Tagebuch 1929-1939. Kürzeste Chronik*, Bâle/Francfort-sur-le-Main, Stroemfeld/Roter Stern, 1996 ; trad. fr., *Sigmund Freud, chronique la plus brève : carnets intimes (1929-1939)*, trad. P. Di Mascio, S. Marret, C. Alicot, et J.-L. Pinard Legry, Paris, Albin Michel, 1992.

MOLNAR, M., « "In hündisch unwandelbarer Anhänglichkeit", Familie Freud und ihre Hunde », *Werkblatt*, n° 33 (2), 1994, p. 81-93.

MOLNAR, M., « Freud & Co. », *Luzifer-Amor*, n° 17 (34), 2004, p. 118-131.

MOLNAR, M., « Alien Enemy : Porträt eines Mädchens », *Luzifer-Amor*, n° 18 (35), 2005, p. 152-167.

MOLNAR, M. (2006a), « … jener nach innen gekehrte nachdenkliche Blick », *Luzifer-Amor*, n° 19 (37), p. 14-29.

MOLNAR, M., « Trottoir roulant, 1900 », *Luzifer-Amor*, n° 19 (38), 2006b, p. 32-45.

MOLNAR, M., « Ich bleibe da », *Luzifer-Amor*, n° 20 (40), 2007, p. 131-144.

MONYPENNY, W.F., *The Life of Benjamin Disraeli, Earl of Beaconsfield*, Londres, Murray, 1910-1920, 5 vol.

MÜHLLEITNER, E., *Biographisches Lexikon der Psychoanalyse. Die Mitglieder der Psychologischen Mittwoch-Gesellschaft und der Wiener Psychoanalytischen Vereinigung (1902-1938)*, Tübingen, Éditions Diskord, 1992.

MURKEN, B., « "… die Welt ist so uneben …", Tom Seidmann-Freud (1892-1930) : Leben und Werk einer großen Bilderbuch-Künstlerin », *Luzifer-Amor*, n° 17 (33), 2004, p. 73-103.

NASE, E., *Oskar Pfisters analytische Seelsorge. Theorie und Praxis des ersten Pastoralpsychologen, dargestellt an zwei Fallstudien*, Berlin/New York, de Gruyter, 1993.

NAUMANN, F., *Mitteleuropa*, Berlin, Reimer, 1915.

NEUBAUER, J., « Sigmund Freud und Hans Blüher in bisher unveröffentlichten Briefen », *Psyche*, n° 50, 1996, p. 123-148.

PANETH, J., *Vita nuova. Ein Gelehrtenleben zwischen Nietzsche und Freud. Auobiographie – Essays – Briefe*, éd. W.W. Hemecker, Graz, Leykam, 2007.

PARSONS, D., « Dartington. A Principal Source of Inspiration Behind Huxley's "Island" », *Journal of General Education*, n° 39 (1), 1987, p. 10-25.

PLÄNKERS, T., « Die Verleihung des Frankfurter Goethe-Preises an Sigmund Freud 1930. Aus den Sitzungsprotokollen des Goethe-Preis-Kuratoriums », in *Psychoanalyse in Frankfurt am Main. Zerstörte Anfänge, Wiederannäherung, Entwicklungen*, éd. T. Plänkers et collab., Tübingen, Éditions Diskord, 1996.

PLANTA, V. von, « "Analysiere nie wieder einen jungen Menschen wie mich…" Emil Oberholzer und Mira Oberholzer-Gincburg, ein russisch-schweizerisches Analytikerpaar in der ersten Hälfte des 20. Jahrhunderts », *Luzifer-Amor*, n° 23 (45), 2010, p. 70-104.

Les Premiers Psychanalystes : Minutes de la Société psychanalytique de Vienne, trad. N. Bakman, Paris, Gallimard, 1976, 4 vol.

RADO, S., « Oral History », in *Heresy. Sándor Radó and the Psychoanalytic Movement*, éd. P. Roazen et B. Swerdloff, Northvale (N. J.)/Londres, Aronson, 1995, p. 17-147.

REIK, T. (1914a), « Der Schöpfer der neuen Seelenkunde (Professor Sigmund Freud) », *Ost und West. Illustrierte Monatsschrift für das gesamte Judentum*, n° 14, p. 433-436.

REIK, T. (1914b), « Eine Geschichte der psychoanalytischen Bewegung », *Berliner Tagblatt* du 20 juillet 1914.

REIK, T., *Der eigene und der fremde Gott. Zur Psychoanalyse der religiösen Entwicklung*, Leipzig/Vienne/Zurich, Intern. Psychoanal. Verlag., 1923.

REIK, T., *Dreißig Jahre mit Sigmund Freud. Mit bisher unveröffentlichten Briefen von Sigmund Freud* [1956], Munich, Kindler, 1976 ; trad. fr. *Trente Ans avec Freud*, trad. E. Sznycer, Bruxelles, Complexe, 1975.

RICE, E., « The Jewish Heritage of Sigmund Freud », *Psychoanal. Rev.*, n° 81, 1994, p. 237-258.

RIEMER, S.K., *Karl Schuchardt. Leben und Werk*, thèse de médecine dentaire, Hambourg, 2001 (http://deposit.ddb.de/cgi-bin/dokserv?idn=974451223 ; en date du 31. 8. 2009).

RIKLIN, F., « Wishfulfillment and Symbolism in Fairy Tales », *Pyschoanalytic Review*, n° 32 (1), 1915, p. 102-105.

RILKE, R.M., *Briefwechsel mit Magda von Hattingberg, « Benvenuta »*, éd. I. Schnack et R. Scharffenberg, Francfort-sur-le-Main-Leipzig, Insel, 2000.

ROAZEN, P., *Sigmund Freud und sein Kreis. Eine biographische Geschichte der Psychoanalyse* [1975], Bergisch/Gladbach, Lübbe, 1976.

ROAZEN, P., *Helene Deutsch : une vie de psychanalyste*, trad. P.E. Dauzat, Paris, PUF, 1992.

ROAZEN, P., *Meeting Freud's Family*, Amherst, University of Massachusetts Press, 1993.

ROAZEN, P., *Wie Freud arbeitete. Berichte von Patienten aus erster Hand* [1995], Gießen, Psychosozial, 1999.

ROAZEN, P., « Freud's Will », in *The Historiography of Psychoanalysis* [1990], New Brunswick (N.J.)/Londres, Transaction, 2001, p. 447-452.

ROAZEN, P., « Œdipe à Versailles : une nouvelle évidence de la participation de Freud à l'étude sur Woodrow Wilson », trad. J. Dupont, *Coq-Héron*, n° 185, 2006, p. 15-22.

ROMM, S., *The Unwelcome Intruder. Freud's Struggle with Cancer* [2004], New York, Praeger, 2005.

ROSDY, P., *Adolf Josef Storfer, Shanghai und die Gelbe Post. Dokumentation zum Reprint der Gelben Post*, Vienne, Turia + Kant, 1999.

Die Rundbriefe des « Geheimen Komitees », éd. G. Wittenberger et C. Tögel, Tübingen, Éditions Diskord, 1996-2006, 4 vol.

SABLIK, K., *Julius Tandler, Mediziner und Sozialreformer. Eine Biographie*, Vienne, Schendl, 1983.

SCHLESIER, R., « Jerusalem mit der Seele suchen – Mythos und Judentum bei Freud », in Graf, F. (éd.), *Mythos in mythenloser Gesellschaft. Das Paradigma Roms*, Stuttgart/Leipzig, Teubner, 1993, p. 230-267.

SCHNEIDER, P., *Sigmund Freud*, Munich, DTV, 1999.

SCHRADER, H., *Phidias*, Francfort-sur-le-Main, Frankfurter Verlags-Anstalt, 1924.

SCHRÖTER, M., « Freuds Komitee (1912-1914). Ein Beitrag zum Verständnis psychoanalytischer Gruppenbildung », *Psyche*, n° 49, 1995, p. 513-565.

SCHRÖTER, M., « Le trésorier. Max Eitingon et son rôle dans l'histoire de la psychanalyse », introduction à FREUD, S., et EITINGON, M., *Correspondance (1906-1939)*, trad. O. Mannoni, Paris, Hachette, 2009.

SCHRÖTER, M., art. « Briefe », in *Freud-Handbuch. Leben – Werk – Wirkung*, éd. M. Lohmann et J. Pfeiffer, Stuttgart/Weimar, Metzler, 2006, p. 220-231.

SCHRÖTER, M., « Volle Kraft voraus. Der 7. Internationale Psychoanalytische Kongress in Berlin (25-27 September 1922 », *Psyche*, n° 61, 2007, p. 412-437.

SCHRÖTER, M., « Freud als Vater – im Spiegel der Briefe an seine fünf älteren Kinder », *Luzifer-Amor*, n° 21 (40), 2008, p. 7-27.

SCHRÖTER, M., « K.R. Eissler über das Sigmund-Freud-Archiv. Synopsis eines Interviews mit Emanuel E. Garcia (1992) », *Luzifer-Amor*, n° 22 (43), 2009, p. 45-63.

SCHULTZ-VENRATH, U., *Ernst Simmels psychoanalytische Klinik « Sanatorium Schloss Tegel GmbH » (1927-1931)*, Beitrag zur Wissenschaftsgeschichte einer psychoanalytischen Psychosomatik. Habil.schrift Witten/Herdecke (masch.und Mikrofiche), 1992.

SCHUR, M., *Sigmund Freud, Leben und Sterben*, Francfort-sur-le-Main, Suhrkamp, 1973 ; trad. fr. *La Mort dans la vie de Freud*, trad. B. Bost, Paris, Gallimard, 1975.

SEIDLER, E., *Jüdische Kinderärzte (1933-1945). Entrechtet – geflohen – ermordet*, rééd. augmentée, Bâle, Karger, 2007.

SHAMDASANI, S., « "Should this Remain ?" Anna Freud's Misgivings Concerning the Freud-Jung-Letters », *Internat. Forum Psychoanal.*, n° 5, 1996, p. 227-232.

SOLMS, M., « "Freud" und Bullitt. Rekonstruktion einer Zusammenarbeit », *Psyche*, n° 62, 2008, p. 62-80.

STÖCKER, H., « Psychoanalyse 1911-1912. Autobiographisches Fragment zur Psychoanalyse », éd. L.M. Hermanns, *Luzifer-Amor*, n° 4 (8), 1991, p. 177-186.

STOLT, C.-M., « Why Did Freud Never Receive the Nobel Prize ? », *Internat. Forum Psychoanal.*, n° 10, 2001, p. 221-226.

STROEKEN, H., *Freud in Nederland. Een eeuw psychoanalyse*, Amsterdam, Boom, 1997.

STROEKEN, H., « Johan van Ophuijsen, Padang/Indonesien 1882 – New York 1950 », *Luzifer-Amor*, n° 22 (44), 2009, p. 7-44.

STROEKEN, H., « Zwei holländische Schwestern in Analyse bei Freud », *Luzifer-Amor*, n° 23 (45), 2010, p. 16-20.

TIMMS, F., *Karl Kraus. Satiriker der Apokalypse* [1968], Wien, Deuticke, 1995.

TÖGEL, C., « Freuds Berliner Schwester Maria (Mitzi) und ihre Familie », *Luzifer-Amor*, n° 17 (33), 2004, p. 51-72.

TÖGEL, C., *Freud und Berlin*, Berlin, Aufbau, 2006.

TÖGEL, C., et SCHRÖTER, M., « Jacob Freud mit Familie in Leipzig (1859). Erzählung und Dokumente », *Luzifer-Amor*, n° 17 (33), 2004, p. 8-32.

UNGERN-STERNBERG, W. von, « Er "hat uns in Wien deutlich genug zu erkennen gegeben, das 'kein ewiger Bund mit ihm zu flechten' ist". Zu zwei Begegnungen zwichen Rilke und Freud », in Braungart, G., et collab. (éd.), *Bespiegelungskunst. Begegnungen auf den Seitenwegen der Literaturgeschichte*, Tübingen, Attempto, 2004, p. 181-197.

VERMOREL, H., et VERMOREL, M., *Sigmund Freud et Romain Rolland. Correspondance (1923-1936)*, Paris, PUF, 1993.

WAHL, N., « Die Könige der Inflation. Spekulation und neuer Reichtum im Wien der Zwischenkriegszeit », in *Wien, Stadt der Juden. Die Welt der Tante Jolesh*, éd. J. Riedl, Vienne, Zsolnay, 2004, p. 238-240.

WEBER, I., et ROTHE, D.A., « Zum Briefwechsel zwischen Lou Andreas-Salomé und Anna Freud », in Andreas-Salomé, L., et Freud, A., *« ... als käme ich heim zu Vater und Schwester ». Briefwechsel (1919-1937)*, éd. D.A. Rothe et I. Weber, Göttingen, Wallstein, 2003, p. 857-886.

WEINKE, W., *Verdrängt, vertrieben, aber nicht vergessen. Die Photographen Emil Bieber, Max Halberstadt, Erich Kastan und Kurt Schallenberg*, Weingarten, Kunstverlag Weingarten, 2003.

WEISSWEILER, E., *Die Freuds. Biographie einer Familie*, Cologne, Kiepenheuer & Witsch, 2006 ; trad. fr. *Les Freud : une famille viennoise*, trad. F. Straschitz et M. Straschitz, Paris, Plon, 2006.

WELSCH, U., et WIESNER, M., *Lou Andreas-Salomé. Vom « Lebensurgrund » zur Psychoanalyse* [1988], 2e éd., Munich/Vienne, Verlag Int. Psa., 1990.

WELTER, V.M., « Ernst L. Freud – Domestic Architect », in *Arts in Exile in Britain (1933-1945). Politics and Cultural Identity* [= *The Yearbook of the Research Centre for German und Austrian Exile Studies*, n° 6], éd.

S. Behr et M. Malet, Amsterdam/New York, Rodopi, 2005, p. 201-237.

WERMAN, D.S., « Freud, Yvette Guilbert and the Psychology of Performance. A Biographical Note », *Psychoanal. Rev.*, n° 85, 1998, p. 399-412.

WICKERT, C., *Helene Stöcker (1869-1943) – Frauenrechtlerin, Sexualreformerin, Pazifistin. Eine Biographie*, Bonn, Dietz, 1991.

WITTELS, F., *Sigmund Freud. Der Mann, die Lehre, die Schule*, Leipzig/Vienne/Zurich, Tal & Co., 1924 ; trad. fr., *Freud et la femme-enfant : les Mémoires de Fritz Wittels*, suivi de *Sigmund Freud : l'Homme, la doctrine, l'école*, trad. A. May, Paris, PUF, 1999.

WITTELS, F., *Freud und das Kindweib. Die Erinnerungen von Fritz Wittels*, éd. E. Timms, Vienne, Böhlau, 1996.

WORBS, M., *Nervenkunst. Literatur und Psychoanalyse im Wien der Jahrhundertwende*, Francfort-sur-le-Main, Europ. Verlagsanstalt, 1983.

YOUNG-BRUEHL, E., *Anna Freud, eine Biographie* [1988], Vienne, Wiener Frauenverlag, 1995, 2 vol. ; trad. fr., *Anna Freud*, trad. J.-P. Ricard, Paris, Payot, 1991.

ZWEIG, S., *Über Sigmund Freud. Porträt, Briefwechsel, Gedenkworte*, Francfort-sur-le-Main, Fischer, 1989.

Index des noms de personnes

Dans cet index, les numéros de pages renvoient à des passages du texte, et ceux en italique à des notes de bas de page. L'astérisque suivant certains nombres renvoie à des passages dans le texte *et* dans les notes de bas de page. Ne sont pas pris en compte la femme de Freud, Martha, sa belle-sœur, Minna Bernays, et ses enfants, y compris Anna, étant donné qu'ils se rencontrent si souvent qu'une énumération des passages serait dépourvue de finalité pratique.

Table des illustrations

Table

Mise en page par Meta-systems
59100 Roubaix

N° d'édition : L.01EHVN000148.N001
Dépôt légal : octobre 2012

Achevé d'imprimer en Italie
par Grafica Veneta S.p.A.